Die rechtlichen Grundlagen der Erdgasförderung durch Fracking

Das Recht der Wasser- und Entsorgungswirtschaft

Herausgegeben von Professor Dr. Dr. Wolfgang Durner, Direktor des Instituts für das Recht der Wasser- und Entsorgungswirtschaft an der Universität Bonn, mit Unterstützung des Vereins zur Förderung des Instituts

Band 50

Die rechtlichen Grundlagen der Erdgasförderung durch Fracking

Eine rechtliche Analyse unter besonderer Berücksichtigung des Fracking-Regelungspaketes

Von

Dr. Fabian Herbst

Carl Heymanns Verlag 2021

Zitiervorschlag: *Herbst*, Die rechtlichen Grundlagen der Erdgasförderung durch Fracking (RWW Bd. 50), S. 1

Bibliografische Information der Deutschen Nationalbibliothek
Die Deutsche Nationalbibliothek verzeichnet diese Publikation in der Deutschen Nationalbibliografie; detaillierte bibliografische Daten sind im Internet über http://dnb.d-nb.de abrufbar.

ISBN 978-3-452-29686-3

Zugl.: Dissertation der Juristischen Fakultät der Universität Heidelberg, 2020

www.wolterskluwer.de

Umschlagkonzeption: Martina Busch Grafikdesign, Homburg-Kirrberg
Satz: R. John + W. John GbR, Köln
Druck und Weiterverarbeitung: SDK Systemdruck Köln GmbH & Co. KG

Gedruckt auf säurefreiem, alterungsbeständigem und chlorfreiem Papier.

Für meine Familie

Vorwort

Die vorliegende Arbeit wurde im Sommersemester 2020 von der rechtswissenschaftlichen Fakultät der Ruprecht-Karls-Universität Heidelberg als Dissertation angenommen. Rechtsprechung und Literatur konnten bis August 2020 berücksichtigt werden.

Im Hinblick auf die Erstellung dieser Arbeit möchte ich zahlreichen Personen danken. Mein Dank gilt dabei zuallererst meiner Doktormutter Prof. Dr. *Ute Mager* für ihre Anregung zur Befassung mit der Thematik und ihre intensive und engagierte Betreuung. Ebenso möchte ich mich bei Prof. Dr. Dr. h.c. mult. *Eberhard Schmidt-Aßmann* für das zügige und hilfreiche Zweitgutachten bedanken.

Mein weiterer Dank gilt meinem Doktorkollegen und Freund *Fabian Dammann*, der bei zahlreichen Gesprächen, Läufen und Abendessen immer ein offenes Ohr für die Probleme dieser Arbeit hatte. Ebenso bedanke ich mich bei meinem Freund *Jann Chounard*, dessen Computer der kritischen Korrektur dieser Arbeit zum Opfer fiel. Der Kanzlei Dentons Europe LLP danke ich sehr für ihren Druckkostenzuschuss.

Meiner Frau *Lisa* gilt mein Dank vor allem für ihren unerschütterlichen Glauben daran, dass diese Arbeit tatsächlich irgendwann fertiggestellt wird. Ohne sie wäre Kindererziehung, Job und Doktorarbeit nicht möglich gewesen und das Projekt schon lange gescheitert.

Schließen möchte ich mit dem allergrößten Dank an meine Eltern, *Eva-Maria Kapitzky-Herbst* und *Michael Herbst*, sowie meiner Tante, *Micaela Kapitzky*, und meinem Patenonkel, *Rainer Kröger*. Ihre stete, großzügige Förderung meiner Ausbildung und ihre liebevolle, immerwährende Unterstützung in allen Lebensbereichen haben die Anfertigung der vorliegenden Arbeit erst ermöglicht.

Berlin, im Februar 2021   *Fabian Philipp Herbst*

Inhaltsübersicht

Inhalt

XIV

Einführung, Gegenstand und Ziel der Arbeit

»*Drill, Baby, Drill*« – diese Redewendung, die die republikanische Vizepräsidentschaftskandidatin und ehemalige Gouverneurin von Alaska Sarah Palin im Rahmen des US-Präsidentschaftswahlkampfes im Jahr 2008 prägte[1], steht sinnbildlich für genau das, was in den letzten fünfzehn Jahren in den Vereinigten Staaten von Amerika geschehen ist: In dieser Zeit entwickelten sich die USA von einem auf Erdgasimporte angewiesenen Industrieland zu einem auf die Weltmärkte drängenden Gasexporteur.[2]

Diese Wandlung ist neben der Entwicklung des *LNG*-Verfahrens[3] insbesondere der flächenhaften Exploration von weitreichenden Schiefergas- und Schieferölvorkommen[4], die zuvor nicht förderbar waren, mittels des weiterentwickelten *Hydraulic Fracturing*[5]-Verfahrens[6] zu verdanken.[7] Im Jahr 2005 konnte hierdurch das Barnett-Schiefer-Gebiet in Texas erschlossen werden. Innerhalb von fünf Jahren entstanden dort fast 15.000 Bohrlöcher.[8] Bereits im Jahr 2013 betrug der prozentuale Anteil von Schiefergas[9] an der gesamten US-amerikanischen Erdgasproduktion rund 40 Prozent.[10] Für den ehemaligen US-Präsidenten Barack Obama stellte die Förderung unkonven-

---

1 Vgl. Transcript of the vice-presidential debate between Senator Joseph R. Biden Jr. and Governor Sarah Palin, abrufbar unter: https://www.nytimes.com/elections/2008/president/debates/transcripts/vice-presidential-debate.html, abgerufen am 19. Februar 2019.

2 Siehe jüngst *Witsch*: »Streit um Nord Stream: Zwischen russischem Gas und amerikanischem LNG«, erschienen am 23. Januar 2019, abrufbar unter: https://www.handelsblatt.com/unternehmen/energie/handelsblatt-energie-gipfel-streit-um-nord-stream-zwischen-russischem-gas-und-amerikanischem-lng/23898220.html?ticket=ST-1698857-VEI5c3BkZyUfSvbtrgU0-ap6, abgerufen am 19. Februar 2019.

3 *Liquefied natural gas* bezeichnet hochverdichtetes Erdgas, das sich über weite Strecken (per Schiff) transportieren lässt. Das Erdgas wird verflüssigt, indem es auf etwa -160 Grad Celsius heruntergekühlt wird. Am Zielort wird das LNG in speziellen Terminals wieder verdampft und kann anschließend in das Erdgasleitungssystem eingespeist werden. Das LNG-Verfahren bezeichnet dabei das Kühlungs- und Komprimierungsverfahren, vgl. *Habrich-Böcker/Kirchner/Weißenberg*, Fracking – Die neue Produktionsgeografie, S. 142.

4 Zu den verschiedenen Erdgasvorkommen, siehe S. 12 ff.

5 Aus dem Englischen »to fracture«= »brechen«, »auflösen«, PONS Wörterbuch, S. 374. Im Rahmen dieser Untersuchung werden neben dieser Bezeichnung auch die Bezeichnungen »Fracking-Verfahren«, »hydraulisches Aufbrechen«, »Fracking« und »Fracks« verwendet.

6 Zur Darstellung des technischen Ablaufs einer Fracking-Maßnahme, siehe S. 21 ff.

7 Vgl. *Habrich-Böcker/Kirchner/Weißenberg*, Fracking – Die neue Produktionsgeografie, S. 42 unter Verweis auf Price Waterhouse Coopers, »Shale oil: the next energy revolution«, Februar 2013, S. 3, abrufbar unter https://www.pwc.com.au/industry/energy-utilities-mining/assets/shale-oil-feb13.pdf, abgerufen am 19. Februar 2019.

8 *Lechtenböhmer/Altmann/Capito/Matra/Weindorf/Zittel*, Auswirkungen der Gewinnung von Schiefergas und Schieferöl auf die Umwelt und die menschliche Gesundheit, S. 17.

9 Zum Vorkommen von Schiefergas siehe S. 15.

10 *Hughes*, Drill, Baby, Drill: Can Unconventional Fuels Usher in a New Era of Energy Abundance?, S. 50.

tioneller Brennstoffe[11] einen wesentlichen Teil seiner Energiepolitik dar, die zur energiewirtschaftlichen Unabhängigkeit Amerikas und zur Schaffung zahlreicher Arbeitsplätze führen sollte.[12] Auch die nachfolgende US-Regierung ging davon aus, dass amerikanisches Erdgas der Treibstoff der weltweiten Zukunft sein wird.[13] Bis zum Jahr 2050 soll die Erdgasproduktion der am größten wachsende Sektor aller fossilen Energieträger sein.[14]

Die hieraus resultierenden Auswirkungen sind vielfältig und nicht nur US-binnenrelevanter Natur, sondern auch weltweit einschneidend.[15] Zu nennen ist insbesondere der massive Erdgaspreisverfall auf dem US-Markt.[16] Global gesehen schafft das durch die Fracking-Technologie gewonnene Schiefergas geostrategische Verschiebungen und somit eine Veränderung wirtschaftlicher Abhängigkeiten.[17] Diese Verschiebungen und insbesondere die Frage nach rohstofflicher Unabhängigkeit könnten insbesondere in Zeiten globaler – zuletzt auch pandemiebedingter – Unsicherheiten[18] und wachsender Energiebedarfe der sich rasant entwickelnden Staaten wie China und Indien[19] auch

---

11 Zum Begriff unkonventionell siehe S. 14 ff.

12 Vgl. *Habrich-Böcker/Kirchner/Weißenberg*, Fracking – Die neue Produktionsgeografie, S. 114 unter Verweis auf Price Waterhouse Coopers, »Shale oil: the next energy revolution«, Februar 2013, S. 3, abrufbar unter https://www.pwc.com.au/industry/energy-utilities-mining/assets/shale-oil-feb13.pdf, abgerufen am 19. Februar 2019.

13 Vgl. Statement des Secretary of Energy James Richard Perry vom 25. Juni 2018: »American Natural Gas is Fueling the World's Future«, abrufbar unter https://www.whitehouse.gov/articles/american-natural-gas-fueling-worlds-future/, abgerufen am 19. Februar 2019.

14 EIA (Hrsg.), Annual Energy Outlook 2019, S. 69.

15 *von Richthofen*, S. 27 spricht in diesem Zusammenhang von einer Fracking-Revolution.

16 So sank der durchschnittliche Preis für Erdgas zu Beginn des unkonventionellen Förderzeitalters rapide, vgl. *Habrich-Böcker/Kirchner/Weißenberg*, Fracking – Die neue Produktionsgeografie, S. 97. Die US-Erdgaspreise erreichten im April 2012 mit unter 2 $/Mio. BTU ihren Tiefpunkt, BGR (Hrsg.), Energiestudie 2013 – Reserven, Ressourcen und Verfügbarkeit von Energierohstoffen, S. 25. Die Ursache hierfür wurde insbesondere in der künstlichen Schaffung eines Überangebotes durch die Aufrechterhaltung hoher Förderraten bei zeitgleicher Exportlimitation gesehen. Grund hierfür dürfte der Versuch sein, amerikanisches Erdgas auf dem Weltmarkt gegenüber dem Erdgas der *global player* der Erdgasexporteure (v.a. Russland) konkurrenzfähig zu machen. Es wird vermutet, dass dies auf lange Sicht nicht so aufrecht zu erhalten ist. Dennoch wird prognostiziert, dass der Erdgaspreis bis zum Jahr 2035 bei unter 4 $/Mio. BTU bleibt und im Verlauf bis zum Jahr 2050 auf maximal 5 $/Mio. BTU steigt, vgl. EIA (Hrsg.), Annual Energy Outlook 2019, S. 74.

17 Siehe *Rinke*, »Schöne neue Welt – Demokratien könnten von der Schiefergas-Revolution am meisten profitieren« vom 1. März 2013, abrufbar unter https://zeitschrift-ip.dgap.org/de/ip-die-zeitschrift/archiv/jahrgang-2013/maerz-april/sch%C3%B6ne-neue-welt, abgerufen am 19. Februar 2019.

18 Energiepolitisch sind hierbei insbesondere der russisch-ukrainische Gasstreit im Jahr 2009 und die »Krim-Krise« zu nennen, durch die Mitteleuropa in jüngster Zeit oftmals sich um seine Gasversorgung sorgen musste, aber auch der »Syrien-Krieg« sowie die vielfältigen Konflikte im Bereich der »Strategischen Ellipse«, also dem Gebiet, das den Nahen Osten, den Kaspischen Raum und Russland bis zum hohen Nordend umfasst, indem sich der überwiegende Teil der weltweiten Erdölvorkommen und ein erheblicher Teil der weltweiten Erdgasvorkommen befindet, vgl. *Habrich-Böcker/Kirchner/Weißenberg*, Fracking – Die neue Produktionsgeografie, S. 108 f.

19 Vgl. IEA (Hrsg.), World Energy Outlook 2018, S. 171 ff.

2

energiepolitisch und energiewirtschaftlich einen nicht zu vernachlässigenden Stellenwert im politischen Diskurs einnehmen.[20]

Diese Entwicklung hat auch in Deutschland die Diskussion über die Gewinnung unkonventioneller Erdgase entfacht. Auch hierzulande erhoffen sich Befürworter durch den Einsatz der Fracking-Methode einen Anstieg der Förderung insbesondere unkonventioneller Erdgase und damit verbunden eine Unabhängigkeit von Gaslieferungen aus dem Ausland.[21] Die heimische Erdgasförderung trägt derzeit nur noch rund zehn Prozent zum jährlichen Erdgasbedarf bei – Tendenz sinkend.[22] Dies ist im Wesentlichen darauf zurückzuführen, dass vorhandene Lagerstätten erschöpft sind und nennenswerte Neufunde ausbleiben.[23] Es steht daher zu erwarten, dass Deutschland in absehbarer Zeit vollständig von ausländischen Erdgaslieferungen abhängig sein wird.[24] An diesem Szenario könnte die Gewinnung unkonventioneller Vorkommen etwas ändern, wenngleich der Exploration unkonventioneller Gaslagerstätten mittels der Fracking-Technologie hierzulande keine ähnlich marktverändernde Situation wie in den USA nachgesagt wird.[25]

Darüber hinaus könnte die Fracking-Technologie noch weitere energiewirtschaftliche Chancen mit sich bringen. Veränderungen und der Umbau der Energiesysteme erfordern Zeit.[26] Zur Gewährleistung eines sicheren Übergangs in ein kohlenstoffarmes Energiesystem wird Deutschland voraussichtlich noch über Dekaden auf fossile Energierohstoffe angewiesen sein.[27] Erdgas, das von allen fossilen Energieträgern die ge-

---

20 Der deutsche Bundeswirtschaftsminister Peter Altmaier kündigte jüngst die Unterstützung der Regierung für den Bau von »mindestens« zwei LNG-Terminals zum Import von Flüssiggas u.a. aus den USA an, vgl. Wirtschaftswoche vom 12. Februar 2019, abrufbar unter https://www.wiwo.de/unternehmen/energie/fluessigerdgas-altmaier-rechnet-mit-zwei-lng-terminals-in-deutschland/23976972.html, abgerufen am 20. Februar 2019.

21 Die Erdgasförderung in Deutschland und Europa ist seit Jahren rückläufig. Hierdurch wächst die Abhängigkeit von Importen. Als hochentwickelte Industrienation gehört Deutschland zu den zehn größten Energieverbrauchern der Welt und muss über 80 Prozent seines Energiebedarfs aus importierten Energierohstoffen decken. Von allen im Jahr 2016 importierten Rohstoffen entfielen über die Hälfte auf die Energierohstoffe Erdöl, Erdgas und Kohle. Die wichtigsten Importländer fossiler Energieträger sind die Russland, Norwegen und die Niederlande, BGR (Hrsg.), Energiestudie 2017 – Daten und Entwicklungen der deutschen und globalen Energieversorgung, S. 17; vgl. auch BGR (Hrsg.), Deutschland – Rohstoffsituation 2017, S. 20.

22 BGR (Hrsg.), Schieferöl und Schiefergas in Deutschland, Potenziale und Umweltaspekte, S. 2.

23 BGR (Hrsg.), Deutschland – Rohstoffsituation 2017, S. 34; vgl. *Habrich-Böcker/Kirchner/Weißenberg*, Fracking – Die neue Produktionsgeografie, S. 57.

24 BGR (Hrsg.), Schieferöl und Schiefergas in Deutschland, Potenziale und Umweltaspekte, S. 2.

25 Schätzungen besagen, dass Deutschlands förderbare Schiefergasressourcen zwischen 320 Mrd. und 2.030 Mrd. Kubikmeter, im Mittel bei 800 Mrd. Kubikmeter liegen, wobei sich die mit Abstand erdgasreichsten Gebiete im Niedersächsischen Becken und kleinere Potenziale im Oberrheingraben und im nördlichen Norddeutschland befinden. Damit übersteigen die Zahlen die derzeitige jährliche Erdgasförderung von rund 10 Mrd. Kubikmeter Erdgas etwa um das 100-fache und den deutschen Jahresverbrauch von rund 90 Mrd. Kubikmeter um das 10-fache. BGR (Hrsg.), Schieferöl und Schiefergas in Deutschland, Potenziale und Umweltaspekte, S. 92 f.; vgl. auch *Habrich-Böcker/Kirchner/Weißenberg*, Fracking – Die neue Produktionsgeografie, S. 19.

26 *Watzel*, Heft 141 der Schriftenreihe der GDMB, S. 9, 11.

27 BGR (Hrsg.), Schieferöl und Schiefergas in Deutschland, Potenziale und Umweltaspekte, S. 9.

ringste Menge Kohlendioxid bei der Verbrennung freisetzt, wird in diesem Zusammenhang daher als »Brückenenergie« betrachtet.[28] Heimisches Erdgas könnte einen wichtigen Beitrag zum deutschen »Energiemix« leisten und gewinnt im Zuge der »Energiewende«, insbesondere vor dem Hintergrund des Ausstiegs aus der Kernenergie und aus der Kohle, weiter an Bedeutung.[29] Daneben könnte der Abbau weiterer Erdgaslagerstätten noch weitere Vorteile schaffen: namentlich die Schaffung einer Vielzahl von Arbeitsplätzen in ländlichen Regionen sowie die Erhöhung von Förderabgaben für die Kommunen.[30]

Der Abbau von Bodenschätzen[31] ist naturgemäß nicht ohne erhebliche Eingriffe in den Grund und Boden möglich und damit grundsätzlich konfliktträchtig.[32] So hat sich in Deutschland ein breiter öffentlicher Fracking-Widerstand gebildet.[33] Ganze Industriezweige sehen die Anwendung der Fracking-Technologie kritisch.[34] Fracking-Kritiker befürchten negative Auswirkungen auf die Umwelt sowie die Gesundheit und das Leben von Menschen.[35] Sie verweisen dabei auf Erfahrungsberichte aus den USA.[36]

---

28 BGR (Hrsg.), Schieferöl und Schiefergas in Deutschland, Potenziale und Umweltaspekte, S. 9.
29 Ewen/Borchardt/Richter/Hammerbacher, Risikostudie Fracking – Übersichtsfassung der Studie »Sicherheit und Umweltverträglichkeit der Fracking-Technologie für die Erdgasgewinnung aus unkonventionellen Quellen«, S. 14.
30 *Stapelberg*, Heft 126 der Schriftenreihe der GDMB, S. 45, 47.
31 Siehe hierzu S. 79 ff.
32 *Teßmer*, Heft 131 der Schriftenreihe der GDMB, S. 25.
33 Siehe nur die digitalen Informationsplattformen http://www.gegen-gasbohren.de, http://www.frackingfreieshessen.de und http://www.wir-gegen-fracking.de.
34 Vgl. »Gelsenkirchener Erklärung: Wasserversorger, Bierbrauer, Mineral- und Heilbrunnenbetriebe sowie Erfrischungsgetränkehersteller fordern Schutz vor Fracking« vom 24. Oktober 2013 unterzeichnet durch GELSENWASSER AG, Wasserwerke an der Ruhr e.V., Deutscher Brauer-Bund e.V., Verband Deutscher Wirtschaftsvereinigung Mineralbrunnen e.V. und Alkoholfreie Getränke e.V., abrufbar unter https://wibke-brems.de/wp-content/uploads/2013/12/gelsenkirchener_erklaerung.pdf, abgerufen am 21. Februar 2019.
35 Für eine Auflistung der häufigsten genannten Argumente der Fracking-Gegner findet sich bei Faulstich/Baron, Heft 141 der Schriftenreihe der GDMB, S. 71 f.; vgl. *Habrich-Böcker/Kirchner/Weißenberg*, Fracking – Die neue Produktionsgeografie, S. 81 ff.
36 Berichten aus den USA zufolge soll es neben kleineren Erdbeben häufig zu Kontaminationen des Trinkwassers in unmittelbarer Nähe zu Fracking-Vorhaben kommen, vgl. *Jackson/Avner/Darraha/Warnera/Downa/Poredac/Osborn/Zhaoa/Karr*, »Increased stray gas abundance in a subset of drinkingwater wells near Marcellus shale gas extraction«, S. 11250 ff.; *Boyer/Swistock/Clark/Madden/Rizzo*, The Impact of Marcellus Gas Drilling on Rural Drinking Water Supplies, S. 11 ff.; Trinkwasserkontamination betreffen wohl häufig hohe Eisengehalte im Wasser sowie Mangan- und Arsen-Belastungen, plötzliche Farbveränderungen sowie aufkommende Trübungen. Auch Kohlenwasserstoffe wie Methan, Benzol und Toluol sowie die Metalle Strontium und Barium sollen im Wasser nachgewiesen worden sein. Ein klarer Zusammenhang mit den Fracking-Aktivitäten wurde allerdings nicht nachgewiesen. 233 Proben aus Trinkwasserbrunnen in ländlichen Regionen in der direkten Nachbarschaft zu Gasförderaktivitäten des Barnett-Schiefer-Gebietes haben keine statistisch signifikanten Änderungen der Wasserqualität festgestellt, vgl. SRU (Hrsg.), Fracking zur Schiefergasgewinnung – ein Beitrag zur energie- und umweltpolitischen Bewertung, S. 28 unter Verweis auf *Boyer/Swistock/Clark/Madden/Rizzo*, The Impact of Marcellus Gas Drilling on Rural Drinking Water Supplies, S. 19; *Broomfield*, Support to the identification of potential risks for the environment and human health arising from hydrocarbons operations involving hydraulic fracturing

Denen wird wiederum entgegengehalten, dass die geologischen und hydrogeologischen Gegebenheiten sowie die geltenden Sicherheitsvorschriften in den USA andere seien und daher nur bedingt auf die deutsche Ausgangssituation übertragbar sein dürften.[37] Daneben bezweifeln sie die mit der Fracking-Technologie erwarteten wirtschaftlichen Verschiebungen[38] und die damit einhergehende wachsende Unabhängigkeit von Gasimporten aus Russland[39].

Hauptsorgen bereiten neben einer schlechten Klimabilanz[40] insbesondere die mit der Fracking-Technologie einhergehenden potentiellen Wasser-[41] und Bodenkontaminationen[42] durch das Fracking-Fluid[43] und den sogenannten *flowback*[44] sowie Luftkontaminationen[45], die neben den Geräuschemissionen des Regelbetriebes insbesondere in Form von unkontrolliertem und unentdecktem Methanaufstieg erfolgen können. Erderschütterungen[46] oder *blowouts*[47] könnten weitere schädigende Folgen sein.

Häufig übersehen wird allerdings, dass die Fracking-Technologie auch hierzulande bereits seit über 50 Jahren zur Stimulierung von Erdgaslagerstätten praktiziert wird

in Europe; EPA (Hrsg.), Study of the Potential Impacts of Hydraulic Fracturing on Drinking Water Resources – progress report; Ewen/Borchardt/Richter/Hammerbacher, Risikostudie Fracking – Übersichtsfassung der Studie »Sicherheit und Umweltverträglichkeit der Fracking-Technologie für die Erdgasgewinnung aus unkonventionellen Quellen«; *Groat/ Grimshaw*, Fact-Based Regulation for Environmental Protection in Shale Gas Development – Summary of Findings«, UBA (Hrsg.), Umweltauswirkungen von Fracking bei der Aufsuchung und Gewinnung von Erdgas aus unkonventionellen Lagerstätten, C1ff. Allerdings soll es in einigen Fällen zu signifikanten Änderungen gekommen sein, eine eindeutige Kausalität zum jeweiligen Fracking-Vorhaben konnte aber nicht festgestellt werden, *Boyer/Swistock/Clark/Madden/Rizzo*, The Impact of Marcellus Gas Drilling on Rural Drinking Water Supplies, S. 14, 19 f. In Wyoming hingegen soll es zu Gewässerveränderungen in unmittelbarer Nähe zum Schiefergasfeld Pavillion gekommen sein, vgl. EPA (Hrsg.), »Investigation of Ground-Water Contamination near Pavillion, Wyoming – Workgroup Meeting, S. 9 ff.

37 Vgl. SRU (Hrsg.), Fracking zur Schiefergasgewinnung – ein Beitrag zur energie- und umweltpolitischen Bewertung, S. 28.

38 Schätzungsweise machen unkonventionelle Erdgaslagerstätten lediglich fünf Prozent der weltweiten Erdgasvorkommen aus. 80 Prozent aller Vorkommen befinden sich in den Ländern der OPEC sowie der GUS in fast ausschließlich konventionellen Vorkommen, vgl. BGR (Hrsg.), Energiestudie 2017 – Daten und Entwicklungen der deutschen und globalen Energieversorgung, S. 11.

39 Siehe jüngst das Ringen der Mitgliedsstaaten der Europäischen Union um die umstrittene Erdgas-Pipeline »Nord Stream 2«, die durch die Ostsee Deutschland mit russischem Gas beliefern soll, vgl. u.a. https://www.sueddeutsche.de/politik/nord-stream-eu-einigung-1.4328081, abgerufen am 22. Februar 2019.

40 Vgl. *Habrich-Böcker/Kirchner/Weißenberg*, Fracking – Die neue Produktionsgeografie, S. 92.

41 Siehe S. 35 ff.

42 Siehe S. 38.

43 Siehe S. 23 ff.

44 Siehe S. 27 f.; S. 30 f.

45 Siehe S. 39.

46 Siehe S. 39 f.

47 Siehe S. 40.

und es sich daher keineswegs um eine gänzlich neuartige Technik handelt.[48] Hinzukommt, dass bisher kein Fall von Grundwasserkontamination nach »gefrackten« Erdgaslagerstätten[49] bekannt ist.[50] Worum es also tatsächlich in der Diskussion geht, ist die Frage, ob unkonventionelle Erdgaslagerstätten auch hierzulande erschlossen werden sollten oder ob die Umweltrisiken und die mangelnden Erfahrungen im Umgang mit den neuartigen Gesteinsarten gegen eine solche Anwendung sprechen.[51]

Die vorliegende Untersuchung versteht sich nun allerdings weder als energiepolitische oder energiewirtschaftliche Abhandlung über die Sinnhaftigkeit der Etablierung eines neuen Abbauverfahrens von Rohstoffen, noch vermag sie eine Antwort auf die Frage zu geben, wie sich die Bundesrepublik Deutschland geostrategisch in den kommenden Dekaden ausrichten soll. Sie ist auch nicht imstande einen Beitrag zur Debatte zu leisten, wie wahrscheinlich ein durch eine Fracking-Maßnahme verursachtes schädigendes Ereignis hierzulande ist.

Untersuchungsveranlassung sind vielmehr die mit den Stimmen der großen Koalition am 4. August 2016 vom Deutschen Bundestag beschlossenen gesetzlichen Neuregelungen im Zusammenhang mit der Fracking-Technologie.[52] Zu diesem Regelungspaket gehören

– die »Verordnung zur Einführung von Umweltverträglichkeitsprüfungen und überbergbauliche Anforderungen beim Einsatz der Fracking-Technologie und Tiefbohrungen«[53],

– das »Gesetz zur Ausdehnung der Bergschadenshaftung auf den Bohrlochbergbau und Kavernen«[54] und

– das »Gesetz zur Änderung wasser- und naturschutzrechtlicher Vorschriften zur Untersagung und zur Risikominimierung bei den Verfahren der Fracking-Technologie«[55].[56]

---

48 *Stapelberg*, Heft 126 der Schriftenreihe der GDMB, S. 45, 49.
49 Der Hauptteil der in Deutschland in der Vergangenheit gefrackten Lagerstätten betrifft sogenannte Tight Gas-Lagerstätten. Zur Einordnung dieser Lagerstättenart, siehe S. 16 ff.
50 BGR (Hrsg.), Abschätzung des Erdgaspotenzials aus dichten Tongesteinen (Schiefergas) in Deutschland, S. 33; vgl. auch *Reinicke*, Erdöl, Erdgas, Kohle 2012, S. 2. Dies könnte allerdings auch daran liegen, dass hierzu nur eine unzureichende Datenlage besteht, vgl UBA (Hrsg.), Umweltauswirkungen von Fracking bei der Aufsuchung und Gewinnung von Erdgas aus unkonventionellen Lagerstätten, 05.
51 Wie in den USA geht es dabei insbesondere um den Abbau von Schiefergaslagerstätten, vgl. BGR (Hrsg.), Schieferöl und Schiefergas in Deutschland, Potenziale und Umweltaspekte, S. 9 ff.; SRU (Hrsg.), Fracking zur Schiefergasgewinnung – ein Beitrag zur energie- und umweltpolitischen Bewertung, S. 5 f. Da die Fracking-Technologie allerdings in allen konventionellen und unkonventionellen Erdgaslagerstätten zum Einsatz kommen kann, beschränkt sich die vorliegende Untersuchung nicht auf Schiefergas, sondern umfasst neben der konventionellen Förderung auch alle unkonventionellen Lagergesteinsarten.
52 Zur Entwicklung des Regulierungsvorhabens siehe *Töller/Böcher*, ZfU 2016, S. 208, 211 f.
53 BGBl. I 2016, S. 1957.
54 BGBl. I 2016, S. 1962.
55 BGBl. I 2016, S. 1972.
56 Im Folgenden wird sich auf diese gesetzlichen Neuregelungen als das »Fracking-Gesetz«, das »Fracking-Gesetzespaket«, das »Fracking-Regelungspaket«, das »Regelungspaket« oder die »gesetzlichen Neuregelungen« bezogen.

Das Regelungspaket ist das Ergebnis einer langen politischen Debatte im Versuch, das mit der Fracking-Technologie einhergehende Potenzial für die Versorgungssicherheit der Gesamtbevölkerung mit dem Risikopotenzial in Einklang zu bringen. Während der schwarz-gelbe Regierungsentwurf der 17. Legislaturperiode eine grundsätzliche Fracking-Erlaubnis vorsah[57], der letztendlich auch in Anbetracht der anstehenden Bundestagswahlen im Jahr 2013 am Widerstand der CSU und dem CDU-Landesverband Nordrhein-Westfalen scheiterte[58], sah der darauffolgende Koalitionsvertrag zwischen der CDU, CSU und SPD eine Ablehnung »umwelttoxischer Substanzen bei der Anwendung der Fracking-Technologie zur Aufsuchung und Gewinnung unkonventioneller Erdgaslagerstätten« vor. »Über Anträge auf Genehmigungen [könne] erst dann entschieden werden, wenn die nötige Datengrundlage zur Bewertung vorhanden und zweifelsfrei geklärt [sei], dass eine nachteilige Veränderung der Wasserbeschaffenheit nicht zu befürchten [sei].«[59]

Mit dem Regelungspaket hat sich die Bundesregierung nach jahrelangem Stillstand nunmehr positioniert. Die Reaktionen hierauf fielen unterschiedlich aus. Während die damaligen Regierungspartner größtenteils davon ausgingen, mit dem Regelungspaket ein »Fracking-Verhinderungsgesetz« verabschiedet zu haben[60], sah insbesondere die Opposition dies anders.[61]

Die Regelungen des Gesetzespakets können in drei juristische Teilbereiche untergliedert werden. Erstens enthält das Gesetzespaket planerische Regelungen, zweitens schafft das Paket einen gesonderten Zulassungsrahmen für konkrete Fracking-Vorhaben und drittens sieht es Änderungen im Bereich der Schadensregulierung vor. Inhaltlich ändert das Regelungspaket das Bundesnaturschutzgesetz[62], das Wasserhaus-

57 Vgl. *Freudenreich/Blasius*: »Schwarz-Gelb ist für Fracking – gegen Widerstand aus NRW«, abrufbar unter https://www.derwesten.de/politik/schwarz-gelb-ist-fuer-fracking-gegen-wider stand-aus-nrw-id7965268.html, abgerufen am 21. Februar 2019.

58 Vgl. *Balser*: »Giftspritze für den Boden – Das geplante Gesetz der Bundesregierung zum Fracking ist gescheitert«, abrufbar unter https://www.sueddeutsche.de/wirtschaft/umstritte nes-fracking-gesetz-gescheitert-giftspritze-fuer-den-boden-1.1688444; »Koalition kippt geplanten Fracking-Vorstoß«, abrufbar unter http://www.spiegel.de/politik/deutschland/fracking-gesetzentwurf-der-regierung-gescheitert-a-903767.html, jeweils abgerufen am 2. Februar 2019.

59 Vgl. »Deutschlands Zukunft gestalten – Koalitionsvertrag zwischen CDU, CSU und SPD« vom 27. November 2013, S. 44, abrufbar unter https://www.cdu.de/sites/default/files/media/ dokumente/koalitionsvertrag.pdf, abgerufen am 21. Februar 2019.

60 Vgl. https://www.abgeordnetenwatch.de/bundestag-2013-2017/abstimmungen/fracking-neu regelung-verbot-von-unkonventionellem-fracking; https://www.energieverbraucherportal.de/ news/kritik-gesetz-fracking; https://www.erdoel-erdgas-deutschland.de/der-tiefere-deutsche-untergrund-eine-tabuzone/; https://www.rolfmuetzenich.de/presseerklaerung/beharrlichkeit-zahlt-endlich-fracking-verbot-nrw.

61 Vielfach wird innerhalb der Opposition von »Fracking-Ermöglichungsgesetz« oder »Fracking-Erlaubnisgesetz« gesprochen, vgl. anstatt vieler u.a. https://www.faz.net/aktuell/wirtschaft/ gruene-und-linke-gegen-fracking-gesetz-in-deutschland-13579859.html; https://www. gruene-bundestag.de/energie/fracking-bleibt-erlaubt-22-06-2016.html, http://www.progruen-paderborn.de/index.php/aktuelles/302-pro-gruen-plakat-gegen-fracking, https://www.oliver-krischer.eu/2016/06/23/grosse-koalition-beschliesst-fracking-ermoeglichungsgesetz, siehe zur Kritik der Getränkeindustrie auch *Groß*, wafg aktuell 2015, S. 48 f.

62 Bundesnaturschutzgesetz vom 29. Juli 2009 (BGBl. I 2009, S. 2542), das zuletzt durch Art. 1 des Gesetzes vom 15. September 2017 (BGBl. I 2017, S. 3434) geändert worden ist.

haltsgesetz[63], das Bundesberggesetz[64], die Bergverordnung für alle bergbaulichen Bereiche[65] und die Verordnung über die Umweltverträglichkeitsprüfung bergbaulicher Vorhaben[66].

Ziel der Untersuchung ist es, herauszufinden, ob das Regelungspaket die erwünschte Rechtsklarheit für den Rechtsanwender geschaffen hat. Bestehen geeignete Steuerungsinstrumente? Ist das Regelungspaket in der Lage, Schäden an Rechtsgütern durch den Einsatz der Fracking-Technologie effektiv vorzubeugen? Ist sichergestellt, dass Schäden adäquat ausgeglichen werden? Oder bestehen die Anforderungen an die Technologie und die mit ihnen einhergehenden Unsicherheiten *de facto* unverändert fort?

Die vorliegende Untersuchung gliedert sich in sieben Teile. Im ersten Teil[67] fokussiert sich die Untersuchung auf die verschiedenen Arten von Erdgasvorkommen sowie die technischen Grundlagen der Fracking-Methode. Darüber hinaus werden in diesem Teil die einzelnen Gefahren der Fracking-Technologie für den Menschen und die Umwelt erläutert. Der zweite Teil[68] der Untersuchung beschäftigt sich mit den planungsrechtlichen Neuregelungen, die unabhängig vom konkreten Einzelfall Fracking-Vorhaben beeinflussen können. Hierfür soll untersucht werden, inwieweit planungsrechtlich auf Fracking-Vorhaben Einfluss genommen werden kann, wobei nicht nur die geänderten Fachplanungsinstrumente dargestellt werden sollen, sondern der Blick auch auf die allgemeine Raumplanung zu richten ist. Der dritte Teil[69] der Untersuchung steckt den fachgesetzlichen Zulassungsrahmen der einzelnen für ein Fracking-Vorhaben erforderlichen Betriebsphasen ab. Hierbei legt die Untersuchung besonderen Wert auf die Fragestellung, ob das Gesetzespaket die erforderliche Klarheit über die zu beantragenden Genehmigungen gebracht hat. Der vierte Teil der Untersuchung[70] beschäftigt sich anschließend mit den bergrechtlichen Genehmigungsvoraussetzungen, die ein Fracking-Unternehmen für die Aufsuchung und Gewinnung von Kohlenwasserstoffen mittels der Fracking-Technologie erfüllen muss. Im fünften Teil[71] wird der Untersuchungsgegenstand auf seine wasserrechtliche Erlaubnisfähigkeit überprüft. Die Untersuchung nimmt dabei die gesetzlichen Neuregelungen in den Blick und fragt, wie sich diese in den bereits bestehenden wasserrechtlichen Zulassungsrahmen einfügen.

---

63 Wasserhaushaltsgesetz vom 31. Juli 2009 (BGBl. I 2009, S. 2585), das zuletzt durch Art. 2 des Gesetzes vom 4. Dezember 2018 (BGBl. I 2018, S. 2254) geändert worden ist.

64 Bundesberggesetz vom 13. August 1980 (BGBl. I 1980, S. 1310), das zuletzt durch Art. 2 Abs. 4 des Gesetzes vom 20. Juli 2017 (BGBl. I 2017, S. 2808) geändert worden ist.

65 Allgemeine Bundesbergverordnung vom 23. Oktober 1995 (BGBl. I 1995, S. 1466), die zuletzt durch Art. 4 der Verordnung vom 18. Oktober 2017 (BGBl. I 2017, S. 3584) geändert worden ist.

66 Verordnung über die Umweltverträglichkeitsprüfung bergbaulicher Vorhaben vom 13. Juli 1990 (BGBl. I 1990, S. 1420), die zuletzt durch Art. 2 Abs. 24 des Gesetzes vom 20. Juli 2017 (BGBl. I 2017, S. 2808) geändert worden ist.

67 S. 11 ff.

68 S. 43 ff.

69 S. 79 ff.

70 S. 159 ff.

71 S. 215 ff.

Anschließend widmet sich der sechste Teil der Untersuchung der Frage nach der schadensrechtlichen Behandlung von durch Fracking-Vorhaben verursachten Schäden. Hierfür werden die spezialgesetzlichen Haftungstatbestände des Bergrechts und des Wasserrechts auf ihre Anwendbarkeit auf den Untersuchungsgegenstand überprüft. Die Untersuchung schließt mit einer Zusammenfassung der gefundenen Ergebnisse.[72]

72 S. 343 ff.

Teil 1   Die Erdgasförderung mittels der Fracking-Technologie

Der erste Teil der Arbeit widmet sich der Konkretisierung des Untersuchungsgegenstands. Zunächst ist es erforderlich, sich in tatsächlicher Hinsicht einen Überblick über den zu fördernden Rohstoff zu verschaffen sowie die technische Durchführung der Fracking-Methode zu vergegenwärtigen, um abschließend herauszuarbeiten, von welchen Phasen der Durchführung eines Fracking-Vorhabens welche Gefahren ausgehen.

1. Kapitel   Erdgasvorkommen

I.   Begriff des Erdgases

Spricht man herkömmlicherweise von Erdgas als Energieträger, dann handelt es sich nicht um ein vollkommen homogenes Gut. Vielmehr fasst man unter diesen Begriff brennbare Gasgemische, deren Zusammensetzungen entsprechend ihrer geografischen Lagerstätten divergieren, denen aber gemeinsam ist, dass sie zu einem wesentlichen Anteil aus dem hochentzündlichen und energiereichen Kohlenwasserstoff Methan bestehen.[73] Abhängig von ihrem Methangehalt unterscheidet man in Deutschland die Qualitätskategorien L und H.[74] Die Erdgase enthalten daneben geringere Anteile an sonstigen Kohlenwasserstoffen sowie molekularem Stickstoff,

---

73 Monopolkommission, Sondergutachten 59, Energie 2011: Wettbewerbsentwicklung mit Licht und Schatten, S. 71 f. (Rn. 113).

74 L =low, H= high. Die Qualität L bedeutet, dass der Methananteil am Gasgemisch zwischen 80 und 87 Prozent am Gesamtvolumen beträgt. Erdgas aus Deutschland entspricht häufig dieser Qualität. Die Qualität H hingegen bedeutet, dass der Methananteil am Gasgemisch zwischen 88 und 99 Prozent am Gesamtvolumen beträgt. Erdgas aus den wichtigsten Importländern Russland und Norwegen entspricht überwiegend dieser Qualität, vgl. Monopolkommission, Sondergutachten 59, Energie 2011:Wettbewerbsentwicklung mit Licht und Schatten, S. 72 (Rn. 114).

Schwefelwasserstoff und Kohlendioxid.[75] Die größten Erdgasreserven[76] Deutschlands liegen in Niedersachsen.[77]

II.   Erdgaslagerstätten

Das meiste thermogen entstandene Erdgas[78] entweicht über poröse oder klüftige Speichergesteine oder über die Ozeane direkt in die Atmosphäre, ohne gewonnen zu werden.[79] Nur in seltenen Fällen sammelt es sich in Lagerstätten unterhalb der Erdoberfläche[80], gespeichert in Gesteinsporen.[81] Als Lagerstätten werden diejenigen Bereiche der Erdkruste bezeichnet, die auf natürliche Weise mit gewinnbaren Mengen von Erdgas angereichert sind.[82] Abhängig von der Art des Speichergesteins der Lagerstätten

75   SRU (Hrsg.), Fracking zur Schiefergasgewinnung – ein Beitrag zur energie- und umweltpolitischen Bewertung, S. 6. Im Folgenden wird zur Übersichtlichkeit und mangels weiterer Relevanz für den Untersuchungsgegenstand lediglich von Erdgas als festsehender Terminus stellvertretend für die unterschiedlichen thermogenen Erdgase gesprochen. Ausgenommen hiervon sind biogene Erdgase, die für den Untersuchungsgegenstand keine Relevanz haben.

76   Herkömmlich werden in der Gaswirtschaft bei verfügbaren Erdgasmengen zwischen den Begriffen Reserven und Ressourcen unterschieden. Reserven bezeichnet die Mengen, die mit großer Genauigkeit erfasst und mit den derzeitigen technischen Möglichkeiten gewonnen werden können. Ressourcen bezeichnet zum einen geologisch nicht nachgewiesene, aber aus geologischen Gründen in den jeweiligen Gebieten vermutete Erdgasmengen und zum anderen solche Erdgasmengen, die zwar geologisch nachgewiesen, aber zurzeit wirtschaftlich nicht förderbar sind, vgl. Monopolkommission, Sondergutachten 59, Energie 2011: Wettbewerbsentwicklung mit Licht und Schatten, S. 72 (Rn. 115) unter Verweis auf *Rempel*, Energiewirtschaftliche Tagesfragen Jahrgang 60 (2010), Heft 11, 8 ff. Im Folgenden wird mangels weiterer Relevanz für den Untersuchungsgegenstand oberbegrifflich von Erdgasvorkommen gesprochen.

77   Der Anteil Niedersachsens an der Reingasförderung Deutschlands betrug im Jahr 2017 96,9 Prozent an der Gesamtförderung in Deutschland und blieb damit konstant. Andere Bundesländer tragen nur marginal zur Gasförderung bei, vgl. LBEG (Hrsg.), Erdöl- und Erdgasreserven in der Bundesrepublik Deutschland am 01. Januar 2018, S. 3.

78   Unterschieden wird zwischen thermogenem und biogenem Methan. Thermogenes Methan wird aus organischem Material bei hohen Temperaturen und Drücken in tiefen Sedimenthorizonten gebildet, biogenes Methan entsteht hingegen oberflächennah durch mikrobiellen Abbau. Für die Encrgiegewinnung ist das thermogene Methan von Bedeutung, vgl. SRU (Hrsg.), Fracking zur Schiefergasgewinnung – ein Beitrag zur energie- und umweltpolitischen Bewertung, S. 6.

79   So zum Beispiel im Golf von Mexiko, vgl. HLNUG (Hrsg.), Stellungnahme zu vorliegenden Gutachten zum Fracking in Deutschland im Zusammenhang mit dem Aufsuchungsantrag der BNK Deutschland GmbH auf Kohlenwasserstoffe im Erlaubnisfeld »Adler South«, S. 10.

80   HLNUG (Hrsg.), Stellungnahme zu vorliegenden Gutachten zum Fracking in Deutschland im Zusammenhang mit dem Aufsuchungsantrag der BNK Deutschland GmbH auf Kohlenwasserstoffe im Erlaubnisfeld »Adler South«, S. 10.

81   UBA (Hrsg.), Einschätzung der Schiefergasförderung in Deutschland – eine Stellungnahme, S. 1.

82   BGR (Hrsg.), Schieferöl und Schiefergas in Deutschland, Potenziale und Umweltaspekte, S. 18.

und ihrer Durchlässigkeit (Permeabilität) lassen sich Erdgasvorkommen in konventionelle und unkonventionelle[83] Vorkommen[84] bzw. in konventionelle und unkonventionelle Lagerstätten unterteilen.[85]

1. Konventionelle Lagerstätten – Speichergesteinslagerstätten

Als konventionelle Lagerstätten werden diejenigen porösen Gesteinsformationen bezeichnet, in denen Erdgas aufgrund ihrer speziellen geologisch-tektonischen Bedingungen gefangen und zusätzlich durch natürliche Barriereschichten, wie mächtige Ton- oder Salzschichten am weiteren Aufstieg gehindert ist.[86] Das Erdgas ist in diesen Schichten nicht entstanden, sondern im Laufe der Zeit dorthin migriert.[87] Diese Arten von Lagerstätten werden daher auch als Speichergesteinslagerstätten bezeichnet.[88] Es bilden sich in ihnen zusammenhängende Erdgasfelder.[89] Konventionelles Erdgas tritt sehr häufig in den gleichen Lagerstätten wie Erdöl auf und sammelt sich dabei häufig oberhalb des Erdöls in gewöhnlich 4.000 bis 6.000 Meter Tiefe.[90]

Wesentliches Merkmal konventioneller Lagerstätten ist es, dass aufgrund ihrer ausreichenden Porosität und Permeabilität das Erdgas bei seiner Förderung mittels des natürlichen Lagerstättendrucks selbstständig einem Bohrloch zuströmt.[91] Somit kann es relativ einfach über Förderbohrungen gewonnen werden.[92] Über die Hälfte der weltweiten Reserven sind in den Ländern Russland, Iran und Katar konzentriert. Die wichtigsten Förderländer sind indes Russland und die Vereinigten Staaten.[93]

---

83 Auffällig ist, dass die Bundesanstalt für Geowissenschaften und Rohstoffe in ihren Studien durchgängig nicht von »unkonventionell« spricht, sondern den Begriff »nicht-konventionell« verwendet.
84 UBA (Hrsg.), Einschätzung der Schiefergasförderung in Deutschland – eine Stellungnahme, S. 1.
85 Vgl. BGR (Hrsg.), Schieferöl und Schiefergas in Deutschland, Potenziale und Umweltaspekte, S. 18. Im Folgenden werden die Begriffspaare unkonventionelle und konventionelle Gasvorkommen sowie unkonventionelle und konventionelle Lagerstätten synonym verwendet.
86 HLNUG (Hrsg.), Stellungnahme zu vorliegenden Gutachten zum Fracking in Deutschland im Zusammenhang mit dem Aufsuchungsantrag der BNK Deutschland GmbH auf Kohlenwasserstoffe im Erlaubnisfeld »Adler South«, S. 11.
87 Vgl. *Lechtenböhmer/Altmann/Capito/Matra/Weindorf/Zittel*, Auswirkungen der Gewinnung von Schiefergas und Schieferöl auf die Umwelt und die menschliche Gesundheit, S. 15.
88 Vgl. HLNUG (Hrsg.), Stellungnahme zu vorliegenden Gutachten zum Fracking in Deutschland im Zusammenhang mit dem Aufsuchungsantrag der BNK Deutschland GmbH auf Kohlenwasserstoffe im Erlaubnisfeld »Adler South«, S. 11.
89 Vgl. *Lechtenböhmer/Altmann/Capito/Matra/Weindorf/Zittel*, Auswirkungen der Gewinnung von Schiefergas und Schieferöl auf die Umwelt und die menschliche Gesundheit, S. 15.
90 *Lechtenböhmer/Altmann/Capito/Matra/Weindorf/Zittel*, Auswirkungen der Gewinnung von Schiefergas und Schieferöl auf die Umwelt und die menschliche Gesundheit, S. 15.
91 Monopolkommission, Sondergutachten 59, Energie 2011: Wettbewerbsentwicklung mit Licht und Schatten, S. 72 (Rn. 115).
92 *Grigo*, Heft 131 der Schriftenreihe der GDMB, S. 73; *Lechtenböhmer/Altmann/Capito/Matra/Weindorf/Zittel*, Auswirkungen der Gewinnung von Schiefergas und Schieferöl auf die Umwelt und die menschliche Gesundheit, S. 15.
93 Monopolkommission, Sondergutachten 59, Energie 2011: Wettbewerbsentwicklung mit Licht und Schatten, S. 73 (Rn. 115).

2.   Unkonventionelle Lagerstätten – Muttergesteinslagerstätten

Erdgas aus unkonventionellen Lagerstätten unterscheidet sich in der chemischen Zusammensetzung nicht von konventionellem Erdgas. Die Unterscheidung bezieht sich also nicht auf den Rohstoff selbst, sondern auf die Art der Lagerung.[94] Es handelt sich auch bei ihnen stofflich um gewöhnliche Gase.[95] Unkonventionelle Lagerstätten unterscheiden sich dadurch, dass das in ihnen gelagerte Erdgas nicht aufgrund des natürlichen Lagerstättendrucks frei der Förderbohrung zuströmt, sondern für ihre Gewinnung weitere technische Maßnahmen notwendig sind, da das Erdgas entweder nicht in freier Gasphase im Gestein vorkommt oder das Speichergestein nicht ausreichend durchlässig ist.[96] Im Gegensatz zu konventionellen Lagerstätten verbleibt das Erdgas nämlich, ohne einen Migrationsprozess zu durchlaufen, am Ort seiner Entstehung und lagert dort in winzigen Poren innerhalb der Bildungs- und Trägergesteine.[97] Daher werden sie auch als Muttergesteinslagerstätten bezeichnet.[98]

Unkonventionelle Lagerstätten sind im Einzelnen komplexe Systeme, welche sich individuell unterscheiden. Allgemeingültige Aussagen sind nur begrenzt möglich.[99] Allen unkonventionellen Lagerstätten ist jedoch gemein, dass der Gasgehalt je Gesteinsvolumen im Vergleich zu konventionellen Feldern kleiner ist, dass sie über eine größere Fläche verstreut sind und dass sie eine weit geringere Durchlässigkeit aufweisen.[100] Zu den unkonventionellen Lagerstätten werden Schiefergas-, Kohleflöz-, Aquifergas- und Gashydratlagerstätten gezählt.[101] Die Einordnung von sogenanntem »Tight Gas«-Lagerstätten ist hingegen umstritten.[102]

---

94   BGR (Hrsg.), Energiestudie 2013, S. 41.
95   Monopolkommission, Sondergutachten 59, Energie 2011:Wettbewerbsentwicklung mit Licht und Schatten, S. 73 (Rn. 117).
96   *Grigo*, Heft 131 der Schriftenreihe der GDMB, S. 73; UBA (Hrsg.), Einschätzung der Schiefergasförderung in Deutschland – eine Stellungnahme, S. 1.
97   HLNUG (Hrsg.), Stellungnahme zu vorliegenden Gutachten zum Fracking in Deutschland im Zusammenhang mit dem Aufsuchungsantrag der BNK Deutschland GmbH auf Kohlenwasserstoffe im Erlaubnisfeld »Adler South«, S. 11.
98   Vgl. HLNUG (Hrsg.), Stellungnahme zu vorliegenden Gutachten zum Fracking in Deutschland im Zusammenhang mit dem Aufsuchungsantrag der BNK Deutschland GmbH auf Kohlenwasserstoffe im Erlaubnisfeld »Adler South«, S. 11.
99   UBA (Hrsg.), Umweltauswirkungen von Fracking bei der Aufsuchung und Gewinnung von Erdgas aus unkonventionellen Lagerstätten, A3.
100 *Lechtenböhmer/Altmann/Capito/Matra/Weindorf/Zittel*, Auswirkungen der Gewinnung von Schiefergas und Schieferöl auf die Umwelt und die menschliche Gesundheit, S. 15.
101 Vgl. u.a. UBA (Hrsg.), Umweltauswirkungen von Fracking bei der Aufsuchung und Gewinnung von Erdgas aus unkonventionellen Lagerstätten, A2 ff.; BGR (Hrsg.), Schieferöl und Schiefergas in Deutschland, Potenziale und Umweltaspekte, S. 18 f.; MKULNV (Hrsg.), Fracking in unkonventionellen Erdgas-Lagerstätten in NRW – Kurzfassung zum Gutachten, S. 5; BGR (Hrsg.), Abschätzung des Erdgaspotenzials aus dichten Tongesteinen (Schiefergas) in Deutschland, S. 5; BGR (Hrsg.), Energiestudie 2013 – Reserven, Ressourcen und Verfügbarkeit von Energierohstoffen, S. 41; BGR (Hrsg.), Schieferöl und Schiefergas in Deutschland, Potenziale und Umweltaspekte, S. 13; BGR (Hrsg.), Energiestudie 2017 – Daten und Entwicklungen der deutschen und globalen Energieversorgung, S. 49 f.; SRU (Hrsg.), Fracking zur Schiefergasgewinnung – ein Beitrag zur energie- und

a) Schiefergas (shale gas)

Schiefergas entsteht beim Abbau von organischen Materialien bei hohen Temperaturen und entsprechendem Druck. Es verbleibt am Ort seiner Entstehung im schieferhaltigen Muttergestein.[103] Die schiefergashaltigen Gesteinsschichten sind nicht in klar begrenzte Strukturen gebunden, sondern können geografisch über weite Bereiche auftreten.[104] Das Erdgas ist in ihnen entweder gasförmig in Poren- und Klufträumen oder adsorptiv an die Oberflächen der Gesteinspartikel gebunden.[105] Aufgrund der sehr geringen Durchlässigkeit und Porosität des Muttergesteins ist die Förderung derartigen Gases ausschließlich mithilfe einer Vielzahl von Fracking-Anwendungen möglich.[106] Schiefergasvorkommen werden in Deutschland bereits ab 500 Meter Tiefe vermutet, können aber auch weit darunter liegen (bis 5.000 Meter Tiefe).[107]

b) Köhleflözgas

Köhleflözgas entsteht bei der Inkohlung von organischem Material in Kohlevorkommen.[108] Das Köhleflözgas ist durch den Druck des in der Lagerstätte vorhandenen Wassers an die Oberfläche der Kohle gebunden. Ob aus entsprechenden Lagerstätten in wirtschaftlicher Weise Erdgas gefördert werden kann, hängt von der Menge des vorhandenen Lagerstättenwassers ab, da dieses vor der Gewinnung aus der Lagerstätte entfernt werden muss.[109] In noch größeren Anteilen als beim Schiefergas ist das Methan beim Köhleflözgas adsorptiv an die organischen Kohlepartikel gebunden, wäh-

---

umweltpolitischen Bewertung, S. 7; UBA (Hrsg.), Einschätzung der Schiefergasförderung in Deutschland – eine Stellungnahme, S. 1; *Lechtenböhmer/Altmann/Capito/Matra/Weindorf/ Zittel*, Auswirkungen der Gewinnung von Schiefergas und Schieferöl auf die Umwelt und die menschliche Gesundheit, S. 15; Monopolkommission, Sondergutachten 59, Energie 2011:Wettbewerbsentwicklung mit Licht und Schatten, S. 75 (Rn. 118).

102   Siehe hierzu sogleich S. 16 ff.

103   Für eine genaue Genese von Schiefergas vgl. BGR (Hrsg.), Abschätzung des Erdgaspotenzials aus dichten Tongesteinen (Schiefergas) in Deutschland, S. 10.

104   BGR (Hrsg.), Energiestudie 2013 – Reserven, Ressourcen und Verfügbarkeit von Energierohstoffen, S. 42.

105   BGR (Hrsg.), Energiestudie 2013 – Reserven, Ressourcen und Verfügbarkeit von Energierohstoffen, S. 42.

106   BGR (Hrsg.), Abschätzung des Erdgaspotenzials aus dichten Tongesteinen (Schiefergas) in Deutschland, S. 10.

107   UBA (Hrsg.), Umweltauswirkungen von Fracking bei der Aufsuchung und Gewinnung von Erdgas aus unkonventionellen Lagerstätten, A2 f.; vgl. auch BGR (Hrsg.), Schieferöl und Schiefergas in Deutschland, Potenziale und Umweltaspekte, S. 86. Für eine exemplarische Darstellung der möglichen Zusammensetzung einer Schiefergaslagerstätte in 3.000 Metern Tiefe, vgl. UBA (Hrsg.), Umweltauswirkungen von Fracking bei der Aufsuchung und Gewinnung von Erdgas aus unkonventionellen Lagerstätten, A3 f.

108   UBA (Hrsg.), Umweltauswirkungen von Fracking bei der Aufsuchung und Gewinnung von Erdgas aus unkonventionellen Lagerstätten, A3.

109   UBA (Hrsg.), Umweltauswirkungen von Fracking bei der Aufsuchung und Gewinnung von Erdgas aus unkonventionellen Lagerstätten, A3.

rend der Anteil der freien Phase sehr gering sein kann.[110] Zum Köhleflözgas gehören sowohl Vorkommen aus unverritzten Kohlenlagerstätten (CBM = coal bed methane) als auch Vorkommen aus aktiven Kohlegruben (sogenanntes Grubengas; CSM = coal seam methane) und aus stillgelegten Bergwerken (CMM = coal mine methane).[111] Köhleflözgas wird weltweit seit Jahrzehnten wirtschaftlich gefördert.[112] Ob die Fracking-Methode auch bei derartigen Gasvorkommen zum Einsatz kommen kann, ist noch nicht abschließend geklärt.[113]

c) Aquifergas und Gashydrat

Aquifergas bezeichnet im Grundwasser gelöstes Erdgas, das bei Förderung des Wassers an die Erdoberfläche durch Druckentlastung freigesetzt werden kann.[114] Gashydrat hingegen ist eine eisförmige, feste Verbindung aus Methan und Wasser, die sich bei niedriger Temperatur und hohem Druck bilden kann und daher lediglich in Permafrostgebieten und in Sedimenten in großen Wassertiefen an den Kontinenträndern der Weltmeere zu finden ist.[115] Eine wirtschaftliche Nutzung des Aquifergases und des Gashydrates ist derzeit mangels effizienter Gewinnungsstrategien nicht möglich.[116] Insbesondere beim Gashydrat betreiben aber einige Staaten schon seit vielen Jahren Forschungsprojekte mit dem Ziel, heimische offshore Gashydratvorkommen als potentielle Energiequelle zu erschließen.[117]

3. *Sonderstellung: Tight Gas*

Eine besondere Stellung in der Frage nach der Kategorisierung des Lagerstättentypus nimmt das sogenannte Tight Gas ein. Bei Tight Gas handelt es sich zwar um aus seinem Muttergestein migriertes Erdgas.[118] Es kann in diesem Punkt daher mit Gas aus konventionellen Lagerstätten verglichen werden. Im Gegensatz zu konventionellen Lagerstätten weist sein Speichergestein (Sandsteinformationen und Karbonate) aller-

---

110 BGR (Hrsg.), Energiestudie 2013 – Reserven, Ressourcen und Verfügbarkeit von Energierohstoffen, S. 42.
111 Vgl. *Piens/Schulte/Graf Vitzthum*, Bundesberggesetz, § 3 Rn. 40.
112 BGR (Hrsg.), Energicstudic 2013 – Reserven, Ressourcen und Verfügbarkeit von Energierohstoffen, S. 42.
113 *Stapelberg*, Heft 126 der Schriftenreihe der GDMB, S. 45, 49.
114 BGR (Hrsg.), Energiestudie 2013 – Reserven, Ressourcen und Verfügbarkeit von Energierohstoffen, S. 42.
115 BGR (Hrsg.), Energiestudie 2013 – Reserven, Ressourcen und Verfügbarkeit von Energierohstoffen, S. 42.
116 Vgl. BGR (Hrsg.), Energiestudie 2013 – Reserven, Ressourcen und Verfügbarkeit von Energierohstoffen, S. 42.
117 BGR (Hrsg.), Energiestudie 2017 – Daten und Entwicklungen der deutschen und globalen Energieversorgung, S. 50.
118 UBA (Hrsg.), Umweltauswirkungen von Fracking bei der Aufsuchung und Gewinnung von Erdgas aus unkonventionellen Lagerstätten, A2.

dings eine sehr geringe Porosität und Durchlässigkeit auf.[119] Es befindet sich dort in kleinen, nur wenig miteinander verbundenen Hohlräumen im Gestein.[120] In diesen Punkten ähnelt es eher Gas aus unkonventionellen Lagerstätten, auch wenn die Lagerstätten meist eine größere Porosität aufweisen als Schiefergasvorkommen.[121]

Unabhängig von ihrer exakten Typisierung werden Tight Gas-Lagerstätten im Gegensatz zu Schiefergasvorkommen und anderen unkonventionellen Lagerstätten bereits seit Jahrzehnten weltweit wirtschaftlich gefördert.[122] Auch in Deutschland wird Tight Gas seit mehreren Jahrzehnten gewonnen.[123] Diese Formationen finden sich in Deutschland in der Regel unterhalb von 3.500 Metern Tiefe.[124] Aufgrund der größtenteils undurchlässigen Schichten kann das Gas nicht frei zum jeweiligen Bohrloch strömen, sondern nur mithilfe der Fracking-Technologie gewonnen werden.[125] Derzeit stammt rund ein Drittel der in Deutschland geförderten Erdgasmengen aus Tight-Gas-Lagerstätten, die mit der Fracking-Technologie stimuliert worden sind.[126]

Vor diesem Hintergrund werden Tight Gas-Lagerstätten zum Teil als konventionelle Lagerstätten qualifiziert. Die Befürworter der Zugehörigkeit zum konventionellen Typus berufen sich insbesondere darauf, dass die Erschließung und wirtschaftliche Nutzung von Tight Gas-Lagerstätten bereits auf jahrzehntelange Erfahrungen zurückblicken und daher nicht mit Schiefergasvorhaben verglichen werden können.[127] Andere hingegen wollen aufgrund des ebenfalls benötigten Einsatzes weiterer technischer Maßnahmen, insbesondere der Fracking-Technologie, das Tight-Gas zu den unkonventionellen Lagerstätten zählen.[128]

---

119 BGR (Hrsg.), Energiestudie 2013 – Reserven, Ressourcen und Verfügbarkeit von Energierohstoffen, S. 42.
120 UBA (Hrsg.), Umweltauswirkungen von Fracking bei der Aufsuchung und Gewinnung von Erdgas aus unkonventionellen Lagerstätten, A3.
121 In der Kraftwerk-Industrie werden im Allgemeinen unter einer Tight Gas-Lagerstätte solche Vorkommen verstanden, die eine Permeabilität von unter 0,1 Millidarcy aufweisen, vgl. BGR (Hrsg.), Energiestudie 2013 – Reserven, Ressourcen und Verfügbarkeit von Energierohstoffen, S. 42.
122 BGR (Hrsg.), Energiestudie 2013 – Reserven, Ressourcen und Verfügbarkeit von Energierohstoffen, S. 42.
123 Vgl. Bekanntmachung einer Empfehlung der Strahlenschutzkommission – Radiologische Betrachtungen zu unkonventioneller Förderung von Erdgas (Hydraulic Fracturing – Fracking) – vom 17. Juli 2014, BAnz AT 10.12.2014 B2, Nr. 1 Abs. 7.
124 UBA (Hrsg.), Umweltauswirkungen von Fracking bei der Aufsuchung und Gewinnung von Erdgas aus unkonventionellen Lagerstätten, A2.
125 UBA (Hrsg.), Umweltauswirkungen von Fracking bei der Aufsuchung und Gewinnung von Erdgas aus unkonventionellen Lagerstätten, A18.
126 BR-Drs. 144/15, S. 6.
127 So SGD, Stellungnahme, S. 5; wohl auch BGR (Hrsg.), Schieferöl und Schiefergas in Deutschland, Potenziale und Umweltaspekte, S. 10; vgl. auch BGR (Hrsg.), Energiestudie 2013 – Reserven, Ressourcen und Verfügbarkeit von Energierohstoffen, S. 42.
128 Vgl. UBA (Hrsg.), Einschätzung der Schiefergasförderung in Deutschland – eine Stellungnahme, S. 1; Monopolkommission, Sondergutachten 59, Energie 2011: Wettbewerbsentwicklung mit Licht und Schatten, S. 73 (Rn. 117); UBA (Hrsg.), Umweltauswirkungen von Fracking bei der Aufsuchung und Gewinnung von Erdgas aus unkonventionellen Lagerstätten, A2; krit. HLNUG (Hrsg.), Stellungnahme zu vorliegenden Gutachten zum Fracking in Deutschland im Zusammenhang mit dem Aufsuchungsantrag der BNK Deutsch-

4. Festlegung de lege lata

Dieser (natur-)wissenschaftliche Streit hat seit der Umsetzung des Fracking-Gesetzespaketes im Jahr 2016 erheblich an rechtlicher Bedeutung verloren. Der Parlamentsgesetzgeber hat sich dazu entschieden, die so eben dargestellte Terminologie im Gesetzestext nicht aufzugreifen. Vielmehr geht er detailliert gesteinsbezogen vor. Er stellt an die Erdgasaufsuchung und -gewinnung gemäß § 13a Abs. 1 S. 1 Nr. 1, Abs. 2 WHG in Schiefer-, Ton- und Mergelgestein sowie im Kohleflözgestein besondere Anforderungen.[129] Hiervon sind die Tight-Gas Lagerstätten, die in Sandsteinformationen und Karbonaten vorkommen, ausgeschlossen. Er zählt das Tight Gas also zu den konventionellen Lagerstätten, ohne diese Terminologie begrifflich zu verwenden.[130] Aus der Gesetzesbegründung kann allerdings hierauf geschlossen werden. Der Gesetzgeber bezeichnet nämlich an diversen Stellen der Begründung das Schiefer-, Ton- und Mergelgestein als »unkonventionell«.[131] Weiterhin bezeichnet er die in diesem Lagerstättentypus anzuwendende Fracking-Methode als »unkonventionelles Fracking«.[132] Er begründet diese Differenzierung damit, dass mangels praktischer Erfahrungen und notwendiger Erkenntnisse das Fracking in Schiefer-, Ton- und Mergelgestein andere Risiken aufweist als das »konventionelle Fracking im Sandstein (Tight Gas)«.[133] Hinzukommt, dass Tight Gas-Lagerstätten in Deutschland wesentlich tiefer liegen als Schiefergasvorkommen, so dass hiermit andere Gefahren für das Wasser verbunden sein können.[134]

Für den Untersuchungsgegenstand soll die gesetzliche Festlegung *de lege lata* zugrunde gelegt und zwischen unkonventionellem und konventionellem Fracking unterschieden werden, wobei die Tight Gas-Lagerstätten zu den konventionellen Lagerstätten zählen sollen. Dass der Gesetzgeber sich zu dieser Differenzierung entschieden hat, dürfte allerdings keiner naturwissenschaftlich schlüssigen Bewertung folgen, sondern eher politisch motiviert sein, um die bisher seit Jahrzehnten in Deutschland wirtschaftlich geförderten Tight-Gase nicht im gleichen Maße einzuschränken wie die bisher nicht geförderten (anderen) unkonventionellen Lagerstätten.

III. Bisher in Deutschland durchgeführte Fracking-Maßnahmen

Wie bereits erwähnt, handelt es sich bei der Fracking-Methode keinesfalls um eine neuartige Technologie. Im Gegenteil kommt sie auch in Deutschland bereits seit den

land GmbH auf Kohlenwasserstoffe im Erlaubnisfeld »Adler South«, S. 10; als Grenzfall ansehend Ewen/Borchardt/Richter/Hammerbacher, Risikostudie Fracking – Übersichtsfassung der Studie »Sicherheit und Umweltverträglichkeit der Fracking-Technologie für die Erdgasgewinnung aus unkonventionellen Quellen«, S. 9.
129 Hierzu im Detail ab S. 216 ff.
130 Vgl. BT-Drs. 18/4713, S. 1 ff.
131 Vgl. BT-Drs. 18/4713, S. 2, 14, 22, 25, 33.
132 Vgl. BT-Drs. 18/4713, S. 16, 22, 33 f.
133 Vgl. BT-Drs. 18/4713, S. 22.
134 BT-Drs. 18/4713, S. 22.

1960er Jahren zum Einsatz.[135] Bisher wurde in Deutschland in etwa 300 Fällen eine Erdgasbohrung mittels der Fracking-Technologie stimuliert.[136] Allerdings ist mangels flächendeckender Dokumentation der Fracking-Stimulationen in der Vergangenheit die Informations- und Datengrundlage nicht so umfassend wie die Anzahl der Fracking-Maßnahmen dies suggerieren dürfte.[137]

Bei den bisher gefrackten Gesteinsformationen handelt es sich überwiegend um konventionelle Lagerstätten sowie Tight Gas-Lagerstätten.[138] In Schiefergas-Lagerstätten wurden bisher drei Fracking-Maßnahmen durchgeführt.[139] Der Einsatz der Fracking-Technologie in Köhleflözgas-Lagerstätten beschränkt sich bisher auf zwei Fracking-Maßnahmen.[140]

IV. Zusammenfassung

Erdgase sind brennbare Gasgemische, deren Hautbestandteil Methan ist.

Abhängig von der Speichergesteinsart und seiner Durchlässigkeit (Permeabilität) lassen sich ihre Lagestätten in konventionelle und unkonventionelle Lagerstätten unterteilen, wobei sich die Erdgase stofflich nicht unterscheiden.

---

135 Vgl. BGR (Hrsg.), Abschätzung des Erdgaspotenzials aus dichten Tongesteinen (Schiefergas) in Deutschland, S. 33; BGR (Hrsg.), Schieferöl und Schiefergas in Deutschland, Potenziale und Umweltaspekte, S. 14; UBA (Hrsg.), Umweltauswirkungen von Fracking bei der Aufsuchung und Gewinnung von Erdgas aus unkonventionellen Lagerstätten, A10; Ewen/Borchardt/Richter/Hammerbacher, Risikostudie Fracking – Übersichtsfassung der Studie »Sicherheit und Umweltverträglichkeit der Fracking-Technologie für die Erdgasgewinnung aus unkonventionellen Quellen«, S. 10.

136 BGR (Hrsg.), Abschätzung des Erdgaspotenzials aus dichten Tongesteinen (Schiefergas) in Deutschland, S. 33. Die Anzahl der durchgeführten Fracking-Maßnahmen variiert von Gutachten zu Gutachten. UBA (Hrsg.), Umweltauswirkungen von Fracking bei der Aufsuchung und Gewinnung von Erdgas aus unkonventionellen Lagerstätten, A10 spricht beispielsweise von lediglich 275 Fracking-Maßnahmen, wobei hierin auch einzelne Erdöl-Fracks inbegriffen sein können.

137 So basiert das Gutachten des UBA (Hrsg.), Umweltauswirkungen von Fracking bei der Aufsuchung und Gewinnung von Erdgas aus unkonventionellen Lagerstätten, lediglich auf Daten für 28 im Zeitraum zwischen 1983 und 2011 in Deutschland verwendeten Fracking-Fluiden; dies entspricht einer Datengrundlage von D 25 Prozent der ca. 300 bisher in Deutschland durchgeführten Fracking-Maßnahmen, vgl. UBA (Hrsg.), Umweltauswirkungen von Fracking bei der Aufsuchung und Gewinnung von Erdgas aus unkonventionellen Lagerstätten, 05.

138 Vgl. UBA (Hrsg.), Umweltauswirkungen von Fracking bei der Aufsuchung und Gewinnung von Erdgas aus unkonventionellen Lagerstätten, A10.

139 Erkundungsbohrung Damme 3 im Landkreis Vechta in Niedersachsen im November 2008, UBA (Hrsg.), Umweltauswirkungen von Fracking bei der Aufsuchung und Gewinnung von Erdgas aus unkonventionellen Lagerstätten, A10.

140 Bohrung Natarp 1 im Landkreis Warendorf in Nordrhein-Westfalen im Jahr 1995, vgl. UBA (Hrsg.), Umweltauswirkungen von Fracking bei der Aufsuchung und Gewinnung von Erdgas aus unkonventionellen Lagerstätten, A10.

Aufgrund ausreichender Porosität und Permeabilität der konventionellen Lagerstätten sammelt sich das Erdgas hierin in Erdgasfeldern und kann mittels des natürlichen Lagerstättendrucks selbstständig einem Bohrloch zuströmen und somit relativ einfach über Förderbohrungen gewonnen werden kann.

Unkonventionelle Lagerstätten unterscheiden sich im Wesentlichen dadurch, dass sie wesentlich dichter und weniger durchlässig sind, das Erdgas hierin nicht in Feldern vorkommt, sondern in kleinen Bläschen an das Gestein gebunden und über eine große Fläche verstreut im Gestein gelegen ist. Zur Gewinnung ist es daher notwendig, diese Lagerstätten mit technischen Mitteln zugänglich zu machen. Dies geschieht mittels der Fracking-Technologie. Zu den unkonventionellen Lagerstätten zählen das Schiefer-, Kohleflöz- und Aquifergas sowie das Gashydrat.

Tight Gas-Lagerstätten (Sandstein und Karbonate) sind ebenfalls sehr gering durchlässig und daher mit den unkonventionellen Lagerstätten vergleichbar. Das in ihnen vorkommende Gas wird aber seit Jahrzehnten wirtschaftlich gefördert, so dass der Gesetzgeber sich im Rahmen des Regelungspaketes dazu entschieden hat, diese Gesteinsarten zu den konventionellen Lagerstätten zu zählen. Dies wird auch dem Untersuchungsgegenstand zugrunde gelegt, wobei diese Differenzierung eher politisch als naturwissenschaftlich fundiert motiviert sein dürfte.

Bei den bisher gefrackten Gesteinsformationen handelt es sich überwiegend um konventionelle Lagerstätten sowie Tight Gas-Lagerstätten. Lediglich drei Fracks wurden bisher im Schiefergas und zwei im Kohleflözgas in Deutschland durchgeführt.

2. Kapitel   Technische Durchführung eines Fracking-Vorhabens

Die Fracking-Technologie kann sowohl in konventionellen Lagerstätten als auch in unkonventionellen Lagerstätten zum Einsatz kommen. Sie bezeichnet kein eigenes Bohrverfahren, sondern ist ein der eigentlichen Tiefbohrung nachgelagertes Verfahren zur Behandlung des Bohrloches.[141] Die Strategien für die Aufsuchung und Gewinnung von Erdgas aus unkonventionellen und konventionellen Lagerstätten unterscheiden sich von ihren technischen Abläufen nur in wenigen Gesichtspunkten. Bedingt durch die unterschiedliche Permeabilität der Gesteinsarten ist eine Stimulation der unkonventionellen Lagerstätten zwingend sowie eine höhere Anzahl von Bohrungen erforderlich, um dieselbe Lagerstättenkubatur zu erschließen, wohingegen die Fracking-Anwendung im konventionellen Bereich eine unterstützende Maßnahme zur Aufrechterhaltung wirtschaftlicher Förderraten ist.[142] Sie wird dementsprechend in konventionellen Lagerstätten genutzt, wenn das Gas nicht mehr von sich aus strömt.[143]

Aufgrund des grundsätzlichen Gleichlaufs von konventionellem und unkonventionellem Fracking kann auf eine differenzierte Darstellung des technischen Ablaufs verzichtet werden. Unterschiede ergeben sich insbesondere daraus, dass im unkonventionellen Bereich regelmäßig mehr Fracking-Flüssigkeit eingesetzt wird und mehrere Fracking-Anwendungen benötigt werden, was insgesamt zu einem erhöhten Wasseraufkommen führt.[144] Eine weitere Besonderheit liegt darin, dass der Einsatz des unkonventionellen Fracking regelmäßig in weniger tief gelegenen Gesteinssichten vorgenommen werden muss, da unkonventionelle (Schiefergas-)Lagerstätten regelmäßig in geringeren Tiefen gelegen sind als beispielsweise die Tight Gas-Lagerstätten. Infolgedessen besteht ein geringerer Abstand zu genutztem oder nutzbaren Grundwasservorkommen.[145] Im unkonventionellen Bereich ist nach der vertikalen Tiefbohrung noch eine abgelenkte horizontale Bohrung notwendig, die die Zielformation waage-

---

141   Vgl. BGR (Hrsg.), Abschätzung des Erdgaspotenzials aus dichten Tongesteinen (Schiefergas) in Deutschland, S. 35.
142   Vgl. SRU (Hrsg.), Fracking zur Schiefergasgewinnung – ein Beitrag zur energie- und umweltpolitischen Bewertung, S. 9; UBA (Hrsg.), Umweltauswirkungen von Fracking bei der Aufsuchung und Gewinnung von Erdgas aus unkonventionellen Lagerstätten, A42.
143   Ewen/Borchardt/Richter/Hammerbacher, Risikostudie Fracking – Übersichtsfassung der Studie »Sicherheit und Umweltverträglichkeit der Fracking-Technologie für die Erdgasgewinnung aus unkonventionellen Quellen«, S. 14; SRU (Hrsg.), Fracking zur Schiefergasgewinnung – ein Beitrag zur energie- und umweltpolitischen Bewertung, S. 8.
144   Vgl. BT-Drs. 18/4713, S. 22; vgl. auch Bekanntmachung einer Empfehlung der Strahlenschutzkommission – Radiologische Betrachtungen zu unkonventioneller Förderung von Erdgas (Hydraulic Fracturing – Fracking) – vom 17. Juli 2014, BAnz AT 10.12.2014 B2, Nr. 1 Abs. 1 ff.
145   Vgl. BT-Drs. 18/4713, S. 22.

recht erschließt und somit einen möglichst großen Querschnitt durch die Lagerstätte schafft.[146]

I. Die Tiefbohr-Phase

Die Aufsuchung und Gewinnung von Erdgas, gleich aus welcher Lagerstättenart, erfordert zunächst eine vertikale Bohrung in das Erdinnere, um in die Lagerstätte vorzudringen. Die Tiefbohrung unterscheidet sich beim Fracking nicht von der herkömmlichen Erdgasförderung, so dass der technische Verlauf der Tiefbohr-Phase keine Auswirkungen auf den Untersuchungsgegenstand hat. Von einer weiteren Untersuchung der Anforderungen an die Tiefbohr-Phase wird daher abgesehen.

Festzuhalten ist allerdings, dass die zur Durchführung der Erdgasaufsuchung und -gewinnung benötigte Oberfläche nach dem aktuellen Stand der Technik ungefähr einen Hektar Grundfläche beträgt.[147] Diese Fläche muss zur Vermeidung von Bodenkontaminationen asphaltiert werden.[148] Hinzu kommen standortspezifisch weitere Flächen für die Zufahrt, Wege, Pipelines und Gastrocknungsanlagen.[149] Zur Erhaltung des Landschaftsbildes können Bohrplätze eingegrünt werden.[150]

Die Anzahl der Bohrungen hängt von geologischen Gegebenheiten ab[151], wobei die »Abteufung«[152] mehrerer Bohrungen von einem Bohrplatz erfolgen kann.[153] Insbeson-

---

146 Die Horizontalbohrungen können Schätzungen zufolge bis zu 1.500 Metern horizontal durch das Gestein verlaufen, vgl. UBA (Hrsg.), Einschätzung der Schiefergasförderung in Deutschland – eine Stellungnahme, S. 2; SRU (Hrsg.), Fracking zur Schiefergasgewinnung – ein Beitrag zur energie- und umweltpolitischen Bewertung, S. 10; vgl. auch *Ramsauer/ Wendt*, NVwZ 2014, 1401, 1402.

147 Ewen/Borchardt/Richter/Hammerbacher, Risikostudie Fracking – Übersichtsfassung der Studie »Sicherheit und Umweltverträglichkeit der Fracking-Technologie für die Erdgasgewinnung aus unkonventionellen Quellen«, S. 24; BGR (Hrsg.), Abschätzung des Erdgaspotenzials aus dichten Tongesteinen (Schiefergas) in Deutschland, S. 36.

148 In den USA sind im Gegensatz geschotterte Oberflächen üblich, vgl. BGR (Hrsg.), Abschätzung des Erdgaspotenzials aus dichten Tongesteinen (Schiefergas) in Deutschland, S. 36.

149 BGR (Hrsg.), Abschätzung des Erdgaspotenzials aus dichten Tongesteinen (Schiefergas) in Deutschland, S. 35; vgl. UBA (Hrsg.), Umweltauswirkungen von Fracking bei der Aufsuchung und Gewinnung von Erdgas insbesondere aus Schiefergaslagerstätten Teil 2, AP7, S. 1.

150 Vgl. Ewen/Borchardt/Richter/Hammerbacher, Risikostudie Fracking – Übersichtsfassung der Studie »Sicherheit und Umweltverträglichkeit der Fracking-Technologie für die Erdgasgewinnung aus unkonventionellen Quellen«, S. 24.

151 Ewen/Borchardt/Richter/Hammerbacher, Risikostudie Fracking – Übersichtsfassung der Studie »Sicherheit und Umweltverträglichkeit der Fracking-Technologie für die Erdgasgewinnung aus unkonventionellen Quellen«, S. 24, schätzt die Anzahl benötigter Bohrungen für die Erschließung einer unkonventionellen Lagerstätten auf 10 bis 20 Bohrungen.

152 Unter »Abteufen« versteht man die Erstellung von senkrechten Hohlraumen zur Erschließung von Lagerstätten. Im Bereich der Exploration von Erdgas wird unter Abteufen das »Bohren« von Bohrlöchern verstanden, vgl. Das kleine Bergbaulexikon, S. 14.

dere im unkonventionellen Bereich, deren Lagerstätten meist großflächiger sind, kann es sein, dass zur flächendeckenden Erschließung der Lagerstätten mehrere oberflächige Bohrplätze erforderlich sind.[154] Die Erstellung der Bohrlöcher dauert mehrere Monate.[155] In dieser Zeit ist der bis zu 40 Meter hohe Bohrturm zu sehen, gebohrt wird tags und nachts.[156] Von einem Bohrplatz aus können, je nach den geologischen Gegebenheiten, ungefähr zwei bis vier Quadratkilometer des Untergrundes erschlossen werden.[157]

II. Die Fracking-Phase

Ist die Bohrung bis in die Lagerstätte vorgedrungen und abgeschlossen, kann nach Abdichtung der Bohrung mit dem eigentlichen Fracking-Vorgang begonnen werden.[158] Dieser Vorgang dauert anders als die langwierige Tiefbohrung nur in etwa zwei Wochen.[159] Es besteht keine fachliche Notwendigkeit, eine Fracking-Maßnahme direkt an die Bohrarbeiten anzuschließen.[160]

In die Horizontalbohrungen, die im unkonventionellen Bereich notwendig sind, werden durch Perforationskanonen mechanisch Öffnungen in die zuvor in die Bohrung eingebrachten Rohre gesprengt.[161] Diese Öffnungen weisen einen Durchmesser von 30 bis 40 mm auf.[162] Auch in nicht verrohrten Produktionsstrecken werden Öffnungen gesprengt, um hierdurch die durch hydraulische Stimulation verursachte Rissausbil-

153 Sog. Cluster-Bohrplatz, vgl. BMU/UBA (Hrsg.), Umweltauswirkungen von Fracking bei der Aufsuchung und Gewinnung von Erdgas aus unkonventionellen Lagerstätten – Kurzfassung, S. 9.

154 Vgl. UBA (Hrsg.), Umweltauswirkungen von Fracking bei der Aufsuchung und Gewinnung von Erdgas insbesondere aus Schiefergaslagerstätten Teil 2, AP7, S. 5.

155 BGR (Hrsg.), Abschätzung des Erdgaspotenzials aus dichten Tongesteinen (Schiefergas) in Deutschland, S. 36; Ewen/Borchardt/Richter/Hammerbacher, Risikostudie Fracking – Übersichtsfassung der Studie »Sicherheit und Umweltverträglichkeit der Fracking-Technologie für die Erdgasgewinnung aus unkonventionellen Quellen«, S. 24, spricht von bis zu vierzehn Monaten.

156 Ewen/Borchardt/Richter/Hammerbacher, Risikostudie Fracking – Übersichtsfassung der Studie »Sicherheit und Umweltverträglichkeit der Fracking-Technologie für die Erdgasgewinnung aus unkonventionellen Quellen«, S. 24.

157 BGR (Hrsg.), Abschätzung des Erdgaspotenzials aus dichten Tongesteinen (Schiefergas) in Deutschland, S. 36.

158 *Ramsauer/Wendt*, NVwZ 2014, 1401, 1401.

159 BGR (Hrsg.), Abschätzung des Erdgaspotenzials aus dichten Tongesteinen (Schiefergas) in Deutschland, S. 36.

160 BGR (Hrsg.), Abschätzung des Erdgaspotenzials aus dichten Tongesteinen (Schiefergas) in Deutschland, S. 36.

161 SRU (Hrsg.), Fracking zur Schiefergasgewinnung – ein Beitrag zur energie- und umweltpolitischen Bewertung, S. 8; UBA (Hrsg.), Umweltauswirkungen von Fracking bei der Aufsuchung und Gewinnung von Erdgas aus unkonventionellen Lagerstätten, A51.

162 UBA (Hrsg.), Einschätzung der Schiefergasförderung in Deutschland – eine Stellungnahme, S. 2.

dung besser kontrollieren zu können.[163] So können definierte Flüssigkeitsmengen in definierte Abschnitte des Gesteins eindringen.[164]

1. Ablauf des tatsächlichen Frackens

Bevor das Fracking-Fluid in das Bohrloch injiziert wird, wird das Bohrloch von Zementrückständen gesäubert. Das geschieht durch die Einspeisung verdünnter Säure (sog. Säure-Phase).[165] Anschließend wird das Fracking-Fluid unter zunehmendem Druck in das Bohrloch gepresst und somit die Rissbildung eingeleitet (sog. Füll-Phase).[166] Dieser Vorgang dauert mehrere Stunden.[167] Der Druck, mit dem das Fracking-Fluid in das Bohrloch gepumpt wird, ist höher als die Rate, mit der das Lagerstättengestein die Flüssigkeit aufnehmen kann. Dies führt zu einer Erhöhung des Druckes, der auf die Gesteinsschicht drückt. Durch den steigenden Druck entstehen Risse im Lagerstättengestein.[168] Der Druck, unter dem das Fracking-Fluid in die Lagerstätte gepresst wird, kann bis zu 100bar betragen.[169] Die hierdurch erzeugten Risse schaffen künstliche Wegsamkeiten durch die Lagerstätte und führen damit zu einem Gasfluss im Gestein.[170] Nachdem die Rissbildung eingeleitet wurde, wird dem Frack-Fluid zunehmend Stützmittel hinzugefügt (sog. Stütz-Phase).[171] Ziel ist eine gleichmäßige Befüllung der Risse mit dem Stützmittel. Anschließend an die Stütz-Phase wird die Spül-Phase eingeleitet. Hierzu wird Wasser in die Bohrung eingeleitet, um so das in dem Bohrloch verbliebene Stützmittel in den Riss zu spülen.[172] Danach ist der Einpressvorgang beendet. Die Bohrung wird für einige Zeit verschlossen (sog. shut-in). Durch die

---

163 Vgl. UBA (Hrsg.), Umweltauswirkungen von Fracking bei der Aufsuchung und Gewinnung von Erdgas aus unkonventionellen Lagerstätten, A51.

164 Ewen/Borchardt/Richter/Hammerbacher, Risikostudie Fracking – Übersichtsfassung der Studie »Sicherheit und Umweltverträglichkeit der Fracking-Technologie für die Erdgasgewinnung aus unkonventionellen Quellen«, S. 36.

165 Vgl. UBA (Hrsg.), Umweltauswirkungen von Fracking bei der Aufsuchung und Gewinnung von Erdgas aus unkonventionellen Lagerstätten, A53.

166 UBA (Hrsg.), Umweltauswirkungen von Fracking bei der Aufsuchung und Gewinnung von Erdgas aus unkonventionellen Lagerstätten, A53.

167 Ewen/Borchardt/Richter/Hammerbacher, Risikostudie Fracking – Übersichtsfassung der Studie »Sicherheit und Umweltverträglichkeit der Fracking-Technologie für die Erdgasgewinnung aus unkonventionellen Quellen«, S. 36; SRU (Hrsg.), Fracking zur Schiefergasgewinnung – ein Beitrag zur energie- und umweltpolitischen Bewertung, S. 9.

168 UBA (Hrsg.), Einschätzung der Schiefergasförderung in Deutschland – eine Stellungnahme, S. 3.

169 Ewen/Borchardt/Richter/Hammerbacher, Risikostudie Fracking – Übersichtsfassung der Studie »Sicherheit und Umweltverträglichkeit der Fracking-Technologie für die Erdgasgewinnung aus unkonventionellen Quellen«, S. 36; UBA (Hrsg.), Einschätzung der Schiefergasförderung in Deutschland – eine Stellungnahme, S. 2.

170 UBA (Hrsg.), Einschätzung der Schiefergasförderung in Deutschland – eine Stellungnahme, S. 3.

171 Vgl. UBA (Hrsg.), Umweltauswirkungen von Fracking bei der Aufsuchung und Gewinnung von Erdgas aus unkonventionellen Lagerstätten, A53.

172 UBA (Hrsg.), Umweltauswirkungen von Fracking bei der Aufsuchung und Gewinnung von Erdgas aus unkonventionellen Lagerstätten, A53.

weitergehende Versickerung des Frack-Fluids in das Lagerstättengestein nimmt der Druck im Bohrloch allmählich ab. Die erzeugten Risse schließen sich soweit es das Stützmittel zulässt.[173] Wenn die Gasförderung mit der Zeit deutlich abnimmt, kann die Fracking-Phase wiederholt werden. Schätzungsweise ist es erforderlich, jedes vierte Bohrloch im unkonventionellen Bereich nach einigen Jahren wieder zu fracken.[174]

2.   Zusammensetzung des Fracking-Fluids

Das Fracking-Fluid besteht aus Wasser, Quarzsand oder keramischen Partikeln und chemischen Additiven. Seine genaue Zusammensetzung ist individuell auf die standortspezifischen geologischen Gegebenheiten abgestimmt und wird an den Frack-Verlauf angepasst.[175] Der Quarzsand bzw. die keramischen Partikel dienen als Stützmittel dazu die künstlich erzeugten Risse offenzuhalten.[176] Die beigemischten Chemikalien und deren Aufgaben sind vielfältig. Die Chemikalien sollen zum Beispiel den Transport des Stützmittels in die erzeugten Risse gewährleisten sowie Ablagerungen und mikrobiologischen Bewuchs verhindern.[177]

a)   Chemische Additive in bisherigen Fracking-Fluiden

Von 58 von 260 untersuchten Additiven, die Fracking-Fluide in den USA in der Vergangenheit beigemischt wurden, wurden 17 Substanzen als toxisch für aquatische Organismen klassifiziert, 38 Substanzen als toxisch für die menschliche Gesundheit, 8 Substanzen als karzinogen, 6 Substanzen als vermutlich karzinogen, 7 Substanzen als mutagen qualifiziert und 5 Substanzen hatten Effekte auf die Reproduktivität.[178] In

---

173 UBA (Hrsg.), Umweltauswirkungen von Fracking bei der Aufsuchung und Gewinnung von Erdgas aus unkonventionellen Lagerstätten, A53.

174 Ewen/Borchardt/Richter/Hammerbacher, Risikostudie Fracking – Übersichtsfassung der Studie »Sicherheit und Umweltverträglichkeit der Fracking-Technologie für die Erdgasgewinnung aus unkonventionellen Quellen«, S. 36.

175 UBA (Hrsg.), Umweltauswirkungen von Fracking bei der Aufsuchung und Gewinnung von Erdgas aus unkonventionellen Lagerstätten, A53. Für eine Übersicht der für ein Fracking-Vorgang benötigten bzw. in der Vergangenheit eingesetzten Additive siehe BMU (Hrsg.), Umweltauswirkungen von Fracking bei der Aufsuchung und Gewinnung von Erdgas aus unkonventionellen Lagerstätten – Kurzfassung, S. 11 m.w.N., SRU (Hrsg.), Fracking zur Schiefergasgewinnung – ein Beitrag zur energie- und umweltpolitischen Bewertung, S. 9 und Ewen/Borchardt/Richter/Hammerbacher, Risikostudie Fracking – Übersichtsfassung der Studie »Sicherheit und Umweltverträglichkeit der Fracking-Technologie für die Erdgasgewinnung aus unkonventionellen Quellen«, S. 34.

176 UBA (Hrsg.), Einschätzung der Schiefergasförderung in Deutschland – eine Stellungnahme, S. 3.

177 MKULNV (Hrsg.), Fracking in unkonventionellen Erdgas-Lagerstätten in NRW – Kurzfassung zum Gutachten, S. 23; UBA (Hrsg.), Einschätzung der Schiefergasförderung in Deutschland – eine Stellungnahme, S. 10.

178 *Wood/Gilbert/Sharmina/Anderson/Footitt/Glynn/Nicholls*, »Shale gas: a provisional assessment of climate change and environmental impacts«, S. 56 ff.; UBA (Hrsg.), Einschätzung der Schiefergasförderung in Deutschland – eine Stellungnahme, S. 12.

Deutschland wurden in der Vergangenheit weit weniger Additive eingesetzt und diese öffentlich zugänglich gemacht.[179]

b)   Festlegungen *de lege lata*

Im Rahmen der Fracking-Neuregelungen hat der Gesetzgeber sich dazu entschieden, die Zusammensetzung der Fracking-Fluide zu regeln. So darf gemäß § 13a Abs. 4 Nr. 1 lit. a) WHG von Fracking-Fluid, das in unkonventionellen Lagerstätten zum Einsatz kommen soll, keine Wassergefährdung ausgehen. In konventionellen Lagerstätten darf das Fracking-Fluid maximal schwach wassergefährdend sein (§ 13a Abs. 4 Nr. 1 lit. b) WHG).

3.   Wasserverbrauch

Pro Fracking-Anwendung kamen in Deutschland in der Vergangenheit nach dem vorliegenden Datenmaterial zwischen weniger als 100 Kubikmeter bis mehr als 4.000 Kubikmeter Fracking-Fluide zum Einsatz.[180] In der unkonventionellen Erdgasförderung wird die benötigte Menge an Wasser auf 1.600 Kubikmeter, die benötigte Menge an Stützmittel auf 32 Kubikmeter und die benötigte Menge an weiteren Additiven auf 5 Tonnen pro Fracking-Maßnahme geschätzt.[181] Der genaue Wasserbedarf hängt allerdings von den spezifischen geologischen Bedingungen und der Bohrlochlänge ab.[182] Das hierfür vorgesehene Wasser entstammt den Ressourcen, die auch der Trinkwasserversorgung dienen, oder aus eigenen Brunnen der Bergbauunternehmen mit Trinkwasserqualität.[183]

4.   Die Rissausbreitung

Vor der Durchführung einer Fracking-Maßnahme wird die Rissausbreitung abhängig von den Gesteinsparametern, dem Spannungszustand und dem Fracking-Druck mit rechnerischen Modellen simuliert.[184] Je nach Art der in der Lagerstätte herrschenden

---

179   Vgl. https://www.erdgas-aus-deutschland.de/de-de/fracking/fracking/fracking-fl%C3%BC ssigkeit/fracking-massnahmen, zuletzt abgerufen am 4. August 2020.
180   Vgl. BMU (Hrsg.), Umweltauswirkungen von Fracking bei der Aufsuchung und Gewinnung von Erdgas aus unkonventionellen Lagerstätten – Kurzfassung, S. 12.
181   Ewen/Borchardt/Richter/Hammerbacher, Risikostudie Fracking – Übersichtsfassung der Studie »Sicherheit und Umweltverträglichkeit der Fracking-Technologie für die Erdgasgewinnung aus unkonventionellen Quellen«, S. 36.
182   UBA (Hrsg.), Einschätzung der Schiefergasförderung in Deutschland – eine Stellungnahme, S. 3.
183   Ewen/Borchardt/Richter/Hammerbacher, Risikostudie Fracking – Übersichtsfassung der Studie »Sicherheit und Umweltverträglichkeit der Fracking-Technologie für die Erdgasgewinnung aus unkonventionellen Quellen«, S. 36.
184   UBA (Hrsg.), Umweltauswirkungen von Fracking bei der Aufsuchung und Gewinnung von Erdgas aus unkonventionellen Lagerstätten, A56.

geologischen Gegebenheiten können im Umkreis der Bohrung Rissflächen mit einer horizontalen Ausdehnung von mehreren hundert Metern entstehen.[185] Die Prognose der vertikalen Rissausdehnung reicht von einigen 10 Metern[186] bis zu einer Frack-Höhe von 300 bis 600 Metern.[187]

Allein die Divergenz der prognostizierten Frack-Höhen in den einzelnen Studien zeigt, dass die Rissbildung nur schwer vorhersagbar ist.[188] Die Steuerung der Rissausdehnung erfolgt in erster Linie über den eingebrachten Druck des Fracking-Fluids. Die Überwachung der Rissausdehnung erfolgt geophysikalisch über Geophone.[189] Zwar werden die Berechnungsmodelle zur Prognose der Rissausdehnung ständig dem Erkenntniszuwachs angepasst.[190] Eine genaue Vorhersage lässt sich dennoch nicht treffen.[191] Insgesamt sehen bislang alle Gutachter noch Entwicklungsbedarf im Hinblick auf Modellierung, Steuerung und Überwachung der Rissausbreitung, da Lage und Dimension der erzeugten Risse für die Relevanz und Wahrscheinlichkeit der potentiellen von Fracking-Vorhaben ausgehenden Gefahren[192] von erheblicher Bedeutung sind.[193]

III. Rückförderung von *flowback*

Nach Ende der Druckbeaufschlagung – vor Beginn der Förderphase des Erdgases – wird das eingepresste Fracking-Fluid zurückgepumpt.[194] Das Fracking-Fluid besteht allerdings nicht mehr in Reinform. Es ist mit geogen in der Tiefe vorhandenen soge-

---

185 Ewen/Borchardt/Richter/Hammerbacher, Risikostudie Fracking – Übersichtsfassung der Studie »Sicherheit und Umweltverträglichkeit der Fracking-Technologie für die Erdgasgewinnung aus unkonventionellen Quellen«, S. 38; UBA (Hrsg.), Einschätzung der Schiefergasförderung in Deutschland – eine Stellungnahme, S. 3.

186 Vgl. UBA (Hrsg.), Einschätzung der Schiefergasförderung in Deutschland – eine Stellungnahme, S. 3.

187 Vgl. Ewen/Borchardt/Richter/Hammerbacher, Risikostudie Fracking – Übersichtsfassung der Studie »Sicherheit und Umweltverträglichkeit der Fracking-Technologie für die Erdgasgewinnung aus unkonventionellen Quellen«, S. 38.

188 So auch UBA (Hrsg.), Umweltauswirkungen von Fracking bei der Aufsuchung und Gewinnung von Erdgas aus unkonventionellen Lagerstätten, C7 m.w.N.

189 UBA (Hrsg.), Umweltauswirkungen von Fracking bei der Aufsuchung und Gewinnung von Erdgas aus unkonventionellen Lagerstätten, A59.

190 Vgl. die Ausführungen zu den Berechnungsmodellen in UBA (Hrsg.), Umweltauswirkungen von Fracking bei der Aufsuchung und Gewinnung von Erdgas aus unkonventionellen Lagerstätten, A54 ff.

191 UBA (Hrsg.), Umweltauswirkungen von Fracking bei der Aufsuchung und Gewinnung von Erdgas aus unkonventionellen Lagerstätten, A59.

192 Hierzu ab S. 35 ff.

193 Vgl. BMU/UBA (Hrsg.), Umweltauswirkungen von Fracking bei der Aufsuchung und Gewinnung von Erdgas aus unkonventionellen Lagerstätten – Kurzfassung, S. 10.

194 UBA (Hrsg.), Einschätzung der Schiefergasförderung in Deutschland – eine Stellungnahme, S. 3.

nannten »Formationswässern« sowie Reaktionsprodukten aus Formationswässern und Bestandteilen des Fracking-Fluids vermischt.[195]

Mit dem englischen Begriff *flowback* sind zunächst sämtliche Rückflüsse gemeint, die nach der Verpressung des Fracking-Fluids bei seiner Rückförderung wieder zutage treten.[196] Aufgrund der lagerstättenspezifischen Beschaffenheit der Formationswässer und der variablen Anteile zurückgeförderter Fracking-Additive ist die Beschaffenheit des *flowback* sowohl standort- als auch zeitspezifisch individuell.[197] Das Stützmittel, das die künstlich erzeugten Risse offen hält, verbleibt zum größten Teil im Erdinneren.[198] Daneben verbleiben aber auch Teile der eingesetzten Additive dauerhaft in der Lagerstätte.[199] Wie viel des Fracking-Fluids tatsächlich im Erdinneren zurückbleibt, kann nur näherungsweise über einen Vergleich der injizierten Fracking-Fluid-Volumina und der zurückgeförderten *flowback*-Volumina bestimmt werden.[200] Da allerdings der Anteil von Formationswässer im *flowback* standort- und zeitspezifisch variiert, kann keine exakte Aussage hierüber getroffen werden. Untersuchungen haben gezeigt, dass die zurückgeförderten *flowback*-Volumina nur 17 % bis 27 % der jeweiligen injizierten Volumina entsprachen.[201] Mit anderen Worten: ein sehr großer Anteil der injizierten Lösung verbleibt dauerhaft im Erdinneren.[202]

1.   Bestandteile des flowback

Das *flowback* enthält in der Regel neben dem Formationswasser und dem Fracking-Fluid weitere durch hydrogeochemische Prozesse entstandene Stoffe, wie

– mobilisierte Lösungsprodukte aus der Lagerstätte,

– mobilisierte organische Substanzen aus der Lagerstätte (z.B. Toluol und Benzol), Transformations- und Abbauprodukte der eingesetzten Additive,

---

195   Es ist nicht auszuschließen, dass bei diesen Reaktionen stabile Metabolite entstehen, von denen ein human- und ökotoxikologisches Gefährdungspotenzial ausgehen kann, welches ggf. das der Ausgangsstoffe übersteigt, vgl. UBA (Hrsg.), Umweltauswirkungen von Fracking bei der Aufsuchung und Gewinnung von Erdgas aus unkonventionellen Lagerstätten, C51.

196   UBA (Hrsg.), Umweltauswirkungen von Fracking bei der Aufsuchung und Gewinnung von Erdgas aus unkonventionellen Lagerstätten, A76.

197   Zur Zusammensetzung in Einzelnen detailliert siehe UBA (Hrsg.), Umweltauswirkungen von Fracking bei der Aufsuchung und Gewinnung von Erdgas aus unkonventionellen Lagerstätten, A78 ff.

198   *Schink,* Heft 131 der Schriftenreihe der GDMB, S. 79, 80.

199   Vgl. UBA (Hrsg.), Einschätzung der Schiefergasförderung in Deutschland – eine Stellungnahme, S. 3.

200   Zu den Berechnungsmethoden vgl. UBA (Hrsg.), Umweltauswirkungen von Fracking bei der Aufsuchung und Gewinnung von Erdgas aus unkonventionellen Lagerstätten, C50 ff.

201   UBA (Hrsg.), Umweltauswirkungen von Fracking bei der Aufsuchung und Gewinnung von Erdgas aus unkonventionellen Lagerstätten, A77 f.; vgl. auch MKULNV (Hrsg.), Fracking in unkonventionellen Erdgas-Lagerstätten in NRW, S. 26.

202   Vgl. auch *Kirschbaum,* Dokumentation zur 39. wissenschaftlichen Fachtagung der Gesellschaft für Umwelt für Umweltrecht e.V. Berlin 2015, S. 77, 78.

– natürlich vorkommende radioaktive Substanzen (sog. NORM-Stoffe),

– Ton, Schluff- und Sandpartikel, sowie

– Bakterien und Gase (z.B. Methan und Schwefelwasserstoff).[203]

In Abhängigkeit von Temperatur und physikalischem Druck in der Lagerstätte tritt der *flowback* zunächst in flüssiger Phase zu Tage. Im zeitlichen Verlauf der Förderung nimmt der Lagerstättendruck ab, so dass zum Teil auch eine gasförmige Phase gefördert wird. In Abhängigkeit von Druck und Temperatur kondensiert die Gasphase über Tage.[204]

2. Festlegung de lege lata

Wie erwähnt, besteht *flowback* aus variablen Mischungsanteilen des verpressten Fracking-Fluids und des zurück geförderten Formationswassers, wobei zunächst der Mischungsanteil des Fracking-Fluids und später der des Formationswassers überwiegt.[205] Ab dem Beginn der Produktionsphase kann davon ausgegangen werden, dass der *flowback* so gut wie nur noch aus geogenen Flüssigkeiten besteht.[206]

Vor diesem Hintergrund hat der Gesetzgeber sich im Zuge des Fracking-Regelungspaketes dazu entschieden, den *flowback* gesetzlich zu differenzieren. In § 22b S. 1 Nr. 3 ABBergV untergliedert er den *flowback* in »Rückfluss« und in »Lagerstättenwasser«.[207] Als Rückfluss sieht er dabei die nach über Tage zurückgeförderte Flüssigkeit an, die zum Aufbrechen der Gesteine mit hydraulischem Druck eingesetzt worden ist. Lagerstättenwasser definiert er als die in der Produktionsphase aus der Lagerstätte nach über Tage geförderte Flüssigkeit geogenen Ursprungs. Der Gesetzgeber nimmt als eine zeitliche Trennung vor. Jegliche Flüssigkeiten, die vor Beginn der Produktionsphase zurückgefördert werden, sind Rückfluss. Sämtliche Flüssigkeiten, die nach Beginn der Produktionsphase zurückgeförderten werden, sind Lagerstättenwasser. Für das Lagerstättenwasser gilt zusätzlich, dass es maximal bis zu einem Anteil von 0,1 Prozent wassergefährdende Stoffe aus der zum Aufbrechen des Gesteins eingesetzten Flüssigkeit enthalten darf, § 22c Abs. 2 S. 2 ABBergV. Da der Gesetzgeber unterschiedliche Anforderungen an den Umgang mit Rückfluss und Lagerstättenwasser stellt, ist für die weitere Untersuchung diese Differenzierung zugrunde zu legen.

203 UBA (Hrsg.), Umweltauswirkungen von Fracking bei der Aufsuchung und Gewinnung von Erdgas aus unkonventionellen Lagerstätten, A76 m.w.N.
204 UBA (Hrsg.), Umweltauswirkungen von Fracking bei der Aufsuchung und Gewinnung von Erdgas aus unkonventionellen Lagerstätten, A77.
205 Vgl. UBA (Hrsg.), Umweltauswirkungen von Fracking bei der Aufsuchung und Gewinnung von Erdgas aus unkonventionellen Lagerstätten, A76.
206 Vgl. BR-Drs. 144/15, S. 20.
207 Siehe auch *von Weschpfennig*, in: Landmann/Rohmer, Umweltrecht, Band I, WHG § 13a Rn. 9.

IV. Die Produktionsphase

Nach Abschluss der Fracking-Phase beginnt die eigentliche Gasgewinnungsphase. Je mehr Fracking-Fluid in das Gestein versickert, desto geringer ist der Druck im Bohrloch. Das Gas, das sich durch die künstlich geschaffenen Wegsamkeiten seinen Weg zum Bohrloch gebahnt hat, strömt durch das Bohrloch nach oben an die Erdoberfläche. Dort wird es in entsprechenden Einrichtungen aufgefangen. Die Produktionsphase unterscheidet sich nicht von herkömmlichen Erdgasförderungen. Es gelten damit für sie dieselben rechtlichen Rahmenbedingungen, so dass sie für den Untersuchungsgegenstand nicht weiter relevant ist. Zu bedenken ist aber, dass auch während dieser Phase weiterhin Formationswässer mitgefördert werden.[208]

V.   Entsorgung von Rückfluss und Lagerstättenwasser

Ist der Rückfluss und das Lagerstättenwasser zurückgefördert, stellt sich als Konsequenz die Frage nach ihrer Entsorgung. Der zurückgewonnene Rückfluss und das Lagerstättenwasser weisen, wie soeben festgestellt, zum Teil starke Kontaminationen mit einen erheblichen Gefährdungspotenzial für Mensch und Umwelt auf.[209] Gegenwärtige Methoden und Ansätze zur Entsorgung des *flowback* sind die sogenannte »Verpressung« über Disposal- bzw. Versenkbohrungen, die Aufbereitung zur Einleitung in Oberflächengewässer bzw. zur Einleitung in die Kanalisation, die Wiederverwendung für weitere Fracking-Anwendungen und die landwirtschaftliche Bewässerung.[210] Aufgrund der hohen Salzfrachten und den Konzentrationen an organischen und anorganischen Schadstoffen erscheint eine landwirtschaftliche Verwendung unwahrscheinlich[211], so dass diese Art der Verwendung bzw. Entsorgung hier außer Betracht bleiben soll.

1.   Verpressung

Bisher werden in Deutschland die bei der Erdgasgewinnung anfallenden Rückflüsse und das Lagerstättenwasser aus konventionellen Fracking-Anwendungen üblicherweise in Versenkbohrungen bzw. Disposalbohrungen entsorgt, also »verpresst«.[212] Bei diesen Bohrungen handelt es sich meist um ehemalige Erdöl- oder Erdgaslagerstätten

---

208   Vgl. UBA (Hrsg.), Umweltauswirkungen von Fracking bei der Aufsuchung und Gewinnung von Erdgas aus unkonventionellen Lagerstätten, A76.
209   Vgl. auch *Schink,* Heft 131 der Schriftenreihe der GDMB, S. 79, 80.
210   UBA (Hrsg.), Umweltauswirkungen von Fracking bei der Aufsuchung und Gewinnung von Erdgas aus unkonventionellen Lagerstätten, C53.
211   UBA (Hrsg.), Umweltauswirkungen von Fracking bei der Aufsuchung und Gewinnung von Erdgas aus unkonventionellen Lagerstätten, C55.
212   UBA (Hrsg.), Umweltauswirkungen von Fracking bei der Aufsuchung und Gewinnung von Erdgas aus unkonventionellen Lagerstätten, A85.

sowie andere aufnahmefähige Gesteinshorizonte.[213] Zuvor gefrackte Lagerstätten können nicht für die Entsorgung genutzt werden.[214] Sofern eine Verpressung nicht vor Ort möglich ist, werden Rückfluss und Lagerstättenwasser über Transportleitungen oder mit Tankfahrzeugen zu den Versenkbohrungen transportiert.[215]

Rückfluss und Lagerstättenwasser eignen sich aufgrund ihrer verschiedenen Bestandteile in der Regel nicht unbehandelt zur Verpressung.[216] Daher wird eine entsprechende Vorbehandlung meist notwendig sein.[217] Rückfluss und Lagerstättenwasser werden an den Förderanlagen auf dem Bohrplatz gesammelt und aufbereitet. Dabei werden die Kohlenwasserstoffe von Feststoffen, Schlämmen und Ölen abgetrennt.[218] Teilweise erfolgt zusätzlich eine Abtrennung von Quecksilber und Schwefelwasserstoffen. Die abgetrennten Kohlenwasserstoffe werden in Raffinerien weiterverarbeitet. Spezielle Unternehmen entsorgen die Ablagerungen.[219]

2.   Einleitung in das Oberflächenwasser oder in die Kanalisation

Erwogen wird auch eine Einleitung von Rückfluss und Lagerstättenwasser in Oberflächengewässer wie Seen, Kanäle und Flüsse oder in die Kanalisation. Dies wird ebenfalls regelmäßig nur nach einer entsprechenden Aufbereitung möglich sein.[220] Inwiefern hierfür vorhandene Industriekläranlagen bzw. kommunale Kläranlagen genutzt werden können bzw. spezifische Aufbereitungsverfahren anzuwenden sind, wird von der Menge und der chemischen Zusammensetzung des *flowback* abhängen.[221]

---

213 UBA (Hrsg.), Umweltauswirkungen von Fracking bei der Aufsuchung und Gewinnung von Erdgas aus unkonventionellen Lagerstätten, A85.

214 UBA (Hrsg.), Umweltauswirkungen von Fracking bei der Aufsuchung und Gewinnung von Erdgas aus unkonventionellen Lagerstätten, C54.

215 SRU (Hrsg.), Fracking zur Schiefergasgewinnung – ein Beitrag zur energie- und umweltpolitischen Bewertung, S. 29; UBA (Hrsg.), Umweltauswirkungen von Fracking bei der Aufsuchung und Gewinnung von Erdgas aus unkonventionellen Lagerstätten, A85. Von den rechtlichen Anforderungen an den Transport, gleich ob er über Leitungen oder mittels Tankwagen über die Straße geschieht, wird abgesehen, da die Anforderungen stark von den im *flowback* enthaltenen Substanzen abhängen und die Anforderungen sich diesbezüglich aus den allgemeinen Bestimmungen ergeben.

216 *Rosenwinkel/Weichgrebe/Olsson*, Gutachten zur Abwasserentsorgung und Stoffstrombilanz, S. 58.

217 *Rosenwinkel/Weichgrebe/Olsson*, Gutachten zur Abwasserentsorgung und Stoffstrombilanz, S. 58.

218 UBA (Hrsg.), Umweltauswirkungen von Fracking bei der Aufsuchung und Gewinnung von Erdgas aus unkonventionellen Lagerstätten, A86; SRU (Hrsg.), Fracking zur Schiefergasgewinnung – ein Beitrag zur energie- und umweltpolitischen Bewertung, S. 29.

219 UBA (Hrsg.), Umweltauswirkungen von Fracking bei der Aufsuchung und Gewinnung von Erdgas aus unkonventionellen Lagerstätten, A87.

220 UBA (Hrsg.), Umweltauswirkungen von Fracking bei der Aufsuchung und Gewinnung von Erdgas aus unkonventionellen Lagerstätten, C54.

221 UBA (Hrsg.), Umweltauswirkungen von Fracking bei der Aufsuchung und Gewinnung von Erdgas aus unkonventionellen Lagerstätten, C54.

3.   Wiederverwertung

Ob und in welchem Ausmaß es technisch möglich ist, Rückfluss und Lagerstättenwasser wiederzuverwerten, lässt sich nur nach vorheriger analytischer Bestimmung der Art und Konzentration der zurückgeführten Bestandteile von Rückfluss und Lagerstättenwasser beurteilen. Denn das Fracking-Fluid ist standortspezifisch zusammengestellt und die Formationswässer unterscheiden sich von Lagerstätte zu Lagerstätte.[222] In den USA gibt es seit einigen Jahren Erfahrungen zur Wiederverwendung für weitere Fracking-Maßnahmen. Hierfür wird der Anteil am Rückfluss, der innerhalb der ersten Tage zurück gefördert wird und relativ geringe Konzentrationen an Inhaltsstoffen mit sich führt, mit frischem Wasser vermischt und kommt ohne weitere Behandlung zum erneuten Fracking-Einsatz.[223]

VI.   Rückbau und Nachsorge

Nach Abschluss der Erdgasgewinnung müssen die Bohrlöcher abgedichtet und verfüllt werden, um mögliche Wegsamkeiten zwischen den einzelnen Gesteinsschichten zu unterbinden.[224] Insbesondere muss die Versiegelung gewährleisten, dass Kurzschlüsse zwischen verschiedenen Wasserhorizonten verhindert werden.[225] Anforderungen an die Materialien für die Versiegelung sind Festigkeit, Deformationsverhalten, geringe Durchlässigkeit, Langzeitstabilität, Quellfähigkeit, um das Ausfüllen von Hohlraumen zu gewährleisten, und die Verpumpbarkeit des eingesetzten Materials.[226]

Während die Überwachung und die Reparatur von Bohrlöchern bei ihrer Herstellung, beim Fracking an sich und bei der anschließenden Gasgewinnung erprobt sind, fehlt es bei der Frage nach der Langzeitstabilität von Zementen an gesicherten Ergebnissen.[227] Bei der Fracking-Technologie im unkonventionellen Bereich kommt erschwerend hinzu, dass die Stahltouren im Bereich der Horizontalbohrung durch die Perforationen beschädigt sind.[228] Aufgrund mangelnder Erfahrungswerte müssen auch stillgelegte und abgeschlossene Bohrungen überwacht werden, um eine etwaige Freisetzung von Schadstoffen zu entdecken und beheben zu können.[229]

---

222 UBA (Hrsg.), Umweltauswirkungen von Fracking bei der Aufsuchung und Gewinnung von Erdgas aus unkonventionellen Lagerstätten, C54.
223 Vgl. *Rosenwinkel/Weichgrebe/Olsen*, Gutachten zur Abwasserentsorgung und Stoffstrombilanz, S. 56.
224 *Schilling*, Bohrung, Verrohrung und Zementierung – Kurzgutachten, S. 29.
225 *Schilling*, Bohrung, Verrohrung und Zementierung – Kurzgutachten, S. 29.
226 *Schilling*, Bohrung, Verrohrung und Zementierung – Kurzgutachten, S. 30.
227 Vgl. Ewen/Borchardt/Richter/Hammerbacher, Risikostudie Fracking – Übersichtsfassung der Studie »Sicherheit und Umweltverträglichkeit der Fracking-Technologie für die Erdgasgewinnung aus unkonventionellen Quellen«, S. 41.
228 *Schilling*, Bohrung, Verrohrung und Zementierung – Kurzgutachten S. 30.
229 Ewen/Borchardt/Richter/Hammerbacher, Risikostudie Fracking – Übersichtsfassung der Studie »Sicherheit und Umweltverträglichkeit der Fracking-Technologie für die Erdgasgewinnung aus unkonventionellen Quellen«, S. 41.

VII. Zusammenfassung

Die Fracking-Technologie ist kein eigenes Bohrverfahren, sondern eine Bohrloch-behandlung. Sie kann sowohl in konventionellen Lagerstätten als auch in unkonventionellen Lagerstätten zum Einsatz kommen. Im unkonventionellen Bereich ist sie zwingende Voraussetzung zur Erschließung der Lagerstätten. Im konventionellen Bereich dient sie der Aufrechterhaltung wirtschaftlicher Förderraten. Da das Gesetzespaket differenzierende Anforderungen an den Einsatz der Fracking-Technologie in den jeweiligen Gesteinstypen stellt, sind beide Lagerstättenbereiche Teil des Untersuchungsgegenstandes.

Von ihren technischen Abläufen unterscheiden sie sich nur in wenigen Gesichtspunkten. Diese können in die Tiefbohr-, Fracking-, Rückförderungs-, Produktions-, Entsorgungs- und Rückbau- und Nachsorgephase untergliedert werden. Der technische Ablauf der Tiefbohr- und der Produktionsphase unterscheidet sich nicht von der herkömmlichen Erdgasförderung ohne Fracking. Die an sie zu stellenden rechtlichen Anforderungen sind daher nicht vom Untersuchungsgegenstand nicht umfasst.[230]

Während der Fracking-Phase wird das Fracking-Fluid, das zum größten Teil aus Wasser besteht und je nach zeitlichen Ablauf und abhängig von den vor Ort vorherrschenden geologischen und hydrogeologischen Gegebenheiten variable Anteile von Stützmitteln und weiteren chemischen Additiven enthält, unter Druck in das Bohrloch injiziert. Dies bewirkt eine Rissbildung in den Lagerstätten und hierdurch die Schaffung künstlicher Wegsamkeiten, die es ermöglichen, dass das im Gestein eingeschlossene Erdgas dem Bohrloch zuströmen kann. Die Rissausbreitung lässt sich anhand verschiedener Berechnungen modellieren, kann aber nicht mit Sicherheit vorhergesagt werden. Die vertikale Ausdehnung kann nach Literaturangaben von 10 Meter bis 600 Meter betragen.

In der Rückforderungsphase und der anschließenden Produktionsphase wird sogenanntes *flowback* zurückgefördert. Dieses besteht aus dem injizierten Fracking-Fluid, dem in der Zieltiefe regelmäßig vorhandenen geogenen Formationswasser und Reaktionsprodukten aus dem Fracking-Fluid und dem Formationswasser. Erfahrungsgemäß und erwartungsgemäß handelt es sich dabei um hoch salzhaltige Liquide, die mit Schwermetallen, NORM-Stoffen, Ton, Schluff- und Sandpartikel, sowie Bakterien und Gase versetzt sind.

Der Gesetzgeber untergliedert das *flowback* in Rückfluss und Lagerstättenwasser, wobei sämtliche zurückgeförderten Flüssigkeiten bis zum Beginn der Produktionsphase als Rückfluss gelten, die Flüssigkeiten danach als Lagerstättenwasser.

Rückfluss und Lagerstättenwasser werden aufgefangen, gesammelt und nach entsprechenden Aufbereitungsverfahren während der Entsorgungsphase entweder im Wege untertägigen Verpressens über Disposal- bzw. Verpressbohrungen oder durch Einleiten in Gewässer oder Kläranlagen bzw. die Kanalisation entsorgt oder können zu weiteren Fracks wiederverwertet werden. Eine landwirtschaftliche Verwendung ist

---

230 Für planungsrechtlich in Betracht zu nehmende Auswirkungen können sie allerdings durchaus zu beachten sein, vgl. S. 45 ff.

aufgrund der hohen Salzgehalten und weiterer Subtanzen nicht zu erwarten und wird daher vom Untersuchungsgegenstand ausgenommen.

In der Rückbau- und Nachsorgephase ist das Bohrloch zu überwachen, um die Freisetzung von Schadstoffen zu entdecken und beheben zu können.

3. Kapitel   Gefahren für Mensch, Sachen und Umwelt

Gefahren und Risiken[231] für Mensch, Sachen und die Umwelt sind in allen Phasen eines Fracking-Vorhabens denkbar. In vielfacher Hinsicht lassen sich diese allerdings nicht von Risiken anderer Bohrtätigkeiten unterscheiden.[232] Für den Untersuchungsgegenstand sollen nur diejenigen Gefahren betrachtet werden, die von den Phasen des Bohrvorhabens ausgehen, in denen das Fracking-Verfahren sich von anderen Bohrverfahren unterscheidet. Wie festgestellt, ergeben sich diese aus der tatsächlichen Fracking-Phase[233], der Rückforderung von *flowback*[234], dessen Entsorgung[235] und der Nachsorge[236], wobei sich die Fracking-spezifischen Aspekte der Nachsorge auf die Überwachung möglicher Schadstofffreisetzungen beschränken.

Die mit dem Fracking-Verfahren im Zusammenhang stehenden Gefahren sind räumlich an die jeweiligen Gasvorkommen gebunden und können sowohl von einer einzelnen Bohrung als auch von der Summenwirkung vieler Bohrungen, der Langzeitsicherheit sowie vom Normalbetrieb und von einem Un- bzw. Störfall ausgehen.[237] Störfalle können sich neben dem Schutzgut Wasser auch auf die Schutzgüter Boden, Luft, Natur und Landschaft auswirken. Hierbei sind insbesondere die Gefahr einer induzierten Seismizität und ein unkontrollierter Methanaufstieg zu nennen, auf die im Folgenden einzugehen ist. Gefahren für Mensch und Sachen werden regelmäßig dergestalt eintreten, dass sie durch die Umweltmedien Luft, Boden und Wasser vermittelt sind.

I.   Wasserverunreinigungen

Eine Vielzahl der Wasserverunreinigungsszenarien sind auf Stör- bzw. Unfälle zurückzuführen.[238] Die potentiellen Wirkungspfade, auf denen es zu Gewässerverände-

---

231 Zum Verhältnis zwischen dem Begriff des Risikos und dem im rechtlichen Sinne herkömmlichen Begriff der Gefahr, vgl. *von Richthofen*, S. 47 und *Dietz*, S. 5 ff.

232 Vgl. UBA (Hrsg.), Einschätzung der Schiefergasförderung in Deutschland – eine Stellungnahme, S. 8.

233 Siehe S. 23 f.

234 Siehe S. 27 f.

235 Siehe S. 30 ff.

236 Siehe S. 32.

237 Vgl. UBA (Hrsg.), Umweltauswirkungen von Fracking bei der Aufsuchung und Gewinnung von Erdgas aus unkonventionellen Lagerstätten, 03; vgl. *Ramsauer/Wendt*, NVwZ 2014, 1401, 1403.

238 Vgl. SRU (Hrsg.), Fracking zur Schiefergasgewinnung – ein Beitrag zur energie- und umweltpolitischen Bewertung, S. 23 ff.; UBA (Hrsg.), Umweltauswirkungen von Fracking bei der Aufsuchung und Gewinnung von Erdgas aus unkonventionellen Lagerstätten, A13 ff. vgl. die detaillierte technische Darstellung der möglichen Wirkungspfade bei UBA (Hrsg.), Umweltauswirkungen von Fracking bei der Aufsuchung und Gewinnung von Erdgas insbesondere aus Schiefergaslagerstätten Teil 2, AP1, S. 25 ff.

rungen kommen kann, sind nicht nur einzeln zu betrachten, sondern auch in Kombination denkbar.[239] Gefahren für das nutzbare Wasser können von Fracking-Vorhaben sowohl auf oberirdischen als auch auf unterirdischen Belastungswegen entstehen.[240].

1. Oberflächennahe Schadstoffbelastungen

Bei dem Umgang mit dem Fracking-Fluid, dem Rückfluss und Lagerstättenwasser können Belastungen oberflächennaher Gewässer entstehen.[241] Da diese Belastungen »von oben« auf die Erdoberfläche einwirken, ist insbesondere die Schutzfähigkeit der Deckschichten relevant.[242] Vielfach ist für eine Belastung entlang dieser Pfadgruppe ein Versagen der technischen Systeme erforderlich. Weiterhin kann es durch unsachgemäßen Umgang mit den Gemischen zu Schadstoffbelastungen kommen.[243]

2. Unterirdische Schadstoffbelastungen

Weiterhin kann das Wasser, insbesondere das Grundwasser über unterirdische Pfade belastet werden. Derartige Belastungen sind weitgehend irreversibel und schwierig zu begrenzen.[244] In der Regel trennen robuste Gesteinsschichten die Lagerstätten und die grundwasserführenden Schichten. Sie fungieren als natürlich gewachsene Barrieren zwischen der Erdgasgewinnung und der Grundwassernutzung. Die Fracking-Technologie birgt das Potenzial, künstliche Wegsamkeiten zwischen diesen Schichte zu schaf-

---

239 UBA (Hrsg.), Umweltauswirkungen von Fracking bei der Aufsuchung und Gewinnung von Erdgas aus unkonventionellen Lagerstätten, A16 f.
240 Nach Angaben des BGR (Hrsg.), Abschätzung des Erdgaspotenzials aus dichten Tongesteinen (Schiefergas) in Deutschland, S. 33 sind bisher keine Grundwasserverunreinigungen durch Fracking-Vorhaben in Deutschland bekannt. Auch die Grundwassermonitorings in Bereich der bisher einzigen in Deutschland durchgeführten unkonventionellen Schiefergaserprobungsbohrung Damme 3 haben keine oberhalb der analytischen Bestimmungsgrenze liegenden Schadstoffbelastungen nachgewiesen, vgl. SRU (Hrsg.), Fracking zur Schiefergasgewinnung – ein Beitrag zur energie- und umweltpolitischen Bewertung, S. 26 m.w.N. Dieser Befund ändert allerdings nichts an der Signifikanz der durch das Fracking-Verfahren aufgeworfenen Umweltgefahren. Viele Fließvorgänge im Grundwasser laufen nämlich sehr langsam ab, wodurch insbesondere langfristige Veränderungen und Auswirkungen auf das geologische und hydrogeologische Gesamtsystem sich voraussichtlich erst nach Jahren, wenn nicht Jahrzehnten als signifikante Auswirkungen erkennbar machen, UBA (Hrsg.), Umweltauswirkungen von Fracking bei der Aufsuchung und Gewinnung von Erdgas aus unkonventionellen Lagerstätten, C6.
241 SRU (Hrsg.), Fracking zur Schiefergasgewinnung – ein Beitrag zur energie- und umweltpolitischen Bewertung, S. 23.
242 UBA (Hrsg.), Umweltauswirkungen von Fracking bei der Aufsuchung und Gewinnung von Erdgas aus unkonventionellen Lagerstätten, A14.
243 UBA (Hrsg.), Umweltauswirkungen von Fracking bei der Aufsuchung und Gewinnung von Erdgas aus unkonventionellen Lagerstätten, C4.
244 SRU (Hrsg.), Fracking zur Schiefergasgewinnung – ein Beitrag zur energie- und umweltpolitischen Bewertung, S. 27.

fen.[245] Um Lagerstätten in großer Tiefe zu erreichen, müssen zum Teil auch oberflächennah Grundwasserkörper und tiefenwasserführende Schichten durchbohrt werden.[246] Denkbar sind folgende Szenarien unterirdischer Wasserbelastungen durch die Fracking-Fluide, Rückfluss, Lagerstättenwasser und das Erdgas selbst:

– durch Versagen der Zementierung bzw. der Verrohrung des Bohrloches kann es zu einem Schadstoffeintrag in grundwasserführende Schichten entlang der Bohrung kommen[247];

– durch eine unzureichende oder nicht mehr intakte Abdichtung bzw. Verfüllung des Bohrloches kann es zu einem Schadstoffeintrag entlang von und in Altbohrungen kommen, von wo sich die Schadstoffe weiter unkontrolliert ausbreiten können[248];

– durch die künstliche Rissbildung kann es zu einem hydraulischen Anschluss an geologische Störungen bzw. Störungssysteme[249] kommen, durch den sich Fracking-Fluide, Rückfluss, Lagerstättenwasser sowie Methan unkontrolliert ausbreiten und hierdurch wiederum in grundwasserführende Schichten gelangen können;[250] und

– durch die künstliche Rissbildung kann es zu einem flächenhaften Aufstieg durch die verschiedenen geologischen Schichten ohne bevorzugte Wegsamkeiten sowie zur lateralen Ausbreitung von Fracking-Fluiden, Rückfluss, Lagerstättenwasser

---

245 SRU (Hrsg.), Fracking zur Schiefergasgewinnung – ein Beitrag zur energie- und umweltpolitischen Bewertung, S. 27.

246 SRU (Hrsg.), Fracking zur Schiefergasgewinnung – ein Beitrag zur energie- und umweltpolitischen Bewertung, S. 27.

247 Sog. Pfadgruppe 1, vgl. UBA (Hrsg.), Umweltauswirkungen von Fracking bei der Aufsuchung und Gewinnung von Erdgas aus unkonventionellen Lagerstätten, A14, C4.

248 Insbesondere im Hinblick auf die Langzeitsicherheit von Bohrungen spielen die jeweiligen hydrogeologischen und -chemischen Verhältnisse eine entscheidende Rolle. Aufgrund von hohen Temperaturen, Salz- und Kohlensäuregehalten im Untergrund sind die Rohre und die Zementierung des Bohrloches gegebenenfalls starker Korrosion ausgesetzt. Dies kann langfristig zu einem Versagen führen, vgl. UBA (Hrsg.), Umweltauswirkungen von Fracking bei der Aufsuchung und Gewinnung von Erdgas aus unkonventionellen Lagerstätten, A14.

249 Eine Störung im geologischen Sinn bezeichnet eine strukturelle Veränderung eines Gesteinsverbandes. Sie kann durch tektonische Pressungs- oder Zerrungskräfte verursacht werden und sich in bruchlosen Verformungen (Schichtenbiegung) oder in Form von Schichtenzerreißungen (Verwerfung) äußern, vgl. Das kleine Bergbaulexikon, S. 334. Ältere Gesteine, die im Laufe ihrer geologischen Geschichte mehrfach tektonisch beansprucht wurden, weisen in aller Regel mehrere Generationen von Störungen auf, von denen nur die jüngste selbst ungestört ist. Im Hinblick auf ihr Risikopotenzial ist zwischen sogenannten tiefgreifenden Störungen, die aus dem Bereich der Lagerstätte bis hinauf in die oberflächennahen Grundwasservorkommen reichen, und Störungen zu unterscheiden, die nur Teilstrecken zwischen der Gaslagerstätte und den oberflächennahen Grundwasservorkommen umfassen, vgl. UBA (Hrsg.), Umweltauswirkungen von Fracking bei der Aufsuchung und Gewinnung von Erdgas aus unkonventionellen Lagerstätten, A14.

250 Sog. Pfadgruppe 2, vgl. UBA (Hrsg.), Umweltauswirkungen von Fracking bei der Aufsuchung und Gewinnung von Erdgas aus unkonventionellen Lagerstätten, A14f, C15.

37

und Methan kommen, wodurch es wiederum zum Anschluss an grundwasserführende Schichten kommen kann.[251]

3. Entsorgung von Rückfluss und Lagerstättenwasser

Im Gegensatz zu den herausgearbeiteten potentiellen Schadstoffbelastungen oberflächennaher Gewässer und des Grundwasser, die von Stör- bzw. Unfällen herrühren oder ungewollte Nebenfolgen einer Fracking-Anwendung sein können, ist die Entsorgung von Rückfluss und Lagerstättenwasser, die aufgrund ihrer Beschaffenheit ein erhebliches Gefährdungspotenzial haben[252], ein Problem, das sich bei jeder durchgeführten Fracking-Maßnahme stellt.[253]

Für jeden der aufgezeigten Entsorgungswege (Verpressung[254], Direkt- und Indirekteinleitung[255] und Wiederverwertung[256]) sind verschiedene Szenarien denkbar, aus denen sich Gefahren für das Wasser ergeben können. Weiterhin kann es im Zusammenhang mit den Sammeln, Lagern und den Aufbereitungsverfahren, die unabhängig vom konkreten Entsorgungsweg im Regelfall erforderlich sind, zu Stör- bzw. Unfällen kommen, wodurch wiederum oberflächennahe Gewässer und das Grundwasser verunreinigt werden können.[257]

II. Bodenverunreinigungen

Stoffeinträge in den Untergrund erfolgen im Rahmen der Bohrung und während der Stimulation der Lagerstätte.[258] Verunreinigungen in Zusammenhang mit dem Fracking-Vorhaben können sich ebenso wie die Wasserverunreinigungen durch die Freisetzung von Schadstoffen aus den Fracking-Fluiden, dem Rückfluss, dem Lagerstättenwasser und unterirdisch freigesetztem Methan infolge von Stör- bzw. Unfällen und Leckagen ergeben.[259] Ebenso ist es denkbar, dass es über die im Zusammenhang mit

---

251 Sog. Pfadgruppe 3, vgl. UBA (Hrsg.), Umweltauswirkungen von Fracking bei der Aufsuchung und Gewinnung von Erdgas aus unkonventionellen Lagerstätten, A15, C5. Grundvoraussetzung für eine derartige Schadstoffbelastung ist allerdings eine entsprechende Durchlässigkeit im standortspezifischen Gestein.

252 Vgl. UBA (Hrsg.), Umweltauswirkungen von Fracking bei der Aufsuchung und Gewinnung von Erdgas aus unkonventionellen Lagerstätten, C53.

253 Vgl. auch UBA (Hrsg.), Umweltauswirkungen von Fracking bei der Aufsuchung und Gewinnung von Erdgas insbesondere aus Schiefergaslagerstätten Teil 2, AP7, S. 21 ff.

254 Siehe S. 30 f.

255 Siehe S. 31.

256 Siehe S. 32.

257 Vgl. SRU (Hrsg.), Fracking zur Schiefergasgewinnung – ein Beitrag zur energie- und umweltpolitischen Bewertung, S. 29.

258 MKULNV (Hrsg.), Fracking in unkonventionellen Erdgas-Lagerstätten in NRW – Kurzfassung zum Gutachten, S. 33.

259 Vgl. UBA (Hrsg.), Umweltauswirkungen von Fracking bei der Aufsuchung und Gewinnung von Erdgas insbesondere aus Schiefergaslagerstätten Teil 2, AP7, S. 51 f. Auch wenn

den unterirdischen Gewässerbelastungen beschriebenen Wirkungspfade über die Wirkungspfade nicht nur zu Verunreinigungen des Wassers, sondern auch zu Bodenkontaminationen kommt.[260] Die Schwere einer Kontamination des Bodens hängt sowohl von Art und Menge der Schadstoffbelastung als auch von der Bodenbeschaffenheit und seiner Verwendung ab.[261]

III. Luftverunreinigungen

Luftimmissionen können in Form von Methanaustritt, Abgasen von Dieselaggregaten und arbeits- und betriebsbedingten Geräuschemissionen auftreten. Die Immissionen können sowohl im Normalbetrieb (Dieselaggregat, Lärm) als auch von Stör- und Unfällen ausgehen (unkontrollierter Methanaufstieg am Bohrkopf).[262] Da diese Verunreinigungen allerdings keine dem Fracking-Verfahren immanenten Gefahren sind – allenfalls werden die Dieselimmissionen durch das zusätzliche Verpumpen der Fracking-Fluide in den Untergrund verstärkt[263] – bleiben sie bei der weiteren Untersuchung außer Betracht.

IV. Induzierte Seismizität

Im Gegensatz zu natürlichen Erdbeben, bei denen es sich um Bewegungen der Erdkruste entlang vorhandener Schwächezonen handelt, werden als »induzierte Seismizität« Brüche bezeichnet, die unmittelbar in den Lagerstätten als Folge des Eingriffs in den Untergrund entstehen und die beim Fracking-Verfahren zum Aufbruch der Lagerstätte durchaus erwünscht sind.[264] Diese werden in der Regel nicht spürbar sein, können allerdings im Einzelfall in vorgespannten Formationen oder bei Vorliegen von weitreichenden und großflächigen Störungen zu messbaren und auf der Erdoberfläche

---

dies im Einzelfall zwar unwahrscheinlich ist, kann es nicht vollständig ausgeschlossen werden. Die Kumulation einer Vielzahl von Bohrstellen vervielfacht auch die Wahrscheinlichkeit eines Störfalls.

260 Vgl. S. 36 ff.
261 UBA (Hrsg.), Umweltauswirkungen von Fracking bei der Aufsuchung und Gewinnung von Erdgas insbesondere aus Schiefergaslagerstätten Teil 2, AP7, S. 51.
262 Vgl. *Lechtenböhmer/Altmann/Capito/Matra/Weindorf/Zittel*, Auswirkungen der Gewinnung von Schiefergas und Schieferöl auf die Umwelt und die menschliche Gesundheit, S. 23 ff.
263 Vgl. *Lechtenböhmer/Altmann/Capito/Matra/Weindorf/Zittel*, Auswirkungen der Gewinnung von Schiefergas und Schieferöl auf die Umwelt und die menschliche Gesundheit, S. 24.
264 *Habrich-Böcker/Kirchner/Weißenberg*, Fracking – Die neue Produktionsgeografie, S. 94. Zur schwierigen Trennung von natürlich auftretender und induzierter Seismizität, vgl. UBA (Hrsg.), Umweltauswirkungen von Fracking bei der Aufsuchung und Gewinnung von Erdgas insbesondere aus Schiefergaslagerstätten Teil 2, AP 6, S. 28 ff.

spürbaren Erdbeben führen.[265] Zwar betrifft die Möglichkeit spürbarer seismischer Aktivität allgemein Erdgasgewinnungen[266], Fracking-Vorhaben stehen aber im Verdacht, insbesondere bei flächenhafter Ausbeutung weitreichender unkonventioneller Lagerstätten verstärkt Erdbeben zu verursachen.[267] Induzierte Seismizität ist daher in den Verlauf der Untersuchung weiter einzubeziehen.

V. Blowout

Ein weiteres denkbares Szenario eines fehlgegangenen Fracking-Vorhabens ist der als *blowout* bezeichnete folgenschwerste Stör- bzw. Unfall.[268] Ein *blowout* entsteht dadurch, dass Erdgas getroffen wird, das unter höherem als dem erwarteten Druck steht und bei dem es infolge der Druckentlastung zu einem Herausschleudern des Fracking-Fluids und einem unkontrollierten Entweichen von Erdgas kommt, das sich zusätzlich entzünden kann.[269]

VI. Zusammenfassung

Gefahren von Fracking-Vorhaben bestehen insbesondere für die Umwelt und können sich hierdurch auch auf Menschen und Sachen auswirken. Für den Untersuchungsgegenstand werden nur diejenigen Gefahren betrachtet, die von den Phasen des Bohrvorhabens ausgehen, in denen das Fracking-Verfahren sich von anderen Bohrverfahren unterscheidet.

Die Gefahren können sowohl von einer einzelnen Bohrung als auch von der Summenwirkung vieler Bohrungen ausgehen; sie können sich aus dem Normalbetrieb ergeben sowie durch Stör- und Unfälle verwirklichen.

---

265 Vgl. *Lechtenböhmer/Altmann/Capito/Matra/Weindorf/Zittel*, Auswirkungen der Gewinnung von Schiefergas und Schieferöl auf die Umwelt und die menschliche Gesundheit, S. 31 m.w.N.; *Habrich-Böcker/Kirchner/Weißenberg*, Fracking – Die neue Produktionsgeografie, S. 94. BGR (Hrsg.), Abschätzung des Erdgaspotenzials aus dichten Tongesteinen (Schiefergas) in Deutschland, S. 45 f. Erwartet werden im Falle einer spürbaren Belastungen Erdbeben der Stärken 1 bis 3 auf der Richterskala.

266 Vgl. Übersicht bei UBA (Hrsg.), Umweltauswirkungen von Fracking bei der Aufsuchung und Gewinnung von Erdgas insbesondere aus Schiefergaslagerstätten Teil 2, AP 6, S. 28.

267 Vgl. *Habrich-Böcker/Kirchner/Weißenberg*, Fracking – Die neue Produktionsgeografie, S. 95 m.w.N.

268 Ewen/Borchardt/Richter/Hammerbacher, Risikostudie Fracking – Übersichtsfassung der Studie »Sicherheit und Umweltverträglichkeit der Fracking-Technologie für die Erdgasgewinnung aus unkonventionellen Quellen«, S. 32 f. Nach eigenen Angaben von Exxon-Mobil liegt die Wahrscheinlichkeit eines *blowouts* bei unter 1 zu 1.000. MKULNV (Hrsg.), Fracking in unkonventionellen Erdgas-Lagerstätten in NRW – Kurzfassung zum Gutachten, S. 37 geht von einer Wahrscheinlichkeit von 1 zu 1.000 bis 1 zu 10.000 aus.

269 UBA (Hrsg.), Umweltauswirkungen von Fracking bei der Aufsuchung und Gewinnung von Erdgas insbesondere aus Schiefergaslagerstätten Teil 2, AP7, S. 30.

Gefahren betreffen insbesondere das Schutzgut Wasser und das Schutzgut Boden. Die Gefahren für das Schutzgut Luft betreffen keine dem Fracking-Verfahren immanenten Gefahren, so dass sie nicht vom Untersuchungsgegenstand umfasst sind.

Gefahren für das Schutzgut Wasser können durch oberflächennahe oder unterirdische Schadstoffbelastungen in Form von Fracking-Fluid-, Rückfluss-, Lagerstättenwasser- oder Methaneintrag entstehen, wobei eine Vielzahl der Einträge sich auf Stör- und Unfälle beziehen. So können sich die Einträge durch unsachgemäßen Umgang oder durch Leckagen der Betriebsanlagen an der Oberfläche, entlang der Bohrung durch Leckagen oder durch den Anschluss an Altbohrungen entstehen. Weitere Szenarien sind, dass sich Fracking-Fluid-, Rückfluss-, Lagerstättenwasser- oder Methaneintrag in grundwasserführende Schichten durch die künstliche Rissbildung ergeben und zwar entweder durch den Anschluss an geologische Störungen oder durch unkontrollierten Aufstieg der Schadstoffe durch die unterschiedlichen Gesteinsschichten ohne bevorzugte Wegsamkeiten.

Dieselben Wirkungspfade können auch zu Bodenkontaminationen führen. Weitere Gefahren ergeben sich durch die induzierte Seismizität sowie durch einen sogenannten *blowout*, der als schlimmster aller denkbaren Unfälle in der Regel alle Umweltpfade betrifft.

Teil 2   Planungsrechtliche Einflussnahme

Die Erdgasförderung mittels einer Fracking-Maßnahme kann – wie das vorangegangene Kapitel gezeigt hat – potentiell mit ober- und untertägigen Gefahren für verschiedene Schutzgüter, insbesondere das Wasser und den Boden sowie hierdurch vermittelt das Leben, Gesundheit und Eigentum, verbunden sein.[270] Weiterhin wurde festgestellt, dass die Infrastruktur zur Ermöglichung der Erdgasförderung sowohl ober- als auch unterirdisch Platz in Anspruch nimmt und sich somit auf die regionale Entwicklung, das Landschaftsbild und die Natur auswirken kann.[271] Es liegt auf der Hand, dass sich hieraus konfligierende Nutzungsinteressen des ober- und unterirdischen Raumes ergeben. Um diese im Vorhinein und unabhängig von fachrechtlichen Zulassungsverfahren zu steuern, stellt sich die Frage, inwiefern mithilfe des Planungsrechts auf Fracking-Maßnahmen Einfluss genommen werden kann und ob diese nach geltender Rechtslage sogar in Gänze verboten werden können.

Als mögliche Planungsinstrumente kommen die überörtliche Raumplanung, die örtliche Bauleitplanung sowie die fachrechtliche Planung in Form von besonderen Gebietsausweisungen in Betracht. Aktuell bietet hierzu das Raumordnungsziel 10.3-4 des Landesentwicklungsplans von Nordrhein-Westfalen Anlass zur Diskussion. Dieses sieht ein landesweites Verbot von Fracking-Maßnahmen in unkonventionellen Lagerstätten vor und nimmt somit konkreten Einfluss auf die Ausübung von Fracking-Maßnahmen.

1. Kapitel   Allgemeine Raumplanung

Fracking-Maßnahmen, insbesondere solche, die eine großflächige Erdgasförderung zum Ziel haben, können erhebliche und großflächige Veränderungen des Raumes zur Folge haben. Diese Veränderungen könnten durch die allgemeine Raumplanung gesteuert werden.

I. Aufgabe der Raumordnung

Aufgrund der flächenmäßig verhältnismäßig kleinen Bundesrepublik und ihrer dichten Siedlungsstruktur besteht laufend ein erheblicher Bedarf an Flächen für Vorhaben pri-

---

270 Vgl. *Roßnagel*, FS Koch 2014, S. 543, 543.
271 Siehe S. 21 ff.

vater und öffentlicher Natur.[272] Die vorhandenen Flächen rational und effizient zu verteilen und zu nutzen, ist daher unabdingbar. Als Instrument einer überörtlichen und überfachlichen Ordnung des Raumes auf der Grundlage von vorgegebenen oder zu entwickelnden Leitvorstellungen[273] dient die Raumordnung als staatliche Gesamtkonzeption für die Entwicklung des Staatsgebietes und seiner Teilräume.[274]

Die allgemeine Raumplanung macht es sich daher gemäß § 1 Abs. 1 S. 1 ROG zur Aufgabe, den Gesamtraum der Bundesrepublik Deutschland und seine Teilraume durch zusammenfassende, überörtliche und fachübergreifende Raumordnungspläne, durch raumordnerische Zusammenarbeit und durch Abstimmung raumbedeutsamer Planungen und Maßnahmen zu entwickeln, zu ordnen und zu sichern. Dabei sind unterschiedliche Anforderungen an den Raum aufeinander abzustimmen, die auf der jeweiligen Planungsebene auftretenden Konflikte auszugleichen und Vorsorge für einzelne Nutzungen und Funktionen des Raums zu treffen (§ 1 Abs. 1 S. 2 ROG). § 1 Abs. 1 S. 1 ROG stellt klar, dass der Entwicklungs- und der Sicherungscharakter als dynamische Elemente der Raumordnung gleichberechtigt neben der begriffsimmanenten Ordnungsfunktion stehen.[275] Zur Ordnungsaufgabe gehört großräumig nicht miteinander kompatible Nutzungen getrennt zu halten und bestimmte kompatible Nutzung zu bündeln und somit weitgehend den übrigen Raum von diesen Aktivitäten freizuhalten.[276]

Leitvorstellung bei der Erfüllung dieser Aufgaben ist gemäß § 1 Abs. 2 ROG eine nachhaltige Raumentwicklung, die die sozialen und wirtschaftlichen Ansprüche an den Raum mit seinen ökologischen Funktionen in Einklang bringt und zu einer dauerhaften, großräumig ausgewogenen Ordnung mit gleichwertigen Lebensverhältnissen in den Teilräumen führt. Dieser »Dreiklang« aus sozialen, wirtschaftlichen und ökologischen Raumansprüchen steht prinzipiell gleichrangig nebeneinander.[277] Wirtschaftliche Raumansprüche sollen sich daher nicht allein deshalb gegenüber sozialen Belangen oder ökologischen Raumfunktionen durchsetzen, weil sie dem Wirtschaftswachstum und damit der Allgemeinheit zugutekommen.[278]

Weiterhin soll sich die Entwicklung, Ordnung und Sicherung der Teilräume in die Gegebenheiten und Erfordernisse des Gesamtraums einfügen; die Entwicklung, Ordnung und Sicherung des Gesamtraums soll die Gegebenheiten und Erfordernisse seiner Teilraume berücksichtigen. Dieses sog. Gegenstromprinzip ist grundlegendes Prinzip der Raumordnung.[279] Es behandelt die wechselseitigen Beziehungen der räumlichen Planung für den Gesamtraum und der räumlichen Planung für die Teilräume.[280] Es betrifft allerdings nur das Verhältnis der einzelnen Raumordnungsplanungsebenen

---

272   *Steiner*, in: Steiner/Brinktrine, Besonderes Verwaltungsrecht, § 5 Rn. 3.
273   Vgl. BVerfGE 3, 407, 427 f.
274   Vgl. *Steiner*, in: Steiner/Brinktrine, Besonderes Verwaltungsrecht, § 5 Rn. 4.
275   *Runkel*, in: Spannowsky/Runkel/Goppel, Raumordnungsgesetz, § 1 Rn. 50.
276   Vgl. *Runkel*, in: Spannowsky/Runkel/Goppel, Raumordnungsgesetz, § 1 Rn. 52.
277   *Beaucamp*, RuR 2002, 232, 233; *Hoppe*, FS Bartlsperger 2006, S. 321, 321, *Hoppe*, NVwZ 2008, 936, 936 f.; *Runkel*, in: Spannowsky/Runkel/Goppel, Raumordnungsgesetz, § 1 Rn. 98.
278   *Runkel*, in: Spannowsky/Runkel/Goppel, Raumordnungsgesetz, § 1 Rn. 98.
279   *Runkel*, in: Spannowsky/Runkel/Goppel, Raumordnungsgesetz, § 1 Rn. 110.
280   *Runkel*, in: Spannowsky/Runkel/Goppel, Raumordnungsgesetz, § 1 Rn. 111.

untereinander, trifft aber keine Aussage über das Verhältnis der Raumplanung zur Fachplanung.[281]

II. Unterirdische Raumordnung

Die Erdgasförderung unter Zuhilfenahme von Fracking-Maßnahmen weist – ähnlich wie der untertägige Steinkohlebergbau – die Besonderheit auf, dass sie sowohl oberirdische als auch unterirdische Elemente beinhaltet. Oberirdisch benötigt sie nicht nur die erforderlichen Bohrplätze, sondern auch die zugehörige Infrastruktur. Dazu zählt insbesondere die Erschließung der Flächen mithilfe von An- und Abfahrten, Versorgungsleitungen, Rohrleitungen und Speicherplätzen.[282] So werden überirdisch pro Bohrplatz in etwa ein Hektar Grundfläche benötigt, insbesondere in der Tiefbohrphase, die über längere Zeit andauert, sind die großen Bohrtürme (bis zu 40 Meter hoch) sichtbar.[283]

Aufgrund der Tiefbohrung sowie der insbesondere im unkonventionellen Bereich erforderlichen weitreichenden Horizontalbohrtechnik nimmt das Fracking-Vorhaben aber nicht nur oberirdisch Raum in Anspruch, sondern erfordert auch unterirdischen Platz, der vor dem Hintergrund des begrenzten unterirdischen Raumangebotes und der zahlreichen verschiedenen Nutzungskonkurrenzen nicht außer Acht zu lassen ist. Durch die Horizontalbohrtechnik kann es sogar zu dem Phänomen kommen, dass das Fracking-Vorhaben unterirdisch mehr Platz in Anspruch nimmt als oberirdisch.

Dies wirft die Frage auf, ob das Raumordnungsrecht auch auf die unterirdische Raumnutzungen Anwendung findet. Das Raumordnungsrecht lässt nämlich nach seinen Aufgaben und Leitvorstellungen gemäß § 1 Abs. 1 ROG die Frage offen, ob der Begriff des Raumes eindimensional oder dreidimensional zu verstehen ist.[284] Primär zielt die Raumordnung auf die Steuerung der Nutzungen an der Erdoberfläche ab.[285]

Begreift man den Gesamtraum der Bundesrepublik als sein Staatsgebiet, so zählt auch der unterirdische Raum zum Gesamtraum im Sinne des Raumordnungsgesetzes. Diese Auffassung findet auch seine systematische Stütze in den Grundsätzen des Raumordnungsgesetzes. Sowohl § 2 Abs. 2 Nr. 4 ROG also auch § 2 Abs. 2 Nr. 6 ROG nehmen direkten Bezug auf untertägige Tätigkeiten.[286]

§ 2 Abs. 4 S. 4 ROG konstatiert den Grundsatz, dass die räumlichen Voraussetzungen für die vorsorgende Sicherung sowie für die geordnete Aufsuchung und Gewinnung von standortgebundenen Rohstoffen zu schaffen sind. Zu diesen Rohstoffen zählen auch Bodenschätze wie das Erdgas, die im Bergbau zu Tage gefördert werden und

---

281 Vgl. *Runkel*, in: Spannowsky/Runkel/Goppel, Raumordnungsgesetz, § 1 Rn. 111; zum Verhältnis von Raum- und Fachplanung vgl. *Stüer/Hönig*, UPR 2002, 333, 334 f.

282 Siehe S. 21 ff.

283 Siehe S. 22 ff.

284 Vgl. *Erbguth*, ZUR 2011, 121, 122.

285 *Ramsauer/Wendt*, NVwZ 2014, 1401, 1408 m.w.N.

286 Unter den Oberbegriff der erneuerbaren Energien wird auch die Geothermie gezählt, vgl. *Runkel*, in: Bielenberg/Runkel/Spannowsky, Raumordnungsgesetz, L § 2 Rn. 249.

nur an bestimmten Standorten lagern.[287] Mit Einführung des § 48 Abs. 2 S. 2 BBergG[288], nach dem bei raumbedeutsamen bergbaulichen Vorhaben die Ziele der Raumordnung zu beachten sind, hat der Gesetzgeber zu erkennen gegeben, dass der Raumordnung verstärkt die Koordinierung unterirdischer Nutzungsmöglichkeiten zugewiesen sein soll.[289]

§ 2 Abs. 4 S. 5 ROG besagt, dass den räumlichen Erfordernissen für eine kostengünstige, sichere und umweltverträgliche Energieversorgung Rechnung zu tragen ist. Es müssen demnach die erforderlichen Räume für eine mögliche Kohlenstoffdioxid-Speicherung und für die Geothermie gesichert werden, die als Teil des Energiemix anerkannt sind.[290] Beide Varianten erfordern die Inanspruchnahme unterirdischen Raumes, so dass auch dieser Grundsatz Bezug auf die unterirdische Raumordnung nimmt.

Ebenso belegt § 2 Abs. 2 Nr. 6 S. 8 Var. 3 ROG, dass das Raumordnungsgesetz auf unterirdische Vorhaben grundsätzlich Anwendung findet. Danach sind die räumlichen Voraussetzungen für den Ausbau der erneuerbaren Energien, für eine sparsame Energienutzung sowie für den Erhalt und die Entwicklung natürlicher Senken für klimaschädliche Stoffe und für die Einlagerung dieser Stoffe zu schaffen. Zur Einlagerung klimaschädlicher Stoffe zählt ausweislich der Gesetzesbegründung auch die Lagerung von Kohlendioxid in unterirdischen Formationen.[291]

Somit kann festgehalten werden, dass die Raumplanung auch Nutzungen des Untergrundes umfasst.[292] Festzustellen ist allerdings auch, dass das Verhältnis zwischen Oberflächen- und Untergrundnutzungen, die sich häufig nicht gegenseitig ausschließen werden, im Raumordnungsrecht kaum verarbeitet wird.[293] In der Praxis ist die Bezugnahme auf unterirdische Nutzung dennoch bereits durchaus üblich.[294] In Ausübung der Abweichungskompetenz der Länder gemäß Art. 72 Abs. 3 S. 1 Nr. 4 GG nimmt das Land Schleswig Holstein in seinem Landesplanungsgesetz in §§ 2 Abs. 2 S. 1, 5 Abs. 3 S. 2 LaPlaG ausdrücklich auch auf den Untergrund Bezug.[295]

III. Instrumente der Raumordnung

Der Gesetzgeber hat in § 1 Abs. 1 S. 1 ROG nicht nur die Aufgaben der Raumordnung benannt, sondern auch gleichzeitig festgesetzt, mit welchen Instrumenten diese zu verwirklichen sind. Die Erfüllung der Aufgaben hat durch die Festsetzung von Raum-

287 Vgl. *Spannowsky*, in: Spannowsky/Runkel/Goppel, Raumordnungsgesetz, § 2 Rn. 104.
288 BGBl. 2017 I, 1245.
289 Vgl. *Runkel*, in: Spannowsky/Runkel/Goppel, Raumordnungsgesetz, § 1 Rn. 104.
290 Vgl. *Spannowsky*, in: Spannowsky/Runkel/Goppel, Raumordnungsgesetz, § 2 Rn. 105.
291 BT-Drs. 16/10292, S. 22.
292 So auch *Hellriegel*, NVwZ 2013, 111, 111 ff.; *Erbguth*, ZUR 2011, 121, 121 f.; *Ramsauer/Wendt*, NVwZ 2014, 1408; siehe auch *Schlacke/Schnittker*, ZUR 2016, 259, 263.
293 *Ramsauer/Wendt*, NVwZ 2014, 1401, 1408.
294 Vgl. *Erbguth*, ZUR 2011, 121, 121.
295 Ausführlich zur konkurrierenden Gesetzgebungskompetenz des Bundes nach Art. 74 Abs. 1 Nr. 31 GG, siehe *Steiner*, in: Steiner/Brinktrine, Besonderes Verwaltungsrecht, § 5 Rn. 5 ff.

ordnungsplänen, durch die raumordnerische Zusammenarbeit und durch die Abstimmung raumbedeutsamer Planungen und Maßnahmen zu erfolgen. Obwohl alle drei Instrumente gleichberechtigt nebeneinander stehen[296], soll das Hauptaugenmerk auf den Raumordnungsplänen liegen, da aus der strikten Formulierung des Gesetzgebers gefolgert werden kann, dass zur Verwirklichung des Raumordnungsauftrag zwingend die Aufstellung derartiger Pläne gehört.[297]

1. Raumordnungspläne

Wichtigstes Instrument der Landesplanung ist, wie bereits ausgeführt, das Aufstellen von Raumordnungs- und Regionalplänen gemäß § 13 Abs. 1 S. 1 ROG. Dabei ist den Ländern die Wahl der Rechtsform für die Pläne bundesgesetzlich nicht vorgegeben.[298] Gemäß § 13 Abs. 1 ROG sind die Länder verpflichtet[299], einen Raumordnungsplan für das Landesgebiet (landesweiter Raumordnungsplan) und Raumordnungspläne für die Teilräume der Länder (Regionalpläne), aufzustellen. Dem Bund kommt diese Aufgabe im engen Zuständigkeitsrahmen[300] des § 17 Abs. 1 bis 3 ROG ebenfalls zu.

Raumordnungspläne haben gemäß § 3 Nr. 7 ROG zusammenfassend, überörtlich und fachübergreifend zu sein. Sie sind durch kontinuierliche Fortschreibungen aktuell zu halten, da nur so die Ordnungs-, Entwicklungs- und Sicherungsfunktion der Raumordnung erfüllt werden kann.[301] Zusammenfassend ist ein Plan dann, wenn er in integrierender Weise die wichtigsten raumrelevanten Nutzungs- und Schutzfunktionen für seinen Geltungsbereich zusammenführt.[302]

a) Überörtlichkeit

Raumordnungspläne stellen, wie § 3 Nr. 7 ROG festschreibt, ein überörtliches Planwerk dar. Der Hinweis auf die Überörtlichkeit der Planung dient der Abgrenzung zur örtlichen Planung, insbesondere also der kommunalen Bauleitplanung, die durch die Aufstellung von Flächennutzungsplänen und Bebauungsplänen verwirklicht wird.[303] Kompetenzrechtlich unterscheiden sich die beiden unterschiedlichen Planstufen im Raumplanungssystem dadurch, dass die Raumordnung nur raumbedeutsame Festlegungen treffen darf.[304]

---

296 Vgl. *Runkel*, in: Spannowsky/Runkel/Goppel, Raumordnungsgesetz, § 1 Rn. 83.
297 Vgl. *Runkel*, in: Spannowsky/Runkel/Goppel, Raumordnungsgesetz, § 1 Rn. 61.
298 Vgl. *Battis,* Öffentliches Baurecht und Raumordnungsrecht, Rn. 94 f.
299 Hierzu ausführlich *Goppel*, in: Spannowsky/Runkel/Goppel, Raumordnungsgesetz, § 13 Rn. 15 ff.
300 Vgl. *Runkel*, in: Spannowsky/Runkel/Goppel, Raumordnungsgesetz, § 17 Rn. 7 ff.
301 *Runkel*, in: Spannowsky/Runkel/Goppel, Raumordnungsgesetz, § 1 Rn. 62.
302 *Runkel*, in: Spannowsky/Runkel/Goppel, Raumordnungsgesetz, § 1 Rn. 63.
303 Vgl. *Runkel*, in: Spannowsky/Runkel/Goppel, Raumordnungsgesetz, § 1 Rn. 64. Dazu ausführlich S. 66 ff.
304 *Runkel*, in: Spannowsky/Runkel/Goppel, Raumordnungsgesetz, § 1 Rn. 64.

aa) Begriff der Überörtlichkeit

Überörtlichkeit meint daher grundsätzlich Raumbedeutsamkeit.[305] Diese ist in § 3 Nr. 6 ROG legaldefiniert und bezeichnet Planungen einschließlich der Raumordnungspläne, Vorhaben und sonstige Maßnahmen, durch die Raum in Anspruch genommen oder die räumliche Entwicklung oder Funktion eines Gebietes beeinflusst wird.

bb) Überörtlichkeit in Bezug auf Fracking-Vorhaben

Demnach können Fracking-Vorhaben nur in die Raumplanung einbezogen werden, wenn sie aufgrund der absehbar benötigten Flächen und ihrer potenziellen Auswirkungen derart großflächig sind, dass sie raumbedeutsam sind, und damit überörtliche Bedeutung haben. Ob dies der Fall ist, hängt von der standortortspezifischen zu erwartenden Größe der Erdgaslagerstätte und der mit ihrem Abbau verbundenen technischen und baulichen Anlagen ab. Aufgrund der feinporig eingeschlossenen und im Schiefergestein großräumig verteilten Gasbläschen wird insbesondere im unkonventionellen Bereich, für den die Anwendung von Fracking-Maßnahmen zwingend erforderlich sowie zahlreiche Bohrungen notwendig sind[306], die Raumbedeutsamkeit regelmäßig bejaht werden können.[307]

b) Überfachlichkeit

Sinn der Raumordnung ist unter anderem die Koordinierung des Flächenbedarfs der teils konkurrierenden Fachplanung, um ihn mit überfachlichen Raumnutzungsinteressen sowie Umweltschutzgesichtspunkten zum Ausgleich zu bringen.[308] Demzufolge müssen die raumordnungsplanerischen Festsetzungen überfachliche Festsetzungen sein.

aa) Verhältnis von Überfachlichkeit und Fachplanung

Fachübergreifend ist ein Raumordnungsplan, wenn er nicht nur Fachplanung ist, sondern der Koordinierung der unterschiedlichen Ansprüche an den Raum im Sinne einer integrierten Planung dient.[309] Die Raumplanung regelt die Verortung von Raumnutzungsansprüchen und von Raumfunktionen.[310] Sie hat dabei nach Abwägungsgrundsätzen unter anderem aus den Vorgaben der Fachplanung eine gesamträumliche, zusammenfassende Konzeption zu entwickeln.[311]

---

305 Vgl. *Runkel*, in: Spannowsky/Runkel/Goppel, Raumordnungsgesetz, § 1 Rn. 64.
306 Siehe S. 21 f.
307 Vgl. auch *Schneble/Weinem/Niethammer*, Informations- und Dialogprozess zum Aufsuchen und Fördern von Erdgas aus unkonventionellen Lagerstätten, S. 82; detailliert *Schlacke/Schnittker*, ZUR 2016, 259, 263 f.
308 *Steiner*, in: Steiner/Brinktrine, Besonderes Verwaltungsrecht, § 5 Rn. 3.
309 *Runkel*, in: Spannowsky/Runkel/Goppel, Raumordnungsgesetz, § 1 Rn. 64.
310 *Deutsch*, NVwZ 2010, 1520, 1522; *Durner*, Konflikte räumlicher Planung, S. 205, *Schink*, DöV 2011, 905, 908.
311 *Runkel*, in: Spannowsky/Runkel/Goppel, Raumordnungsgesetz, § 1 Rn. 75; *Hoppe*, in: Hoppe/Bönker/Grotefels, Öffentliches Baurecht, § 1 Rn. 5.

Aufgabe der Raumplanung ist es nicht, die Fachplanung zu ersetzen.[312] Der Raumordnungsplan darf demnach nicht zugleich auch die Funktion eines Fachplans übernehmen oder den Vollzug von Fachgesetzen im Einzelfall an sich ziehen.[313] Regelungen der Raumordnung dürfen daher keine Fachentscheidungen mit unmittelbarer Verbindlichkeit für jedermann und unter Ausschluss jedes Verwaltungsverfahrens zum konkreten Vollzug von Gesetzen im Einzelfall in normativer Form treffen. Dies widerspräche dem Charakter raumordnender und landesplanerischer Rechtsnormen, die nur Rahmen und Grundlagen hierauf aufbauender Entscheidungen sein können.[314] Zur Wahrung der fachplanerischen Kompetenzen muss die Raumordnung ihr also einen hinreichend großen Gestaltungsspielraum wahren.

Dies wird insbesondere bei dem raumplanerischen Instrument des Landesentwicklungsplans deutlich. Landesentwicklungspläne werden nämlich, im Gegensatz zu sonstigen Raumordnungsplänen, die dem Zuständigkeitskatalog der Exekutive unterfallen, von der Legislative verabschiedet. Der Gesetzesvollzug gehört allerdings im Rahmen der Gewaltenteilung originär zur Exekutive.[315] Wenn auch die Legislative im Rahmen der Raumordnung nun fachübergreifend planen kann, darf dies nicht zur Folge haben, dass sie den Vollzug der Fachgesetze an sich zieht oder diesen verhindert.[316]

bb) Überfachlichkeit in Bezug auf Fracking-Vorhaben

Vor diesem Hintergrund erscheinen Regelungen in Raumordnungsplänen über Fracking-Maßnahmen problematisch. Zunächst ist sich ins Gedächtnis zu rufen, dass es sich bei der Anwendung der Fracking-Technologie nicht um das »Ob« einer Erdgasförderung handelt, sondern die Fracking-Technologie eine Förderart darstellt.[317] Es geht demnach dem Grunde nach bei Fracking-Vorhaben nicht um die Raumnutzung, sondern bereits um die Ausgestaltung der konkreten Nutzungsart des Raumes. Diese zu genehmigen oder zu verweigern, ist den Fachbehörden überlassen, die über die Anwendung und den Vollzug von Fachgesetzen im Einzelfall zu entscheiden haben. Die Entscheidung über Fracking-Vorhaben ist also grundsätzlich Sache des Fachrechts und nicht der Raumplanung.[318]

(1) Konventionelle Fracking-Vorhaben

Diese grundsätzliche Annahme gilt uneingeschränkt für die Anwendung von Fracking-Maßnahmen in konventionellen Lagerstätten, also in solchen Lagerstätten, deren Abbau auch ohne die Anwendung von Fracking-Maßnahmen möglich ist. Hier kann nur

---

312 BVerwG, NVwZ 2003, 742, 742; *Gruber*, DÖV 1995, 488, 489; *Runkel*, in: Spannowsky/Runkel/Goppel, Raumordnungsgesetz, § 1 Rn. 76.
313 BayVGH, NVwZ 1988, 242, 242; *Runkel*, in: Spannowsky/Runkel/Goppel, Raumordnungsgesetz, § 1 Rn. 76.
314 BayVGH, NVwZ 1988, 242, 242.
315 BayVGH, NVwZ 1988, 242, 242.
316 BayVGH, NVwZ 1988, 242, 242.
317 Vgl. S. 21.
318 Zustimmend *Frenz,* in: Berendes/Frenz/Müggenborg, Wasserhaushaltsgesetz, §§ 13a, 13b Rn. 7.

die raumbezogene Lagerstätte des Erdgases Gegenstand der Raumordnung sein (soweit sie überörtliche, raumbedeutsame Wirkung haben kann), nicht aber die Frage, wie diese Lagerstätte erschlossen wird.

(2) Unkonventionelle Fracking-Vorhaben

Im unkonventionellen Bereich muss hingegen beachtet werden, dass der Abbau derartiger Lagerstätten, insbesondere von Schiefergaslagerstätten, erst durch die Fracking-Technologie überhaupt ermöglicht wird.[319] Der Abbau dieser Lagerstätten ist also derart eng mit der Anwendung der Fracking-Technologie verbunden, dass die Anwendung der Fracking-Technologie zu dem »Ob« der Raumnutzung gezählt werden kann und somit durchaus zu denjenigen Themenfeldern zählt, die raumplanerischen Festsetzungen unterliegen.[320] Dieser Differenzierung trägt beispielsweise auch das Raumordnungsziel 10.3-4 LEP NRW Rechnung, das ausdrücklich nur Regelungen im Bereich der unkonventionellen Förderung vorsieht, zu Fracking-Maßnahmen im konventionellen Bereich aber keine Aussage trifft.

c) Zwischenergebnis

Die Bundesländer sind verpflichtet einen landesweiten Raumordnungsplan aufzustellen. Dem Bund kommt diese Aufgabe im engen Zuständigkeitsrahmen ebenfalls zu. Diese haben zusammenfassend, überörtlich und fachübergreifend zu sein und sind aktuell zu halten.

Ob Fracking-Vorhaben die für die Festsetzung in Rauordnungsplänen erforderliche Überörtlichkeit aufweisen, hängt von der jeweiligen zu erschließenden Erdgaslagerstätte ab, insbesondere von der standortortspezifisch zu erwartenden Größe der Erdgaslagerstätte und der mit ihrem Abbau verbundenen technischen und baulichen Anlagen, wobei sowohl überirdische als auch unterirdische Komponenten des Vorhabens zu betrachten sind. Aufgrund der feinporig eingeschlossenen und im Schiefergestein großräumig verteilten Gasbläschen werden insbesondere unkonventionelle Vorhaben regelmäßig raumbedeutsam sein.

Fracking-Vorhaben sind grundsätzlich aber nicht überfachlich, da die Fracking-Methode eine Fördermethode ist, über deren Anwendung die für den Vollzug von Fachgesetzen zuständigen Behörden zu entscheiden haben. Da die Fracking-Technologie im unkonventionellen Bereich allerdings erst die Förderung möglich macht, ist sie derart eng mit dem »Ob« der Raumnutzung verbunden, dass sie raumplanerischen Festlegungen in Raumordnungsplänen unterliegen kann.

2. Raumordnerische Zusammenarbeit

Als weiteres Instrument nennt § 1 Abs. 1 S. 1 ROG die raumordnerische Zusammenarbeit. Diese ist in § 14 ROG besonders ausgeformt. Demnach sollen zur Vorbereitung

---

319   Vgl. S. 14 ff.
320   Zur Überfachlichkeit siehe auch *Schlacke/Schnittker*, ZUR 2016, 259, 265 f.

oder Verwirklichung von Raumordnungsplänen oder von sonstigen raumbedeutsamen Planungen und Maßnahmen die Träger der Landes- und Regionalplanung mit den hierfür maßgeblichen öffentlichen Stellen und Personen des Privatrechts einschließlich Nichtregierungsorganisationen und der Wirtschaft zusammenarbeiten oder auf die Zusammenarbeit dieser Stellen und Personen hinwirken. Diese als freiwillige Konzeption ausgestaltete Zusammenarbeit ersetzt nicht die raumordnerischen Planungen und die formellen Abstimmungsverfahren bei raumbedeutsamen Planungen und Maßnahmen anderer Planungsträger.[321] Es ist demnach Ergänzung, nicht aber Ersatz der herkömmlichen Instrumente.[322]

3. Abstimmung raumbedeutsamer Planungen und Maßnahmen

Als drittes Instrument zur Aufgabenerfüllung weist der Bundesgesetzgeber der Raumordnung die Abstimmung raumbedeutsamer Planungen und Maßnahmen zu, wobei der Begriff in § 3 Abs. 1 Nr. 6 ROG in einer recht umfassenden Weise definiert ist.[323] Die Raumordnung soll danach ihre Aufgabe auch dadurch wahrnehmen, dass sie raumbedeutsame Planungen und Maßnahmen abstimmt. Die Raumordnung hat demnach einen Koordinierungsauftrag, sie kann aber den Fachplanungsträger oder Dritten nicht vorschreiben, welche raumbedeutsamen Planungen und Maßnahmen sie konkret planen, verwirklichen und finanzieren sollen.[324]

IV. Raumordnerische Festsetzungen

Gemäß § 7 Abs. 1 S. 1 ROG sind in den Raumordnungsplänen für einen bestimmten Planungsraum und einen regelmäßig mittelfristigen Zeitraum[325] Festlegungen als Ziele und Grundsätze der Raumordnung zur Entwicklung, Ordnung und Sicherung des Raums, insbesondere zu den Nutzungen und Funktionen des Raums, zu treffen.

1. Zulässiger Inhalt

Raumordnungspläne enthalten gemäß § 7 Abs. 1 S. 1 ROG sogenannte Festlegungen. Diese können die Rechtsqualität von Zielen der Raumordnung gemäß § 3 Abs. 1 Nr. 2 ROG oder von planerischen Grundsätzen gemäß § 3 Abs. 1 Nr. 3 ROG haben.[326] Mit

---

321 *Runkel*, in: Spannowsky/Runkel/Goppel, Raumordnungsgesetz, § 1 Rn. 83.
322 *Fürst*, DÖV 1993, 552, 552; *Krämer*, UPR 1998, 336, 336; *Grotefels/Lorenz*, UPR 2001, 328, 328; *Spannkowsky*, FS Krautzberger 2008, S. 217, 217, vgl. auch *Greiving*, RuR 2003, 371, 371 ff.
323 *Runkel*, in: Spannowsky/Runkel/Goppel, Raumordnungsgesetz, § 1 Rn. 84.
324 *Runkel*, in: Spannowsky/Runkel/Goppel, Raumordnungsgesetz, § 1 Rn. 84.
325 Mittelfristigkeit bedeutet für die Raumordnungsplanung in etwa einen Zeitraum von 25 Jahren, vgl. *Runkel*, in Spannowsky/Runkel/Goppel, Raumordnungsgesetz, § 7 Rn. 9.
326 *Goppel*, in: Spannowsky/Runkel/Goppel, Raumordnungsgesetz, § 7 Rn. 12.

den Zielen und Grundsätzen der Raumordnung hat der Gesetzgeber zwei unterschiedliche Steuerungsinstrumente mit kategorial unterschiedlichen Bindungswirkungen geschaffen, die sich gegenseitig ausschließen.[327] In Verbindung mit § 2 Abs. 1 ROG wird damit auch der Inhalt der Festlegungen einschränkend bestimmt. Die Länder dürfen in Raumordnungsplänen nur festlegen, was der Konkretisierung der gesetzlichen Grundsätze des § 2 Abs. 2 ROG dient und erforderlich ist.[328]

a) Allgemeine Anforderungen

In Erfüllung der Aufgabe nach § 1 Abs. 1 ROG hat die Raumordnung bei der inhaltlichen Ausformung der Pläne allgemeinen Anforderungen nachzukommen.[329] So müssen die Festsetzungen raumbezogen sein, dürfen also keine bloßen Fachaussagen treffen, und überörtliche Bedeutung haben.[330] Es darf sich also, wie bereits ausgeführt, nicht um rein fachliche Aussagen bezüglich der Nutzungsart des Raumes handeln.

Demzufolge verbieten sich Festsetzungen über Fracking-Maßnahmen in konventionellen Lagerstätten, die auch ohne die Anwendung der Fracking-Technologie zugänglich wären.[331] In diesem Bereich kann nur die raumbezogene Lagerstätte als solche ausgewiesen werden.

b) Ziele der Raumordnung

Als erstes raumplanerisches Festsetzungsinstrument sieht § 7 Abs. 1 S. 1 ROG die Ziele der Raumordnung vor. Ziele enthalten gemäß § 3 Abs. 1 Nr. 2 ROG verbindliche Vorgaben in Form von räumlich und sachlich bestimmten oder bestimmbaren, vom Träger der Raumordnung abschließend abgewogenen textlichen oder zeichnerischen Festlegungen in Raumordnungsplänen zur Entwicklung, Ordnung und Sicherung des Raums. Sie enthalten also verbindliche und bestimmbare Rahmenbedingungen für die weitere raumbedeutsame Planung.[332] Sie stellen konkrete Raumnutzungsentscheidungen bzw. raumwirksame Entscheidungen dar, die unter bestimmten Voraussetzungen auch (gemeinde-)gebietsscharfe, in besonders gelagerten Fällen sogar parzellenscharfe Flächennutzungsentscheidungen sein können.[333] Ziele der Raumordnung entfalten für

---

327 *Hoppe*, BauR 2007, 26, 27; *Durner*, Konflikte räumlicher Planungen, 2005, 83 f.; *Roßnagel/ Hentschel/Polzer*, Rechtliche Rahmenbedingungen der unkonventionellen Erdgasförderung mittels Fracking, S. 103.

328 Allerdings sind sie hierauf nicht beschränkt, da die Aufzählung des § 2 Abs. 2 ROG nicht abschließend ist. Dies überlässt ihnen aber kein Selbstfindungsrecht, eigene planerische Grundsätze aufzustellen, diese müssen sich vielmehr ebenfalls im gesteckten Rahmen des Grundsatzkataloges nach § 2 Abs. 2 ROG befinden, vgl. *Goppel*, in: Spannowsky/Runkel/ Goppel, Raumordnungsgesetz, § 7 Rn. 13.

329 *Goppel*, in: Spannowsky/Runkel/Goppel, Raumordnungsgesetz, § 13 Rn. 71.

330 Vgl. S. 47 ff.

331 Vgl. S. 47 ff.

332 *Wahl*, DÖV 1981, 597, 597; *Runkel*, in: Spannowsky/Runkel/Goppel, Raumordnungsgesetz, § 3 Rn. 34.

333 BVerwGE 115, 17, 21; *Steiner*, in: Steiner/Brinktrine, Besonderes Verwaltungsrecht, § 5 Rn. 43; *Steinberg*, DVBl. 2010, 137, 138.

ein nachgelagertes Zulassungsverfahren zwingende Bindungswirkung, so dass ein Vorhaben, das gegen die Ziele der Raumordnung verstößt, nicht zugelassen werden kann[334], soweit die Ziele die nachfolgenden Voraussetzungen erfüllen.

aa) Begriffsdefinition

Aussagen der Raumordnung im Sinne von Festlegungen in Raumordnungsplänen können nur dann Ziele der Raumordnung sein, wenn sie verbindliche Vorgaben enthalten.[335] Es muss sich dabei um inhaltliche, nicht um verfahrensmäßige Vorgaben handeln.[336] Verbindlichkeit setzt eine strikte Formulierung voraus, die meist durch »Ist- oder Sind-Formulierungen« umgesetzt werden.[337]

Weiterhin müssen die Ziele der Raumordnung räumlich und sachlich bestimmt bzw. bestimmbar sein. Der Bedeutungsgehalt der Festsetzung muss demnach derart klar sein, dass der Adressat dem Ziel entnehmen kann, wie er sich zu verhalten hat.[338]

Weiterhin müssen die Vorgaben vom Träger der Raumordnung nach der Maßgabe des § 7 Abs. 2 S. 1 ROG abschließend abgewogen sein. Es muss sich also um ein Produkt einer umfassenden und abschließenden Abwägung handeln und diese muss vom Träger der Raumordnungsplanung getroffen worden sein.[339] Weiterhin müssen sie textlich oder zeichnerisch festgelegt sein.

bb) Rechtmäßigkeit – keine ausschließliche Negativplanung

Sind die vorgenannten Begriffsbestimmungen erfüllt, so handelt es sich bei den raumplanerischen Festsetzungen um Ziele der Raumordnung.[340] Damit von ihnen allerdings die gewünschte abwägungsfeste Bindungswirkung für nachgelagerte planerische Entscheidungsebenen ausgeht, muss es sich im Rahmen der Rechtsstaatlichkeit auch um ein rechtmäßiges Ziel handeln.[341] Für die Bejahung der Rechtmäßigkeit muss sich das Ziel im Rahmen der der Raumordnung gesetzten Aufgabenwahrnehmung bewegen. Überschreitet das Ziel diese, kann eine Zielqualität nicht zugesprochen werden.[342] Ein Ziel enthält regelmäßig eine positive Nutzungs- oder Funktionszuweisung. Damit geht einher, dass andere Nutzungen oder Funktionen ausgeschlossen werden, die die Nut-

---

334 Vgl. *Runkel*, in: Bielenberg/Runkel/Spannowsky, Raumordnungsgesetz, L § 4 Rn. 121; *Runkel*, in: Spannowsky/Runkel/Goppel, Raumordnungsgesetz, § 3 Rn. 54.

335 *Runkel*, in: Spannowsky/Runkel/Goppel, Raumordnungsgesetz, § 3 Rn. 16.

336 *Runkel*, in: Spannowsky/Runkel/Goppel, Raumordnungsgesetz, § 3 Rn. 16.

337 Vgl. *Runkel*, in: Spannowsky/Runkel/Goppel, Raumordnungsgesetz, § 3 Rn. 17. Zur Problematik, ob auch »Soll-Formulierungen« oder »Regel-Ausnahme-Formulierungen« verbindliche Vorgaben darstellen können, siehe *Runkel*, in: Spannowsky/Runkel/Goppel, Raumordnungsgesetz, § 3 Rn. 18 ff.

338 Vgl. *Runkel*, in: Spannowsky/Runkel/Goppel, Raumordnungsgesetz, § 3 Rn. 24.

339 Vgl. *Runkel*, in: Spannowsky/Runkel/Goppel, Raumordnungsgesetz, § 3 Rn. 46.

340 *Runkel*, in: Spannowsky/Runkel/Goppel, Raumordnungsgesetz, § 3 Rn. 53.

341 Vgl. *Runkel*, in: Spannowsky/Runkel/Goppel, Raumordnungsgesetz, § 3 Rn. 53.

342 OVG Saarland, BRS 24 (1971), Nr. 7, S. 15 ff.; *Runkel*, in: Spannowsky/Runkel/Goppel, Raumordnungsgesetz, § 3 Rn. 53.

zungs- bzw. Funktionszuweisung beeinträchtigen.[343] Diese als Folge positiver Nutzungs- und Funktionszuweisungen unabdingbare Negativwirkung ist eine grundsätzliche zulässige Wirkung von Zielen der Raumordnung[344], da jede positive Kompetenzzuweisung zugleich auch Elemente einer Kompetenzbegrenzung in sich trägt.[345] Ihre Grenze findet sie allerdings dort, wo die Negativwirkung der primär mit der Aufstellung des Ziels beabsichtigte Zweck ist und es entweder an einer positiven Nutzungs- oder Funktionszuweisung mangelt oder ihr keine praktische Bedeutung zukommt.[346] Ziele mit rein negativem Inhalt sind daher unzulässig.[347] Eine bloße Verhinderungsplanung ist nicht möglich.[348]

cc) Speziell: Der Landesentwicklungsplan Nordrhein-Westfalen

Vor dem Hintergrund der dargestellten allgemeinen Aussagen, ist die Zielvorgabe 10.3-4 des Landesentwicklungsplans von Nordrein-Westfalen genauer zu untersuchen. Soweit nämlich in Landesentwicklungsplänen[349], die landesweite Raumordnungspläne i.S.d. § 13 Abs. 1 S. 1 Nr. 1 ROG sind, Aussagen in Form von Zielvorgaben im Zusammenhang mit dem landesweiten Planungsverfahren getroffen werden, stellen diese Aussagen verbindliche Ziele der Raumordnung dar. In Ziel 10.3-4 LEP NRW heißt es:

»10.3-4 Ziel Ausschluss von Fracking in unkonventionellen Lagerstätten

Die Gewinnung von Erdgas, welches sich in sogenannten unkonventionellen Lagerstätten befindet, mittels Einsatz der Fracking-Technologie ist ausgeschlossen, weil durch den Einsatz der Fracking-Technologie erhebliche Beeinträchtigungen des Menschen und seiner Umwelt zu besorgen sind und die Reichweite hiermit verbundener Risiken derzeit nicht abschätzbar ist.«

(1) Bestimmtheit

Die Zielvorgabe 10.3-4 des LEP NRW ist als »Ist-Formulierung« eine verbindliche, textliche Vorgabe in einem Raumordnungsplan. Weiterhin erstreckt sich die Festsetzung auf das gesamte Landesgebiet, so dass es sich auch um eine räumlich bestimmte Festsetzung handelt. Aus der Formulierung der »Erdgasförderung aus unkonventionellen Lagerstätten mittels der Fracking-Technologie« handelt es sich auch um eine sachlich (zumindest) bestimmbare Festsetzung, da aus den Erläuterungen zur Zielvorgabe

---

343 *Runkel,* in: Spannowsky/Runkel/Goppel, Raumordnungsgesetz, § 3 Rn. 44.
344 Vgl. *Runkel,* in: Spannowsky/Runkel/Goppel, Raumordnungsgesetz, § 3 Rn. 44 m.w.N.
345 Vgl. *Pietzcker,* in: Raumordnungsziele nach Privatisierung öffentlicher Aufgaben, S. 93 f.
346 *Runkel,* in: Spannowsky/Runkel/Goppel, Raumordnungsgesetz, § 3 Rn. 44. vgl. zur Negativwirkung der Bauleitplanung BVerwGE 40, 258, 266 f.; BVerwG, ZfBR 2006, 468, 468, *Grootehorst,* DVBl. 1985, 703, 707 f.
347 SchlOVG, ZUR 2015, 498, 498.
348 *Frenz,* in: Berendes/Frenz/Müggenborg, Wasserhaushaltsgesetz, §§ 13a, 13b Rn. 7.
349 Nicht zu verwechseln mit Landesentwicklungsprogrammen, die mangels eigenständiger Regelung in § 13 ROG keine Raumordnungspläne sind und es daher streitig ist, ob diese auch raumordnungsrechtliche Zielvorgaben enthalten können, siehe hierzu *Runkel,* in: Spannowsky/Runkel/Goppel, Raumordnungsgesetz, § 3 Rn. 50.

es sich ergibt, dass mit unkonventionellen Lagerstätten sämtliche Erdgasvorkommen in Schiefer-, Ton- und Kohleflözgestein gemeint sind.[350]

Aus der Erläuterung der Zielvorgabe ergibt sich ferner, dass es sich um ein Produkt einer umfassenden und abschließenden Abwägung handelt. Hierzu heißt es:

»Für die Förderung des Erdgases aus unkonventionellen Lagerstätten streiten rohstoff- und damit letztlich volkswirtschaftliche Interessen. Das Bedürfnis nach einer sicheren und insbesondere unabhängigen Energieversorgung ist in die Abwägung einzustellen. [...] Nach dem Stand der Forschung können Frackingvorhaben aber erhebliche Beeinträchtigungen von Mensch und Umwelt erzeugen, welche über ober- und unterirdische Wirkpfade vermittelt werden. [...] Nach dem Stand der Wissenschaft werden irreversible Schäden für den Boden- und Wasserhaushalt nicht ausgeschlossen. Auch besteht wissenschaftliche Unsicherheit bzgl. der durch Fracking induzierten seismischen Aktivität. Bezüglich der Risikoeinschätzung besteht weiterhin erheblicher Untersuchungsbedarf. [...] In Anbetracht der Hochwertigkeit der bedrohten Rechtsgüter und der nicht auszuschließenden, denkbar irreversiblen Beeinträchtigungen von diversen Räumen und ihren Funktionen, kommt die Landesentwicklungsplanung ihrem Schutz- und Risikovorsorgeauftrag nach und schließt landesweit Frackingvorhaben in unkonventionellen Lagerstätten aus. [...] Sofern Risiko- und Gefahrenpotenziale von Frackingnutzungen zukünftig wissenschaftlich und technologisch ausreichend abgeschätzt bzw. beherrscht werden könnten, ist eine Neubewertung des Raumwiderstandes von Frackingvorhaben in Nordrhein-Westfalen nicht ausgeschlossen«

(2) Rechtmäßigkeit

Die raumplanerische Zielvorgabe müsste allerdings auch rechtmäßig sein. Insoweit bestehen erhebliche Bedenken.[351] Die Formulierung eines landesgebietsweiten Fracking-Verbotes rückt nahe an den Bereich einer unzulässigen Negativplanung heran. Der Zielfestsetzung fehlt es nämlich an einer positiven Kompetenzzuweisung. Die Formulierung, dass durch den Einsatz der Fracking-Technologie erhebliche Beeinträchtigungen des Menschen und seiner Umwelt zu besorgen sind, vermag eine solche positive Kompetenzzuweisung nicht zu leisten. Das Ziel verkennt, dass die allgemeine Raumordnung zunächst nur die Räume bestimmten Nutzungen zuordnen soll.[352] Die Festlegung trifft hingegen eine konkrete Aussage über die Nutzungsart des Landesgebietes, indem es den Einsatz der Fracking-Technologie für das gesamte Landesgebiet ausschließt. Damit verlässt die Festlegung den von § 2 Abs. 2 ROG gesteckten raumplanerischen Kompetenzrahmen und trifft eine Aussage über die Zulässigkeit einer Nutzungsart, die dem Fachrecht vorbehalten ist.[353]

---

350 LEP NRW, GV NRW 2017, S. 111. Auffällig ist auch hier, dass auch der Landesgesetzgeber die Tight Gas-Lagerstätten nicht zu den unkonventionellen Lagerstätten zählt, obwohl er dies kompetenzrechtlich abweichend vom Bundesgesetzgeber durchaus hätte machen können.

351 Vgl. auch *Frenz*, in: Berendes/Frenz/Müggenborg, Wasserhaushaltsgesetz, §§ 13a, 13b Rn. 7, 8; *Frenz*, Dokumentation zur 39. wissenschaftlichen Fachtagung der Gesellschaft für Umwelt für Umweltrecht e.V. Berlin 2015, S. 89 ff.; *Ramsauer/Wendt*, NVwZ 2014, 1401, 1407 f.; *Wagner*, UPR 2015, 201, 203; *von Weschpfennig*, in: Landmann/Rohmer, Umweltrecht, Band I, WHG § 13a Rn. 23 ff.; für die Rechtmäßigkeit *Schink*, NWVBl. 2016, 177, 180.

352 Vgl. *Frenz*, in: Berendes/Frenz/Müggenborg, Wasserhaushaltsgesetz, §§ 13a, 13b Rn. 7.

353 So auch *Frenz*, in: Berendes/Frenz/Müggenborg, Wasserhaushaltsgesetz, §§ 13a, 13b Rn. 7; *Frenz*, Dokumentation zur 39. wissenschaftlichen Fachtagung der Gesellschaft für Umwelt für Umweltrecht e.V. Berlin 2015, S. 89.

Dem Wortlaut der Festlegung ist zu entnehmen, dass primär mit der Aufstellung des Ziels beabsichtigt wurde, eine bestimmte Nutzungsart zu untersagen. Hierüber hilft auch nicht der Umstand hinweg, dass der Planungsträger in der Erläuterung feststellt, dass die Untersagung auch zum Schutz des Boden- und Wasserhaushaltes vor irreversiblen Schäden erfolgte.[354] Zwar mag hierin eine Konkretisierung der bundesrechtlichen Grundsätze nach § 2 Abs. 2 Nr. 1 S. 6 und Abs. 6 S. 7 ROG gesehen werden[355], doch vermag dies nicht dazu führen, dass der Wortlaut der Zielvorgabe, ausschließlich den konkreten Ausschluss einer Nutzungsart verfolgt, und nicht eine raumbezogene Aussage trifft.[356] Das Raumordnungsziel 10-3.4 des LEP NRW ist daher unrechtmäßig.[357]

c) Grundsätze der Raumordnung

Darüber hinaus sind nach § 7 Abs. 1 S. 1 ROG in Raumordnungsplänen auch Festlegungen in Form von Grundsätzen der Raumordnung zu treffen. Hierbei handelt es sich gemäß § 3 Abs. 1 Nr. 3 1. Halbsatz ROG um Aussagen zur Entwicklung, Ordnung und Sicherung des Raums als Vorgaben für nachfolgende Abwägungs- oder Ermessensentscheidungen. Es handelt sich bei ihnen um raumordnerische und damit öffentliche Belange oder Interessen, die in nachfolgende Abwägungs- oder Ermessensentscheidungen einzustellen sind, durch Abwägung oder Ermessensausübung aber auch überwindbar sind.[358] Sie können sowohl gesetzlicher als auch planerischer Natur sein.[359] Neben eigenen landesplanerischen Vorgaben trifft die Länder im Rahmen der Aufstellung von Grundsätzen der Raumordnung auch die Pflicht, die in § 2 Abs. 2 ROG festgesetzten bundesrechtlichen Grundsätze zu konkretisieren.

aa) Rechtliche Bedeutung der bundesrechtlichen Grundsätze

Mit den in § 2 Abs. 2 ROG ausgeformten Grundsätzen, die in acht Themenfelder untergliedert sind[360], hat der Bundesgesetzgeber ausgeformt, was er unter der auf den Gesamtraum zugeschnittenen Aufgabe der Entwicklung, Ordnung und Sicherung des Gesamtraums der Bundesrepublik Deutschland und seiner Teilräume versteht.[361] Ausgehend von der Aufgabe der Raumordnung[362] enthält § 2 Abs. 2 ROG gleichsam eine »Checkliste« der bei der Aufgabenwahrnehmung zu berücksichtigenden übergreifenden Erfordernisse der Raumordnung für den Gesamtraum[363], wobei diese Liste kei-

---

354 LEP NRW, GV NRW 2017, S. 112.
355 So *Schink,* NWVBl. 2016, 177, 180.
356 So auch *von Weschpfennig*, in: Landmann/Rohmer, Umweltrecht, Band I, WHG § 13a Rn. 23; a.A. *Schink,* NWVBl. 2016, 177 180; *Schlacke/Schnittker*, ZUR 2016, 259, 265; offen lassend Dünchheim, DVBl. 1390, 1399.
357 So auch *Kment,* NWVBl. 2017, 1, 7 ff.; a.A. *Schlacke/Schnittker*, ZUR 2016, 259, 266 ff.
358 *Runkel*, in: Spannowsky/Runkel/Goppel, Raumordnungsgesetz, § 3 Rn. 67.
359 Vgl. *Runkel*, in: Spannowsky/Runkel/Goppel, Raumordnungsgesetz, § 3 Rn. 62.
360 Siehe hierzu die Auflistung bei *Spannowsky*, in: Spannowsky/Runkel/Goppel, Raumordnungsgesetz, § 2 Rn. 46.
361 *Spannowsky*, in: Spannowsky/Runkel/Goppel, Raumordnungsgesetz, § 2 Rn. 2.
362 Siehe S. 43 ff.
363 *Spannowsky*, in: Spannowsky/Runkel/Goppel, Raumordnungsgesetz, § 2 Rn. 2.

neswegs abschließend ist.[364] Sie stellen als Leitprinzipien die wichtigsten für den Gesamtraum relevanten Belange dar.[365] Sie erfüllen damit eine mehrfache Steuerungsfunktion.[366] Ihnen kommt eine Abwägungsdirektiv- eine Konkretisierungs-, eine Maßstabs- und eine Schrankenfunktion zu.[367]

bb) Für Fracking-Vorhaben relevante Grundsätze

In Bezug auf die Ausübung von Fracking-Vorhaben und ihre möglichen Folgen sind mehrere bundesrechtliche Grundsätze relevant, die im Folgenden näher zu untersuchen sind.

(1) Nachhaltigkeitsgrundsatz

Ausgehend von der Leitvorstellung einer nachhaltigen Raumentwicklung (§ 1 Abs. 2 ROG) ist der Nachhaltigkeitsgrundsatz mit seinem Bezug zur gesamträumlichen Aufgabenstellung des Bundes in § 2 Abs. 2 Nr. 1 ROG an den Anfang des Grundsatzkataloges gestellt worden.[368] Da alle sonstigen raumordnerischen Erfordernisse der bundesgesetzlichen Grundsätze in dem Nachhaltigkeitsgrundsatz zusammenfließen, kann in ihm ein Primärerfordernis der Raumordnung gesehen werden.[369]

Eine für die Raumplanung in Bezug auf Fracking-Maßnahmen bedeutsame Ausprägung des Nachhaltigkeitsgrundsatzes ist in § 2 Abs. 2 Nr. 1 S. 6 ROG niedergelegt. Dort heißt es, dass die Gestaltungsmöglichkeiten der Raumnutzung langfristig offenzuhalten sind. Die Raumplanung darf demzufolge nicht dazu führen, dass durch Zulassung von Raumnutzungen dauerhaft derart Fakten geschaffen werden, dass andere Möglichkeiten der Raumnutzung dauerhaft ausgeschlossen oder erheblich eingeschränkt werden.[370] Insbesondere für den untertägigen Gesteinsaufbruch der Lagerstätten und die Entsorgung von Rückfluss und Lagerstättenwasser durch Verpressung in den Untergrund ist diese Ausprägung des Grundsatzes bedeutsam, da durch diese Untergrundnutzungen andere Untergrundnutzungen ausgeschlossen werden. Hinsichtlich des Gesteinsaufbruches ergibt sich dies dadurch, dass durch die Schaffung künstlicher Wegsamkeiten im Lagerstättengestein diese Formationen nicht mehr als Verpressformation dienen können, da durch den Aufbruch ein sicherer Einschluss nicht mehr gewährleistet ist.[371] Die Verpressung von *flowback* in den Untergrund schließt andere Nutzungsformungen aus, da ansonsten die langfristige Dichtheit der Verpressstätte gefährdet würde.

---

364 Vgl. *Spannowsky*, in: Spannowsky/Runkel/Goppel, Raumordnungsgesetz, § 2 Rn. 3.

365 *Steiner*, in: Steiner/Brinktrine, Besonderes Verwaltungsrecht, § 5 Rn. 11.

366 *Runkel*, in: Bielenberg/Runkel/Spannowsky, Raumordnungsgesetz, L § 2 Rn. 26.

367 *Spannowsky*, in: Spannowsky/Runkel/Goppel, Raumordnungsgesetz, § 2 Rn. 29. Zu den einzelnen Funktionen ausführlich *Spannowsky*, in: Spannowsky/Runkel/Goppel, Raumordnungsgesetz, § 2 Rn. 30 ff.

368 Vgl. *Spannowsky*, in: Spannowsky/Runkel/Goppel, Raumordnungsgesetz, § 2 Rn. 57.

369 *Spannowsky*, in: Spannowsky/Runkel/Goppel, Raumordnungsgesetz, § 2 Rn. 57.

370 *Spannowsky*, in: Spannowsky/Runkel/Goppel, Raumordnungsgesetz, § 2 Rn. 62.

371 Vgl. UBA (Hrsg.), Umweltauswirkungen von Fracking bei der Aufsuchung und Gewinnung von Erdgas aus unkonventionellen Lagerstätten, C54.

(2) Sicherung und Aufsuchung standortgebundener Rohstoffe

Die primären Erfordernisse einer der Nachhaltigkeit verpflichteten Steuerung der Entwicklung, Ordnung und Sicherung des Gesamtraums der Bundesrepublik Deutschland und seiner Teilräume sind bezüglich der Wirtschaftsstruktur in § 2 Abs. 2 Nr. 4 S. 1 ROG zusammengefasst.[372] Demnach ist der Raum im Hinblick auf eine langfristig wettbewerbsfähige und räumlich ausgewogene Wirtschaftsstruktur und wirtschaftsnahe Infrastruktur sowie auf ein ausreichendes und vielfältiges Angebot an Arbeits- und Ausbildungsplätzen zu entwickeln. Der Bundesgesetzgeber hat demzufolge die Aufgabenstellung der Raumordnung vor allem für die Wirtschaftsbereiche konkretisiert, die in besonderem Maße auf eine ausgewogene räumliche Steuerung der Entwicklungspotenziale angewiesen sind, weil die wirtschaftliche Entwicklung von der Standortgebundenheit abhängt.[373] Zu dieser zählt insbesondere auch der Bereich der Rohstoffgewinnung nach § 2 Abs. 2 Nr. 4 S. 4 ROG, worunter auch die Gewinnung von Erdgas zählt.[374]

Angesicht knapper werdender Ressourcen könnte es eine Aufgabe der Raumordnung sein, national bedeutsame Lagerstätten zu sichern.[375] Vor dem Hintergrund der wachsenden Bedeutung erneuerbarer Energien[376], des Kohle- und Atomausstieges und des damit einhergehenden Potenzials des Erdgases als »Übergangsenergie« zu dienen, kann sich diese Ausprägung des Grundsatzes zugunsten der Sicherung von durch Fracking-Maßnahmen zu erschließenden Erdgaslagerstätten auswirken.

(3) Energieversorgung

Ebenfalls zu den Bereichen, die auf eine ausgewogene räumliche Steuerung der Entwicklungspotenziale wegen ihrer Standortgebundenheit angewiesen sind, zählt der Bereich der Energieversorgung nach § 2 Abs. 2 Nr. 4 S. 5 ROG.[377] Demnach ist den räumlichen Erfordernissen für eine kostengünstige, sichere und umweltverträgliche Energieversorgung einschließlich des Ausbaus von Energienetzen Rechnung zu tragen. Dieser Grundsatz steht in einem Zusammenhang mit den in § 2 Abs. 2 Nr. 6 S. 8 ROG verankerten Grundsatz, wonach aus Klimaschutzgründen die räumlichen Voraussetzungen für den Ausbau der erneuerbaren Energien und für eine sparsame Energienutzung geschaffen werden sollen.[378] Zwar soll durch den Grundsatz kein Energieträger privilegiert werden, doch ist die räumliche Entwicklung von energiepolitischen Entscheidungen abhängig.[379] Sollten energiepolitische Entscheidungen zu dem (unwahrscheinlichen) Schluss kommen, die Erdgasförderung mittels der Fracking-Technologie verstärkt auszubauen und zu fördern, so müssten dem Grundsatz des § 2 Abs. 2 Nr. 4

---

372 *Spannowsky*, in: Spannowsky/Runkel/Goppel, Raumordnungsgesetz, § 2 Rn. 93.
373 *Spannowsky*, in: Spannowsky/Runkel/Goppel, Raumordnungsgesetz, § 2 Rn. 95.
374 Vgl. *Spannowsky*, in: Spannowsky/Runkel/Goppel, Raumordnungsgesetz, § 2 Rn. 104.
375 *Spannowsky*, in: Spannowsky/Runkel/Goppel, Raumordnungsgesetz, § 2 Rn. 104.
376 Vgl. BMWi (Hrsg.), Energiekonzept 2010, S. 4.
377 Vgl. *Spannowsky*, in: Spannowsky/Runkel/Goppel, Raumordnungsgesetz, § 2 Rn. 95.
378 *Spannowsky*, in: Spannowsky/Runkel/Goppel, Raumordnungsgesetz, § 2 Rn. 105.
379 Vgl. *Spannowsky*, in: Spannowsky/Runkel/Goppel, Raumordnungsgesetz, § 2 Rn. 106.

S. 5 ROG zufolge auch die hierfür erforderlichen Flächen ausgewiesen und raumordnerische Erfordernisse festgesetzt werden.

(4) Klimaschutz

Gemäß § 2 Abs. 2 Nr. 6 S. 7 und 8 ROG ist den räumlichen Erfordernissen des Klimaschutzes Rechnung zu tragen, sowohl durch Maßnahmen, die dem Klimawandel entgegenwirken, als auch durch solche, die der Anpassung an den Klimawandel dienen. Dabei sind die räumlichen Voraussetzungen für den Ausbau der erneuerbaren Energien, für eine sparsame Energienutzung sowie für den Erhalt und die Entwicklung natürlicher Senken für klimaschädliche Stoffe und für die Einlagerung dieser Stoffe zu schaffen. Kernelement des Klimaschutzes sind demnach der Ausbau der erneuerbaren Energien und eine sparsame Energienutzung.[380] Der Klimaschutz ist damit zu einem zu einem bedeutendem Abwägungsbelang für die Raumordnungsplanung geworden.[381]
Für die Erdgasförderung mittels der Fracking-Technologie könnte unter dem Aspekt des Klimaschutzes eine Privilegierung erfolgen, wenn zum Beispiel eine Nutzungskonkurrenz mit einem schädlicheren (fossilen) Energieträger zur Entscheidung ansteht. Die Abwägung kann aber auch zuungunsten der Erdgasförderung ausfallen, wenn beispielsweise die auszuweisenden Flächen ebenfalls für die Erzeugung erneuerbarer Energien besonders geeignet sind.

d) Zwischenergebnis

In Raumordnungsplänen sind Festlegungen in Form von Zielen und Grundsätzen der Raumordnung zu treffen.
Unabhängig von der konkreten Festlegungsart müssen die Festsetzungen raumbezogen sein, müssen also überörtliche und überfachliche Bedeutung haben. Rein fachliche Aussagen sind unzulässig.
Festlegungen bezüglich Fracking-Maßnahmen in konventionellen Lagerstätten, die auch ohne die Anwendung der Fracking-Technologie zugänglich wären, weisen nicht die erforderliche Raumbezogenheit auf. Nur unkonventionelle Fracking-Vorhaben können Gegenstand raumordnerischer Festlegungen sein.
Ziele der Raumordnung sind verbindliche Vorgaben in Form von räumlich und sachlich bestimmten oder bestimmbaren, vom Träger der Raumordnung abschließend abgewogenen textlichen oder zeichnerischen Festlegungen mit zwingenden Bindungswirkungen für nachgelagerte Zulassungsverfahren. Um diese Bindungswirkung zu entfalten, müssen sie rechtmäßig sein.
Zur Bejahung der Rechtmäßigkeit müssen sie sich im Rahmen der mit der Raumordnung gesetzten Aufgabenwahrnehmung halten. Ziele mit rein negativem Inhalt zur Vornahme einer bloßen Verhinderungsplanung sind daher unzulässig.

---

380 Spannowsky, UPR 2009, 201, 204; *Spannowsky*, in: Spannowsky/Runkel/Goppel, Raumordnungsgesetz, § 2 Rn. 143.
381 *Spannowsky*, in: Spannowsky/Runkel/Goppel, Raumordnungsgesetz, § 2 Rn. 143; *Spannowsky*, UPR 2009, 201, 204; *Mitschang*, DVBl. 2008, 745, 745.

Das Raumordnungsziel 10-3.4 des LEP NRW, das einen landesweiten Ausschluss von Fracking-Vorhaben in unkonventionellen Lagerstätten vorsieht, ist vor diesem Hintergrund unrechtmäßig, da primärer Zweck der Festlegung ist, eine fachgesetzlich zu beurteilende Nutzungsart zu verhindern.

Grundsätze der Raumordnung sind Aussagen zur Entwicklung, Ordnung und Sicherung des Raums. Im Gegensatz zu den Zielen handelt es sich bei ihnen um Vorgaben für nachfolgende Abwägungs- oder Ermessensentscheidungen. Sie sind also nicht verbindlich, sondern Abwägungsdirektiven. Zusätzlich zu landesplanerischen Vorgaben spielen auf dieser Ebene die für Fracking-Maßnahmen relevanten bundesrechtlichen Grundsätze eine wichtige Rolle für nachfolgende Abwägungs- und Ermessensentscheidungen.

In Bezug auf Fracking-Vorhaben sind insbesondere vier raumordnerische Grundsätze relevant. Hierzu zählen der Nachhaltigkeitsgrundsatz, die Sicherung und Aufsuchung standortgebundener Rohstoffe, die Energieversorgung und der Klimaschutz.

Der Nachhaltigkeitsgrundsatz in Form seiner Ausprägung der langfristigen Offenhaltung von raumnutzerischen Gestaltungsmöglichkeiten kann Fracking-Vorhaben entgegenstehen, da der untertägige Gesteinsaufbruch sowie die Verpressung von *flowback* anderweitige Nutzungsarten dauerhaft ausschließen bzw. erheblich beschränken.

Die Sicherung und Aufsuchung von standortgebunden Rohstoffen, worunter auch das Erdgas zu subsumieren ist, kann für Fracking-Vorhaben streiten, da angesichts knapper werdender Ressourcen und vor dem Hintergrund des Kohle- und Atomausstiegs es Aufgabe der Raumordnung ist, national bedeutsame Lagerstätten zu sichern.[382]

Sollten energiepolitische Entscheidungsgründe zu dem Schluss kommen, die Erdgasförderung mittels der Fracking-Technologie verstärkt auszubauen und zu fördern, so kann der Grundsatz der Energieversorgung Fracking-Vorhaben vor anderen Nutzungsarten Vorrang gewähren.

Ebenso ergeben sich abwägungsrelevante Konsequenzen aus dem Grundsatz des Klimaschutzes. Aus ihm kann eine Privilegierung von Fracking-Vorhaben erfolgen, wenn beispielsweise eine Nutzungskonkurrenz mit einem schädlicheren (fossilen) Energieträger entsteht, er kann aber Fracking-Vorhaben auch entgegenstehen. Dies ist zum Beispiel dann der Fall, wenn die auszuweisenden Flächen ebenfalls für die Erzeugung erneuerbarer Energien besonders geeignet sind.

2.   Gebietsfestlegungen

Die Raumordnungspläne der Länder sollen Festlegungen zur Raumstruktur enthalten. Dazu gehören nach § 13 Abs. 5 S. 1 Nr. 2 lit. b) ROG auch Nutzungen im Freiraum wie Standorte für die vorsorgende Sicherung sowie die geordnete Aufsuchung und Gewinnung von standortgebundenen Rohstoffen. Demnach sieht das Raumordnungsrecht als Kerninhalt[383] auch Festlegungen zur Aufsuchung und Gewinnung von Bodenschätzen wie das Erdgas vor. Diese Festlegungen können gemäß § 7 Abs. 3 S. 1 ROG auch als Gebietsfestlegungen erfolgen. Die in § 7 Abs. 3 S. 2 Nr. 1 bis 4 und S. 3 ROG

---

382   *Spannowsky*, in: Spannowsky/Runkel/Goppel, Raumordnungsgesetz, § 2 Rn. 104.
383   Vgl. *Goppel*, in: Spannowsky/Runkel/Goppel, Raumordnungsgesetz, § 13 Rn. 63 ff.

aufgeführten Gebietsfestlegungen Vorranggebiete, Vorbehaltsgebiete, Eignungsgebiete, Eignungsgebiete für den Meeresbereich sowie Vorranggebiete mit der Wirkung von Eignungsgebieten sind legal definiert und können in den Raumordnungsplänen nur in der im Gesetz definierten Form und mit der dort beschriebenen Rechtswirkung zum Einsatz gebracht werden.[384] Da die Ausweisung gebietsscharfer Festlegungen für die Aufsuchung und Gewinnung von Erdgas erhebliche Relevanz aufweist, soll im Folgenden dargestellt werden, mit welchen Festlegungen die Erdgasförderung mittels der Fracking-Technologie planungsrechtlich gesteuert werden kann.

a) Vorranggebiete

Vorranggebiete sind gemäß § 7 Abs. 3 S. 2 Nr. 1 ROG Gebiete, die für bestimmte raumbedeutsame Funktionen oder Nutzungen vorgesehen sind und andere raumbedeutsame Funktionen oder Nutzungen in diesem Gebiet ausschließen, soweit diese mit den vorrangigen Funktionen oder Nutzungen nicht vereinbar sind. Damit sind Vorranggebiete das stringenteste raumordnerische Instrument zur Sicherung bestimmter raumbezogener Nutzungen.[385] Es dient der vorsorglichen bedarfsbezogenen Ressourcensicherung.[386] Ihm kommt allerdings dem Wortlaut nach nur eine Innenwirkung zu, d.h. die mit dem Vorrang innerhalb des Gebietes belegte Nutzung kann auch außerhalb des Gebietes vollzogen werden.[387] Soll diese außerhalb des Gebietes ausgeschlossen sein, so muss dies als weiteres Ziel der Raumordnung im Plan festgesetzt werden oder das Vorranggebiet nach der Maßgabe des § 7 Abs. 3 S. 3 ROG gleichzeitig mit der Wirkung eines Eignungsgebietes ausgestattet werden.[388]

aa) Zielcharakter

Die Festlegung und Sicherung einer dominanten Raumfunktion und die damit verbundene strikte innergebietliche Ausschlusswirkung gegenüber konkurrierenden Nutzungen stellt ein Ziel der Raumordnung dar, das in nachfolgenden Abwägungsentscheidungen nicht überwindbar ist.[389] Regelmäßig werden sie in Regionalplänen ausgewiesen, sind aber auch Festlegungen in landesweiten Raumordnungsplänen zugänglich.[390] Möglichkeiten für eine nachfolgende Konkretisierung ergeben sich regelmäßig nur hinsichtlich der Parzellenschärfe und eventuell hinsichtlich nicht konkurrierender Nutzungen.[391]

---

384 *Runkel*, in: Spannowsky/Runkel/Goppel, Raumordnungsgesetz, § 7 Rn. 63.
385 *Runkel*, in: Spannowsky/Runkel/Goppel, Raumordnungsgesetz, § 7 Rn. 67.
386 Vgl. *Christ*, Raumordnungsziele und Zulässigkeit privater Vorhaben, S. 57 m.w.N.
387 Vgl. BVerwG, NVwZ 1993, 167, 167; *Koch/Hendler*, Baugesetzbuch, § 3 Rn. 24; *Runkel*, in: Spannowsky/Runkel/Goppel, Raumordnungsgesetz, § 7 Rn. 68.
388 Hierzu S. 63; vgl. *Runkel*, in: Spannowsky/Runkel/Goppel, Raumordnungsgesetz, § 7 Rn. 69, 70.
389 *Heitsch*, NuR 2004, 20, 20; *Kment*, Die Verwaltung 40 (2007), 53, 56.
390 *Runkel*, in: Spannowsky/Runkel/Goppel, Raumordnungsgesetz, § 7 Rn. 74.
391 *Schroeder*, UPR 2000, 52, 54; *Runkel*, WiVerw 1997, 267, 289.

bb) Steuerung von Fracking-Vorhaben

Erdgasförderung mittels der Fracking-Technologie ist damit in Form von Vorranggebieten steuerbar. Zum einen ist es denkbar, Gebiete festzulegen, in denen die Erdgasförderung Vorrang genießt und mit ihr konkurrierende Nutzungen (wie beispielsweise die Geothermie) ausgeschlossen werden. Durch diese Art der Gebietsfestlegung werden allerdings nicht Fracking-Vorhaben in anderen Gebieten ausgeschlossen. Gezielt lässt sich dies nur dadurch steuern, indem man Vorranggebiete mit der Wirkung von Eignungsgebieten ausweist, da diese Fracking-Vorhaben an anderen Standorten ausschließen. Gleichzeitig müssen Fracking-Vorhaben aber auch solche Vorranggebiete beachten, die für andere Raumnutzungen bereits ausgewiesen sind. Kommt es in solchen zu Nutzungskonkurrenzen mit Fracking-Vorhaben, so sind Nutzungen, für die das Vorranggebiet ausgewiesen worden ist, vorrangig.

b) Vorbehaltsgebiete

Vorbehaltsgebiete sind nach § 7 Abs. 3 S. 2 Nr. 2 ROG Gebiete, die bestimmten raumbedeutsamen Funktionen oder Nutzungen vorbehalten bleiben sollen, so dass ihnen bei der Abwägung mit konkurrierenden raumbedeutsamen Funktionen oder Nutzungen besonderes Gewicht beizumessen ist.

aa) Abwägungsdirektive

Besonderes Gewicht bedeutet nicht, dass die fragliche Funktion oder Nutzung in der nachfolgenden Abwägung nicht auch unterliegen kann, nämlich dann, wenn der konkurrierenden Nutzung ein noch stärkeres Gewicht zukommt, als das Gewicht, das der vorbehaltenen Nutzung zugesprochen wird.[392] Da sie einer nachfolgenden Abwägung offen sind, ist strittig, ob es sich bei ihnen um Ziele der Raumordnung handelt.[393] Gute Gründe sprechen dafür, sie ebenfalls als Ziele der Raumordnung zu qualifizieren, da das »besondere Gewicht« vom Normerlasser unabwägbar vorgeschrieben wurde, eine Abwägung auf der nächsten Ebene also nicht mehr das »besondere Gewicht« aufheben, sondern nur zu dem Ergebnis führen kann, dass ein noch bedeutsamerer Belang sich gegenüber der vorbehaltenen Nutzung durchzusetzen vermag.[394]

Festzuhalten ist allerdings, dass sie aufgrund ihrer flächenmäßigen Unbestimmtheit oder ihrer zu erwartenden Verwirklichung eine flexiblere planerische Festlegung enthalten.[395] Gegenüber Vorranggebieten sind sie also flexibler, gewährleisten aber auch nicht in gleicher Weise, dass sich die unter Vorbehalt stehende Nutzung oder Funktion gegenüber konkurrierenden Nutzungen durchsetzt.[396]

---

392 *Runkel*, in: Spannowsky/Runkel/Goppel, Raumordnungsgesetz, § 7 Rn. 77.
393 Siehe hierzu *Runkel*, in: Spannowsky/Runkel/Goppel, Raumordnungsgesetz, § 78 m.w.N; dagegen *Roßnagel*, FS Koch 2014, 543, 548.
394 Vgl. *Runkel*, in: Spannowsky/Runkel/Goppel, Raumordnungsgesetz, § 7 Rn. 79.
395 *Bartlsperger*, in: Novellierung des Landesplanungsrechts aus Anlass des Raumordnungsgesetzes 1998, S. 119, 121.
396 *Kment*, Die Verwaltung 40 (2007), 53, 57.

bb) Steuerung von Fracking-Vorhaben

Auch Vorbehaltsgebiete können für die Erdgasförderung mittels der Fracking-Technologie ausgewiesen werden.[397] Dies ermöglicht eine flexiblere Handhabung mit konkurrierenden Nutzungen, verhindert aber auch, dass Fracking-Vorhaben sich prinzipiell gegenüber anderen Nutzungen durchsetzen werden.

c) Eignungsgebiete

Weiterhin kann der Raumordnungsplan auch Eignungsgebiete ausweisen. Solche sind gemäß § 7 Abs. 3 S. 2 Nr. 3 ROG Gebiete, in denen bestimmten raumbedeutsamen Maßnahmen oder Nutzungen, die städtebaulich nach § 35 BauGB zu beurteilen sind, andere raumbedeutsame Belange nicht entgegenstehen, wobei diese Maßnahmen oder Nutzungen an anderer Stelle im Planungsraum ausgeschlossen sind. Ihnen kommt eine innergebietliche und eine außergebietliche Steuerungswirkung zu.[398] Innergebietlich besagt die Steuerungswirkung, dass die als geeignet ausgewiesenen Nutzungen oder Funktionen anderen raumbedeutsamen Belangen nicht entgegenstehen, also mit konkurrierenden Belangen vereinbar sind.[399] Außergebietlich besteht die Steuerungswirkung in einer strikten Ausschlusswirkung bezüglich der innerhalb des Gebietes geeigneten Maßnahmen und Nutzungen an beliebiger Stelle des Planungsraumes.[400] Aufgrund dieser zwingenden Rechtsfolge kommt auch dem Eignungsgebiet ein Zielcharakter zu.[401]

aa) Anwendbarkeit auf unterirdische Raumnutzungen

In bergbaulicher Hinsicht ist interessant, dass § 7 Abs. 3 S. 1 Nr. 3 ROG auf § 35 BauGB verweist, der für bauliche Maßnahme im Außenbereich gilt. Es ist daher davon auszugehen, dass die Ausweisung von Eignungsgebieten auf bauplanungsrechtliche Vorhaben i.S.d. § 29 BauGB beschränkt ist.[402] Dies umfasst gemäß § 29 Abs. 1 a.E. BauGB auch Aufschüttungen und Abgrabungen größeren Umfangs sowie Ausschachtungen, Ablagerungen einschließlich von Lagerstätten, allerdings müssen diese einen oberirdischen Bezug haben, um bodenrechtliche Relevanz zu haben[403]. Ob hiervon daher auch rein unterirdische Nutzungen im Wege einer teleologischen Reduktion von § 13 Abs. 3 S. 2 Nr. 3 ROG umfasst werden[404] oder Eignungsgebiete nur für oberirdische Maßnahmen ausgewiesen werden können, kann bei Erdgasfördervorhaben mittels der Fracking-Technologie allerdings regelmäßig dahin stehen, da schon die ober-

397 Vgl. *Roßnagel/Hentschel/Polzer*, Rechtliche Rahmenbedingungen der unkonventionellen Erdgasförderung mittels Fracking, S. 107.

398 *Runkel*, in: Spannowsky/Runkel/Goppel, Raumordnungsgesetz, § 7 Rn. 83.

399 Vgl. *Runkel*, in: Spannowsky/Runkel/Goppel, Raumordnungsgesetz, § 7 Rn. 85.

400 *Runkel*, in: Spannowsky/Runkel/Goppel, Raumordnungsgesetz, § 7 Rn. 85.

401 Vgl. *Runkel*, in: Spannowsky/Runkel/Goppel, Raumordnungsgesetz, § 7 Rn. 86.

402 *Grotefels*, FS Hoppe 2000, S. 369, 379 m.w.N.

403 *Mitschang/Reidt*, in: Battis/Krautzberger/Löhr, Baugesetzbuch, § 9 Rn. 61; vgl. *Hellriegel*, NVwZ 2013, 111, 113; *Erbguth*, ZUR 2011, 121, 122 f.

404 Hierfür *Schilling*, Unterirdische Raumnutzungen, S. 292.

irdisch erforderlichen Maßnahmen wie die Bohrplätze und die zugehörige Infrastruktur bodenrechtliche Relevanz haben. Im Übrigen spricht systematisch vieles dafür, auch rein unterirdische Nutzungsformen als Eignungsgebiete ausweisen zu können. Soweit man grundsätzlich die Raumordnung auch dreidimensional auf den Untergrund Anwendung finden lässt[405], ist nicht ersichtlich, warum unterirdische Nutzungsformen als Vorrang- und Vorbehaltsgebiete ausgewiesen werden können, nicht aber als Eignungsgebiete. Der Verweis auf § 35 BauGB ist daher nicht so sehr als Ausschluss anderer Nutzungsformen zu werten, als vielmehr so zu betrachten, dass er den Hauptanwendungsfall von Eignungsgebieten umschreibt.[406].

Die Ausweisung eines unterirdischen Gebietes als Eignungsgebiet wäre somit bereits nach bundesgesetzlichen raumordnungsrechtlichen Regelungen denkbar.[407] Eine anderweitige Ausweisung unterirdischer Nutzungen in Landesplänen wäre aber ohnehin unschädlich. Die bundesgesetzliche Aufstellung der Gebietsfestlegungen in § 7 Abs. 3 S. 2 ROG ist nämlich nicht abschließend (»insbesondere«).[408] Insoweit können die Länder auch andere Gebiete festlegen. Dies würde auch die Möglichkeit umfassen, unterirdische Eignungsgebiete einzuführen.[409]

bb) Steuerung von Fracking-Vorhaben

Werden in einem Raumordnungsplan für Erdgasfördervorhaben Eignungsgebiete festgelegt, bedeutet dies, dass diese Fördervorhaben in anderen Gebieten des betroffenen Planungsraums ausgeschlossen sind, die Förderung nur innerhalb des Eignungsgebietes zulässig. Aufgrund der Standortgebundenheit von Erdgasfördervorhaben scheint die Festsetzung von Eignungsgebieten in den Raumordnungsplanen allerdings problematisch[410], da sie die Gefahr birgt, dass hierdurch im Sinne einer unzulässigen Negativplanung im Einzelfall Fördervorhaben außerhalb der Gebietsfestlegung ausgeschlossen werden.

d) Ausschlussgebiete

Weiterhin wird allgemein angenommen, dass die Länder mangels abschließenden Charakter des Gebietskataloges in § 7 Abs. 3 S. 2 ROG auch die Kompetenz besitzen, in ihren Raumordnungsplänen räumlich begrenzte Ausschlussgebiete festzulegen ohne gleichzeitig für den in diesen Gebieten ausgeschlossenen Nutzungen eine Positiventscheidung festzulegen.[411] Ausschlussentscheidungen setzten aber wie alle Festlegungen von Erfordernissen der Raumordnung eine ordnungsgemäße Abwägung der betroffenen Belange voraus.[412] Das bedeutet, dass die Aufsuchung und Gewinnung von

---

405 Vgl. S. 45 ff.
406 So auch *Ramsauer/Wendt*, NVwZ 2014, 1401, 1408.
407 So auch *Erbguth*, ZUR 2011, 121, 125.
408 *Runkel*, in: Spannowsky/Runkel/Goppel, Raumordnungsgesetz, § 7 Rn. 65.
409 So auch *Hellriegel*, NVwZ 2013, 111, 113; *Ramsauer/Wendt*, NVwZ 2014, 1401, 1408.
410 So *Ramsauer/Wendt*, NVwZ 2014, 1401, 1408.
411 *Runkel*, in: Spannowsky/Runkel/Goppel, Raumordnungsgesetz, § 7 Rn. 66; *Hellriegel*, NVwZ 2013, 111, 113; *Raumsauer/Wendt*, NVwZ 2014, 1401, 1407.
412 Vgl. *Ramsauer/Wendt*, NVwZ 2014, 1401, 1407; *Hellriegel*, NVwZ 2013, 111, 113.

Erdgas mittels der Fracking-Technologie nicht per se durch die Raumordnungspläne ausgeschlossen werden kann.

Auch wenn man den Ländern diese prinzipielle Möglichkeit zugesteht, darf diese nur in den Grenzen rechtmäßiger raumordnerischer Zielfestlegungen vollzogen werden. Eine Grenze ist also dort zu ziehen, wo die Festsetzung eines Ausschlussgebietes den Rahmen der der Raumordnung gesetzten Aufgabenwahrnehmung verlässt und die Negativwirkung des Ausschlusses der primäre Zweck der Festsetzung ist.[413] Ein gebietsbezogener Ausschluss von unkonventionellen Erdgasfördervorhaben mittels der Fracking-Technologie ist daher prinzipiell möglich, doch kann sich dieser nicht auf das gesamte Landesgebiet erstrecken, wie es das Ziel 10.3-4 des LEP NRW vorsieht.[414]

e) Zwischenergebnis

Die vorsorgende Sicherung sowie die geordnete Aufsuchung und Gewinnung von standortgebundenen Rohstoffen gehören als Ausformung der Raumstruktur zum Kerninhalt von Raumordnungsplänen.

Diesbezügliche Festlegungen mit Bezug zu Fracking-Vorhaben können als Gebietsfestlegungen, namentlich als Vorranggebiete, Vorbehaltsgebiete, Eignungsgebiete sowie Vorranggebiete mit der Wirkung von Eignungsgebieten ausgewiesen werden. Darüber hinaus kann der Landesgesetzgeber auch Ausschlussgebiete festlegen.

Werden Fracking-Vorhaben als Vorranggebiete ausgewiesen, genießen sie in diesem Gebiet Vorrang vor konkurrierenden Nutzungen. Vorranggebiete führen nicht dazu, dass Fracking-Vorhaben in anderen Gebieten ausgeschlossen werden. Hierzu muss ein Vorranggebiet mit der Wirkung von einem Eignungsgebiet ausgewiesen werden. Ebenso haben Fracking-Vorhaben andere Vorranggebiete zu beachten.

Weiterhin ist auch die Ausweisung von Vorbehaltsgebieten denkbar, in denen sich Fracking-Vorhaben gegenüber Nutzungskonkurrenzen durchsetzen können. Die diesbezügliche Abwägungsentscheidung kann aber auch zuungunsten des Fracking-Vorhabens ausfallen.

Weiterhin kommen die Ausweisungen von Eignungsgebieten in Betracht, was zur Folge hat, dass Fracking-Vorhaben außergebietlich ausgeschlossen wären. Vor dem Hintergrund der absoluten Standortgebundenheit von Fracking-Vorhaben, scheint die Ausweisung von Eignungsgebieten in der Praxis verzichtbar, da die untertägigen Erdgasvorkommen ohnehin vorschreiben, wo ein Vorhaben verwirklicht werden kann. Zur Sicherung der Vorhaben wäre damit ein Vorrang- oder Vorbehaltsgebiet ausreichend, ohne dass es den Ausschluss derartiger Vorhaben außerhalb des Gebietes noch bedarf.[415]

---

413 Vgl. S.53 f.
414 Zur seiner Unrechtmäßigkeit vgl. S. 55 f.
415 Vgl. *Roßnagel/Hentschel/Polzer*, Rechtliche Rahmenbedingungen der unkonventionellen Erdgasförderung mittels Fracking, S. 109.

2. Kapitel Bauleitplanung

Aufgabe der Bauleitplanung ist es gemäß § 1 Abs. 1 BauGB, die bauliche und sonstige Nutzung der Grundstücke in der Gemeinde vorzubereiten und zu leiten. Begrifflich ist damit der Gesamtbereich derjenigen Vorschriften erfasst, die den Grund und Boden unmittelbar zum Gegenstand rechtlicher Ordnung haben und die von einer (städtebaulichen) Planung erfasst werden können.[416] Damit ist sie das zentrale Instrument des Städtebaurechts.[417] Gemäß § 1 Abs. 2 BauGB gliedert sich die Bauleitplanung in den vorbereitenden Bauleitplan, den Flächennutzungsplan, und den verbindlichen Bauleitplan, den Bebauungsplan.[418]

I. Anpassungspflichten an die Raumplanung

Die Bauleitplanung ist Teil eines vertikalen und horizontalen Geflechts raumbezogener Gesamt- und Fachplanungen.[419] Sie ist nach § 1 Abs. 4 BauGB den Zielen der Raumordnung anzupassen und insoweit eine gesetzliche Konkretisierung der raumordnerischen Beachtungspflicht einschlägiger Raumordnungsziele.[420] Voraussetzung ist, dass die Ziele hinreichend konkretisierbar sind.[421]

Die Anpassungspflicht hat zur Folge, dass die planerischen Entscheidungen der Gemeinde mit den Zielen der Raumordnung in Übereinstimmung gebracht werden müssen.[422] Soweit also auf raumplanerischer Ebene zulässigerweise Erdgasfördervorhaben mittels der Fracking-Technologie als Ziele der Raumordnung, beispielsweise in Form von Vorranggebieten oder Vorranggebieten mit der Wirkung von Eignungsgebieten ausgewiesen sind[423], müssen die Bauleitpläne zwingend an diese angepasst werden. Sind die Fracking-Belange als Grundsätze der Raumordnung festgelegt (beispielsweise in Form eines Vorbehaltsgebietes[424]), so sind diese im Rahmen der Abwägung nach § 1 Abs. 7 BauGB bei der Aufstellung der Bauleitpläne zu berücksichtigen.[425]

---

416 *Söfker*, in: Ernst/Zinkahn/Bielenberg/Krautzberger, Baugesetzbuch, § 1 Rn. 12.
417 *Battis,* in: Battis/Krautzberger/Löhr, Baugesetzbuch, § 1 Rn. 1.
418 Vgl. *Battis,* in: Battis/Krautzberger/Löhr, Baugesetzbuch, § 1 Rn. 24.
419 *Battis,* in: Battis/Krautzberger/Löhr, Baugesetzbuch, § 1 Rn. 32.
420 *Söfker*, in: Ernst/Zinkahn/Bielenberg/Krautzberger, Baugesetzbuch, § 1 Rn. 67.
421 Vgl. VGH Hessen, ZUR 2010, 542, 544; OVG Niedersachsen, NuR 2012, 406, 406; *Battis,* in: Battis/Krautzberger/Löhr, Baugesetzbuch, § 1 Rn. 39. vgl. hierzu S. 52 ff.
422 BVerwGE 90, 329, 333.
423 Vgl. S. 61 f.
424 Vgl. S. 62 f.
425 So auch *Roßnagel/Hentschel/Polzer*, Rechtliche Rahmenbedingungen der unkonventionellen Erdgasförderung mittels Fracking, S. 121.

II. Flächennutzungsplan

Im Flächennutzungsplan ist gemäß § 5 Abs. 1 S. 1 BauGB für das ganze Gemeindegebiet die sich aus der beabsichtigten städtebaulichen Entwicklung ergebende Art der Bodennutzung nach den voraussehbaren Bedürfnissen der Gemeinde in den Grundzügen darzustellen. Soweit die allgemeine Raumplanung Anforderungen an Erdgasförderungen mittels der Fracking-Technologie in Form von Zielen der Raumordnungen vorsieht, muss der Flächennutzungsplan an diese angepasst werden. Sehen sie Grundsätze der Raumordnung vor, müssen diese ebenfalls bei der Aufstellung berücksichtigt werden.

Ist auf der raumplanerischen Ebene keine Vorgabe festgesetzt, kann die Gemeinde Erdgasförderungen mittels der Fracking-Technologie auf dieser Ebene der Bauleitplanung steuern. Hierfür können gemäß § 5 Abs. 2 Nr. 8 BauGB insbesondere Flächen für Aufschüttungen, Abgrabungen oder für die Gewinnung von Steinen, Erden und anderen Bodenschätzen, beispielsweise Erdgas, dargestellt werden. Die Darstellung der Flächen für die Gewinnung beruht auf dem planerischen Willen der Gemeinde.[426] Soweit die Gemeinde auf dieser Ebene Ausweisungen trifft, ist § 35 Abs. 3 S. 3 BauGB zu beachten, wonach einem Vorhaben in der Regel öffentliche Belange entgegenstehen, soweit hierfür durch Darstellungen im Flächennutzungsplan oder als Ziele der Raumordnung eine Ausweisung an anderer Stelle erfolgt ist. Widerspricht ein Fracking-Vorhaben Darstellungen im Flächennutzungsplan, so greift § 35 Abs. 3 S. 1 Nr. 1 BauGB, nach dem Fracking-Vorhaben in diesem Fall grundsätzlich öffentliche Belange entgegenstehen.

III. Bebauungsplan

Soweit weder raumplanerische Festlegungen noch Festsetzungen im Flächennutzungsplan getroffen sind, hat die Gemeinde weiterhin die Möglichkeit für Erdgasfördervorhaben mittels der Fracking-Technologie Bebauungspläne aufzustellen. Gemäß § 9 Abs. 1 Nr. 17 BauGB zählt nämlich zu den möglichen Inhalten solcher Pläne auch Festsetzungen von Flächen für Aufschüttungen, Abgrabungen oder für die Gewinnung von Steinen, Erden und anderen Bodenschätzen. Zwar sind Erdgasfördervorhaben bereits aufgrund ihrer Standortgebundenheit privilegierte Außenbereichsvorhaben[427], doch kann die Aufstellung von Bebauungsplänen für derartige Vorhaben dennoch sinnvoll sein, um sie besser steuern zu können. Zweck einer solchen Festsetzung kann die Sicherung entsprechender Standorte, ihre städtebauliche Einbindung sowie die Herstellung der bau- und planungsrechtlichen Zulässigkeitsvoraussetzungen für entsprechende Vorhaben sein.[428] Sie können auch aus entsprechenden Darstellungen des Flächennutzungsplans entwickelt werden, die zugleich der Steuerung solcher im Außenbereich

---

426 *Söfker*, in: Ernst/Zinkahn/Bielenberg/Krautzberger, Baugesetzbuch, § 5 Rn. 51.
427 Vgl. *Mitschang/Reidt*, in: Battis/Krautzberger/Löhr, Baugesetzbuch, § 35 Rn. 28.
428 *Söfker*, in: Ernst/Zinkahn/Bielenberg/Krautzberger, Baugesetzbuch, § 9 Rn. 140.

privilegiert zulässiger Vorhaben i.S.d. § 35 Abs. 3 S. 3 BauGB dienen.[429] Denkbar ist hierbei insbesondere die Ausweisung eines sonstigen Sondergebiets nach § 11 BauNVO. Voraussetzung ist, dass die planerische Festsetzung der Gemeinde nicht in Form eines Gebiets nach §§ 2 bis 9 BauNVO verwirklicht werden kann.[430] Zwar zählt der Beispielskatalog des § 11 Abs. 1 S. 2 BauNVO lediglich Gebiete für die Anlagen von Wind- und Sonnenenergieanlagen auf, dieser Katalog ist aber nicht abschließend (»insbesondere«).[431] Die Ausweisung eines Gebiets für Fracking-Anlagen ist daher möglich.

---

429   *Söfker*, in: Ernst/Zinkahn/Bielenberg/Krautzberger, Baugesetzbuch, § 9 Rn. 140 m.w.N.
430   Vgl. *Decker*, in: Jäde/Dirnberg, Baugesetzbuch Baunjutzungsverordnung Kommentar, § 11 BauNVO Rn. 2 mit Verweis auf BVerwG, Beschluss vom 30. Juni 2014 – 4 BN 38.13.
431   *Decker*, in: Jäde/Dirnberg, Baugesetzbuch Baunjutzungsverordnung Kommentar, § 11 BauNVO Rn. 1.

3. Kapitel   Räumliche Fachplanung

Neben den Instrumenten der allgemeinen Raum- und der Bauleitplanung kann das Fachplanungsrecht konkreten Einfluss auf die Realisierung von Erdgasfördervorhaben mittels der Fracking-Technologie nehmen.

Für besonders schutzwürdige Gebiete wie für Wasservorkommen, Natur, Landschaft und den Schutz zahlreicher Arten und Lebensräume ist die Ausweisung von Schutzgebieten mit strengen Schutzvorschriften unabdingbar. Im Gegensatz zur Gesamtplanung beschränkt sich die Fachplanung allerdings inhaltlich auf einzelne Themenkomplexe.[432] Da es bei fachplanerischen Ausweisungen in erster Linie darauf ankommt, Gebiete auf Grund ihrer Beschaffenheit oder des Vorkommens verschiedener Arten unter Schutz zu stellen, kann die Fachplanung die Erdgasförderung nur mittelbar steuern.[433] Sind solche Schutzgebiete ausgewiesen, sind in diesen bestimmte Nutzungen und Vorhaben vollkommen ausgeschlossen oder nur unter strengen Voraussetzungen als Ausnahme zulässig. Insoweit können derartige Gebietsausweisungen einer Erdgasförderung mittels der Fracking-Technologie entgegen stehen.

I.   Wasserrechtliche Planungsinstrumente

Die der Allgemeinheit dienende öffentliche Wasserversorgung ist nach § 50 Abs. 1 WHG eine Aufgabe der Daseinsvorsorge, zu deren Erfüllung Wasserschutzgebiete festgesetzt werden können.[434] Wasserschutzgebiete sind daher ein seit vielen Jahrzehnten unverzichtbares ordnungsrechtliches Instrument des vorbeugenden Gewässerschutzes.[435] Sie dienen angesichts der quantitativen und qualitativen Anforderungen an die Deckung des Trink- und Brauchwasserbedarfs sowie der zunehmenden Belastung der Gewässer dazu, ausgewählte Gebiete einer verstärkten wasserwirtschaftlichen Aufsicht, Lenkung und Pflege zu unterstellen.[436] Ihre praktische Bedeutung ist für den vorbeugenden Umwelt- und Verbraucherschutz erheblich. So werden sie in der Regel zum Schutz des Grundwassers festgesetzt, können aber auch zum Schutz oberirdischer Gewässer wie Talsperren oder zu anderen wasserwirtschaftlichen Zwecken erlassen werden.[437] Obwohl ihnen keine Legaldefinition zugrunde liegt, werden sie allgemein als ein bestimmter Teil der Erdoberfläche verstanden, in der bestimmte Handlungen geboten oder verboten sind, die sich auf die Wasserqualität auswirken können.[438]

---

432   *Fischer*, in: Steiner/Brinktrine, Besonderes Verwaltungsrecht, § 7 Rn. 52.
433   Vgl. *Roßnagel*, FS Koch 2014, S. 543, 550.
434   Breuer/Gärditz, Öffentliches und privates Wasserrecht, Rn. 1038.
435   *Schwind*, in: Berendes/Frenz/Müggenborg, Wasserhaushaltsgesetz, Vorb. §§ 51 bis 53 Rn. 2.
436   Breuer/Gärditz, Öffentliches und privates Wasserrecht, Rn. 1038; *Breuer*, Die hoheitliche raumgestaltende Planung, S. 156; *Breuer*, ZfW 8 (1969), 77, 101; *Breuer*, NuR 1998, 337, 338 f.; *Salzwedel*, ZfW 31 (1992), 397, 397 ff.
437   *Schwind*, in: Berendes/Frenz/Müggenborg, Wasserhaushaltsgesetz, Vorb. §§ 51 bis 53 Rn. 3.
438   *Schwind*, in: Berendes/Frenz/Müggenborg, Wasserhaushaltsgesetz, § 51 Rn. 1; vgl. *Knopp*, ZUR 2007, 467, 467.

1.   Voraussetzungen für die Ausweisung von Wasserschutzgebieten

§ 51 Abs. 1 S. 1 WHG regelt die Voraussetzungen für die Festsetzung von Wasserschutzgebieten. Demnach können die Landesregierungen durch Rechtsverordnung Wasserschutzgebiete festsetzen, soweit es das Wohl der Allgemeinheit erfordert, Gewässer im Interesse der derzeit bestehenden oder künftigen öffentlichen Wasserversorgung vor nachteiligen Einwirkungen zu schützen, das Grundwasser anzureichern oder das schädliche Abfließen von Niederschlagswasser sowie das Abschwemmen und den Eintrag von Bodenbestandteilen, Dünge- oder Pflanzenschutzmitteln in Gewässer zu vermeiden.

Im Verbund mit § 52 WHG geht es dem Regelungssystem des Wasserhaushaltsgesetzes primär um eine über die ohnehin schon geltenden Schutzvorschriften des Wasserhaushaltsgesetzes hinaus verstärkte Sicherung der für die Wasserversorgung benötigten Wasservorkommen.[439] In Wasserschutzgebieten oder deren Umgebung können sich daher aus der jeweiligen Schutzgebietsverordnung besondere formelle und materielle wasserrechtliche Anforderungen ergeben und besondere Schutzvorschriften geregelt werden. Insbesondere können nach § 52 Abs. 1 S. 1 Nr. 1 WHG, soweit der Schutzzweck dies erfordert, bestimmte Handlungen verboten oder für nur eingeschränkt zulässig erklärt werden.

2.   Festlegungen de lege lata in Bezug auf Fracking-Vorhaben

Unabhängig von dieser Ermächtigung für den Landesgesetzgeber, bestimmte Handlungen zu verbieten oder nur eingeschränkt für zulässig zu erklären, hat der Bundesgesetzgeber mit Einführung der Fracking-Neuregelungen festgesetzt, dass Fracking-Vorhaben, gleich ob sie zum Abbau unkonventioneller oder konventioneller Lagerstätten erfolgen sollen, gemäß § 13a Abs. 1 S. 1 Nr. 2 lit. a) WHG in Wasserschutzgebieten verboten sind. Damit verzichtet er auf eine sonst übliche Differenzierung nach in Wasserschutzgebieten festgesetzten Schutzzonen.[440] Die Ausweisung von Wasserschutzgebieten hat demnach mittelbar zur Folge, dass in diesen Fracking-Vorhaben per se bundesweit unzulässig sind.

II.   Naturschutzrechtliche Planungsinstrumente

Die Intensivierung der Landnutzung, Flächenversiegelung, Flächenzerschneidung und sonstige menschliche Aktivitäten belasten Natur und Landschaft in vielfältiger Weise. Dadurch werden nicht nur die Leistungs- und Funktionsfähigkeit des Naturhaushalts sowie die Schönheit der Landschaft einschließlich ihres Erholungswertes beeinträchtigt, sondern insbesondere auch die biologische Vielfalt gefährdet.[441] Der gezielte und

---

439   *Kotulla*, Wasserhaushaltsgesetz, § 2.
440   Vgl. *Schwind*, in: Berendes/Frenz/Müggenborg, Wasserhaushaltsgesetz, § 51 Rn. 64.
441   *Hendrischke*, in: Schlacke, Naturschutzgesetz, Vorbem. Zu §§ 20–30 Rn. 1.

besondere Schutz bestimmter Teile von Natur und Landschaft bietet daher einen Ansatz, der einen wichtigen Beitrag zum Erhalt des Natur- und Kulturerbes leistet.[442] Es ist eines der ältesten und wichtigsten Instrumente des Naturschutzes.[443]

Der Schutz bestimmter Teile von Natur und Landschaft verfolgt unterschiedliche Ziele, die in ihrer Gesamtheit alle drei Zieldimensionen des Naturschutzes, nämlich die dauerhafte Sicherung der biologischen Vielfalt, der Leistungs- und Funktionsfähigkeit des Naturhaushalts einschließlich der Regenerationsfähigkeit und der nachhaltigen Nutzungsfähigkeit der Naturgüter sowie der Vielfalt, Eigenart, Schönheit und des Erholungswertes von Natur und Landschaft, abdecken.[444]

Dementsprechend setzt § 20 Abs. 1 BNatSchG fest, dass ein Netz verbundener Biotope (Biotopverbund) geschaffen wird, das mindestens zehn Prozent der Fläche eines jeden Landes umfassen soll. Um dies zu erreichen, nennt § 20 Abs. 2 BNatSchG eine abschließende[445] Aufzählung von Instrumenten. Teile von Natur und Landschaft können demnach als Naturschutzgebiet, als Nationalpark oder als Nationales Naturmonument, als Biosphärenreservat, als Landschaftsschutzgebiet, als Naturpark, als Naturdenkmal oder als geschützter Landschaftsbestandteil geschützt werden.

Zahlenmäßig entfallen die meisten Unterschutzstellungen auf Naturschutzgebiete und Fauna-Flora-Habitat-Gebiete (FFH-Gebiete). Flächenmäßig dominieren die Landschaftsschutzgebiete mit über 10 Millionen Hektar (27,9 Prozent der Fläche Deutschlands), gefolgt von den Naturparken mit 9.946.967 Hektar (27,9 Prozent der Fläche Deutschlands). Die 16 Nationalparke nehmen zwar nur 0,6 Prozent der Landesfläche ein, haben aber im Naturschutz und in der Wahrnehmung der Bevölkerung einen hohen Stellenwert.[446]

Insbesondere die Ausweisung von Naturschutzgebieten, Nationalparks bzw. Nationale Naturmonumente und die Unterschutzstellung bestimmter Gebiete im Rahmen des Aufbaus und zum Schutz des Netzes »Natura 2000«, haben weitreichende Folgen, die bei Fracking-Vorhaben zu beachten sind. Daher sollen sie im Folgenden näher dargestellt werden.

1. Naturschutzgebiet

Naturschutzgebiete sind gemäß § 23 Abs. 1 BNatSchG rechtsverbindlich festgesetzte Gebiete, in denen ein besonderer Schutz von Natur und Landschaft in ihrer Ganzheit oder in einzelnen Teilen zur Erhaltung, Entwicklung oder Wiederherstellung von Lebensstätten, Biotopen oder Lebensgemeinschaften bestimmter wild lebender Tier- und Pflanzenarten (§ 23 Abs. 1 Nr. 1 BNatSchG), aus wissenschaftlichen, naturgeschichtlichen oder landeskundlichen Gründen (§ 23 Abs. 1 Nr. 2 BNatSchG) oder wegen ihrer

---

442 *Hendrischke*, in: Schlacke, Naturschutzgesetz, Vorbem. Zu §§ 20–30 Rn.2.
443 *Heugel*, in: Lütkes/Ewer, Bundesnaturschutzgesetz, § 20 Rn. 1.
444 Vgl. *Heugel*, in: Lütkes/Ewer, Bundesnaturschutzgesetz, § 20 Rn. 2.
445 Vgl. *Lau*, in: Frenz/Müggenborg, Bundesnaturschutzgesetz, § 20 Rn. 6, *A. Schumacher/J. Schumacher/Fischer-Hüftle*, in: Schumacher/Fischer-Hüftle, Bundesnaturschutzgesetz, § 20 Rn. 19.
446 Siehe BfN (Hrsg.), Daten zur Natur 2016, S. 96.

Seltenheit, besonderen Eigenart oder hervorragenden Schönheit (§ 23 Abs. 1 Nr. 3 BNatSchG), erforderlich ist.

a) Ziel der Gebietsausweisung

In derartigen Naturschutzgebieten sind nach Festsetzung des § 23 Abs. 2 S. 1 BNatSchG alle Handlungen, die zu einer Zerstörung, Beschädigung oder Veränderung des Naturschutzgebiets oder seiner Bestandteile oder zu einer nachhaltigen Störung führen können, nach Maßgabe näherer Bestimmungen verboten. Es gilt somit ein grundsätzliches Veränderungsverbot und ein Vorrang des Naturschutzes vor allen anderen Flächennutzungen und Nutzungsansprüchen.[447] Es gilt neben dem Instrument des Nationalparks bzw. Nationalen Naturmonument als das Instrument mit der ranghöchsten Schutzkategorie.[448]

Die Ausweisung eines Naturschutzgebietes dient daher meist dem Schutz besonders seltener und störungsempfindlicher Arten und Biotope.[449] Obwohl die Ausweisung von Naturschutzgebieten mit 8.676 Gebieten zahlenmäßig das häufigste genutzte Instrument des Naturschutzes darstellt, nehmen Naturschutzgebiete flächenmäßig nur in etwa 3,9 Prozent der Landesfläche ein.[450]

b) Festlegungen *de lege lata* in Bezug auf Fracking-Vorhaben

Neben dem in § 23 Abs. 2 BNatSchG niedergelegten Schutzregime hat der Gesetzgeber mit den Fracking-Neuregelungen in § 23 Abs. 3 BNatSchG festgelegt, dass in Naturschutzgebieten die Errichtung von Anlagen zur Durchführung von Fracking-Vorhaben verboten ist. Eine Zuwiderhandlung ist gleichzeitig durch die Aufnahme in die Bußgeld- und Strafvorschriften gemäß §§ 69 Abs. 2 Nr. 4a, 71 Abs. 1 Nr. 1 BNatSchG bußgeld- und strafbewehrt. Dieses Verbot soll den mit der Anwendung der Fracking-Technologie verbundenen Auswirkungen auf Natur und Landschaft Rechnung tragen und anders als die das Schutzregime allgemein kennzeichnende Vorschrift des § 23 Abs. 2 BNatSchG unmittelbar kraft Gesetzes in allen künftigen und bereits bestehenden Naturschutzgebieten gelten.[451]

c) Konsequenz für Fracking-Vorhaben

In Naturschutzgebieten darf Fracking-Vorhaben, unabhängig davon, ob es im unkonventionellen oder im konventionellen Bereich zum Einsatz kommen soll, und unab-

---

447 *Lau*, in: Frenz/Müggenborg, Bundesnaturschutzgesetz, § 23 Rn. 1; *A. Schumacher/ J. Schumacher/Fischer-Hüftle*, in: Schumacher/Fischer-Hüftle, Bundesnaturschutzgesetz, § 23 Rn. 1; vgl. *Heugel*, in: Lütkes/Ewer, Bundesnaturschutzgesetz, § 20 Rn. 3.

448 *Lau*, in: Frenz/Müggenborg, Bundesnaturschutzgesetz, § 23 Rn. 1; *Kerkmann*, in: Kerkmann, Naturschutzrecht in der Praxis, § 5 Rn. 40.

449 *A. Schumacher/J. Schumacher/Fischer-Hüftle*, in: Schumacher/Fischer-Hüftle, Bundesnaturschutzgesetz, § 23 Rn. 1; *Lau*, in: Frenz/Müggenborg, Bundesnaturschutzgesetz, § 23 Rn. 1.

450 Vgl. BfN(Hrsg.), Daten zur Natur 2016, S. 96 f.

451 BT-Drs. 18/4713, S. 30; *Heugel*, in: Lütkes/Ewer, Bundesnaturschutzgesetz, § 23 Rn. 13a.

hängig davon, ob es bereits durchgeführt wird oder es erst durchgeführt werden soll, künftig nicht mehr errichtet werden. Insbesondere die Tatsache, dass von diesem Schutzregime auch bereits genehmigte Vorhaben betroffen sind, birgt erheblichen Konflikt, nicht zuletzt in Bezug auf bestandsschutzrechtliche Aspekte.[452] Das Fracking-Verbot gilt allerdings nur für die Errichtung, nicht für das Betreiben. Das Betreiben einer (bereits errichteten) Anlage wird vom Wortlaut der Norm nicht erfasst. Hierfür gelten weiterhin die allgemeinen Anforderungen. Vor dem Gesichtspunkt, Naturschutzgebiete umfassend zu schützen, wäre es sicherlich wünschenswert gewesen, auch das Betreiben derartiger Anlagen vom Verbotstatbestand umfasst zu wissen.

2. Nationalpark und Nationale Naturmonumente

Nationalparke sind gemäß § 24 Abs. 1 BNatSchG rechtsverbindlich festgesetzte einheitlich zu schützende Gebiete, die großräumig, weitgehend unzerschnitten und von besonderer Eigenart sind, in einem überwiegenden Teil ihres Gebiets die Voraussetzungen eines Naturschutzgebiets erfüllen und sich in einem überwiegenden Teil ihres Gebiets in einem vom Menschen nicht oder wenig beeinflussten Zustand befinden oder geeignet sind, sich in einen Zustand zu entwickeln oder in einen Zustand entwickelt zu werden, der einen möglichst ungestörten Ablauf der Naturvorgänge in ihrer natürlichen Dynamik gewährleistet. Nationalparks stellen eine internationale Schutzkategorie mit gesamtstaatlicher Bedeutung dar.[453]
   Nationale Naturmonumente sind gemäß § 24 Abs. 4 S. 1 rechtsverbindlich festgesetzte Gebiete, die aus wissenschaftlichen, naturgeschichtlichen, kulturhistorischen oder landeskundlichen Gründen und wegen ihrer Seltenheit, Eigenart oder Schönheit von herausragender Bedeutung sind. Nationale Naturmonumente sind wie Naturschutzgebiete zu schützen. Nach § 24 Abs. 4 S. 2 BNatSchG sind sie wie Naturschutzgebiete zu schützen.

a) Ziel der Gebietsausweisung

Ziel der Ausweisung von Nationalparks ist es, in einem überwiegenden Teil ihres Gebiets den möglichst ungestörten Ablauf der Naturvorgänge in ihrer natürlichen Dynamik zu gewährleisten, § 24 Abs. 2 S. 1 BNatSchG. Herbei sind sie nach der Maßgabe des § 23 Abs. 3 S. 1 BNatSchG unter Berücksichtigung dieses besonderen Schutzzwecks sowie der durch die Großräumigkeit und Besiedlung gebotenen Ausnahmen wie Naturschutzgebiete zu schützen. Sie unterliegen daher grundsätzlich dem gleichen Schutzregime wie Naturschutzgebiete und somit auch dem absoluten Veränderungsverbot des § 23 Abs. 2 BNatSchG.[454]

---

452 Vgl. allgemein das Verhältnis von Ausgleichsansprüchen und Bestandsschutz *Esser*, in: Frenz/Müggenborg, Bundesnaturschutzgesetz, § 68 Rn. 16 ff.

453 BT-Drs. 18/4713, S. 30.

454 Vgl. *Appel,* in: Frenz/Müggenborg, Bundesnaturschutzgesetz, § 24 Rn. 38.

b) Auswirkungen auf Fracking-Vorhaben

Hiernach gilt bereits über den Verweis des § 24 Abs. 3 S. 1 BNatSchG auch der § 23 Abs. 3 BNatSchG in Nationalparks, der als besondere Ausprägung des § 23 Abs. 2 BNatSchG zu verstehen ist, wonach die Errichtung von Anlagen zur Durchführung von Fracking-Vorhaben verboten ist. Nichtsdestotrotz hat der Gesetzgeber mit Einführung des § 24 Abs. 3 S. 2 BNatSchG klargestellt, dass auch im gesamten Gebiet eines ausgewiesenen bzw. auszuweisenden Nationalparks sowie im Bereich Nationaler Naturmonumente das Verbot gilt, Anlagen zur Durchführung von Fracking-Maßnahmen zu errichten. Wie in Naturschutzgebieten[455] , gilt das Verbot auch hier nur für die Errichtung, nicht für das Betreiben.

3. *»Natura 2000«-Gebiet*

Natura 2000-Gebiete sind Gebiete von gemeinschaftlicher Bedeutung sowie die Europäischen Vogelschutzgebiete nach § 7 Abs. 1 Nr. 7 BNatSchG. Ihr Schutzregime ist weitgehend europarechtlich vorgegeben.[456]

a) Verschlechterungs- und Störungsverbot

Alle Veränderungen und Störungen, die zu einer erheblichen Beeinträchtigung eines Natura 2000-Gebiets in seinen für die Erhaltungsziele oder den Schutzzweck maßgeblichen Bestandteilen führen können, sind gemäß § 33 Abs. 1 S. 1 BNatSchG unzulässig.[457] Der Begriff der Veränderung stellt auf die physische Substanz der maßgeblichen Gebietsbestandteile ab, wohingegen der Begriff der Störung sonstige Beeinträchtigungen geschützter Arten, wie beispielsweise durch Immissionen umfasst.[458] Natura 2000-Gebiete werden nicht in ihrer Gesamtheit geschützt, sondern ausschließlich diejenigen Bestandteile bzw. Arten, derentwegen das Gebiet unter Schutz gestellt wurde.[459] Mit § 33 Abs. 1 S. 2 BNatSchG sieht der Naturschutz und der Landschaftsschutz unter den Voraussetzungen der § 34 Abs. 3 bis 5 BNatSchG die grundsätzliche Möglichkeit vor, Ausnahmen von den allgemeinen Schutzvorschriften zu erteilen.

---

455 Vgl. soeben für die Naturschutzgebiete S. 71 f.
456 BT-Drs. 18/4713, S. 30.
457 § 33 Abs. 2 S. 1 BNatSchG dient der Umsetzung von Art. 6 Abs. 2 FFH-Richtlinie (Richtlinie 92/43/EWG des Rates vom 21. Mai 1992 zur Erhaltung der natürlichen Lebensräume sowie der wildlebenden Tiere und Pflanzen, ABl. L 206 vom 22.7.1992, S. 7), wonach für sämtliche Natura 2000-Gebiete ein allgemeines Verschlechterungs- und Störungsverbot gilt, vgl. *Appel,* in: Frenz/Müggenborg, Bundesnaturschutzgesetz, § 33 Rn. 4.
458 *Gassner/Heugel,* Das neue Naturschutzrecht, Rn. 479; *Möckel,* in: Schlacke, Bundesnaturschutzgesetz, § 33 Rn. 6; *Appel,* in: Frenz/Müggenborg, Bundesnaturschutzgesetz, § 33 Rn. 8.
459 *Gellermann,* Natura 2000, S. 70 f.; *Appel,* in: Frenz/Müggenborg, Bundesnaturschutzgesetz, § 33 Rn. 6.

b)   Verbot von unkonventionellem Fracking

In dieses Regelungskonstrukt hinein hat der Gesetzgeber mit der Einführung des § 33 Abs. 1a S. 1 BNatSchG geregelt, dass die Errichtung von Anlagen zum Aufbrechen von Schiefer-, Ton- oder Mergelgestein sowie von Kohleflözgestein unter hydraulischem Druck zur Aufsuchung oder Gewinnung von Erdgas (§ 33 Abs. 1a S. 1 Nr. 1 BNatSchG) und zur untertägigen Ablagerung von Lagerstättenwasser, das bei Maßnahmen nach Nr. 1 anfällt (§ 33 Abs. 1a S. 1 Nr. 2 BNatSchG) verboten sind. Mit dieser Formulierung verbietet der Gesetzgeber Fracking-Vorhaben in unkonventionellen Lagerstätten sowie das Verpressen des im Rahmen der Fracking-Anwendung zurückgeförderten Lagerstättenwassers. Dieses Verbot ist strikt und unumgänglich ausgestaltet, da § 33 Abs. 1a S. 2 BNatSchG besagt, dass die grundsätzliche Möglichkeit der Ausnahmenerteilung nach § 34 BNatSchG für unkonventionelle Fracking-Vorhaben sowie für das Verpressen nicht gilt.

c)   Einzelfallprüfung von anderweitigen Fracking-Vorhaben

Fracking-Vorhaben, bei denen die erforderlichen Anlagen außerhalb eines Natura 2000-Gebietes errichtet und betrieben werden, oder die nicht der unkonventionellen Erdgasförderungen dienen, unterliegen dagegen unverändert den Anforderungen des § 34 BNatSchG.[460]

Diese Differenzierung von konventionellem und unkonventionellem Fracking schien dem Gesetzgeber angemessen, da die Risiken von unkonventionellen Fracking-Vorhaben für die Erhaltungsziele von Natura-2000 Gebieten derzeit nicht hinreichend bekannt sind und sie daher auch im Rahmen einer Einzelfallprüfung nicht vollständig ausgeschlossen werden können.[461] Im Gegensatz hierzu gibt es bereits vielfältige Erfahrungen bei der Erdgasförderung im konventionellen Bereich, auch in unmittelbarer Nähe von Natura 2000-Gebieten, so dass er eine repressive Verbotsregelung zum Schutz der Natura-2000 Gebiete über den § 34 BNatSchG hinaus für unverhältnismäßig erachtete. Er ging davon aus, dass der Schutz im Rahmen der Einzelfallprüfung nach § 34 BNatSchG ausreichend sichergestellt werden kann.[462]

Für unkonventionelle Fracking-Vorhaben gilt also, dass die Errichtung der hierfür benötigten Anlagen, im Bereich von Natura 2000-Gebieten verboten ist. Dies gilt auch für das Verpressen von Lagerstättenwasser aus unkonventionellen Fracking-Vorhaben. Das Verbot gilt hingegen nicht für unkonventionelle Fracking-Vorhaben, die außerhalb von Natura 2000-Gebieten errichtet werden sollen, auch wenn sie Einfluss auf das Gebiet haben können. In diesem Fall wird eine Einzelfallprüfung nach § 34 BNatSchG notwendig. Diese Konstellation wird insbesondere wichtig, soweit die benötigten Anlagen zwar außerhalb des Gebietes errichtet werden, die Horizontalbohrung aber unterirdisch in das geschützte Gebiete hineinragt.

Ebenso gilt das strikte Verbot nicht für Fracking-Vorhaben im konventionellen Bereich. Dem Wortlaut des § 33 Abs. 1a S. 1 Nr. 2 BNatSchG zur Folge, gilt das Verbot der Verpressung von Lagerstättenwasser in Natura 2000-Gebieten auch nicht für den

---

460   BT-Drs. 18/4713, S. 30.
461   BT-Drs. 18/4713, S. 30.
462   Vgl. BT-Drs. 18/4713, S. 30.

Rückfluss und das Lagerstättenwasser, die beim konventionellen Fracking anfallen, da die Nr. 2 sich unmittelbar auf § 33 Abs. 1a S. 1 Nr. 1 BNatSchG bezieht, der nur unkonventionelle Fördervorhaben im Blick hat. Dem Wortlaut nach unterliegen diese Rückflüsse und Lagerstättenwasser der Einzelfallprüfung nach § 34 BNatSchG und können bei positiver Bescheidung verpresst werden. Ob diese Differenzierung von konventionellem und unkonventionellem Rückfluss und Lagerstättenwasser aus teleologischen Gesichtspunkten gewollt war, ist fraglich, zumal die Zusammensetzung der Lagerstättenwässer nicht so sehr anhand den Kriterien unkonventionell und konventionell auszumachen ist, sondern es bei ihnen insbesondere auf die jeweilige geologische und hydrogeologische Beschaffenheit des konkreten Untergrundes ankommt und somit auf den Einzelfall abzustellen ist.

Soweit allerdings Natura 2000-Gebiete als Naturschutzgebiete ausgewiesen werden, gilt für sie wiederum das strengere Fracking-Verbot des § 23 Abs. 3 BNatschG.[463]

4. Zwischenergebnis

Auch das Fachplanungsrecht kann konkreten Einfluss auf die Realisierung von Fracking-Vorhaben haben. Die Fachplanung vollzieht sich in erster Linie dadurch, dass besondere Gebiete wegen ihrer Beschaffenheit oder des Vorkommens verschiedener Arten unter Schutz gestellt werden. Sind solche Schutzgebiete ausgewiesen, sind in diesen Gebieten bestimmte Nutzungen und Vorhaben vollkommen ausgeschlossen oder nur unter strengen Voraussetzungen als Ausnahme zulässig. Daher können fachplanerische Schutzgebiete einer Erdgasförderung mittels der Fracking-Technologie entgegenstehen.

Insbesondere wasserrechtliche und naturschutzrechtliche Fachplanungsinstrumente sind in Bezug auf Fracking-Vorhaben beachtlich.

Wasserrechtlich kann die Ausweisung von Wasserschutzgebieten Fracking-Vorhaben entgegenstehen. Diese dienen dazu, quantitativ und qualitativ den Trink- und Brauchwasserbedarf der Allgemeinheit zu decken und sind somit Bestandteil der Daseinsvorsorge.

Die Landesgesetzgeber sind zur Ausweisung ermächtigt, soweit es das Wohl der Allgemeinheit erfordert, Gewässer im Interesse der derzeit bestehenden oder künftigen öffentlichen Wasserversorgung vor nachteiligen Einwirkungen zu schützen, das Grundwasser anzureichern oder das schädliche Abfließen von Niederschlagswasser sowie das Abschwemmen und den Eintrag von Bodenbestandteilen, Dünge- oder Pflanzenschutzmitteln in Gewässer zu vermeiden.

Mit Einführung der Fracking-Neuregelungen hat der Bundesgesetzgeber festgesetzt, dass sämtliche (konventionelle und unkonventionelle) Fracking-Vorhaben gemäß § 13a Abs. 1 S. 1 Nr. 2 lit. a) WHG in Wasserschutzgebieten verboten sind. Darüber hinaus kann der Landesgesetzgeber weitere besondere formelle und materielle wasserrechtliche Anforderungen in Wasserschutzgebieten oder deren Umgebung festsetzen und besondere Schutzvorschriften regeln.

---

463 Zu dessen Voraussetzungen siehe S. 71 ff.

Naturschutzrechtlich nimmt die Ausweisung von Naturschutzgebieten, National-parks bzw. Nationalen Naturmonumenten und Natura 2000-Gebieten Einfluss auf Fra-cking-Vorhaben.

In Naturschutzgebieten sind alle Handlungen, die zu einer Zerstörung, Beschädi-gung oder Veränderung des Naturschutzgebiets oder seiner Bestandteile oder zu einer nachhaltigen Störung führen können, verboten. Es gilt somit grundsätzlich ein »abso-lutes« Veränderungsverbot. In diesem Zusammenhang hat der Bundesgesetzgeber mit den Fracking-Neuregelungen festgelegt, dass die Errichtung von Anlagen zur Durch-führung von Fracking-Vorhaben verboten ist und dies bußgeld- und strafbewehrt ge-stellt. Dieses Verbot gilt dem Wortlaut nach für die Errichtung sämtlicher (konventio-neller und unkonventioneller) Fracking-Vorhaben. Es gilt nicht für das Betreiben derartiger Anlagen. Das Betreiben muss sich an der allgemeinen Veränderungssperre des § 23 Abs. 2 S. 1 BNatSchG messen lassen.

Obwohl Naturschutzgebietsausweisungen zahlenmäßig das meist genutzte Instru-ment des Naturschutzes ist, nehmen Naturschutzgebiete flächenmäßig nur einen sehr geringen Teil der Landesfläche ein.

Über den Verweis des § 24 Abs. 3 S. 1 BNatSchG gilt das gefundene Ergebnis auch für Nationalparks und Nationale Naturmonumente. Darüber hinaus hat der Bundesge-setzgeber in § 24 Abs. 3 S. 2 BNatSchG ein mit dem naturschutzrechtlichen Verbot der Errichtung von sämtlichen Fracking-Vorhaben gleichlautendes Verbot erlassen.

In Natura 2000-Gebieten gilt seit der Einführung der Fracking-Regelungen ein von den Ausnahmetatbeständen des § 34 BNatSchG ausgenommenes Verbot der Errich-tung von unkonventionellen Fracking-Vorhaben sowie zur Verpressung von Lagerstät-tenwasser aus solchen Vorhaben.

Darüber hinaus sind in solchen Gebieten alle Veränderungen und Störungen, die zu einer erheblichen Beeinträchtigung des Gebiets in seinen für die Erhaltungsziele oder den Schutzzweck maßgeblichen Bestandteilen führen können, gemäß § 33 Abs. 1 S. 1 BNatSchG verboten. An diesem allgemeinen Veränderungs- und Störungsverbot ha-ben sich im Rahmen einer Einzelfallprüfung sowohl konventionelle Vorhaben also auch unkonventionelle Vorhaben, deren oberirdische Betriebsteile außerhalb des Ge-bietes liegen, deren Horizontalbohrung aber unterirdisch in das Gebiet hineinragen, zu messen. Bei ihnen besteht die Möglichkeit Ausnahmen von den allgemeinen Schutz-vorschriften zu erteilen. Hierfür gelten die Voraussetzungen der § 34 Abs. 3 bis 5 BNatSchG.

Auffällig ist, dass das Verbot des Verpressens von Lagerstättenwasser nur für La-gerstättenwasser aus unkonventionellen Fracking-Vorhaben gilt, nicht aber für Lager-stättenwasser aus konventionellen Fracking-Vorhaben. »Konventionelles« Lagerstät-tenwasser unterliegt demnach nur der herkömmlichen Einzelfallprüfung und der Ausnahmemöglichkeit des § 34 BNatSchG. Ob diese Differenzierung aus teleologi-schen Gesichtspunkten gewollt war, ist fraglich, zumal die Zusammensetzung der La-gerstättenwässer nicht so sehr anhand den Kriterien unkonventionell und konventionell auszumachen ist, sondern es bei ihnen insbesondere auf die jeweilige geologische und hydrogeologische Beschaffenheit des konkreten Untergrundes ankommt.

Teil 3 Fachgesetzlicher Zulassungsrahmen

Seit Beginn der öffentlichen Kontroversen in Bezug auf den Einsatz der Fracking-Technologie wurde auch über den fachrechtlichen Zulassungsrahmen von konkreten Fracking-Vorhaben diskutiert.[464] Diese Auseinandersetzung betraf im Wesentlichen das Zusammenspiel zwischen bergrechtlichen und wasserschutzrechtlichen Genehmigungen und deren Gestaltung.[465] Da die wesentlichen Änderungen des Fracking-Regelungspakets diese Rechtsgebiete betreffen, fragt es sich, ob das Gesetzespaket die diesbezüglich erhoffte Klarheit schaffen konnte. Hierzu muss zunächst festgestellt werden, in welchem Umfang Fracking-Vorhaben erlaubnisbedürftig sind.

1. Kapitel Bergrechtliche Genehmigungen

I. Anwendungsbereich des Bundesberggesetzes

Dem Bundesberggesetz unterfallen gemäß § 2 Abs. 1 Nr. 1 BBergG das Aufsuchen, Gewinnen und Aufbereiten von bergfreien und grundeigenen Bodenschätzen einschließlich des Verladens, Beförderns, Abladens, Lagerns und Ablagerns von Bodenschätzen, Nebengestein und sonstigen Massen, soweit es im unmittelbaren betrieblichen Zusammenhang mit dem Aufsuchen, Gewinnen oder Aufbereiten steht. Demnach ist für den Geltungsbereich des Bundesberggesetzes die Frage nach dem abzubauenden Produkt wie auch die Tätigkeit selbst entscheidend.

1. Der Bodenschatz

Der Geltungsbereich des Bundesberggesetzes ist nur eröffnet, wenn es sich bei dem in Rede stehenden Gegenstand um einen sogenannten Bodenschatz handelt.[466] Gemäß § 3 Abs. 1 BBergG sind Bodenschätze mit Ausnahme von Wasser alle mineralischen Rohstoffe in festem oder flüssigem Zustand sowie Gase, die in natürlichen Ablagerungen oder Ansammlungen (Lagerstätten) in oder auf der Erde, auf dem Meeresgrund, im Meeresuntergrund oder im Meerwasser vorkommen. Umfasst sind demnach alle mineralischen Rohstoffe, unabhängig von ihrem Aggregatzustand und ihrer Werthaltigkeit,

---

464 Vgl. *Gaßner/Buchholz*, ZUR 2013, 143, 146; *von Richthofen*, S. 65.
465 Vgl. *Gaßner/Buchholz*, ZUR 2013, 143, 146; *von Richthofen*, S. 65.
466 Siehe im Einzelnen von *Weschpfennig*, DöV 2017, 23, 25 f.

sowie Gase.[467] Weiterhin müssen sie sich natürlich abgelagert oder angesammelt haben.[468] Im Weiteren werden zwischen grundeigenen[469] (§ 3 Abs. 2 BBergG) und bergfreien[470] Bodenschätzen (§ 3 Abs. 3 BBergG) unterschieden.[471] Die Auflistung der bergfreien Bodenschätze in § 3 Abs. 3 BBergG ist abschließend.[472]

Das mittels der Fracking-Technologie zu fördern beabsichtigte Erdgas unterfällt als chemische Kohlenwasserstoffverbindung der 2. Gruppe den bergfreien Bodenschätze (§ 3 Abs. 3 2. Gruppe)[473], und zwar unabhängig davon, ob es sich in konventionellen Lagerstätten[474] oder unkonventionellen Lagerstätten[475] befindet. Damit ist das Erdgas eigenständiger Regelungsgegenstand des Bundesberggesetzes.[476]

---

467 *von Hammerstein*, in: Boldt/Weller/Kühne/von Mäßenhausen, Bundesberggesetz, § 3 Rn. 4.

468 Künstlich von Menschenhand geschaffenen Ablagerungen oder Ansammlungen fallen demnach nicht hierunter, *von Hammerstein*, in: Boldt/Weller/Kühne/von Mäßenhausen, Bundesberggesetz, § 3 Rn. 6.

469 Grundeigene Bodenschätze stehen im Eigentum des Grundeigentümers, § 3 Abs. 2 S. 1 BBergG. § 3 Abs. 4 Nr. 1 BBergG zählt die grundeigenen Bodenschätze auf. Die Aufzählung ist allerdings nicht abschließend, da auch nicht enumerierte grundeigene Bodenschätze unter den Anwendungsbereich des Bundesberggesetz fallen, soweit sie untertägig aufgesucht oder gewonnen werden, vgl. *Piens/Schulte/Graf Vitzthum*, Bundesberggesetz, § 3 Rn. 53, 68 f. Mangels Relevanz für den Untersuchungsgegenstand wird auf eine weitere Darstellung verzichtet.

470 Gemäß § 3 Abs. 2 S. 2 BBergG erstreckt sich das Eigentum an einem Grundstück nicht auf die sogenannten bergfreien Bodenschätze. Aufgrund der volkswirtschaftlichen Bedeutung, der Standortgebundenheit und ihrer fehlenden Reproduzierbarkeit sollen die aufgelisteten Bodenschätze unabhängig vom Willen des jeweiligen Grundeigentümers, ohne Rücksicht auf Eigentumsgrenzen und unter Beachtung öffentlicher Interessen aufgesucht und gewonnen werden, vgl. *Hoffmann*, BB 1994, 1584, 1585.

471 Darüber hinaus gibt es noch nichtbergrechtliche Grundeigentümerbodenschätze, deren Abbau häufig als Abgrabung bezeichnet wird, und auf die das Bundesberggesetz keine Anwendung findet. Mangels ihrer Relevanz für den Untersuchungsgegenstand wird auf ihre weitere Darstellung verzichtet. Zu den vielfältigen Rechtsfragen zur Abgrenzung von Grundeigentümerbodenschätzen siehe *Schulte*, Bodenschätzegewinnung, S. 386 ff.

472 *von Hammerstein*, in: Boldt/Weller/Kühne/von Mäßenhausen, Bundesberggesetz, § 3 Rn. 12.

473 *Piens/Schulte/Graf Vitzthum*, Bundesberggesetz, § 3 Rn. 37.

474 In konventionellen Lagerstätten ist es gespeichert, es hat sich demnach dort gesammelt, vgl. S. 13 f.

475 In unkonventionellen Lagerstätten ist das Erdgas entstanden, es ist demnach hierin abgelagert, vgl. S. 14 f.

476 Eine Differenzierung muss allerdings vorgenommen werden, soweit es sich um die Aufsuchung oder Gewinnung von Kohleflözgas in Form des CBM (vgl. S. 15) handelt. Dieses sogenannte Grubengas kann nämlich nicht selbstständig gewonnen werden, sondern fällt als Nebenprodukt beim aktiven Kohleabbau an. Es kann demnach nicht losgelöst von der Kohle gewonnen werden. Zur Konfliktvermeidung sind diese Gase nicht Gegenstand eigener Berechtigungen, sondern unterfallen als Nebenprodukt den bergfreien Bodenschätzen der 3. Gruppe, vgl. *von Hammerstein*, in: Boldt/Weller/Kühne/von Mäßenhausen, Bundesberggesetz, § 3 Rn. 25, 26; BT-Drs. 8/1315, S. 79. Sie werden bei der weiteren Untersuchung außer Acht Betracht gelassen.

2. Weitere Begriffsbestimmungen

Neben den Regelungen des § 3 BBergG enthält auch § 4 BBergG für das Gesetz wichtige Legaldefinitionen, die für die Anwendung des Bundesberggesetzes wesentlich sind. Wichtig sind im Zusammenhang mit dem vorliegend diskutierten Genehmigungsverfahren die in § 4 Abs. 1, 2 und 3 BBergG beschriebenen Tätigkeiten des Aufsuchens und Gewinnens des Erdgases.[477]

a) Aufsuchung von Erdgas

Das Aufsuchen ist die mittelbar oder unmittelbar auf die Entdeckung oder Feststellung der Ausdehnung von Bodenschätzen gerichtete Tätigkeit, § 4 Abs. 1 BBergG.

aa) Aufsuchungstätigkeiten

Damit unterfallen unter den Begriff sowohl Erkundungsbohrungen und Aufschlüsse sowie geophysikalische, geothermische oder sonstige Untersuchungen, die Methoden benutzen, die es ermöglichen, Rückschlüsse auf das Vorhandensein von Bodenschätzen zu ziehen als auch deren Ausdehnung zu bestimmen.[478] Auf die subjektive Zwecksetzung der Tätigkeit, gleich ob sie wissenschaftlicher, wirtschaftlicher oder sonstiger Art ist, kommt es nicht an.[479] Allein entscheidend ist, dass die Tätigkeit zielgerichtet auf die Entdeckung oder Feststellung von Bodenschätzen angelegt ist. Der zufällige Fund eines Bodenschatzes unterfällt dem Tätigkeitsbegriff demnach nicht.[480]

bb) Die Fracking-Phase als Aufsuchungstätigkeit

Unter den Aufsuchungsbegriff fallen also alle Tätigkeiten, die dazu dienen, herauszufinden, ob ein Erdgasvorkommen vorhanden ist. Die gezielte Untersuchung des Untergrundes auf potentielle Erdgasvorkommen inklusive der hierzu benötigten Probe- bzw. Erkundungsbohrungen fallen demnach unter die Tätigkeit des Aufsuchens. Der eigentliche Fracking-Vorgang, also das Aufbrechen des Gesteins unter hydraulischem Druck ist hingegen regelmäßig eine der Erkundungsphase nachgelagerte Tätigkeit, die daher vom Aufsuchungsbegriff nicht umfasst ist.[481]

---

477 Als weitere Tätigkeit sieht das Bundesberggesetz das Aufbereiten von Bodenschätzen vor. Bei Fracking-Tätigkeit geht es um das Aufsuchen und Gewinnen, so dass auf eine weitere Darstellung des Aufbereitens verzichtet wird.

478 *Keienburg*, in: Boldt/Weller/Kühne/von Mäßenhausen, Bundesberggesetz, § 4 Rn. 2.

479 BT-Drs. 8/1315, S. 80; *Piens/Schulte/Graf Vitzthum*, Bundesberggesetz, § 4 Rn. 12.

480 *Keienburg*, in: Boldt/Weller/Kühne/von Mäßenhausen, Bundesberggesetz, § 4 Rn. 2.

481 Vgl. auch *von Richthofen*, S. 69; siehe auch *Schweighart*, Der risikorechtliche Umgang mit Fracking, S. 59.

(1) Die Fracking-Phase des konventionellen Frackings

Dieser Befund gilt uneingeschränkt für konventionelle Lagerstätten, da aus ihnen das Erdgas auch ohne Zuhilfenahme der Fracking-Technologie strömt.[482] Zur Aufsuchung solcher Lagerstätten ist die Fracking-Technologie nicht notwendig.

(2) Die Fracking-Phase des unkonventionellen Frackings

Etwas anderes gilt allerdings für den Fall, dass die Fracking-Technologie unabdingbar ist, um herauszufinden, ob eine Lagerstätte Erdgas enthält. Da unkonventionelle Lagerstätten nur durch die Fracking-Technologie erschlossen werden können[483] ist die tatsächliche Fracking-Maßnahme im unkonventionellen Bereich essentiell, um herauszufinden, ob ein Erdgasvorhaben vorhanden ist. Im unkonventionellen Bereich ist die Fracking-Phase somit bereits Teil des Aufsuchungsprozesses.[484]

b) Gewinnung von Erdgas

Das Gewinnen eines Bodenschatzes bezeichnet sein Lösen oder Freisetzen einschließlich der damit zusammenhängenden vorbereitenden, begleitenden und nachfolgenden Tätigkeiten, § 4 Abs. 2 1. Hs. BBergG.

aa) Gewinnungstätigkeiten

Der Begriff der Gewinnung folgt rein tätigkeitsbezogenen objektiven Kriterien.[485] Er setzt keine subjektiven Merkmale voraus, wie etwa die Aneignung oder die wirtschaftliche Nutzung des Bodenschatzes.[486]

Die Gewinnungstätigkeit umfasst nicht nur den eigentlichen Abbau des Bodenschatzes, sondern alle Tätigkeiten, die sich nicht (mehr) als Aufsuchung und (noch) nicht als Aufbereitung darstellen.[487] Damit gehören vorbereitende, begleitende und nachgelagerte Maßnahmen ebenfalls zu der Gewinnung.[488]

bb) Die Fracking-Phase als Gewinnungstätigkeit

Damit steht im Vordergrund der Gewinnungstätigkeit die vom Untersuchungsgegenstand nicht umfasste Produktions-Phase.[489] Als vorbereitende Tätigkeit fällt hierunter

---

482 Vgl. S. 21 f.
483 Vgl. S. 21 f.
484 Anders wohl *von Richthofen*, S. 69.
485 Die Gewinnung trifft damit keine sachenrechtliche Aneignungsregelung, vgl. BT-Drs. 8/1315. Ein sachenrechtliches Aneignungsrecht entsteht erst dann, wenn zusätzlich zur tatsächlichen Gewinnung auch eine Gewinnungsberechtigung gemäß § 4 Abs. 6 BBergG vorliegt, *Keienburg*, in: Boldt/Weller/Kühne/von Mäßenhausen, Bundesberggesetz, § 4 Rn. 7.
486 BT-Drs. 8/1315, S. 80; BVerwG, ZfB 1995, 278, 281.
487 BT-Drs. 8/1315, S. 80.
488 Mit Beispielnennung BT-Drs. 8/1315, S. 80; *Keienburg*, in: Boldt/Weller/Kühne/von Mäßenhausen, Bundesberggesetz, § 4 Rn. 6.
489 Vgl. S. 30.

auch die fachrechtlich nicht vom Untersuchungsgegenstand umfasste Tiefbohrung als Niederbringung der Fördervorrichtung.[490] Ebenso bereitet allerdings die Fracking-Phase mit dem Injizieren der Fracking-Flüssigkeit zur künstlichen Rissbildung und der Schaffung neuer Wegsamkeiten die Produktionsphase vor und zwar unabhängig davon, ob sie im konventionellen oder unkonventionellen Bereich eingesetzt wird. Demnach ist die Fracking-Phase Teil der Gewinnungstätigkeit.

3. Unmittelbar betrieblicher Zusammenhang

Der auf die Aufsuchung bzw. Gewinnung des Bodenschatzes nachgelagerten Tätigkeiten, insbesondere das Verladen, Befördern, Abladen, Lagern und Ablagern der gewonnenen Bodenschätze, des Nebengesteins und sonstiger Massen, wird gemäß § 2 Abs. 1 Nr. 1 BBergG ebenfalls von der Aufsuchungs- und Gewinnungstätigkeit umfasst und somit vom Geltungsbereich des Bundesberggesetz miterfasst.

aa) Funktionaler Zusammenhang mit der Haupttätigkeit

Unmittelbarer betrieblicher Zusammenhang bedeutet, dass die Tätigkeiten der Haupttätigkeit dienen müssen und funktional auf den Nutzungszweck der Haupttätigkeit ausgerichtet sein.[491] Dies wird durch den Wortlaut des § 1 Abs. 1 Nr. 3 BBergG ausdrücklich bestätigt. Dieser ordnet an, dass Einrichtungen dem Aufsuchen, Gewinnen und Aufbereiten von Bodenschätzen zu dienen bestimmt sein müssen. Die Zwecksetzung der Nebentätigkeit muss auf die Unterstützung einer bergrechtlichen Haupttätigkeit (Aufsuchung, Gewinnung oder Aufbereitung) gerichtet sein und darf nicht im Schwerpunkt einer anderen Zwecksetzung dienen.[492] Ein räumlicher Zusammenhang ist hingegen nicht erforderlich.[493]

bb) Rückfluss und Lagerstättenwasser als sonstige Massen

Die Nebentätigkeiten erstrecken sich auf sonstige Massen.[494] Für den Begriff der sonstigen Masse findet sich keine Legaldefinition im Bundesberggesetz. Ebenso wenig finden sich hierzu Ausführungen in der Gesetzbegründung.[495] Aus der Zielsetzung des

---

490 Vgl. *Keienburg*, in: Boldt/Weller/Kühne/von Mäßenhausen, Bundesberggesetz, § 4 Rn. 6; i.Ü. vgl. S. 22.

491 *Keienburg*, in: Boldt/Weller/Kühne/von Mäßenhausen, Bundesberggesetz, § 2 Rn. 6.

492 *Keienburg*, in: Boldt/Weller/Kühne/von Mäßenhausen, Bundesberggesetz, § 2 Rn. 6.

493 BT-Drs. 8/1315, S. 75; OVG Saarland, ZfB 2007, 136, 137; VG Saarland, ZfB 2007, 204, 212; VG Saarland, ZfB 2007, 177, 185; *Piens/Schulte/Graf Vitzthum*, Bundesberggesetz, § 2 Rn. 32. Als Nebentätigkeiten unterfallen dem Gesetz daher auch beispielsweise Aufhaldungsmaßnahmen, auch wenn sie nicht auf dem eigentlichen Betriebsgelände durchgeführt werden, sondern von ihm durch fremde Grundstücke oder öffentliche Straßen getrennt sind. Dies soll auch dann gelten, wenn größere Entfernungen zwischen dem Betriebsgelände und den Halden bestehen, vgl. BT-Drs. 8/1315, S. 75.

494 *Keienburg*, in: Boldt/Weller/Kühne/von Mäßenhausen, Bundesberggesetz, § 2 Rn. 5.

495 Vgl. BT-Drs. 8/1315, S. 75.

Bundesberggesetzes, bergbauliche Tätigkeiten als Gefahrenquelle umfassend seinem Rechtsregime zu unterwerfen, und dabei nicht nur die unmittelbar mit der Aufsuchung und Gewinnung verbundenen Tätigkeiten zu erfassen, sondern sämtliche Tätigkeiten, die in einem unmittelbaren betrieblichen Zusammenhang zum Bergbau stehen[496], ist der Begriff allerdings weit zu verstehen. Unter den Begriff der sonstigen Massen fallen daher auch die bei der bergbaulichen Tätigkeit anfallenden Abfälle sowie Gruben-, Haldenwasser und Abwasser.[497]

cc) Umgang mit Rückfluss und Lagerstättenwasser in der Rückförderungs- und Entsorgungsphase als im unmittelbaren Zusammenhang stehende Tätigkeiten

Damit unterfallen der bei Fracking-Vorhaben zurückgeförderte Rückfluss und das zutage geförderte Lagerstättenwasser[498] als sonstige Massen gegenständlich dem Anwendungsbereich des unmittelbar betrieblichen Zusammenhangs, da sie unabhängig von ihrer exakten Einordnung zumindest als Abwasser oder als Abfall zu qualifizieren sind.[499] Ihr Anfall ist zwingende Folge der Erdgasaufsuchung mittels der Fracking-Technologie. Die Rückförderung sowie die hierfür notwendigen Einrichtungen für das Auffangen, Sammeln, Aufbereiten und ihre Entsorgung stehen somit funktional im Zusammenhang mit der Aufsuchungs- bzw. Gewinnungstätigkeit.

dd) Zwischenergebnis

Erdgas ist ein bergfreier Bodenschatz gemäß § 3 Abs. 3 2. Gruppe BBergG und zwar unabhängig davon, ob er in konventionellen oder unkonventionellen Lagerstätten vorkommt.

Unter den Aufsuchungsbegriff fallen alle Tätigkeiten, die dazu dienen, herauszufinden, ob ein Erdgasvorkommen vorhanden ist. Im Rahmen des konventionellen Frackings stellt die tatsächliche Fracking-Phase keine dem Anwendungsbereich des Bundesberggesetzes eigenständig unterstellte Tätigkeit dar. Das konventionelle Fracking kommt in der Regel nämlich erst nach Erkundung des Erdgasvorkommens zum Einsatz. Im Rahmen der unkonventionellen Förderung ist die Fracking-Methode hingegen bereits Teil der Aufsuchung, da durch sie erst die Lagerstätte zugänglich gemacht wird.

Die Gewinnungstätigkeit umfasst das Lösen und Freisetzen von Bodenschätzen sowie die damit zusammenhängenden vorbereitenden, begleitenden und nachfolgenden Tätigkeiten (§ 4 Abs. 2 1. Hs. BBergG). Als vorbereitende Maßnahme zur Erdgasförderung unterfällt die Fracking-Phase unabhängig vom Lagerstättentypus dem Gewinnungsbegriff.

Die der tatsächlichen Aufsuchung bzw. Gewinnung nachgelagerte Tätigkeiten unterfallen ebenfalls dem Bundesberggesetz, soweit sie im unmittelbaren betrieblichen Zusammenhang mit der Haupttätigkeit stehen. Dies umfasst insbesondere auch das Ver-

---

496 Vgl. BT-Drs. 8/1315, S. 1, 67, 74.
497 *Keienburg*, in: Boldt/Weller/Kühne/von Mäßenhausen, Bundesberggesetz, § 2 Rn. 5.
498 Vgl. S. 29 f.
499 Siehe zu ihrer genauen Einordnung siehe S. 146 und S. 148.

laden, Befördern, Abladen, Lagern und Ablagern der gewonnenen Bodenschätze, des Nebengesteins und sonstiger Massen. Rückfluss und Lagerstättenwasser, die entweder als Abfall oder als Abwasser entsorgt werden müssen, unterfallen dem weit zu verstehenden Begriff der sonstigen Massen. Die nachgelagerte Tätigkeit muss funktional mit der Haupttätigkeit in Zusammenhang stehen. Da Auffangen, Sammeln, Aufbereiten und ihre Entsorgung von Rückfluss und Lagerstättenwasser zwingende Folge der Aufsuchungs- bzw. Gewinnungstätigkeit sind, besteht auch der geforderte funktionale Zusammenhang.

II. Das Konzessionsverfahren – die bergbaulichen Berechtigungen

Bevor ein bergrechtliches Vorhaben realisiert werden kann, muss es ein zweistufiges Genehmigungssystem durchlaufen.[500] Vor dem eigentlich Herzstück des Genehmigungsverfahrens, nämlich dem Betriebsplanzulassungsverfahren[501], steht das Konzessionsverfahren, das das Aufsuchen und Gewinnen von bergfreien Bodenschätzen kategorisch für erlaubnis- bzw. bewilligungspflichtig erklärt.[502] Es stellt damit ein präventives Verbot mit Erlaubnisvorbehalt zur vorbeugenden Kontrolle einer an sich erlaubten Tätigkeit dar.[503]

Ein Recht zur Aufsuchung und Gewinnung bergfreier Bodenschatze hat nur der Inhaber einer Bergbauberechtigung. Wer bergfreie Bodenschätze aufsuchen will, bedarf der Erlaubnis, wer bergfreie Bodenschätze gewinnen will, der Bewilligung oder des Bergwerkseigentums, § 6 Abs. 1 S. 1 BBergG.

---

500 Vorteil des zweistufigen Aufbaues ist, dass das ohnehin sehr umfangreiche Prüfverfahren für die Betriebsplanzulassung verschlankt wird, indem wichtige wirtschaftspolitische Fragestellungen bereits auf der Ebene des Konzessionsverfahrens entschieden worden sind, vgl. OVG Nordrhein-Westfalen, NdsVBl. 2004, 180, 183. Zusätzlich wird die behördliche Abwägungsentscheidung zwischen der Rohstoffförderung und der Rohstofforderung mit anderen kollidierenden öffentlichen Interessen bereits zu einer Zeit entschieden, zu der das Unternehmen noch keine großen Investitionen getätigt hat.

501 Hierzu ab S. 95 ff.

502 Die Erlaubnis- bzw. Bewilligungspflicht ist die logische Konsequenz der Herausnahme der bergfreien Bodenschätze aus dem Eigentumsrecht des jeweiligen Grundeigentümers. Sachenrechtlich gesehen wären die bodenfreien Bodenschätze nämlich herrenlose Sachen, so dass der Finder ein freies Aneignungsrecht an diesen hätte. Zur Wahrung und Sicherstellung der öffentlichen Interessen sollte durch das Konzessionssystem ein freies Aneignungsrecht herrenloser Bodenschätze ausgeschlossen werden. Zusätzlich ermöglicht es, den Konzessionsinhaber fortdauernd zu überwachen, und schafft die Möglichkeit, die jeweilige Berechtigung an die sich wandelnden rechtlichen und tatsächlichen Verhältnisse anzupassen, vgl. *Piens/Schulte/Graf Vitzthum*, Bundesberggesetz, § 6 Rn. 1, 3, 4.

503 *Piens/Schulte/Graf Vitzthum*, Bundesberggesetz, § 6 Rn. 2; kritisch *Schulte*, ZfB 1978, 414, 420; *Rittner*, DB Beilage 7/1972.

1. Die bergrechtliche Erlaubnis zur Aufsuchung von Erdgasvorkommen

Die Aufsuchungserlaubnis konstituiert das Recht zur Aufsuchung von bergfreien Bodenschätzen.[504] Sie gewährt dem Erlaubnisinhaber zunächst das ausschließliche Recht[505] in einem bestimmten Feld (Erlaubnisfeld) die in der Erlaubnis bezeichneten Bodenschätze aufzusuchen. Mit diesem Aufsuchungsrecht geht auch einher, die Bodenschätze, die der Erlaubnisinhaber bei der planmäßigen Aufsuchung notwendigerweise lösen oder freisetzen muss, zu gewinnen und das Eigentum daran zu erwerben, § 7 Abs. 1 Nr. 2. Notwendigerweise gelöst oder freigesetzt werden müssen Bodenschätze immer dann, wenn dies aus bergtechnischen, sicherheitstechnischen oder aus anderen Gründen erforderlich ist.[506] Tritt bei der Aufsuchung von Erdgas beim erfolgreichen Abschluss einer Erkundungsbohrung Erdgas aus, so darf dieses also gewonnen werden. Weiterhin gewährt die Aufsuchungserlaubnis das Recht, die zur planmäßigen und erfolgreichen Aufsuchung erforderlichen Betriebsanlagen und -einrichtungen zu errichten und zu betreiben. Hiervon umfasst sind demnach die Betriebsanlagen, die für die Aufsuchungstätigkeiten erforderlich sind.

a) Sachliche Reichweite der Aufsuchungserlaubnis

Die Erlaubnis erstreckt sich zumeist auf den Bodenschatz wie er in § 3 Abs. 3 BBergG bezeichnet ist. Demnach wird für die Erdgasförderung in der Regel eine Erlaubnis für die Aufsuchung von »Kohlenwasserstoffen nebst den bei ihrer Gewinnung anfallenden Gasen« erteilt. Die Erlaubnis kann sich allerdings auch auf die Aufsuchung von Erdgas beschränken.[507]

Die Erlaubnis ist also gegenstandsbezogen. Es macht demnach keinen Unterschied, ob sich das Erdgas in einer konventionellen oder in einer unkonventionellen Lagerstätte befindet. Eine bereits für die konventionelle Gasförderung erteilte Erlaubnis kann sich auch auf die unkonventionelle Gasförderung erstrecken[508], soweit die geolo-

---

504 Sprachlich und rechtlich zu unterscheiden ist das Recht aus der Erlaubnis und das Recht auf eine Erlaubnis, *Piens/Schulte/Graf Vitzthum*, Bundesberggesetz, § 7 Rn. 1. Zur Erlaubnisfähigkeit einer Aufsuchungserlaubnis, siehe ab S. 159 ff. Umstritten ist, ob die Erlaubnis ein öffentlich-rechtliches oder privatrechtliches Recht darstellt, *Piens/Schulte/Graf Vitzthum*, Bundesberggesetz, § 7 Rn. 3. Mangels Relevanz für den Untersuchungsgegenstand wird auf die Darstellung des Streits verzichtet. vgl. hierfür aber *Hoppe,* DVBl. 1982, 101, 104; *Karpen,* AöR 106 (1981), 15, 23 ff.; *Schulte,* ZfB 1978, 414, 418; *Piens/Schulte/ Graf Vitzthum,* Bundesberggesetz, § 7 Rn. 18.

505 Die Rechte aus der Erlaubnis sind insoweit ausschließliche Rechte, dass weitere Aufsuchungsberechtigungen an Dritte nicht erteilt werden dürfen. Hierauf hat der Erlaubnisinhaber einen subjektiv öffentlich-rechtlichen Anspruch. Der Erlaubnisinhaber kann somit jeden privaten Dritten von seiner Rechtsposition ausschließen. Nur er hat die Befugnis zur Ausübung der in der Erlaubnis enthaltenen Rechte, vgl. *Piens/Schulte/Graf Vitzthum,* Bundesberggesetz, § 7 Rn. 5.

506 *Piens/Schulte/Graf Vitzthum*, Bundesberggesetz, § 7 Rn. 12.

507 Vgl. UBA (Hrsg.), Umweltauswirkungen von Fracking bei der Aufsuchung und Gewinnung von Erdgas aus unkonventionellen Lagerstätten, B3.

508 UBA (Hrsg.), Umweltauswirkungen von Fracking bei der Aufsuchung und Gewinnung von Erdgas aus unkonventionellen Lagerstätten, B3.

gischen Gegebenheiten hierfür vorliegen. Allerdings ist zu beachten, dass hierbei alle weiteren Erlaubnisvoraussetzungen vorliegen müssen. Da im unkonventionellen Bereich auch die Fracking-Phase von der Aufsuchungstätigkeit umfasst ist, muss dies bei der Konzessionserteilung berücksichtigt werden.

b)   Räumliche Reichweite der Aufsuchungserlaubnis

Räumlich ist die Erlaubnis auf das in ihr bezeichnete Erlaubnisfeld begrenzt. Dieses muss den Anforderungen des § 4 Abs. 7 BBergG entsprechen und gemäß § 11 Abs. 2 BBergG i.V.m. § 3 S. 1 Nr. 1 UnterlagenBergV[509] dargestellt sein.[510]

aa)   Geviertfelder

Feld einer Erlaubnis ist gemäß § 4 Abs. 7 BBergG ein Ausschnitt aus dem Erdkörper, der von geraden Linien an der Oberfläche und von lotrechten Ebenen nach der Tiefe begrenzt wird. Eine Tiefenbegrenzung findet aufgrund dieser Definition nicht statt. Geregelt sind aber die seitlichen Begrenzungen. Damit setzt das Bundesberggesetz sogenannte Geviertfelder fest. Diese werden, unabhängig von dem Verlauf der einzelnen unterirdischen Lagerstätte, nach geraden Linien bestimmt werden.[511] Ausnahmen sieht § 4 Abs. 7 BBergG für den Fall vor, dass die Grenzen des Bundesberggesetzes einen anderen Verlauf erfordern, was beispielsweise im Grenzgebiet der Bundesrepublik der Fall, da Berechtigungen nur bis zur Staatsgrenze erteilt werden können, aber nicht darüber hinaus.[512]

bb)   Unterirdischer Lagerstättenverlauf der Erdgasvorkommen nicht deckungsgleich mit Geviertfeldern

Demnach kann es dazu kommen, dass der unterirdische Lagerstättenverlauf und das oberflächlich festgesetzte Geviertfeld nicht deckungsgleich sind. Das ist bei dem Aufsuchen und Gewinnen von »mobilen« Bodenschätzen wie Erdgas problematisch, da durch den Bohrlochbergbau auch unterirdisches Erdgas aufgesucht und gewonnen werden kann, dass theoretisch einem anderen Berechtigungsfeld zugewiesen und lediglich in das eigene Berechtigungsfeld »migriert« ist.[513]

Um diesem Phänomen vorzubeugen, sieht die sogenannte Bohrlochtheorie vor, dass unabhängig davon, zu welchen Berechtigungsfeld das migrierte Erdgas ursprünglich zuzuordnen war, dem Bohrlochbetreiber ein unbeschränktes Aufsuchungs- und Ge-

---

509   Unterlagen-Bergverordnung vom 11. November 1982 (BGBl. I 1982, S. 1553), die zuletzt durch Art. 4 der Verordnung vom 10. August 2005 (BGBl. I 2005, S. 2452) geändert worden ist.

510   *Franke*, in: Boldt/Weller/Kühne/von Mäßenhausen, Bundesberggesetz, § 7 Rn. 6.

511   *Keienburg*, in: Boldt/Weller/Kühne/von Mäßenhausen, Bundesberggesetz, § 4 Rn. 39.

512   Dasselbe gilt auch für innerdeutsche Landesgrenzen, da sich die jeweiligen länderspezifischen Zuständigkeitsbereiche ändern, auch wenn dies nicht explizit im Gesetz geregelt ist, vgl. *von Mäßenhausen*, in: Boldt/Weller/Kühne/von Mäßenhausen, Bundesberggesetz, § 3 Rn. 40.

513   Vgl. *Keienburg*, in: Boldt/Weller/Kühne/von Mäßenhausen, Bundesberggesetz, § 4 Rn. 41.

winnungsrecht an dem Erdgas zusteht, das durch sein Bohrloch aufgesucht und gewonnen wird.[514] Hiergegen wird angeführt, dass dies im Widerspruch zum Lagerstättenprinzip steht, weshalb die Förderung an Erdgas auf die Menge beschränkt werden müsse, die dem Feld ursprünglich zuzurechnen war.[515] Die gewichtigeren Gründe sprechen gegen die Anwendung der Bohrlochtheorie. Sie schafft lediglich die Versuchung eines Wettlaufs von Unternehmen und privilegiert in unnachvollziehbarer Weise dasjenige Unternehmen, das zuerst mit seinem Vorhaben beginnen kann, obwohl womöglich die Genehmigungen in diesem Geviertfeld unproblematischer zu erteilen waren, als die desjenigen Unternehmens, dem seinen Geviertfeld nach das Vorkommen tatsächlich zugestanden hätte. Die Anwendung der Bohrlochtheorie birgt daher ein großes Konfliktpotenzial. Ist es oberirdisch nur möglich, Gevierte zu beantragen, so müssen sich diese Gevierte auch im Untergrund – und zwar unabhängig vom unterirdischen Lagerstättenverlauf – fortsetzen.

cc) Verstärkung der Problematik durch Horizontalbohrungen beim unkonventionellen Fracking im Hinblick auf Nutzungskonkurrenzen

Im Unterschied zu der konventionellen Ausbeutung einer Lagerstätte, die lediglich durch Tiefbohrungen charakterisiert wird, muss bei der unkonventionellen Gasgewinnung dem Umstand Rechnung getragen, dass sich an die niedergebrachte Tiefbohrung noch weitere unterirdische Horizontalbohrungen anschließen.[516] Sie können über das oberflächliche Geviert hinausgehen. Dieser Umstand unterscheidet sich von der im vorigen Absatz dargestellten Problematik des migrierenden Erdgas dahingehend, dass die Bohrung sich bei der konventionellen Gasförderung innerhalb der gesteckten Geviertgrenzen bewegt. Nicht die Bohrung »wandert« zu dem Erdgas, sondern das Erdgas »wandert« zu der Bohrung.

---

514   *Mössner*, in: Ipsen/Stüer (Hrsg.), Öffentliche Verwaltung in Europa, S. 61; *Keienburg*, in: Boldt/Weller/Kühne/von Mäßenhausen, Bundesberggesetz, § 4 Rn. 41.
515   *Keienburg*, in: Boldt/Weller/Kühne/von Mäßenhausen, Bundesberggesetz, § 4 Rn. 41. Beide Varianten zeigen Schwächen auf und lösen die dargestellte Problematik nicht vollumfänglich. Die mengenmäßig limitierte Entnahme steht vor der Hürde, dass die zu entnehmende Menge nur näherungsweise bestimmt werden kann. Die Bohrlochtheorie privilegiert, entgegen dem Grundsatz des Bundesberggesetzes, alle öffentlichen und privaten Interessen in einen gerechten Ausgleich zu bringen, dasjenige Bergbauunternehmen, das zuerst mit der Ausbeutung der Erdgaslagerstätte beginnt und somit früher in den Genuss des migrierenden Erdgases kommt. Zu einer höchstgerichtlichen Klärung dieser Problematik ist es bisher noch nicht gekommen. BVerwGE 115, 274, 286 ist allerdings wohl so zu verstehen, dass das Bohrlochprinzip keine gesetzgeberische Vorgabe ist. Nach bergrechtlicher Praxis orientiert sich der Umfang der Gewinnungsberechtigung dementsprechend danach, in welcher Menge der Bodenschatz im jeweiligen Feld genuin vorhanden war. Eine Zuvielförderung ist demnach nicht vom Umfang gedeckt und führt zu Ausgleichs- und Ersatzansprüchen, vgl. *von Hammerstein*, FS Kühne 2009, 575, 587 ff.; *Kühne*, FS Max-Planck-Institut für Privatrecht 2001, 363, 374; *Kühne*, Anm. zu BVerwG (DVBl. 2002, 624) DVBl. 2002, 1117 f.; *Franke*, in: Boldt/Weller/Kühne/von Mäßenhausen, Bundesberggesetz, § 8 Rn. 4; *Piens/Schulte/Graf Vitzthum*, Bundesberggesetz, § 8 Rn. 10.
516   Vgl. S. 21 f.

Soll ein Bergbereich unterirdisch erschlossen werden, so muss sich auch das oberflächliche Geviert hierauf beziehen. Das bedeutet, dass auch für die unterirdisch erschlossenen Horizontalbohrungen die jeweiligen oberirdischen Erlaubnisfelder erteilt werden müssen. Insbesondere im Hinblick auf Nutzungskonkurrenzen ergeben sich hieraus Probleme. So können zwar im selben Erlaubnisfeld mehrere Berechtigungen für unterschiedliche Nutzungen erteilt werden.[517] Es ist beispielsweise denkbar, dass im selben Erlaubnisfeld Steinkohle abgebaut und zeitgleich darunter Erdgas gefördert werden kann. Nicht möglich ist hingegen *de lege lata*, dass mehrere Berechtigungen für denselben Bodenschatz erteilt werden.[518] Demnach wäre ein Geothermie-Vorhaben Gasförderung und eine (weit) darunter verlaufende Horizontalbohrung einer unkonventionellen Gasförderung (eines anderen Erlaubnisinhabers) ausgeschlossen.

c) Erlaubnisarten

§ 7 BBergG normiert weiterhin unterschiedliche Aufsuchungsarten, namentlich die Erlaubnis zur großräumigen Aufsuchung, die Erlaubnis zur Aufsuchung zu gewerblichen Zwecken und die Erlaubnis zur Aufsuchung zu wissenschaftlichen Zwecken, wobei § 7 Abs. 2 BBergG klarstellt, dass die Erlaubnis zur Aufsuchung zu wissenschaftlichen Zwecken trotz des Ausschließlichkeitscharakters der Erlaubniserteilung neben den anderen Arten grundsätzlich zulässig ist.

aa) Wirtschaftliche Zwecke

Da das Aufsuchen in aller Regel der erste Schritt eines einheitlichen wirtschaftlich-technischen Schrittes zur Gewinnung von bergfreien Bodenschätzen ist, wird in der Mehrzahl der Fälle eine Erlaubnis zur Aufsuchung zu gewerblichen Zwecken beantragt werden.[519] Das Gesetz trägt diesem Zusammenhang normativ Rechnung, indem es in § 12 Abs. 2 BBergG den fündigen Inhaber einer Erlaubnis zur Aufsuchung zu wirtschaftlichen Zwecken bei der Beantragung der Bewilligungsberechtigung zur Gewinnung gegenüber einem Antragsteller, der nicht aufgesucht hat, privilegiert.[520] Insbesondere im konventionellen Bereich wird es sich häufig um diese Art der Aufsuchungserlaubnis handeln.

bb) Großräumige Aufsuchung

Der Inhaber einer Erlaubnis zur großräumigen Aufsuchung hat zwar grundsätzlich die gleichen Rechte wie der Inhaber einer Erlaubnis zu gewerblichen Zwecken, jedoch

---

517 Vgl. *Weller*, ZfB 1990, 111, 113; *Keienburg*, in: Boldt/Weller/Kühne/von Mäßenhausen, Bundesberggesetz, § 4 Rn. 42.

518 *Keienburg*, in: Boldt/Weller/Kühne/von Mäßenhausen, Bundesberggesetz, § 4 Rn. 42. Insbesondere im Bereich der Geothermie wird dieser Ausschluss kritisiert, da die gleichzeitige Gewinnung von Erdwärme für verschiedene Projekte in verschiedenen Tiefen technisch und wirtschaftlich möglich ist, vgl. *Wyer/Oppelt*, in: 20 Jahre der erneuerbaren Energien, S. 660, 679; *Franke*, FS Kühne 2009, S. 507, 511 ff.; *Große*, ZUR 2009, 535, 537.

519 *Piens/Schulte/Graf Vitzthum*, Bundesberggesetz, § 7 Rn. 8.

520 *Piens/Schulte/Graf Vitzthum*, Bundesberggesetz, § 7 Rn. 9.

können diese Rechte nur im engen Rahmen der Definition des § 7 Abs. 1 S. 2 BBergG geltend gemacht werden.[521] Zusätzlich findet die Privilegierung des § 12 Abs. 2 BBergG auf die großräumige Aufsuchung keine Anwendung[522], wonach die von Erlaubnisinhabern zu gewerblichen Zwecken nachfolgend zu beantragende Bewilligung nur unter engeren Voraussetzungen und auch nur dann versagt werden kann, wenn die Tatsachen, die die Versagung rechtfertigen, erst nach der Erteilung der Erlaubnis eingetreten sind.

cc) Wissenschaftliche Zwecke

Die Aufsuchung zu wissenschaftlichen Zwecken ist in gleicher Weise erlaubnispflichtig wie die übrigen Aufsuchungsformen. Bedenken könnten sich daraus insbesondere in Bezug auf die Wissenschaftsfreiheit des Art. 5 Abs. 3 GG ergeben. Allerdings bringt die Erlaubniserteilung lediglich einen Rechtstitel hervor.[523] Dieser berechtigt noch nicht zur eigentlichen Durchführung der Aufsuchungsarbeiten.[524] Insofern führt also die Erlaubnispflicht der Aufsuchung zu wissenschaftlichen Zwecken noch nicht zu einer vorbeugenden Kontrolle bzw. Regulierung wissenschaftlicher Tätigkeiten.[525] Zweck der Erlaubniserteilung ist nämlich allein der präventive Schutz der Allgemeinheit.[526]

(1) Festlegung *de lege lata*

Die Aufsuchung zu wissenschaftlichen Zwecken hat seit der Einführung des Fracking-Regelungspakets im Bereich der unkonventionellen Förderung besondere Bedeutung. Im Zuge der Neuregelungen hat der Gesetzgeber sich nämlich dazu entschieden, dass im Rahmen des wasserrechtlichen Genehmigungsverfahrens im unkonventionellen Bereich nur Erprobungsbohrungen zum Zweck der Erforschung der Auswirkungen auf die Umwelt, insbesondere den Untergrund und den Wasserhaushalt, erteilt werden dürfen.[527] Diese Regelung verdeutlicht, dass der Gesetzgeber vor der kommerziellen Ausbeutung der unkonventionellen Erdgaslagerstätten zunächst nur wissenschaftliche Bohrungen erlauben lassen wollte, um den Wissenstand um die angewandte Technik voranzutreiben.

(2) Stellungnahme

Die Intention des Gesetzgebers, die Fracking-Technologie im unkonventionellen Bereich nur zu Forschungszwecken zuzulassen, ist vor dem Hintergrund der Wissenschaftsfreiheit ein richtiger und nachvollziehbarer Weg, um eine Risikotechnologie schrittweise zu verbessern und sich die Möglichkeit offenzuhalten, je nach dem Ver-

---

521 *Piens/Schulte/Graf Vitzthum*, Bundesberggesetz, § 7 Rn. 10.
522 *Piens/Schulte/Graf Vitzthum*, Bundesberggesetz, § 7 Rn. 9.
523 *Piens/Schulte/Graf Vitzthum*, Bundesberggesetz, § 7 Rn. 11.
524 *Piens/Schulte/Graf Vitzthum*, Bundesberggesetz, § 7 Rn. 11.
525 *Piens/Schulte/Graf Vitzthum*, Bundesberggesetz, § 7 Rn. 11.
526 Vgl. S. 85.
527 Siehe hierzu ausführlich ab S. 219 ff.

lauf der Untersuchungen, die Technologie neu zu bewerten. Unklar ist allerdings, warum der Gesetzgeber hierfür keine Neuregelung im Bundesberggesetz umgesetzt hat.[528] Auch wenn die Erkundung unkonventioneller Erdgaslagerstätten nunmehr nur noch – wasserrechtlich – zu wissenschaftlichen Zwecken möglich ist, haben diese wasserrechtliche Regelung keine unmittelbare Auswirkung auf die nach dem Bergrecht zu erteilende Erlaubnis. Trotz der Intention des Gesetzgeber, unkonventionelles Fracking nur für rein wissenschaftliche Zwecke zuzulassen, ist die für die Erteilung der Aufsuchungserlaubnis zuständige Bergbehörde nicht darauf beschränkt, auch nach dem Bergrecht eine Aufsuchung zu wissenschaftlichen Zwecken zu erteilen.[529] Richtiger Ort für die Limitierung der Erprobungsmaßnahmen wäre hinsichtlich der Gesetzesklarheit und der Systematik der verschiedenen Regelungsmechanismen nicht das Wasserhaushaltsgesetz gewesen, sondern das Bundesberggesetz, da eine Erprobungsmaßnahme nicht immer einen wasserrechtlich relevanten Bezug aufweisen muss, in jedem Fall aber eine die Aufsuchungserlaubnis nach dem Bundesberggesetz erfordernde Maßnahme darstellt.

2. Die bergrechtliche Bewilligung zur Gewinnung von Erdgasvorkommen

Zusätzlich zu der Erlaubnis, die dem Erlaubnisinhaber das Recht gewährt, Bodenschätze aufzusuchen, bedarf derjenige, der die aufgesuchten Bodenschätze abbauen bzw. fördern möchte, einer sogenannten Bewilligung. Diese gewährt ihm das ausschließliche Recht in einem bestimmten Feld (Bewilligungsfeld) die in der Bewilligung bezeichneten Bodenschätze nicht nur aufzusuchen, sondern auch zu gewinnen sowie das Recht, andere Bodenschätze mitzugewinnen und das Eigentum an den gewonnenen Bodenschätzen zu erwerben, § 8 Abs. 1 Nr. 1 BBergG.[530]

a) Sachliche Reichweite der Gewinnungsberechtigung

§ 8 BBergG formuliert den sachlichen Inhalt des bei der Umsetzung des Rechtsanspruches auf die Bewilligung entstehenden Rechtstitels.[531] Aufgrund der rein tätigkeitsbezogenen Definition des Gewinnens nach § 4 Abs. 2 BBergG[532] bezieht sich das in § 8 Abs. 1 Nr. 1 BBergG normierte Gewinnungsrecht ausschließlich auf diese Ge-

---

528 Die Voraussetzungen für unkonventionelle Erprobungsbohrungen hat der Gesetzgeber ausschließlich im Wasserhaushaltsgesetz geregelt, siehe hierzu ausführlich ab S. 219 ff.

529 Zu beachten ist allerdings nach *Frenz*, in: Frenz, BBergG, Nach §§ 1–12 Rn. 28 die gesetzgeberische Intention des § 11 Nr. 10 BBergG, dass keine »leerlaufenden« Bergberechtigungen erteilt werden sollen.

530 Die Bewilligung kennt ebenso wie die Erlaubnis ein Recht auf die Bewilligung sowie ein Recht aus der Bewilligung, *Piens/Schulte/Graf Vitzthum*, Bundesberggesetz, § 8 Rn. 1. Zur Erlaubnisfähigkeit eines Bewilligungsantrages, siehe S. 159 ff.

531 *Piens/Schulte/Graf Vitzthum*, Bundesberggesetz, § 8 Rn. 1.

532 Vgl. S. 82.

winnungstätigkeiten.[533] Hierunter fallen unabhängig vom Lagerstättentypus alle Phasen eines Fracking-Vorhabens.[534]

Das in § 8 Abs. 1 Nr. 1 BBergG mitgeregelte Aufsuchungsrecht bezieht sich auf Aufsuchungstätigkeiten, die zeitlich nach der Bewilligungserteilung durchgeführt werden und verdeutlicht, dass der Bewilligungsinhaber zu umfassenden Tätigkeiten berechtigt sein soll, worunter auch weitere Aufsuchungstätigkeiten fallen, ohne dass er hierfür eine erneute Aufsuchungserlaubnis beantragen muss.[535]

Weiterhin normiert § 8 Abs. 1 Nr. 1 i.V.m. Abs. 2 BBergG ein Aneignungsrecht der gewonnenen Bodenschätze. Der Eigentumserwerb richtet sich nach zivilrechtlichen Tatbeständen.[536] Da das bodenfreie Erdgas zivilrechtlich ein herrenloser Gegenstand ist, richtet sich der Eigentumserwerb an ihm durch den Gewinnungsvorgang nach der Vorschrift des § 958 Abs. 1 BGB[537].[538] Demnach kann grundsätzlich jeder, der den Bodenschatz in Eigenbesitz nimmt, Eigentum an ihm erwerben. Das im Bundesberggesetz normierte Aneignungsrecht stellt ein Aneignungsrecht i.S.d. § 958 Abs. 2 2. Alt. BGB dar, so dass der Eigentumserwerb des Bodenschatzes durch einen Dritten ausgeschlossen ist.[539] Somit ist sichergestellt, dass nur der Bewilligungsinhaber Eigentümer wird.

Ferner gewährt die Bewilligung – wie schon die Aufsuchung – das Recht, die zur Ausübung der Bewilligung erforderlichen Einrichtungen zu errichten und zu betreiben. Da die Errichtung der Einrichtungen auf der nachgelagerten Betriebsplanebene weitere

---

533 *Franke*, in: Boldt/Weller/Kühne/von Mäßenhausen, Bundesberggesetz, § 8 Rn. 3; *Piens/Schulte/Graf Vitzthum*, Bundesberggesetz, § 8 Rn. 10.

534 Vgl. S. 82 ff.

535 *Franke*, in: Boldt/Weller/Kühne/von Mäßenhausen, Bundesberggesetz, § 8 Rn. 6.

536 Der Verweis ins Zivilrecht richtet sich dabei ausschließlich auf das Recht aus dem Eigentum. Weite Teile des Sachenrechts sind demnach nicht auf die Bewilligung anwendbar. Es kann also nicht belastet oder verpfändet werden. Den Verweis einschränkend sind allerdings auch die Vorschriften über die Übertragbarkeit des Eigentums und die Zwangsvollstreckung in das Eigentum nicht auf die Bewilligung anwendbar, da das Recht aus der Bewilligung nicht am zivilrechtlichen Rechtsverkehr teilnehmen, sondern nur demjenigen zustehen soll, der die Voraussetzung für die Erteilung erfüllt. Im Einzelnen stehen somit dem Bewilligungsinhaber aufgrund des Verweises Ansprüche wegen Entziehung des Eigentums (§§ 985 ff. BGB), auf Unterlassung (§ 1004 BGB) sowie die Vorschriften der §§ 903 ff. BGB (auch gegenüber dem Grundeigentümer), § 226 BGB, § 826 BGB, § 812 BGB und § 823 BGB zu. Alle übrigen Rechtsbeziehungen, ihr sachlicher und rechtlicher Bestand sowie ihre Übertragbarkeit und Vererbbarkeit richten sich nach dem Bundesberggesetz, vgl. *Piens/Schulte/Graf Vitzthum*, Bundesberggesetz, § 8 Rn. 4 f.; *Franke*, in: Boldt/Weller/Kühne/von Mäßenhausen, Bundesberggesetz, § 8 Rn. 17 ff.

537 Bürgerliches Gesetzbuch in der Fassung der Bekanntmachung vom 2. Januar 2002 (BGBl. I 2002, S. 42, 2909; BGBl. I 2003, S. 738), das zuletzt durch Art. 7 des Gesetzes vom 31. Januar 2019 (BGBl. I 2019, S. 54) geändert worden ist.

538 *Piens/Schulte/Graf Vitzthum*, Bundesberggesetz, § 8 Rn. 10, *Sehling*, Die Rechtsverhältnisse an den der Verfügung des Grundeigentümers nicht entzogenen Mineralien, S. 59; *Zydek*, ZfB 1958, 178, 184 f.; *Franke*, in: Boldt/Weller/Kühne/von Mäßenhausen, Bundesberggesetz, § 8 Rn. 9.

539 *Sehling*, Die Rechtsverhältnisse an den der Verfügung des Grundeigentümers nicht entzogenen Mineralien, S. 59; *Franke*, in: Boldt/Weller/Kühne/von Mäßenhausen, Bundesberggesetz, § 8 Rn. 9.

Vorgaben erfüllen müssen, ist die Zuordnung der Einrichtungen zur Gewinnungsberechtigung auf der Konzessionsebene nur für die Duldungspflicht des Grundeigentümers und für den Umfang des Gewinnungsbetriebes bedeutsam.[540]

b)   Räumliche Reichweite der Gewinnungsberechtigung

Räumlich sind diese Tätigkeiten auf das sich aus der Bewilligung ergebende Bewilligungsfeld beschränkt. Ebenso wie beim Erlaubnisfeld muss dieses den Anforderungen des § 4 Abs. 7 BBergG entsprechen und in einem Lagerriss nach § 3 S. 1 Nr. 2 UnterlagenBergV dargestellt sein. Hinsichtlich der Problematik zwischen den oberirdisch zu erteilenden Geviertfeldern und den unterirdisch anderweitig verlaufenden Lagerstätten kann auf die Ausführungen zum Erlaubnisfeld verwiesen werden.[541]

3.   Das Bergwerkseigentum

Das Bergwerkseigentum gewährt gemäß § 9 Abs. 1 1. Hs. BBergG das ausschließliche Recht die bereits in § 8 Abs. 1 Nr. 1 bis 4 bezeichneten Tätigkeiten und Rechte auszuüben. Es unterscheidet sich in sachlicher Reichweite nicht von der Rechtsposition der Bewilligung.[542] Die Vorschrift überführt lediglich die Bewilligung in ein grundstücksgleiches Recht und macht es somit grundbuch- und beleihungsfähig.[543]

4.   Alte Rechte

Eine Bergbauberechtigung kann auch aus einem alten Recht hergeleitet werden, das bereits vor der Einführung des Bundesberggesetzes im Jahr 1981 bestand. Das BBergG bestimmt mit dem Katalog des § 149 BBergG die aufrechtzuerhaltenden Rechte und Verträge und ordnet sie den neuen Berechtigungsformen zu.[544] Denkbar ist zwar, dass ein Inhaber eines alten Rechts, das zur Aufsuchung bzw. Gewinnung von Erdgas berechtigt, nunmehr ein Fracking-Vorhaben betreiben möchte. Mangels weiterer konzessionsrechtlicher Voraussetzungen bleiben sie bei der Untersuchung außer Betracht. Mangels weiterer konzessionsrechtlicher Voraussetzungen bleiben sie bei der Untersuchung außer Betracht. Soll ein altes Recht für die Aufsuchungs- bzw. Gewinnungstätigkeit genutzt werden, liegt zwar die Konzession bereits vor, die weiteren Voraussetzungen unterlägen aber im selben Umfang der Betriebsplanzulassung.[545]

---

540   BT-Drs. 8/1315, S. 86; *Ludes*, S. 29; *Franke*, in: Boldt/Weller/Kühne/von Mäßenhausen, Bundesberggesetz, § 8 Rn. 29.

541   Vgl. S. 87 f.

542   BT-Drs. 8/1315, S. 86.

543   BT-Drs. 8/1315, S. 86.

544   *Piens/Schulte/Graf Vitzthum*, Bundesberggesetz, § 149 Rn. 21.

545   Siehe hierzu ausführlich ab S. 176 ff.

5. Zusammenfassung

Wer Erdgasvorhaben aufzusuchen beabsichtigt, benötigt hierfür unabhängig vom Einsatz der Fracking-Technologie und unabhängig vom Lagerstättentypus, eine Aufsuchungserlaubnis. Wer solche Vorkommen gewinnen möchte, benötigt hierfür eine Gewinnungsbewilligung.

Die Aufsuchungserlaubnis konstituiert das ausschließliche Recht zur Aufsuchung von bergfreien Bodenschätzen. Hiermit geht einher, die bei der Aufsuchung notwendigerweise zu lösenden Bodenschätze zu gewinnen und sich anzueignen sowie die zur Aufsuchung erforderlichen Betriebsanlagen und -einrichtungen zu errichten und zu betreiben. Hiervon nicht umfasst sind die Betriebsanlagen, die für die Fracking-Phase im konventionellen Bereich erforderlich sind, da diese Phase nicht von der Aufsuchungstätigkeit umfasst ist.[546]

Sachlich erstreckt sich die Aufsuchungserlaubnis zumeist auf den Bodenschatz wie er in § 3 Abs. 3 BBergG bezeichnet ist, kann allerdings auch auf die Aufsuchung von Erdgas beschränkt werden. Sie ist also gegenstandsbezogen. Auf der Ebene des Konzessionsverfahrens macht es also keinen Unterschied, ob konventionelle oder unkonventionelle Erdgaslagerstätten aufgesucht werden sollen. Eine bereits für die konventionelle Gasförderung erteilte Erlaubnis könnte sich demnach auch auf die unkonventionelle Gasförderungen erstrecken, soweit die geologischen Gegebenheiten und die Voraussetzungen hierfür vorliegen.

Räumlich ist die Erlaubnis auf das in ihr bezeichnete Erlaubnisfeld begrenzt. Dieses wird oberirdisch ohne Tiefenbegrenzung durch Geviertfelder festgesetzt, unabhängig von dem Verlauf der unterirdischen Lagerstätte. Dies kann dazu führen, dass der unterirdische Lagerstättenverlauf und das oberirdische Geviertfeld nicht deckungsgleich sind. Dieses Phänomen wird insbesondere im Hinblick auf Nutzungskonkurrenzen und insbesondere im unkonventionellen Bereich zu berücksichtigen sein, da derartige Lagerstätten meist sehr großflächig sind und durch unterirdische Horizontalbohrungen erschlossen werden. Nach der bestehenden gesetzlichen Lage muss das oberirdische Geviert die unterirdisch weitreichenden Bohrungen widerspiegeln. So können zwar im selben Erlaubnisfeld mehrere Berechtigungen für unterschiedliche Nutzungen erteilt werden. Nicht möglich ist allerdings, dass verschiedene Berechtigungen für denselben Bodenschatz erteilt werden, auch wenn diese in unterschiedlichen Tiefen und in unterschiedlichen Gesteinsformationen lagern.

Aufsuchungserlaubnisse können zur großräumigen Aufsuchung, zu gewerblichen Zwecken und zu wissenschaftlichen Zwecken erteilt werden. In der Regel wird es sich bei Erdgasfördervorhaben insbesondere im konventionellen Bereich um gewerbliche Erlaubnisse handeln.

Der Gesetzgeber hat sich mit den Fracking-Neuregelungen dazu entschieden, unkonventionelles Fracking wasserrechtlich nur zu Erkundungszwecken, und damit ausschließlich zu wissenschaftlichen Zwecken zuzulassen. Diese wasserrechtliche Einschränkung schränkt allerdings nicht die Bergbehörde ein. Die Behörde kann trotz der Einschränkung auch wirtschaftliche oder großflächige Erlaubnisse erteilen, obwohl nur wissenschaftliche Fracking-Maßnahmen durchgeführt werden dürfen. Im Sinne

---

546 Vgl. S. 82.

der Gesetzesklarheit und der unterschiedlichen Systematik der verschiedenen Regelungsmechanismen wäre eine bergrechtliche Änderung nötig gewesen. Erprobungsmaßnahmen lösen nämlich immer einen bergrechtlichen Tatbestand aus. Hingegen ist der wasserrechtliche Bezug im Einzelfall zu prüfen.

Die Gewinnungsbewilligung gewährt dem Bewilligungsinhaber das ausschließliche Recht in einem bestimmten Feld (Bewilligungsfeld) die in der Bewilligung bezeichneten Bodenschätze aufzusuchen, zu gewinnen und andere Bodenschätze mitzugewinnen sowie das Eigentum an den Bodenschätzen zu erwerben. Hiervon sind alle Gewinnungstätigkeiten umfasst, also auch die Fracking-Phase, unabhängig vom Lagerstättentypus.

III. Die Betriebsplanzulassung

Gemäß § 51 Abs. 1 BBergG dürfen Aufsuchungs-, Gewinnungsbetriebe und Betriebe zur Aufbereitung für die in § 2 Abs. 1 bezeichneten Tätigkeiten nur auf Grund von Betriebsplänen errichtet, geführt und eingestellt werden. Sowohl die Aufsuchung als auch die Gewinnung von Erdgasvorkommen, unabhängig davon, ob es sich um konventionelle oder unkonventionelle Vorhaben handelt, bedarf zur ihrer Errichtung und Durchführung eines Betriebsplans. Da dieser vom Bergbauunternehmen aufzustellen ist, definiert das Unternehmen selbst sein Vorhaben. Die Behörde lässt den Plan nur abschließend zu, wirkt aber an seiner Aufstellung nicht mit.[547] Die Bergbauberechtigungen verleihen also ihrem Inhaber das Recht, den in der Berechtigung bezeichneten Bodenschatz aufzusuchen bzw. zu gewinnen.[548] Sie treffen aber keine Aussage darüber, unter welchen Voraussetzungen die Bergbauberechtigten die dafür erforderlichen Arbeiten durchführen dürfen und ihre Anlagen betreiben müssen, wie sie also ihre Berechtigung ausüben können.[549] Hierüber trifft die Betriebsplanzulassung die erforderlichen Aussagen. Auf dieser Ebene findet nun die tatsächliche Prüfung statt, ob das Vorhaben mit den Anforderungen der Raumordnung, Bauleitplanung und den vielfältigen Anforderungen des Umweltrechts, insbesondere des Wasser- und Abwasserrechts, des Bodenschutz- und Abfallrechts, des Naturschutzrechts und des Immissionsschutzrechts vereinbar ist.[550]

Das Betriebsplanverfahren weist im Vergleich zum anlagenbezogenen Genehmigungsverfahren zahlreiche Spezifika auf.[551] Aufgrund der bergbaulichen Besonderheit, sich ständig räumlich weiterzuentwickeln und an die Gegebenheit der Lagerstätte anzupassen, bedarf der Bergbau einer präventiven und laufenden Betriebsüberwachung.[552] Nichtsdestotrotz beabsichtigt das Betriebsplanzulassungsverfahren ähnlich wie ander-

---

547 *Kremer/Neuhaus gen. Wever*, Bergrecht, Rn. 159.
548 Siehe S. 86 ff.
549 *Pfadt*, Rechtsfragen zum Betriebsplan im Bergrecht, S. 126; *Piens/Schulte/Graf Vitzthum*, Bundesberggesetz, § 51 Rn. 21.
550 *Ramsauer/Wendt*, NVwZ 2014, 1401, 1404.
551 *Cosack*, NuR 2000, 311, 311.
552 BT-Drs. 8/1315, S. 105; *von Hammerstein*, in: Boldt/Weller/Kühne/von Mäßenhausen, Bundesberggesetz, Vorbem. §§ 50 bis 57c Rn. 10; *Cosack*, NuR 2000, 311, 311; *Piens/Schulte/Graf Vitzthum*, Bundesberggesetz, § 52 Rn. 2.

weitige Genehmigungsverfahren die vollständige Bewältigung aller Konflikte eines Vorhabens bereits bevor dieses genehmigt wird. In seiner konkreten Ausgestaltung handelt es sich bei der Betriebsplanzulassung daher um ein präventives Verbot mit Erlaubnisvorbehalt.[553] Sie gestattet den Berechtigten, seine Berechtigung auszuüben, indem sie feststellt, dass seinem Vorhaben keine Gründe des öffentlichen Wohls, insbesondere keine Gefahrensituationen entgegenstehen, es also gemeinverträglich ist.[554] Die Betriebsplanzulassung hat demnach eine Doppelnatur. Einerseits ist sie gestaltender Verwaltungsakt, der das präventive Verbot aufhebt und es dem Berechtigten ermöglicht, mit dem beabsichtigen Vorhaben zu beginnen. Andererseits ist sie feststellender Verwaltungsakt, die dem Berechtigten gegenüber die Unbedenklichkeit bescheinigt, dass sein Vorhaben die gesetzlichen Vorgaben erfüllt und keine im Rahmen des Bundesberggesetzes zu prüfenden anderen öffentlichen Belange entgegenstehen.[555]

1. Betriebsplanarten

Das Bundesberggesetz unterscheidet in §§ 52 und 53 BBergG zwischen dem Hauptbetriebsplan, dem fakultativen und dem obligatorischen Rahmenbetriebsplan, dem Sonderbetriebsplan, dem gemeinschaftlichen Betriebsplan und dem Abschlussbetriebsplan. Die Verpflichtung, welcher dieser Betriebspläne der Bergbaubehörde zur Genehmigung vorzulegen ist, knüpft an die gesetzlich näher bezeichneten betrieblichen Kriterien an. Hierdurch soll eine größtmögliche Betriebsnähe erreicht werden.[556] Die verschiedenen Betriebsplanarten unterscheiden sich vor allem in ihrem Regelungsgehalt und der für sie erteilten Geltungsdauer.[557] Es fragt sich daher zunächst, welche Arten von Betriebsplänen für die Durchführung eines Fracking-Vorhabens erforderlich sind.

a) Hauptbetriebsplan

Da jedes betriebsplanpflichtige Bergbauunternehmen für die Errichtung und Führung seines Betriebes einen Hauptbetriebsplan aufzustellen hat, § 52 Abs. 1 S. 2 BBergG, ist der Hauptbetriebsplan die wichtigste Betriebsplanart.[558] Das Gesetz gibt zur Gewährleistung der Effektivität des Verfahrens lediglich den zeitlichen Rahmen vor, für

---

553 *Ludwig,* ZUR 2012, 150, 152; *Kühne,* DVBl. 2006, 662, 663; *Niermann,* Betriebsplan und Planfeststellung im Bergrecht, S. 54 ff.; *Piens/Schulte/Graf Vitzthum,* Bundesberggesetz, § 51 Rn. 2; *von Hammerstein,* in: Boldt/Weller/Kühne/von Mäßenhausen, Bundesberggesetz, Vorbem. §§ 50 bis 57c Rn. 12; *Piens/Schulte/Graf Vitzthum,* Bundesberggesetz, § 51 Rn. 5 m.w.N.

554 *von Hammerstein,* in: Boldt/Weller/Kühne/von Mäßenhausen, Bundesberggesetz, Vorbem. §§ 50 bis 57c Rn. 12; *Wahl,* DVBl. 1982, 51, 52 ff.

555 OVG Berlin, ZfB 1990, 200, 209; *Schmidt-Aßmann/Schoch,* Bergwerkseigentum, S. 166; *Piens/Schulte/Graf Vitzthum,* Bundesberggesetz, § 51 Rn. 9.

556 BT-Drs. 8/1315, S. 106.

557 *von Hammerstein,* in: Boldt/Weller/Kühne/von Mäßenhausen, Bundesberggesetz, § 52 Rn. 1.

558 *Piens/Schulte/Graf Vitzthum,* Bundesberggesetz, § 52 Rn. 9; *Kremer/Neuhaus gen Wever,* Bergrecht, S. 55.

den ein Hauptbetriebsplan aufzustellen ist (maximal zwei Jahre).[559] Über die inhaltlichen Anforderungen und Vorgaben trifft die Regelung des § 52 Abs. 1 BBergG hingegen keine Aussagen. Lediglich § 52 Abs. 4 S. 1 BBergG umschreibt allgemein den notwendigen Inhalt der geregelten Betriebspläne.[560] Aufgrund des finalen Charakters der behördlichen Entscheidung muss der Hauptbetriebsplan alle Elemente enthalten, anhand derer die Behörde beurteilen kann, ob er die Zulassungskriterien des § 48 Abs. 2 BBergG und des § 55 BBergG erfüllt.[561]

Da sämtliche Fracking-Vorhaben der Betriebsplanpflicht unterstehen, müssen für sie Hauptbetriebspläne aufgestellt werden.

b) Rahmenbetriebsplan

Rahmenbetriebsplänen kommt eine besondere Aufsichts- und Steuerungsfunktion zu.[562] Sie regeln das Vorhaben nicht im Einzelnen, sondern sollen den Rahmen abstecken, um die längerfristige Entwicklung des Betriebes überprüfen zu können.[563] Sie enthalten allgemeine Angaben über das beabsichtigte Vorhaben, dessen technische Durchführung und seinen voraussichtlichen zeitlichen Ablauf.[564] Sie ziehen damit gleichsam die wichtigsten Grundlagen für die späteren Hauptbetriebspläne vor die Klammer. Dieser Funktion entsprechend sind sie nicht zeitlich begrenzt. Ihr Zeitraum bemisst sich vielmehr nach den Umständen des Einzelfalles.[565] Regelmäßig werden sie für einen Zeitraum mehrerer Jahrzehnte erteilt.[566] Eine unbefristete Ausgestaltung ist hingegen nicht möglich.[567]

Rahmenbetriebspläne haben die Funktion, die einzelnen, noch durch Haupt- oder Sonderbetriebsplan zu konkretisierenden Vorhaben in einen größeren Zusammenhang zu stellen, um so die Überprüfung der langfristigen Entwicklung eines Vorhabens sicherzustellen.[568] Bei komplexen Vorhaben kann so für aufeinander folgende Hauptbetriebspläne gewährleistet werden, dass die langfristigen Entwicklungsziele beschrieben werden können.[569]

---

559 BT-Drs. 8/1315, S. 107.

560 *von Hammerstein*, in: Boldt/Weller/Kühne/von Mäßenhausen, Bundesberggesetz, § 52 Rn. 102.

561 Die generalklauselartige Ausgestaltung der Regelungen über den Hauptbetriebsplan hat in der Praxis dazu geführt, dass die inhaltlichen Anforderungen, die an ihn zu stellen sind, zumeist durch Verwaltungsvorschriften konkretisiert wurden, vgl. *Schulte,* Kernfragen des bergrechtlichen Genehmigungsverfahrens, S. 67.

562 BVerwGE 89, 246, 254.

563 BT-Drs. 8/1315, S. 107.

564 *von Hammerstein*, in: Boldt/Weller/Kühne/von Mäßenhausen, Bundesberggesetz, § 52 Rn. 31.

565 BT-Drs. 8/1315, S. 107.

566 *Ludwig*, ZUR 2012, 150, 151.

567 *von Hammerstein*, in: Boldt/Weller/Kühne/von Mäßenhausen, Bundesberggesetz, § 52 Rn. 35.

568 BT-Drs. 8/1315, S. 107; *von Hammerstein*, in: Boldt/Weller/Kühne/von Mäßenhausen, Bundesberggesetz, § 52 Rn. 33.

569 *Pollmann/Wilke*, Der untertägige Steinkohlebergbau und seine Auswirkungen auf die Tagesoberfläche, S. 238; *von Hammerstein*, in: Boldt/Weller/Kühne/von Mäßenhausen, Bundesberggesetz, § 52 Rn. 33.

Im Gegensatz zum Hauptbetriebsplan hat die Zulassung eines Rahmenbetriebsplans keine Gestattungswirkung.[570] Die tatsächliche Durchführung des Vorhabens bedarf weiterhin der Zulassung eines entsprechenden Haupt- bzw. Sonderbetriebsplans.[571]

Das Bundesberggesetz unterscheidet den fakultativen gemäß § 52 Abs. 2 Nr. 1 und den obligatorischen Rahmenbetriebsplan gemäß § 52 Abs. 2a BBergG.

aa) Fakultativer Rahmenbetriebsplan

Für einen längeren Zeitraum als zwei Jahre kann gemäß § 52 Abs. 2 Nr. 1 BBergG die Bergbaubehörde die Aufstellung eines Rahmenbetriebsplans verlangen. Anders als bei den vorgenannten Hauptbetriebsplänen entsteht die Verpflichtung, einen entsprechenden Plan aufzustellen, erst mit dem Verlangen der Behörde.[572] Dieses Verlangen ist verwaltungsrechtlich als Verwaltungsakt zu qualifizieren, dessen Erlass im pflichtgemäßen Ermessen der Behörde steht.[573] Verlangt die Behörde einen solchen Plan, ist seine Aufstellung für den Unternehmer verpflichtet.[574] Er kann einen Rahmenbetriebsplan aber auch von sich aus freiwillig aufstellen.[575] In diesem Fall ist die Bergbehörde verpflichtet, über ihn zu entscheiden.[576]

bb) Obligatorischer Rahmenbetriebsplan

Im Gegensatz zum fakultativen Rahmenbetriebsplan entsteht unter den Voraussetzungen des § 52 Abs. 2a S. 1 BBergG Pflicht, einen derartigen Plan aufzustellen, *ipso iure*.

(1) Pflicht zur Aufstellung durch Umweltverträglichkeitsprüfung

Gemäß § 52 Abs. 2a S. 1 BBergG muss ein obligatorischer Rahmenbetriebsplan aufgestellt werden, wenn ein Vorhaben einer Umweltverträglichkeitsprüfung bedarf. Die Einführung des § 52 Abs. 2a BBergG[577] beabsichtigte die Umsetzung des Art. 1

---

570 BVerwG, ZfB 2008, 249, 252 (Rn. 16); BVerwG, ZfB 2006, 156, 161; BVerwG, ZfB 2006, 27, 31; *Kühne,* DVBl. 2006, 662, 664; *Niermann,* Betriebsplan und Planfeststellung im Bergrecht, S. 199 ff.; *Piens/Schulte/Graf Vitzthum,* Bundesberggesetz, § 56 Rn. 69; *von Hammerstein,* in: Boldt/Weller/Kühne/von Mäßenhausen, Bundesberggesetz, § 52 Rn. 38.

571 *von Hammerstein,* in: Boldt/Weller/Kühne/von Mäßenhausen, Bundesberggesetz, § 52 Rn. 2.

572 *von Hammerstein,* in: Boldt/Weller/Kühne/von Mäßenhausen, Bundesberggesetz, § 52 Rn. 34.

573 *Kühne/Gaentzsch,* Wandel und Beharren im Bergrecht, S. 25; *Kühne,* DVBl. 2006, 662, 663; *Schmidt-Aßmann/Schoch,* Bergwerkseigentum, S. 183; *von Hammerstein,* in: Boldt/Weller/Kühne/von Mäßenhausen, Bundesberggesetz, § 52 Rn. 34, 38.

574 *von Hammerstein,* in: Boldt/Weller/Kühne/von Mäßenhausen, Bundesberggesetz, § 52 Rn. 34.

575 BVerwG, ZfB 1995, 278, 284; *Piens/Schulte/Graf Vitzthum,* Bundesberggesetz, § 52 Rn. 22, *von Hammerstein,* in: Boldt/Weller/Kühne/von Mäßenhausen, Bundesberggesetz, § 52 Rn. 34.

576 *von Hammerstein,* in: Boldt/Weller/Kühne/von Mäßenhausen, Bundesberggesetz, § 52 Rn. 34.

577 BGBl. I 1990, S. 215.

Abs. 1, Art. 12 Abs. 1 UVP-Richtlinie 85/337/EWG[578], nach der alle öffentlichen und privaten Projekte, die möglicherweise erhebliche Auswirkungen auf die Umwelt mit sich bringen, einer Umweltverträglichkeitsprüfung unterzogen werden müssen.[579] Der obligatorische Rahmenbetriebsplan hat das Ziel, das Vorhaben als Ganzes in den Blick zu nehmen.[580] Er muss sich demnach auf das Gesamtvorhaben beziehen.[581] Hier liegt ein wesentlicher Unterschied zum fakultativen Rahmenbetriebsplan, der auch für räumlich und zeitlich abgrenzbare Teilvorhaben möglich ist.[582]

(2) Pflicht zur Durchführung einer Umweltverträglichkeitsprüfung in Bezug auf Fracking-Vorhaben

Wann von einem geplanten Vorhaben möglicherweise erhebliche Umweltauswirkungen ausgehen können, bestimmt die gemäß § 57c BBergG aufgestellte Verordnung über die Umweltverträglichkeitsprüfung bergbaulicher Vorhaben[583]. § 1 UVP-V Bergbau zählt abschließend die UVP-pflichtigen Bergbauvorhaben auf.[584]

(a) Ausgangslage vor der Gesetzesänderung

Vor der Einführung des § 1 Nr. 2a UVP-V Bergbau im Zuge der Fracking-Neuregelungen war ein Vorhaben der Erdgasgewinnung gemäß § 57c i.V.m. § 1 Nr. 2 UVP-V Bergbau nur UVP-pflichtig, wenn es zu gewerblichen Zwecken durchgeführt wurde und nur wenn es gemäß lit. a) ein Fördervolumen von mehr als 500.000 Kubikmetern Erdgas täglich hatte oder wenn gemäß lit. b) es einer allgemeinen Vorprüfung des Einzelfalls nach § 3c Satz 1 des UVPG a.F.[585] unterlag.

---

578 Nunmehr neu kodifiziert durch die Richtlinie 2011/92/EU des Europäischen Parlaments und des Rates vom 13. Dezember 2011 über die Umweltverträglichkeitsprüfung bei bestimmten öffentlichen und privaten Projekten, ABl. L 26 vom 28. Januar 2012, S. 1.

579 Die Richtlinie wollte das Vorsorgeprinzip stärken, indem Umweltauswirkungen von einem Vorhaben frühzeitig geprüft und angemessen berücksichtigt werden, sowie sicherstellen, dass den Erlassbehörden schädliche Umweltauswirkungen rechtzeitig bekannt sind. Weiterhin verfolgt sie durch Ermittlung, Beschreibung und Bewertung aller Umweltauswirkungen einen integrativen und medienübergreifenden Ansatz, indem sie eine »Gesamtschau« dieser Auswirkungen für die Entscheidung über die Zulässigkeit des Vorhabens ermöglicht, vgl. BT-Drs. 11/3919, S. 13.

580 BVerwG, ZfB 1995, 278, 282; *von Hammerstein*, in: Boldt/Weller/Kühne/von Mäßenhausen, Bundesberggesetz, § 52 Rn. 57.

581 *von Hammerstein*, in: Boldt/Weller/Kühne/von Mäßenhausen, Bundesberggesetz, § 52 Rn. 57.

582 Vgl. die Ausführungen zum Fakultativer Rahmenbetriebsplan, S. 98 f.

583 Verordnung über die Umweltverträglichkeitsprüfung bergbaulicher Vorhaben vom 13. Juli 1990 (BGBl. I 1990, S. 1420), die zuletzt durch Art. 2 Abs. 24 des Gesetzes vom 20. Juli 2017 (BGBl. I 2017, S. 2808) geändert worden ist.

584 *von Hammerstein*, in: Boldt/Weller/Kühne/von Mäßenhausen, Bundesberggesetz, § 52 Rn. 59.

585 § 3c ist durch Artikel 1 des Gesetzes zur Modernisierung des Rechts der Umweltverträglichkeitsprüfung vom 20. Juli 2017 (BGBl. I 2017, S. 2808) weggefallen. Die Allgemeine Vorprüfung ist nunmehr in § 7 UVPG n.F. geregelt.

Dieser Regelung nach waren weite Teile der Erdgasförderung mithilfe der Fracking-Technologie aus dem Anwendungsbereich einer UVP-Prüfung und der damit verbundenen Erstellung eines obligatorischen Rahmenbetriebsplans ausgenommen.[586] Zum einen sah die Regelung vor, dass nur Gewinnungsvorhaben zu gewerblichen Zwecken unter die UVP-Pflicht fallen. Vorgelagerte Aufsuchungstätigkeiten, also insbesondere Tätigkeiten, die die unkonventionelle Förderung betrafen, und Tätigkeiten zu wissenschaftlichen Zwecken wurden von ihr nicht umfasst, sondern bedurften lediglich der Zulassung eines Hauptbetriebsplans bzw. auf entsprechendes Verlangen eines fakultativen Rahmenbetriebsplans. Darüber hinaus unterfielen Gewinnungsvorhaben erst ab einem täglichen Fördervolumen von 500.000 Kubikmetern einer obligatorischen UVP-Prüfung.[587] Dieses Fördervolumen wird selbst unter günstigen Bedingungen in der Regel mithilfe der Fracking-Technologie nicht erreicht werden.[588] Somit verblieb lediglich die vorhabenbezogene allgemeine Vorprüfung im Einzelfall. Die Zulassung eines Erdgasfördervorhabens mittels hydraulischen Aufbrechens von Gestein war so in einer Vielzahl der Fälle ohne breite Öffentlichkeitsbeteiligung möglich.

(b) Festlegung *de lege lata*

Mit der Einführung des § 1 Nr. 2a UVP-V Bergbau hat der Gesetzgeber sich dazu entschieden, generell sämtliche Aufsuchungs- und Gewinnungsvorhaben von Erdgas durch Aufbrechen von Gestein unter hydraulischem Druck, einschließlich der zugehörigen Tiefbohrungen einschließlich wissenschaftlicher Erprobungsmaßnahmen unter die bergrechtliche UVP-Pflicht zu stellen, und zwar unabhängig von ihrer tatsächlichen Dauer, ihrem täglichen Fördervolumen oder anderer auf das Vorhaben bezogener Einzelfälle, sowie unabhängig von der spezifischen Lagerstättenart.[589] Damit wird jetzt eine zwingende Öffentlichkeitsbeteiligung im Rahmen der Planfeststellung sowohl für unkonventionelle als auch für konventionelle Fracking-Maßnahmen gewährleistet.

Dadurch, dass § 1 Nr. 2a UVP-V Bergbau auf sämtliche Aufsuchungs- und Gewinnungstätigkeiten in Bezug auf Fracking-Tätigkeiten verweist, sind von der Regelung des § 1 Nr. 2a UVP-V Bergbau bereits sämtliche für den Untersuchungsgegenstand relevanten Betriebsphasen inklusive der Entsorgungsphase von der UVP-Pflichtigkeit umfasst. Zur Klarstellung hat der Gesetzgeber zusätzlich in § 1 Nr. 2c UVP-V Bergbau

---

586 Vgl. hierzu zur alten Rechtslage ausführlich *Schweighart*, Der risikorechtliche Umgang mit Fracking, S. 78 ff.

587 Zur Frage, ob die UVP-Pflichtigkeit bei Unterschreiten der mitgliedsstaatlichen Schwellenwerte direkt aus der unionsrechtlichen UVP-Richtlinie führte, vgl. *Gaßner/Buchholz*, ZUR 2013, 143, 147 f.; *Philipp-Gerlach/Lukas*, ZUR 2014, 548 ff.; *Frenz*, ZNER 2013, 344, 344 f.; *Frenz*, UPR 2012, 125, 126; vgl. auch *Terwiesche*, Heft 130 der Schriftenreihe der GDMB, S. 61, 65; *Ramsauer/Wendt*, NVwZ 2014, 1401, 1405.

588 Vgl. Stellungnahme Dr. Stolle im Rahmen der mündlichen Anhörung zum Antrag der Fraktion BÜNDNIS 90/DIE GRÜNEN betreffend unkonventionelle Erdgasförderung in Hessen – Schutz und Sicherheit von Mensch und Umwelt gewährleisten, Drs. des Hessischen Landtages 18/5541, S. 199), der davon ausgeht, dass selbst bei ungünstigen Bedingungen maximal 25 Prozent des Fördervolumens, also rund 125.000 Kubikmeter Erdgas mittels der Fracking-Technologie pro Tag gehoben werden können.

589 Zur generellen UVP-Pflichtigkeit von Tiefbohrungen unter Berücksichtigung europarechtlicher Vorgaben siehe *Langer*, ZUR 2017, 16 ff.

geregelt, dass auch die Entsorgung bzw. Beseitigung von Rückfluss und Lagerstätten-wasser, einschließlich hierfür notwendiger Versenkbohrungen, von der Pflicht umfasst sind, soweit ihre Umweltauswirkungen nicht bereits im Rahmen von § 1 Nr. 2a UVP-V Bergbau geprüft wurden. Die Entsorgung und Verwendung von Rückfluss und Lager-stättenwasser ist somit stets Teil der UVP-Prüfung des Aufsuchungs- bzw. Gewin-nungsvorhabens.[590]

c) Sonderbetriebsbetriebsplan

Die Behörde kann gemäß § 52 Abs. 2 Nr. 2 BBergG verlangen, dass für bestimmte Teile des Betriebes oder für bestimmte Vorhaben Sonderbetriebspläne aufgestellt wer-den. Sie sollen den Hauptbetriebsplan entlasten, indem sie eigenständige Teile des Betriebes oder eigenständige Vorhaben aus dem Hauptbetriebsplan herausnehmen und diesen übersichtlicher machen.[591] Im Rahmen der Erdgasförderung werden solche Sonderbetriebspläne in der Regel für spezielle Arbeiten wie beispielsweise Bohrarbei-ten, Bohrlochbehandlungen und für die Errichtung von Rohrleitungen gefordert.[592]

Die tatsächliche Fracking-Phase ist als Bohrlochbehandlung daher regelmäßig in Form eines Sonderbetriebsplans auszuweisen.[593] Dies ist sinnvoll, da sich so der Prü-fungsumfang der Bergbehörde auf diese Phase beschränken kann, ohne dadurch ande-re Betriebsphasen, die ebenfalls in Betriebsplänen auszuweisen und zuzulassen sind, überfrachtet zu werden.

d) Gemeinschaftlicher Betriebsplan

Für Arbeiten und Einrichtungen, die von mehreren Unternehmen nach einheitlichen Gesichtspunkten durchgeführt, errichtet oder betrieben werden müssen, haben die be-teiligten Unternehmer auf Verlangen der zuständigen Behörde gemäß § 52 Abs. 3 BBergG gemeinschaftliche Betriebspläne aufzustellen. Beispielsfälle hierfür sind die Verlegung von Verkehrs- und Versorgungsanlagen oder die Errichtung und der Be-trieb von Zentralhalden.[594] Auch können mehre Unternehmer von sich aus einen ge-meinsamen Plan aufstellen.[595] Gemeinschaftliche Pläne sollen als Haupt- und/oder Rahmenbetriebspläne aufgestellt werden können.[596] Aus der systematischen Überlegun-gen heraus, dass die Betriebsplanarten in einem Paragraphen geregelt sind, erscheint die Erstreckung auf Sonderbetriebspläne allerdings auch möglich.[597]

---

590 *Giesbert/Kastelec*, NVwZ 2017, 360, 366.
591 BT-Drs. 8/1315, S. 107; *von Hammerstein*, in: Boldt/Weller/Kühne/von Mäßenhausen, Bundesberggesetz, § 52 Rn. 48.
592 Vgl. UBA (Hrsg.), Umweltauswirkungen von Fracking bei der Aufsuchung und Gewin-nung von Erdgas insbesondere aus Schiefergaslagerstätten Teil 2, S. 7.
593 *Herbeck*, ZfB 158 (2017), 1, 3.
594 BT-Drs. 8/1315, S. 107; *von Hammerstein*, in: Boldt/Weller/Kühne/von Mäßenhausen, Bundesberggesetz, § 52 Rn. 99.
595 BT-Drs. 8/1315, S. 107.
596 BT-Drs. 8/1315, S. 107.
597 *Kremer/Neuhaus gen. Wever*, Bergrecht, Rn. 214; *von Hammerstein*, in: Boldt/Weller/ Kühne/von Mäßenhausen, Bundesberggesetz, § 52 Rn. 100.

e) Abschlussbetriebsplan

Für die Einstellung eines jeden hauptbetriebsplanpflichtigen Vorhabens ist gemäß § 53 Abs. 1 S. 1 BBergG ein Abschlussbetriebsplan aufzustellen.[598] Grund hierfür ist die Überlegung, dass mit der Einstellung des Aufsuchungs- oder Gewinnungsvorhabens nicht auch zwangsweise die mit ihm verbundenen schädlichen Umweltauswirkungen enden.[599] Er betrifft die Phase zwischen der Einstellung des Bergbaubetriebes und der Entlassung des Bergunternehmers aus der Bergaufsicht.[600] Die Bergbehörde prüft vor Beginn der Abschlussarbeiten, ob alle erforderlichen Maßnahmen getroffen werden, um schädliche Auswirkungen zu vermeiden.[601]

2. Zwischenergebnis

Sämtliche Aufsuchungs- und Gewinnungsvorhaben von Erdgasvorkommen mithilfe der Fracking-Technologie bedürfen der Betriebsplanzulassung. Erst nach dieser Zulassung kann Vorhaben realisiert werden. Zwar vermittelt die zuvor erteilte Bergbauberechtigung einen gewissen Vertrauensschutz, doch vermittelt sie keine Bindungswirkung für die nachgelagerte Betriebsplanzulassung.

Das Bundesberggesetz unterscheidet zwischen dem Hauptbetriebsplan, dem fakultativen und dem obligatorischen Rahmenbetriebsplan, dem Sonderbetriebsplan, dem gemeinschaftlichen Betriebsplan und dem Abschlussbetriebsplan.

Der Bergbauunternehmer muss in Bezug auf Fracking-Vorhaben seit der Umsetzung der Fracking-Neuregelung einen obligatorischen Rahmenbetriebsplan aufstellen, da sämtliche Fracking-Vorhaben nunmehr nach § 1 Nr. 2a und 2c UVP-V Bergbau der UVP-Pflichtigkeit unterliegen. Dieser Plan ist für sämtliche den Untersuchungsgegenstand betreffenden Phasen des Betriebes einschließlich möglicher Versenkbohrungen im Zuge der Entsorgung von Rückfluss und Lagerstättenwasser aufzustellen.

Darüber hinaus muss das Bergbauunternehmen nachgelagert zeitlich begrenzte Haupt- bzw. Sonderbetriebspläne aufstellen. Die tatsächliche Fracking-Phase wird als Bohrlochbehandlung regelmäßig im Rahmen eines Sonderbetriebsplans auszuweisen sein. Weiterhin hat das Unternehmen vor Abschluss des Fracking-Vorhabens einen Abschlussbetriebsplan aufzustellen.

IV. Das obligatorische Rahmenbetriebsplanzulassungsverfahren

Das zur Zulassung des obligatorischen Rahmenbetriebsplans anzuwendende Verfahren ist gemäß § 52 Abs. 2a S. 1 BBergG das Planfeststellungsverfahren. Es ist in den

---

598 *von Hammerstein*, in: Boldt/Weller/Kühne/von Mäßenhausen, Bundesberggesetz, § 53 Rn. 3.

599 BT-Drs. 8/1315, S. 108.

600 *von Hammerstein*, in: Boldt/Weller/Kühne/von Mäßenhausen, Bundesberggesetz, § 53 Rn. 2.

601 BT-Drs. 8/1315, S. 108.

§§ 72 ff. VwVfG[602] geregelt. Hintergrund der gesetzgeberischen Entscheidung, das Planfeststellungsverfahren für das Aufstellen des Rahmenbetriebsplans anzuwenden, ist, dass er ein Zulassungsverfahren etablieren wollte, das eine zwingende Öffentlichkeitsbeteiligung vorsieht.[603]

1. Behördliche Zuständigkeit

Gemäß § 57a Abs. 1 S. 2 BBergG ist die für die Zulassung von Betriebsplänen zuständige Behörde auch die für die Planfeststellung zuständige Behörde.[604] Die Zuständigkeit bestimmt sich gemäß § 142 S. 1 BBergG nach den landesrechtlichen Zuständigkeitsregelungen. Für den Vollzug des Bergrechts sind die Bergbehörden zuständig. In den meisten Bundesländern gibt es eine einstufige Bergverwaltung.[605] So ist zuständige Bergbehörde für ganz Nordrhein-Westfalen die Bezirksregierung Arnsberg[606], für Niedersachsen das Landesamt für Bergbau, Energie und Rohstoffe, für Baden-Württemberg das Regierungspräsidium Freiburg[607], für Thüringen das Thüringer Landesbergamt[608] und für Sachsen-Anhalt das Landesamt für Geologie und Bergbau[609].

2. Erforderlicher Inhalt des obligatorischen Rahmenbetriebsplans

Der Rahmenbetriebsplan muss alle Angaben zu den Zulassungsvoraussetzungen, zu den in dem Planfeststellungsbeschluss mit ergehenden konzentrierten Entscheidungen sowie den Angaben zur Umweltverträglichkeitsprüfung enthalten, die der Behörde eine Entscheidung über die Zulassung des Rahmenbetriebsplans ermöglichen.[610] Da der Bergbau aufgrund wandelnder Verhältnisse in der Lagerstätte sich den geologischen und hydrogeologischen Gegebenheiten vor Ort zwingend immer wieder neu

---

602   Verwaltungsverfahrensgesetz in der Fassung der Bekanntmachung vom 23. Januar 2003 (BGBl. I 203, S. 102), das zuletzt durch Art. 7 des Gesetzes vom 18. Dezember 2018 (BGBl. I 2018, S. 2639) geändert worden ist.

603   Vgl. *Keienburg*, in: Boldt/Weller/Kühne/von Mäßenhausen, Bundesberggesetz, § 57a Rn. 1.

604   *Dünchheim*, DVBl.. 2017, 1390, 1396.

605   UBA (Hrsg.), Umweltauswirkungen von Fracking bei der Aufsuchung und Gewinnung von Erdgas aus unkonventionellen Lagerstätten, B12.

606   § 1 Abs. 1 der Verordnung zur Regelung von Zuständigkeiten und zur Übertragung von Verordnungsermächtigungen auf dem Gebiet des Bergrechts vom 02.03.2010, GV. NRW.2010 S. 163.

607   § 1 Abs. 1 der Verordnung der Landesregierung über die Bestimmung der zuständigen Behörden nach dem Bundesberggesetz (BBergGZuVO).

608   § 1 Abs. 1 der Thüringer Verordnung zur Bestimmung von Zuständigkeiten nach dem Bundesberggesetz und dem Lagerstättengesetz sowie zur Übertragung von Ermächtigungen.

609   Erlass des Ministeriums für Wirtschaft über Zuständigkeiten der Behörden nach dem Bundesberggesetz im Land Sachsen-Anhalt vom 12. März 1991 i.V.m. dem Beschluss der Landesregierung über die Verschmelzung der Bergämter Halle und Staßfurt und des Geologischen Landesamtes Sachsen-Anhalt vom 27. November 2001 in der Fassung vom 19. Juli 2005.

610   Vgl. *Keienburg*, in: Boldt/Weller/Kühne/von Mäßenhausen, Bundesberggesetz, § 57a Rn. 5.

anpassen muss, kann die Zulassungsbehörde für die dynamischen Elemente des Betriebsplans keine allzu konkrete Angaben fordern.[611] Diese Elemente eines Vorhabens können daher meist nicht im Vorfeld für seine Gesamtdauer abschließend zugelassen werden.[612] Im Gegensatz zu den dynamischen Elementen des Bergbaus können allerdings für die statischen Elemente wie die für die beabsichtigten Tätigkeiten zu errichtenden Anlagen konkrete und detaillierte Angaben gefordert werden.[613]

a)   Bergrechtlicher Inhalt

Der Rahmenbetriebsplan muss wie jede andere Betriebsplanart gemäß § 52 Abs. 4 S. 1 BBergG Angaben zur technischen Durchführung und zur Dauer des beabsichtigten Vorhabens sowie den Nachweis enthalten, dass die in § 55 Abs. 1 Satz 1 Nr. 1 und 3 bis 13 BBergG bezeichneten Voraussetzungen[614] erfüllt sind.

aa)   Detaillierungsgrad der einzelnen Angaben

Diese Angaben müssen allerdings, der dynamischen Anpassung und Flexibilität geschuldet, lediglich eine vorläufige Prüfung der Zulassungsfähigkeit eines konkreten Vorhabens unter bergrechtlichen Gesichtspunkten ermöglichen.[615] Die abschließende Zulassungsfähigkeit erfolgt erst auf der Ebene des Hauptbetriebsplans.[616] Da es Ziel der Durchführung der Umweltverträglichkeitsprüfung ist, das Vorhaben als Ganzes in den Blick zu nehmen, muss der obligatorische Rahmenbetriebsplan im Gegensatz zum fakultativen Rahmenbetriebsplan und unabhängig vom jeweiligen Detaillierungsgrad der Angaben sowohl inhaltlich als auch in zeitlicher Hinsicht das Vorhaben als Ganzes umfassen.[617] Hiervon ausgenommen ist gemäß § 52 Abs. 1 S. 1 BBergG der Abschluss des Vorhabens.[618]

bb)   Detaillierungsgrad in Bezug auf Fracking-Vorhaben

Für Fracking-Vorhaben bedeutet dies, dass die Angaben im obligatorischen Rahmenbetriebsplan zeitlich und inhaltlich alle Betriebsphasen des Vorhabens abdecken müs-

---

611   *Keienburg*, in: Boldt/Weller/Kühne/von Mäßenhausen, Bundesberggesetz, § 57a Rn. 5.
612   *Stiens*, Der bergrechtliche Betriebsplan, S. 11 f.; Kernfragen des bergrechtlichen Genehmigungsverfahrens, S. 44 ff.; *Keienburg*, in: Boldt/Weller/Kühne/von Mäßenhausen, Bundesberggesetz, § 57a Rn. 5.
613   *Keienburg*, in: Boldt/Weller/Kühne/von Mäßenhausen, Bundesberggesetz, § 57a Rn. 5.
614   Zu den Anforderungen an die einzelnen Zulassungsvoraussetzungen siehe S. 176 ff.
615   *Keienburg*, in: Boldt/Weller/Kühne/von Mäßenhausen, Bundesberggesetz, § 57a Rn. 6.
616   *Keienburg*, in: Boldt/Weller/Kühne/von Mäßenhausen, Bundesberggesetz, § 57a Rn. 6.
617   Vgl. BVerwG, ZfB 1995, 278, 282; *Keienburg*, in: Boldt/Weller/Kühne/von Mäßenhausen, Bundesberggesetz, § 57a Rn. 6.
618   Daher muss der obligatorische Rahmenbetriebsplan trotz ganzheitlicher Betrachtung keine Angaben über die Wiedernutzbarmachung i.S.d. § 55 Abs. 1 Nr. 7 BBergG enthalten, es sei denn diese wird durch den Betrieb des Vorhabens derart erschwert, dass sie trotz nachholbarer Vorsorgemaßnahmen nur noch schwer zu realisieren sein wird, vgl. *Keienburg*, in: Boldt/Weller/Kühne/von Mäßenhausen, Bundesberggesetz, § 57a Rn. 7.

sen. Soweit die Angaben sich auf statische Angaben beziehen, wie die erforderliche Errichtung von Anlagen (Bohrtürme, Förderbohrungen, Rohrleitungen, Abfall- Aufbereitungs- und Entsorgungseinrichtungen) kann die Zulassungsbehörde bereits konkrete und detaillierte Angaben fordern. Hinsichtlich der dynamischen Elemente des Fracking-Vorhaben, wie die tatsächliche Fracking-Phase, die Rückförderung- und die Entsorgungsphase, können lediglich Angaben gefordert werden, die eine vorläufige Prüfung ermöglichen, ob das Vorhaben generell zulassungsfähig ist. Insbesondere im Hinblick auf den Umgang mit Rückfluss und Lagerstättenwasser, ist dies nachvollziehbar, da Menge und Zusammensetzung erst nach deren tatsächlichen Anfall konkret bestimmt werden können und die vor der Betriebsplanzulassung erforderlichen Analysen und Berichte nur Berechnungen hierfür sein können.

cc) Kritik hieran für konventionelle Fördervorhaben

Stellt sich erst im Nachhinein bzw. im Laufe einer konventionellen Förderung heraus, dass die Durchführung eines Fracks zur Aufrechterhaltung wirtschaftlicher Förderraten erforderlich ist[619], so könnte diese Fracking-Phase grundsätzlich im Rahmen eines Sonderbetriebsplans zugelassen werden.

Die Regelung der §§ 52 Abs. 2a, 57a, 57 c WHG i.V.m. § 1 Nr. 2a UVP-V Bergbau erlaubt es nun aber gerade nicht, die gewünschte Öffentlichkeitsbeteiligung im Rahmen dieses (konkreten) Sonderbetriebsplanzulassungsverfahrens durchzuführen, obwohl dies ökonomisch sinnvoll wäre und in gleicher Weise die öffentlichen Interesse beachten würde, sondern setzt nach der Maßgabe des § 1 Nr. 2a UVP-V Bergbau fest, dass hierfür ein obligatorischer Rahmenbetriebsplan erforderlich ist. Dieser hat allerdings unabhängig von dem Detaillierungs- und Konkretisierungsgrad der erforderlichen Angaben keine gestattende Wirkung, sondern erst der separat zu beantragende nachgelagerte Sonderbetriebsplan. Demnach muss die Durchführung eines nachträglichen Fracks den Umweg über den obligatorischen Rahmenbetriebsplan gehen.

Dieser Befund zeigt, dass der Gesetzgeber bei der Einführung der UVP-Pflichtigkeit eines Fracking-Vorhabens insbesondere die unkonventionelle Anwendung dieser Methode vor Augen hatte, da für eine solche Anwendung noch kein Betriebsplan zugelassen worden ist. Im Bereich der konventionellen Förderung führt die Regelung der §§ 52 Abs. 2a, 57a, 57 c WHG i.V.m. § 1 Nr. 2a UVP-V Bergbau allerdings zu einem Umweg, der mit erheblichen Bürokratie-, Zeit- und Kostenaufwand verbunden sein wird.[620] *De lege ferenda* wäre zu überlegen, ob die Öffentlichkeitsbeteiligung nicht auch im Rahmen eines Sonderbetriebsplans bzw. Hauptbetriebsplans gewährleistet werden kann.

---

619 Vgl. für die (konventionelle) Erdgasförderung in Bötersen, für die das verantwortliche Bergbauunternehmen bereits angekündigt hat, dass eine Fracking-Maßnahme erforderlich sein wird, https://www.erdgas-aus-deutschland.de/de-de/wir-vor-ort/rotenburg-heidekreis/rotenburg-heidekreis/rotenburg-heidekreis, abgerufen am 20. Dezember 2018.
620 Vgl. für die geschätzten Kosten BR-Drs. 144/15, S. 2, 11.

b)   Außerbergrechtlicher Inhalt

Neben den bergrechtlichen Zulassungsvoraussetzungen muss der Rahmenbetriebsplan noch alle weiteren Angaben für diejenigen Zulassungsvoraussetzungen enthalten, die aufgrund der Konzentrationswirkung des Planfeststellungsbeschlusses mit von der Entscheidung umfasst sind.[621] Gemäß § 57a Abs. 4 S. 1 BBergG ist die Entscheidung über die Planfeststellung hinsichtlich der eingeschlossenen Entscheidungen nach Maßgabe der hierfür geltenden Vorschriften zu treffen. Dies bedeutet, dass die Voraussetzungen für das jeweilige außerbergrechtliche Genehmigungsverfahren sich materiell am jeweiligen Fachrecht messen lassen müssen.[622] Auch hier ist wieder der jeweilige Konkretisierungs- und Detaillierungsgrad zu beachten. Sofern die von dem Planfeststellungsbeschluss eingeschlossenen Entscheidungen bereits abschließend auf der Rahmenbetriebsplanebene beurteilt werden können, sind abschließende und detaillierte Angaben zu fordern. Ist im Rahmen der Rahmenbetriebsplanzulassung eine abschließende Detaillierung des Vorhabens noch nicht möglich, so müssen die Angaben jedenfalls die Prüfung der Machbarkeit des Vorhaben auch im Hinblick auf die außerbergrechtlichen Belange ermöglichen.[623]

c)   Umweltverträglichkeitsprüfung

Weiterhin muss der Rahmenbetriebsplan alle für die Prüfung der Umweltverträglichkeit erforderlichen Angaben beinhalten.[624] Diese ergeben sich aus § 57a Abs. 2 S. 2 BBergG. Der Rahmenbetriebsplan muss alle für die Umweltverträglichkeitsprüfung bedeutsamen Angaben in der Form eines Berichts zu den voraussichtlichen Umweltauswirkungen des Vorhabens (UVP-Bericht) nach Maßgabe des § 16 UVPG[625] und UVP-V Bergbau enthalten. Eine selbstständige Unterlage in Form einer vom Vorhabenträger zu erstellenden Umweltverträglichkeitsstudie ist hingegen nicht vorgeschrieben.[626]

aa) Mindestangaben des Vorhabenträgers

Die Mindestangaben, wie sie § 57a Abs. 2 S. 2 Nr. 1 bis 3 BBergG a.F. noch vorsah, hat der Gesetzgeber im Zuge des Artikel 2 des Gesetzes zur Modernisierung des Rechts der Umweltverträglichkeitsprüfung im Jahr 2017[627] gestrichen und dafür den

621   *Keienburg*, in: Boldt/Weller/Kühne/von Mäßenhausen, Bundesberggesetz, § 57a Rn. 8.
622   *Keienburg*, in: Boldt/Weller/Kühne/von Mäßenhausen, Bundesberggesetz, § 57a Rn. 8.
623   OVG Rheinland-Pfalz, ZfB 2011, 204, 229; *Keienburg*, in: Boldt/Weller/Kühne/von Mäßenhausen, Bundesberggesetz, § 57a Rn. 8.
624   *Keienburg*, in: Boldt/Weller/Kühne/von Mäßenhausen, Bundesberggesetz, § 57a Rn. 10.
625   Gesetz über die Umweltverträglichkeitsprüfung in der Fassung der Bekanntmachung vom 24. Februar 2010 (BGBl. I 2010, S. 94), das zuletzt durch Art. 2 des Gesetzes vom 8. September 2017 (BGBl. I 2017, S. 3370) geändert worden ist.
626   BVerwG, NVwZ 2007, 84, 85 Rn. 15; OVG Nordrhein-Westfalen, DVBl. 2011, 832, 832 ff.; *Neumann/Külpmann*, in: Stelkens/Bonk/Sachs, Verwaltungsverfahrensgesetz, § 73 Rn. 21; *Keienburg*, in: Boldt/Weller/Kühne/von Mäßenhausen, Bundesberggesetz, § 57a Rn. 10.
627   BGBl. I 2017, S. 2808.

Verweis in das Gesetz über die Umweltverträglichkeitsprüfung und in die Verordnung über die Umweltverträglichkeitsprüfung bergbaulicher Vorhaben aufgenommen. Dementsprechend hat der Vorhabenträger nunmehr folgende Mindestangaben in seinem UVP-Bericht gemäß § 16 Abs. 1 UVPG zu den voraussichtlichen Umweltauswirkungen des Vorhabens der zuständigen Behörde vorzulegen:

1. Beschreibung des Vorhabens mit Angaben zum Standort, Art, Umfang und Ausgestaltung, Größe und zu anderen wesentlichen Merkmalen des Vorhabens;

2. Beschreibung der Umwelt und ihrer Bestandteile im Einwirkungsbereich des Vorhabens;

3. Beschreibung der Merkmale des Vorhabens und des Standorts, mit denen das Auftreten erheblicher nachteiliger Umweltauswirkungen des Vorhabens ausgeschlossen, vermindert oder ausgeglichen werden soll;

4. Beschreibung der geplanten Maßnahmen, mit denen das Auftreten erheblicher nachteiliger Umweltauswirkungen des Vorhabens ausgeschlossen, vermindert oder ausgeglichen werden soll, sowie eine Beschreibung geplanter Ersatzmaßnahmen;

5. Beschreibung der zu erwartenden erheblichen Umweltauswirkungen des Vorhabens;

6. Beschreibung der vernünftigen Alternativen, die für das Vorhaben und seine spezifischen Merkmale relevant und vom Vorhabenträger geprüft worden sind, und die Angabe der wesentlichen Gründe für die getroffene Wahl unter Berücksichtigung der jeweiligen Umweltauswirkungen sowie

7. eine allgemein verständliche, nichttechnische Zusammenfassung des UVP-Berichts.

bb) Zusätzliche Angaben für Fracking-Vorhaben

Zusätzlich muss der UVP-Bericht eines Fracking-Vorhabens nach der Maßgabe des § 2 UVP-V Bergbau über die Angaben des § 16 Abs. 1 UVPG hinaus noch Angaben enthalten

1. über die Identität aller Stoffe, die eingesetzt, wiederverwendet, entsorgt oder beseitigt werden sollen, über ihre voraussichtliche Menge und über ihren Anteil in Gemischen sowie

2. über die Beschaffenheit des Grundwassers, oberirdischer Gewässer, des Bodens und der Gesteine im möglichen Einwirkungsbereich der Vorhaben, wobei die zuständige Behörde festzulegen hat, welche Untersuchungen im Einzelnen erforderlich sind.

Die Form der Angaben zur Stoffidentität richtet sich nach den jeweils einschlägigen Vorgaben des Chemikalienrechts.[628] Erfasst wird damit auch die gesamte Behandlung der eingesetzten Fluide, des Rückflusses und des Lagerstättenwassers. In der Umweltverträglichkeitsprüfung sind damit sowohl der Einsatz der Fracking-Fluide als auch die spätere Behandlung des Rückflusses und des Lagerstättenwassers zu prüfen.[629]

---

628 BR-Drs. 144/15, S. 17.
629 BR-Drs. 144/15, S. 17. Siehe auch *Beckmann*, in: Frenz, BBergG, § 57a Rn. 38.

cc) Zweckdienliche Informationen beteiligter Behörden

Verfügen die beteiligten Behörden zu den soeben genannten Angaben über zweckdienliche Informationen, so unterrichten sie das Bergbauunternehmen und stellen ihm die Informationen auf Verlangen zur Verfügung, § 57a Abs. 3 S. 1 BBergG. § 57a Abs. 3 BBergG begründet mit der Festsetzung eine Informationspflicht gegenüber dem Bergbauunternehmen sowie der Planfeststellungsbehörde, die ihre Grenzen in den allgemeingültigen Geheimhaltungs- und Datenschutzvorschriften findet.[630]

(1) Ergebnisse eines Raumordnungsverfahrens als zweckdienliche Informationen

Zweckdienliche Informationen sind alle Informationen, die der Komplettierung der erforderlichen Angaben für die Umweltverträglichkeitsprüfung dienen.[631] Hierzu zählen beispielsweise Bestandsdaten aus naturschutzrechtlichen Gebietsausweisungen oder Daten aus sonstigen behördlichen Ermittlungen.[632] Zweckdienlich sind insbesondere auch Informationen aus einem vorausgegangenen Raumordnungsverfahren, § 57a Abs. 3 S. 2 1. Halbsatz BBergG. Ist ein solches durchgeführt, muss die für das Verfahren zuständige Behörde die Unterlagen aus dem Raumordnungsverfahren der zuständigen Planfeststellungsbehörde zur Verfügung zu stellen, § 57a Abs. 3 S. 2 2. Halbsatz BBergG.

(2) Durchführung eines Raumordnungsverfahrens für Fracking-Vorhaben

Die Erforderlichkeit zur Durchführung eines Raumordnungsverfahren ergibt sich aus § 15 Abs. 1 S. 1 ROG i.V.m. § 1 ROV[633]. § 1 S. 3 Nr. 16 ROV normiert, dass für die nach § 52 Abs. 2a bis 2c BBergG planfeststellungsbedürftigen bergbaulichen Vorhaben, worunter Fracking-Vorhaben nach § 52 Abs. 2a BBergG i.V.m. § 1 Nr. 2a, 2c UVP-V Bergbau fallen, ein Raumordnungsverfahren durchgeführt werden soll, wenn das Vorhaben im Einzelfall raumbedeutsam ist und eine überörtliche Bedeutung hat.

Im Raumordnungsverfahren für das bergbauliche Fracking-Vorhaben wird nach der Maßgabe des § 49 Abs. 1 UVPG bereits eine Umweltverträglichkeitsprüfung nach dem Planungsstand des jeweiligen Vorhabens, einschließlich der Standortalternativen nach § 15 Absatz 1 Satz 3 des Raumordnungsgesetzes, durchgeführt.

Soweit das einzelne Fracking-Vorhaben raumbedeutsam ist und überörtliche Bedeutung hat[634], bedeutet dies, dass eine Umweltverträglichkeitsprüfung, in deren Rahmen die Öffentlichkeit nach der Maßgabe des § 18 UVPG zu beteiligen ist, in der Regel bereits im vorgelagerten Raumordnungsverfahren durchzuführen ist. Entbehrlich wird hierdurch die Durchführung einer Umweltverträglichkeitsprüfung im obligatorischen

---

630 *Keienburg*, in: Boldt/Weller/Kühne/von Mäßenhausen, Bundesberggesetz, § 57a Rn. 13.
631 *Keienburg*, in: Boldt/Weller/Kühne/von Mäßenhausen, Bundesberggesetz, § 57a Rn. 13.
632 *Keienburg*, in: Boldt/Weller/Kühne/von Mäßenhausen, Bundesberggesetz, § 57a Rn. 13.
633 Raumordnungsverordnung vom 13. Dezember 1990 (BGBl. I 1990, S. 2766), die zuletzt durch Art. 5 Abs. 35 des Gesetzes vom 24. Februar 2012 (BGBl. I 2012, S. 212) geändert worden ist.
634 Hierzu im Einzelnen S. 209 ff.

Rahmenbetriebsplanzulassungsverfahren allerdings nicht.[635] Nach der Maßgabe des § 49 Abs. 2 UVPG kann aber die Umweltverträglichkeitsprüfung auf zusätzliche erhebliche oder andere erhebliche Umweltauswirkungen des Vorhabens beschränkt werden.[636]

d) Anhörungsverfahren

Die Planfeststellungsbehörde ist gleichzeitig auch die für die Durchführung der Öffentlichkeitsbeteiligung gemäß § 73 Abs. 1 bis 9 VwVfG zuständige Anhörungsbehörde.[637]

aa) Behördenbeteiligung

Innerhalb eines Monats nach Zugang des vollständigen Plans bei der Planfeststellungsbehörde fordert diese die Behörden, deren Aufgabenbereich durch das Vorhaben berührt wird, zur Stellungnahme auf, § 73 Abs. 2 VwVfG. Maßgeblich für die Einbindung der Behörde ist der funktionale Behördenbegriff des § 1 Abs. 4 VwVfG.[638] Behörden sind danach alle Stellen, die Aufgaben der öffentlichen Verwaltung wahrnehmen. Soweit das Vorhaben die Wahrnehmung öffentlicher Aufgaben tangiert, sind die Behörden zu beteiligen.[639] Damit sind insbesondere diejenigen Behörden zu beteiligen, die außerhalb des konzentrierten Verfahrens für die jeweilige außerbergrechtliche Genehmigung zuständig sind.[640]

bb) Öffentlichkeitsbeteiligung

Zur Durchführung der Öffentlichkeitsbeteiligung veranlasst die Anhörungsbehörde, dass der Plan in den Gemeinden, in denen sich das Vorhaben voraussichtlich auswirken wird, ausgelegt wird. Von den Auswirkungen eines Fracking-Vorhabens ist zunächst die Gemeinde betroffen, in der das Vorhaben seinen Standort hat.[641] Weitere Gemeinden können abhängig von der Reichweite des Vorhabens ebenfalls betroffen sein.[642]

---

635 Vgl. *Hagmann*, in: Hoppe/Beckmann/Kment, Gesetz über die Umweltverträglichkeitsprüfung, § 18 Rn. 35 f.; *Keienburg*, in: Boldt/Weller/Kühne/von Mäßenhausen, Bundesberggesetz, § 57a Rn. 13.
636 *Keienburg*, in: Boldt/Weller/Kühne/von Mäßenhausen, Bundesberggesetz, § 57a Rn. 13.
637 *Keienburg*, in: Boldt/Weller/Kühne/von Mäßenhausen, Bundesberggesetz, § 57a Rn. 2.
638 *Keienburg*, in: Boldt/Weller/Kühne/von Mäßenhausen, Bundesberggesetz, § 57a Rn. 19.
639 *Neumann/Külpmann*, in: Stelkens/Bonk/Sachs, Verwaltungsverfahrensgesetz, § 73 Rn. 30; *Schink*, in: Knack/Henneke, Verwaltungsverfahrensgesetz, § 73 Rn. 41; *Wysk*, in: Kopp/Ramsauer, Verwaltungsverfahrensgesetz, § 73 Rn. 34, *Kämper*, in: Bader/Ronellenfitsch, Verwaltungsverfahrensgesetz, § 73 Rn. 16 f.
640 *Neumann/Külpmann*, in: Stelkens/Bonk/Sachs, Verwaltungsverfahrensgesetz, § 73 Rn. 33; *Schink*, in: Knack/Henneke, Verwaltungsverfahrensgesetz, § 73 Rn. 40; *Wysk*, in: Kopp/Ramsauer, Verwaltungsverfahrensgesetz, § 73 Rn. 35, *Kämper*, in: Bader/Ronellenfitsch, Verwaltungsverfahrensgesetz, § 73 Rn. 17.
641 *Keienburg*, in: Boldt/Weller/Kühne/von Mäßenhausen, Bundesberggesetz, § 57a Rn. 20.
642 *Keienburg*, in: Boldt/Weller/Kühne/von Mäßenhausen, Bundesberggesetz, § 57a Rn. 20.

Dies ist anhand einer Prognose zu bestimmen.[643] Hierfür dient die räumliche Reichweite des Eingriffs eines bergbaulichen Vorhabens in den Boden sowie die prognostizierte Reichweite von Grundwasserhaltungsmaßnahmen und Grundwasserbenutzungstatbeständen.[644]

Im Rahmen der durchzuführenden Umweltverträglichkeitsprüfung für Fracking-Vorhaben ist bereits im Rahmen des Planfeststellungsverfahrens der Untersuchungsradius festzulegen, um die hierin möglichen Auswirkungen zu ermitteln. Dieser Radius dient, soweit die Durchführung der Umweltverträglichkeitsprüfung kein anderes Ergebnis findet, als maximaler Auswirkungsbereich.[645] Dieser Bereich dient gleichzeitig dazu, die Gemeinden zu bestimmen, in denen der Plan auszulegen ist. Die Gemeinden, in denen der Plan auszulegen ist, haben die Auslegung vorher ortsüblich bekannt zu machen, § 73 Abs. 5 S. 1 VwVfG. Die übrigen Anforderungen an die Beteiligung richten sich nach § 73 Abs. 5 bis 9 VwVfG.

3. Der Planfeststellungsbeschluss

Die Planfeststellungsbehörde stellt den Plan nach Durchführung des Planfeststellungsverfahrens gemäß § 74 Abs. 1 S. 1 VwVfG fest. Der Planfeststellungsbeschluss ist ein rechtsgestaltender Verwaltungsakt.[646] An ihn ist eine Vielzahl von Rechtswirkungen geknüpft. Allgemein kann man zwischen der Genehmigungs-, der Konzentrations-, der Gestaltungs-, der Duldungs- und der Ausgleichswirkung unterscheiden.[647] Insbesondere im Hinblick auf das Bergrecht ergeben sich einige von der grundsätzlichen Natur des Planfeststellungsbeschluss abweichende Besonderheiten, die im Rahmen der Zulassung von Fracking-Vorhaben zu beachten sind.

a) Gebundene Entscheidung

Die obligatorische Rahmenbetriebsplanzulassung ist trotz ihres Erlasses im Planfeststellungsverfahren eine Kontrollerlaubnis in Form einer gebundenen Entscheidung.[648] Die Entscheidung ist daher keine Abwägungs- oder Ermessensentscheidung, die Ausfluss eines behördlichen Ermessens- oder Gestaltungsspielraumes ist.[649] Vielmehr ist die Planfeststellung zu erteilen, wenn auf Grundlage der erforderlichen Angaben die Erfüllung der für die Rahmenbetriebsplanzulassung erforderlichen bergrechtlichen Zulassungsvoraussetzungen des § 55 Abs. 1 Nr. 1 und 3 bis 13 BBergG bejaht werden

---

643 BVerwG, NVwZ 2014, 730, 731 (Rn. 20 ff.); *Keienburg*, in: Boldt/Weller/Kühne/von Mäßenhausen, Bundesberggesetz, § 57a Rn. 20.

644 *Keienburg*, in: Boldt/Weller/Kühne/von Mäßenhausen, Bundesberggesetz, § 57a Rn. 20.

645 Vgl. *Keienburg*, in: Boldt/Weller/Kühne/von Mäßenhausen, Bundesberggesetz, § 57a Rn. 20.

646 *Berendes*, in: Berendes/Frenz/Müggenborg, Wasserhaushaltsgesetz, § 19 Rn. 6.

647 *Berendes*, in: Berendes/Frenz/Müggenborg, Wasserhaushaltsgesetz, § 19 Rn. 6; *Ruttloff*, UPR 2012, 328, 330.

648 BT-Drs. 11/4015, S. 12; BVerwG, ZfB 2012, 236, 236; BVerwG, ZfB 2006, 306, 311, *Piens/Schulte/Graf Vitzthum*, Bundesberggesetz, § 52 Rn. 41; *Keienburg*, in: Boldt/Weller/Kühne/von Mäßenhausen, Bundesberggesetz, § 57a Rn. 30 m.w.N.

649 *Keienburg*, in: Boldt/Weller/Kühne/von Mäßenhausen, Bundesberggesetz, § 57a Rn. 30.

können, keine öffentlichen Interessen i.S.d. § 48 Abs. 2 BBergG entgegen stehen und die gemäß § 57a Abs. 4 S. 1 BBergG maßgeblichen materiell-rechtlichen Zulassungsvoraussetzungen der eingeschlossenen, konzentrierteren Entscheidungen erfüllt sind sowie die gemäß § 57a Abs. 4 S. 3 BBergG erforderliche Bewertung der voraussichtlichen Auswirkungen auf die Umwelt gemessen an den einschlägigen materiellen Maßstäben des Fachrechts zu dem Ergebnis kommt, dass das Vorhaben umweltverträglich ist.[650] An der Ausgestaltung des Verfahrens als gebundene Entscheidung ändert auch die Abwägungsdirektive des § 48 Abs. 2 BBergG nichts.[651] Strikt gilt diese Annahme allerdings nur hinsichtlich der bergrechtlichen Zulassungsvoraussetzungen der §§ 55 Abs. 1 und 48 Abs. 2 BBergG.[652] Sofern nämlich der Planfeststellungsbeschluss noch andere Entscheidungen umfasst, die Ausdruck einer behördlichen Ermessensentscheidung sind[653], bleibt der behördliche Ermessens- bzw. Abwägungsspielraum im Rahmen der nach dem jeweiligen Fachrecht zu beurteilenden Reichweite der Genehmigung bestehen.[654]

b) Berücksichtigung der Umweltverträglichkeitsprüfung

Im Rahmen des Planfeststellungsbeschlusses wird auch über die Umweltverträglichkeit des Fracking-Vorhabens entschieden.[655] Maßgeblich hierfür sind die materiellen Maßstäbe des Fachrechts, also die Maßstäbe des Bergrechts und der außerbergrechtlichen konzentrierten Entscheidungen. Die Umweltverträglichkeitsprüfung begründet nämlich keine eigenen materiellen Maßstäbe, sondern ist gemäß § 4 UVPG ein unselbständiger Teil des verwaltungsbehördlichen Verfahrens. Sie richtet sich daher nach dem jeweiligen fachgesetzlichen Zulassungsverfahren.[656]

Da über die Umweltverträglichkeit des Vorhabens abschließend entschieden wird, entfaltet die Zulassung eine Feststellungswirkung hinsichtlich der Umweltverträglichkeit.[657] Diese Feststellung ist hinsichtlich bergbaulicher Fracking-Vorhaben nicht ganz unbedenklich. Die Umweltverträglichkeit bemisst sich anhand der im Vorfeld des Vorhabens nur prognostischen Angaben, die im Rahmenbetriebsplanzulassungsverfah-

---

650 *Keienburg*, in: Boldt/Weller/Kühne/von Mäßenhausen, Bundesberggesetz, § 57a Rn. 30 m.w.N. zur Zulassungsfähigkeit von obligatorischen Rahmenbetriebsplänen in Bezug auf Fracking-Vorhaben siehe S. 176 ff.

651 BVerfG, ZfB 2014, 49, 97 (Rn. 322); BVerwG, ZfB 2006, 156, 161; *Keienburg*, in: Boldt/Weller/Kühne/von Mäßenhausen, Bundesberggesetz, § 57a Rn. 30; vgl. auch *Frenz*, NVwZ 2014, 194, 195.

652 *Keienburg*, in: Boldt/Weller/Kühne/von Mäßenhausen, Bundesberggesetz, § 57a Rn. 30.

653 Beispielsweise die wasserrechtliche Planfeststellung gemäß § 68 Abs. 1 WHG und die naturschutzrechtliche Befreiung gemäß § 67 Abs. 1 BNatschG.

654 *Wysk*, in: Kopp/Ramsauer, Verwaltungsverfahrensgesetz, § 74 Rn. 64; *Gaentzsch*, FS Sendler 1991, S. 403, 420; *Keienburg*, in: Boldt/Weller/Kühne/von Mäßenhausen, Bundesberggesetz, § 57a Rn. 30.

655 Vgl. *Keienburg*, in: Boldt/Weller/Kühne/von Mäßenhausen, Bundesberggesetz, § 57a Rn. 33.

656 BVerwGE 148, 353, 361 (Rn. 37); BVerwG, ZfB 2009, 46, 53; *Keienburg*, in: Boldt/Weller/Kühne/von Mäßenhausen, Bundesberggesetz, § 57a Rn. 33 m.w.N.

657 *Keienburg*, in: Boldt/Weller/Kühne/von Mäßenhausen, Bundesberggesetz, § 57a Rn. 33.

ren aufgrund der Dynamik des Bergbaus weder hinreichend konkret noch präzisiert gefordert werden können.[658]

c) Eingeschränkte Gestattungswirkung

Grundsätzlich wird gemäß § 75 Abs. 1 VwVfG durch die Planfeststellung die Zulässigkeit des Vorhabens einschließlich der notwendigen Folgemaßnahmen an anderen Anlagen im Hinblick auf alle von ihm berührten öffentlichen Belange festgestellt. Neben der Planfeststellung sind dann andere behördliche Entscheidungen, insbesondere öffentlich-rechtliche Genehmigungen, Verleihungen, Erlaubnisse, Bewilligungen, Zustimmungen und (andere) Planfeststellungen nicht erforderlich. Dementsprechend entfaltet der Planfeststellungsbeschluss grundsätzlich eine Gestattungswirkung hinsichtlich aller in ihm konzentrierter Entscheidungen.

Für die bergrechtlichen Belange ergibt sich allerdings die Besonderheit, dass erst die dem Rahmenbetriebsplanverfahren nachgelagerte Hauptbetriebsplanzulassung, in der das Vorhaben konkretisiert wird, in bergrechtlicher Hinsicht die gewünschte Gestattungswirkung bewirkt.[659] Der Planfeststellungsbeschluss entfaltet demnach keine Gestattungswirkung.[660] Erst nach der Zulassung des Hauptbetriebsplans kann mit den bergbaulichen Tätigkeiten begonnen werden.[661] § 75 Abs. 1 S. 1 VwVfG gilt nämlich für alle horizontalen konzentrierten Entscheidungen, nicht aber für vertikale, also nachgelagerte, bergrechtliche Entscheidungen.[662] Hinsichtlich aller weiteren konzentrierten Entscheidungen entfaltet der Beschluss hingegen Gestattungswirkung.

d) Bindung der einzelnen Haupt- und Sonderbetriebspläne an den planfestgestellten obligatorischen Rahmenbetriebsplan

Auch wenn die Rahmenbetriebsplanzulassung nicht dem Vorhabenträger den Beginn des Fracking-Vorhabens gestattet, entfaltet sie dennoch hinsichtlich der vertikal nachgelagerten Haupt- bzw. Sonderbetriebsplanzulassungen Bindungswirkung.[663] Die obligatorische Rahmenbetriebsplanzulassung setzt nämlich einen verbindlichen Rahmen für die nachfolgenden Haupt- und Sonderbetriebspläne.[664] Soweit die Bindungswir-

---

658 Vgl. S. 103 f.
659 Vgl. *Keienburg*, in: Boldt/Weller/Kühne/von Mäßenhausen, Bundesberggesetz, § 57a Rn. 34.
660 Vgl. *Keienburg*, in: Boldt/Weller/Kühne/von Mäßenhausen, Bundesberggesetz, § 57a Rn. 34.
661 BT-Drs. 11/4015, S. 7; BVerwG , ZfB 2006, 306, 310; BVerwG, ZfB 2006, 315, 318; OVG Rheinland-Pfalz, ZUR 2013, 293, 297; Keienburg, NVwZ 2013, 1123, 1124, Ludwig, ZUR 2012, 150, 154; *Piens/Schulte/Graf Vitzthum*, Bundesberggesetz, § 57a Rn. 44; *Keienburg*, in: Boldt/Weller/Kühne/von Mäßenhausen, Bundesberggesetz, § 57a Rn. 34.
662 BVerwG, ZfB 2006, 315, 319 f.; OVG Nordrhein-Westfalen, ZfB 2006, 166, 166; *Bohne*, ZfB 1989, 93, 108; *Keienburg*, in: Boldt/Weller/Kühne/von Mäßenhausen, Bundesberggesetz, § 57a Rn. 35.
663 *Keienburg*, in: Boldt/Weller/Kühne/von Mäßenhausen, Bundesberggesetz, § 57a Rn. 35.
664 BVerwG, ZfB 2010, 129, 131 (Rn. 16); BVerwG, ZfB 2006, 306, 310, BVerwG, ZfB 2006, 315, 318, OVG Rheinland-Pfalz, ZUR 2013, 293, 297; OVG Thüringen, ZfB 2011, 247, 254; OVG Nordrhein-Westfalen, ZfB 2006, 166, 166 f.; VG Oldenburg, ZfB 2012, 306, 319; *Neumann*, in: Entwicklungslinien des Bergrechts, S. 27, 37; *Keienburg*, in: Boldt/Weller/Kühne/von Mäßenhausen, Bundesberggesetz, § 57a Rn. 36.

kung der obligatorischen Rahmenbetriebsplanzulassung als Rahmen reicht, sind die Bergbehörden daran auf den nachfolgenden Ebenen gebunden.[665] Die Zulassung nachfolgender Betriebspläne kann daher nicht mit Erwägungen versagt werden, die im Widerspruch mit der Rahmenbetriebsplanzulassung stehen.[666]

Die Bindungswirkung der obligatorischen Rahmenbetriebsplanzulassung umfasst die Umweltverträglichkeit des Vorhabens, die ausschließlich im Rahmenbetriebsplanzulassungsverfahren zu prüfen ist.[667] Darüber hinaus umfasst sie die bergrechtlichen Zulassungsvoraussetzungen gemäß § 55 Abs. 1 S. 1 Nr. 1 und 3 bis 13 BBergG, soweit aufgrund des Konkretisierungsgrades der erforderlichen Angaben hierüber bereits auf der Rahmenbetriebsplanebene entschieden worden ist, und den Ausschluss etwaiger dem Vorhaben entgegenstehender überwiegender öffentlicher Interessen i.S.d. § 48 Abs. 2 S. 1 BBergG.[668]

e)   Konzentrations- und Bindungswirkung

Durch die Planfeststellung wird die Zulässigkeit des Vorhabens einschließlich der notwendigen Folgemaßnahmen an anderen Anlagen im Hinblick auf alle von ihm berührten öffentlichen Belange festgestellt. Diese in § 75 Abs. 1 S. 1 1. Halbsatz VwVfG normierte Konzentrationswirkung stellt eine formelle Entscheidungskonzentration dar, da die Planfeststellungsbehörde für die Planfeststellung einschließlich aller in ihr konzentrierten Entscheidungen formell zuständig ist.[669] Diese formelle Konzentrationswirkung kommt auch der bergrechtlichen obligatorischen Rahmenbetriebsplanzulassung zu.[670] Von der Konzentrationswirkung umfasst sind sämtliche für das Vorhaben (einschließlich notwendiger Folgemaßnahmen) erforderlichen öffentlich-rechtlichen Entscheidungen.[671] Hierunter fallen nach § 75 Abs. 1 S. 1 2. Halbsatz VwVfG andere behördliche Entscheidungen, insbesondere öffentlich-rechtliche Genehmigungen, Verleihungen, Erlaubnisse, Bewilligungen, Zustimmungen und Planfeststellungen.[672]

---

665 *Keienburg*, in: Boldt/Weller/Kühne/von Mäßenhausen, Bundesberggesetz, § 57a Rn. 36.
666 *Keienburg*, in: Boldt/Weller/Kühne/von Mäßenhausen, Bundesberggesetz, § 57a Rn. 36 m.w.N.
667 *Keienburg*, in: Boldt/Weller/Kühne/von Mäßenhausen, Bundesberggesetz, § 57a Rn. 37.
668 *Keienburg*, in: Boldt/Weller/Kühne/von Mäßenhausen, Bundesberggesetz, § 57a Rn. 37.
669 *Neumann/Külpmann*, in: Stelkens/Bonk/Sachs, Verwaltungsverfahrensgesetz, § 75 Rn. 133 ff.; *Kämper*, in: Bader/Ronellenfitsch, Verwaltungsverfahrensgesetz, § 75 Rn. 5; *Ziekow*, Verwaltungsverfahrensgesetz, § 75 Rn. 8.
670 BT-Drs., 11/4015, S. 1; BVerwG, ZfB 2010, 129, 132 (Rn. 23); BVerwG, ZfB 2006, 315, 320; OVG Sachsen-Anhalt, NJOW 2013, 412, 413, OVG Nordrhein-Westfalen, ZfB 2006, 32, 58; *Stiens*, Der bergrechtliche Betriebsplan, S. 147; *Schulte*, Kernfragen des bergrechtlichen Genehmigungsverfahrens, S. 72 f.; *Niermann*, Betriebsplan und Planfeststellung im Bergrecht, S. 97, 136; *Keienburg*, in: Boldt/Weller/Kühne/von Mäßenhausen, Bundesbergsgesetz, § 57a Rn. 40.
671 *Keienburg*, in: Boldt/Weller/Kühne/von Mäßenhausen, Bundesberggesetz, § 57a Rn. 42.
672 Nicht darunter fallen allerdings die Bergbauberechtigungen nach § 6 ff. BBergG, da diese bereits Voraussetzungen für die Durchführung des obligatorischen Rahmenbetriebsplanverfahrens gemäß § 55 Abs. 1 S. 1 Nr. 1 BBergG sind, vgl. *Keienburg*, in: Boldt/Weller/Kühne/von Mäßenhausen, Bundesberggesetz, § 57a Rn. 42.

Konzentriert werden damit etwa bau-, immissionsschutz-, denkmalschutz- und forstrechtliche Entscheidungen.[673] Hierunter fallen ebenso fachrechtliche Ausnahme- und Befreiungsentscheidungen wie naturschutzrechtliche Ausnahmen und Befreiungen und erforderliche Zielabweichungen von Raumordnungsplänen.[674]

aa) Keine Bindungswirkung nachfolgender Haupt- und Sonderbetriebspläne

Von der Konzentrationswirkung grundsätzlich nicht umfasst, sind die nachgelagerten Haupt-, Sonder- und Abschlussbetriebspläne.[675] Für sie geht vom Rahmenbetriebsplanverfahren eine Bindungswirkung aus. Insoweit stellt § 57a Abs. 5 1. Halbsatz BBergG klar, dass lediglich hinsichtlich der vom Vorhaben berührten Belange Dritter und der Aufgabenbereiche Beteiligter im Sinne des § 54 Abs. 2 BBergG sich die Rechtswirkungen der Planfeststellung auch auf die Zulassung und Verlängerung der zur Durchführung des Rahmenbetriebsplanes erforderlichen Haupt-, Sonder- und Abschlussbetriebspläne erstrecken, soweit über die sich darauf beziehenden Einwendungen entschieden worden ist oder bei rechtzeitiger Geltendmachung hätte entschieden werden können.

bb) Keine Konzentrationswirkung wasserrechtlicher Genehmigungen

Ebenfalls nicht konzentriert ist die Entscheidung über die Erteilung der wasserrechtlichen Erlaubnis bzw. Bewilligung.[676] Zwar normiert § 19 Abs. 1 WHG, dass für ein planfeststellungsbedürftiges Vorhaben, mit dem die Benutzung eines Gewässers verbunden ist, die Planfeststellungsbehörde ebenfalls über die Erteilung der wasserrechtlichen Erlaubnis bzw. Bewilligung entscheidet.

§ 19 WHG stellt allerdings eine reine Zuständigkeits- und Verfahrenskonzentration dar.[677] Dadurch wird vermieden, dass mehrere in der Sache zuständige Behörden tätig werden, obwohl die Verfahren stark miteinander verknüpft sind. Weiterhin wird vermieden, dass mehrere Öffentlichkeitsbeteiligungen durchgeführt werden müssen.[678] Hingegen nicht bezweckt wird, dass hierdurch auch eine Entscheidungskonzentration

---

673 *Keienburg*, in: Boldt/Weller/Kühne/von Mäßenhausen, Bundesberggesetz, § 57a Rn. 42.
674 *Keienburg*, in: Boldt/Weller/Kühne/von Mäßenhausen, Bundesberggesetz, § 57a Rn. 42 m.w.N.
675 Vgl. *Keienburg*, in: Boldt/Weller/Kühne/von Mäßenhausen, Bundesberggesetz, § 57a Rn. 43.
676 Vgl. *Schweighart*, Der risikorechtliche Umgang mit Fracking, S. 89.
677 BVerwGE 133, 239, 249 Rn. 32; BVerwGE 125, 116, 280 Rn. 450; BVerwGE 123, 241, 242 f.; *Paetow*, FS Sellner 2010, S. 509, 520; *Salzwedel*, in: Bergrechtliche Zulassungsentscheidungen im Kontext mit Umweltprüfungen, S. 51, 52; *Schink,* in: Knack/Henneke, Verwaltungsverfahrensgesetz, § 75 Rn. 24; *Kämper*, in: Bader/Ronellenfitsch, Verwaltungsverfahrensgesetz § 75 Rn. 6; *Niermann*, Betriebsplan und Planfeststellung im Bergrecht, S. 223; *Maus*, NVwZ 2012, 1277, 1277 f.; *Rutloff*, UPR 2012, 328, 332 ff.; *Bohne*, ZfB 1989, 93, 96; *Keienburg*, in: Boldt/Weller/Kühne/von Mäßenhausen, Bundesberggesetz, § 57a Rn. 44, a.A. *Berendes*, in: Berendes/Frenz/Müggenborg, Wasserhaushaltsgesetz, § 19 Rn. 6 ff. der die Auffassung vertritt, dass § 19 Abs. 1 WHG eine reine Zuständigkeitsbündelung ist, nicht aber eine Verfahrensbündelung.
678 Vgl. *Keienburg*, in: Boldt/Weller/Kühne/von Mäßenhausen, Bundesberggesetz, § 57a Rn. 44.

stattfindet. Über die wasserrechtliche Genehmigungsbedürftigkeit und -fähigkeit ist demnach gesondert zu entscheiden.

Trotz der zwingend erforderlichen Aufstellung eines obligatorischen Rahmenbetriebsplans für Fracking-Vorhaben muss also zusätzlich eine wasserrechtliche Genehmigung erteilt werden, sofern für das Fracking-Vorhaben auch eine wasserrechtliche Gewässerbenutzung erforderlich ist.[679] Diese wasserrechtliche Erlaubnis kann in einem Verfahren mit dem Planfeststellungsverfahren gebündelt werden. Dies ist allerdings nur dann möglich, wenn mit den erforderlichen Angaben für die Rahmenbetriebsplanzulassung auch bereits eine verlässliche Aussage über die Erlaubnisfähigkeit der wasserrechtlichen Benutzung getroffen werden kann. Mangels ausreichender Konkretisierbarkeit der Angaben auf der Betriebsplanebene kann es dazu kommen, dass zwar bereits der Rahmenbetriebsplan zugelassen, die wasserrechtliche Erlaubnis aber noch nicht erteilt werden kann.

Diesen Befund hat auch der Gesetzgeber erkannt, da er in § 13b Abs. 1 S. 1 WHG geregelt hat, dass der Antrag auf Erteilung einer wasserrechtlichen Erlaubnis für Fracking-Vorhaben auch die Angaben nach § 2 Abs. 1 Nr. 3 UVP-V Bergbau[680] enthalten muss. Da auch der Antrag auf Zulassung des Rahmenbetriebsplans diese Angaben enthalten muss[681] und die wasserrechtliche Erlaubnis und der Rahmenbetriebsplan verfahrenstechnisch gebündelt sind, wäre diese Festsetzung ohne das Anerkenntnis, dass beide Verfahren auch auseinander fallen können, überflüssig.

Sollte dieses Phänomen eintreten, so hat dies allerdings keine Konsequenzen für den fachgesetzlichen Zulassungsrahmen. Es bliebe nämlich bei der konstatierten behördlichen Zuständigkeit. Ist nämlich die wasserrechtliche Erlaubnis noch nicht auf der Ebene des Rahmenbetriebsplans entscheidungsreif, sondern erst auf der Ebene des nachgelagerten Haupt- bzw. Sonderbetriebsplans, so gilt für dieses Verhältnis der § 19 Abs. 2 WHG, wonach ebenfalls die Bergbehörde über die wasserrechtliche Benutzung mitentscheidet. Einziger Unterschied wäre, dass nach § 19 Abs. 2 WHG verfahrenstechnisch nicht die Öffentlichkeit zu beteiligen ist, da »normale« bergrechtliche Betriebspläne keine Konzentrationswirkung aufweisen.[682] Auch dies wäre allerdings insoweit unschädlich, als dass die Öffentlichkeit zwingend bereits auf der Ebene des Rahmenbetriebsplans zu beteiligen war und diese Beteiligung für die nachgelagerten Entscheidungen Bindungswirkung entfaltet.[683]

---

679   Mit der Einführung der § 9 Abs. 2 S. 3 und 4 WHG hat der Gesetzgeber klargestellt, dass sämtliche Fracking-Vorhaben auch der wasserrechtlichen Erlaubnispflicht unterliegen, siehe hierzu detailliert S. 123 ff.

680   Seit dem 29. Juli 2017 in § 2 Nr. 2 UVP Bergbau nF geregelt; zu dessen Voraussetzungen vgl. S. 107.

681   Vgl. S. 106 ff.

682   Vgl. BVerwG, ZfB 1991, 140, 143; BVerwG, NVwZ 2005, 954, 955; VGH Nordrhein-Westfalen, NuR 2006, 801, 804; *Schmidt-Aßmann/Schoch*, Bergwerkseigentum, S. 158; *Piens/Schulte/Graf Vitzthum*, Bundesberggesetz, § 51 Rn. 16.

683   Vgl. S. 112 f.

4. Zwischenergebnis

Der für Fracking-Vorhaben erforderliche obligatorische Rahmenbetriebsplan ist im Wege des Planfeststellungsverfahrens mit Öffentlichkeitsbeteiligung zuzulassen. Planfeststellungsbehörde ist die zuständige Bergbehörde.

Der Rahmenbetriebsplan muss alle Angaben zu den bergrechtlichen und außerbergrechtlichen Zulassungsvoraussetzungen enthalten, soweit diese von der Konzentrationswirkung umfasst sind. Ebenso muss er die Angaben zur Durchführung der Umweltverträglichkeitsprüfung enthalten. Der Plan muss das Vorhaben umfassend berücksichtigen und darf sich nicht nur auf Teilaspekte beziehen. Soweit es im Vorhinein feststeht, dass die Durchführung einer Fracking-Maßnahme erforderlich ist, muss der Rahmenbetriebsplan hierzu Ausführungen enthalten. Dies ist im unkonventionellen Bereich immer der Fall.

Da der Bergbau aufgrund wandelnder Verhältnisse in der Lagerstätte sich den geologischen und hydrogeologischen Gegebenheiten vor Ort zwingend immer wieder von neuem anpassen muss, kann die Zulassungsbehörde für die dynamischen Elemente des Bergbau keine allzu konkreten Angaben fordern. Insbesondere im Hinblick auf die Rückförderungs- und Entsorgungsphase werden lediglich Angaben gefordert werden können, die eine vorläufige Prüfung ermöglichen. Menge und Zusammensetzung von Rückfluss und Lagerstättenwasser werden erst nach ihrem tatsächlichen Anfall konkret bestimmt werden können.

Stellt sich im konventionellen Bereich erst während der tatsächlichen Erdgasförderung heraus, dass die Durchführung einer Fracking-Maßnahme erforderlich wird, so könnte diese im Rahmen eines Sonderbetriebsplans zugelassen werden. *De lege lata* ist dies allerdings nicht möglich, da zur Wahrung der Öffentlichkeitsbeteiligung der Umweg über den obligatorischen Rahmenbetriebsplan, der das Vorhaben aber nicht gestattet, gegangen werden muss. Nach Durchführung dieses Verfahrens ist nachgelagert weiterhin die Zulassung eines Sonderbetriebsplans notwendig. Dieser zeit- und kostenintensive Umweg kann *de lege ferenda* dadurch verhindert werden, dass auch im Rahmen der Sonderbetriebsplanzulassung die Öffentlichkeit zu beteiligen ist.

Weiterhin muss der Rahmenbetriebsplan alle für die Prüfung der Umweltverträglichkeit erforderlichen Angaben in Form eines UVP-Berichts beinhalten. Die Mindestangaben finden sich auch in § 16 Abs. 1 UVPG. Darüber hinaus muss der UVP-Bericht eines Fracking-Vorhabens die Angaben des § 2 UVP-V beinhalten. Zusätzlich haben beteiligte Behörden zweckdienliche Informationen bereit zu stellen. Diese umfassen auch die Unterlagen eines durchgeführten Raumordnungsverfahrens. Ein solches ist in Bezug auf Fracking-Vorhaben gemäß § 1 S. 3 Nr. 16 ROV durchzuführen, wenn das konkrete Vorhaben raumbedeutsam ist und überörtliche Bedeutung hat.

Der obligatorische Rahmenbetriebsplan wird in Form eines Planfeststellungsbeschlusses zugelassen. Er ist trotz seines Erlasses im Planfeststellungsverfahren eine Kontrollerlaubnis in Form einer gebundenen Entscheidung und keine Abwägungs- oder Ermessensentscheidung. Er entfaltet Feststellungswirkung hinsichtlich der Umweltverträglichkeit, wenngleich die zur Zulassung des konkreten Vorhabens erforderlichen Angaben hinsichtlich der Fracking-, Rückförderungs- und Entsorgungsphase noch nicht den erforderlichen Konkretisierungsgrad aufweisen müssen. Weiterhin entfaltet er nur eingeschränkte Gestattungswirkung, da die bergrechtliche Zulassungsfähigkeit noch von der Zulassung des nachgelagerten Haupt- bzw. Sonderbetriebsplans abhängt. Insofern kommt ihm aber eine Bindungswirkung hinsichtlich der Umweltverträglichkeit des Vorhabens und derjenigen Angaben zu, über die aufgrund des Konkretisierungsgrades bereits auf der Rahmenbetriebsplanebene abschließend entschieden werden konnte.

Der obligatorische Rahmenbetriebsplan bewirkt weiterhin eine gewisse Konzentrationswirkung. Konzentriert werden etwa bau-, immissionsschutz-, denkmalschutz- und forstrechtliche Entscheidungen sowie Entscheidungen über fachrechtliche Ausnahmen und Befreiungen. Die Konzentrationswirkung erstreckt sich allerdings nicht auf die nachgelagerten Haupt- und Sonderbetriebspläne. Ebenfalls nicht umfasst sind wasserrechtliche Genehmigungen. Für diese gilt zwar eine Zuständigkeits- und Verfahrenskonzentration, nicht aber eine Entscheidungskonzentration. Neben dem obligatorischen Rahmenbetriebsplan sind also wasserrechtliche Erlaubnisse weiterhin notwendig. Sollte die wasserrechtliche Erlaubnis im Zeitpunkt der Planfeststellung noch nicht entscheidungsreif sein, so ändert sich hierdurch die Zuständigkeit der Bergbehörde nicht, da auch im nachgelagerten Haupt- bzw. Sonderbetriebsplanverfahren die Bergbehörde für die Erteilung der wasserrechtlichen Erlaubnis zuständig ist. Auch für diese entfaltet die Öffentlichkeitsbeteiligung Bindungswirkung.

2. Kapitel   Wasserrechtliche Genehmigungen

Die Aufsuchung, Gewinnung und Aufbereitung von Bodenschätzen sind oft ohne unmittelbare oder mittelbare Auswirkungen auf das Wasser nicht durchführbar.[684] Seit jeher sind das Bergrecht und das Wasserrecht daher eng miteinander verknüpft.[685] Wo der Bergbau in früherer Zeit allerdings weitgehende Sonderrechte genossen hat, wurden die wasserrechtlichen Sonderregelungen für die Rohstoffgewinnung zunehmend an die allgemeinen Anforderungen angepasst.[686] Für den Gewässerschutz ist das Wasserhaushaltsgesetz nunmehr maßgeblich.[687] In diesem Kontext ist die Bedeutung des Verhältnisses der Regelungsregime noch erheblich gestiegen.[688] Nahezu alle bergbaulichen Tätigkeiten wirken nämlich zwangsläufig auf Gewässer ein und rufen damit das wasserrechtliche Bewirtschaftungsregime auf den Plan.[689] Wasser ist keine übliche Handelsware, sondern ein ererbtes Gut, das geschützt, verteidigt und entsprechend behandelt werden muss.[690]

I.   Anwendungsbereich des Wasserhaushaltsgesetz

Der sachliche Anwendungsbereich, wie ihn § 1 WHG absteckt, umfasst sämtliches Wasser im natürlichen Kreislauf, das der wasserwirtschaftsrechtlichen Lenkung nach Menge und Güte zugänglich ist.[691] Der räumliche Geltungsbereich beschränkt sich dabei nach der Maßgabe des § 2 WHG auf Gewässer, die den dort festgesetzten Merkmalen entsprechen.[692]

---

684 *von Mäßenhausen*, in: Boldt/Weller/Kühne/von Mäßenhausen, Bundesberggesetz, Anh. § 48 Rn. 168.

685 *Piens/Schulte/Graf Vitzthum*, Bundesberggesetz, Anh. § 56 Rn. 549. Detailliert das Verhältnis von Wasser- und Bergrecht im Hinblick auf Fracking beleuchtend *von Weschpfennig*, W+B 56, 58 ff.

686 *von Mäßenhausen*, in: Boldt/Weller/Kühne/von Mäßenhausen, Bundesberggesetz, Anh. 48 Rn. 168; zur Entwicklung des Verhältnisses zwischen Wasserrecht und Bergrecht vgl. *Piens/Schulte/Graf Vitzthum*, Bundesberggesetz, Anh. § 56 Rn. 549 ff.

687 *von Mäßenhausen*, in: Boldt/Weller/Kühne/von Mäßenhausen, Bundesberggesetz, Anh. § 48 Rn. 168.

688 *Piens/Schulte/Graf Vitzthum*, Bundesberggesetz, Anh. § 56 Rn. 556.

689 *Reinhardt*, NuR, 2004, 82, 82; für eine detaillierte Aufstellung vgl. *Piens/Schulte/Graf Vitzthum*, Bundesberggesetz, Anh. § 56 Rn. 556. Anmerkung: Auf wasserrechtliche Regelungen auf Landesebene, die im Einzelnen von den bundesrechtlichen Regelungen abweichen können, wird im Folgenden nicht näher eingegangen, sind in der Praxis allerdings stets zu prüfen.

690 Präambel Abs. 1 der Richtlinie 2000/60/EG des Europäischen Parlaments und des Rates vom 23. Oktober 2000 zur Schaffung eines Ordnungsrahmens für Maßnahmen der Gemeinschaft im Bereich der Wasserpolitik, ABl. L 327 vom 22. Dezember 2000, S. 1 ff.

691 *Czychowski/Reinhardt*, Wasserhaushaltsgesetz, § 2 Rn. 2; *Kotulla*, Wasserhaushaltsgesetz, § 2 Rn. 2.

692 *Czychowski/Reinhardt*, Wasserhaushaltsgesetz, § 2 Rn. 3.

1.   Gewässer

Nach § 2 Abs. 1 WHG umfasst der Anwendungsbereich oberirdische Gewässer, Küstengewässer und das Grundwasser. Diese Begriffe werden in § 3 WHG näher konkretisiert. Der allen drei Kategorien zugrunde liegende Oberbegriff des »Gewässers« wird hingegen vom Wasserhaushaltsgesetz nicht definiert, obwohl er des Öfteren im Gesetz genannt wird.[693] Nach der technischen Regel DIN 4049 Teil 1 Nr. 1.10 meint der Gewässerbegriff das »in der Natur fließende oder stehende Wasser einschließlich des Gewässerbetts und der Grundwasserleiter«.[694] Unter Zugrundelegung dieser technischen Vorschrift, den Zielbestimmungen des § 1 WHG und die nach Art. 74 Abs. 1 Nr. 32 GG auf den Wasserhaushalt begrenzte Gesetzgebungskompetenz des Bundes bezieht sich der Gewässerbegriff auf alle nicht völlig unbedeutenden Teile der Erdoberfläche, die nach ihrer natürlichen Beschaffenheit oder aufgrund künstlicher Vorrichtungen nicht nur einmalig oder bei ganz außergewöhnlichen Witterungslagen wiederkehrend vorübergehend mit Wasser bedeckt sind, sowie das Wasser unterhalb der Erdoberfläche.[695]

Fracking-Vorhaben können auf oberirdische Gewässer und auf das Grundwasser einwirken. Auf die Darstellung der weiteren gesetzlich festgesetzten Gewässerkategorien wird verzichtet.[696]

a)   Oberirdische Gewässer

Unter oberirdische Gewässer versteht das Wasserhaushaltsgesetz gemäß § 3 Nr. 1 WHG das ständig oder zeitweilig in Betten fließende oder stehende oder aus Quellen wild abfließende Wasser. Fließende Gewässer sind unter anderem Ströme, Flüsse, Bäche, Kanäle, Gräben. Zu den stehenden Gewässern zählen Seen, Teiche und Weiher.[697]

b)   Grundwasser

Grundwasser ist das unterirdische Wasser in der Sättigungszone, das in unmittelbarer Berührung mit dem Boden oder dem Untergrund steht, § 3 Nr. 3 WHG. Dies ent-

---

693   Vgl. *Berendes*, in: Berendes/Frenz/Müggenborg, Wasserhaushaltsgesetz, § 2 Rn. 3.
694   Vgl. *Czychowski/Reinhardt*, Wasserhaushaltsgesetz, § 2 Rn. 6.
695   *Kotulla*, Wasserhaushaltsgesetz, § 2 Rn. 3; *Czychowski/Reinhardt*, Wasserhaushaltsgesetz, § 2 Rn. 6.
696   Soweit durch Fracking zu erschließende Lagerstätten in den offshore-Bereichen innerhalb der Bereiche des Küsten- und Meeresgewässers prognostiziert sind, sind für diese Vorkommen die zusätzlichen Vorschriften für die Küsten- und Meeresgewässer des Wasserhaushaltsgesetze, insbesondere die §§ 7 Abs. 5 S. 1 und 2, 23 Abs. 1 Nr. 9, 43, 44, 45 Abs. 1 und 2, 45a bis 45l, 75 Abs. 2 S. 1, 82 Abs. 6 S. 1, 90 Abs. 1 Nr. 1 und 2 sowie 103 Abs. 1 Nr. 4 WHG zu beachten. Da sich hierdurch aber keine fachgesetzlich veränderten Anforderungen an die Durchführung einer Fracking-Maßnahme richten, wird auf die weitere Darstellung der anwendbaren Vorschriften verzichtet.
697   *Czychowski/Reinhardt*, Wasserhaushaltsgesetz, § 3 Rn. 4; *Kotulla*, Wasserhaushaltsgesetz, § 3 Rn. 5; *Berendes*, in: Berendes/Frenz/Müggenborg, Wasserhaushaltsgesetz, § 3 Rn. 5.

spricht wörtlich dem europarechtlichen Begriff des Art. 2 Nr. 2 Wasserrahmenrichtlinie[698], des Art. 1 Abs. 2 lit. a Grundwasserschutzrichtlinie[699] und Art. 2 lit. a der
Nitratrichtlinie[700].[701]

aa) Weites Begriffsverständnis

Demnach ist der legaldefinitorisch festgesetzte Anwendungsbereich des Grundwassers
sehr weit.[702] Der Begriff des Grundwassers trägt in erster Linie wasserwirtschaftlichen
Gesichtspunkten Rechnung.[703] Dem Grundwasser unterfällt das insgesamt vorhandene
unterirdische Wasser, sowie es an den natürlichen Gewässerfunktionen Anteil haben
kann, nicht dem Wasserhaushalt entzogen und wasserwirtschaftlicher Lenkung zugänglich ist.[704] Es beschränkt sich daher nicht auf bestimmte Schichten, die beispielsweise der Trinkwasserversorgung dienen, oder einen bestimmten Aggregatzustand.[705]
Es kommt ebenfalls nicht darauf an, ob und in welche Richtung (vertikal oder horizontal) das Wasser fließt, ob es durch die Schwerkraft oder eine Sogwirkung bewegt wird,
ob es unter Druck steht (sog. artesisches Wasser), ob es in Hohlräumen gestaut vorkommt oder ob es durch Kapillarkräfte gebunden über die wassergesättigte Bodenzone
in die wasserungesättigte hineinreicht.[706] Auch kommt es nicht darauf an, wie tief unter der Erde sich das jeweilige Wasservorkommen befindet.[707]

bb) Tiefengrundwasser

Neben oberflächennahem Grundwasser ist daher auch sog. Tiefengrundwasser von der
Grundwasserdefinition umfasst.[708] Auch wenn das Tiefengrundwasser in äußerst ge-

---

698 Richtlinie 2000/60/EG des Europäischen Parlaments und des Rates vom 23. Oktober 2000
     zur Schaffung eines Ordnungsrahmens für Maßnahmen der Gemeinschaft im Bereich der
     Wasserpolitik, ABl. L 327 vom 22. Dezember 2000, S. 1 ff.
699 Richtlinie 2006/118/EG des Europäischen Parlaments und des Rates vom 12. Dezember
     2006 zum Schutz des Grundwassers vor Verschmutzung und Verschlechterung, ABl. L
     329 vom 27. Dezember 2006, S. 19 ff.
700 Richtlinie 91/676/EWG des Rates vom 12. Dezember 1991 zum Schutz der Gewässer vor
     Verunreinigung durch Nitrat aus landwirtschaftlichen Quellen, ABl. L 375 vom 31. De-
     zember 1991, S. 1 ff.
701 *Kloepfer*, Umweltrecht, § 13 Rn. 43.
702 So auch Breuer/Gärditz, Öffentliches und privates Wasserrecht, Rn. 277.
703 *Kotulla*, Wasserhaushaltsgesetz, § 3 Rn. 31.
704 BVerwGE 27, 176, 178; *Keune*, ZfW 19 (1980), 325, 331; *Kotulla*, Wasserhaushaltsgesetz,
     § 3 Rn. 31.
705 *Kotulla*, Wasserhaushaltsgesetz, § 3 Rn. 30, 31; *Kloepfer*, Umweltrecht, § 13 Rn. 43.
706 BVerwGE 27, 176, 178; VGH Bayern, NVwZ-RR 2002, 376, 376; *Kotulla*, Wasserhaus-
     haltsgesetz, § 3 Rn. 30, *Czychowski/Reinhardt*, Wasserhaushaltsgesetz, § 3 Rn. 45.
707 *Kotulla*, Wasserhaushaltsgesetz, § 3 Rn. 30, Breuer/Gärditz, Öffentliches und privates
     Wasserrecht, Rn. 277.
708 *Kloepfer*, Umweltrecht, § 13 Rn. 43; *Czychowski/Reinhardt*, Wasserhaushaltsgesetz, § 3
     Rn. 45, *Kotulla*, Wasserhaushaltsgesetz, § 3 Rn. 30; *Seuser*, NuR 2012, 8, 12; zweifelnd
     Piens/Schulte/Graf Vitzthum, Bundesberggesetz, Anhang § 56 Rn. 561, vgl. *Schweighart*,
     Der risikorechtliche Umgang mit Fracking, S. 84 ff.

ring durchlässigen Schichten sich abgetrennt vom oberflächennahen Grundwasser befindet und somit zunächst keinen Anteil an der natürlichen Gewässerfunktion hat, kann es im Zuge von Bergbaumaßnahmen gehoben und entsorgt werden. Es wird dann zum bewirtschaftungsbedürftigen Gewässer, da die Gefahr besteht, dass es durch die Hebung oder die Entsorgung oberflächennahe Grundwasserleiter oder oberflächennahe Gewässer kontaminiert und somit nachteilig verändert. Es ist damit unabhängig davon, welche konkrete chemische Zusammensetzung es aufweist und wo es zu verorten ist, der wasserwirtschaftlichen Bewirtschaftung potentiell zugänglich.[709]

2. Natürlicher Kreislauf

Kennzeichnung für Gewässer ist, dass diese in den natürlichen Wasserkreislauf eingebunden sind.[710] Wichtig ist also, dass zwischen ihnen eine übergreifende ökologische Verbindung besteht.[711] Befindet sich das Wasser in geschlossenen Leitungen oder anderen Behältern, so unterfällt dieses Wasser nicht dem Gewässerbegriff.[712] Wird hingegen Wasser in offenen Kanälen geführt, so dass die Möglichkeit besteht, dass es mit Oberflächengewässer oder Niederschlagswasser vermischt wird, so besteht die erforderliche Verbindung[713] Wasser erfüllt demnach die Gewässereigenschaft nur dann nicht, wenn es dergestalt aus dem natürlichen Wasserkreislauf herausgenommen ist, dass es *de facto* keinen Anteil an ihn mehr haben kann.[714] Nur dann ist es nicht mehr möglich, dass Wasser nach seiner Menge und Güte mit den im Wasserhaushaltsgesetz festgesetzten Instrumentarien zu steuern.[715] Demnach unterfällt nur das Wasser in künstlich abgeschlossenen Behältern und Leitungen, wie beispielsweise Kanalisationen und Abwasserkanäle, nicht der Gewässereigenschaft.[716]

---

709 *Seuser,* NuR 2012, 8, 13; *Dietrich/Elgeti,* Erdöl, Erdgas, Kohle 2011, 314, 314 ff.; *Dietrich,* CO_2-Abscheidung und Ablagerung (CAA) im deutschen und europäischen Energieumweltrecht, S. 201.

710 BVerwG, ZfW 45 (2006), 209, 211; VGH Bayern, ZfW 29 (1990), 467, 467; OVG Thüringen, NuR 2005, 195, 197; *Czychowski/Reinhardt,* Wasserhaushaltsgesetz, § 2 Rn. 7.

711 OVG Niedersachsen, ZfW 42 (2003), 174; *Mitschang,* ZfBR 1996, 63. 70; *Czychowski/ Reinhardt,* Wasserhaushaltsgesetz, § 2 Rn. 7.

712 BVerwGE 49, 293, 299; *Czychowski/Reinhardt,* Wasserhaushaltsgesetz, § 2 Rn. 7.

713 VG Dessau, NuR 2000, 594, 594; *Kotulla,* Wasserhaushaltsgesetz, § 2 Rn. 4, *Czychowski/ Reinhardt,* Wasserhaushaltsgesetz, § 2 Rn. 7.

714 Vgl. OVG Nordrhein-Westfalen, ZfW 31 (1992), 455, 456; VGH Hessen, ZfW 29 (1990), 286, 288.

715 *Kotulla,* Wasserhaushaltsgesetz, § 2 Rn. 3, *Czychowski/Reinhardt,* Wasserhaushaltsgesetz, § 2 Rn. 7.

716 BGH, ZfW 21 (1982), 214, 215; OVG Mecklenburg-Vorpommern, ZfW 42 (2003), 113, 116; VGH Bayern, ZfW 29 (1990), 467, 467; OVG Nordrhein-Westfalen, ZfW 13 (1974), 251, 253; *Kotulla,* Wasserhaushaltsgesetz, § 2 Rn. 3, *Czychowski/Reinhardt,* Wasserhaushaltsgesetz, § 2 Rn. 8 mit weiteren Beispielen.

3.   Wasserbetroffenheit durch die einzelnen Fracking-Phasen

Den Anwendungsbereich des Wasserhaushaltsgesetzes ausgeführt, können die einzelnen für den Untersuchungsgegenstand relevanten Phasen eines Fracking-Vorhabens Auswirkungen auf Gewässer haben.[717]

a)   Fracking-Phase

Die Fracking-Phase weist mehrere wasserrechtliche Bezüge auf.

aa)   Betroffenheit durch Wasserentnahme zur Herstellung von Fracking-Fluid

Soweit die Wasserentnahme zur Herstellung des Fracking-Fluids aus Seen oder Brunnen[718] in der Umgehung seines Einsatzortes erfolgt, betrifft dies unmittelbar oberirdische Gewässer bzw. das Grundwasser. Damit hat dieser Teil des Fracking-Vorhabens einen unmittelbaren Gewässerbezug und fällt regelmäßig unter den Anwendungsbereich des Wasserhaushaltsgesetzes.

bb)   Betroffenheit durch Fracking-Fluidinjektion

Die Fracking-Fluidinjektion in das Bohrloch[719] weist immer dann einen unmittelbaren wasserrechtlichen Bezug auf, wenn sich in der Zieltiefe geogenes Lagerstätten befindet, da dieses als Tiefengrundwasser unter den weit zu verstehenden Grundwasserbegriff fällt, und zwar unabhängig, davon ob es noch andere Stoffe beinhaltet oder welche zusätzlichen Eigenschaften es noch aufweist.[720]Weiterhin kann fehlerhafter Umgang mit dem Fracking-Fluid an der Oberfläche[721] sowie Stör- bzw. Unfälle entlang der Bohrung[722] zu einer Wasserbetroffenheit führen.

b)   Rückförderungsphase

Auch in der Rückförderungsphase können wasserrechtliche Bezüge entstehen. So kann es durch Störungen entlang der Bohrung im Rahmen der Rückförderung zu einem Eintrag von Rückfluss und Lagerstättenwasser in grundwasserführende Schichten kommen. Ebenfalls kann es zu solchen Einträgen entlang von geologischen Störungen und ohne bevorzugte Wegsamkeiten durch Aufstieg durch die verschiedenen Gesteinsschichten kommen.[723]

---

717   Darüber hinaus weist die Tiefbohr-Phase (vgl. S. 22 f.) wasserrechtliche Relevanz auf, soweit sie auf ihrem Weg in die Zieltiefe auch grundwasserführende Gesteinsschichten durchteuft.
718   Vgl. 23 f.
719   Vgl. S. 24.
720   So auch *Seuser,* NuR 2012, 8, 13. Inwiefern dieses Tiefengrundwasser auch schützenwert ist, ist eine hiervon losgelöste Frage der Erlaubnisfähigkeit, siehe hierzu detailliert S. 245 ff.
721   Vgl. S. 36 f.
722   Vgl. S. 36 f.
723   Vgl. S. 36 f.

c) Entsorgungsphase

Neben der Möglichkeit, dass durch fehlerhaften Umgang mit Rückfluss und Lagerstättenwasser bzw. durch Leckagen an den hierfür benötigten Anlagen es zu Belastungen des Oberflächenwassers und der Grundwassers kommen kann, weisen die einzelnen Entsorgungswege[724] unmittelbare wasserrechtliche Bezüge auf, da die zu entsorgenden Massen Rückfluss und Lagerstättenwasser an sich Wasserkategorien im Sinne des Wasserhaushaltsgesetzes darstellen, die nach der Rückförderung und entsprechender Aufbereitung wieder am natürlichen Wasserkreislauf teilnehmen können.

II. Wasserrechtliche Genehmigungsbedürftigkeit von Fracking-Vorhaben aufgrund von Gewässerbenutzungstatbeständen

Die Gewässerbenutzung ist ein notwendiger Faktor menschlichen Lebens und Wirtschaftens und daher nicht per se bedenklich, sondern für die unterschiedlichen Zwecke der Daseinsvorsorge notwendig.[725] Mit der zentralen Struktur des Wasserhaushaltsgesetzes hat sich der Gesetzgeber dazu entschieden, Gewässerbenutzungen prinzipiell erlaubnis- bzw. bewilligungspflichtig auszugestalten. Es wird demnach ein repressives Verbot mit Befreiungsvorbehalt begründet.[726] Somit steht jede Gewässerbenutzung unter dem Erfordernis einer behördlichen Zulassung.[727]

1. Unterscheidung von echter und unechter Gewässerbenutzung

In Hinblick auf den Untersuchungsgegenstand fragt es sich, inwiefern die einzelnen relevanten Phasen eines Fracking-Vorhabens Gewässerbenutzungen darstellen. Das Gesetz unterscheidet in § 9 Abs. 1 und 2 WHG zwischen echten und unechten Gewässerbenutzungen.

a) Echte Gewässerbenutzung

§ 9 Abs. 1 WHG regelt die echten Gewässerbenutzungen. Derartige Benutzungen sind unmittelbar auf ein Gewässer zu dessen Nutzung zweckgerichtete Handlungsvorgänge.[728] Im Rahmen des objektiv zu beurteilenden Benutzungsverhaltens ist für die tatbestand-

---

724 Vgl. S. 30 ff.

725 Breuer/Gärditz, Öffentliches und privates Wasserrecht, Rn. 285.

726 Vgl. BVerfGE 20, 150, 157; Breuer/Gärditz, Öffentliches und privates Wasserrecht, Rn. 285; *Czychowski/Reinhardt*, Wasserhaushaltsgesetz, § 8 Rn. 3.

727 Siehe zur wasserrechtlichen Erlaubnisfähigkeit von Fracking-Vorhaben, S. 215 ff. Da Fracking-Vorhaben keine Maßnahmen der Gefahrenabwehr oder der Verteidigung darstellen, wird mangels Relevanz für den Untersuchungsgegenstand auf die Darstellung der Ausnahmetatbestände des § 8 Abs. 1 a.E., Abs. 2 und 3 WHG verzichtet, so auch *Bünnigmann*, DVBl. 2015, 1418, 1421.

728 BVerwG, ZfW 13 (1974), 296, 298 f.; *Schmid*, in: Berendes/Frenz/Müggenborg, Wasserhaushaltsgesetz, § 9 Rn. 13.

liche Erfüllung der § 9 Abs. 1 Nr. 1 bis 5 WHG erforderlich, dass das Gewässer unmittelbar und »final« in Anspruch genommen wird.[729] Die bloße Verursachung eines Benutzungserfolges reicht zur Erfüllung der Benutzungstatbestände nicht aus.[730]

b)   Unechte Gewässerbenutzung

Im Gegensatz zu den unmittelbaren zweckgerichteten Benutzungstatbeständen des § 9 Abs. 1 WHG, kommt es zur Erfüllung der in § 9 Abs. 2 WHG beschriebenen unechten Benutzungen nach Intention und Planungszweck nicht auf die Inanspruchnahme des Gewässers an, sondern vielmehr darauf, die dort beschriebenen Einwirkungen zu vermeiden.[731] Zwar stellen die in § 9 Abs. 2 WHG beschriebenen Gewässerbenutzungen ebenfalls zweckgerichtete Verhaltensweisen dar[732], es fehlt ihnen aber der finale Zugriff auf ein Gewässer.[733] Ihre Einwirkungen sind vielmehr durch andere Handlungszwecke bedingt.[734] Die unechten Benutzungstatbestände sind ohne Rücksicht darauf erfüllt, ob oder wann es zu einer schädlichen Veränderung des Wassers für die Allgemeinheit oder für private Belange kommt.[735]

c)   Relevanz der Unterscheidung für den Untersuchungsgegenstand

Zwar lösen sowohl die echten als auch die unechten Gewässerbenutzungen die prinzipielle Genehmigungsbedürftigkeit aus, so dass man meinen könnte, dass es auf die genaue Einordnung in die einzelnen Nutzungstatbestände nicht ankäme. Dem ist aber nicht so. Von der Klärung der Frage, ob die einzelnen Phasen eines Fracking-Vorhabens eine echte oder unechte Benutzung darstellen, hängen entscheidend die Anforderungen ab, die an ihre Erlaubnisfähigkeit zu stellen sind.[736] So findet der grundwasserrechtliche Besorgnisgrundsatz des § 48 Abs. 1 S. 1 WHG nur auf echte Gewässerbenutzungen Anwendung.

2.   *Genehmigungsbedürftigkeit der Fracking-Phase*

Die tatsächliche Fracking-Phase weist mehrere Bestandteile auf, die auf ihre wasserrechtliche Genehmigungsbedürftigkeit zu überprüfen sind.

---

729   BVerwG, ZfW 13 (1974), 296, 296 f.; OVG Nordrhein-Westfalen, ZfW 35 (1996), 469, 472; *Czychowski/Reinhardt,* Wasserhaushaltsgesetz, § 9 Rn. 6; *Schmid,* in: Berendes/Frenz/Müggenborg, Wasserhaushaltsgesetz, § 9 Rn. 13.

730   BVerwG, ZfW 13 (1974), 296, 298; *Czychowski/Reinhardt,* Wasserhaushaltsgesetz, § 9 Rn. 5; *Schmid,* in: Berendes/Frenz/Müggenborg, Wasserhaushaltsgesetz, § 9 Rn. 16.

731   *Berendes,* in: Berendes/Frenz/Müggenborg, Wasserhaushaltsgesetz, § 9 Rn. 18, 67.

732   *Czychowski/Reinhardt,* Wasserhaushaltsgesetz, § 9 Rn. 72. krit. zum Begriff *Schmid,* in: Berendes/Frenz/Müggenborg, Wasserhaushaltsgesetz, § 9 Rn. 69.

733   Breuer/Gärditz, Öffentliches und privates Wasserrecht, Rn. 374.

734   *Schmid,* in: Berendes/Frenz/Müggenborg, Wasserhaushaltsgesetz, § 9 Rn. 18; Breuer/ Gärditz, Öffentliches und privates Wasserrecht, Rn. 374.

735   Insofern wird auch von einer Nutzungsfiktion gesprochen, vgl. *Czychowski/Reinhardt,* Wasserhaushaltsgesetz, § 9 Rn. 73.

736   Zur Erlaubnisfähigkeit siehe S. 215 ff.

a) Herstellung des Fracking-Fluids

aa) Wasserentnahme aus oberirdischen Gewässern

Sofern das zur Herstellung des Fracking-Fluids benötigte Wasser aus Oberflächenseen entnommen wird, stellt dies eine echte Gewässerbenutzung i.S.d. § 9 Abs. 1 Nr. 1 WHG dar. Die Entnahme von Wasser aus Gewässern, die über unterschiedlichste Anlagen der Pumptechnik, Wasserentnahmebauwerke oder ähnliche technische Fördereinrichtungen erfolgt, ist die Urform der Gewässerbenutzung, das Ableiten stellt eine Form der Entnahme dar, die durch Gräben, Stauvorrichtungen, Rohrleitungen oder ähnliche Anlagen und Konstrukte der Wasserbautechnik bewirkt wird.[737] Eine Differenzierung der Begrifflichkeiten Ableiten und Entnehmen ist vor dem Hintergrund, dass der eine Fall als Unterfall des anderen aufgefasst werden kann, nicht nötig.[738] Beiden gemein ist, dass einem oberirdischen Gewässer Wasser entzogen und dieses einem anderen Nutzungszweck zugeführt wird.[739] Dies ist bei der Wasserentnahme zur Herstellung des Fracking-Fluids der Fall, da dies bewusst dem Ursprungsgewässer entzogen und zweckbezogen einem anderen Nutzungszweck, nämlich der Herstellung des Fracking-Fluids, zugeführt wird.

bb) Wasserentnahme aus Brunnen

Wird das zur Herstellung des Frack-Fluids benötigte Wasser keinem oberirdischen Gewässer entnommen, sondern dient das Grundwasser als Quelle hierfür, so richtet sie Genehmigungsbedürftigkeit dieser Tätigkeit nach § 9 Abs. 1 Nr. 5 WHG. Der Austausch der Gewässerart ändert nichts an der Unmittelbarkeit und der Zweckbezogenheit der Maßnahme.

cc) Vermischung des entnommenen Wasser mit den Fracking-Additiven

Weiterhin könnte es sich bei dem Vermischung des entnommenen Wassers mit dem Stützmittel und den weiteren Additiven um eine echte Gewässerbenutzung in Form des Einleitens bzw. Einbringens von Stoffen in oberirdische Gewässer i.S.d. § 9 Abs. 1 Nr. 4 WHG handeln.

(1) Stützmittel und chemische Additive als Stoffe i.S.d. § 9 Abs. 1 Nr. 4 WHG

Der Stoffbegriff ist trotz aller Abgrenzungsschwierigkeiten[740] im Einzelnen sachlich weit zu verstehen und umfasst sowohl flüssige als auch feste Stoffe.[741] Das Stützmittel,

---

737 Breuer/Gärditz, Öffentliches und privates Wasserrecht, Rn. 375; *Czychowski/Reinhardt*, Wasserhaushaltsgesetz, § 9 Rn. 16; *Schmid*, in: Berendes/Frenz/Müggenborg, Wasserhaushaltsgesetz, § 9 Rn. 28, 29.

738 *Schmid*, in: Berendes/Frenz/Müggenborg, Wasserhaushaltsgesetz, § 9 Rn. 29.

739 Breuer/Gärditz, Öffentliches und privates Wasserrecht, Rn. 375.

740 Vgl. zur Abgrenzung von festen und flüssigen Stoffen *Schmid*, in: Berendes/Frenz/ Müggenborg, Wasserhaushaltsgesetz, § 9 Rn. 38 ff.

das meist aus Sand oder keramischen Partikel besteht[742], stellt einen hierunter fallenden festen Stoff dar. Die chemischen Additive, die fester oder flüssiger Natur sind,
sind ebenfalls unter den Stoffbegriff des § 9 Abs. 1 Nr. 4 WHG fallende Stoffe.

(2) Auf ein Gewässer gerichtetes Verhalten

Die Zuführung dieser Stoffe muss zur Bejahung der Erlaubnispflicht ein nach objektiver Eignung auf das Gewässer gerichtetes Verhalten darstellen.[743] Hierzu ist es erforderlich, dass es sich bei dem zuvor entnommenen Wasser weiterhin um ein Gewässer
handelt. Wasser erfüllt die Gewässereigenschaft allerdings nicht mehr, wenn es dergestalt aus dem natürlichen Wasserkreislauf herausgenommen ist, dass es *de facto* keinen
Anteil mehr an ihm haben kann.[744] Diese Eigenschaft erfüllt das zur Herstellung des
Frack-Fluids entnommene Wasser nach der Wasserentnahme nicht mehr, da es – aufgefangen in künstlichen Behältern und vorbereitet zur Weiterverarbeitung – keinen
Anteil am natürlichen Wasserkreislauf mehr hat. Es fehlt demnach am Tatbestandsmerkmal des oberirdischen Gewässers und somit an dem relevanten Medium, in das
die eingesetzten Stoffe eingebracht bzw. eingeleitet werden sollen. Folglich ist die
Herstellung des Fracking-Fluids im engeren Sinne, nämlich die Vermischung der Fracking-Additive mit entnommenem Wasser, keine Gewässerbenutzung.

b) Injektion des Fracking-Fluids in das Bohrloch

Die Injektion des Fracking-Fluids in das verrohrte und zementierte Bohrloch kann
unter mehreren zu begutachtenden Aspekten eine erlaubnispflichtige Gewässerbenutzung darstellen.

aa) Echte Gewässerbenutzung

Zunächst könnte es sich hierbei um eine echte Gewässerbenutzung i.S.d. § 9 Abs. 1
Nr. 4 WHG in Form des Einbringens bzw. Einleitens von Stoffen in ein Gewässer
handeln. Der Tatbestand bezieht sich auf alle Gewässerarten des § 2 Abs. 1 und 1a
WHG, also sowohl auf oberirdische Gewässer, Küsten- und Meeresgewässer als auch
auf das Grundwasser[745], so dass die von der Injektion des Fracking-Fluids ausgehenden Gefahren, die sich allesamt auf das Grundwasser beziehen, vom Regelungsgegenstand des § 9 Abs. 1 Nr. 4 WHG grundsätzlich umfasst sind. Die Tatbestandsalter-
native des Einbringens bezieht sich auf feste Stoffe, die Alternative des Einleitens

---

741 Vgl. zur sachlichen Reichweite des Stoffbegriffes *Schmid*, in: Berendes/Frenz/Müggen-
borg, Wasserhaushaltsgesetz, § 9 Rn. 49.

742 Vgl. S. 25 f.

743 Vgl. OVG Schleswig-Holstein, ZfW 36 (1997), 125, 125; *Schmid*, in: Berendes/Frenz/
Müggenborg, Wasserhaushaltsgesetz, § 9 Rn. 49.

744 OVG Nordrhein-Westfalen, ZfW 31 (1992), 455, 456; VGH Hessen, ZfW 29 (1990), 286,
288; siehe ferner S. 121 f.

745 *Schmid*, in: Berendes/Frenz/Müggenborg, Wasserhaushaltsgesetz, § 9 Rn. 37; Breuer/
Gärditz, Öffentliches und privates Wasserrecht, Rn. 380; *Czychowski/Reinhardt*, Wasserhaushaltsgesetz, § 9 Rn. 25.

hingegen meint die Zuführung flüssiger oder gasförmiger Stoffe.[746] Die genaue Differenzierung ist insofern irrelevant als dem Einbringen und dem Einleiten gemein ist, dass in objektiver Hinsicht ein infolge menschlichen Verhaltens in die Umwelt entlassener Stoff das Gewässer unmittelbar, d.h. ohne von anderen vorgenommene weitere Zwischenschritte, tatsächlich erreichen muss.[747]

(1) Fracking-Fluid als Stoff i.S.d. § 9 Abs. 1 Nr. 4 WHG

Die sachliche Reichweite des Stoffbegriffes ist, wie soeben dargelegt, weit zu verstehen. Sogar das zuvor einem Gewässer selbst entnommene Wasser wird als Stoff angesehen, der als neuer (flüssiger) Stoff in das Grundwasser eingeleitet werden kann.[748] Diesem Begriffsverständnis nach stellen nicht nur die einzelnen Bestandteile des Fracking-Fluids (Wasser, Stützmittel, chemische Additive) feste bzw. flüssige Stoffe dar, sondern das Fracking-Fluid als Ganzes unterfällt als (neuer) flüssiger Stoff dem Stoffbegriff des § 9 Abs. 1 Nr. 4 WHG, der das Einleiten erfüllen kann.

(2) Injektion als Einleiten von Fracking-Fluid

Demzufolge müsste die Injektion des Fracking-Fluids ein Einleiten i.S.d. § 9 Abs. 1 Nr. 4 WHG darstellen. Das Hineingelangen von Stoffen in ein Gewässer wird über ein lediglich kausales Geschehen hinaus erst dadurch zu einem Einleiten, dass es die Folge einer auf die Gewässerbenutzung zweckgerichteten menschlichen Handlung ist.[749] Diese erfordert in objektiver Hinsicht eine Finalität im Vorgang des Zuführens.[750] Zwischen dem Handeln und der Gewässereinwirkung wird darüber hinaus ein funktioneller Zusammenhang gefordert, der dann zu bejahen ist, wenn eine unmittelbare Einwirkung gegeben ist.[751] Ob das Einleiten auch eine nachteilige Veränderung des Grundwassers auslöst oder nicht, ist für die Frage der Genehmigungsbedürftigkeit der Benutzung unerheblich.[752] Eine bloße Verursachung einer Grundwasserinfiltration,

---

746 BR-Drs. 2/2072, S. 22; BVerwG, ZfW 13 (1974), 296, 296; *Kotulla*, Wasserhaushaltsgesetz, § 9 Rn. 17, 19; Breuer/Gärditz, Öffentliches und privates Wasserrecht, Rn. 381; *Schmid*, in: Berendes/Frenz/Müggenborg, Wasserhaushaltsgesetz, § 9 Rn. 38.

747 *Kotulla*, Wasserhaushaltsgesetz, § 9 Rn. 14.

748 OVG Schleswig-Holstein, ZfW 36 (1997), 125, 125; *Schmid*, in: Berendes/Frenz/Müggenborg, Wasserhaushaltsgesetz, § 9 Rn. 49, Breuer/Gärditz, Öffentliches und privates Wasserrecht, Rn. 407.

749 BVerwG, NJW 1974, 815, 815; BVerwG, ZfW 13 (1974), 296, 296; BGH, NJW 1994, 1006, 1006; OVG Berlin-Brandenburg, NuR 2014, 284, 284; VGH Bayern, NVwZ-RR 2000, 422, 422; OLG Hamm, ZfW 25 (1986), 266, 268; OLG Celle, ZfW 11 (1972), 315, 316; *Piens/Schulte/Graf Vitzthum*, Bundesberggesetz, Anh. § 56 Rn. 558; *Czychowski/ Reinhardt*, Wasserhaushaltsgesetz, § 9 Rn. 35; Breuer/Gärditz, Öffentliches und privates Wasserrecht, Rn. 393.

750 *Schmid*, in: Berendes/Frenz/Müggenborg, Wasserhaushaltsgesetz, § 9 Rn. 37; *Kotulla*, Wasserhaushaltsgesetz, § 9 Rn. 14; Breuer/Gärditz, Öffentliches und privates Wasserrecht, Rn. 393.

751 BGH, NJW 1994, 1006, 1006; Breuer/Gärditz, Öffentliches und privates Wasserrecht, Rn. 393.

752 *Czychowski/Reinhardt*, Wasserhaushaltsgesetz, § 9 Rn. 26; *Seuser*, NuR 2012, 8, 14.

wie dies beispielsweise bei einem Tankwagenunfall der Fall ist, reicht zur Bejahung der Erlaubnispflicht nicht.[753]
Der Vorgang der Fracking-Fluidinjektion kann an zwei Stellen eine Grundwassereinwirkung auslösen.

(a) Durchteufung von Grundwasserleitern

Zunächst könnte es sich um ein Einleiten von Fracking-Fluid handeln, wenn das Fracking-Fluid in eine Bohrung injiziert wird, die bei der Abteufung eine grundwasserführende Schicht durchteuft hat.[754] In solch einem Fall kann nämlich nicht ausgeschlossen werden, dass das Fracking-Fluid aufgrund einer Leckage von Leitungen oder einer Havarie, einer undichten Verrohrung oder einer nur unzureichend abgedichteten Rohrtour in eine durchteufte grundwasserführende Schicht gelangt.[755]
Allerdings kommt das Fracking-Fluid erst in einem Stadium der Gasförderung zum Einsatz, in der das Bohrloch soweit verrohrt und zementiert ist, dass im Regelbetrieb keine Interaktion zwischen dem Inhalt des Bohrloches und der Außenwelt beabsichtigt ist. Mit anderen Worten: das aufgezeigte Szenario stellt die ungewollte Nebenfolge eines fehlerhaften Verlaufs der Durchführung einer Fracking-Maßnahme dar. Es ist demnach mit einem Tankwagenunfall vergleichbar dem höchstrichterlich der erforderliche Unmittelbarkeitszusammenhang zur Bejahung der objektiven Finalität abgesprochen wurde.[756] Dies gilt selbst dann, wenn die Verursachung fahrlässig geschieht.[757] Somit fehlt es für das aufgezeigte Szenario am geforderten Unmittelbarkeitskriterium. Erst durch die Leckage gemittelt, kommt es hierbei zu einer Grundwassereinwirkung. Die Möglichkeit, dass durch eine Durchteufung des Grundwassers dieses mit dem Frack-Fluid in Berührung kommt, macht die Anwendung der Fracking-Technologie daher nicht zu einer erlaubnisbedürftigen echten Grundwasserbenutzung.[758]

---

753   BVerwG, NJW 1974, 815, 816; BVerwG, ZfW 13 (1974), 296, 296; a.A. *Nisipeanu,* NuR 1990, 439, 443, wonach der Handelnde in subjektiver Hinsicht wissentlich und willentlich die betreffenden Stoffe in das Gewässer gelangen lassen muss.
754   Dieses Szenario ist nicht mit der Frage zu verwechseln, ob die Durchteufung eines Grundwasserleiters an sich während der Phase der Tiefbohrung eine echte Grundwasserbenutzung auslöst. Diese Frage ist umstritten, aber vom Untersuchungsgegenstand ausgenommen (vgl. 22 f.). Für die Bejahung einer echten Grundwasserbenutzung vgl. *Gaßner/Buchholz,* ZUR 2013, 143, 144; *Reinhardt,* NVwZ 2012, 1369, 1370; *Elgeti/Dietrich,* NuR 2012, 232, 237; in diese Richtung auch BT-Drs. 18/4713, S. 22, die davon ausgeht, dass eine Durchteufung eine echte Wasserbenutzung darstellt ohne dies zu begründen. Ebenso soll die Durchteufung von Grundwasserleitern im Rahmen der Geothermie eine echte Gewässerbenutzung darstellen, vgl. *Czychowski/Reinhardt,* Wasserhaushaltsgesetz, § 9 Rn. 64; in diese Richtung auch, wenn auch im Ergebnis offen gelassen, VGH Hessen, NuR 2012, 192, 193 f.; *Seuser,* NuR 2012, 8, 14; *Reinhardt,* UPR 2009, 289, 291 f.; verneinend *Herbeck,* ZfB 158 (2017), 1 10.
755   Vgl. S. 36 f.
756   BVerwG, NJW 1974, 815, 816; BVerwG, ZfW 13 (1974), 296, 296.
757   *Attendorn,* ZUR 2011, 565, 569; *Czychowski/Reinhardt,* Wasserhaushaltsgesetz, § 9 Rn. 35.
758   So auch *Attendorn,* ZUR 2011, 565, 569; *Ramsauer/Wendt,* NVwZ 2014, 1401, 1405 f.; im Ergebnis auch *Roßnagel/Hentschel/Polzer,* Rechtliche Rahmenbedingungen der unkonven-

(b)   Vermischung mit Lagerstättenwasser in der Zieltiefe

Weiterhin könnte das Vermischen von Fracking-Fluid und Lagerstättenwasser ein Einleiten i.S.d. § 9 Abs. 1 Nr. 4 WHG sein. Im Gegensatz zu dem Szenario der durchteuften Grundwasserschicht erfolgt das Einbringen des Fracking-Fluids in der Zieltiefe schon alleine durch die zuvor injizierten Perforationen der lateralen Bohrungen zweckgerichtet. Mit anderen Worten: im Gegensatz zu einem Austausch des Frack-Fluids mit dem Grundwasser einer durchteuften Grundwasserschicht, das zu einem Druckverlust innerhalb des Bohrlochs führt und schon deshalb nicht dem objektiven Zweck des Einleitens des Fracking-Fluids entsprechen kann[759], entspricht der Austausch des Fracking-Fluids mit der Umgebungsstruktur in der Zieltiefe durchaus der Zweckrichtung der Fracking-Maßnahme. Zwar stellt auch hier die Gewässereinwirkung nicht das primäre Ziel der Fracking-Anwendung dar. Dies ist unstrittig die Schaffung der künstlichen Wegsamkeit, um die Erdgasförderung zu ermöglichen.[760] Zur Bejahung der objektiven Finalität kommt es allerdings nicht darauf an, dass es sich bei der Gewässereinwirkung um das Hauptziel des Verhaltens handeln muss.[761] Wäre dies der Fall, so müsste in einer Vielzahl der Fälle die gewässerbezogene Zweckrichtung des menschlichen Verhaltens verneint werden.[762] Weiterhin stellt die Zuführung des Fracking-Fluids eine unmittelbare Handlung dar, soweit sich Lagerstättenwasser in der Zieltiefe befindet.[763]

(c)   Vermischung mit Grundwasser nach Schaffung künstlicher Wegsamkeiten

Sollte sich kein Lagerstättenwasser in der Zieltiefe befinden[764], so fragt es sich, ob auch die Möglichkeit, dass das Fracking-Fluid durch die Schaffung künstlicher Wegsamkeiten aufgrund geologischer Störungen oder ohne bevorzugte Wegsamkeiten auf

---

tionellen Erdgasförderung mittels Fracking, S. 38 und *Seuser,* NuR 2012, 8, 14 f., die allerdings darauf abstellen, dass bei der Durchteufung eines Grundwasserleiters nicht von einem wissentlichen und willentlichen Verhalten des Unternehmers auszugehen ist und damit bei der Bejahung des Merkmals nicht auf eine objektive Finalität abstellt, sondern den Schwerpunkt auf subjektive Kriterien legen; a.A. *Czychowski/Reinhardt,* Wasserhaushaltsgesetz, § 9 Rn. 64a; *Gaßner/Buchholz,* ZUR 2013, 143, 144; *Reinhardt,* NVwZ 2012, 1369, 1370; *Elgeti/Dietrich,* NuR 20012, 232, 237.

759   Vgl. *Roßnagel/Hentschel/Polzer,* Rechtliche Rahmenbedingungen der unkonventionellen Erdgasförderung mittels Fracking, S. 38.

760   So auch *Roßnagel/Hentschel/Polzer,* Rechtliche Rahmenbedingungen der unkonventionellen Erdgasförderung mittels Fracking, S. 38.

761   Bzgl. der primären Zielsetzung vgl. *Czychowski/Reinhardt,* Wasserhaushaltsgesetz, § 9 Rn. 64a.

762   So dürfte dann auch die Einbringung eines Fundaments in eine oberflächennahen Grundwasserschicht zur Errichtung einer baulichen Anlagen, die unter den Benutzungstatbestand fällt, nicht von ihm erfasst sein, vgl. *Czychowski/Reinhardt,* Wasserhaushaltsgesetz, § 9 Rn. 64.

763   So auch *Czychowski/Reinhardt,* Wasserhaushaltsgesetz, § 9 Rn. 61.

764   Was nach Auswertung der Literatur ein nur theoretisch anzunehmender Fall sein dürfte, vgl. S. 27. Alle ausgewerteten Gutachten gehen davon aus, dass bei Erdgasförderungen mittels der Fracking-Technologie auch Lagerstättenwasser mitgefördert wird.

grundwasserführende Schichten treffen kann[765], die Bejahung des Einleitens nach § 9 Abs. 1 Nr. 4 WHG möglich macht. Aufgrund fehlender genauer Berechnungsmöglichkeiten kann dieses Szenario nicht gänzlich ausgeschlossen werden. Wenngleich dieses Szenario als nicht sehr wahrscheinlich gilt, kommt es für die Beantwortung der Frage, wie wahrscheinlich eine solches Szenario ist, auf den genauen geologischen und hydrogeologischen Standort und somit letztendlich auf den konkreten Einzelfall an.[766]

(aa) Objektive Finalität des Fracking-Fluideintrags

Auch in diesem Fall müsste es sich um eine auf das Gewässer bezogene zweckgerichtete Tätigkeit handeln. Der Umstand, dass das Fracking-Fluid nicht bereits in der Zieltiefe auf Lagerstättenwasser trifft, sondern erst durch den Anschluss an grundwasserführende Schichten, ändert nichts an der objektiven Finalität der Fracking-Maßnahme. Wie im vorgenannten Fall der Vermischung mit Lagerstättenwasser, liegt auch in diesem Szenario nicht der Hauptzweck auf der Vermischung, sondern auf der Schaffung künstlicher Wegsamkeiten. Dass diese künstlichen Wegsamkeiten zu einem Grundwasseranschluss führen, ist allerdings mangels exakter Berechnungsgrundlagen von der Zweckbezogenheit und der Finalität der Maßnahme gedeckt.

(bb) Unmittelbarkeit des Fracking-Fluideintrags

Die injizierte Wegsamkeit führt auch nicht zu einer bloßen mittelbaren Gewässereinwirkung, da diese nicht etwa von einer Leckage oder einem Unfall abhängig ist, sondern von einem nicht mehr steuerbaren Vorgang. Zwar muss zu der Injektion noch der Umstand hinzutreten, dass die künstliche Wegsamkeit zu einem Anschluss an eine grundwasserführende Schicht führt, doch ist der Frack erst veranlasst, so ist ein Anschluss an grundwasserführende Schichten mangels einer exakten Vorhersagbarkeit nicht ausschließbar. Die Gewässereinwirkung ist demnach direkt auf die Fracking-Anwendung zurückzuführen. Die Unmittelbarkeit ist somit zu bejahen.

Kann es im Gegensatz im Vorhinein ausgeschlossen werden, dass die künstlich erzeugten Risse sich an grundwasserführende Schichten anschließen können (beispielsweise mangels bestehender Grundwasserleiter in der Umgebung der beabsichtigen Erdgasförderung), so fehlt es der Maßnahmen auch am unmittelbaren Zusammenhang. Ist ein solcher Ausschluss nicht möglich, so muss die Zweckrichtung der Maßnahme schon vor dem Hintergrund des Vorsorgeprinzips auch bei eventuell bestehenden Unsicherheiten bejaht werden.

bb) Unechte Gewässerbenutzung

Die Injektion des Fracking-Fluids kann darüber hinaus auch unechte Gewässerbenutzungstatbestände erfüllen.

---

765 Vgl. S. 36 f.
766 Vgl. *Kirschbaum*, Dokumentation zur 39. Wissenschaftlichen Fachtagung der Gesellschaft für Umweltrecht e.V. Berlin 2015, 77, 81.

130

(1) Herbeiführung nachteiliger Veränderungen der Wasserbeschaffenheit

Die von § 9 Abs. 2 Nr. 2 WHG erfassten Maßnahmen müssen zwar zweckbezogene, aber nicht auf das Wasser selbst bezogene Verhalten sein.[767] Es kommt lediglich darauf an, dass die Tätigkeiten dazu geeignet sind, dauernd oder in einem nicht nur unerheblichen Ausmaß nachteilige Veränderungen der Wasserbeschaffenheit herbeizuführen. Es handelt sich also um nachteilige Auswirkungen auf das Gewässer, die nicht durch intentionale oder unmittelbar auf diese Wirkung gerichtete Handlungen entstehen, sondern als mittelbare Folgen einer einem anderen Zweck unterliegenden Handlung zu betrachten sind.[768]

(a) Geeignetheit zur Herbeiführung nachteiliger Veränderungen der Grundwasserbeschaffenheit

Demnach steht im Vordergrund, die Reichweite des Merkmals der Geeignetheit einer Maßnahme zu klären. Nach dem Sinn und Zweckes der Vorschrift, einen möglichst rechtzeitigen und umfassenden Gewässerschutz zu gewährleisten, muss der Begriff weit ausgelegt werden.[769] Nur so kann das Gefährdungspotenzial vollständig erfasst und ausreichend beherrscht bzw. minimiert werden.[770] Geeignetheit bedeutet daher nicht, dass die nachteilige Veränderung zu erwarten sein muss. Damit liefe nämlich der Prüfungsumfang der Genehmigungsbedürftigkeit nach § 9 Abs. 2 Nr. 2 WHG gleich mit dem der Erlaubnisfähigkeit nach § 12 Abs. 1 Nr. 1 WHG, was dazu führen würde, dass im Zeitpunkt der Feststellung der Genehmigungsbedürftigkeit diese auch zeitgleich versagt werden müsste.[771]

Aufgrund der hohen Schutzbedürftigkeit des Grundwassers und der teilweise erst sehr späten Kenntnisnahme eines Schadenseintritts reicht bei einer potentiellen Grundwasserbetroffenheit ein sehr geringer Grad an Wahrscheinlichkeit.[772] Demnach reicht es aus, wenn die dauernde und nachteilige Veränderung der Wasserbeschaffenheit als nicht ganz weit entfernt möglich erscheint.[773] Eine entsprechende Besorgnis besteht, wenn die Möglichkeit eines Schadeneintritts bei einer auf konkreten, nachvollziehbaren Feststellungen beruhenden Prognose nach menschlicher Erfahrung und nach dem Stand der Technik nicht von der Hand zu weisen ist.[774]

---

767 *Czychowski/Reinhardt,* Wasserhaushaltsgesetz, § 9 Rn. 81, 83.

768 *Schmid,* in: Berendes/Frenz/Müggenborg, Wasserhaushaltsgesetz, § 9 Rn. 77.

769 *Czychowski/Reinhardt,* Wasserhaushaltsgesetz, § 9 Rn. 86; *Schmid,* in: Berendes/Frenz/ Müggenborg, Wasserhaushaltsgesetz, § 9 Rn. 75.

770 *Schmid,* in: Berendes/Frenz/Müggenborg, Wasserhaushaltsgesetz, § 9 Rn. 74 f.

771 Vgl. VGH Baden-Württemberg, ZfW 31 (1992), 355, 358; *Czychowski/Reinhardt,* Wasserhaushaltsgesetz, § 9 Rn. 86.

772 OVG Nordrhein-Westfalen, ZfW 35 (1996), 469, 473; *Czychowski/Reinhardt,* Wasserhaushaltsgesetz, § 9 Rn. 86; *Schmid,* in: Berendes/Frenz/Müggenborg, Wasserhaushaltsgesetz, § 9 Rn. 76.

773 BGH, UPR 1982, 342, 342, *Kotulla,* Wasserhaushaltsgesetz, § 9 Rn. 49.

774 BVerwG, ZfW 20 (1981), 87, 88 f.; *Schmid,* in: Berendes/Frenz/Müggenborg, Wasserhaushaltsgesetz, § 9 Rn. 75; *Czychowski/Reinhardt,* Wasserhaushaltsgesetz, § 9 Rn. 86; *Breuer,* in: EUDUR II § 68 Rn. 26.

(b) Geeignetheit der Injektion des Fracking-Fluids zur Herbeiführung einer nachteiligen Wasserbeschaffenheit

Es stellt sich somit die Frage, ob die Injektion des Fracking-Fluids das Merkmal der Nachteilseignung für das Grundwasser erfüllt. Insoweit gibt es erhebliche empirische Unsicherheiten.[775] Weder die Möglichkeit tektonischer Verschiebungen noch die Frage nach der Erschaffung künstlicher Wegsamkeiten lässt sich exakt vorhersagen.[776] Da die geologischen Gegebenheiten des Untergrundes von Bohrlochplatz zu Bohrlochplatz variieren, scheint sich die Frage der Nachteilseignung im konkreten Fall im Vorhinein schwer beantworten zu lassen. Ihre Beantwortung ist von den konkreten hydrogeologischen Gegebenheiten abhängig. Ein gewisses Restrisiko wird wohl niemals ausgeschlossen werden können.[777]

Vergleicht man allerdings die Fracking-Technologie mit bereits anerkannten und unter § 9 Abs. 2 Nr. 2 WHG subsumierbaren Fallgruppen[778], so stellt man fest, dass der Grad der Wahrscheinlichkeit eines Schadenseintritts bei einer Fracking-Anwendung in der Regel mit den anerkannten Fallgruppen vergleichbar ist. Mit der Kombination aus Tiefbohrung und Hochdruckverpressung des Fracking-Fluids bestehen schon anlagenseitig nicht hinreichend ausschließbare Risiken, deren Eintritt eine nachteilige Veränderung der (Grund-)Wasserbeschaffenheit zur Folge haben kann.[779] Aber selbst bei Gewährleistung der Bohrlochintegrität und bei fehlerlosem Verlauf des Verfahrens begegnet die Anwendung in der Zieltiefe den schwer beherrschbaren Folgen der Schaffung künstlicher Wegsamkeiten, die dauerhaft nachteilige Wasserveränderungen mit sich bringen können.[780] Die Anwendung der Fracking-Technologie erfüllt demnach regelmäßig (zumindest) den Tatbestand der unechten Grundwasserbenutzung nach § 9 Abs. 2 Nr. 2 WHG.[781]

(2) Konstatierung der Erlaubnispflicht durch das Fracking-Gesetzespaket

Obwohl der Gesetzgeber von dem soeben gefundenen Ergebnis selbst ausging und annahm, dass Fracking-Maßnahmen regelmäßig schon nach alter Rechtslage eine (zumindest unechte) erlaubnisbedürftige Gewässerbenutzung i.S.d. § 9 Abs. 2 Nr. 2 WHG darstellten[782], hat er sich dazu entschlossen in § 9 Abs. 2 Nr. 3 WHG dies klarstellend noch einmal gesondert festzusetzen. Danach hat im Zuge der Fracking-Neuregelungen der § 9 Abs. 2 Nr. 3 WHG Einzug in das Wasserhaushaltsgesetz

---

775 Vgl. *Ramsauer/Wendt*, NVwZ 1401, 1407.

776 Vgl. S. 26 f.

777 *Ramsauer/Wendt*, NVwZ 1401, 1407.

778 Siehe im Einzelnen *Kotulla*, Wasserhaushaltsgesetz, § 9 Rn. 50; *Schmid*, in: Berendes/ Frenz/Müggenborg, Wasserhaushaltsgesetz, § 9 Rn. 78 ff.

779 Vgl. *Schmid*, in: Berendes/Frenz/Müggenborg, Wasserhaushaltsgesetz, § 9 Rn. 93d.

780 So auch *Schmid*, in: Berendes/Frenz/Müggenborg, Wasserhaushaltsgesetz, § § 9 Rn. 93d, Breuer/Gärditz, Öffentliches und privates Wasserrecht, Rn. 408, 444. siehe hierzu die soeben dargelegten Ausführungen S. 127 f.

781 Vgl. auch *Schweighart*, Der risikorechtliche Umgang mit Fracking, S. 100.

782 Vgl. BT-Drs. 18/4713, S. 16, 22.

gefunden, der festsetzt, dass das Aufbrechen von Gesteinen unter hydraulischem Druck zur[783] Aufsuchung oder Gewinnung von Erdgas, Erdöl oder Erdwärme, einschließlich der zugehörigen Tiefbohrungen, eine unechte Gewässerbenutzung darstellen.[784] Mit der Einführung der Norm, die aufgrund des gefundenen Ergebnisses keinen eigenständigen Regelungsgehalt hat[785], beabsichtigte der Gesetzgeber vornehmlich der für die Erteilung der Genehmigung zuständigen Bergbehörde, die Prüfung zur Feststellung der wasserrechtlichen Erlaubnispflicht, zu erleichtern.[786]

(a) Konsequenz für die behördliche Prüfpflicht

Seit der Neuregelung steht ohne eine Prüfung des Einzelfalls fest, dass der Einsatz der Fracking-Methode (zumindest) eine unechte Gewässerbenutzung darstellt. Dies stellt die Behörde allerdings nicht von der Prüfung frei, ob es sich nicht im Einzelfall auch um eine echte Benutzung ist § 9 Abs. 1 Nr. 4 WHG handelt.[787] Aufgrund der strengeren Anforderungen an die Erlaubnisfähigkeit einer echten Grundwasserbenutzung i.S.d. § 9 Abs. 1 Nr. 4 WHG, die über die »normalen« Versagungsgründe hinaus, auch den grundwasserrechtlichen Besorgnisgrundsatz des § 48 Abs. 1 S. 1 WHG zu beachten hat[788], kann von dieser Frage entscheidend die Erlaubnisfähigkeit der Maßnahme abhängen.[789]

(b) Kritik an der gesetzlichen Neuregelung

Die Neuregelung muss durchaus kritisch gesehen werden, da die Aufnahme der Fracking-Technologie in den Erlaubniskatalog des § 9 Abs. 2 WHG, diese pauschal dem Wasserrecht zuordnet. Auch wenn das Fracking-Vorhaben im konkreten Einzelfall keinen wasserrechtlichen Bezug aufweist, statuiert die Neuregelung eine wasserrechtliche Fiktion.[790] Es wird daher vertreten, dass der Gesetzgeber hierdurch seine Gesetzge-

---

783   Zur begrifflichen Unschärfe *von Weschpfennig*, W+B 2017, 56, 61.
784   Vgl. *Czychowski/Reinhardt*, Wasserhaushaltsgesetz, § 9 Rn. 92a.; *von Weschpfennig*, W+B 2017, 56, 61.
785   So auch *Reinhardt*, NVwZ 2016, 1505, 1506.
786   BT-Drs. 18/4713, S. 21; *Schmid*, in: Berendes/Frenz/Müggenborg, Wasserhaushaltsgesetz, § 9 Rn. 93i.
787   So auch *Schmid*, in: Berendes/Frenz/Müggenborg, Wasserhaushaltsgesetz, § 9 Rn. 93e; Breuer/Gärditz, Öffentliches und privates Wasserrecht, Rn. 444; im Ergebnis auch *Bünnigmann*, DVBl. 2015, 1418, 1423.
788   Vgl. S. 124.
789   Ebenso *Schmid*, in: Berendes/Frenz/Müggenborg, Wasserhaushaltsgesetz, § 93e; Breuer/Gärditz, Öffentliches und privates Wasserrecht, Rn. 444; *Reinhardt* NVwZ 2016, 1505, 1506.
790   Vgl. *Frenz*, Dokumentation zur 39. Wissenschaftlichen Fachtagung der Gesellschaft für Umweltrecht e.V. Berlin 2015, S. 87, 93; *Frenz*, in: Berendes/Frenz/Müggenborg, Wasserhaushaltsgesetz, §§ 13a, 13b Rn. 23; *Czychowski/Reinhardt*, Wasserhaushaltsgesetz, § 9 Rn. 72a; vgl. hierzu ausführlich *Durner*, W+B 2019, 143, 148.

bungskompetenz überschritten habe, indem er eine sachfremde Regelung getroffen habe.[791]

Dieser Kritik kann entgegen gehalten werden, dass die Regelung vergleichbar ist mit den bisherigen unechten Gewässerbenutzungen. Diese wurden ebenfalls auf ihre potentielle Gewässereinwirkung hin als Fiktion konzipiert.[792] Allen Tatbeständen des § 9 Abs. 2 WHG ist nämlich gemein, das sie die Gewässereinwirkung vorverlagern.[793] Nichts anderes macht auch die Regelung des § 9 Abs. 2 Nr. 3 WHG, wonach sich ein dort beschriebenes Vorhaben aufgrund der von ihm für die Gewässer ausgehenden »fiktiven« Gefahr einem wasserrechtlichen Erlaubnisverfahren unterziehen muss.[794]

Zwar wirkt die Neuregelung des § 9 Abs. 2 Nr. 3 WHG im System der Erlaubnispflichten des Wasserhaushaltsgesetzes fremd, da der Gesetzgeber bisher dem Schutzzweck der Erlaubnispflichten entsprechend diese abstrakt und allgemein formuliert hat. Für die rechtliche Umsetzung des Fracking-Verfahrens hat er sich nunmehr dafür entschieden, eine bestimmte Technologie mitsamt seiner technischen Voraussetzungen als Tatbestand einer unechten Wasserbenutzung abzufassen und seine Erlaubnisfähigkeit gleichzeitig in speziellen Erlaubnistatbeständen abschließend zu regeln.[795] Dieses als Sonderrecht[796] für Fracking ausgestaltete Verfahren ist zwar im Regelungssystem

---

791 *Frenz,* Dokumentation zur 39. Wissenschaftlichen Fachtagung der Gesellschaft für Umweltrecht e.V. Berlin 2015, S. 87, 94; *Frenz,* in: Berendes/Frenz/Müggenborg, Wasserhaushaltsgesetz, §§ 13a, 13b Rn. 23; zur kompetenzrechtlichen Einordnung der neu eingeführten Fracking Regelungen, vgl. *Durner,* W+B 2019, 143, 144 ff. mit Verweis auf *von Weschpfennig,* ZfB 157 (2016), 255, 261; *ders.,* W+B 2017, 56, 67, der die Neuregelungen trotz ihrer Platzierung im Wasserhaushaltsgesetz dem bergrechtlichen (und somit abschließend bundeskompetenzrechtlichen) Regelungsregime zuordnet (hierfür auch *von Weschpfennig,* in: Landmann/Rohmer, Umweltrecht, Band I, WHG § 13a Rn. 47), was den Ländern eine abweichende Gesetzgebungskompetenz versagt. Jüngst hat das Landesverfassungsgericht Schlwesig-Holstein (SchlHVerfG, Urteil vom 6. Dezember 2019 – LVerfG 2/18, veröffentlicht in NVwZ 2020, 228 ff.) dieser Argumentation zumindest im Ergebnis folgend den Antrag einer Volksinitiative, die sich für ein Komplettverbot von Fracking durch eine landesgesetzliche Regelung aussprach, mangels landesgesetzlicher Gesetzgebungskompetenz als unbegründet zurückgewiesen. Der Bundesgesetzgeber habe von seiner Gesetzgebungszuständigkeit umfassend Gebrauch gemacht und zu Fracking eine abschließende Regelung getroffen, die aufgrund ihrer Stoffbezogenheit abweichungsfest i.S.d. Art. 72 Abs. 3 S. 1 Nr. 5 GG sei (3. Leitsatz). Das Gericht erkennt zwar auch den grundsätzlich bergrechtlichen Regelungsbezug, zieht daraus aber nicht den Schluss, dass die Fracking-Regelungen ausschließlich auf der Gesetzgebungskompetenz aus Art. 74 Abs. 1 Nr. 11 GG fußt (vgl. Rn. 93, 95). Das Gericht bejaht dabei pauschalisierend – ohne nach den einzelnen Regelungstatbeständen differenzierend – das Merkmal der Stoffbezogenheit (Rn. 109 ff.), dies scharf kritisierend *Reinhardt* Anm. zu SchlHVerfG, Urteil vom 6. Dezember 2019 – LVerfG 2/18, NVwZ 2020, 230 ff. Zur Abweichungskompetenz der Länder, siehe auch *von Weschpfennig,* in: Landmann/Rohmer, Umweltrecht, Band I, WHG § 13a Rn. 24 ff.; *Giesberts/Kastelec,* in: BeckOK Umweltrecht, WHG § 13a Rn. 39 ff.
792 Vgl. *Schmid,* in: Berendes/Frenz/Müggenborg, Wasserhaushaltsgesetz, § 9 Rn. 93h.
793 Vgl. *Czychowski/Reinhardt,* Wasserhaushaltsgesetz, § 9 Rn. 73, 81.
794 *Schmid,* in: Berendes/Frenz/Müggenborg, Wasserhaushaltsgesetz, § 9 Rn. 93h.
795 *Schmid,* in: Berendes/Frenz/Müggenborg, Wasserhaushaltsgesetz, § 9 Rn. 93e.
796 So *Schmid,* in: Berendes/Frenz/Müggenborg, Wasserhaushaltsgesetz, § 9 Rn. 93e.

atypisch, aber rechtlich nicht unzulässig.[797] Der Gesetzgeber ist an der Ausgestaltung einer solchen Regelegung nicht gehindert. Vielmehr steht es ihm aufgrund seines weiten Ermessens legislatorischer Ausgestaltungen frei, das Fracking-Verfahren speziellen gesetzlichen Vorgaben zu unterwerfen.[798] Zumal die Zulassungsmöglichkeit nicht erleichtert werden sollte, sondern nur klarstellende Funktion hat.[799]

(c) Stellungnahme

Wie dargelegt, ist kaum ein Fall denkbar, bei dem die Injektion des Fracking-Fluids nicht zumindest den unechten Benutzungstatbestand nach § 9 Abs. 2 Nr. 2 WHG auslöst. Somit hatte die Anwendung der Fracking-Technologie bereits vor Einführung der Neuregelungen regelmäßig einen wasserrechtlichen Bezug.[800] Insoweit verfängt die Kritik[801] von *Frenz* nicht, der Gesetzgeber habe mit der Regelung eine dem Wasserhaushaltsgesetz wesensfremde Materie geregelt. Die Neuregelung des § 9 Abs. 2 Nr. 3 WHG kann allerdings im Hinblick auf die materiellen Anforderungen an wasserrechtliche Benutzungstatbestände als redundant bezeichnet werden.[802] Klargestellt hat sie hingegen in Bezug auf die Zuständigkeitsebene die prinzipielle Einbeziehung der wasserbehördlichen Fachkompetenz in die Entscheidungsfindung.[803]

3. *Genehmigungsbedürftigkeit der Rückförderungsphase*

Weiterhin kann die Rückförderungsphase eines Fracking-Vorhabens den echten Gewässerbenutzungstatbestand des § 9 Abs. 1 Nr. 5 WHG auslösen. Demnach stellt auch das Entnehmen, Zutagefördern, Zutageleiten und Ableiten von Grundwasser eine echte Wasserbenutzung dar.

Die in § 9 Abs. 1 Nr. 5 WHG festgesetzten Nutzungsvarianten setzen die zweckgerichtete Mobilisierung von Grundwasser voraus.[804] Charakteristisch ist, dass das Grundwasser in irgendeiner Form von seinem Ursprungsort fortbewegt wird.[805] Vor dem Hintergrund dieses Zweckes überschneiden sich die einzelnen Handlungsvarianten

---

797 Vgl. Diskussionszusammenfassung: Fracking, Dokumentation zur 39. Wissenschaftlichen Fachtagung der Gesellschaft für Umweltrecht e.V. Berlin 2015, S. 123, 125; a.A. *Frenz*, Dokumentation zur 39. Wissenschaftlichen Fachtagung der Gesellschaft für Umweltrecht e.V. Berlin 2015, S. 87, 94.

798 So auch Diskussionszusammenfassung: Fracking, Dokumentation zur 39. Wissenschaftlichen Fachtagung der Gesellschaft für Umweltrecht e.V. Berlin 2015, S. 123, 125.

799 Vgl. BT-Drs. 18/4713, S. 21.

800 Krit. *von Weschpfennig*, ZfB 157 (2016), 193, 196 f.; *ders.*, W+B 2017, 56, 60.

801 Vgl. Fn. 791.

802 Siehe auch *Czychowski/Reinhardt*, Wasserhaushaltsgesetz, § 9 Rn. 72a.

803 Fraglich ist, ob dieses Einvernehmenserfordernis auch über eine zwingende Beteiligung der Wasserbehörde bei der Zulassungsentscheidung hätte sichergestellt werden können, *von Weschpfennig*, W+B 2017, 56, 62; Deutscher Anwaltsverein (DAV), NuR 2015, 838, 839.

804 *Schmid*, in: Berendes/Frenz/Müggenborg, Wasserhaushaltsgesetz, § 9 Rn. 66.

805 *Kotulla*, Wasserhaushaltsgesetz, § 9 Rn. 35, *Czychowski/Reinhardt*, Wasserhaushaltsgesetz, § 9 Rn. 66; *Pape*, in: Landmann/Rohmer, Umweltrecht, Band I, WHG § 9 Rn. 60.

teilweise und sind schwer trennscharf voneinander abzugrenzen. Dies ist insoweit unschädlich, als dass alle Varianten wasserrechtlich relevante Benutzungen darstellen und für sie die gleichen Rechtsfolgen gelten.[806]

Das Entnehmen betrifft bereits erschlossene Vorkommen, die ohne besondere Vorkehrungen zugänglich sind[807] Ein Zutagefördern meint das planmäßige Erschließen und Emporheben des Grundwassers durch spezielle dafür veranlasste Maßnahmen wie zum Beispiel Pumpen. Ein Zutageleiten nutzt das natürliche Gefälle bzw. den artesischen Druck unter Ausnutzung der hydrologischen Verhältnisse.[808] Ableiten bedeutet das Lösen und Fortleiten des Grundwassers von seiner natürlichen Umgebung.[809] Jede Benutzungsvariante des § 9 Abs. 1 Nr. 5 WHG erfordert ein zweckgerichtetes nach seiner objektiven Eignung auf das Grundwasser bezogenes Verhalten.[810] Die zufällige Grundwassererschließung fällt nicht unter den Tatbestand.[811]

a) Hebung von Rückfluss und Lagerstättenwasser als Gewässerbenutzung

Die Benutzungsvarianten finden auch im Rahmen bergbaulicher Tätigkeiten Anwendung, d.h. auch bei der Förderung von Bodenschätzen aufgrund staatlich erteilter Bergbauberechtigungen unter Tage oder im Tagebau unterfällt das Fördern von Grundwasser der wasserrechtlichen Genehmigungsbedürftigkeit.[812] Kommt das Fracking-Fluid während der Fracking-Phase mit (Tiefen-)Grundwasser in Berührung und bildet es mit diesem eine Verbindung, so wird das Lagerstättenwasser im Laufe des Rückforderungsprozesses von seinem natürlichen Ort an die Erdoberfläche verbracht.

b) Zweckbezogenheit der Hebung

Das Zutagefördern von Rückfluss und Lagerstättenwasser ist eine zwingende Begleiterscheinung der Erdgasgewinnung. Damit ist die Handlung nicht nur auf das Fördern des Erdgases gerichtet, sondern auch auf das Mitfördern von Grundwasser. Als Indiz kann dafür dienen, dass schon im Vorhinein spezielle Maßnahmen getroffen werden, wie mit dem geförderten Grundwasser umzugehen ist. Daher liegt eine echte Wasserbenutzung i.S.d. § 9 Abs. 1 Nr. 5 WHG von zutage geförderten Tiefengrundwasser vor, soweit sich solches in der Zieltiefe befindet.[813]

---

806   Vgl. *Czychowski/Reinhardt,* Wasserhaushaltsgesetz, § 9 Rn. 68.
807   Breuer/Gärditz, Öffentliches und privates Wasserrecht, Rn. 422.
808   *Schmid,* in: Berendes/Frenz/Müggenborg, Wasserhaushaltsgesetz, § 9 Rn. 66.
809   *Breuer,* in: EUDUR II, § 68 Rn. 27; *Kotulla,* WHG, § 9 Rn. 35; *Schmid,* in: Berendes/ Frenz/Müggenborg, Wasserhaushaltsgesetz, § 9 Rn. 66.
810   *Czychowski/Reinhardt,* Wasserhaushaltsgesetz, § 9 Rn. 67; a.A. *Kotulla,* WHG, § 9 Rn. 35, der ein subjektiv-finales menschliches Verhalten fordert.
811   *Czychowski/Reinhardt,* Wasserhaushaltsgesetz, § 9 Rn. 67.
812   *Czychowski/Reinhardt,* Wasserhaushaltsgesetz, § 9 Rn. 70; *Reinhardt,* NuR 2004, 82, 83; *Reinhardt,* NuR 1999, 134, 135 f.; *Tettinger,* ZfW 30 (1991), 1, 8.
813   So auch *Kotulla,* Wasserhaushaltsgesetz, § 9 Rn. 37; *Czychowski/Reinhardt* WHG § 9 Rn. 71; *Piens/Schulte/Graf Vitzthum,* Bundesberggesetz, Anh. § 56 Rn. 570; a.A. *Ramsauer/ Wendt,* NVwZ 2014, 1401, 1406; *Herbeck,* ZfB 158 (2017), 1, 4.

4. Genehmigungsbedürftigkeit der Entsorgungsphase

Auch die Entsorgungsphase löst wasserrelevante Benutzungstatbestände aus.

a) Direkteinleitung von Rückfluss und Lagerstättenwasser

Wird Rückfluss und Lagerstättenwasser im Rahmen der Direkteinleitung entsorgt[814], stellt dies einen echten Gewässerbenutzungstatbestand i.S.d. § 9 Abs. 1 Nr. 4 WHG da, da die Entsorgungstätigkeit unmittelbar und zweckgerichtet (zwecks Entsorgung) darauf abzielt, die (flüssigen) Stoffe einem Gewässer zuzuführen.

b) Indirekteinleitung von Rückfluss und Lagerstättenwasser

Fraglich ist indes, ob auch die Indirekteinleitung von Rückfluss und Lagerstättenwasser die Erlaubnisbedürftigkeit der echten Gewässerbenutzung von § 9 Abs. 1 Nr. 4 WHG auslöst. Dazu müsste es sich beim Zuführen von Rückfluss und Lagerstättenwasser um einen Einleitungsvorgang in ein Gewässer handeln. Dies ist in zweierlei Hinsicht problematisch.

aa) Kläranlage oder Kanalisation kein Gewässer

Zunächst müsste es sich bei der Abwasseranlage um ein Gewässer i.S.d. § 2 WHG handeln. Voraussetzung hierfür ist, dass es in den natürlichen Wasserkreislauf eingebunden ist.[815] Es muss also eine übergreifende ökologische Verbindung bestehen, die nicht besteht, soweit das Wasser sich in geschlossenen Leitungen oder anderen Behältern befindet.[816] Demnach unterfällt Wasser, das sich in künstlich abgeschlossenen Behältern sowie Leitungen, wie Kanalisationen oder Abwasserkanäle, befindet, nicht der Gewässereigenschaft.[817] Demzufolge handelt es sich bei der Indirekteinleitung des Fracking-Unternehmers in eine öffentliche Abwasseranlage nicht um einen den Benutzungstatbestand des § 9 WHG auslösenden Vorgang.[818]

---

814 Vgl. S. 31.
815 Vgl. für die folgenden Ausführungen S. 121 f.
816 BVerwGE 49, 293, 299; *Czychowski/Reinhardt,* Wasserhaushaltsgesetz, § 2 Rn. 7.
817 BGH, ZfW 21 (1982), 214, 215; OVG Mecklenburg-Vorpommern, ZfW 42 (2003), 113, 116; VGH Bayern, ZfW 29 (1974), 467, 467; OVG Nordrhein-Westfalen, ZfW 13 (1974), 253, 253, *Kotulla,* Wasserhaushaltsgesetz, § 2 Rn. 3, *Czychowski/Reinhardt,* Wasserhaushaltsgesetz, § 2 Rn. 8 mit weiteren Beispielen.
818 Vgl. auch *Schmid,* in: Berendes/Frenz/Müggenborg, Wasserhaushaltsgesetz, § 9 Rn. 55. Hiervon abzugrenzen ist allerdings der Vorgang des Abwasserbeseitigungspflichtigen. Gelangt das (aufbereitete) Wasser einer Kläranlage wiederum in ein Gewässer, so handelt es sich um eine Direkteinleitung, die einen erlaubnispflichtigen Tatbestand des Betreibers der Abwasseranlange darstellt, vgl. *Czychowski/Reinhardt,* Wasserhaushaltsgesetz, § 57 Rn. 6; *Nisipeanu,* in: Berendes/Frenz/Müggenborg, Wasserhaushaltsgesetz, § 57 Rn. 16; *Berendes,* KurzKom, Wasserhaushaltsgesetz, § 9 Rn. 9.

bb) Zweckbezogenheit der Einleitung

Darüber hinaus stellt die Indirekteinleitung auch keine objektiv-final auf ein Gewässer bezogene Handlung dar.[819] Die Einleitung ist nämlich nur darauf gerichtet, das Abwasser in eine öffentliche oder private Abwasseranlage einzuleiten.

c) Verpressen von Rückfluss und Lagerstättenwasser

Soweit zurückgeförderter Rückfluss oder an die Erdoberfläche befördertes Lagerstättenwasser zur Entsorgung in Gesteinsschichten verpresst werden soll, steht wiederum die Frage im Raum, ob es sich bei ihr um eine Gewässerbenutzung handelt.

aa) Echte Gewässerbenutzung

Wiederum könnte es sich um eine erlaubnisbedürftige Grundwasserbenutzung i.S.d. § 9 Abs. 1 Nr. 4 WHG in der Form des Einleitens flüssiger Stoffe handeln. Auch hierbei muss es sich um ein zweckgerichtetes, sich auf ein Gewässer bezogenes menschliches Verhalten handeln. Da nicht jede Zuführung in den Boden den Tatbestand der Einleitung in das Grundwasser erfüllt, muss zwischen dem Einleiten und der Grundwasserbenutzung ein funktioneller Zusammenhang bestehen.[820] Dieser ist regelmäßig dann gegeben, wenn die Handlung unmittelbar auf das Grundwasser einwirkt.[821] Unter diese Handlungen fallen beispielsweise das Verpressen von Bohrschlamm, wenn es objektiv drauf gerichtet ist, den Schlamm in das Grundwasser gelangen zu lassen[822], das Einleiten von sog. Dickspülflüssigkeiten[823], die Versenkung von Abwasser in grundwasserführende Bodenschichten mittels eines Schluckbrunnens[824], das Einleiten von Grubenwasser, die Rückführung von gefördertem Grundwasser im Rahmen der Geothermie[825] und das Einleiten von Presswasser.[826]

All diesen Beispielen ist gemein, dass sie sowohl zweckgerichtet als auch gewässerbezogen sind und die Zielformation, in die eingeleitet werden soll, am natürlichen Wasserkreislauf teilnimmt. Die Bejahung der Frage, ob es sich bei der Verpressung von Rückfluss und Lagerstättenwasser um ein gewässerbezogenes Verhalten handelt, hängt demnach entscheidet von der Zielformation ab, in die die Stoffe verpresst werden sollen. Weist diese eine derartige impermeable Beschaffenheit auf, dass ein Austausch der Flüssigkeiten mit grundwasserführenden Schichten ausgeschlossen ist,

---

819   Vgl. 123 f.; wohl a.A. *Czychowski/Reinhardt,* Wasserhaushaltsgesetz, § 9 Rn. 37, der die Indirekteinleiter dem abwasserbeseitigungspflichtigen Einleiter (beispielsweise dem Betreiber einer Kläranlage) gleich stellt.

820   Vgl. Breuer/Gärditz, Öffentliches und privates Wasserrecht, Rn. 407.

821   BGH, NJW 1994, 1006, 1006; Breuer/Gärditz, Öffentliches und privates Wasserrecht, Rn. 407.

822   *Czychowski/Reinhardt,* Wasserhaushaltsgesetz, § 9 Rn. 61; i.Ü. vgl. Breuer/Gärditz, Öffentliches und privates Wasserrecht, Rn. 408.

823   VG Regensburg, ZfW-Sonderheft 1964 II Nr. 1.

824   *Czychowski/Reinhardt,* Wasserhaushaltsgesetz, § 9 Rn. 61.

825   VGH Hessen, ZfW 51 (2012), 90, 90 f.; *Czychowski/Reinhardt,* Wasserhaushaltsgesetz, § 9 Rn. 64.

826   Breuer/Gärditz, Öffentliches und privates Wasserrecht, Rn. 408.

scheidet auch ein echter Grundwasserbenutzungstatbestand aus. Stellt die Zielformation sich dagegen so dar, dass durch ihre Durchlässigkeit, ein Austausch des Rückflusses bzw. Lagerstättenwassers mit Grundwasser möglich erscheint, geschieht dies unmittelbar durch das Einleiten und somit objektiv final. In diesem Fall wäre die Genehmigungsbedürftigkeit zu bejahen.[827]

bb) Unechte Gewässerbenutzung

Darüber hinaus qualifiziert der neu eingeführte § 9 Abs. 2 Nr. 4 WHG die untertägige Ablagerung von Lagerstättenwasser, das bei Maßnahmen nach § 9 Abs. 2 Nr. 3 WHG oder anderen Maßnahmen zur Aufsuchung oder Gewinnung von Erdgas oder Erdöl anfällt, als unechten Benutzungstatbestand. Nach dem primären Regelungszweck erfasst der Tatbestand das durch das Fracking-Verfahren anfallende Lagerstättenwasser, ohne ihn hierauf zu beschränken.[828] Demnach unterfällt auch Lagerstättenwasser, das bei der Erdgasförderung ohne Zuhilfenahme der Fracking-Technologie anfällt, dem Tatbestand. Es muss sich allerdings um eine Erdgas- bzw. Erdölgewinnungsmaßnahme handeln. Bei Lagerstättenwasser, das bei der Gewinnung oder bei der Aufsuchung eines anderen Bodenschatzes anfällt, kann im Gegensatz dazu nicht auf die pauschale Regelung des § 9 Abs. 2 Nr. 4 WHG zurückgegriffen werden, sondern muss sich weiterhin anhand der Kriterien des § 9 Abs. 1 und Abs. 2 WHG beurteilen lassen.[829]

(1) Begriff der untertägigen Ablagerung

Unter dem Begriff der untertägigen Ablagerung ist die dauerhafte Entsorgung des Lagerstättenwassers zu verstehen.[830] Der Begriff des Lagerstättenwassers ist dabei im Sinne der Legaldefinition des im Zuge der Fracking-Neuregelugen eingeführten § 22b S. 1 Nr. 3 ABBergV zu verstehen.[831] Dies meint die in der Produktionsphase aus der Lagerstätte nach über Tage geförderte Flüssigkeit geogenen Ursprungs.[832]

(2) Ausgenommen: Rückfluss

Interessant ist, dass § 9 Abs. 2 Nr. 4 WHG für die Entsorgung des ebenfalls in § 22b S. 1 Nr. 3 ABBergV legaldefinitorisch erfassten Begriffes des Rückflusses keinen eigenen Wasserbenutzungstatbestand etabliert, sondern die Genehmigungsbedürftigkeit der untertägigen Verbringung nur für Lagerstättenwasser konstatiert. Dies liegt nach der Gesetzesbegründung daran, dass die untertägige Einbringung des Rückflusses gemäß § 22c Abs. 2 Satz 6 ABBergV ohnehin unzulässig sei. Aus diesem Grund sei sie

---

827 Hiervon ist wiederum die Erlaubnisfähigkeit abzugrenzen, siehe hierfür S. 253 f. Zum Streitstand, ob das Versenken von Lagerstättenwasser vor der Fracking-Novelle überhaupt einen wasserrechtlich genehmigungsbedürftigen Tatbestand darstellte, sie *von Weschpfennig*, ZfB 157 (2016), 193, 196 ff.

828 Breuer/Gärditz, Öffentliches und privates Wasserrecht, Rn. 445.

829 Vgl. Breuer/Gärditz, Öffentliches und privates Wasserrecht, Rn. 445.

830 BT-Drs. 18/4713, S. 21.

831 BT-Drs. 18/4713, S. 21.

832 Vgl. S. 29 f.

unter keinen Umständen genehmigungsfähig, was auch die Etablierung einer Erlaubnispflicht überflüssig gemacht habe.[833]

(3) Stellungnahme

Damit konstatiert der Gesetzgeber einen Gleichlauf von Genehmigungsbedürftigkeit und Genehmigungsfähigkeit und beantwortet eine Frage der Genehmigungsfähigkeit bereits auf der Ebene der Genehmigungsbedürftigkeit auf. Richtigerweise erfüllt aber auch die untertägige Ablagerung von Rückfluss mit dem entsprechenden Gefährdungspotenzial zumindest den Benutzungstatbestand des § 9 Abs. 2 Nr. 2 WHG – ebenso wie Maßnahmen nach § 9 Abs. 2 Nr. 3 WHG[834] – sodass sie grundsätzlich erlaubnisbedürftig ist. Die Nichtnennung des Rückflusses in § 9 Abs. 2 Nr. 4 WHG macht die Entsorgung des Rückflusses mittels der untertägigen Ablagerung damit nicht zu einem erlaubnisbefreiten Tatbestand.

5. Wasserrechtliche Genehmigungsarten

Soweit die einzelnen Phasen eines Fracking-Vorhabens wasserrechtliche Benutzungstatbestände i.S.d. § 9 WHG darstellen, stellt sich die Frage, welche Genehmigungen hierfür erteilt werden können. Das Wasserhaushaltsgesetz kennt grundsätzlich gemäß § 8 Abs. 1 WHG die Genehmigungsinstitute der Erlaubnis und der Bewilligung. Da sie sich nicht nach dem Gegenstand und dem Umfang der ermöglichten Gewässerbenutzung, sondern durch die Art der gewährten Rechtsstellung[835], unterscheiden, konnten die die Genehmigung auslösenden Gewässerbenutzungstatbestände im vorangegangenen Teil der Untersuchung zusammen dargestellt werden.

a) Erlaubnis zur Gewässerbenutzung

Nach § 10 Abs. 1 WHG gewährt die wasserrechtliche Erlaubnis die Befugnis, ein Gewässer zu einem bestimmten Zweck in einer nach Art und Maß bestimmten Weise zu benutzen. Die Erlaubnis gewährt ihrem Inhaber eine Ausnahmebefugnis in Form eines begünstigenden Dauerverwaltungsaktes, der befristet erteilt werden kann.[836] Die Befugnis besagt, dass der Inhaber sich in der in ihr festgesetzten Art und Weise verhalten darf und diese Verhaltensweise öffentlich-rechtlich unbedenklich ist.[837]

Sie ist gemäß § 18 Abs. 1 WHG jederzeit widerruflich. Zwar knüpft das Gesetz keine materiellen Widerrufsvoraussetzungen an die Widerrufbarkeit, dies bedeutet allerdings nicht, dass die Erlaubnis willkürlich wiederrufen werden kann. Dies steht vielmehr im

833 Vgl. BT-Drs. 18/4713 S. 21; *Schmid*, in: Berendes/Frenz/Müggenborg, Wasserhaushaltsgesetz, § 9 Rn. 93g; *Czychowski/Reinhardt*, Wasserhaushaltsgesetz, § 92 f.; *von Weschpfennig*, ZfB 157 (2016), 193, 198.
834 Vgl. S. 131 f.
835 BVerwGE 41, 58, 58 f.; Breuer/Gärditz, Öffentliches und privates Wasserrecht, Rn. 326; *Sparwasser/Engel/Voßkuhle*, Umweltrecht, § 8 Rn. 149 ff.
836 *Kotulla*, Wasserhaushaltsgesetz, § 10 Rn. 4.
837 *Kotulla*, Wasserhaushaltsgesetz, § 10 Rn. 5.

pflichtgemäßen Ermessen der Behörde.[838] Es müssen zumindest dem Gesetz besondere Gründe des öffentlichen Interesses zu entnehmen sein, die den Widerruf rechtfertigen.[839] Dies wird unter Zugrundelegung der ausgeführten zentralen Zielbestimmungen des Wasserhaushaltsgesetzes zu ermitteln sein und regelmäßig dann vorliegen, wenn durch die erlaubte Gewässerbenutzung nachträglich das Wohl der Allgemeinheit in einer nicht durch nachträgliche Anordnungen nach § 13 WHG vermeidbaren oder ausgleichbaren Weise beeinträchtigt wird.[840]

Grundsätzlich kann jede Gewässerbenutzung, die durch das Fracking-Vorhaben ausgelöst wird, in Form der Erlaubnis erteilt werden.

b) Die wasserrechtliche Bewilligung

Im Gegensatz zu der Erlaubnis gewährt die Bewilligung ihrem Inhaber nicht nur eine Befugnis, sondern ein eigentumsähnliches Recht, das ihn gegenüber jedermann[841] berechtigt, ein Gewässer zu einem bestimmten Zweck in einer nach Art und Maß bestimmten Weise zu benutzen. Für Bewilligungen gelten die besonderen Zulassungsvoraussetzungen des § 14 Abs. 1 WHG.

Für Benutzungen im Sinne des § 9 Abs. 1 Nr. 4 und Abs. 2 Nr. 2 bis 4 WHG dürfen gemäß § 14 Abs. 1 Nr. 3 WHG keine Bewilligungen erteilt werden. Demnach dürfen für die Fracking-Fluidinjektion, die Direkteinleitung und das Verpressen von Rückfluss und Lagerstättenwasser keine Bewilligungen erteilt werden. Lediglich für die Gewässerbenutzungen zur Wasserentnahme für die Herstellung des Fracking-Fluids und die Hebung von Rückfluss und Lagerstättenwasser während der Rückförderungsphase ist die Erteilung von Bewilligungen denkbar.

c) Gehobene Erlaubnis

Weiterhin kennt das Wasserhaushaltsgesetz die gehobene Erlaubnis als Sonderform der einfachen Erlaubnis. Diese darf nur unter den Voraussetzungen des § 15 WHG erteilt werden, wenn hierfür ein öffentliches Interesse oder ein berechtigtes Interesse des Gewässerbenutzers besteht. Es gelten für sie daher grundsätzlich dieselben Bestimmungen wie für ihr Grundmodell[842], auf deren Ausführungen verwiesen wird. § 15 Abs. 1 S. 2 WHG ordnet an, dass die gehobene Erlaubnis nicht für die Fracking-Fluidinjektion und nicht für die das untertägige Verbringen von Lagerstättenwasser erteilt werden darf.

---

838 So *Sachs*, in: Stelkens/Bonk/Sachs, Verwaltungsverfahrensgesetz, § 49 Rn. 42; *Kotulla*, Wasserhaushaltsgesetz, § 18 Rn. 4, 5; Breuer/Gärditz, Öffentliches und privates Wasserrecht, Rn. 856, 858.

839 *Kotulla*, Wasserhaushaltsgesetz, § 18 Rn. 4; *Sachs*, in: Stelkens/Bonk/Sachs, Verwaltungsverfahrensgesetz, § 49 Rn. 42.

840 Breuer/Gärditz, Öffentliches und privates Wasserrecht, Rn. 856; *Kotulla*, Wasserhaushaltsgesetz, § 18 Rn. 4.

841 Vgl *Kotulla*, Wasserhaushaltsgesetz, § 10 Rn. 11, 12.

842 *Kotulla*, Wasserhaushaltsgesetz, § 15 Rn. 3.

6. *Zuständigkeit für die Erteilung wasserrechtlicher Genehmigungen*

Grundsätzlich ist die nach dem Landesrecht festgelegte Wasserbehörde für die Erteilung der wasserrechtlichen Erlaubnis zuständig.[843]

a) Bergbehörde als besondere Wasserbehörde

Besonderheiten ergeben sich allerdings für die Erteilung einer wasserrechtlichen Erlaubnis bei Planfeststellungsverfahren und bergrechtlichen Betriebsplänen gemäß § 19 Abs. 1 und 2 WHG. Gemäß § 19 Abs. 1 WHG entscheidet die Planfeststellungsbehörde über die Erteilung der wasserrechtlichen Genehmigung, wenn für ein Vorhaben, mit dem die Benutzung eines Gewässers verbunden ist, ein Planfeststellungsverfahren durchzuführen ist. Das obligatorische Rahmenbetriebsplanverfahren stellt trotz des Fehlens eines fachplanerischen Abwägungsgebots ein Planfeststellungsverfahren i.S.d. § 19 Abs. 1 WHG dar.[844] Kann im Rahmen des Rahmenbetriebsplanverfahrens noch nicht über die wasserrechtliche Erlaubnis entschieden werden, so entscheidet gemäß § 19 Abs. 2 WHG die Bergbehörde über die wasserrechtliche Erlaubnis.[845] In beiden Fällen handelt faktisch allerdings die Bergbehörde (nach § 19 Abs. 1 WHG als Planfeststellungbehörde) als besondere Wasserbehörde.[846] In Baden-Württemberg ist dies die Landesbergdirektion als Teil des Regierungspräsidiums.

b) Im Einvernehmen mit der eigentlichen Wasserbehörde

In beiden Fällen ist die Mitwirkung der tatsächlichen Wasserbehörde sichergestellt. § 19 Abs. 3 WHG normiert nämlich, dass in den Fällen des § 19 Abs. 1 und 2 WHG die Entscheidung im Einvernehmen, bei Planfeststellungen durch Bundesbehörden im Benehmen mit der Wasserbehörde zu treffen ist. Da die Entscheidung über Fracking-Vorhaben den Bergbehörden obliegt, muss zwischen der Bergbehörde und der Wasserbehörde ein Einvernehmen hergestellt werden. Mit der Regelung wird die fachlich kompetente Behörde zur »Sicherung der wasserwirtschaftlichen Belange« mit in die Verantwortung eingebunden.[847]

Einvernehmen bedeutet, dass die an der Entscheidung beteiligten Behörden völlig übereinstimmen müssen, d.h. die Entscheidung darf nur mit der Billigung der Wasserbehörde fallen und nicht gegen sie.[848] Die Wasserbehörde muss die Entscheidung also voll mittragen.[849] Trotz dieser starken Bindung der wasserbehördlichen Einflussnah-

---

843 *von Mäßenhausen*, in: Boldt/Weller/Kühne/von Mäßenhausen, Bundesberggesetz, Anh.
    § 48 Rn. 194.
844 Vgl. S. 114 f.
845 Vgl. S. 113 f.
846 *Kotulla*, Wasserhaushaltsgesetz, § 19 Rn. 2.
847 BT-Drs. 2072, S. 26 f.; Berendes/Frenz/Müggenborg, Wasserhaushaltsgesetz, § 19 Rn. 16.
848 *Kotulla*, Wasserhaushaltsgesetz, § 19 Rn. 15.
849 Vgl. BVerwGE 57, 98, 101; BVerwGE 22, 342, 345; *Czychowski/Reinhardt,* Wasserhaushaltsgesetz, § 19 Rn. 23; *Berendes*, in: Berendes/Frenz/Müggenborg, Wasserhaushaltsgesetz, § 19 Rn. 17.

memöglichkeit bleibt die Beteiligung der Wasserbehörde ein Verwaltungsinternum.[850] Mangels Außenwirkung stellt die Entscheidung der Wasserbehörde keinen Verwaltungsakt dar.[851] Sollte kein Einvernehmen hergestellt werden können, muss eine weisungsbefugte höhere Behörde eingeschaltet werden.[852] Dies ist abhängig vom zwei- oder dreistufigen Behördenaufbau das Regierungspräsidium oder bereits die Landesregierung.[853]

c) Klarstellung durch die Gesetzesänderung

Mit der Neueinführung der wasserrechtlichen Benutzungstatbestände des § 9 Abs. 2 Nr. 3 und 4 WHG hat der Gesetzgeber klargestellt, dass die wasserbehördliche Beteiligung an der Zulassung eines Fracking-Vorhabens gewährleistet ist. Zwar bestand das Einvernehmenserfordernis des § 19 Abs. 3 WHG auch bereits vor den neu eingeführten Fracking-Regelungen, doch musste das Einvernehmen mit der Wasserbehörde erst gesucht werden, nachdem festgestellt wurde, dass das beabsichtigte Vorhaben einen wasserrechtlichen Benutzungstatbestand auslöst. Für dieses »Ob« greift § 19 Abs. 3 WHG nicht. Systematisch steht er nämlich am Ende desjenigen Abschnittes des Wasserhaushaltsgesetzes, der den materiell-rechtlichen Inhalt für die Erlaubniserteilung regelt.[854] In systematischer Auslegung der Norm ist damit eine Beteiligung der Wasserbehörde nur im Hinblick auf die Erlaubnisfähigkeit, also das »Wie« der wasserrechtlichen Erlaubnis, gewährleistet.

Die Entscheidung, wann eine Wasserbenutzung aber den wasserrechtlichen Vorschriften unterliegt, also, ob die Benutzung überhaupt erlaubnispflichtig ist, war vor der Neueinführung damit ausschließlicher Prüfungsgegenstand der fachlich weiter entfernten Berg- bzw. Planfeststellungsbehörde. Diese Lücke hat der Gesetzgeber geschlossen, indem er vorgibt, dass Fracking-Vorhaben prinzipiell einer wasserrechtlichen Erlaubnispflicht unterliegen.

7. Zwischenergebnis

Eine wasserrechtliche Erlaubnis gemäß § 8 Abs. 1 WHG ist für Vorhaben zur Gewinnung oder Aufsuchung von Erdgas erforderlich, wenn das Vorhaben eine wasserrechtliche Benutzung darstellt. Das Wasserhaushaltsgesetz unterscheidet dabei in § 9 WHG nach echten Wasserbenutzungen (§ 9 Abs. 1 WHG) und benutzungsgleichgestellten

---

850 *Schenk*, in: Sieder/Zeitler/Dahme/Knopp, Wasserhaushaltsgesetz, § 19 WHG Rn. 34 ff.
851 *Czychowski/Reinhardt*, Wasserhaushaltsgesetz, § 19 Rn. 22, *Berendes*, in: Berendes/Frenz/Müggenborg, Wasserhaushaltsgesetz, § 19 Rn. 16; *Kotulla*, Wasserhaushaltsgesetz, § 19 Rn. 18.
852 *Berendes*, in: Berendes/Frenz/Müggenborg, Wasserhaushaltsgesetz, § 19 Rn. 17; *Schenk*, in: Sieder/Zeitler/Dahme/Knopp, Wasserhaushaltsgesetz, § 19 WHG Rn. 34 ff.
853 Vgl. *Berendes*, in: Berendes/Frenz/Müggenborg, Wasserhaushaltsgesetz, § 19 Rn. 17; vgl. ferner zur teilweisen komplexen Fragestellung betreffend die Weisungs- und/oder Ersetzungsbefugnis weisungsbefugter Behörden, *Schenk*, in: Sieder/Zeitler/Dahme/Knopp, Wasserhaushaltsgesetz, § 19 WHG Rn. 35 f.
854 Vgl. *Ramsauer/Wendt*, NVwZ 2014, 1401, 1406.

Gewässereinwirkungen bzw. unechten Wasserbenutzungen (§ 9 Abs. 2 WHG). Relevanz erhält diese Unterscheidung vor dem Hintergrund, dass der wasserrechtliche Besorgnisgrundsatz des § 48 Abs. 1 S. 1 WHG nur auf echte Wasserbenutzungen i.S.d. § 9 Abs. 1 Nr. 4 WHG Anwendung findet.

Die einzelnen Phasen eines Fracking-Vorhabens stellen überwiegend Gewässerbenutzungen dar und unterliegen daher der wasserrechtlichen Genehmigungsbedürftigkeit.

Innerhalb der Fracking-Phase stellen folgende Handlungen Gewässerbenutzungen dar:

– Soweit zur Herstellung des Fracking-Fluids Wasser aus oberirdischen Gewässern entnommen wird, stellt dies einen echten Gewässerbenutzungstatbestand gemäß § 9 Abs. 1 Nr. 1 WHG dar. Soweit das Wasser Brunnen entnommen wird, ergibt sich die Genehmigungsbedürftigkeit aus § 9 Abs. 1 Nr. 5 WHG.

– Die Fracking-Fluidinjektion in das Bohrloch erfüllt den objektiv-final Gewässerbezug sowie die unmittelbare Einwirkung auf ein Gewässer zur Bejahung des Einleitens i.S.d. § 9 Abs. 1 Nr. 4 WHG, soweit sich in der Zieltiefe Lagerstättenwasser befindet, das als Tiefengrundwasser unter den Grundwasserbegriff fällt. Dies wird regelmäßig der Fall sein, so dass in der Regel von einer echten Gewässerbenutzung auszugehen ist. Weiterhin ist eine echte Gewässerbenutzung auch dann zu bejahen, wenn im konkreten Fall der Fracking-Fluidinjektion nicht ausgeschlossen werden kann, dass das Fracking-Fluid sich aufgrund der Schaffung künstlicher Wegsamkeit Grundwasserleitern anschließt. Auch in diesem Fall besteht die geforderte objektive Finalität und Unmittelbarkeit des Stoffeintrages. Nur wenn ein solcher Anschluss im Vorhinein ausgeschlossen werden kann, ist eine echte Gewässerbenutzung zu verneinen.

– Darüber hinaus erfüllt die Fracking-Fluidinjektion regelmäßig den unechten Benutzungstatbestand des § 9 Abs. 2 Nr. 2 WHG, da die Injektion aufgrund der potentiellen Un- und Störfälle geeignet ist, dauernd oder in einem nicht nur unerheblichen Ausmaß nachteilige Veränderungen der Wasserbeschaffenheit herbeizuführen.

– Da somit bereits nach alter Gesetzeslage die Fracking-Phase regelmäßig einen wasserrechtlichen Benutzungstatbestand ausgelöst hat, ist der im Zuge der Fracking-Neuregelungen eingeführte § 9 Abs. 2 Nr. 3 WHG materiell-rechtlich lediglich deklaratorischer Natur. An der behördlichen Prüfpflicht, ob die Maßnahme im Einzelfall eine echte Wasserbenutzung darstellt ändert sich hierdurch nichts.

Weiterhin stellen die Rückförderung von Rückfluss und Lagerstättenwasser echte Gewässerbenutzungen i.S.d. § 9 Abs. 1 Nr. 5 WHG, da der Zweck der Fracking-Maßnahme sich als zwingende Begleiterscheinung der Erdgasförderung hierauf bezieht. Indiz hierfür ist, dass bereits im Vorfeld Anlagen zum Auffangen von Rückfluss und Lagerstättenwasser errichtet werden.

Innerhalb der Entsorgungsphase stellen folgende Handlungen erlaubnisbedürftige Sachverhalte dar:

– Die Direkteinleitung von Rückfluss und Lagerstättenwasser stellen erlaubnispflichtige echte Gewässerbenutzung i.S.d. § 9 Abs. 1 Nr. 4 WHG dar.

- Die Indirekteinleitung stellt hingegen keinen erlaubnispflichtigen Tatbestand des Fracking-Unternehmens dar. Die Indirekteinleitung bezieht sich weder auf ein Gewässer, da weder die Kanalisation noch die Kläranlage mangels Einbindung in den natürlichen Wasserkreislauf ein solches darstellen, noch stellt das Einleiten einen unmittelbaren und finalen gewässerbezogenen Vorgang dar.

- Das Verpressen von Rückfluss und Lagerstättenwasser stellen je nach Verpressformation echte Gewässerbenutzungen i.S.d. § 9 Abs. 1 Nr. 4 WHG dar. Darüber hinaus erfüllen sie regelmäßig den unechten Benutzungstatbestand des § 9 Abs. 2 Nr. 2 WHG.

- Weiterhin hat der Bundesgesetzgeber im Zuge der Fracking-Regelungen festgesetzt, dass das Verpressen von Lagerstättenwasser einen unechten Gewässerbenutzungstatbestand nach § 9 Abs. 2 Nr. 4 WHG auslöst. Hiervon hat der den Rückfluss ausgenommen, da er ebenfalls im Rahmen der Neuregelungen in § 22c Abs. 2 S. 5 ABBergV festgesetzt hat, dass das Verpressen von Rückfluss nicht zulässig ist. Mit dem Regelungskonstrukt wurde ein Gleichlauf von Genehmigungsbedürftigkeit und Genehmigungsfähigkeit geschaffen.

Soweit die einzelnen Phasen eines Fracking-Vorhabens wasserrechtliche Benutzungstatbestände i.S.d. § 9 WHG darstellen, können für die eine Erlaubnis, eine Bewilligung und eine gehobene Erlaubnis erteilt werden. Sie unterscheiden sich nicht nach dem Gegenstand und dem Umfang der ermöglichten Gewässerbenutzung, sondern durch die Art der gewährten Rechtsstellung.

Die wasserrechtliche Erlaubnis gewährt die Befugnis, ein Gewässer zu einem bestimmten Zweck in einer nach Art und Maß bestimmten Weise zu benutzen. Sämtliche Fracking-Vorgänge, die einen Gewässerbenutzungstatbestand auslösen, können als wasserrechtliche Erlaubnis genehmigt werden.

Die Bewilligung hingegen gewährt ihrem Inhaber das befristete eigentumsähnliche Recht, ein Gewässer zu einem bestimmten Zweck in einer nach Art und Maß bestimmten Weise zu benutzen. Für Fracking-Fluidinjektion, die Direkteinleitung und das Verpressen von Rückfluss und Lagerstättenwasser dürfen *de lege lata* keine Bewilligungen erteilt werden.

Die gehobene Erlaubnis ist eine Sonderform der einfachen Erlaubnis, die nur erteilt werden darf, wenn hierfür ein öffentliches Interesse oder ein berechtigtes Interesse des Gewässerbenutzers besteht. Fracking-Fluidinjektionen und das Verpressen von Lagerstättenwasser dürfen neben sämtlichen Vorgängen, die eine echte Gewässerbenutzung i.S.d. § 9 Abs. 1 WHG darstellen, nicht als solche erteilt werden.

Zuständig für die Erteilung der wasserrechtlichen Genehmigungen ist im Kontext der bergrechtlichen Zulassung die Bergbehörde als Planfeststellungsbehörde im Rahmen des obligatorischen Rahmenbetriebsplanverfahrens oder, soweit auf dieser Ebene über die wasserrechtliche Genehmigung noch nicht entschieden werden kann, die Bergbehörde im Rahmen des nachgelagerten Haupt- bzw. Sonderbetriebsplanverfahrens. In beiden Fällen muss zur Entscheidung das Einvernehmen mit der Wasserbehörde hergestellt werden. Hierin liegt eine wesentliche Änderung der Fracking-Neuregelungen, da mit der Ausgestaltung der Fracking-Fluidinjektion und des Verpressens von Lagerstättenwasser als unechte Gewässerbenutzungen klar gestellt wurde, dass zwingend – ohne eine langwierige Prüfung des Einzelfalls – die Wasserbehörde an der Entscheidung zu beteiligen ist.

III. Abwasserrechtliche Genehmigungen zur Entsorgung von Rückfluss und Lagerstättenwasser

Im Hinblick auf die Entsorgung von Rückfluss und Lagerstättenwasser könnten noch abwasserrechtliche Erlaubnisse gemäß §§ 54 ff. WHG erforderlich sein. Dafür muss untersucht werden, ob es sich bei Rückfluss und Lagerstättenwasser um sogenanntes Abwasser i.S.d. Wasserhaushaltsgesetzes handelt und ob ihre Entsorgung im Zuge der Direkt- und Indirekteinleitung eine abwasserrechtliche Genehmigung voraussetzen.

Untersuchungsveranlassung bietet hierzu der neu eingeführte § 22c ABBergV. Gemäß § 22 c Abs. 1 S. 5, Abs. 2 S. 3 ABBergV hat der Unternehmer, soweit eine Verpressung nicht möglich ist, das beim Fracking-Verfahren anfallende Lagerstättenwasser als Abfall zu entsorgen oder als Abwasser zu beseitigen. § 22c Abs. 2 S. 5 ABBergV ordnet an, dass ihn diese Pflicht auch für die Beseitigung des Rückflusses trifft, soweit seine Wiederverwendung nicht möglich ist. Der Gesetzgeber geht also davon, dass es sich bei Rückfluss und Lagerstättenwasser um jeweils Abwasser oder Abfall handeln kann, ohne hierbei eine eindeutige Festlegung zu treffen. Um die Frage zu klären, ob diese auslegungsbedürftige Regelung eine Verschärfung der bisherigen Rechtslage darstellt und hierdurch Rechtsklarheit hergestellt werden konnte, muss zunächst untersucht werden, ob es sich bei Rückfluss und Lagerstättenwasser schon nach der alten Rechtslage um Abwasser gehandelt hat.

1.   Rückfluss und Lagerstättenwasser als Abwasser nach alter Rechtslage

§ 54 Abs. 1 WHG definiert den Abwasserbegriff legal. Abwasser ist danach das durch häuslichen, gewerblichen, landwirtschaftlichen oder sonstigen Gebrauch in seinen Eigenschaften veränderte Wasser und das bei Trockenwetter damit zusammen abfließende Wasser (Schmutzwasser) sowie das von Niederschlägen aus dem Bereich von bebauten oder befestigten Flächen gesammelt abfließende Wasser (Niederschlagswasser). Damit ist die Definition des Abwassers im Wasserhaushalt identisch mit der Definition des § 2 Abs. 1 AbwAG im Abwasserabgabenrecht.[855]

Bei der Frage, ob es sich bei einem Gemisch um Schmutzwasser handelt und es damit dem Abwasserbegriff unterliegt, kommt es nach der Definition insbesondere auf zwei Merkmale an: es muss sich zum einen um gebrauchtes Wasser handeln und zum anderen muss der Gebrauch das Wasser in seinen Eigenschaften verändert haben.

a)   Rückfluss als Abwasser

Diese beiden Merkmale sind beim Rückfluss gegeben. Der Rückfluss besteht nach der Definition des § 22b S. 1 Nr. 3 ABBergV aus dem Fracking-Fluid, das bei konventioneller Methode nach § 13a Abs. 4 Nr. 1 lit. b) WHG mit maximal schwach wasser-

---

855   Abwasserabgabengesetz in der Fassung der Bekanntmachung vom 18. Januar 2005 (BGBl. I 2005, S. 114), das zuletzt durch Art. 2 der Verordnung vom 22. August 2018 (BGBl. I 2018, S. 1327) geändert worden ist.

gefährdenden Additiven versetzt sein darf, und dem geogenen Lagerstättenwasser.[856] Es besteht also zum einen aus gezielt eingesetzten und veränderten Oberflächenwasser und Wasser geogenen Ursprungs. Infolge seines Gebrauchs ist es sowohl mit den (maximal schwach wassergefährdenden) Additiven als auch mit dem Lagerstättenwasser kontaminiert und somit in seinen Eigenschaften verändert. Mithin haben sich seine Eigenschaften im Laufe des Prozesses so verändert, dass es der Abwasserdefinition des § 54 Abs. 1 WHG und des § 2 Abs. 1 AbwAG unterfällt.[857]

Lediglich nicht kontaminierter Rückfluss, der ohne Aufbereitung wieder verwendet werden kann, fällt nicht unter den Anwendungsbereich des § 22c ABBergV.[858] Dies stimmt mit der abwasserrechtlichen Definition überein, da nicht kontaminierter Rückfluss die gleichen Eigenschaften aufweist wie das Fracking-Fluid und somit nicht durch seinen Gebrauch verändert wurde.

b) Lagerstättenwasser als Abwasser

Ein anderes Ergebnis findet sich für das Lagerstättenwasser. Nach der Legaldefinition des § 22b S. 1 Nr. 3 ABBergV handelt es sich beim Lagerstättenwasser um die aus der Lagerstätte nach über Tage geförderte Flüssigkeit geogenen Ursprungs. Nach dieser Definition beinhaltet das Lagerstättenwasser also überhaupt kein Fracking-Fluid, also kein Wasser, dass gebraucht wurde und durch den Gebrauch in seinen Eigenschaften verändert werden konnte. Die Eigenschaften, die das Lagerstättenwasser aufweist, werden also nicht durch den Gebrauch von Wasser geschaffen, sondern sind geogen. Weder findet ein Gebrauch statt noch hat dieser Gebrauch die Eigenschaften des Lagerstättenwassers verändert.[859] Demnach galten die Anforderungen des Abwasserrechts für die Frage der Entsorgung von Lagerstättenwasser nach alter Rechtslage nicht.[860]

---

856 Siehe zur Abgrenzung von Lagerstättenwasser und Rückfluss S. 29 f.
857 So auch UBA (Hrsg.), Umweltauswirkungen von Fracking bei der Aufsuchung und Gewinnung von Erdgas aus unkonventionellen Lagerstätten, B109; *Schink,* AbfallR 2013, 36, 39, wobei letzterer nicht zwischen Rückfluss und Lagerstättenwasser differenziert, sondern beides zusammen als »*flowback*« bezeichnet. Die Differenzierung von Lagerstättenwasser und Rückfluss ist erst im Zuge des Regelungspakets im Jahr 2016 etabliert worden.
858 Vgl. BR-Drs. 144/15, S. 20.
859 In einem ähnlichen Sachverhalt hat das Bundesverwaltungsgericht entschieden, das das aus Bergwerken abgepumpte Grubenwasser, das auch Grundwasser darstellt und daher mit dem Lagerstättenwasser durchaus vergleichbar ist, nicht dem Abwasserbegriff unterfällt, da es weder gebraucht noch verändert ist, sondern vielmehr unmittelbar nach dem Abpumpen in ein Gewässer eingeleitet wird. Dies gilt selbst dann, wenn Grubenwasser auf dem Weg durch die Erdschichten nichtorganische Stoffe wie Salze und Schwermetalle aufnimmt, vgl. *Kotulla,* Abwasserabgabengesetz, § 2 Rn. 15 unter Verweis auf BVerwG, ZfW 32 (1993), 210, 212; *Nisipeanu,* Abwasserabgabenrecht, S. 30; a.A. *Schink,* AbfallR 2013, 36, 39.
860 So auch UBA (Hrsg.), Umweltauswirkungen von Fracking bei der Aufsuchung und Gewinnung von Erdgas aus unkonventionellen Lagerstätten, B109.

c)   Zwischenergebnis

Damit fiel Rückfluss bereits nach alter Rechtslage unter den Abwasserbegriff. Lagerstättenwasser hingegen unterfiel nicht dem Abwasserrecht.

2.   Festlegung de lege lata

Mit der Neuregelung in § 22 c Abs. 1 S. 5, Abs. 2 S. 3 ABBergV hat der Gesetzgeber angeordnet, dass der Unternehmer, soweit eine Verpressung nicht möglich ist, das beim Fracking-Verfahren anfallende Lagerstättenwasser als Abfall zu entsorgen oder als Abwasser zu beseitigen hat. Diese Pflicht trifft ihn nach § 22c Abs. 2 S. 5 ABBergV auch für den Rückfluss.

a)   Rückfluss und Lagerstätten als Abwasser »oder« Abfall

Der Gesetzgeber geht also davon, dass es sich bei Rückfluss und Lagerstättenwasser um jeweils Abwasser handeln kann, ohne hierbei eine eindeutige Festlegung zu treffen. Alternativ geht er nämlich davon aus, dass es sich hierbei auch um Abfall handeln kann.

b)   Auslegungsbedürftigkeit

Somit ist zu untersuchen, wie das in § 22 c Abs. 1 S. 5, Abs. 2 S. 3 ABBergV festgesetzte »oder« zu verstehen ist. Das »oder« könnte dahingehend ausgelegt werden, dass der Gesetzgeber mit der Neuregelung zunächst konstitutiv festsetzen wollte, dass Lagerstättenwasser dem Abwasser gleichgesetzt wird und dem Bergbauunternehmen die Wahl überlassen werden sollte, für welchen Entsorgungsweg er sich entscheiden möchte. Im Zweifel könnte sich das Unternehmen dann für den günstigeren Weg entscheiden, auch wenn dieser der unsicherere ist. Eine andere Lesart könnte dazu führen, dass der Unternehmer diese Wahl nur haben soll, wenn vorher feststeht, dass es sich beim Lagerstättenwasser um Abwasser handelt.

c)   Stellungnahme

Der Gesetzgeber hat vermutlich mit der Einführung des § 22c Abs. 1 S. 5, Abs. 2 S. 5 ABBergV intendiert, dass die Entsorgung von hochsalinären und erheblich belasteten Lagerstättenwasser und Rückfluss rechtlich gleich zu stellen ist. Diese Vermutung vermag allerdings über die Schwächen der Umsetzung nicht hinwegzuhelfen. Sie findet sich auch nicht in der Gesetzesbegründung. Für welchen Weg der Gesetzgeber sich entschieden hat, bleibt unklar. So formuliert er in der Gesetzesbegründung für den Rückfluss, dass dieser als Abfall zu entsorgen oder als Abwasser zu beseitigen ist, ohne hierbei auf die jeweiligen Definitionen genauer einzugehen.[861] An anderer Stelle geht er davon aus, dass es sich bei Rückfluss und Lagerstättenwasser um bergbauliche Abfälle handeln »kann«.[862] Folglich muss es sich bei ihnen nicht um Abfall handeln.

---

861   Vgl. BR-Drs. 144/15, S. 20.
862   BR-Drs. 144/15, S. 20.

Diese Formulierungen sprechen tatsächlich eher für die Annahme, dass er die Möglichkeit schaffen wollte, Lagerstättenwasser auch als Abwasser zu behandeln. Auch der Vergleich der Bestandteile von Rückfluss und Lagerstättenwasser sprechen für eine rechtliche Gleichbehandlung. Entscheidend dagegen spricht allerdings die Gesetzessystematik, die mit § 2 Abs. 9 KrWG[863] diejenigen Stoffe und Gegenstände aus dem Anwendungsbereich des Kreislaufwirtschaftsgesetzes, also dem Abfallrecht, ausnimmt, die dem Abwasserrecht unterliegen.[864] Dementsprechend intendiert die Gesetzessystematik eine klare Abgrenzung zwischen den einzelnen Rechtsgebieten. Dass der Gesetzgeber diese Intention mit der Einführung des § 22c ABBergV aufgeben und es dem Rechtsanwender überlassen wollte, ob er Lagerstättenwasser als Abwasser ansieht oder nicht, ist nicht anzunehmen. Hätte er eine zwingende Zuordnung von Lagerstättenwasser zum Abwasser gewollt, hätte er andere zwingende Formulierungen wählen können, wie beispielsweise, dass für Lagerstättenwasser die abwasserrechtlichen Regelungen gelten sollen. Demnach scheinen die besseren Argumente dafür zu sprechen, dass das Unternehmen nur für den Fall eine Wahl haben soll, wenn ihm prinzipiell beide Entsorgungswege offenstehen. Dies ist nur der Fall, wenn zuvor eindeutig feststeht, dass das Lagerstättenwasser auch rechtlich als Abwasser gilt.

Die unterschiedliche Behandlung von Rückfluss und Lagerstättenwasser erfährt allerdings dadurch eine erhebliche Relativierung, dass gemäß § 22c Abs. 3 ABBergV sowohl bei der Behandlung von Rückfluss als auch bei der Behandlung von Lagerstättenwasser durchgängig der Stand der Technik einzuhalten ist. Da Rückfluss und Lagerstättenwasser vergleichbare Eigenschaften aufweisen, werden an sie in der Praxis auch die gleichen Anforderungen zu stellen sein, und zwar unabhängig davon, welchem Entsorgungsweg sie zuzuführen sind.

d) Verbleibende Unklarheit für den Rechtsanwender

Zwar relativieren sich in der Praxis durch die Angleichung des Technikstands die praktischen Folgen der unterschiedlichen Behandlung, rechtlich bleiben aber für den Rechtsanwender Unsicherheiten, was zur Komplementierung eines Antrags tatsächlich erforderlich ist. Durch die Festsetzung, dass Rückfluss und Lagerstättenwasser als Abfall zu entsorgen oder als Abwasser zu beseitigen sind, hat der Gesetzgeber keine Klarheit darüber geschaffen, auf welchem Wege Rückfluss und Lagerstättenwasser tatsächlich zu entsorgen sind. Durch die nicht eindeutige Festlegung verschärft er die bestehende Unklarheit, in welchem Rahmen die Entsorgungswege auszuweisen und welche Genehmigungen hierfür erforderlich sind.

3. Genehmigungsbedürftigkeit der Direkteinleitung von Rückfluss

Gemäß § 57 Abs. 1 WHG bedarf das Einleiten von Abwasser in ein Gewässer einer Erlaubnis. Da es sich bei dem Rückfluss, wie soeben festgestellt, um Abwasser han-

---

863 Kreislaufwirtschaftsgesetz vom 24. Februar 2012 (BGBl. I 2012, S. 212), das zuletzt durch Art. 2 Abs. 9 des Gesetzes vom 20. Juli 2017 (BGBl. I 2017, S. 2808) geändert worden ist.
864 Vgl. hierzu *Schomerus*, in: Versteyl/Mann/Schomerus, Kreislaufwirtschaftsgesetz, § 2 Rn. 32.

delt[865], unterliegt dessen Entsorgung im Zuge der Direkteinleitung der abwasserrechtlichen Genehmigungsbedürftigkeit.

4. Genehmigungsbedürftigkeit der Indirekteinleitung von Rückfluss

Gemäß § 58 Abs. 1 S. 1 WHG bedarf das Einleiten von Abwasser in öffentliche Abwasseranlagen (Indirekteinleitung) der Genehmigung durch die zuständige Behörde, soweit an das Abwasser in der Abwasserverordnung[866] Anforderungen für den Ort des Anfalls des Abwassers oder vor seiner Vermischung festgelegt sind. Dem Einleiten von Abwasser in öffentliche Abwasseranlagen stehen Abwassereinleitungen Dritter in private Abwasseranlagen, die der Beseitigung von gewerblichem Abwasser dienen, gleich, § 59 Abs. 1 S. 1 WHG.[867]

a) Anforderungen an Rückfluss nach der Abwasserverordnung

Wie der Normtext des § 58 Abs. 1 WHG zeigt, reicht die Genehmigungspflicht für die Benutzung fremder Abwasseranlagen nur »soweit« in der Abwasserverordnung Anforderungen für das Abwasser festgelegt sind. Gemäß § 1 Abs. 1 AbwV bestimmt die Abwasserverordnung die Mindestanforderungen für das Einleiten von Abwasser in Gewässer aus den in den Anhängen bestimmten Herkunftsbereichen sowie Anforderungen an die Errichtung, den Betrieb und die Benutzung von Abwasseranlagen. Da es sich bei den Anforderungen an Rückfluss nicht um Anforderungen an die Errichtung, den Betrieb und die Benutzung von Abwasseranlagen handelt, müssen sich die Anforderungen aus den Anhängen der Verordnung ergeben.

aa) Anforderungen aus den Anhängen der Abwasserverordnung

Derzeit regelt die Abwasserverordnung in 57 Anhängen Mindestanforderungen an die Abwässer aus bestimmten Bereichen. Einem dieser Bereiche könnte der Rückfluss zugeordnet werden.

---

865 Vgl. S. 146.
866 Abwasserverordnung in der Fassung der Bekanntmachung vom 17. Juni 2004 (BGBl. I 2004, S. 1108, 2625), die zuletzt durch Art. 1 der Verordnung vom 22. August 2018 (BGBl. I 2018, S. 1327) geändert worden ist.
867 Weitergehende Rechtsvorschriften der Länder, die den Maßgaben des § 58 Abs. 1 S. 2 WHG entsprechen oder die über § 58 Abs. 1 S. 1 und 2 WHG hinausgehende Genehmigungserfordernisse vorsehen, bleiben unberührt, § 58 Abs. 1 S. 2 WHG. Ebenfalls unberührt bleiben Rechtsvorschriften der Länder, nach denen die Genehmigung der zuständigen Behörde durch eine Genehmigung des Betreibers einer öffentlichen Abwasseranlage ersetzt wird, § 58 Abs. 1 S. 3 WHG. Dementsprechend sind für Indirekteinleitungen in der Praxis häufig nicht nur die §§ 58 und 59 WHG zu beachten, sondern auch landesrechtliche Vorschriften, kommunale Satzungen über die Abwasserbeseitigung sowie vertragliche Regelungen, auf deren Darstellung aufgrund ihrer unterschiedlichen Ausgestaltungen verzichtet wird.

(1) Herstellung von Kohlenwasserstoffen

Gemäß Ziff. A des Anhangs 36 zur AbwV ist der Anhang zur Herstellung von Kohlenwasserstoffen für Abwasser, dessen Schadstofffracht im Wesentlichen aus der Erzeugung bestimmter Kohlenwasserstoffe, der Erzeugung reiner Kohlenwasserstoffe oder bestimmter Mischungen von Kohlenwasserstoffen aus Mineralölprodukten mittels physikalischer Trennmethoden, oder der Umwandlung von Kohlenwasserstoffen in andere Kohlenwasserstoffe stammt, anwendbar. Rückfluss fällt entgegen der Regelungen nicht bei der Erzeugung von Kohlenwasserstoffen an, sondern bei seiner Aufsuchung bzw. Gewinnung. Dementsprechend wird nichts erzeugt, lediglich bereits Entstandenes an die Erdoberfläche gefördert.

(2) Mineralölhaltiges Abwasser

Gemäß Ziff. A Abs. 1 des Anhangs 49 zur AbwV gilt der Anhang »Mineralölhaltiges Abwasser« für Abwasser, dessen Schadstofffracht im Wesentlichen aus Betriebsstätten stammt, in denen bei der Entkonservierung, Reinigung, Instandhaltung, Instandsetzung sowie Verwertung von Fahrzeugen und Fahrzeugteilen regelmäßig mineralölhaltiges Abwasser anfällt. Bei der Aufsuchung von Erdgas handelt es sich nicht um Erdöl, so dass auch dieser Anhang nach keine Anwendung auf den Rückfluss findet.

(3) Oberirdische Ablagerung von Abfällen

Gemäß Ziff. A des Anhangs 51 zur AbwV gilt der Anhang »Oberirdische Ablagerung von Abfällen« für Abwasser, dessen Schadstofffracht im Wesentlichen aus der oberirdischen Ablagerung von Abfällen stammt. Auch dieser Anhang stimmt nicht mit dem Untersuchungsgegenstand überein, da entgegen des Anwendungsbereichs des Anhangs 51 Rückfluss nicht Abwasser aus Abfällen ist, sondern Rückfluss selbst das zu beseitigende Gut ist.

bb) Genehmigungspflicht aus den allgemeinen Anforderungen der
      Abwasserverordnung

Weiterhin könnte sich die Genehmigungspflicht der Indirekteinleitung auch aus den in der Abwasserverordnung geregelten allgemeinen Anforderungen an Abwasser ergeben. Diese treffen allerdings gemäß § 1 Abs. 2 i.V.m. § 3 Abs. 1 AbwV nur denjenigen, der Abwasser in ein Gewässer einleitet. Da die Kanalisation bzw. die Abwasserbehandlungsanlage kein Gewässer darstellt[868], treffen diese Pflichten nicht das indirekt einleitende Bergbauunternehmen, sondern den nachgelagerten Betreiber der Anlagen.

cc) Zwischenergebnis

Der Bereich der Aufsuchung und Gewinnung von Erdgas, um den es sich bei Fracking-Vorhaben nach dem Untersuchungsgegenstand geht, wird von der Abwasser-

---

868   Vgl. S. 137.

verordnung nicht konkretisiert. Auch finden sich keine Anhänge, auf die der Rückfluss übertragbar ist. Ebenfalls ergibt sich keine Pflicht aus den allgemeinen Anforderungen. Folglich konstatiert § 58 Abs. 1 WHG keine abwasserrechtliche Genehmigungspflicht für die Indirekteinleitung von Rückfluss.

b) Analoge Genehmigungspflicht der Indirekteinleitung von Rückfluss

Mangels ausdrücklicher Regelung fragt es sich, ob sich eine Genehmigungspflicht für die Indirekteinleitung von Rückfluss nicht analog § 58 Abs. 1 WHG ergeben könnte. Schließlich ergibt ein Vergleich der Bestandteile von Rückfluss durchaus eine vergleichbare Interessenlage mit den vorgenannten Industrieabwässern der geregelten Anhänge.[869]

Allerdings bedürfte es zur Bejahung der Analogievoraussetzungen einer gesetzlichen Regelungslücke.[870] Regelungslücke bedeutet nicht Nichtregelung trotz Regelungsbedarf.[871] Ihr wichtigster Fall ist die unbewusste Nichtregelung.[872] Dies bedeutet, dass der Normsetzer den Regelungsbedarf übersehen hat.[873] Ob dies der Fall ist, sind zwei Fragen zu klären: erstens muss das Regelungsziel der geregelten Tatbestände festgestellt werden und zweitens muss gefragt werden, ob das Gesetz diesem Regelungsziel nicht genügt.[874]

aa) Regelungsziel der Genehmigungspflicht

Mit der Etablierung der Genehmigungspflicht sollten vor dem Hintergrund der Reinhaltung von Gewässern die Direkteinleiter entlastet werden.[875] Die Genehmigungspflicht soll nachteilige Wirkungen für die Gewässer vermeiden, indem gefährliche Stoffe schon vor der Einleitung in die öffentliche Kanalisation weitgehend zurückgehalten werden.[876] Die Behandlung von nicht häuslichem Abwasser zusammen mit häuslichem Abwasser ist aus technischen und wirtschaftlichen Gründen nur dort angebracht, wo Eigenschaften und Menge der einzelnen Abwässer dies erlauben. Schadstoffe, die in einer öffentlichen Kläranlage nicht hinreichend entfernt werden können oder zu Schwierigkeiten bei der Abwasserbeseitigung und Klärschlammentsorgung führen, sollen vermieden werden. Ist dies nicht möglich, so müssen diese Schadstoffe

---

869 Siehe hierzu detailliert, UBA (Hrsg.), Umweltauswirkungen von Fracking bei der Aufsuchung und Gewinnung von Erdgas insbesondere aus Schiefergaslagerstätten Teil 2, AP3, S. 65 ff.; *Rosenwinkel/Weichgrebe/Olsson*, Gutachten zur Abwasserentsorgung und Stoffstrombilanz, S. 41 ff.

870 Vgl. zu den Voraussetzungen für die Bildung von Analogien *Reimer,* Juristische Methodenlehre, Rn. 562 ff.; *Müller/Christensen*, Juristische Methodik, Rn. 371 ff.; *Pawlowski*, Methodenlehre für Juristen, Rn. 476 ff.

871 *Reimer,* Juristische Methodenlehre, Rn. 562.

872 *Reimer,* Juristische Methodenlehre, Rn. 562.

873 Vgl. *Reimer,* Juristische Methodenlehre, Rn. 562.

874 *Müller/Christensen*, Juristische Methodik, Rn. 371.

875 Vgl. *Nisipeanu*, in: Berendes/Frenz/Müggenborg, Wasserhaushaltsgesetz, § 58 Rn. 13.

876 *Czychowski/Reinhardt*, Wasserhaushaltsgesetz, § 58 Rn. 9.

durch Rückhaltung beim Indirekteinleiter oder durch betriebliche Vorbehandlungs-maßnahmen in ihrer Konzentration und Menge vermindert werden.[877]

bb) Ungenügende Umsetzung dieses Regelungsziel

Vor diesem Hintergrund fragt es sich, ob die § 58 Abs. 1 WHG i.V.m. der Abwasser-verordnung diesem Regelungsziel nur ungenügend nachkommt. Nach der Gesamt-schau der Dinge muss dies verneint werden. Die Abwasserverordnung normiert fein-gliedrig die Mindestanforderungen, die an Indirekteinleiter für ihre Abwasser zu stellen sind. Sie bedient sich dazu insgesamt 57 Anhängen, die sehr detailliert diese Mindestanforderungen darlegen. Es kann demnach davon ausgegangen werden, dass der Gesetzgeber mit der Etablierung der Abwasserverordnung einen abschließenden Katalog an Genehmigungspflichten festsetzen wollte. Auch kann nicht davon ausge-gangen werden, dass der Gesetzgeber den Fall von Rückfluss unbewusst nicht geregelt hat. Zunächst hat er im Rahmen der Fracking-Neuregelungen in § 22c Abs. 2 S. 5 ABBergV zum Ausdruck gebracht, dass Rückfluss als Abwasser beseitigt werden kann. Darüber hinaus wurde er bereits im Gutachten des Umweltbundesamtes aus dem Jahr 2014 darauf aufmerksam gemacht, dass Rückfluss keiner Regelung in der Abwas-serverordnung unterliegt, obwohl seine Bestandteile durchaus eine Vergleichbarkeit mit anderen Regelungsgebieten aufweisen.[878] Wäre er davon ausgegangen, dass seine Bestandteile eine eigenständige Regelung in der Abwasserverordnung erfordert hätten, hätte er diese treffen können. Um dem Charakter der Abwasserverordnung gerecht zu werden, ist davon auszugehen, dass er sich in Anbetracht der Ausgangslage bewusst gegen eine Regelung entschieden hat.

c) Stellungnahme zu den praktischen Auswirkungen des gefundenen Ergebnisses

Warum der Gesetzgeber sich gegen eine Aufnahme von Rückfluss in die Abwasser-verordnung entschieden hat, ist vor dem beschriebenen Hintergrund der Vergleichbar-keit mit anderen geregelten Abwasserbestandteilen unverständlich. An dieser Stelle hätte der Gesetzgeber eine Gesetzesklarheit schaffen können, die auch den wirtschaft-lichen Verhältnissen gerecht geworden wäre. Nach aktueller (Bundes-) Gesetzesrege-lung kann nach dem gefundenen Ergebnis das Fracking-Unternehmen die Problematik der Entsorgung von Rückfluss auf die kommunalen Abwasserbeseitiger abwälzen. Die Allgemeinheit muss für den Niedergang der Schadstofftracht sorgen, ohne denjenigen, der für dessen Anfall verantwortlich ist und den wirtschaftlichen Nutzen daraus zieht, in die Pflicht zu nehmen. Schon aus diesem Grund wäre eine Aufnahme der Anfor-derungen für die Abwasserbeseitigung aus der Aufsuchung und Gewinnung von Erdgas in die Abwasserverordnung wünschenswert gewesen.

---

877 UBA (Hrsg.), Umweltauswirkungen von Fracking bei der Aufsuchung und Gewinnung von Erdgas insbesondere aus Schiefergaslagerstätten Teil 2, AP3, S. 66; *Rosenwinkel/ Weichgrebe/Olsson*, Gutachten zur Abwasserentsorgung und Stoffstrombilanz, S. 39 f.
878 Vgl. UBA (Hrsg.), Umweltauswirkungen von Fracking bei der Aufsuchung und Gewin-nung von Erdgas insbesondere aus Schiefergaslagerstätten Teil 2, AP3, S. 65 ff.; *Rosen-winkel/Weichgrebe/Olsson*, Gutachten zur Abwasserentsorgung und Stoffstrombilanz, S. 41 ff.

Gleichwohl wird der Befund nur wenig Einfluss auf die Abwasserbeseitigung von Rückfluss haben. Neben wasserhaushaltsgesetzlichen Anforderungen besteht nämlich nach § 58 Abs. 1 S. 3 und 4 WHG die Möglichkeit der Länder im eigenen Interesse, entsprechende Genehmigungspflichten zu schaffen bzw. die bundesrechtlichen Genehmigungspflichten zu verschärfen. Ein Entfall der Genehmigungspflicht für das Fracking-Unternehmen bedeutet nämlich nicht gleichzeitig ein Entfall der Genehmigungsbedürftigkeit für die Direkteinleitung des (kommunalen) Abwasserbeseitigungsunternehmens im Anschluss an die in der Abwasseranlage durchzuführende Abwasserbehandlung. Diese muss nämlich wiederum nach § 12 Abs. 1 Nr. 1 WHG erlaubnisfähig sein. Von ihr darf also keine nicht vermeidbare oder nicht ausgleichbare schädliche Gewässerveränderung zu erwarten sein. Daher werden in der Praxis die Pflichten für die Abwasserbeseitigung durch vertragliche oder satzungsrechtliche Regelungen so ausgestaltet werden, dass die Erlaubnis der Indirekteinleitung mit den Anforderungen an die Erlaubnis der Direkteinleitung vergleichbar sein dürften (vgl. § 58 Abs. 2 Nr. 2 WHG). Praktisch dürfte es somit zu keiner Privilegierung der Fracking-Unternehmen auf Kosten der Allgemeinheit kommen.

5. Zuständigkeit

Mangels einer eigenen Zuständigkeitsfestlegung gelten für die Erteilung der abwasserrechtlichen Erlaubnis die allgemeinen Verwaltungsverfahrensvorschriften über die Gewässerbenutzungszulassungen.[879] Damit gilt auch im Abwasserecht die Regelung des § 19 WHG, wonach die Bergbehörde als Planfeststellungsbehörde im Rahmen des obligatorischen Rahmenbetriebsplan im Einvernehmen mit der Wasserbehörde zu entscheiden hat bzw. im Rahmen des nachgelagerten Hauptbetriebsplans die Bergbehörde als solche.[880] Da der Direkteinleitungsvorgang neben der abwasserrechtlichen Erlaubnisbedürftigkeit auch eine echte Gewässerbenutzung darstellt[881] wäre ein anderer Befund widersprüchlich.

6. Zwischenergebnis

Rückfluss stellt gemäß § 54 Abs. 1 WHG Abwasser dar und unterliegt somit den abwasserrechtlichen Regelungen des Wasserhaushaltsgesetzes gemäß §§ 54 ff. WHG. Beim Lagerstättenwasser handelt es sich hingegen nicht um Abwasser, da Lagerstättenwasser kein durch seinen Gebrauch verändertes Wasser ist, sondern seine Eigenschaften geogenen Ursprungs sind.

An diesem Ergebnis ändert auch der im Rahmen der Fracking-Neuregelungen eingeführte § 22 c Abs. 1 S. 5 ABBergV nichts, der festlegt, dass Lagerstättenwasser als Abfall zu entsorgen »oder« als Abwasser zu beseitigen ist. Zwar hatte der Gesetzgeber vor dem Hintergrund, dass es sich beim Rückfluss gleichsam um »ge-

---

879   *Nisipeanu*, in: Berendes/Frenz/Müggenborg, Wasserhaushaltsgesetz, § 57 Rn. 8.
880   Vgl. S. 142 ff.
881   Vgl. S. 137.

strecktes« Lagerstättenwasser handelt, vermutlich vor, einen Gleichlauf der Entsorgungsanforderungen an Rückfluss und Lagerstättenwasser zu schaffen. Diese Vermutung hilft allerdings nicht über die Defizite der Umsetzung hinweg. Weder die bestehende Gesetzessystematik, die das Abwasserrecht von den allgemeinen abfallrechtlichen Regelungen ausnimmt, noch die Annahme, dass der Gesetzesgeber dem Unternehmen die rechtliche Einstufung des Lagerstättenwassers überlassen wollte, lassen den Schluss zu, dass die Gesetzesänderung das Lagerstättenwasser dem Abwasser gleichgesetzt hat. Das Unternehmen hat nur die Wahl zwischen den einzelnen Entsorgungswegen, wenn zuvor feststeht, dass beide Entsorgungswege ihm potentiell offenstehen.

Zwar wird die unterschiedliche Behandlung von Rückfluss und Lagerstättenwasser dadurch erheblich relativiert, dass § 22c Abs. 3 ABBergV für beide Entsorgungswege die Einhaltung des Standes der Technik verlangt, doch bleiben für den Rechtsanwender rechtliche Unsicherheiten welche Anforderungen an die Zulassung zu stellen sind. Für die Rechtsklarheit wäre eine eindeutige Zuordnung wünschenswert gewesen.

Da es sich bei dem Rückfluss um Abwasser handelt, unterliegt dessen Entsorgung im Zuge der Direkteinleitung der abwasserrechtlichen Genehmigungsbedürftigkeit.

Die Indirekteinleitung von Rückfluss unterliegt im Gegensatz hierzu nicht der Erlebnisbedürftigkeit der §§ 58, 59 WHG, da die Abwasserverordnung keine besonderen Anforderungen an die Zusammensetzung des Rückflusses stellt. Die Konstruktion einer analogen Genehmigungsbedürftigkeit scheitert an einer hierfür erforderlichen Regelungslücke.

Nach derzeitiger Gesetzesregelung könnte damit die Problematik der Entsorgung von Rückfluss auf die kommunalen Abwasserbeseitiger und damit auf die Allgemeinheit abgewälzt werden. Gleichwohl wird das gefundene Ergebnis nur wenig Einfluss auf die Praxis haben, da der Landesgesetzgeber bzw. der kommunale Abwassersatzungsgeber im eigenen Interesse davon Gebrauch machen wird, vertragliche oder satzungsrechtlich Anforderungen an die Indirekteinleitung von Rückfluss zu stellen, so dass es tatsächlich zu keiner Privilegierung der Fracking-Unternehmen auf Kosten der Allgemeinheit kommen dürfte.

Mangels einer eigenen Zuständigkeitsfestlegung gelten für die Erteilung der abwasserrechtlichen Erlaubnis die allgemeinen Verwaltungsverfahrensvorschriften über die Gewässerbenutzungszulassungen und somit auch der § 19 WHG. Demnach entscheidet die Planfeststellungsbehörde im Rahmen des obligatorischen Rahmenbetriebsplans im Einvernehmen mit der Wasserbehörde bzw. im Rahmen des nachgelagerten Hauptbetriebsplans die Bergbehörde im Einvernehmen mit der Wasserbehörde über die abwasserrechtliche Erlaubnis der Direkteinleitung von Rückfluss.

Folgende Darstellung vermittelt abschließend eine grafische Übersicht darüber, welche Tätigkeiten in den einzelnen Phasen des Fracking-Vorhabens einer wasser-/abwasserrechtlichen Genehmigung bedürfen:

Phase des Vorhabens	Art der Tätigkeit	Wasserrechtliche Erlaubnis erforderlich	Gehobene Erlaubnis möglich	Bewilligung möglich	Abwasserrechtliche Erlaubnis erforderlich
	Fracking-Phase				
	Wasserentnahme zur Herstellung des Fracking-Fluids	+, nach § 9 Abs. 1 Nr. 1 und 5 WHG	+	+	./.
	Fracking-Fluid-injektion in das Bohrloch	+, i.d.R. nach § 9 Abs. 1 Nr. 4 WHG, zumindest nach § 9 Abs. 2 Nr. 3 WHG.	−, § 14 Abs. 1 Nr. 3 WHG	−, § 15 Abs. 1 S. 2 WHG	./.
	Rückförderungsphase				
	Hebung von Rückfluss	+, nach § 9 Abs. 1 Nr. 5 WHG	+	+	./.
	Hebung von Lagerstättenwasser	+, nach § 9 Abs. 1 Nr. 5 WHG	+	+	./.
	Entsorgungsphase				
	Direkteinleitung von				
	Rückfluss	+, nach § 9 Abs. 1 Nr. 4 WHG	−, § 14 Abs. 1 Nr. 3 WHG	+	+, nach §§ 54, 57 Abs. 1 WHG
	Lagerstätten-wasser	+, nach § 9 Abs. 1 Nr. 4 WHG	−, § 14 Abs. 1 Nr. 3 WHG	+	−, da kein Abwasser
	Indirekteinleitung von				
	Rückfluss	−, da Abwasseranlage kein Gewässer	./.	./.	−, mangels besonderer Anforderungen laut AbwV
	Lagerstätten-wasser	−, da Abwasseranlage kein Gewässer	./.	./.	−, da kein Abwasser

		Verpressen von			
	Rückfluss	§ 9 Abs. 2 Nr. 4 WHG nicht anwendbar; nicht erlaubnisfähig, § 22c Abs. 1 S. 3 ABBergV	./.	./.	
	Lagerstätten-wasser	+, nach § 9 Abs. 2 Nr. 4 WHG	−, § 14 Abs. 1 Nr. 3 WHG	−, § 15 Abs. 1 S. 2 WHG	

Teil 4 Zulassungsvoraussetzungen nach dem Bundesberggesetz

Nachdem in Teil 3 der fachgesetzliche Zulassungsrahmen abgesteckt wurde, ist nun zu klären, inwiefern Fracking-Vorhaben im Rahmen der bergrechtlichen Erlaubnisbedürftigkeit erlaubnisfähig sind. Hierfür sind die Anforderungen an die Konzessionserteilung und die Ausweisungen im Betriebsplan gesondert zu untersuchen.

1. Kapitel Voraussetzungen für die Konzessionserteilung

Bergbauunternehmen haben unter den gestaffelten Voraussetzungen der §§ 11, 12, 13 BBergG einen gebundenen Anspruch auf Einräumung der beantragten Bergbauberechtigung, soweit keine Versagensgründe dagegen stehen.[882] Nach dem strengen Wortlaut ist die Bergbauberechtigung zu versagen, wenn eine der normierten Versagungsgründe vorliegt bzw. die Voraussetzungen nicht durch Nebenbestimmungen sichergestellt werden können.[883] Ist dies der Fall, hat die Behörde die Bergbauberechtigung zu versagen, ohne dass ihr in dieser Entscheidung ein Ermessen zukommt.[884]

Da die Gründe, die zur Versagung einer bergbaurechtlichen Erlaubnis, Bewilligung oder des Bergwerkseigentums identisch sind, wird in der Folge auf ihre Differenzierung verzichtet und lediglich von der Berechtigung gesprochen, ohne dabei explizit auf die jeweiligen Zusatzerfordernisse der §§ 12 und 13 BBergG für die Bewilligung und das Bergwerkseigentum einzugehen.[885]

---

882 BT-Drs. 8/1315, S. 86; *Piens/Schulte/Graf Vitzthum*, Bundesberggesetz, § 11 Rn. 2; *Ramsauer/Wendt*, NVwZ 2014, 1401, 1404; *Böhm*, FS Koch 2014, S. 565, 570.

883 *Piens/Schulte/Graf Vitzthum*, Bundesberggesetz, § 11 Rn. 2; *Franke*, in; Boldt/Weller/Kühne/von Mäßenhausen, Bundesberggesetz, § 11 Rn. 2; BT-Drs. 8/1315, S. 87; VGH Baden-Württemberg, ZfB 1989, 57, 57.

884 *Hoppe/Spoerr*, Bergrecht und Raumordnung, S. 89.

885 Hinsichtlich der Bewilligung ist allerdings darauf hinzuweisen, dass der Inhaber einer Erlaubnis, die zum gewerblichen Aufsuchen von Bodenschätzen erteilt wurde, dergestalt privilegiert ist, dass sein Bewilligungsantrag nur aus den Gründen des § 12 Abs. 2 BBergG versagt werden darf und nur dann, wenn die zur Versagung führende Tatsachen in zeitlicher Hinsicht nach der Erlaubniserteilung eingetreten sind. Dies trägt dem Umstand Rechnung, dass Erlaubnis und Bewilligung nicht zwangsweise im konzessionsrechtlichen Regelungssystem gemeinsam beantragt werden, die Erlaubnis aber gleichsam eine Vorstufe der Bewilligung ist, die für die spätere Bewilligungserteilung auch vor dem Hintergrund hoch voluminöser Investitionen einen Vertrauensbestand schafft, vgl. *Karpen* AöR 106 (1981), 15, 19; *Hoppe*, DVBl. 1982, 101, 106; *Piens/Schulte/Graf Vitzthum*, Bundesberggesetz, § 11 Rn. 11; *Hoppe/Spoerr*, Bergrecht und Raumordnung, S. 91.

Die Versagungsgründe sind gegliedert in

- Ordnungsvorschriften (Nr. 1 und 2)
- Transparenzvorschriften zur behördlichen Absicherung bergbaulicher Tätigkeiten (Nr. 3, 4, und 5)
- Vorschriften zur Solidität bergbaulicher Tätigkeiten (Nr. 6 und 7) und
- Vorschriften zum Schutz öffentlicher Interessen vor schädigenden Einflüssen des Bergbaus (Nr. 8, 9 und 10).[886]

Die formalen Ordnungsvorschriften enthalten Vorgaben für die einzureichenden Unterlagen. Sie unterscheiden sich nicht wesentlich von anderen Förderungsarten, so dass auf eine detaillierte Darstellung verzichtet wird. Auch die Transparenzvorschriften sowie die Vorschriften zur Solidität des Unternehmens können keinen eigenständigen Beitrag leisten. Allein die Vorschriften des vierten Spiegelpunktes liefern Maßstäbe für die rechtliche Umsetzung einer Erdgasförderung mittels der Fracking-Technologie.[887]

I.   Gefährdung einer sinnvollen und planmäßigen Aufsuchung und Gewinnung

Gemäß § 11 Nr. 8 BBergG ist eine Berechtigung zur Gewinnung von Kohlenwasserstoffen bzw. von Erdgas zu untersagen, wenn durch sie eine sinnvolle und planmäßige Aufsuchung oder Gewinnung anderer bergfreier oder grundeigener Bodenschätze gefährdet würde.

1.   Anforderungen und Grad der Gefährdung

Durch die Vorschrift soll eine Zersplitterung der Berechtigungsfelder verhindert werden.[888] Weiterhin soll die Vorschrift auch dem Gedanken der Nachhaltigkeit und des sparsamen Umgangs mit Rohstoffen Rechnung tragen sowie Raubbau verhindern und die Grundlage für eine spätere Betriebsplanzulassung bilden.[889] Die Vorschrift dient dazu, die aus dem Zuschnitt des Berechtigungsfeldes resultierenden Auswirkungen auf die Aufsuchung oder Gewinnung anderer Bodenschätze in demselben Feld und auf die Aufsuchung und Gewinnung im angrenzenden Bereich zu berücksichtigen.[890]

---

886   *Piens/Schulte/Graf Vitzthum*, Bundesberggesetz, § 11 Rn. 6; vgl. auch *Schweighart*, Der risikorechtliche Umgang mit Fracking, S. 63.

887   Für eine Übersicht der zurzeit für Erdgasvorhaben erteilten Aufsuchungs- und Bewilligungsfelder vgl. https://www.bezreg-arnsberg.nrw.de/themen/b/bergbauberechtigungen/index.php, abgerufen am 19. März 2019.

888   BT-Drs. 8/1315, S. 86 f., 94; *Franke*, in: Boldt/Weller/Kühne/von Mäßenhausen, Bundesberggesetz, § 11 Rn. 11.

889   *Piens/Schulte/Graf Vitzthum*, Bundesberggesetz, § 11 Rn. 19.

890   BT-Drs. 8/1315, S. 86 f.; *Kühne*, Rechtsfragen der Aufsuchung und Gewinnung von in Steinkohleflözen beisitzendem Methangas, S. 101; *Piens/Schulte/Graf Vitzthum*, Bundesberggesetz, § 11 Rn. 19; *Franke*, in: Boldt/Weller/Kühne/von Mäßenhausen, Bundesberggesetz, § 11 Rn. 11.

Allein die Berufung darauf, dass durch die Erlaubnis die Aufsuchung oder Gewinnung eines anderen Bodenschatzes möglicherweise gefährdet wird, reicht für die Versagung nicht aus.[891] Das anderweitige Vorhaben muss bereits derart konkretisiert sein, dass eine Beurteilung der Gefährdung für den anderen Bodenschatz möglich ist. Dies ist der Fall, wenn das Feld für die zu schützende Aufsuchung oder Gewinnung festgelegt ist.[892]

2. Gefährdung anderweitiger Bodenschätze durch Fracking-Vorhaben

Entscheidend ist damit, ob durch die Aufsuchung und Gewinnung von Erdgas die Aufsuchung oder Gewinnung anderweitiger bereits festgelegter Aufsuchungs- bzw. Gewinnungstätigkeit anderer Bodenschätze gefährdet würde. In diesem Zusammenhang ist entscheidend die Fläche des beantragten Berechtigungsfeldes.[893] Insbesondere im Hinblick auf die unkonventionelle Erdgasförderung, die aufgrund der Horizontalbohrungen unterirdisch viel Raum in Anspruch nimmt und meist auf eine lange Dauer angelegt ist, hat § 11 Nr. 8 BBergG eine gesteigerte Relevanz. So kann durch die unterirdisch weiträumig beanspruchte Fläche die sinnvolle und planmäßige Aufsuchung anderer Bodenschätze konkret gefährdet sein. Ein Nutzungskonflikt, der zur Versagung einer Berechtigung führen kann, ist beispielsweise mit der Geothermie konkret denkbar, da diese oberflächennah geschieht und fast überall in Deutschland praktikabel ist. Würden sich die Geothermie und eine unkonventionelle Erdgasförderung in einem Berechtigungsfeld überschneiden, so müsste die Abwägung zumeist zugunsten der Geothermie ausfallen, da es sinnvoll und planmäßig erscheint zunächst den oberflächennahen und erst dann den weiter im Erdinneren gelagerten Bodenschatz aufzusuchen und zu gewinnen.[894]

3. Einfluss der Fördermethode auf die Gefährdung

Im Gegensatz zu der konfligierenden Inanspruchnahme der Berechtigungsfelder ist die konkrete Ausbeutungsmethode der Fracking-Technologie auf dieser Ebene von untergeordneter Relevanz. Da die Berechtigungen ihren Fokus auf die räumliche und gegenständliche Phrasierung des Vorhabens legen, ist die Frage nach der konkreten Methode grundsätzlich eine nachgelagerte Frage der Betriebsplanzulassung. Auf der Ebene der Konzessionserteilung kann die Fördermethode nur dann der Berechtigung entgegenstehen, wenn das Vorhaben derart konkretisiert ist, dass eine planmäßige und sinnvolle Aufsuchung und Gewinnung des Bodenschatzes von vorneherein ausgeschlossen ist, da es somit auch an der Sinnhaftigkeit der Aufsuchung und Gewinnung

---

891 *Franke,* in: Boldt/Weller/Kühne/von Mäßenhausen, Bundesberggesetz, § 11 Rn. 11.

892 *Kühne,* Rechtsfragen der Aufsuchung und Gewinnung von in Steinkohleflözen beisitzendem Methangas, S. 101 ff.; *Franke,* in: Boldt/Weller/Kühne/von Mäßenhausen, Bundesberggesetz, § 11 Rn. 11.

893 Vgl. BT-Drs. 8/1315, S. 88.

894 Vgl. *Weller,* ZfB 1990, 111, 128.

fehlt.[895] Da im unkonventionellen Bereich gemäß § 13a Abs. 2 S. 1 WHG nur Erprobungsmaßnahmen zulässig sind, für die im bergrechtlichen Konzessionsregime Aufsuchungserlaubnisse zu erteilen sind[896], ist die Erteilung einer bergrechtlichen Bewilligung zur Gewinnung unkonventioneller Gase ausgeschlossen. Im konventionellen Bereich hingegen kann die Berechtigung nicht schon durch den Verweis auf die anzuwendende Fracking-Technologie versagt werden.

II. Beeinträchtigung von im öffentlichen Interesse zu schützenden Bodenschätzen

Ein weiterer Versagungsgrund liegt vor, wenn Bodenschätze beeinträchtigt werden, deren Schutz im öffentlichen Interesse liegt, § 11 Nr. 9 BBergG. Die Vorschrift stellt den Lagerstättenschutz in den Vordergrund.[897] Geschützt werden alle Bodenschätze, nicht nur derjenige, auf den die Erlaubnis sich beziehen soll.[898]

1.   Begriff des Öffentlichen Interesses

Mit dem Tatbestandsmerkmal des öffentlichen Interesses enthält die Vorschrift einen auslegungsbedürftigen unbestimmten Rechtsbegriff.[899] Zur Auslegung ist insbesondere der jeweilige Gesetzeszweck zur Rate zu ziehen.[900] Für das öffentliche Interesse des § 11 Nr. 9 BBergG bedeutet dies, dass bei der Prüfung des Versagungsgrundes der Förderzweck des Bundesberggesetzes sowie das ordnende Element der Rohstoffsicherung in Form des Lagerstättenschutzes gemäß § 1 Nr. 1 BBergG zu berücksichtigen sind.[901]

a)   Öffentliches Interesse an der Aufsuchung und Gewinnung von Erdgas

Das öffentliche Interesse soll dann zu bejahen sein, wenn ein Bodenschatz volkswirtschaftlich von besonderem Gewicht ist.[902] Dies kann sich durch seine Bedeutung für die Herstellung wichtiger Wirtschaftsgüter ergeben.[903] Ebenso kann sich dies daraus

---

895   Vgl. *Franke*, in: Boldt/Weller/Kühne/von Mäßenhausen, Bundesberggesetz, § 11 Rn. 11.
896   Vgl. S. 90 f.
897   *Franke*, in: Boldt/Weller/Kühne/von Mäßenhausen, Bundesberggesetz, § 11 Rn. 12.
898   *Kühne*, Rechtsfragen der Aufsuchung und Gewinnung von in Steinkohleflözen beisitzendem Methangas, S. 92; *Franke*, in: Boldt/Weller/Kühne/von Mäßenhausen, Bundesberggesetz, § 11 Rn. 12.
899   *Frenz*, Bergrecht und Nachhaltige Entwicklung, S. 24.
900   Vgl. *Uerpmann*, Öffentliches Interesse, S. 215 ff.
901   *Hoppe/Spoerr*, Bergrecht und Raumordnung, S. 87; *Frenz*, Bergrecht und Nachhaltige Entwicklung, S. 24; *Piens/Schulte/Graf Vitzthum*, Bundesberggesetz, § 11 Rn. 20.
902   BT-Drs. 8/1315, S. 87; *Franke*, in: Boldt/Weller/Kühne/von Mäßenhausen, Bundesberggesetz, § 11 Rn. 12.
903   BT-Drs. 8/1315, S. 88; *Weller*, ZfB 1990, 111, 128.

ergeben, dass der Bodenschatz die Bevölkerungsversorgung sicherstellt.[904] Diesem Interesse dient grundsätzlich der Rohstoff Erdgas als Energieversorgungsträger.[905] Ihm kommt damit von sich aus bereits im Rahmen des öffentlichen Interesses ein hoher Stellenwert zu.

b) Durchsetzung gegenüber anderen öffentlichen Interessen

Ob sich dieses allerdings im Rahmen der Prüfung von § 11 Nr. 9 BBergG auch gegenüber anderen öffentlichen Interessen durchsetzt, ist nicht von vorneherein festgelegt. Insbesondere hinsichtlich der volkswirtschaftlichen Bedeutung von Erdgas scheinen die Häufigkeit der Erdgasvorkommen, der Erdgasbedarf in der Bevölkerung und seine Verfügbarkeit für die Bejahung des öffentlichen Interesses maßgeblich.[906] Diese Komponenten sind keine Konstanten, sondern unterliegen tatsächlichen und politischen Schwankungen.[907] Auch wenn die Frage nach der Rohstoffsicherung grundsätzlich eine nationale Frage ist, können auch internationale Rahmenbedingungen eine wichtige Frage spielen.[908] Demnach ist festzuhalten, dass die Frage nach der Schutzwürdigkeit vor allem eine rohstoffpolitische Entscheidung ist.[909] Daher wird man der Behörde bei der Beurteilung des öffentlichen Interesses einen großen Prognosespielraum zugestehen müssen.

c) Handhabbarmachung des behördlichen Abwägungsspielraums

Für die Abwägung des öffentlichen Interesses an der einen oder anderen Nutzung des Untergrundes haben die Behörden allerdings aufgrund ihrer gebundenen Entscheidung über die Erteilung einer Berechtigung und des Ausschließlichkeitscharakters der Erlaubnis nur dann einen handhabbaren Abwägungsmaßstab, wenn sich dieser aus planerischen Ausweisungen, beispielsweise in Form bestimmter Gebietsausweisungen, ergibt.[910] Andernfalls dürfte eine konkret beantragte Gewinnung schon deshalb einen nur schwer überwindbaren Vorteil haben, weil sich ihre volkswirtschaftliche Bedeutung und das damit verbundene öffentliche Interesse im konkreten Antrag bereits gefestigt zeigt, wohingegen sich das volkswirtschaftliche Interesse an einem bloßen Potenzial, dessen Nutzbarkeit noch offen ist, nur schwer bewerten lässt.[911]

---

904 BT-Drs. 8/1315, S. 88.
905 *Franke*, in: Boldt/Weller/Kühne/von Mäßenhausen, Bundesberggesetz, § 11 Rn. 12.
906 *Franke*, in: Boldt/Weller/Kühne/von Mäßenhausen, Bundesberggesetz, § 11 Rn. 12.
907 *Frenz*, Bergrecht und Nachhaltige Entwicklung, S. 27.
908 *Frenz*, Bergrecht und Nachhaltige Entwicklung, S. 29 ff.
909 *Franke*, in: Boldt/Weller/Kühne/von Mäßenhausen, Bundesberggesetz, § 11 Rn. 12.
910 Vgl. *Franke*, in: Boldt/Weller/Kühne/von Mäßenhausen, Bundesberggesetz, § 11 Rn. 12; zur Auweisung von Vorrang- und Eignungsgebieten in Bezug auf Fracking-Vorhaben vgl. S. 55 ff.
911 *Franke*, in: Boldt/Weller/Kühne/von Mäßenhausen, Bundesberggesetz, § 11 Rn. 12.

2. Beeinträchtigung des im öffentlichen Interesse stehenden Bodenschatzes

Weiterhin muss der im öffentlichen Interesse stehende Bodenschatz beeinträchtigt werden. Gemeint sind damit tatsächliche nachteilige Einwirkungen auf die Lagerstätte.[912] Eine nachteilige Einwirkung ist dann anzunehmen, wenn eine Gefährdung zu besorgen ist.[913] Das soll beispielsweise dann der Fall sein, wenn der Abbau des Bodenschatzes oder seine Verwertung etwa durch Verunreinigung unmöglich gemacht werden.[914]

a) Beeinträchtigung von Bodenschätzen durch Fracking-Vorhaben

Dementsprechend muss die Erdgasaufsuchung und -gewinnung mittels der Fracking-Technologie andere Untergrundnutzungen beeinträchtigen. Bei dem Versagungsgrund des § 11 Nr. 9 BBergG zur Sicherstellung der Versorgungssicherheit der Bevölkerung mit Erdgas kann es beispielsweise wiederum zu einen Nutzungskonflikt mit der geothermischen Nutzung des Untergrundes in Betracht kommen, da die Geothermie zur nachhaltigen und klimaschonenden Energieversorgung beitragen kann und diese Komponenten die Schutzwürdigkeit des öffentlichen Interesses, gerade im Hinblick auf den Ausbau der Erneuerbaren Energien, ebenso genießen.[915]

b) Klärung der Beeinträchtigung im Rahmen des Einzelfalls

Ob eine solche anderweitige Nutzung des Untergrundes der Erdgasförderung entgegensteht, ist eine Frage des Einzelfalls. Eine Konzession könnte insbesondere dann verweigert werden, wenn sich ein Berechtigungsfeld für eine anderweitige Nutzung besonders gut verwenden ließe.[916] Meist wird diese Frage aber erst im Rahmen eines Bewilligungsverfahrens für ein konkretes Gewinnungsvorhaben zu entscheiden sein. Der Lagerstättenschutz ist nämlich sowohl auf der Konzessionsebene als auch im nachgelagerten Betriebsplanzulassungsverfahren zu beachten.[917] Auf den unterschiedlichen Entscheidungsebenen ist daher aufgrund des unterschiedlichen Konkretisierungsgrades der Vorhabenplanung ein unterschiedlicher Maßstab zu beachten.[918] Eine Versagung auf der Konzessionsebene ist nur gerechtfertigt, wenn die zu erwartenden nachteiligen Einwirkungen auf die Lagerstätte derart erheblich sind, dass ihnen mit dem behördlichen Handlungsspielraum auf der Ebene der Betriebsplanzulassung nicht begegnet werden kann.[919]

---

912 *Franke*, in: Boldt/Weller/Kühne/von Mäßenhausen, Bundesberggesetz, § 11 Rn. 12.
913 BT-Drs. 8/1315, 88.
914 BT-Drs. 8/1315, S. 88; *Franke*, in: Boldt/Weller/Kühne/von Mäßenhausen, Bundesberggesetz, § 11 Rn. 12.
915 BMWi (Hrsg.), Energiekonzept 2010, S. 7, 9 f.
916 Vgl. *Franke*, in: Boldt/Weller/Kühne/von Mäßenhausen, Bundesberggesetz, § 11 Rn. 12.
917 Siehe hierfür S. 184 f.
918 *Franke*, in: Boldt/Weller/Kühne/von Mäßenhausen, Bundesberggesetz, § 11 Rn. 12.
919 *Kühne*, Rechtsfragen der Aufsuchung und Gewinnung von in Steinkohleflözen beisitzendem Methangas, S. 96 f.; *Franke*, in: Boldt/Weller/Kühne/von Mäßenhausen, Bundesberggesetz, § 11 Rn. 12.

III. Die Aufsuchung ausschließende überwiegende öffentliche Interessen im gesamten zuzuteilenden Feld

Die Berechtigung ist gemäß § 11 Nr. 10 BBergG zu versagen, wenn überwiegende öffentliche Interessen die Aufsuchung im gesamten zuzuteilenden Feld ausschließen. Mit dem Versagungsgrund des § 11 Nr. 10 BBergG wird bereits auf Konzessionsebene eine Abwägung zwischen den volkswirtschaftlich-bergbaulichen Belangen und anderen öffentlichen Interessen vorgenommen, obwohl eine Kollision mit anderen öffentlichen Interessen nicht bereits durch die Erteilung des Rechtstitels, sondern erst durch seine Ausübung eintritt.[920]

Der Einbezug sachlicher Kriterien in den Prüfungskatalog der Konzessionserteilung hat den Vorteil, dass sie dem Bergbaubetreiber durch die bereits getroffene Abwägung zwischen der Notwendigkeit zur Rohstoffgewinnung aus heimischen Lagerstätten und kollidierenden anderen öffentlichen Belangen eine möglichst große Planungssicherheit gibt.[921] Die Möglichkeit zur Versagung auf dieser Ebene muss aufgrund der aufgezeigten Problematik von gravierenden Voraussetzungen abhängig gemacht werden.[922] Eine Bergbauberechtigung soll danach nicht erteilt werden, wenn bereits im Vorhinein feststeht, dass sie insgesamt niemals ausgeübt werden kann.[923] In diesem Fall fehlt dem Antragsberechtigten an einem berechtigten Bescheidungsinteresse des Konzessionsantrages.[924]

1. Öffentliche Interessen i.S.d. § 11 Nr. 10 BBergG

Im Gegensatz zu § 11 Nr. 8 und 9 BBergG nimmt § 11 Nr. 10 BBergG nicht auf den Begriff des Bodenschatzes Bezug. Vor diesem systematischen Blick ist der Wortlaut der Norm weit zu verstehen und umfasst alle von der Rechtsordnung anerkannten öffentlichen Belange, unabhängig von ihrem bergbaulichen Bezug.[925] Im Rahmen des § 11 Nr. 10 BBergG konkurrieren damit auch andere Nutzungsformen des Untergrundes, wie beispielsweise die unterirdische Speicherung von Erdgas, Druckluft oder

---

920 BT-Drs. 8/1315, S. 87; VG Gera, ZfB 1996, 172, 175; *Wilde*, DVBl. 1998, 1321, 1322.
921 Vgl. *Franke*, in: Boldt/Weller/Kühne/von Mäßenhausen, Bundesberggesetz, § 11 Rn. 14.
922 BT-Drs. 8/1315, S. 87; *Kühne*, Rechtsfragen der Aufsuchung und Gewinnung von in Steinkohleflözen beisitzendem Methangas, S. 84 f.; *Franke*, in: Boldt/Weller/Kühne/von Mäßenhausen, Bundesberggesetz, § 11 Rn. 14.
923 *Kühne*, DVBl. 1987, 1259, 1261; *Franke*, Heft 119 der Schriftenreihe der GDMB, S. 9, 16 ff.; *Franke*, in: Boldt/Weller/Kühne/von Mäßenhausen, Bundesberggesetz, § 11 Rn. 14.
924 *Kühne*, Rechtsfragen der Aufsuchung und Gewinnung von in Steinkohleflözen beisitzendem Methangas, S. 89; *Kühne*, ZfB 2013, 113, 122 f.; *Franke*, Heft 119 der Schriftenreihe der GDMB, S. 9, 18; *Franke*, in: Boldt/Weller/Kühne/von Mäßenhausen, Bundesberggesetz, § 11 Rn. 14.
925 OVG Sachsen-Anhalt, ZfB 2011, 237, 239; VGH Baden-Württemberg, ZfB 1989, 57, 66; *Piens/Schulte/Graf Vitzthum*, Bundesberggesetz, § 11 Rn. 17; *Hoppe/Spoerr*, Bergrecht und Raumordnung, S. 95; *Fischer-Hüftle*, NuR 1989, 106, 108; *Frenz*, Bergrecht und Nachhaltige Entwicklung, S. 33; siehe hierzu auch *von Weschpfennig*, ZfB 157 (2016), 256, 265 f.

Wasserstoff, und weitere Nutzungsformen, die nicht dem Bundesberggesetz unterfallen, um das öffentliche Interesse.[926] Ausweislich der Gesetzesbegründung kommen als überwiegende öffentliche Interessen die »Erfordernisse des Naturschutzrechts und der Landschaftspflege, der Raumordnung und Landesplanung, des Bauplanungsrecht, des Verkehrs und des Gewässerschutzes« infrage.[927] Ebenso kommen hierbei die Belange der Rohstoff- und Energiepolitik, des Lagerstättenschutzes, des Fremdenverkehrs, des Strahlenschutzes, sowie der Außenbereichsbebauung in Betracht.[928] Das Interesse an einer geregelten Entwicklung des Städtebaus kann ebenfalls dem Bergbau entgegenstehen.[929] Eine Einschränkung erfährt der weite Begriff des öffentlichen Interesses allerdings dadurch, dass die öffentlichen Interessen sich auf das zuzuteilende Feld beziehen müssen. Folglich muss es sich um raumbezogene Interessen handeln.[930]

Im Rahmen der Konzessionserteilung für Fracking-Vorhaben sind insbesondere die öffentlichen Belange der Rohstoffsicherung, des Klimaschutzes, der Raumordnung und Landesplanung, die Belanges des Lagerstättenschutzes und des Naturschutzes und der Landschaftspflege sowie die Belange des Gewässerschutzes zu untersuchen.

a)   Kein genereller Vorrang von Fracking-Vorhaben wegen der Rohstoffsicherung

Die Bergbehörde hat im Rahmen ihrer Abwägungsentscheidung nach § 11 Nr. 10 BBergG die vom BBergG intendierte und im § 48 Abs. 1 S. 2 BBergG manifestierte Rohstoffsicherungsklausel zu beachten, wonach grundsätzlich das Aufsuchen und Gewinnen von Bodenschätzen vorrangig gegenüber anderweitigen Bodennutzungen ist.[931]

Aus dieser Konzeption wird zum Teil der Schluss gezogen, dass auch auf der Berechtigungsebene dem Bergbau ein genereller Vorrang einzuräumen ist, der ihm eine Priorität innerhalb des Abwägungsprozesses einräumt.[932]

Die Einführung der Rohstoffsicherungsklausel beabsichtigte indes, dass durch sie eine möglichst optimale Erforschung und Nutzung heimsicher Lagerstätten erreicht werden und dies bei divergierenden Interessen angemessen berücksichtigt werden sollte.[933] Eine angemessene Berücksichtigung bedeutet hingegen nicht die Einräumung eines absoluten Vorranges. Vielmehr ist die Vorschrift als Optimierungsgebot zu verstehen.[934] Die von § 11 Nr. 10 BBergG umfassten öffentlichen Belange treten daher nicht generell hinter die Belange des Bergbaus zurück.[935]

---

926 *Hoppe/Spoerr*, Bergrecht und Raumordnung, S. 95.
927 BT-Drs. 8/1315, 87.
928 VGH Baden-Württemberg, ZfB 1989, 57, 66.
929 BVerwG, UPR 1999, 75 f.
930 OVG Sachsen-Anhalt, ZfB 2011, 237, 239; OVG Sachsen, ZfB 1998, 205, 208 f.; VGH Baden-Württemberg, ZfB 1989, 57,66; VG Gera, ZfB 1996, 172, 175; VG Weimar, ZfB 1995, 225, 230 f.; *Franke*, in: Boldt/Weller/Kühne/von Mäßenhausen, Bundesberggesetz, § 11 Rn. 15.
931 BVerwGE 74, 315, VG Weimar, ZfB 1996, 321, 329.
932 *Hoppe,* DVBl. 1987, 757, 761; krit. *Peters*, DVBl. 1988, 227, 228.
933 BT-Drs. 8/3965, S. 137; *Piens/Schulte/Graf Vitzthum*, Bundesberggesetz, § 48 Rn. 12.
934 VGH Baden-Württemberg, ZfB 1989, 57, 57; *Kolonko*, ZUR 1995, 126, 128.
935 OVG Mecklenburg-Vorpommern, ZfB 2000, 32, 32; VGH Baden-Württemberg, ZfB 1989, 57, 71; *Heitmann*, ZfB 1990, 179, 188.

b) Berücksichtigung des Klimaschutzes bei Fracking-Vorhaben

Durch die objektive Staatszielbestimmung des Art. 20a GG, die auch den Klimaschutz umfasst, hat der Verfassungsgeber sich verpflichtet, die natürlichen Lebensgrundlagen zu schützen.[936] Art. 20a GG verpflichtet dabei hauptsächlich die legislative Gewalt, den in der Norm enthaltenen Auftrag untergesetzlich auszugestalten.[937] Soweit sich vollziehende Gewalt und Rechtsprechung im Rahmen der Vorgaben des Gesetzgebers eigenständig entfalten können, sind diese ebenfalls Normadressaten.[938] Dies bedeutet, dass sie gerade bei der Auslegung von unbestimmten Rechtsbegriffen die Staatszielbestimmung in ihrer Abwägung zu berücksichtigen haben.[939] Durch den Verweis auf das Merkmal der künftigen Generationen verlangt Art. 20a GG dabei auch die Beachtung von Langzeitrisiken.

aa) Langzeitrisiken

Diese Abwägungsprärogative erlangt im Hinblick auf die Fracking-Technologie Relevanz. Da die Langzeitrisiken der Fracking-Technologie noch nicht abschließend geklärt sind und unterschiedliche Gefahrenprognosen existieren[940], könnte bereits auf der Konzessionsebene die Gründe des Klimaschutzes einer Erlaubnis- bzw. Bewilligungserteilung entgegen stehen. Allerdings ist hierbei der Ausnahmecharakter und die damit verbundenen strengen Anforderungen des § 11 Nr. 10 BBergG zu beachten.[941] Demnach kann der öffentliche Belang des Klimaschutzes nur als Versagungsgrund taugen, wenn den Risiken der Fracking-Technologie nicht auf der nachgelagerten Betriebsplanebene besser begegnet werden kann. Dies erscheint vor der gesetzgeberischen Wertung des neu eingefügten § 13a WHG ausgeschlossen.[942] Hinzukommt, dass die Bergbehörde sich bei der Entscheidung für die Berechtigungserteilung hauptsächlich an dem abzubauenden Bodenschatz und an der Raumbedeutsamkeit des Vorhabens zu halten hat, also an dem »Ob« des Vorhabens. Die konkrete Aufsuchungs- und Gewinnungsart, also das »Wie« des Vorhabens, scheint eher eine Frage, die auf der Betriebsplanebene geklärt werden kann oder auch dort geklärt werden muss.

bb) Nutzungskonkurrenzen

Vielmehr scheinen die Aspekte des Klimaschutzes als ein entgegenstehender öffentlicher Belang eine Rolle bei der Frage zu spielen, ob anderen Nutzungsarten des kon-

---

936 *Krings*, in: Schmidt-Bleibtreu/Hofmann/Hopauf, Grundgesetz, Art. 20a Rn. 1, 3; *Sommermann*, in: von Münch/Kunig, Grundgesetz, Band 1, Art. 20a Rn. 1, 10; *Groß*, NVwZ 2011, 129, 130.

937 *Schulze-Fielitz*, in: Dreier, Grundgesetz, Band II, Art. 20a Rn. 67; *Kloepfer*, DVBl. 1996, 73, 75; Jarass/Pieroth, Grundgesetz, Art. 20a Rn. 18.

938 *Scholz*, in: Maunz/Dürig Grundgesetz, Band III, Art. 20a Rn. 54, 57; *Schulze-Fielitz*, in: Dreier, Grundgesetz, Band II, Art. 20a Rn. 74.

939 BVerwG NVwZ 2006, 595, 597; BVerwG NVwZ 1998, 1080, 1081; *Schulze-Fielitz*, in: Dreier, Grundgesetz, Band II, Art. 20a Rn. 77; *Bernsdorff*, NuR 1997, 328, 334.

940 Vgl. S. 35 ff.

941 Vgl. soeben S. 159 f.

942 Vgl. zu den Voraussetzungen S. 215 ff.

kreten Untergrundfelds Vorrang vor der Erdgasförderungen zu gewähren ist. So kann beispielsweise insbesondere im Hinblick auf das Ziel der Bundesregierung Treibhausgasemissionen um mindestens 80 Prozent bis zum Jahr 2050 zu reduzieren[943] eine Technologie zur Gewinnung erneuerbarer Energien gegenüber einem Vorhaben zum Abbau fossiler Brennstoffe auf dieser Ebene der Vorrang zu gewähren sein.

c) Berücksichtigung der Raumordnung und Landesplanung

Die Begründung des Regierungsentwurfs nennt ausdrücklich die Belange der Raumordnung und Landesplanung als im Kontext von § 11 Nr. 10 BBergG zu berücksichtigende öffentliche Belange.[944] Ebenso benennt § 4 Abs. 2 ROG, dass bei raumbedeutsamen Planungen und Maßnahmen die Erfordernisse der Raumordnung im Rahmen der jeweiligen fachgesetzlichen Entscheidung zu berücksichtigen sind.

aa) Berücksichtigung der Erfordernisse der Raumordnung im Rahmen der Konzessionserteilung

Die fachgesetzlichen Vorschriften müssen für die Beachtung der Erfordernisse des Raumordnungsrechts nicht als Raumordnungsklausel ausgestaltet sein. Das jeweilige Fachrecht muss allerdings für die Beachtung der Erfordernisse eine Abwägungs- oder Ermessensentscheidung vorsehen, da sie ansonsten keinen Eingang in die fachgesetzliche Entscheidung finden können.[945] Bei gebundenen Entscheidungen besteht demnach keine Berücksichtigungspflicht.[946] Da es sich im Rahmen der Konzessionserteilung bei der Auslegung des öffentlichen Interesses um eine Abwägungsentscheidung[947] handelt, sind die Erfordernisse der Raumordnung zu berücksichtigen.

bb) Einheitliche Berücksichtigungspflicht der Erfordernisse der Raumordnung

Das Raumordnungsgesetz unterscheidet bei den Erfordernissen der Raumordnung, die Ziele, die Grundsätze und sonstige Erfordernisse der Raumordnung, wobei die Ziele gemäß § 2 Abs. 1 Nr. 2 ROG im Gegensatz zu den anderen beiden Formen der Erfordernisse verbindliche Vorgaben macht.[948] Daraus könnte der Schluss gezogen werden, dass den Zielen der Raumordnung eine größere Bindungswirkung zukommt. Allerdings differenziert § 4 Abs. 2 ROG nicht nach den einzelnen Erforderniskategorien, so dass von einer einheitlichen Berücksichtigungspflicht auszugehen ist.[949] Lediglich wenn das jeweilige Fachgesetz eine qualifizierte Raumordnungsklausel enthält, die nach den verschiedenen Erforderniskategorien unterscheidet, kann von einer größeren

---

943 Vgl. BMWi (Hrsg.), Energiekonzept 2010, S. 16.
944 BT-Drs. 8/1315, S. 87; *Schlacke/Schnittker*, ZUR 2016, 259, 262.
945 *Goppel*, in: Spannowsky/Runkel/Goppel, Raumordnungsgesetz, § 4 Rn. 72.
946 *Goppel*, in: Spannowsky/Runkel/Goppel, Raumordnungsgesetz, § 4 Rn. 72.
947 Auch wenn diese die in den Gesetzen vorgenommene Wertung zu berücksichtigen hat und daher gleichsam vorgeprägt ist, vgl. VG Weimar, ZfB 1996, 321, 329.
948 Vgl. hierzu S. 52 ff.
949 *Erbguth*, VerwArch. 1996, 258, 274; *Goppel*, in: Spannowsky/Runkel/Goppel, Raumordnungsgesetz, § 4 Rn. 73.

Bindungswirkung ausgegangen werden.[950] Eine solche Differenzierung sieht § 11 Nr. 10 BBergG nicht vor, so dass eine einheitliche Berücksichtigungspflicht anzunehmen ist.

cc) Berücksichtigung der strengen Anforderungen an den Versagungsgrund

Allerdings ist auch in diesem Zusammenhang der Ausnahmecharakter der Vorschrift zu beachten, wodurch strenge Anforderungen an den entgegenstehenden öffentlichen Belang zu stellen sind.[951] Die Erfordernisse der Raumordnung können im Rahmen ihrer Berücksichtigungspflicht nach § 11 Nr. 10 BBergG nur dann zu einem Versagungsgrund führen, wenn die raumordnungsrechtlichen Vorgaben hinreichend konkret und verbindlich sind.[952]

(1) Berücksichtigung von Raumordnungszielen

Ziele der Raumordnung können demnach im Rahmen der Konzessionserteilung als entgegenstehende Belange nur berücksichtigt werden, soweit es sich bei ihnen um rechtswirksame Ziele handelt[953] und sie rechtswirksam zustande gekommen, für verbindlich erklärt und in dieser Erklärung ihnen ein Vorrang gegenüber dem Bergbau eingeräumt wurde.[954] Dies ist eine Frage des Einzelfalls. Speziell im Hinblick auf das Raumordnungsziel 10-3.4 LEP NRW ergibt sich, dass dieses aufgrund seiner Rechtswidrigkeit[955] bei der Konzessionserteilung nicht zu berücksichtigen ist.

(2) Berücksichtigung von Raumordnungsgrundsätzen

Die Grundsätze der Raumordnung, bei denen es sich gemäß § 3 Abs. 1 Nr. 3 1. Halbsatz ROG um Vorgaben für nachfolgende Abwägungs- oder Ermessensentscheidungen oder anderweitige raumplanerische Leitlinien handelt[956], sind meist so allgemein und abstrakt ausformuliert, dass sie mangels verlässlicher Aussagen zur Zulässigkeit eines bergbaulichen Vorhabens ohne die Durchführung eines Betriebsplanverfahrens nicht als Versagungsgrund i.S.d. § 11 Nr. 10 BBergG dienen können.[957]

---

950 Zu den weitergehenden Bindungswirkungen aufgrund von fachgesetzlichen Raumordnungsklauseln, siehe *Goppel*, in: Spannowsky/Runkel/Goppel, Raumordnungsgesetz, § 4 Rn. 113 ff., zur Reformbedürftigkeit des Bundesberggesetzes siehe *von Weschpfennig*, DöV 2017, 25, 31 f.

951 Vgl. S. 165.

952 VG Leipzig, ZfB 1998, 331, 336; VG Gera, ZfB 1996, 172, 176.

953 *Runkel*, in: vgl. Spannowsky/Runkel/Goppel, Raumordnungsgesetz, § 3 Rn. 53.

954 VGH Baden-Württemberg, ZfB 1989, 57, 75; VG Gera, ZfB 1996, 172, 176.

955 Vgl. S. 54 ff.

956 Vgl. S. 56 ff.

957 BVerwG, ZfB 1991, 140, 143; VG Gera, ZfB 1996, 172, 176; *Hoppe/Spoerr*, Bergrecht und Raumordnung, S. 99.

dd) Stellungnahme

Dementsprechend kommt der Berücksichtigung von Raumordnungserfordernissen im Rahmen der Konzessionserteilung kein allzu großer Stellenwert zu. Hätte der Bundesgesetzgeber eine Stärkung der raumordnungsrechtlichen Planungsinstrumente zur Steuerung von Fracking-Vorhaben beabsichtigt, hätte er bergrechtlich eine qualifizierte Raumordnungsklausel, die nach dem Grad der Beachtungs- bzw. Berücksichtigungspflichten von Zielen und Grundsätzen der Raumordnung differenziert, festsetzen können. Auch hätte er ihm Rahmen der Konzessionserteilung eine Beteiligung der Öffentlichkeit, wie er es im Rahmen der Betriebsplanebene durch die Festlegung der Umweltverträglichkeitsprüfung getan hat[958], regeln können. Die Diskussion über ein eventuelles Umsetzungsdefizit verliert allerdings deutlich an Bedeutung vor dem Hintergrund, dass die Bergbauberechtigungen in Bezug auf Fracking-Vorhaben im erdgasreichsten Bundesland Nordrhein-Westfalen größtenteils bereits erteilt worden sind.[959]

d) Lagerstättenschutz

Der Lagerstättenschutz kann ebenso einen Versagungsgrund nach § 11 Nr. 10 BBergG darstellen.[960] § 1 Nr. 1 BBergG normiert mit der Sicherung und Erhaltung der deutschen Rohstoffe den Hauptzweck des Bundesberggesetzes.[961] Der Gesetzgeber ging davon aus, dass die heimischen Bodenschätze eine überlebenswichtige Grundlage der Volkswirtschaft sind. Er hat ihnen daher als von der jeweiligen Politik unabhängiges »absolutes« Gemeinschaftsgut eine besondere gesamtwirtschaftliche Bedeutung beigemessen.[962] Ist ein Rohstoff ausreichend am Markt vorhanden, ist es aus Gründen der Vorratserhaltung legitim, dass dieser lediglich aufgesucht, nicht aber gewonnen werden darf.[963]

Wäre demnach nach rohstoffpolitischer Sicht ausreichend Erdgas zurzeit vorhanden und würde sich das beantragte Feld auch gut für eine nicht vom Bundesberggesetz erfasste Untergrundnutzung wie für die Speicherung von Erdgas oder zur dauerhaften Speicherung von Kohlenstoffdioxid nach dem KSpG[964] eignen, so könnte diese Spei-

---

958 Vgl. S. 99 ff.

959 Vgl. *Frenz,* in: Berendes/Frenz/Müggenborg, Wasserhaushaltsgesetz, §§ 13a, 13b Rn. 14. Dem dürfte mittlerweile entgegen gehalten werden, dass die befristet erteilten Bergbauberechtigungen der Erdgasunternehmen beginnen auszulaufen, ohne verlängert zu werden. Aufgrund der ungesicherten Perspektiven, unkonventionelles Fracking jemals in Deutschland wirtschaftlich einsetzen zu können verbunden mit den hohen Kosten für Forschungsprojekte dürfte unkonventionelles Fracking auf absehbare Zeit nicht zum Einsatz kommen, vgl. *von Weschpfennig,* W+B 2017, 56, 70.

960 VGH Baden-Württemberg, ZfB 1989, 57, 66.

961 *von Hammerstein,* in: Boldt/Weller/Kühne/von Mäßenhausen, Bundesberggesetz, § 1 Rn. 2; *Knöchel,* FS Kühne 2009, S. 599, 600.

962 BT-Drs. 8/1315, S. 67, BVerfG, NVwZ 2014, 211, 218 (Rn. 203); VGH Baden-Württemberg, ZfB 2010, 176, 182.

963 VGH Baden-Württemberg, ZfB 1989, 57, 57; VG Weimar, ZfB 1995, 225, 236; VG Freiburg, ZfB 1985, 108, 120.

964 Kohlendioxid-Speicherungsgesetz vom 17. August 2012 (BGBl. I 2012, S. 1726), das zuletzt durch Art. 2 Abs. 10 des Gesetzes vom 20. Juli 2017 (BGBl. I 2017, S. 2808) geändert worden ist.

cherformation als volkswirtschaftlich bedeutsamer angesehen werden, was zur Begründung eines öffentlichen Interesses und damit zu einem Versagungsgrund nach § 11 Nr. 10 BBergG führen könnte.

e) Naturschutz und Landschaftspflege

Die Belange des Naturschutz und der Landschaftspflege sind nach dem historischen Willen des Gesetzgebers ebenso im Rahmen von § 11 Nr. 10 BBergG zu beachtende öffentliche Belange.[965]

aa) Generelles Verbot von bergrechtlichen Konzessionen

Dies wirft zunächst die Frage auf, ob in Naturschutzgebieten die Erteilung einer der Schutzgebietsausweisung zuwiderlaufende Konzession generell verboten ist. Dies muss prinzipiell dahingehend beantwortet werden, dass es auf eine Einzelfallentscheidung ankommen wird, da Schutzgebiete in der Regel nicht absolut ausgestaltet sind, sondern meist eine Befreiungsmöglichkeit vorsehen, die Gegenstand der Betriebsplanzulassung ist, nicht aber bereits auf Ebene der Konzession zu einer Versagung des Vorhabens führt.[966] Daher schließen solche Schutzgebiete die Erteilung einer Bergbauberechtigung nicht von vornherein aus.[967] Allerdings kann eine Befreiungsmöglichkeit bereits derart auf der Konzessionsebene zu berücksichtigen sein, dass die Bergbehörde bereits hier die Voraussetzungen für das Vorliegen der Befreiungsmöglichkeit zu prüfen hat, nicht jedoch die tatsächliche Befreiung selbst.[968] Hierbei wird dann nur festgestellt, dass naturschutzrechtliche Interessen der Bergbauberechtigung nicht entgegenstehen.[969]

bb) Verbot von Fracking-Vorhaben seit der Gesetzesänderung

Ist das Schutzgebiet als absolutes Schutzgebiet ausgestaltet, führt eine dem Gebiet zuwiderlaufende Nutzung bereits auf der Konzessionsebene zur Versagung der Berechtigung. In diesem Zusammenhang sind die im Rahmen der Fracking-Gesetzgebung neu eingeführten Regelungen hinsichtlich der Naturschutzgebiete[970], der Nationalparks[971] und der Natura 2000-Gebiete[972] zu beachten, wonach die Errichtung von Anlagen für unkonventionelle und konventionelle Fracking-Vorhaben in Naturschutzgebieten und Nationalparks sowie in Natura 2000-Gebieten das Errichten von unkonventionellen Fracking-Anlagen ohne Befreiungsmöglichkeit ausgeschlossen sind. Die-

---

965 BT-Drs. 8/1315, S. 87.
966 *Piens/Schulte/Graf Vitzthum*, Bundesberggesetz, § 11 Rn. 21.
967 *Franke*, in: Boldt/Weller/Kühne/von Mäßenhausen, Bundesberggesetz, § 11 Rn. 15; *Hoppe*, DVBl. 1987, 757, 760.
968 *Piens/Schulte/Graf Vitzthum*, Bundesberggesetz, § 11 Rn. 21.
969 VGH Baden-Württemberg, ZfB 1989, 57, 66; *Fischer-Hüftle*, NuR 1989, 106, 108; *Wilde*, DVBl. 1998, 1321, 1322; *Kolonko*, ZUR 1995, 126, 128; *Kühne*, DVBl. 1987, 1259, 1261.
970 Vgl. S. 71 f.
971 Vgl. S. 73 f.
972 Vgl. S. 74 f.

se Verbote können bereits auf der Konzessionsebene zur Versagung führen. Die Einzelfallprüfung der anderweitigen nicht vom generellen Verbot umfassten Vorhaben in Natura 2000-Gebieten[973], sind hingegen erst auf der Betriebsplanebene zu berücksichtigen.

f) Gewässerschutz

Weiter können auch Gewässerschutzaspekte zur einer Nichterteilung der beantragten Bergbauberechtigung führen.[974] So kam es bereits in Hessen vor der Einführung der Fracking-Neuregelungen zu einer bestandskräftigen Versagung einer Aufsuchungserlaubnis für unkonventionelle Kohlenwasserstoffe aufgrund von Gewässerschutzaspekten.[975] Da bergbauliche Vorhaben in der Regel auch wasserrechtliche Folgen auslösen und der Bergbau traditionell eng mit der Behandlung von Wasser verknüpft ist[976], versteht es sich, dass nicht bereits die Annahme einer bevorstehenden Gewässerbenutzung zu einer Versagung der Bergbauberechtigung führen wird, sondern dies Gegenstand der Betriebsplanebene bzw. der gesondert zu erteilenden wasserrechtlichen Benutzungserlaubnis sein wird. Im Gegensatz hierzu spielt aber auf der Konzessionsebene die Ausweisung von Wasserschutzgebieten eine zu berücksichtigende Rolle. Dies Rolle wurde durch die Fracking-Regelungen verschärft, da nunmehr in festgesetzten Wasserschutzgebieten[977] sowie in den weiteren in § 13a Abs. 2 WHG aufgezählten Heilquellenschutzgebieten, Gebieten, aus denen über oberirdische Gewässer Oberflächenabfluss in einen natürlichen See gelangt, aus dem unmittelbar Wasser für die öffentliche Wasserversorgung entnommen wird oder in eine Talsperre gelangt, die der öffentlichen Wasserversorgung dient, Einzugsgebieten einer Wasserentnahmestelle für die öffentliche Wasserversorgung, Einzugsgebieten eines Brunnens nach dem Wassersicherstellungsgesetz[978] oder Einzugsgebieten eines Mineralwasservorkommens, einer Heilquelle oder einer Stelle zur Entnahme von Wasser zur Herstellung von Lebensmitteln, Fracking-Vorhaben sämtlicher Art verboten sind. Dieses absolute Verbot ist bereits auf der Konzessionsebene als entgegenstehender überwiegender öffentlicher Belang zu berücksichtigen.

2. Ausschluss im gesamten zuzuteilenden Feld

Der Versagungsgrund des § 11 Nr. 10 BBergG greift nur, soweit der entgegenstehende öffentliche Belang die Ausübung der Bergberechtigung im gesamten zuzuteilenden Berechtigungsfeld ausschließt.

---

973 Vgl. hierfür S. 75 f.
974 Vgl. *Piens/Schulte/Graf Vitzthum*, Bundesberggesetz, § 11 Rn. 21; *Schlacke/Schnittker*, ZUR 2016, 259, 262.
975 Vgl. *Frenz,* in: Berendes/Frenz/Müggenborg, Wasserhaushaltsgesetz, §§ 13a, 13b Rn. 15; *Frenz,* in: Frenz, BBergG, Nach §§ 11–12 Rn. 2.
976 Vgl. *Piens/Schulte/Graf Vitzthum*, Bundesberggesetz, § 56 Anhang Rn. 549; siehe auch S. 118 f.
977 Vgl. S. 69 ff.
978 Wassersicherstellungsgesetz vom 24. August 1965 (BGBl. I 1965, S. 1225, 1817), das zuletzt durch Art. 2 Abs. 20 des Gesetzes vom 12. August 2005 (BGBl. I 2005, S. 2354) geändert worden ist.

Wortlaut der Norm und die Begründung des Gesetzesentwurfes legen nahe, dass der entgegenstehende, raumbezogene, öffentliche Belang sich auf das gesamte Berechtigungsfeld erstrecken muss.[979] Da das zuzuteilende Berechtigungsfeld aber maßgeblich von dem Antrag des Antragstellers abhängt, eröffnet ihm das manipulativ den Spielraum, die Größe des Berechtigungsfeldes so zu wählen, dass der entgegenstehende öffentliche Belang nur in Teilen des Feld zu einem Ausschluss der Berechtigungsausübung führt. Somit besteht die Möglichkeit, eine Schutzgebietsausweisung zu umgehen.[980]

Diese Umgehungsmöglichkeit vermeidend, erachtet die Rechtsprechung den Versagungsgrund des § 11 Nr. 10 BBergG bereits dann für einschlägig, wenn der entgegenstehende öffentliche Belang wesentliche Teilbereiche des Berechtigungsfelds abdeckt.[981] Wann ein Teilbereich als wesentlich anzuerkennen ist, dürfte wohl Frage des Einzelfalls sein.[982] So soll etwa ein naturschutzrechtlicher Belang dem bergbaulichen Vorhaben in der Regel entgegenstehen, soweit eine Schnittfläche von über 80 Prozent besteht. Eine Versagung kommt hingegen regelmäßig nicht in Betracht, soweit dieser Schnittflächenprozentsatz nicht erreicht wird.[983] Weiterhin wird eine Teilabdeckung des öffentlichen Belanges wohl auch Eingang in die Abwägungsentscheidung der Behörde finden müssen und diesen entsprechend geringer gewichten.[984]

So ist festzuhalten, dass der Versagungsgrund des § 11 Nr. 10 BBergG sachlich sehr weit reicht, sich allerdings vor dem Hintergrund der Raumbezogenheit des entgegenstehenden Belanges stark relativiert.[985] Decken sich die Belange des Wasserschutzes, der Raumordnung oder des Naturschutz beispielsweise nur zu drei Vierteln mit dem Berechtigungsfeld, so wird die Berechtigung trotz der verschärften Fracking-Neuregelungen zu erteilen sein.

IV. Ergebnis

Bergbauunternehmen haben einen gebundenen Anspruch auf Einräumung der Bergbauberechtigung, soweit keine Versagensgründe dagegen stehen, wobei der Bergbehörde durch die Auslegung unbestimmter Rechtsbegriffe auf der tatbestandlichen Ebene ein gewisser Beurteilungsspielraum zukommt.

Mit den Regelungen des Versagenskataloges soll verhindert werden, dass Bergbauberechtigungen verliehen werden, die nicht einmal die Erwartung rechtfertigen, jemals ausgeübt zu werden.

---

979 Vgl. BT-Drs. 8/1315, S. 87; *Franke*, in: Boldt/Weller/Kühne/von Mäßenhausen, Bundesberggesetz, § 11 Rn. 14; *Piens/Schulte/Graf Vitzthum*, Bundesberggesetz, § 11 Rn. 21; *Rausch*, Umwelt- und Planungsrecht im Bergbau, S. 31. Dies wohl annehmend *Ramsauer/Wendt*, NVwZ 2014, 1401, 1404 und *Elgeti/Dietrich*, NuR 2012, 232, 235.

980 *Frenz*, Bergrecht und nachhaltige Entwicklung, S. 35; *Kolonko*, ZUR 1995, 126, 128.

981 VGH Baden-Württemberg, ZfB 1989, 57, 68 f.; VG Freiburg, ZfB 1985, 108, 109.

982 VG Leipzig, ZfB 1995, 48, 53; *Schlacke/Schnittker*, ZUR 2016, 259, 261.

983 Vgl. *Piens/Schulte/Graf Vitzthum*, Bundesberggesetz, § 11 Rn. 21.

984 Vgl. *Frenz*, Bergrecht und Nachhaltige Entwicklung, S. 35; *Erbguth*, VerwArch. 1996, 258, 278.

985 Vgl. *Schweighart*, Der risikorechtliche Umgang mit Fracking, S. 65.

Gleichwohl umfasst die Bergbauberechtigung nicht auch die Befugnis, von dem erteilten Rechtstitel tatsächlich Gebrauch zu machen. Hierfür sind die besondere bergrechtliche Betriebsplanzulassung und gegebenenfalls weitere Genehmigungen erforderlich. In der Regel kann es also erst auf dieser zweiten Stufe des Zulassungssystems zu einer Kollision zwischen bergbaulichen Interessen und Belangen des Umweltschutzes kommen.

In Bezug auf den Untersuchungsgegenstand können insbesondere die Vorschriften zum Schutz öffentlicher Interessen vor schädigenden Einflüssen des Bergbaus, § 11 Nr. 8, 9 und 10 BBergG zu einer Versagung von Bergbauberechtigungen führen.

Gemäß § 11 Nr. 8 BBergG ist eine Berechtigung zur Gewinnung von Kohlenwasserstoffen bzw. von Erdgas zu untersagen, wenn durch sie eine sinnvolle und planmäßige Aufsuchung oder Gewinnung anderer bergfreier oder grundeigener Bodenschätze gefährdet würde. Bei der planmäßigen Aufsuchung des anderen Bodenschatzes muss es sich um ein bereits konkretes und festgesetztes Vorhaben handeln. Entscheidend ist dabei die Fläche des beantragen Berechtigungsfeldes. Insbesondere im Hinblick auf die unkonventionelle Erdgasförderung kann dieser Versagungsgrund zum Tragen kommen, da diese aufgrund der Horizontalbohrungen unterirdisch viel Raum in Anspruch nimmt und die unterirdisch weiträumig beanspruchte Fläche verstärkt Nutzungskonflikte mit anderen bergrechtlichen Nutzungsarten des Untergrundes (wie der Geothermie) hervorrufen kann.

Im Gegensatz zu der konfligierenden Inanspruchnahme der Berechtigungsfelder ist die konkrete Ausbeutungsmethode der Fracking-Technologie auf dieser Ebene allerdings von untergeordneter Relevanz. Es geht vielmehr um den Raum- und Gegenstandsbezug des Vorhabens als um die Frage nach der Zulassung einer konkreten Fördermethode. Diese steht nur dann entgegen, wenn das Vorhaben derart konkretisiert ist, dass eine planmäßige und sinnvolle Aufsuchung und Gewinnung des Bodenschatzes von vorneherein ausgeschlossen ist, beispielsweise weil sie nicht zulassungsfähig ist. Da im unkonventionellen Bereich nur Erprobungsmaßnahmen zulässig sind, steht die Fracking-Methode der Bewilligungserteilung für unkonventionelles Erdgas entgegen.

§ 11 Nr. 9 BBergG steht Fracking-Vorhaben im Weg, wenn sie Bodenschätze beeinträchtigen, deren Schutz im öffentlichen Interesse liegt. Zur Auslegung des Merkmals öffentliches Interesses ist insbesondere der jeweilige Gesetzeszweck zur Rate zu ziehen. Vor dem Hintergrund der Rohstoffförderung und der volkswirtschaftlichen Bedeutung besteht am Erdgas generell ein erhöhtes öffentliches Interesse. Ob sich dieses allerdings im Rahmen der Abwägung gegenüber anderen öffentlichen Interessen durchsetzt, ist eine Frage des Einzelfalls. Hierbei kommt es insbesondere auf die Häufigkeit der Erdgasvorkommen, den derzeitigen Erdgasbedarf in der Bevölkerung und seine Verfügbarkeit an. Dies unterliegt tatsächlichen und politischen Schwankungen. Die Schutzwürdigkeit von Erdgas ist damit vor allem eine rohstoffpolitische Entscheidung ist. Vor diesem Hintergrund können sich auch andere öffentliche Belange wie die geothermische Nutzung im konkreten Fall durchsetzen. Voraussetzung ist, dass es sich um konkrete Vorhaben handelt. Das volkswirtschaftliche Interesse an einem bloßen Potenzial, dessen Nutzbarkeit noch offen ist, ist kein handhabarer Abwägungsgesichtspunkt für die Behörde. Eine Versagung auf der Konzessionsebene ist allerdings nur gerechtfertigt, wenn die zu erwartenden nachteiligen Einwirkungen auf die Lagerstätte derart erheblich sind, dass ihnen mit dem behördlichen Handlungsspielraum auf der Ebene der Betriebsplanzulassung nicht begegnet werden kann.

Weiterhin stellt § 11 Nr. 10 BBergG einen Versagungsgrund dar. Dieser ist einschlägig, wenn überwiegende öffentliche Interessen die Aufsuchung im gesamten zuzuteilenden Feld ausschließen. Sachlich ist der Versagungsgrund sehr weit zu verstehen, da er auch außerbergrechtliche öffentliche Interessen umfasst. Für den Untersuchungsgegenstand sind dabei insbesondere die öffentlichen Belange der Raumordnung, des Naturschutzes und des Gewässerschutzes zu beachten.

So sind die Erfordernisse der Raumordnung bei der Konzessionserteilung zu berücksichtigen. Sowohl Raumordnungsziele als auch Raumordnungsgrundsätze können der Erteilung entgegenstehen, da sie gemäß § 4 Abs. 2 ROG im Rahmen der Entscheidung (mangels einer qualifizierten Raumordnungsklausel) einheitlich zu berücksichtigen sind. Dies bedeutet, dass trotz der verbindlichen Vorgaben den Zielen der Raumordnung keine weitergehende Bindungswirkung zukommt als den anderen Erfordernissen der Raumordnung.

Aufgrund des Ausnahmecharakters der Vorschrift führen die Erfordernisse der Raumordnung nur dann zu einem Versagungsgrund, wenn die raumordnungsrechtlichen Vorgaben hinreichend konkret und verbindlich sind. Dazu müssen die Ziele rechtmäßig sein. Daher ist das Ziel 10-3.4 des LEP NRW im Rahmen der Konzessionserteilung nicht zu berücksichtigen. Grundsätze der Raumordnung sind meist so allgemein und abstrakt ausformuliert, dass sie mangels verlässlicher Aussagen zur Zulässigkeit eines bergbaulichen Vorhabens ohne die Durchführung eines Betriebsplanverfahrens nicht als Versagungsgrund dienen können.

Dementsprechend kommt der Berücksichtigung von Raumordnungserfordernissen im Rahmen der Konzessionserteilung kein allzu großer Stellenwert zu.

Ebenso sind die Belange des Naturschutz und der Landschaftspflege zu berücksichtigen. Schutzgebietsausweisungen schließen bergrechtliche Vorhaben nicht generell aus, da sie regelmäßig mit einem Befreiungsvorbehalt ausgestaltet sind, über den im Rahmen der Betriebsplanzulassung zu entscheiden ist. Ausgewiesene Naturschutzgebiete, Nationalparks und Natura 2000-Gebiete stehen allerdings seit Inkrafttreten der Fracking-Neuregelungen Fracking-Vorhaben entgegen. In Naturschutzgebieten und Nationalparks ist die Errichtung sämtlicher Fracking-Anlagen verboten. In Natura 2000-Gebiete ist das Errichten von unkonventionellen Fracking-Anlagen verboten. Insoweit haben die Fracking-Neuregelungen die Belange des Naturschutzrechts gestärkt.

Des Weiteren können auch die Ausweisung von Wasserschutzgebieten sowie die Ausweisung der anderen in § 13a Abs. 2 WHG aufgezählten Gebiete zu einer Konzessionsversagung führen, da sie als absolute Verbot bereits auf der Konzessionsebene als entgegenstehende überwiegende öffentliche Belange zu berücksichtigen sind.

Die öffentlichen Belange stellen allerdings nur dann einen Versagungsgrund dar, wenn sie sich auf bedeutende Teilgebiete (mindestens 80 Prozent) des beantragten Feldes beziehen. So ist der Versagungsgrund des § 11 Nr. 10 BBergG sachlich sehr weit, aber vor dem Hintergrund der Raumbezogenheit weit weniger oft einschlägig als erwartet. Decken sich die Belange des Wasserschutzes, der Raumordnung oder des Naturschutz beispielsweise nur zu drei Vierteln mit dem Berechtigungsfeld, so ist die Berechtigung trotz der verschärften Fracking-Neuregelungen zu erteilen.

2. Kapitel   Voraussetzungen für die Betriebsplanzulassung

§ 57c Nr. 1 BBergG i.V.m. § 1 Nr. 2a UVP-V Bergbau unterwirft jedes Fracking-Vorhaben der zwingenden Aufstellung eines obligatorischen Rahmenbetriebsplans.[986] Darüber hinaus ist zur Zulassung der konkreten Fracking-Phase nachgelagert noch die Aufstellung von Haupt- bzw. Sonderbetriebsplänen gefordert.[987] Da sich die Zulassung der unterschiedlichen Betriebsplanebenen im Hinblick auf den Untersuchungsgegenstand im Wesentlichen nicht vom Umfang der zu treffenden Angaben unterscheidet[988], sondern von ihrem Detaillierungsgrad[989], können die materiell-rechtlichen Zulassungsvoraussetzungen der Betriebspläne zusammen untersucht werden. Dort, wo die obligatorische Rahmenbetriebszulassung zusätzliche Prüfungspunkte voraussetzt, wird dies gesondert gekennzeichnet.

Bergrechtlich muss das konkrete Fracking-Vorhaben demnach den Anforderungen des § 55 Abs. 1 BBergG sowie des § 48 Abs. 2 S. 1 BBergG entsprechen. Im Hinblick auf den Untersuchungsgegenstand sind insbesondere die Voraussetzungen hinsichtlich der Gefahrenvorsorge für die Gesundheit von Menschen und für Sachen des § 55 Abs. 1 Satz 1 Nr. 3 BBergG, der Lagerstättenschutz (§ 55 Abs. 1 Nr. 4 BBergG), der Oberflächenschutz (§ 55 Abs. 1 Nr. 5 BBergG), der Abfallentsorgung gemäß § 55 Abs. 1 Satz 1 Nr. 6 BBergG und die Anforderungen an die Vermeidung gemeinschädlicher Einwirkungen gemäß § 55 Abs. 1 Satz 1 Nr. 9 BBergG sowie die Beachtlichkeit anderer öffentlich-rechtlicher Vorschriften, §48 Abs. 2 Satz 1 BBergG, zu untersuchen. Im Rahmen des obligatorischen Rahmenbetriebsplan sind zusätzlich die aufgrund des Planfeststellungsverfahrens vorgegebenen Anforderungen des § 52 Abs. 2a S. 3 BBergG (Berücksichtigung der Umweltverträglichkeitsprüfung) und raumordnungsrechtliche Inhalte gemäß § 4 Abs. 1 S. 1 Nr. 3 ROG zu berücksichtigen. Für Fracking-Vorhaben, die die Erdgasförderung in Küstengebieten beabsichtigen, sind darüber hinaus noch die Voraussetzungen des § 55 Abs. 1 Nr. 10 bis 13 BBergG zu beachten, auf die im Einzelnen nicht näher eingegangen wird.

Liegen ihre Vorrausetzungen vor, hat die Behörde keinen Ermessens- oder Gestaltungsspielraum.[990] Es handelt sich (wie im Rahmen der Konzessionserteilung) um eine

---

986 Vgl. 98 ff.
987 Vgl. S. 96 und S. 101.
988 Zwar nimmt § 55 Abs. S. 2 BBergG bestimmte Genehmigungsvoraussetzungen aus dem Prüfungskatalog des Rahmenbetriebsplans heraus, da die Rahmenbetriebsplanzulassung keine gestattende Wirkung hat und der Ausfüllung durch zumindest eines Hauptbetriebsplans bedarf, vgl. BT-Drs. 8/1315, S. 110; VG Freiburg, ZfB 1985, 339, 348; *von Mäßenhausen*, in: Boldt/Weller/Kühne/von Mäßenhausen, Bundesberggesetz, § 55 Rn. 22, doch ist diese Voraussetzung allgemeiner Natur und daher im Hinblick auf den Untersuchungsgegenstand nicht von Bedeutung.
989 Vgl. 103 ff.
990 *Piens/Schulte/Graf Vitzthum*, Bundesberggesetz, § 51 Rn. 16; *von Hammerstein*, in: Boldt/Weller/Kühne/von Mäßenhausen, Bundesberggesetz, Vorbem. §§ 50 bis 57c Rn. 13; *Kühne*, DVBl. 2006, 662, 664; *Niermann*, Betriebsplan und Planfeststellung im Bergrecht, S. 46 ff.

gebundene Entscheidung[991], auf die der Bergbauberechtigte einen Rechtsanspruch hat.[992]

I. Zulassungsvoraussetzungen des § 55 Abs. 1 BBergG

Die in § 55 Abs. 1 BBergG enthaltenen Voraussetzungen konkretisieren die in § 1 Nr. 1 bis 3 BBergG genannten Gesetzeszwecke des Bundesberggesetz und stellen den materiellen Kern der den Betrieb betreffenden Vorschriften dar.[993]

1. *Gesundheits- und Sachgüterschutz*

Wegen des besonderen Gefährdungspotenzials zählen der Arbeitsschutz und die Betriebssicherheit seit alters her zu den Kernbereichen des staatlichen Bergrechts.[994] Die Betriebsplanzulassung setzt gemäß § 55 Abs. 1 Nr. 3 BBergG voraus, dass die erforderliche Vorsorge gegen Gefahren für Leben, Gesundheit und zum Schutz von Sachgütern, Beschäftigten und Dritten im Betrieb insbesondere durch die den allgemein anerkannten Regeln der Sicherheitstechnik entsprechenden Maßnahmen eingehalten werden sowie Vorsorge dafür getroffen ist, dass die für die Errichtung und Durchführung eines Betriebes geltenden berg- und arbeitsschutzrechtlichen Vorschriften beachtet werden.

a) Schutzgüter

Die von § 55 Abs. 1 Nr. 3 BBergG geschützten Rechtsgüter sind die Gesundheit, das Leben und Sachgüter. Sie unterliegen im Rahmen des § 55 Abs. 1 Nr. 3 BBergG unterschiedlichen Schutzniveaus.[995]

aa) Personenschutz (Gesundheit und Leben)

Vom Schutzbereich sind alle Personen umfasst, die sich im beantragten Betrieb aufhalten.[996] Durch das Merkmal »im Betrieb« legt der Wortlaut der Norm nahe, dass die

---

991 *Piens/Schulte/Graf Vitzthum*, Bundesberggesetz, § 51 Rn. 5; *von Mäßenhausen*, in: Boldt/ Weller/Kühne/von Mäßenhausen, Bundesberggesetz, Vorbem. §§ 50 bis 57c Rn. 13; *Kühne*, DVBl. 2006, 662, 663.

992 BVerwG, ZfB 1991, 140, 143; *Piens/Schulte/Graf Vitzthum*, Bundesberggesetz, § 51 Rn. 5; *von Mäßenhausen*, in: Boldt/Weller/Kühne/von Mäßenhausen, Bundesberggesetz, § Vorbem. §§ 50 bis 57c Rn. 13; *Kühne*, ZfB 1980, 58.

993 *von Mäßenhausen*, in: Boldt/Weller/Kühne/von Mäßenhausen, Bundesberggesetz, § 55 Rn. 1.

994 *von Mäßenhausen*, in: Boldt/Weller/Kühne/von Mäßenhausen, Bundesberggesetz, § 55 Rn. 23.

995 *Piens/Schulte/Graf Vitzthum*, Bundesberggesetz, § 55 Rn. 30.

996 *Piens/Schulte/Graf Vitzthum*, Bundesberggesetz, § 55 Rn. 31.

Norm nur einen betriebsinternen Personenkreis schützt, und betriebsexterne Personen von ihm ausgenommen sind. Dieser Auslegung ist die Rechtsprechung entgegengetreten, indem sie erklärte, dass hinsichtlich der Schutzgüter Leben und Gesundheit auch betriebsexterne von dem Schutzkreis der Norm umfasst sind.[997] Der Staat dürfe sich bei der Zulassung großtechnischer Vorhaben nicht darauf beschränken, nur die innerbetriebliche Sicherheit durch präventive Kontrolle zu gewährleisten.[998] Der Personenschutz umfasst demnach den Schutz aller Personen, die in dem Bergbaubetrieb tätig sind, und zwar unabhängig davon, ob es sich um Beschäftigte des Bergbauunternehmens handelt, sie für ein Fremdunternehmen tätig sind, oder, ob es sich bei ihnen um Zulieferer, Spezialfirmen, Angehörige der Bergbaubehörde oder um Besucher handelt.[999] Folglich müssen die Betriebspläne Schutzmaßnahmen hinsichtlich aller im Rahmen eines Fracking-Vorhabens tätigenden Personen ausweisen.

(1) Prognoseentscheidung

Ein Schutzbedürfnis des beschriebenen Personenkreises besteht allerdings nicht bei sämtlichen entfernt möglichen Gesundheitsgefahren. Diese müssen im Zeitpunkt der Betriebsplanprüfung erkennbar sein.[1000] Aufgrund der der Rohstoffförderung naturbedingt immanenten Unsicherheiten bedarf es hierfür einer Prognose[1001], wobei an sie hohe Anforderungen gestellt werden. Die prognostische Gefahrenschwelle zur Ausweisungsbedürftigkeit ist überschritten, wenn nach wissenschaftlichen Erkenntnissen in speziellen Fällen aufgrund der bergbaubedingten Einwirkung es zwangsläufig zu einer Gesundheitsbeeinträchtigung kommt.[1002] Ob die bergbaubedingte Einwirkung unmittelbar oder mittelbar für die Beeinträchtigung verantwortlich ist, ist dabei unerheblich.[1003]

---

997 BVerwG, ZfB 2010, 129, 132 (Rn. 20); BVerwG, ZfB 1992, 38, 38 ff., *Ramsauer/Wendt,* NVwZ 2014, 1401, 1405; BVerwG, ZfB 2010, 129, 132 (Rn. 20); *von Mäßenhausen,* in: Boldt/Weller/Kühne/von Mäßenhausen, Bundesberggesetz, § 55 Rn. 24; a.A. *Kühne,* DVBl. 2010, 874, 879, der Betriebsexterne nicht über § 55 Abs. 1 Nr. 3 BBergG, sondern über § 55 Abs. 1 Nr. 5 BBergG schützen möchte.

998 BVerwG, ZfB 1992, 38, 40; *Piens/Schulte/Graf Vitzthum,* Bundesberggesetz, § 55 Rn. 37; a.A. *Niermann,* Betriebsplan und Planfeststellung im Bergrecht, S. 188 ff.

999 *von Mäßenhausen,* in: Boldt/Weller/Kühne/von Mäßenhausen, Bundesberggesetz, § 55 Rn. 24; *Piens/Schulte/Graf Vitzthum,* Bundesberggesetz, § 55 Rn. 32.

1000 *von Mäßenhausen,* in: Boldt/Weller/Kühne/von Mäßenhausen, Bundesberggesetz, § 55 Rn. 24.

1001 OVG Saarland, ZfB 2008, 270, 282 f.; *von Mäßenhausen,* in: Boldt/Weller/Kühne/von Mäßenhausen, Bundesberggesetz, § 55 Rn. 24.

1002 *von Mäßenhausen,* in: Boldt/Weller/Kühne/von Mäßenhausen, Bundesberggesetz, § 55 Rn. 24. siehe zur schadensrechtlichen Regulierung S. 275 ff.

1003 BVerwG, ZfB 2010, 129, 132; *Frenz,* NVwZ 2011, 86, 86; *von Mäßenhausen,* in: Boldt/Weller/Kühne/von Mäßenhausen, Bundesberggesetz, § 55 Rn. 26; krit. *Kühne,* DVBl. 2010, 874, 883; *Piens/Schulte/Graf Vitzthum,* Bundesberggesetz, § 55 Rn. 39 m.w.N.

(2) Beeinträchtigung der Schutzgüter durch Fracking-Vorhaben

Im Zusammenhang mit Fracking-Vorhaben sind mehrere Szenarien denkbar, durch die unmittelbare sowie mittelbare Gefahren für Leben und Gesundheit des von § 55 Abs. 1 Nr. 3 BBergG geschützten Personenkreis drohen. Insbesondere sind die aufgezeigten Wasser[1004]- und Bodenkontaminationen[1005] durch Fracking-Fluid, Rückfluss, Lagerstättenwasser und das Erdgas selbst Gefahren, die mittelbar auch die Gesundheit und das Leben von Menschen beeinträchtigten können. Ebenfalls kann es durch die untertägige Sprengung der Perforationen in der Horizontalbohrung sowie durch die Druckentlastung der Lagerstätte zu induzierten seismologischen Aktivitäten[1006] oder zu einem *blowout*[1007] kommen. Zwar sind all diese Szenarien keine zwingenden Folgen eines Fracking-Vorhaben, können aber im Fall eines Stör- bzw. Unfalls oder fehlerhaften Umgangs Gesundheitsbeeinträchtigungen auslösen. Vorsorgemaßnahmen müssen daher im Rahmen des § 55 Abs. 1 Nr. 3 BBergG im Betriebsplan ausgewiesen werden.

bb) Sachgüterschutz

Neben den erforderlichen Maßnahmen zur Vorsorge vor Gesundheits- und Lebensgefahren muss der Betriebsplan auch Maßnahmen zum Schutz von Sachgütern ausweisen. Der Sachgüterschutz erstreckt sich auf die Sachgüter der Beschäftigten und Dritten im Betrieb. Der Betrieb umfasst alle Tätigkeiten und Einrichtungen i.S.d. § 2 BBergG.[1008] Der Sachgüterschutz dient aber nicht den Sachen selbst, sondern dem Schutz der Beschäftigen und dritter Personen innerhalb des Betriebes.[1009] Nicht umfasst sind daher Sachgüter des Unternehmens, soweit sie nicht dem Personenschutz dienen[1010], sowie die Sachgüter Dritter, die sich außerhalb des Betriebsgeländes befinden.[1011] Umfasst sind daher nur solche Einrichtungen, die dem Schutz der Beschäftigten oder Dritten dienen. Ist dies der Fall, so reicht der Schutzumfang des Sachgüterschutz allerdings nicht weiter als derjenige des Personenschutzes, so dass auf die vorherigen Ausführungen zum Personenschutz verwiesen werden kann.[1012]

1004   Vgl. S. 35 ff.
1005   Vgl. S. 38 f.
1006   Vgl. S. 39 f.
1007   Vgl. S. 40.
1008   *von Mäßenhausen*, in: Boldt/Weller/Kühne/von Mäßenhausen, Bundesberggesetz, § 55 Rn. 25.
1009   Zu der Auslegung des Wortlauts vgl. *Piens/Schulte/Graf Vitzthum*, Bundesberggesetz, § 55 Rn. 33; *von Mäßenhausen*, in: Boldt/Weller/Kühne/von Mäßenhausen, Bundesberggesetz, § 55 Rn. 25.
1010   *von Mäßenhausen*, in: Boldt/Weller/Kühne/von Mäßenhausen, Bundesberggesetz, § 55 Rn. 25.
1011   BVerwG, ZfB 2005, 156, 160; BVerwG, ZfB 1989, 199, 199; VG Kassel, ZfB 2004, 68, 71; *von Mäßenhausen*, in: Boldt/Weller/Kühne/von Mäßenhausen, Bundesberggesetz, § 55 Rn. 45.
1012   Vgl. S. 177 f.

b) Erforderliche Vorsorge im Hinblick auf Fracking-Vorhaben

Das Bergbauunternehmen hat für die Schutzgüter Mensch und Sachgüter im Betrieb dem Wortlaut der Norm zur Folge die erforderliche Vorsorge zu treffen.

aa) Begriff der Vorsorge

Vorsorge bedeutet, dass Maßnahmen zur Verhinderung des Eintritts der Gefahr getroffen werden.[1013] Mit der Etablierung dieses Vorsorgeprinzips wird der Tatsache Rechnung getragen, dass es bei einem technischen Betrieb keine absolute Sicherheit vor dem Eintritt eines gefahrbringenden Ereignisses gibt und daher die Einhaltung eines solchen Maßstabs nicht gefordert werden kann.[1014] Die Vorsorge ist immer dann geboten, wenn aufgrund der vorliegenden Erkenntnisse und Erkenntnismöglichkeiten außerhalb rein hypothetischer Betrachtungen mit einer gewissen prognostizierbaren Wahrscheinlichkeit mit Gefahren oder Schäden zu rechnen ist.[1015] Erfüllt eine Prognose diese Wahrscheinlichkeiten, kommt es nicht mehr darauf an, ob diese sich im Nachhinein realisieren oder nicht.[1016]

bb) Erforderlichkeit

Was im Einzelnen als »erforderlich« anzusehen ist, welche Maßnahmen also zur Verhinderung möglicher Gesundheitsgefahren angemessen und geeignet sind, beurteilt sich nach dem Grundsatz der Verhältnismäßigkeit.[1017] Ob eine Maßnahme zu treffen ist, hängt dementsprechend vom Einzelfall ab.[1018]

(1) Erforderliche Vorsorge in Hinblick auf Gesundheits- und Lebensgefahren

Die Vorsorge gegen Gesundheits- und Lebensgefahren ist erforderlich, wenn Gefahren erkennbar sind und eine gewisse Wahrscheinlichkeit dafür spricht, dass es ohne gegensteuernde Maßnahmen zu Gefahren kommen würde.[1019] Bei der Beurteilung der Zulassungsvoraussetzungen kommt der Bergbehörde zwar ein weiter Prognosespielraum zu.[1020] Im

---

1013   *Feldhaus*, DÖV 1974, 613, 616; *Piens/Schulte/Graf Vitzthum*, Bundesberggesetz, § 55 Rn. 25.

1014   *von Mäßenhausen*, in: Boldt/Weller/Kühne/von Mäßenhausen, Bundesberggesetz, § 55 Rn. 27.

1015   OVG Saarland, ZfB 2001, 287, 296; OVG Saarland, ZfB 1998, 171, 198; *von Mäßenhausen*, in: Boldt/Weller/Kühne/von Mäßenhausen, Bundesberggesetz, § 55 Rn. 27.

1016   OVG Saarland, ZfB 2001, 287, 289.

1017   *von Mäßenhausen*, in: Boldt/Weller/Kühne/von Mäßenhausen, Bundesberggesetz, § 55 Rn. 27.

1018   *Frenz*, NVwZ 2011, 86, 88, *von Mäßenhausen*, in: Boldt/Weller/Kühne/von Mäßenhausen, Bundesberggesetz, § 55 Rn. 27.

1019   OVG Nordrhein-Westfalen, ZfB 2009, 261, 269; *Kühne*, DVBl. 2010, 874, 883; *von Mäßenhausen*, in: Boldt/Weller/Kühne/von Mäßenhausen, Bundesberggesetz, § 55 Rn. 24.

1020   Ständige Rspr. vgl. OVG Saarland, ZfB 2008, 270, 282; OVG Saarland, ZfB 2001, 287, 291; OVG Saarland, ZfB 1998, 171, 171; *Piens/Schulte/Graf Vitzthum*, Bundesberggesetz, § 55 Rn. 42.

Rahmen dieses Spielraumes muss allerdings wiederum der Grundsatz gelten, dass je größer einer Gesundheits- bzw. sogar Lebensgefahr besteht, desto geringer müssen die Anforderungen an die Wahrscheinlichkeit ihres Eintritts sein.

(2) Erforderliche Vorsorge im Hinblick auf Fracking-Vorhaben

Die im Personenschutz beschriebenen Gesundheitsgefahren im Zusammenhang mit Fracking-Vorhaben resultieren aus Störfallen, den nicht mit Sicherheit vorhersagbaren Wegsamkeiten im Untergrund sowie unsachgemäßen Umgang mit dem Förderprodukt bzw. dem Rückfluss und Lagerstättenwasser.[1021] Insbesondere vor dem Hintergrund der berggesetzlichen Zielbestimmung der Rohstoffförderung und der daraus resultierenden Rohstoffförderungsklausel des § 48 Abs. 1 S. 2 BBergG müssen gewisse Risiken, die zu einer Gesundheitsbeeinträchtigung führen können, in Kauf genommen werden.[1022] Die alleinige Feststellung, dass von dem Fracking-Vorhaben solche Gefahren ausgehen, kann demnach nicht automatisch dazu führen, dass es aufgrund dieser Gefahren nicht genehmigungsfähig ist. Vielmehr kommt es bei der bergbehördlichen Zulassungsprüfung darauf an, ob diese Gefahren beherrschbar sind.[1023] Daher scheint es angebracht ein engmaschiges Netz von Überwachungs- und Sicherungsmaßnahmen zu etablieren, das Störfalle, seismische Aktivitäten und einen unbeabsichtigten Methanaufstieg frühzeitig erkennt und somit die von ihnen ausgehenden Gefahren für betriebsinterne Personen und die Bevölkerung auf ein Mindestmaß reduziert.[1024]
Der Gesetzgeber hat dementsprechend einige Vorsorgemaßnahmen allgemein aufgeführt.[1025] Er führt in § 55 Abs. 1 Nr. 3 BBergG an, dass insbesondere die den allgemein anerkannten Regeln der Sicherheitstechnik entsprechenden Maßnahmen getroffen werden müssen sowie dafür Sorge zu tragen ist, dass die für die Errichtung und Durchführung eines Betriebes auf Grund dieses Gesetzes erlassenen oder geltenden Vorschriften und die sonstigen Arbeitsschutzvorschriften eingehalten werden.

(a) Genereller bergrechtlicher Sicherheitsmaßstab

§ 55 Abs. 1 Nr. 3 1. Halbsatz BBergG verpflichtet das Bergbauunternehmen, dass seine Vorsorgemaßnahmen mindestens den allgemein anerkannten Regeln der Sicherheitstechnik entsprechen müssen.[1026] Unter diesem Begriff wird die Gesamtheit der Regeln verstanden, die durchweg in den Kreisen der betreffenden Techniker bekannt und als richtig anerkannt sind, wobei es nicht darauf ankommt, dass eine Regel die

---

1021 Vgl. S. 35 ff.
1022 Vgl. *Piens/Schulte/Graf Vitzthum*, Bundesberggesetz, § 55 Rn. 43.
1023 Vgl. BVerwG, ZfB 2010, 129, Rn. 30 f.
1024 Vgl. OVG Saarland, ZfB 1998, 171, 198; *Piens/Schulte/Graf Vitzthum*, Bundesberggesetz, § 55 Rn. 40 für die Gefahr von Leckagen an Ver- und Entsorgungsleitungen durch senkungsbedingte Beschädigungen.
1025 *von Mäßenhausen*, in: Boldt/Weller/Kühne/von Mäßenhausen, Bundesberggesetz, § 55 Rn. 28.
1026 *von Mäßenhausen*, in: Boldt/Weller/Kühne/von Mäßenhausen, Bundesberggesetz, § 55 Rn. 39.

Zustimmung sämtlicher Fachleute findet.[1027] Entscheidend ist vielmehr, dass die Regel der herrschenden Meinung unter den kompetenten Fachleuten entspricht und sich diese in der Praxis bewährt hat.[1028] Hiervon zu unterscheiden ist der Maßstab des Stands der Technik.[1029] Nach diesem muss die praktische Eignung gesichert sein und die technische Realisierbarkeit als ausreichend angesehen werden.[1030] Dementsprechend bestehen höhere Anforderungen an den Stand der Technik als an die allgemein anerkannten Regeln der Sicherheitstechnik. Mit den allgemein anerkannten Regeln der Sicherheitstechnik gelten daher als allgemeiner bergrechtlicher Schutzmaßstab tendenziell geringere Anforderungen als beispielsweise im Immissionsschutz- und Wasserrecht.[1031]

(b) Sicherheitsmaßstab in Bezug auf Fracking-Vorhaben durch geänderte Rechtslage

Die Einhaltung der allgemein anerkannten Regeln der Sicherheitstechnik gilt aber als Mindeststandard nur insoweit der Gesetz- bzw. Verordnungsgeber in weiteren Rechtssätzen keinen strengeren Schutzmaßstab etabliert hat.[1032] Wird hierin ein strengerer Maßstab gefordert, so sind dies die erforderlichen Maßnahmen, die zu treffen das Bergbauunternehmen im Betriebsplan verpflichtet ist.

(aa) Einhalten des Standes der Technik

So hat der Gesetzgeber im Rahmen des Fracking-Regelungspaketes gemäß § 22b S. 1 Nr. 1 ABBergV durchgängig etabliert, dass das Fracking-Unternehmen bei Durchführung von Fracking-Vorhaben den Stand der Technik einzuhalten hat. Damit hat er den bergrechtlichen Sicherheitsmaßstab im Hinblick auf Fracking-Maßnahmen verschärft und ihn an die wasserrechtlichen Vorgaben angeglichen. Im Gegensatz zu den allgemein anerkannten Regeln der Sicherheitstechnik stellt der Stand der Technik nämlich insoweit eine Verschärfung dar, als dass er den Entwicklungsstand fortschrittlicher Verfahren, Einrichtungen oder Betriebsweisen beschreibt, die allgemeinen Sicherheitstechniken hingegen nur die herrschende Auffassung unter den technischen Praktikern zugrunde legt. Mit der Zugrundelegung der herrschenden Auffassung bleiben die anerkannten Regeln der Sicherheitstechnik hinter den neuesten technischen Entwicklungen zurück, da diese wesentlich schnelllebiger sind und der Stand der Technik damit eine größere Dynamik aufweist als die relativ trägen anerkannten Regeln der Sicherheitstechnik.[1033] Mit dem Stand der Technik wird der technischen Entwicklung im

---

1027 *von Mäßenhausen*, in: Boldt/Weller/Kühne/von Mäßenhausen, Bundesberggesetz, § 55 Rn. 40.

1028 *Hünnekens*, in: Landmann/Rohmer, Umweltrecht, Band I, WHG § 50 Rn. 30.

1029 Vgl. *von Mäßenhausen*, in: Boldt/Weller/Kühne/von Mäßenhausen, Bundesberggesetz, § 55 Rn. 40.

1030 *von Mäßenhausen*, in: Boldt/Weller/Kühne/von Mäßenhausen, Bundesberggesetz, § 55 Rn. 40.

1031 Vgl. §§ 5 Abs. 1 Nr. 2, 3 Nr. 6 BImSchG i.V.m. der Anlage zu § 3 Nr. 6 BImSchG, § 3 Nr. 11 WHG i.V.m. Anlage 1 zum WHG, § 57 Abs. 1 WHG.

1032 Vgl. *von Mäßenhausen*, in: Boldt/Weller/Kühne/von Mäßenhausen, Bundesberggesetz, § 55 Rn. 39.

1033 Siehe hierzu ausführlich ab S. 228 ff.

Genehmigungsprozess Rechnung getragen, ohne dass es bei Fortentwicklung des Technikstands einer gesetzlichen Änderung bedarf. Insbesondere kann er sich aus landesrechtlichen Runderlassen, technischen Regeln der Industrieverbände oder auch EU-Regelungen ergeben.[1034]

(bb) Bohrlochintegrität

Gemäß § 22b S. 1 Nr. 2 ABBergV hat das Fracking-Unternehmen die Integrität des Bohrlochs nach dem Stand der Technik sicherzustellen und regelmäßig zu überwachen. Aufgrund des hohen Drucks, mit dem das Fracking-Fluid durch das Bohrloch in den Untergrund verpresst wird, erscheint dieser Betriebsbestandteil derjenige zu sein, von dem die meisten Gefahren für einen Stör- bzw. Unfall ausgehen. Die Bohrlochintegrität muss daher zentraler Bestandteil der Gefahrenminimierung sein. Diesem Umstand trägt § 22b S. 1 Nr. 2 ABBergV Rechnung, indem er die Bohrlochintegrität als zentraler Bestandteil der Aufsuchungs- und Gewinnungsmaßnahmen besonders hervorhebt. Die erforderlichen Maßnahmen nach dem Stand der Technik schließen ein umfassendes Monitoring durch Drucküberwachung ein.[1035]

(cc) Überwachung von Rückfluss und Lagerstättenwasser

Gemäß § 22b S. 1 Nr. 3 ABBergV hat das Fracking-Unternehmen Rückfluss und Lagerstättenwasser regelmäßig zu überwachen. Die Überwachung umfasst auch die Wiederverwendung des Rückflusses sowie die Entsorgung und die Beseitigung von Rückfluss und Lagerstättenwasser.[1036]

(dd) Maßnahmen in Erdbebenzonen

Gemäß § 22b S. 1 Nr. 4 ABBergV hat das Fracking-Unternehmen in Gebieten der Erdbebenzonen 1 bis 3 ein seismologisches Basisgutachten[1037] erstellen zu lassen, Maßnahmen für einen kontrollierten Betrieb zu ergreifen und den Betrieb regelmäßig nach dem Stand der Technik zu überwachen. Die zuständige Behörde kann dies, soweit erforderlich, auch bei Tätigkeiten in Gebieten verlangen, in denen seismische Ereignisse aufgetreten sind, die mit hoher Wahrscheinlichkeit auf die Aufsuchung oder Gewinnung von Bodenschätzen zurückzuführen sind. § 22b S. 1 Nr. 4 ABBergV trägt der Gefahr Rechnung, die von bohrlochbergbaubedingter induzierter seismologischer Aktivität ausgeht. Diese wird zwar in der Regel als gering eingeschätzt.[1038] Eine ande-

---

1034 BR-Drs. 144/15, S. 18.
1035 BR-Drs. 144/15, S. 18.
1036 BR-Drs. 144/15, S. 18.
1037 Zur Methodik und den Voraussetzungen eines solchen Gutachtens vgl. UBA (Hrsg.), Umweltauswirkungen von Fracking bei der Aufsuchung und Gewinnung von Erdgas insbesondere aus Schiefergaslagerstätten Teil 2, AP6, S. 64 ff.
1038 BR-Drs. 144/15, S. 18; vgl. UBA (Hrsg.), Umweltauswirkungen von Fracking bei der Aufsuchung und Gewinnung von Erdgas insbesondere aus Schiefergaslagerstätten Teil 2, AP6, S. 74; BGR (Hrsg.), Schieferöl und Schiefergas in Deutschland, Potenziale und Umweltaspekte, S. 173.

re Beurteilung kann sich allerdings in tektonisch sensiblen Gebieten ergeben.[1039] Der »kontrollierte Betrieb« soll eine umfassende Überwachung der Seismizität des Vorhabens sicherstellen, um somit im Einzelfall zusätzliche Anforderungen anordnen zu können.[1040]

(ee) Methanfreisetzung und andere Emissionen

Gemäß § 22b S. 1 Nr. 5 ABBergV hat das Fracking-Unternehmen zusätzlich Maßnahmen nach dem Stand der Technik zu ergreifen, um Daten über die Freisetzung von Methan und andere Emissionen in allen Phasen der Gewinnung sowie der Entsorgung von Lagerstättenwasser und Rückfluss zu erheben. Konkret bedeutet dies, dass die Komplettierung entsprechend dem Stand der Technik technisch gasdicht zu konstruieren ist, in der Phase der Freiförderung ist die Freisetzung von Methan möglichst zu vermeiden ist und Techniken zur Abscheidung anderer Schadstoffe anzuwenden sind.[1041]

(c) Verschärfte Anforderungen durch die Gesetzesänderung

Mit Einführung der Fracking-Regelungen hat der Gesetzgeber in § 22b S. 1 ABBergV ein detailliertes und engmaschiges gesetzlichen Sicherheits- und Überwachungsregime etabliert, das deutlich über die sonstigen bergrechtlichen Schutzanforderungen hinausgeht. So fordert der Gesetzgeber entgegen § 55 Abs. 1 Nr. 3 BBergG durchgängig die Einhaltung des Stands der Technik. In Bezug auf die beschriebenen potentiellen Gesundheits- und Lebensgefahren hat das Bergbauunternehmen die in § 22b S. 1 ABBergV festgesetzten Regelungen einzuhalten und im Rahmen der Betriebsplanzulassung auszuweisen. Mit der Festsetzung dieser Standards setzt der Gesetzgeber die beschriebenen prognostischen Gesundheits- und Lebensgefahren, die von einem Fracking-Vorhaben nach derzeitigem Erkenntnisstand ausgehen in einen verhältnismäßigen Ausgleich mit der Rohstoffförderung.

2. *Lagerstättenschutz*

§ 55 Abs. 1 Nr. 4 BBergG stellt sicher, dass die Entscheidung über die Betriebsplanzulassung dem in § 1 Nr. 1 BBergG verankerten Gesetzeszweckes des Lagerstättenschutzes ausreichend Rechnung trägt, indem er fordert, dass von dem geplanten konkreten Vorhaben keine Beeinträchtigungen von Bodenschätzen, deren Schutz im öffentlichen Interesse liegt, eintreten dürfen.[1042] Der Lagerstättenschutz, der bereits bei der Entscheidung über die Bergbauberechtigung im Hinblick auf die Aufsuchung und

---

1039 UBA (Hrsg.), Umweltauswirkungen von Fracking bei der Aufsuchung und Gewinnung von Erdgas insbesondere aus Schiefergaslagerstätten Teil 2, AP6, S. 74.
1040 BR-Drs. 144/14, S. 18 f.
1041 BR-Drs. 144/15, S. 19.
1042 *von Mäßenhausen*, in: Boldt/Weller/Kühne/von Mäßenhausen, Bundesberggesetz, § 55 Rn. 46.

Gewinnung des Bodenschatzes in den Blick genommen werden musste[1043], dient dem Ziel, dass eine Lagerstätte im Interesse eines nachhaltigen Handelns sinnvoll abgebaut wird und sich der Abbau der Ressourcenschonung nicht auf die hochwertigen Lagerstättenteile beschränkt.[1044] Er ist dabei gekennzeichnet von einem inneren und einem äußeren Element, d.h. er bezieht sich sowohl auf andere Bodenschätze inner- und außerhalb der jeweiligen Lagerstätte als auch auf die Bodenschätze, die abgebaut werden sollen.[1045]

a)   »Innerer Lagerstättenschutz« in Bezug auf Fracking-Vorhaben

Da es bei der Fracking-Technologie insbesondere darum geht, eine erdgashaltige Lagerstätte besonders effektiv auszubeuten, dürfte dem »inneren« Lagerstättenschutz bei der Prüfung der Betriebsplanzulassung keine große Aufmerksamkeit zukommen. Ein Raubbau im Sinne eines »Filet Bergbaus«[1046], der lediglich hochwertige Teile der einzelnen Lagerstätte in den Blick nimmt, ist beim Bohrlochbergbau kaum denkbar. Allenfalls könnte es eine Rolle spielen, wenn die Zulassungsbehörde zu dem Schluss kommt, dass die Anzahl der vom Bergunternehmer beabsichtigten Fracks, eine effektive Ausbeutung der Erdgaslagerstätte unmöglich erscheinen lässt.

b)   »Äußerer« Lagerstättenschutz in Bezug Fracking-Vorhaben

Anders hingegen liegt es bei dem äußeren Lagerstättenschutz, also die Beeinträchtigung von anderen Bodenschätzen durch das konkrete Fracking-Vorhaben. Ein solcher Konfliktfall ist in die Entscheidung einzubeziehen, wenn die Lagerstätte des anderen Bodenschatzes konkret beeinträchtigt wird, ihr Schutz wegen ihrer Bedeutung für die Volkswirtschaft im öffentlichen Interesse liegt und bereits im Zeitpunkt der Entscheidung über die Betriebsplanzulassung des Vorhabens bekannt ist.[1047] Wie bereits bei der Bergbauberechtigung besprochen, umfasst der Lagerstättenschutz des § 55 Abs. 1 Nr. 4 BBergG lediglich Bodenschätze.[1048] Andere Nutzungsformen des Untergrundes, wie Untergrundspeicher o.ä., können in die Entscheidung daher nicht eingestellt werden. Vor diesem Hintergrund kann das konkret beabsichtigte Fracking-Vorhaben insbesondere mit anderen herkömmlichen Erdgasförderungen, der Erdölförderung und der Geothermie im Einzelfall konkurrieren.

Sollte bei der Prüfung der Betriebsplanzulassung eine Konkurrenzsituation verschiedener Untergrundnutzungen für § 55 Abs. 1 Nr. 4 BBergG relevanter Natur festgestellt werden, so muss zunächst im Hinblick auf die Verhältnismäßigkeit der Ent-

---

1043   Vgl. S. 170.
1044   *von Mäßenhausen*, in: Boldt/Weller/Kühne/von Mäßenhausen, Bundesberggesetz, § 55 46; *Kremer/Neuhaus gen. Wever*, Bergrecht, Rn. 230.
1045   *Kühne*, Bestandsschutz alten Bergwerkseigentums unter besonderer Berücksichtigung des Art. 14 GG, S. 64; *von Mäßenhausen*, in: Boldt/Weller/Kühne/von Mäßenhausen, Bundesberggesetz, § 55 Rn. 47.
1046   Vgl. hierzu *Kremer/Neuhaus gen. Wever*, Bergrecht, Rn. 230.
1047   BT-Drs. 8/1315, S. 111; *von Mäßenhausen*, in: Boldt/Weller/Kühne/von Mäßenhausen, Bundesberggesetz, § 55 Rn. 48.
1048   Siehe S. 170.

scheidung vor einer Betriebsplanversagung versucht werden, dem Vorhaben durch technische und organisatorische Maßnahmen zur Umsetzung zu verhelfen, um eine sinnvolle Nutzung beider Vorkommen zu ermöglichen. Erst wenn dies nicht möglich ist, kann § 55 Abs. 1 Nr. 4 BBergG zu einer Versagung der Betriebsplanzulassung führen.[1049]

3. Ordnungsgemäße Abfallentsorgung

Bei bergbaulichen Tätigkeiten fallen vielfältige Rückstände unterschiedlichster Art an. Diese reichen von Rückständen, die unmittelbar bei der Gewinnung und Aufsuchung anfallen bis zu Rückständen aus Kantinen und ähnlichen Einrichtungen auf dem bergbaulichen Betriebsgelände.[1050] § 55 Abs. 1 Nr. 6 BBergG stellt sicher, dass die Entsorgung dieser im Betriebsplanverfahren geprüft werden.[1051] Demnach ist der Betriebsplan gemäß § 55 Abs. 1 Nr. 6 BBergG nur zuzulassen, wenn er Angaben darüber enthält, dass die anfallenden Abfälle ordnungsgemäß verwendet oder beseitigt werden. Neben Abfällen, die üblicherweise in Bergbaubetrieben anfallen, auf die mangels Relevanz für den Prüfungsgegenstand nicht näher eingegangen werden soll, ist bei der Prüfung der Betriebsplanzulassung besonderes Augenmerk auf die Ausführungen zu dem Umgang mit Rückfluss und Lagerstättenwasser zu legen.

a) Der Abfallbegriff

Eine Definition des Abfallbegriffes ist weder dem Bundesberggesetz noch der auf ihr fußenden Allgemeinen Bundesbergverordnung zu entnehmen. Zwar ordnet § 22c Abs. 1 S. 5, Abs. 2 S. 5 a.E. ABBergV an, dass Rückfluss und Lagerstättenwasser als Abfall zu entsorgen »oder« als Abwasser zu beseitigen sind, doch legt dies nicht fest, dass es sich bei ihnen tatsächlich um Abfall handelt.[1052] Zu Klärung der Frage muss daher auf die Begriffsbestimmung des allgemeinen Abfallrechts zurückgegriffen werden.[1053] Abfälle sind laut der Legaldefinition des § 3 Abs. 1 S. 1 KrWG alle Stoffe oder Gegenstände, derer sich ihr Besitzer entledigt, entledigen will oder entledigen muss. Eine tatsächliche Entledigung ist anzunehmen, wenn der Besitzer Stoffe oder Gegenstände einer Verwertungs- oder Beseitigungsanlage zuführt oder die tatsächliche Sachherrschaft über sie unter Wegfall jeder weiteren Zweckbestimmung aufgibt. Der Wille zur Entledigung wird im Wege einer Fiktion[1054] hinsichtlich solcher Stoffe oder Gegenstände angenommen, die bei der Energieumwandlung, Herstellung, Behandlung

---

1049   *von Mäßenhausen*, in: Boldt/Weller/Kühne/von Mäßenhausen, Bundesberggesetz, § 55 Rn. 49.

1050   *von Mäßenhausen*, in: Boldt/Weller/Kühne/von Mäßenhausen, Bundesberggesetz, § 55 Rn. 63.

1051   BT-Drs. 8/1315, S. 179; BT-Drs. 8/3965, S. 137.

1052   Vgl. S. 148 ff.

1053   *von Mäßenhausen*, in: Boldt/Weller/Kühne/von Mäßenhausen, Bundesberggesetz, § 55 Rn. 65; *Brockhoff*, UPR 2013, 254, 254 f.

1054   Zur Vermutungswirkung vgl. *Jacobj*, in: Versteyl/Mann/Schomerus, Kreislaufwirtschaftsgesetz, § 3 Rn. 10.

oder Nutzung von Stoffen oder Erzeugnissen oder bei Dienstleistungen anfallen, ohne dass der Zweck der jeweiligen Handlung hierauf gerichtet ist, oder deren ursprüngliche Zweckbestimmung entfällt oder aufgegeben wird, ohne dass ein neuer Verwendungszweck unmittelbar an deren Stelle tritt. Ein Entledigungszwang besteht, wenn die Stoffe oder Gegenstände nicht mehr entsprechend ihrer ursprünglichen Zweckbestimmung verwendet werden, auf Grund ihres konkreten Zustandes geeignet sind, gegenwärtig oder künftig das Wohl der Allgemeinheit, insbesondere die Umwelt, zu gefährden und deren Gefährdungspotenzial nur durch eine ordnungsgemäße und schadlose Verwertung oder gemeinwohlverträgliche Beseitigung ausgeschlossen werden kann.

aa) Rückfluss und Lagerstättenwasser als Stoffe

Der abfallrechtliche Stoffbegriff ist weder im chemikalienrechtlichen Sinne zu verstehen noch kommt es auf den Aggregatzustand an.[1055] § 2 Abs. 8 KrWG bezieht sich ausdrücklich auch auf gasförmige Stoffe, § 2 Abs. 9 KrWG umfasst auch Flüssigkeiten.[1056] Dementsprechend umfasst der Stoffbegriff feste, flüssige und gasförmige Materie.[1057] Sowohl bei Rückfluss als auch bei Lagerstättenwasser handelt es sich um Flüssigkeiten, die somit ihrem Gegenstand nach von der Abfalldefinition umfasst sind. Fallen sie im gasigen Zustand an[1058], ändert dies nichts an ihrer Stoffeigenschaft.

bb) Rückfluss als Abfall

Rückfluss fällt unmittelbar bei der Förderung von Erdgas mittels der Fracking-Technologie an und besteht nach der Definition in § 22b S. 1 Nr. 3 ABBergV aus dem ursprünglichen Fracking-Fluid, das im Laufe des Prozesses mit geogenem Lagerstättenwasser vermischt wurde. Es ist demnach eine Flüssigkeit, die durch die Nutzung des Fracking-Fluids anfällt, und die, soweit sie nicht wiederverwertet werden kann[1059], mangels eines neuerbaren Nutzungszweckes unter die Entledigungsfiktion des § 3 Abs. 3 KrWG fällt. Darüber hinaus konstatiert § 22c Abs. 2 S. 5 ABBergV auch einen Entledigungszwang, so dass Rückfluss auch als Abfall zu qualifizieren ist.

cc) Lagerstättenwasser als Abfall

Bei der Erdgasförderung mittels der Fracking-Technologie handelt es sich nicht um die Energieumwandlung, Herstellung, Behandlung oder Nutzung eines (gasförmigen) Stoffes, sondern um die nicht von § 3 Abs. 3 KrWG umfasste Freisetzung bzw. Förderung eines sich in der Lagerstätte bereits befindenden Stoffes, so dass die Entledi-

---

1055 *Jacobj*, in: Versteyl/Mann/Schomerus, Kreislaufwirtschaftsgesetz, § 3 Rn. 10,11.
1056 *Jacobj*, in: Versteyl/Mann/Schomerus, Kreislaufwirtschaftsgesetz, § 3 Rn. 11.
1057 *Schink,* AbfallR 2013, 36, 39; *Schink,* UPR 2012, 201, 202 f.; *Petersen/Doumet/Stöhr*, NVwZ 2012, 521, 522; *Schink/Frenz/Queitsch*, Rn. 38; vgl. auch OVG NRW, NWVBl. 2012, 140, 141 für gesondert augefangenes und gelagertes Löschwasser, das als Abfall eingestuft wurde.
1058 Vgl. S. 27 ff.
1059 Vgl. BR-Drs. 144/15, S. 20.

gungsfiktion des § 3 Abs. 3 KrWG für das Lagerstättenwasser nicht greift. Allerdings wohnt auch dem Lagerstättenwasser nach dessen Zutageförderung kein Gebrauchszweck inne.[1060] Daher konstatiert § 22c Abs. 1 S. 5 ABBergV auch für das Lagerstättenwasser eine Beseitigungspflicht, so dass das Lagerstättenwasser unter den Voraussetzungen des § 3 Abs. 4 KrWG als Abfall zu qualifizieren ist.

dd) Zwischenergebnis

Sowohl Rückfluss als auch Lagerstättenwasser unterfallen demnach dem allgemeinen Abfallbegriff.[1061]

b) Ordnungsgemäßheit der Entsorgung

Gemäß § 55 Abs. 1 Nr. 6 BBergG haben die Betriebspläne die ordnungsgemäße Verwendung oder Beseitigung des Abfalls zu beschreiben.[1062] Die Verwertung oder Beseitigung von Abfall ist immer dann als ordnungsgemäß anzusehen, wenn sie im Einklang mit öffentlich-rechtlichen Vorschriften erfolgen. Welche Vorschriften dabei zur Anwendung kommen, hängt im Einzelnen von der Art und vom Anfall des jeweiligen Abfalls ab.[1063]

aa) Anzuwendende Vorschriften

Wegen des engen betrieblichen Zusammenhangs zwischen Anfall der Rückstände und ihrer Entsorgung sind sog. bergbauliche Abfälle gemäß § 2 Abs. 2 Nr. 7 KrWG von den allgemeinen abfallrechtlichen Vorschriften des Kreislaufwirtschaftsgesetzes ausgenommen. Dies gilt für Abfälle, die unmittelbar beim Aufsuchen, Gewinnen und Aufbereiten sowie bei der damit zusammenhängenden Lagerung von Bodenschätzen in Betrieben anfallen, soweit sie in Betrieben anfallen, die der Bergaufsicht unterstehen. Dieser oftmals als »Bergbauprivileg« bezeichnete[1064] Ausnahmetatbestand des § 2 Abs. 2 KrWG ist allerdings keine Privilegierung im klassischen Sinne.[1065] Vielmehr

---

1060 *Schink,* AbfallR 2013, 36, 38.

1061 Zum Verhältnis zum Abwasserrecht sogleich, vgl. S. 190 f.

1062 Das Tatbestandsmerkmal der »Verwendung« ist dabei im Einklang mit der aus dem Abfallrecht bekannten Terminologie des Begriffspaares Verwertung und Beseitigung als »Verwertung« zu lesen, vgl. *Marger-Bungert/von Mäßenhausen,* AbfallR 2008, 266, 268; *von Mäßenhausen,* in: Boldt/Weller/Kühne/von Mäßenhausen, Bundesberggesetz, § 55 Rn. 71.

1063 Vgl. *von Mäßenhausen,* in: Boldt/Weller/Kühne/von Mäßenhausen, Bundesberggesetz, § 55 Rn. 71.

1064 Vgl. *Schomerus,* in: Versteyl/Mann/Schomerus, Kreislaufwirtschaftsgesetz, § 2 Rn. 24; *Petersen,* in: Jarass/Petersen, Kreislaufwirtschaftsgesetz, § 2 Rn. 74; *von Mäßenhausen,* in: Boldt/Weller/Kühne/von Mäßenhausen, Bundesberggesetz, § 55 Rn. 64; *Brockhoff,* UPR 2013, 254, 254.

1065 Vgl. *Piens/Schulte/Graf Vitzthum,* Bundesberggesetz, § 55 Rn. 91; *von Mäßenhausen,* in: Boldt/Weller/Kühne/von Mäßenhausen, Bundesberggesetz, § 55 Rn. 64.

wird hierdurch vor allem die aufsichtsrechtliche Frage geklärt.[1066] Eine Erweiterung der Ausnahmevorschrift auf Betriebe, die selbst nicht der Bergaufsicht unterliegen, ist daher nicht möglich, auch wenn diese Betriebe die Lagerung der im Bergbaubetrieb angefallenen Rückstände vornehmen.[1067]

Die bergbaulichen Abfallsonderregelungen finden demnach Anwendung, wenn der von § 2 Abs. 2 Nr. 7 KrWG und § 22a Abs. 1 S. 1 ABBergV geforderte Unmittelbarkeitszusammenhang erfüllt ist. Der unmittelbare Zusammenhang knüpft an die bergbauliche Tätigkeit des Aufsuchens, Gewinnens und Aufbereitens.[1068] Vorausgesetzt wird also eine Unmittelbarkeitsbeziehung zwischen den beschriebenen bergbaulichen Tätigkeiten und den als Abfall zu qualifizierenden Stoffen.[1069]

(1) Rückfluss als bergbaulicher Abfall

Demnach könnte es sich bei dem Rückfluss um bergbaulichen Abfall handeln.

(a) Unmittelbar betrieblicher Zusammenhang

Rückfluss fällt als sonstige Masse unmittelbar bei der Aufsuchung und Gewinnung von Erdgas mittels der Fracking-Technologie in Fracking-Betrieben an[1070] und erfüllt somit das geforderte Unmittelbarkeitskriterium des § 22a ABBergV. Dies gilt auch für die im Zuge der Aufbereitung[1071] von Rückfluss ausgefällten oder sonst abgesonderten Stoffe[1072], soweit die Aufbereitung auf dem Betriebsgelände des Fracking-Unternehmens durchgeführt wird. Der erforderliche Unmittelbarkeitszusammenhang wird nämlich erst dann versagt, wenn die Bergbauabfälle in einem nicht der Bergaufsicht unterstehenden Betrieb behandelt werden.[1073]

1066   So auch *Schink,* AbfallR 2013, 36, 37.
1067   BT-Drs. 17/6052, S. 69; *Dippel,* in: Schink/Versteyl, Kreislaufwirtschaftsgesetz, § 2 Rn. 42; *Schomerus,* in: Versteyl/Mann/Schomerus, Kreislaufwirtschaftsgesetz, § 2 Rn. 26; a.A. *Beckmann,* in: Landmann/Rohmer, Umweltrecht, Band III, KrWG § 2 Rn. 70.
1068   BVerwG, NuR 2000, 579, 579 f.; *Schomerus,* in: Versteyl/Mann/Schomerus, Kreislaufwirtschaftsgesetz, § 2 Rn. 26; *Piens/Schulte/Graf Vitzthum,* Bundesberggesetz, § 55 Rn. 100.
1069   *Schomerus,* in: Versteyl/Mann/Schomerus, Kreislaufwirtschaftsgesetz, § 2 Rn. 26.
1070   Vgl. 83 ff.
1071   Zu den einzelnen notwendigen Aufbereitungsverfahren von Rückfluss und Lagerstättenwasser siehe ausführlich UBA (Hrsg.), Umweltauswirkungen von Fracking bei der Aufsuchung und Gewinnung von Erdgas insbesondere aus Schiefergaslagerstätten Teil 2, AP3, S. 1 ff.; *Rosenwinkel/Weichgrebe/Olsson,* Gutachten zur Abwasserentsorgung und Stoffstrombilanz, S. 45 ff.
1072   So unterliegt sogar der nach der Behandlung in einer Abwasseranlage ausgeschiedene Klärschlamm nicht mehr dem Wasserrecht, sondern dem Abfallrecht, vgl. VGH Bayern, NuR 2007, 623, 623; *Schomerus,* in: Versteyl/Mann/Schomerus, Kreislaufwirtschaftsgesetz, § 2 Rn. 33.
1073   *Schomerus,* in: Versteyl/Mann/Schomerus, Kreislaufwirtschaftsgesetz, § 2 Rn. 26.

(b) Verhältnis zum Abwasserrecht

Eine Problematik könnte sich allerdings aus dem Umstand ergeben, dass der Rückfluss nicht nur als bergbaulicher Abfall anzusehen ist, sondern auch als Abwasser.[1074] Zu klären ist hierfür das Verhältnis vom bergbaulichen Abfallrecht und dem Abwasserrecht.[1075]

(aa) Vorrang des Abwasserrechts vor dem allgemeinen Abfallrecht

Im Verhältnis zum Kreislaufwirtschaftsgesetz konstatiert § 2 Abs. 2 Nr. 9 KrWG, dass (flüssige) Abfälle vom allgemeinen Abfallrecht ausgenommen sind, sobald sie in Gewässer oder Abwasseranlangen eingeleitet oder eingebracht werden. Die Trennung der Geltungsbereiche des Wasserhaushaltsgesetzes mit der Abwasserverordnung auf der einen Seite und des Kreislaufwirtschaftsgesetzes auf der anderen Seite, wird sowohl zeitlich (»sobald«) als auch räumlich (»in«) vollzogen.[1076]

Gemäß § 22c Abs. 2 S. 1 ABBergV ist der Rückfluss im Bergbaubetrieb aufzufangen. Dieses Auffangen stellt ein Einleiten in eine Abwasseranlage dar. Abwasseranlagen sind nämlich auf eine gewisse Dauer angelegte private oder öffentliche Einrichtungen zur Abwasserbeseitigung, insbesondere zum Sammeln, Fortleiten, Behandeln, Einleiten, Versickern, Verregnen und Verrieseln von Abwasser sowie zum Entwässern von Klärschlamm.[1077] Das Auffangbehältnis ist eine solche Anlage, die dem Sammeln und vor der Entsorgung oder der Wiederverwendung dem Aufbereiten/Behandeln des Rückflusses dient. Demnach unterfällt der Rückfluss im Verhältnis zum allgemeinen Abfallrecht ausschließlich den wasserrechtlichen Vorgaben.

(bb) Übertragbarkeit auf das Verhältnis von Abwasserrecht zum Bergbau-Abfallrecht

Fraglich ist, ob dieses Ausschließlichkeitsverhältnis auch auf das Verhältnis zwischen dem (speziellen) Bergbau-Abfallrecht und dem Abwasserrecht übertragen werden kann. Bergbauliche Abfälle sind nämlich ebenso vom Anwendungsbereich des Kreislaufwirtschaftsgesetzes gemäß § 2 Abs. 2 Nr. 7 KrWG ausgenommen. Somit stehen sich zwei Spezialfälle gegenüber. Für dieses Verhältnis konstatiert das Kreislaufwirtschaftsgesetz keinen speziellen Anwendungsvorrang. Dementsprechend liegt die Annahme nahe, dass im Wege der allgemeinen Anspruchskonkurrenz beide Regelungsregime nebeneinander Anwendung finden. Diesem Grundsatz entsprechen auch Sinn und Zweck der jeweiligen Bereichsausnahmen. § 2 Nr. 7 KrWG dient der Umsetzung des Bergbauprivilegs, das die bergbaulichen Abfälle den allgemeinen Anforderungen entziehen möchte, soweit sie in einem der Bergaufsicht unterstehenden Betrieb anfallen und dort entsorgt werden.[1078] Die Bereichsausnahme des § 2 Nr. 9 KrWG trägt dem

---

1074 Vgl. S. 146 f.
1075 So auch *Schink*, AbfallR 2013, 36, 39.
1076 *Schomerus*, in: Versteyl/Mann/Schomerus, Kreislaufwirtschaftsgesetz, § 2 Rn. 32.
1077 OVG Niedersachsen, ZfW 36 (1997), 191, 191; *Schomerus*, in: Versteyl/Mann/Schomerus, Kreislaufwirtschaftsgesetz, § 2 Rn. 31; *Czychowski/Reinhardt*, Wasserhaushaltsgesetz, § 60 Rn. 9; *Schink*, AbfallR 2013, 36, 39; *Frenz*, UPR 2006, 383, 383.
1078 Vgl. *Dippel*, in: Schink/Versteyl, Kreislaufwirtschaftsgesetz, § 2 Rn. 40, 42.

Umstand Rechnung, dass die Zielsetzung des Wasserhaushaltsgesetzes primär in einer nachhaltigen Gewässerbewirtschaftung liegt und nicht in einer schadlosen Abfallbewirtschaftung.[1079] Beide Ziele (Begünstigung durch Bergbauprivileg und nachhaltige Gewässerbewirtschaftung) bedürfen keines Exklusivverhältnisses, sondern können nebeneinander existieren.[1080]

(c) Zwischenergebnis

Soweit Rückfluss im Bergbaubetrieb aufgefangen, gesammelt und aufbereitet wird, unterliegt es sowohl den bergbaulichen Abfallregelungen als auch den wasserrechtlichen Regelungen. Sobald es im Zuge der Entsorgung (beispielsweise durch Indirekteinleitung[1081]) den der Bergaufsicht unterstehenden Bereich verlassen hat, gilt für den Rückfluss das Verhältnis von allgemeinen Abfallrecht und Abwasserrecht, wonach gemäß § 2 Nr. 9 KrWG ausschließlich die wasserrechtlichen Regelungen anzuwenden sind.[1082]

(2) Lagerstättenwasser als bergbaulicher Abfall

Darüber hinaus müsste es sich zur Anwendung der bergbaulichen Abfallvorschriften auch bei dem Lagerstättenwasser um bergbaulichen Abfall handeln.

(a) Unmittelbarkeitszusammenhang

Das Lagerstättenwasser, das immanent und unvermeidbar mit der Aufsuchungs- bzw. Gewinnungstätigkeit von Erdgas verbunden ist, erfüllt ebenfalls das Unmittelbarkeitskriterium. Das gilt auch für die bei seiner Aufbereitung anfallenden Rückstände. Es unterfällt demnach ausschließlich dem bergbaulichen Abfallrecht, soweit es im eigentlichen Bergbaubetrieb aufgefangen, gelagert und aufbereitet wird. Sobald es zwecks Entsorgung einem anderen nicht der Bergaufsicht unterliegenden Unternehmen übergeben wird, ist es nach den allgemeinen kreislaufwirtschaftsrechtlichen Vorschriften zu beurteilen. Da Lagerstättenwasser kein Abwasser ist[1083], stellt sich für das Lagerstättenwasser die Frage nach der Abgrenzung von Abfallrecht und Abwasserrecht innerhalb des Bergbaubetriebes nicht. Soweit es allerdings im Rahmen der Direkteinleitung in ein Gewässer eingeleitet wird, wofür eine wasserrechtliche Erlaubnis erforderlich ist[1084], gilt für das Lagerstättenwasser ebenfalls der wasserrechtliche Anwendungsvorrang nach § 2 Nr. 9 KrWG.

1079 Vgl. *Dippel*, in: Schink/Versteyl, Kreislaufwirtschaftsgesetz, § 2 Rn. 50.
1080 Ohne Herleitung möchte auch UBA (Hrsg.), Umweltauswirkungen von Fracking bei der Aufsuchung und Gewinnung von Erdgas aus unkonventionellen Lagerstätten, B110 die bergbaulichen Abfallregelungen neben den abwasserrechtlichen Regelungen zur Anwendung kommen lassen; a.A. wohl *Schink*, AbfallR 2013, 36, 39, der ebenfalls ohne Herleitung zwischen den Begriffen abgrenzt.
1081 Vgl. S. 31 f.
1082 Siehe auch *von Weschpfennig*, in: Landmann/Rohmer, Umweltrecht, Band I, WHG § 13a Rn. 96.
1083 Vgl. 147 f.
1084 Vgl. S. 137.

(b) Bereichsausnahme für die Verpressung von Lagerstättenwasser

Allerdings erklärt § 22a Abs. 6 S. 1 ABBergV eine im Hinblick auf das Lagerstättenwasser zu beachtende Bereichsausnahme. Für das Wiedereinleiten von abgepumptem Grundwasser gelten gemäß § 22a Abs. 6 S. 1 ABBergV i.V.m. Art. 11 Abs. 3 UAbs. 3 lit. j) 1. Spiegelstrich WRRL[1085] die Bergbau-Abfallregelungen des § 22a Abs. 1 bis 5 ABBergV nicht, soweit die Einleitungen nach Maßgabe der §§ 47 und 48 WHG zugelassen werden können. Bei dem Verpressen von Lagerstättenwasser handelt es sich nach der Legaldefinition des Lagerstättenwassers nach § 22b S. 1 Nr. 3 ABBergV um geogenes (Grund-)Wasser[1086], das (ausschließlich) Stoffe enthält, die bei der Exploration und Förderung von Kohlenwasserstoffen anfallen. Demnach ist das Lagerstättenwasser von der Bereichsausnahme des Art. 11 Abs. 3 UAbs. 3 lit. j) 1. Spiegelstrich WRRL erfasst, die es den Mitgliedstaaten anheim stellt, die direkte Einleitung von Schadstoffen in das Grundwasser zu gestatten, wenn es sich dabei um Wasser handelt, das Stoffe enthält, die bei der Exploration und Förderung von Kohlenwasserstoffen anfallen, soweit solche Einleitungen ausschließlich Stoffe enthalten, die bei den obengenannten Arbeitsvorgängen entstehen. Soweit nach Maßgabe der deutschen Umsetzung eine nachteilige Veränderung der Grundwasserbeschaffenheit im Einzelfall durch die Verpressung nicht zu besorgen ist, ist auf das Verpressen von Lagerstätten die Vorschrift des § 22a Abs. 1 bis 5 ABBergV nicht anwendbar. Andere Regelungen wie der § 22c Abs. 1 S. 3 ABBergV hingegen sind von dieser Bereichsausnahme nicht umfasst.[1087]

bb) Anforderungen an das Auffangen und Behandeln von Rückfluss und
     Lagerstättenwasser

Rückfluss und Lagerstättenwasser müssen gemäß § 22c Abs. 2 S. 1 ABBergV in dichten und geschlossenen Auffangbehältnissen getrennt voneinander aufgefangen werden. Da § 22c ABBergV unterschiedliche Anforderungen an die Entsorgungswege stellt (so darf gemäß § 22c Abs. 1 S. 3 ABBergV nur Lagerstättenwasser verpresst werden, nicht aber Rückfluss), gilt die Trennung nicht nur für ihr Auffangen, sondern auch für die anschließende Behandlung, auch wenn § 22c ABBergV hierauf keinen ausdrücklichen Bezug nimmt. Neben den Anforderungen des § 22c Abs. 2 S. 1, Abs. 3 ABBergV an die Auffangbehältnisse für Lagerstättenwasser, die dicht und geschlossen sein und durchgängig dem Stand der Technik entsprechen müssen, gilt für die Entsorgung von Rückfluss und Lagerstättenwasser als bergbaulicher Abfall der § 22a ABBergV.[1088]
Der Bergbauunternehmer hat demnach gemäß § 22a Abs. 1 ABBergV geeignete Maßnahmen zu treffen, um Auswirkungen auf die Umwelt sowie sich daraus ergebende Risiken für die menschliche Gesundheit so weit wie möglich zu vermeiden oder zu vermindern. Er hat den Stand der Technik im Hinblick auf die Eigenschaften der Abfallentsorgungseinrichtung, ihres Standortes und der Umweltbedingungen am Standort

---

1085 Richtlinie 2000/60/EG des Europäischen Parlaments und des Rates vom 23. Oktober 2000 zur Schaffung eines Ordnungsrahmens für Maßnahmen der Gemeinschaft im Bereich der Wasserpolitik, ABl. L 327 vom 22. Dezember 2000, S. 1.
1086 Vgl. S. 120.
1087 Siehe hierzu S. 197 ff.
1088 Vgl. BR-Drs. 144/15, S. 19.

zu berücksichtigen. Den Einsatz einer bestimmten Technik setzt die Allgemeine Bergverordnung allerdings nicht voraus.[1089]

cc) Anforderungen an die Abfallentsorgungseinrichtungen

Soweit die Einrichtungen zur Entsorgung von Rückfluss und Lagerstättenwasser Abfallentsorgungseinrichtungen darstellen, gelten für sie die weiteren Anforderungen des § 22a Abs. 3 ABBergV, die ebenfalls im Betriebsplan auszuweisen sind.

(1) Begriff der Abfallentsorgungseinrichtung

Abfallentsorgungseinrichtungen sind gemäß § 22a Abs. 3 S. 7 Nr. 1 ABBergV vom Unternehmer ausgewiesene Bereiche für die Sammlung oder Ablagerung von festen, flüssigen, gelösten oder in Suspension gebrachten bergbaulichen Abfällen, wenn die Voraussetzungen des Anhangs III der Richtlinie 2006/21/EG des Europäischen Parlaments und des Rates vom 15. März 2006 über die Bewirtschaftung von Abfällen aus der mineralgewinnenden Industrie und zur Änderung der Richtlinie 2004/35/EG[1090] erfüllt sind (Abfallentsorgungseinrichtung der Kategorie A) oder die abzulagernden bergbaulichen Abfälle im Abfallbewirtschaftungsplan als gefährlich beschrieben sind. Im Übrigen richten sich die Merkmale einer Abfallentsorgungseinrichtung gemäß § 22a Abs. 3 S. 7 Nr. 2 bis 6 ABBergV nach Art des Abfallanfalls und seiner Lagerzeit.[1091]

(2) Abfallentsorgungseinrichtungen für Rückfluss und Lagerstättenwasser aufgrund der Gefährlichkeit ihrer Bestandteile

Bezüglich der Art der einzelnen Abfalle unterscheidet § 22a Abs. 3 S. 7 Nr. 1 bis 6 ABBergV zwischen inerten, nicht gefährlichen nicht inerten, gefährlichen Abfällen und Abfällen in Form von verschmutztem Boden. Eine bergbauspezifische Definition dieser Abfallarten findet nicht statt. Daraus folgt, dass die Abfallbezeichnungen mit den Abfallbezeichnungen des allgemeinen Abfallrechts übereinstimmen müssen.[1092] Gemäß § 48 KrWG i.V.m. §§ 1 Nr. 2, 2 Abs. 2 der Abfallverzeichnis-Verordnung[1093]

1089 Darüber hinaus hat das Bergbauunternehmen gemäß § 22a Abs. 2 S. 1 für die Entsorgung von bergbaulichen Abfällen einen Abfallbewirtschaftungsplan aufzustellen und diesen durch Vorlage bei der zuständigen Behörde rechtzeitig, spätestens zwei Wochen vor Aufnahme der Tätigkeiten, anzuzeigen. Der Abfallbewirtschaftungsplan ist allerdings ein eigenständiges Instrument und lässt die Pflichten aus dem Betriebsplan unberührt, so dass auf seine weitere Darstellung verzichtet wird.

1090 ABl. EU Nr. L 102 S. 15.

1091 Vgl. Nr. 2 der Vollzugshinweise zu § 22 a ABBergV – Anforderungen an die Entsorgung von bergbaulichen Abfallen – Verfügung vom 13.01.2009 – B I a 6 II 2008-003 (Nr. 21.1 der Sammlung der Rundverfügungen).

1092 Nr. 4 der Vollzugshinweise zu § 22 a ABBergV – Anforderungen an die Entsorgung von bergbaulichen Abfallen – Verfügung vom 13.01.2009 – B I a 6 II 2008-003 (Nr. 21.1 der Sammlung der Rundverfügungen).

1093 Abfallverzeichnis-Verordnung vom 10. Dezember 2001 (BGBl. I 2001, S. 3379), die zuletzt durch Art. 2 der Verordnung vom 17. Juli 2017 (BGBl. I 2017, S. 2644) geändert worden ist.

beurteilt sich die Gefährlichkeit von Abfällen nach der Abfallverzeichnisverordnung. Abfälle aus der Aufsuchung und Gewinnung von Erdgas zählen zu dem Abfallschlüssel 01. Die hierin mit einem Stern versehenen Abfälle sind solche, die gefährlich sind. Schon aufgrund der Zusammensetzung des Rückflusses und des geogenen Lagerstättenwassers, das selbst regelmäßig als wassergefährdend einzustufen ist[1094], wird es sich bei den Einrichtungen zum Auffangen, Sammeln, Aufbereiten und Fortleiten des Lagerstättenwassers in der Regel um Abfallentsorgungseinrichtungen im Sinne des § 22a Abs. 3 S. 7 ABBergV handeln.

(3) Abfallentsorgungseinrichtungen der Kategorie A für Rückfluss und Lagerstättenwasser

Darüber hinaus könnte es sich bei den für Rückfluss und Lagerstättenwasser zu errichtenden Abfallentsorgungseinrichtungen um sogenannte Kategorie A-Anlagen handeln.

(a) Rückfluss- und Lagerstättenwasseranlagen als Kategorie A-Anlagen

Abfallentsorgungseinrichtungen werden gemäß oben genannter Richtlinie insbesondere in die Kategorie A eingestuft, wenn eine Risikoabschätzung ergibt, dass ein Versagen oder der nicht ordnungsgemäße Betrieb der Anlagen zu einem schweren Unfall führen kann.

Bei dieser Abschätzung für die Schutzgüter Mensch und Umwelt werden Faktoren wie derzeitige oder künftige Größe, Standort und Umweltauswirkungen der Abfallentsorgungseinrichtung berücksichtigt. Sie knüpft an die Möglichkeit eines physikalischen Versagens der Entsorgungseinrichtung oder nicht ordnungsgemäßen Betriebs an.[1095] Neben der Unfallgefahr durch eine physikalische Instabilität der Abfallentsorgungseinrichtung sollen unter Berücksichtigung von Transportweg und den gefährdeten Schutzgütern chemische, hydrologische und hydrogeologische »schwere Unfallszenarien« aufgezeigt werden.[1096] Die Definition des »schweren Unfalls« knüpft an die Bestimmungen der nationalen Störfallverordnung[1097] an. Gemäß § 2 Nr. 7 StörfallVO ist ein Störfall ein Ereignis, das unmittelbar oder später innerhalb oder außerhalb des

---

1094 Vgl. *Rosenwinkel/Weichgrebe/Olsson*, Gutachten zur Abwasserentsorgung und Stoffstrombilanz, S. 11. Für eine detaillierte Auflistung möglicher Kategorien/Schlüsselnummern, die für Abfälle, die bei der Exploration und dem Fracking-Prozess sowie bei der Erdgasreinigung und der möglichen Aufbereitung der Abwässer anfallen, in Betracht kommen, siehe *Rosenwinkel/Weichgrebe/Olsson*, Gutachten zur Abwasserentsorgung und Stoffstrombilanz, S. 59 ff.

1095 Nr. 4 der Vollzugshinweise zu § 22 a ABBergV – Anforderungen an die Entsorgung von bergbaulichen Abfällen – Verfügung vom 13.01.2009 – B I a 6 II 2008-003 (Nr. 21.1 der Sammlung der Rundverfügungen).

1096 Nr. 4 der Vollzugshinweise zu § 22 a ABBergV – Anforderungen an die Entsorgung von bergbaulichen Abfällen – Verfügung vom 13.01.2009 – B I a 6 II 2008-003 (Nr. 21.1 der Sammlung der Rundverfügungen).

1097 Störfall-Verordnung in der Fassung der Bekanntmachung vom 15. März 2017 (BGBl. I 2017, S. 483), die zuletzt durch Art. 1a der Verordnung vom 8. Dezember 2017 (BGBl. I 2017, S. 3882) geändert worden ist.

Betriebsbereichs zu einer ernsten Gefahr führt. Eine ernste Gefahr ist eine Gefahr, bei der das Leben von Menschen bedroht wird oder schwerwiegende Gesundheitsbeeinträchtigungen von Menschen zu befürchten sind, die Gesundheit einer großen Zahl von Menschen beeinträchtigt werden kann oder die Umwelt, insbesondere Tiere und Pflanzen, der Boden, das Wasser, die Atmosphäre sowie Kultur- oder sonstige Sachgüter geschädigt werden können, falls durch eine Veränderung ihres Bestandes oder ihrer Nutzbarkeit das Gemeinwohl beeinträchtigt würde. Die von einem Fracking-Vorhaben ausgehenden potentiellen Gefahren, die von einem möglichen Austritt von Rückfluss und Lagerstättenwasser und mit einer entsprechenden Kontamination von Trink- und Nutzwasser sowie vom Boden, erfüllen diese Kriterien, da sie ernsthafte Folgen für den Menschen und die Umwelt nach sich ziehen können.[1098] Demnach werden in der Regel die zum Auffangen und Aufbereiten von Rückfluss und Lagerstättenwasser zu errichtenden Anlagen al Kategorie A-Anlagen zu klassifizieren sein.

(b) Bedeutung der Einstufung als Kategorie A-Anlage hinsichtlich der Durchführung einer Umweltverträglichkeitsprüfung

Gemäß § 1 Nr. 4a UVP-V Bergbau unterlagen bereits vor den Fracking-Neuregelungen Kategorie A-Anlagen der Pflicht, eine Umweltverträglichkeitsprüfung mit entsprechender Öffentlichkeitsbeteiligung durchzuführen. Da die für den Rückfluss und das Lagerstättenwasser einzurichtenden Anlagen regelmäßig solche Anlagen darstellen, musste auch schon nach alter Rechtslage eine entsprechende Umweltverträglichkeitsprüfung durchgeführt werden. Die Einstufung hat hinsichtlich der UVP-Pflichtigkeit allerdings durch die Fracking-Neuregelungen erheblich an Bedeutung verloren, da nunmehr die Auffang- und Aufbereitungsanlagen für Rückfluss und Lagerstättenwasser als unmittelbar mit der Fracking-Tätigkeit im Zusammenhang stehenden Tätigkeiten ebenfalls unter die UVP-Pflicht des § 1 Nr. 2a UVP-V Bergbau fallen.[1099] Insofern kann daher nicht von einer Verschärfung der gesetzlichen Lage gesprochen werden, wenngleich die Neuregelung Rechtsklarheit geschaffen hat und die UVP-Pflicht nunmehr nicht mehr vom Einzelfall der Kategorisierung der Abfallentsorgungseinrichtung abhängt.

(c) Bedeutung der Einstufung als Kategorie A-Anlage hinsichtlich weiterer Anforderungen

Darüber hinaus ist die Kategorisierung der Abfallentsorgungseinrichtungen nicht obsolet geworden. An sie knüpft nämlich § 22a Abs. 3 S. 4 ABBergV die Nachweispflicht zur Erbringung einer Sicherheitsleistung oder etwas Gleichwertigem nach Maßgabe des Anhangs 7 zur ABBergV, aus der die zuständige Behörde zur abgesonderten Befriedigung im Insolvenzfall berechtigt ist, § 22a Abs. 3 S. 5 ABBergV. Weiterhin muss das Unternehmen Notfallpläne gemäß § 22a Abs. 5 S. 1 ABBergV aufstellen und nach § 22a Abs. 5 S. 2 ABBergV Alarm- und Gefahrenabwehrpläne der zuständigen Behörde übermitteln. Im Übrigen ergeben sich die zusätzlichen Anforderungen, die an

---

1098   Vgl. S. 35 ff.
1099   Vgl. 99 f.

die Errichtung, den Betrieb und die Stilllegung von Abfallentsorgungseinrichtungen zu stellen sind, aus Anhang 6 zur ABBergV. Mit dem Merkmal »zusätzliche Anforderungen« wird klargestellt, dass der Errichtung, dem Betrieb und der Stilllegung von Abfallentsorgungseinrichtungen auch das Betriebsplanverfahren zugrunde liegt.[1100]

dd) Anforderungen an Rohrleitungen

Weiterhin können unter bestimmen Voraussetzungen weitere Anforderungen an die Rohrleitungen nach den Tiefbohrverordnungen der Länder bestehen.[1101] Soweit das Lagerstättenwasser anhand der soeben beschriebenen Merkmale als eine gefährliche Flüssigkeit eingestuft werden muss, gelten für die Rohrleitungen, durch die Lagerstättenwasser auf dem Betriebsgelände geführt wird, die §§ 49 ff. BVOT. Gemäß § 49 Abs. 1 BVOT müssen Rohrleitungen zur Beförderung gefährlicher Gase und Flüssigkeiten sowie von Sole den zu erwartenden mechanischen, thermischen und chemischen Beanspruchungen standhalten, § 49 Abs. 1 S. 1 BVOT. Rohre, die nicht aus Stahl oder anderen geeigneten metallischen Werkstoffen bestehen, dürfen nur verwendet werden, wenn dies nach den Umstanden geboten oder zweckmäßig ist und ihre Eignung der zuständigen Behörde nachgewiesen worden ist, § 49 Abs. 1 S. 2 BVOT. Gemäß § 49 Abs. 2 BVOT müssen Rohrleitungen aus Stahl oder aus anderen nicht korrosionsbeständigen Werkstoffen gegen Außenkorrosion geschützt sein. Soweit erforderlich, sind geeignete Maßnahmen auch gegen Innenkorrosion zu treffen.[1102]

ee) Anforderung an den Umgang mit radioaktiven Stoffen

Lagerstättenwasser und die im Rückfluss enthaltenden Anteile von Lagerstättenwasser können natürlich vorkommende radioaktive Stoffe beinhalten.[1103] Im Rahmen der Behandlung des Lagerstättenwasser und des Rückflusses zur Aufbereitung zur Entsorgung fallen sie durch Sieben und Filtern als Schlämme und Feststoffe an.[1104] Auf sie finden neben den bisherigen Entsorgungsvorschriften auch die Vorgaben der Strahlenschutzverordnung[1105] Anwendung. Für die Bestimmung der Überwachungsbedürftigkeit von Rückständen gelten gemäß § 27 StrSchV die in der Anlage 5 zur Verordnung festgelegten Überwachungsgrenzen und Verwertungs- und Beseitigungswege. Die von Rückständen verursachten Expositionen sind gemäß § 28 StrSchV nach den in Anlage 6 zur Verordnung festgelegten Grundsätzen zu ermitteln.

1100 Vgl. Nr. 3 der Vollzugshinweise zu § 22 a ABBergV – Anforderungen an die Entsorgung von bergbaulichen Abfallen – Verfügung vom 13.01.2009 – B I a 6 II 2008-003 (Nr. 2.1.1 der Sammlung der Rundverfügungen).
1101 Stellvertretend für die Tiefbohrverordnungen der einzelnen Länder wird im Folgenden auf die BVOT des Landes Niedersachen Bezug genommen, Nds.MBl. S. 887.
1102 Weitere Anforderungen ergeben sich aus §§ 50 bis 55 BVOT.
1103 *Rosenwinkel/Weichgrebe/Olsson*, Gutachten zur Abwasserentsorgung und Stoffstrombilanz, S. 27; vgl. auch S. 28.
1104 UBA (Hrsg.), Umweltauswirkungen von Fracking bei der Aufsuchung und Gewinnung von Erdgas aus unkonventionellen Lagerstätten, B110; *Rosenwinkel/Weichgrebe/Olsson*, Gutachten zur Abwasserentsorgung und Stoffstrombilanz, S. 27.
1105 Strahlenschutzverordnung vom 29. November 2018 (BGBl. I 2018, S. 2034, 2036).

Vor dem Hintergrund, dass die Strahlenschutzkommission davon ausging, dass die mitgeförderten Produktionswässer selbst bei hohen Konzentrationen gelöster Radionuklide keine Strahlenquelle darstellen, die zu einer signifikanten äußeren Strahlenexposition führt und die Arbeiten mit Produktionswässern selbst daher ohne radiologische Relevanz sind[1106], erscheint es nicht verwunderlich, dass der Gesetzgeber bei den Neuregelungen zur Anwendung der Fracking-Technologie das Lagerstättenwasser und den Rückfluss nicht ausdrücklich der strahlenschutzrechtlichen Überwachungsbedürftigkeit zugeordnet hat. Es ist somit eine Frage des Einzelfalls, ob Rückfluss und Lagerstättenwasser strahlenschutzrechtlich zu überwachen sind.

Allerdings ordnet § 22b S. 1 Nr. 3 ABBergV an, dass Lagerstättenwasser und Rückfluss regelmäßig nach dem Stand der Technik zu überwachen sind. Über den Umfang dieser Überwachungspflicht schweigt die Regelung indes. Sie soll aber auch auf die Wiederverwendung, Entsorgung und Beseitigung von Rückfluss und Lagerstättenwasser Anwendung finden.[1107] Ob diese Überwachungspflicht auch die strahlenschutzrechtliche Überwachung umfasst, ist nicht ausdrücklich vorgegeben. Da es zwar Erfahrungswerte mit den Inhaltsstoffen von Lagerstättenwasser aus dem Bereich der konventionellen Erdgasförderung gibt[1108], hierzu aber bisher keine verlässlichen (unternehmensexternen) Analysen vorliegen[1109], spricht die gefahrenrechtlichen Vorsorge dafür, dass der Betriebsplan auch Angaben zur Möglichkeit einer strahlenschutzrechtlichen Überwachung von Rückfluss und Lagerstättenwasser auszuweisen hat.

ff) Anforderungen an die Verpressung

Auch die Verpressung von Lagerstättenwasser, also sein der Entsorgung dienendes untertägiges Verbringen, fällt als Beseitigung bzw. Entsorgung bergbaulichen Abfalls unter die Vorschriften der Allgemeinen Bergverordnung. Für diesen Entsorgungsweg stellt unabhängig von der Bereichsausnahme des § 22a Abs. 6 S. 1 ABBergV[1110] der § 22c Abs. 1 S. 3 und 4 ABBergV eine Sonderregelung auf.[1111] Danach darf Lagerstättenwasser nur untertägig eingebracht werden, wenn das Lagerstättenwasser in druckabgesenkte kohlenwasserstoffhaltige Gesteinsformationen eingebracht wird, die in Fällen der Ablagerung gewährleisten, dass das Lagerstättenwasser sicher eingeschlossen ist, oder in denen das Lagerstättenwasser, sofern es nicht abgelagert wird, sicher gespeichert ist und ohne die Möglichkeit zu entweichen erneut nach über Tage gefördert werden kann. Hierbei darf eine nachteilige Veränderung des Grundwassers nicht zu besorgen sein. Mit dieser Neuregelung schuf der Gesetzgeber strenge Anforderun-

---

1106 Bekanntmachung einer Empfehlung der Strahlenschutzkommission – Radiologische Betrachtungen zu unkonventioneller Förderung von Erdgas (Hydraulic Fracturing – Fracking) – vom 17. Juli 2014, BAnz AT 10.12.2014 B2, Nr. 2 Abs. 11.
1107 BR-Drs. 144/15, S. 18.
1108 Vgl. Bekanntmachung einer Empfehlung der Strahlenschutzkommission – Radiologische Betrachtungen zu unkonventioneller Förderung von Erdgas (Hydraulic Fracturing – Fracking) – vom 17. Juli 2014, BAnz AT 10.12.2014 B2, Nr. 2 Abs. 1 ff.
1109 Vgl. *Rosenwinkel/Weichgrebe/Olsson*, Gutachten zur Abwasserentsorgung und Stoffstrombilanz, S. 27.
1110 Vgl. S. 192.
1111 BR-Drs. 144/15, S. 19.

gen an das untertägige Verbringen von Lagerstättenwasser. Soll Lagerstättenwasser im Zuge der Entsorgung verpresst werden, so hat der Rahmenbetriebsplan auch hierfür die erforderlichen Angaben zu machen.

4. Gemeinschädliche Einwirkungen

Gemäß § 55 Abs. 1 Nr. 9 BBergG ist der Betriebsplan nicht zuzulassen, wenn gemeinschädliche Einwirkungen der Aufsuchung oder Gewinnung zu erwarten sind.

a) Begriff der gemeinschädlichen Einwirkung

Das Bundesberggesetz hat den Begriff der gemeinschädlichen Einwirkung aus dem § 196 Abs. 2 ABG[1112] übernommen.[1113] Der Gesetzgeber ging dabei davon aus, dass der Begriff im Wesentlichen als gesichert anzusehen ist.[1114] Rechtsprechung und Literatur zum ehemaligen ABG haben den Begriff nicht positiv umschrieben, sondern ihn weitreichend kasuistisch abgegrenzt.[1115] Als unbestimmter Rechtsbegriff ist er gerichtlich voll überprüfbar.[1116]

aa) Voraussetzung: erhebliche Gefahrenschwelle

Voraussetzung ist, dass das konkrete Vorhaben eine ganz erhebliche Gefahrenschwelle überschreitet.[1117] Der Schadensumfang muss derartig groß sein, dass er eine erhebliche Beeinträchtigung des Allgemeinwohls darstellt.[1118] Durch die Reduzierung des Gesetzgeber auf den Begriff der gemeinschädlichen Einwirkung im Gegensatz zu der im Regierungsentwurf vorgesehen Formulierung, dass »dem Betrieb überwiegende öffentliche Interesse, insbesondere im Hinblick auf gemeinschädliche Einwirkungen der Aufsuchung oder Gewinnung, nicht entgegenstehen dürfen«[1119] wird deutlich, dass die Schwelle der gemeinschädlichen Einwirkung oberhalb der Eingriffslinie anderer

---

1112 Allgemeines Preußisches Berggesetz vom 24. Juni 1865, GS. S. 705.
1113 *von Mäßenhausen*, in: Boldt/Weller/Kühne/von Mäßenhausen, Bundesberggesetz, § 55 Rn. 100.
1114 BT-Drs. 8/1315, S. 111; *von Mäßenhausen*, in: Boldt/Weller/Kühne/von Mäßenhausen, Bundesberggesetz, § 55 Rn. 100.
1115 *Piens/Schulte/Graf Vitzthum*, Bundesberggesetz, § 55 Rn. 111 ff.
1116 *von Mäßenhausen*, in: Boldt/Weller/Kühne/von Mäßenhausen, Bundesberggesetz, § 55 Rn. 101.
1117 BVerwG, ZfB 1987, 60, 66; *von Mäßenhausen*, in: Boldt/Weller/Kühne/von Mäßenhausen, Bundesberggesetz, § 55 Rn. 101.
1118 BT-Drs. 8/1315, S. 111; *von Mäßenhausen*, in: Boldt/Weller/Kühne/von Mäßenhausen, Bundesberggesetz, § 55 Rn. 102. Im Einzelnen ist strittig, ob hierbei eine Abwägung zwischen den Nachteilen für das Allgemeinwohl mit den sonstigen Vorteilen der Rohstoffgewinnung vorgenommen werden muss. Dafür *Schulte*, FS Fabricius 1989, 149, 152; *Frenz*, UPR 2005, 1, 1 f.; dagegen *von Mäßenhausen*, in: Boldt/Weller/Kühne/von Mäßenhausen, Bundesberggesetz, § 55 Rn. 102; *Kremer*, UPR 1999, 250, 250 ff.
1119 BT-Drs. 8/1315, S. 111.

(Umwelt-)Vorschriften liegen muss.[1120] § 55 Abs. 1 Nr. 9 BBergG bildet somit ein Korrektiv für Extremsituationen, nicht aber ein Einfallstor für alle öffentlich-rechtlichen Belange.[1121]

bb) Einwirkungen auf das Wasser durch Fracking-Vorhaben

Wasser stellt ein dem Allgemeinwohl dienendes Gut dar, da die Versorgung der Bevölkerung mit Wasser zu ihren Grundbedürfnissen zählt.[1122] Eine bergbaubedingte Wasserverunreinigung hat demnach das Potenzial einer gemeinschädlichen Einwirkung. Einen Anhaltspunkt für die Qualifizierung einer Wasserverunreinigung als gemeinschädliche Einwirkung sieht die Rechtsprechung in den Vorschriften des Wasserhaushaltsgesetzes.[1123] Stellt das konkrete Vorhaben eine Gewässerbenutzung bzw. eine der Gewässerbenutzung ähnliche Handlung dar und steht diese im Einklang mit den Vorschriften des WHG, so scheidet eine gemeinschädliche Einwirkung aus.[1124] Verstößt die Benutzung allerdings gegen die Vorschriften des Wasserhaushaltsgesetzes, so kann im Umkehrschluss nicht pauschal angenommen werden, dass damit gleichzeitig auch eine gemeinschädliche Einwirkung im Sinne des Bundesberggesetzes verbunden ist.[1125] Zur Einstufung der zu erwartenden Gewässerverunreinigungen als gemeinschädliche Einwirkung muss diese nachhaltig oder dauerhaft sein oder einen erheblichen Umfang aufweisen, so dass die Gewässereigenschaft erheblich verändert wird.[1126]

Der Gesetzgeber legt dabei hohe Maßstäbe an die Gemeinschadensschwelle. So geht er davon aus, dass ein Gemeinschaden erst vorliegt, wenn ein Schaden in einem solchen Umfang droht, dass er sich auf das Allgemeinwohl auswirkt, wie das beispielsweise der Fall bei einem Wasserentzug für ganze Ortschaften oder gefährliche Bodensenkungen in dichtbesiedelten Gebieten der Fall ist.[1127] Der bergbaubedingte Entzug

---

1120 *von Mäßenhausen*, in: Boldt/Weller/Kühne/von Mäßenhausen, Bundesberggesetz, § 55 Rn. 102.

1121 *Frenz,* UPR 2005, 1, 2; *von Mäßenhausen*, in: Boldt/Weller/Kühne/von Mäßenhausen, Bundesberggesetz, § 55 Rn. 102.

1122 *von Mäßenhausen*, in: Boldt/Weller/Kühne/von Mäßenhausen, Bundesberggesetz, § 55 Rn. 103.

1123 BVerwG, ZfB 1995, 290, 295.

1124 *von Mäßenhausen*, in: Boldt/Weller/Kühne/von Mäßenhausen, Bundesberggesetz, § 55 Rn. 103. siehe zu der wasserrechtlichen Erlaubnisfähigkeit der einzelnen Im Zusammenhang mit Fracking-Vorhaben bestehenden Gewässerbenutzungen S. 215 ff.

1125 So auch *von Mäßenhausen*, in: Boldt/Weller/Kühne/von Mäßenhausen, Bundesberggesetz, § 55 Rn. 103. Die Entscheidung des BVerwG, ZfB 1995, 290, 295, die davon ausgeht, dass jede Veränderung der Wasserbeschaffenheit als Gemeinschaden anzusehen ist, ist dabei zu pauschal. Bei Berücksichtigung des heutigen Rechtsrahmens des Wasserhaushaltsgesetz können die Begriffe der Gewässerverunreinigung und des Gemeinschadens, der eine erhebliche Beeinträchtigung des Allgemeinwohl fordert, nicht gleichlaufen; a.A. *Piens/Schulte/Graf Vitzthum*, Bundesberggesetz, § 55 Rn. 33, der die Konstellation des Drittschutzes außerhalb des Betriebes über § 55 Abs. 1 Nr. 5 BBergG löst und daher gegen die Anwendbarkeit von § 55 Abs. 1 Nr. 9 BBergG auf derartige Konstellationen ist, vgl. insoweit auch *Kühne,* DVBl. 2010, 874, 879.

1126 BVerwG, ZfB 1995, 290, 295; *von Mäßenhausen*, in: Boldt/Weller/Kühne/von Mäßenhausen, Bundesberggesetz, § 55 Rn. 103.

1127 BT-Drs. 8/1315, S. 111.

der Trinkwasserversorgung für einen einzelnen Betrieb reicht für die Bejahung eines Gemeinschadens nicht aus.[1128] Ebenso wenig führt die Beeinträchtigung eines einzelnen landwirtschaftlichen Betriebes durch Pegelbohrungen oder eine großflächige Grundwasserabsenkung zu dessen Bejahung, soweit entsprechende Vorsorgemaßnahmen wie Wasserersatzlieferungen oder Grubenwasserreinigungsanlagen getroffen werden.[1129]

Mit dieser hohen Gefahrenschwelle ist der Versagungsgrund der gemeinschädlichen Einwirkung nicht dazu geeignet, pauschal die potentiell schädlichen Einwirkungen der Fracking-Technologie auf das Schutzgut Wasser auszuschließen.[1130] Es lässt sich aber sagen, dass die potentiellen Umweltgefahren[1131], insbesondere die unterirdischen Wirkungsphasen[1132], die verschieden Einfluss auf die Grundwasserleiter nehmen können, sowie die Summation und Kombination der potentiell umweltgefährdenden Wirkungsphasen und die nicht abschätzbaren Langzeitwirkungen der Fracking-Technologie zu der Annahme führen können, dass im Falle eines Störfalles nicht nur einzelne lokal zentrierte Betriebe und Grundstücke von der Störung betroffen sein werden, sondern diese häufig weitreichende Folgen haben werden. Somit haben die beschriebenen Wirkungspfade im Gegensatz zu anderen etablierten Bergbautechniken das Potenzial die Gemeinschädlichkeitsschwelle zu überschreiten. Aufgrund der hohen Anforderungen an diese verbietet sich aber die pauschale Annahme, dass von dem konkreten Fracking-Vorhaben eine solche ausgeht. Es bedarf einer konkreten und genauen Einzelfallprüfung, die das jeweilige hydrogeologische Gesamtsystem des Geosystems betrachtet.[1133]

Da die im Zusammenhang mit der Anwendung der Fracking-Technologie eingeführten wasserhaushaltsgesetzlichen Neuregelungen festlegen, dass sämtliche Fracking-Vorhaben sowie die anschließende Verbringung von Lagerstättenwasser wasserrechtliche Erlaubnistatbestände gemäß § 9 Abs. 2 Nr. 3 und 4 WHG auslösen, kann ein Fracking-Vorhaben nur im Rahmen seiner wasserrechtlichen Erlaubnisfähigkeit realisiert werden. Ein obligatorischer Rahmenbetriebsplan kann im Hinblick der wasserrechtlichen Fragestellung daher nicht an den hohen Hürden der gemeinschädlichen Einwirkung gemäß § 55 Abs. 1 Nr. 9 BBergG scheitern.

cc) Induzierte Seismizität durch Fracking-Vorhaben

Etwas anderes könnte sich allerdings für eventuell mit dem Fracking-Vorhaben zu erwartende seismische Aktivitäten ergeben. Wenngleich der Gesetzgeber selbst davon ausging, dass seismische Aktivitäten gebietsbezogen im Einzelfall zu einer Versagung

---

1128 OVG Niedersachsen, ZfB 1986, 358, 366; *von Mäßenhausen*, in: Boldt/Weller/Kühne/ von Mäßenhausen, Bundesberggesetz, § 55 Rn. 103.

1129 BVerwG, ZfB 1991, 140, 140; *von Mäßenhausen*, in: Boldt/Weller/Kühne/von Mäßenhausen, Bundesberggesetz, § 55 Rn. 103.

1130 Vgl. BVerwGE 123, 247, 253 f., so auch *Schweighart*, Der risikorechtliche Umgang mit Fracking, S. 229.

1131 Siehe S. 35 ff.

1132 Siehe S. 36 ff.

1133 Vgl. UBA (Hrsg.), Umweltauswirkungen von Fracking bei der Aufsuchung und Gewinnung von Erdgas aus unkonventionellen Lagerstätten, A16.

nach § 55 Abs. 1 Nr. 9 BBergG führen können[1134], dürfte der Anwendungsbereich des § 55 Abs. 1 Nr. 9 BBergG in der Praxis eher gering ausfallen. Die Beurteilung des Begriffs des Gemeinschadens hat sich zunächst an der gesetzgeberischen Grundsatzentscheidung zum Verhältnis von Bergbau und Grundeigentum zu orientieren.[1135] Entschieden wurde dies dahingehend, dass dem Aufsuchen und Gewinnen von Bodenschätzen ein grundsätzlicher Vorzug vor der Unversehrtheit der Erdoberfläche eingeräumt wird.[1136] Diese Tätigkeiten bleiben selbst dann zulässig, wenn mit Sicherheit mit dem Auftreten von Bergschäden als Folge der bergbaulichen Maßnahmen zu rechnen ist.[1137] Dies verdeutlicht wie restriktiv die Norm zu handhaben ist.

Erderschütterungen in Folge des untertägigen Abbaus von Bodenschätzen fallen daher im Normalfall nicht ins Gewicht, da sie bergbaurechtlich in gewissem Umfang in Kauf genommen werden müssen.[1138] Erst wenn sie in ihrer Zahl und Stärke so nachhaltig sind, dass ihre Folgen gravierend sind, können sie die Qualität eines Gemeinschadens annehmen.[1139] Da seismische Aktivitäten infolge von Fracking-Vorhaben in der Regel nicht bzw. in nur geringem Maße zu erwarten sind[1140], wird die Prüfung selten zu der Annahme eines Gemeinschadens führen.

b)   Erwartbarkeit des Eintritts

Von § 55 Abs. 1 Nr. 9 BBergG werden nur Gemeinschäden erfasst, wenn diese durch die Aufsuchung und Gewinnung von Bodenschätzen verursacht werden können.[1141] Es muss sich demnach um bergbaubedingte Gefahren handeln.[1142] Zu erwarten sind gemeinschädliche Einwirkungen dann, wenn ihr Eintritt bei normalem Geschehensablauf nach allgemeinen Erfahrungen wahrscheinlich ist und die Einwirkungen ihrer Natur nach annähernd voraussehbar sind.[1143] Der bloß entfernt möglich erscheinende Gefahreintritt reicht für die Versagung der Betriebsplanzulassung nicht aus.[1144] Der Behörde kommt dabei ein erheblicher Beurteilungsspielraum zu. Dieser unterliegt der gerichtlichen Kontrolle nur insoweit, als dass dieses überprüfen kann, ob die Behörde den in

---

1134   Vgl. BR-Drs. 144/15.
1135   *Piens/Schulte/Graf Vitzthum*, Bundesberggesetz, § 55 Rn. 306.
1136   *Piens/Schulte/Graf Vitzthum*, Bundesberggesetz, § 55 Rn. 306.
1137   BGH, ZfB 1970, 446, 452.
1138   *Piens/Schulte/Graf Vitzthum*, Bundesberggesetz, § 55 Rn. 310.
1139   OVG Saarland, ZfB 2006, 175, 178 m.w.N.; VG Saarland, ZfB 2006, 225, 226; *Piens/ Schulte/Graf Vitzthum*, Bundesberggesetz, § 55 Rn. 310.
1140   BR-Drs. 144/15, S. 18; vgl. UBA (Hrsg.), Umweltauswirkungen von Fracking bei der Aufsuchung und Gewinnung von Erdgas insbesondere aus Schiefergaslagerstätten Teil 2, AP6, S. 74; BGR (Hrsg.), Schieferöl und Schiefergas in Deutschland, Potenziale und Umweltaspekte, S. 173.
1141   *von Mäßenhausen*, in: Boldt/Weller/Kühne/von Mäßenhausen, Bundesberggesetz, § 55 Rn. 104.
1142   *Piens/Schulte/Graf Vitzthum*, Bundesberggesetz, § 55 Rn. 292; *von Mäßenhausen*, in: Boldt/Weller/Kühne/von Mäßenhausen, Bundesberggesetz, § 55 Rn. 104.
1143   *von Mäßenhausen*, in: Boldt/Weller/Kühne/von Mäßenhausen, Bundesberggesetz, § 55 Rn. 104.
1144   *von Mäßenhausen*, in: Boldt/Weller/Kühne/von Mäßenhausen, Bundesberggesetz, § 55 Rn. 104.

ihrer Prognose zugrunde gelegten Sachverhalt in den Grenzen seiner Erkennbarkeit zutreffend ermittelt und ob sie konkrete Methoden der Vorausschau angewandt hat.[1145]

Nach alldem stellt das Gesetz ebenso wie an den tatsächlichen Begriff einer gemeinschädlichen Einwirkung sehr hohe Anforderungen an deren Erwartbarkeit. Die Behörde wird nach dieser Vorschrift kaum die Möglichkeit haben einen Betriebsplan für eine unkonventionelle oder konventionelle Erdgasförderung mittels der Fracking-Technologie zu versagen.

Zunächst muss die konkrete Einzelfallprüfung, wie soeben dargestellt, ergeben, dass das konkrete Fracking-Vorhaben die Schwelle der Gemeinschädlichkeit übersteigt. Wasserrechtliche Aspekte sind dabei vor dem Hintergrund des § 9 Abs. 2 Nr. 3 und 4 WHG in der Regel zu vernachlässigen. Zum anderen muss der Gemeinschaden bei normalen Ablauf der Fracking-Maßnahme nach allgemeiner Erfahrung wahrscheinlich und die Einwirkung ihrer Natur nach annähernd voraussehbar sein. Der Gemeinschaden muss mit anderen Worten eine dem Vorhaben immanente Folge sein. Mangels gefestigter Kenntnis können zwar die potentiell umweltgefährdenden Wirkungspfade der mit der Fracking-Technologie einhergehenden Risiken beschrieben werden. Dass diese Risiken aber ihrer Natur dem konkreten Vorhaben innewohnen und sie daher Folge des Fracking-Vorhabens sind, wird in der Regel zu verneinen sein. Vielmehr beruhen sie auf Stör- und Unfällen sowie auf einen fehlerhaften Umgang mit den Anlagen. Die hypothetische Annahme eines Schadenseintritts rechtfertigt die Versagung nach § 55 Abs. 1 Nr. 9 BBergG in der Regel nicht.

II. Zulassungsvoraussetzungen des § 48 Abs. 2 S. 1 BBergG

Neben den Voraussetzungen des § 55 Abs. 1 BBergG müssen im Betriebsplanzulassungsverfahren die weiteren materiellen Zulassungsvoraussetzungen des § 48 Abs. 2 S. 1 BBergG geprüft werden.[1146] Die höchstrichterliche Rechtsprechung hat klargestellt, dass § 48 Abs. 2 S. 1 BBergG die Verfahrensbefugnisse der Bergbehörden erweitert und insofern nebengeordnet die Anforderungen des § 55 Abs. 1 BBergG ergänzt.[1147] Der Streit, ob § 48 Abs. 2 S. 1 BBergG trotz seiner systematischen Stellung außerhalb des Kapitels über den Betriebsplan im Betriebsplanzulassungsverfahren beachtet werden muss, wurde somit höchstrichterlich beendet.[1148]

1145 BVerwGE 107, 142, 146; *von Mäßenhausen*, in: Boldt/Weller/Kühne/von Mäßenhausen, Bundesberggesetz, § 55 Rn. 104.

1146 BVerwG, NVwZ 2006, 1173, 1173; BVerwG, NVwZ 2005, 954, 955; BVerwG, NJW 1987, 1713, 1715; *Ramsauer/Wendt*, NVwZ 2014, 1401,1405; BVerwG, NVwZ 2005, 954, 955; *von Mäßenhausen*, in: Boldt/Weller/Kühne/von Mäßenhausen, Bundesberggesetz, § 55 Rn. 115.

1147 BVerwGE 74, 315, 323; BVerwG, ZfB 1991, 140, 146; VG Weimar, ZfB 1996, 321, 329; *Seibert*, Anm. zu BVerwG, Urteil vom 4. Juli 1986 – 4 C 31.84, DVBl. 1986, 1277, 1278; *Frenz*, Bergrecht und Nachhaltige Entwicklung, S. 71; *Kühne*, DVBl. 1984, 709, 713; *Büllesbach*, S. 78 ff.

1148 Zur Entstehungsgeschichte der Norm und Streitdarstellung siehe detailliert *Piens/Schulte/Graf Vitzthum*, Bundesberggesetz, § 48 Rn. 20 ff. und *Kühne*, in: Boldt/Weller/Kühne/von Mäßenhausen, Bundesberggesetz, § 48 Rn. 34 ff.

Gemäß § 48 Abs. 2 S. 1 BBergG kann die Bergbehörde unbeschadet anderer öffentlich-rechtlicher Vorschriften einen Betriebsplan beschränken oder untersagen, soweit ihm überwiegende öffentliche Interessen entgegenstehen.

1. Die öffentlichen Interessen

Zunächst muss festgestellt werden, welche öffentlichen Interessen in die Zulassungsprüfung nach § 48 Abs. S. 1 BBergG einzustellen sind.

a) Gleichlauf mit den öffentlichen Interessen des § 11 Nr. 10 BBergG

Durch seine Funktion als Auffangtatbestand und dem Ziel des Gesetzgebers, das bergbauliche Vorhaben möglichst umfassend und am Maßstab aller in Betracht kommenden konfligierenden Interessen zu würdigen, ist grundsätzlich von einem weiten Normverständnis auszugehen.[1149] Weder streitet das Gesetzgebungsverfahren der Norm für ein enges Verständnis noch erfordert dies der Wortlaut.[1150] Die Einführung der Vorschrift in das Gesetz sollte nämlich eine Zusammenfassung aller Regelungen, die eine Abwägung öffentlicher Belange beinhalten, ermöglichen.[1151] Insofern nahm der Gesetzesentwurf unmittelbar Bezug auf die Begründung zum heutigen § 55 Abs. 1 Nr. 9 BBergG, die exemplifiziert das öffentliche Interesse des Gewässer- und Immissionsschutzes, des öffentlichen Verkehrs und der Verteidigung aufzählt und somit von einem weiten Verständnis des öffentlichen Interesses ausgeht.[1152] Für dieses Verständnis spricht systematisch auch der im selben Buch des Bundesberggesetzes befindliche § 11 Nr. 10 BBergG, der ebenfalls auf die öffentlichen Interessen Bezug nimmt.[1153] Vor dem Hintergrund der sachlichen Übereinstimmung juristischer Begrifflichkeiten[1154] wäre alles andere als ein Gleichlauf der Normreichweite unverständlich. Im Hinblick auf die im Rahmen des Untersuchungsgegenstandes relevanten öffentlichen Interessen kann daher auf die Ausführungen zur Konzessionsprüfung verwiesen werden.[1155]

1149 BVerwG, ZfB 2006, 156, 156; BVerwG, ZfB 2005, 156, 160 f; BVerwG, ZfB 2006, 306 unter Aufgabe des zunächst in der Rechtsprechung vorherrschenden engen Verständnisses der Norm, dass nur solche öffentlichen Interessen im Rahmen des § 48 Abs. 2 S. 1 BBergG zu berücksichtigen seien, die ihre Konkretisierung in den Bergbau verbietenden oder beschränkenden öffentlich-rechtlichen Vorschriften gefunden haben, vgl. BVerwG, ZfB 1991, 140, 142; *Kühne,* in: Entwicklungslinien des Bergrechts, S. 51, 58 f.; Boldt/Weller/Kühne/von Mäßenhausen, Bundesberggesetz, § 48 Rn. 50, 51; *Schulte,* NJW 1981, 88, 94.

1150 *Frenz,* Bergrecht und Nachhaltige Entwicklung, S. 76; *Kühne,* in: Boldt/Weller/Kühne/von Mäßenhausen, Bundesberggesetz, § 48 Rn. 51.

1151 BT-Drs. 8/3965, S. 137.

1152 Vgl. BT-Drs. 8/1315, S. 111.

1153 Siehe S. 165 ff.

1154 Vgl. zum Bedeutungszusammenhang von Gesetzen Larenz/Canaris, Methodenlehre der Rechtswissenschaft, S. 145 f.

1155 Vgl. S. 165 ff.

b) Einschränkung: Unbeschadet anderer öffentlich-rechtlicher Vorschriften

Mit der Formulierung »unbeschadet anderer öffentlich-rechtlicher Vorschriften« erfährt der Anwendungsbereich des § 48 Abs. 2 S. 1 BBergG allerdings eine nicht unerhebliche Einschränkung. Die behördliche Befugnis zur Beschränkung oder Untersagung des Betriebsplans ist nur insoweit gegeben als nicht bereits eine andere öffentlich-rechtliche Vorschrift eine spezielle Behörde mit der Wahrnehmung des zu schützenden öffentlichen Belanges betraut hat.[1156] § 48 Abs. 2 S. 1 BBergG schafft also einen Auffangtatbestand für all diejenigen öffentlich-rechtlichen Belange, insbesondere umwelt- und planungsrechtlicher Natur, die nicht bereits Gegenstand des § 55 Abs. 1 BBergG bzw. eines gesonderten außerbergrechtlichen Verfahrens sind.[1157]

c) Auswirkungen auf den Prüfungsumfang im Rahmen des Planfeststellungsverfahrens

Für das Planfeststellungsverfahren bedeutet dies, dass die nach § 48 Abs. 2 S. 1 BBergG normierten öffentlichen Interessen dann im Rahmen des Planfeststellungsbeschlusses zu berücksichtigen sind, wenn sie nicht schon der vorrangigen Prüfung nach § 55 Abs. 1 BBergG unterliegen oder Gegenstand einer anderen ebenfalls im Planfeststellungsverfahren zu berücksichtigenden außerbergrechtlichen Prüfung sind.[1158] Auch der im Rahmen des obligatorischen Rahmenbetriebsplanverfahrens zu berücksichtigende § 52 Abs. 2a S. 3 BBergG weicht von der Ausgestaltung des § 48 Abs. 2 S. 1 BBergG als Auffangtatbestand nicht ab.[1159] Nach dieser Vorschrift stellen die sich aus der Umweltverträglichkeitsprüfung ergebenden Anforderungen des vorsorgenden Umweltschutzes öffentliche Interessen i.S.d. § 48 Abs. 2 S. 1 BBergG dar, soweit sie über die Zulassungsvoraussetzungen des § 55 Abs. 1 BBergG oder über die auf das Vorhaben anwendbaren Vorschriften in anderen Gesetzen hinausgehen.

Die Berücksichtigung des vorsorgenden Umweltschutzes als öffentliches Interesse sollte nicht den Prüfungsumfang für die Zulassung des Betriebsplans quantitativ verschärfen, sondern sicherstellen, dass die in der Umweltverträglichkeitsprüfung gefundenen Umweltbelange auch dann Berücksichtigung finden, wenn sie nicht gegenständlich anderweitig normativ verortet sind.[1160] Somit können die Ergebnisse der Umweltver-

---

1156 BVerwG, ZfB 1987, 60, 67; *Kremer/Neuhaus gen. Wever*, Bergrecht, Rn. 253, *Frenz*, Bergrecht und Nachhaltige Entwicklung, S. 73; *Piens/Schulte/Graf Vitzthum*, Bundesberggesetz, § 48 Rn. 30.

1157 BVerwG, ZfB 2006, 156, 156; VG Koblenz, ZfB 1984, 470, 476; *Schulte*, ZfB 1987, 178, 186; *Kühne*, in: Boldt/Weller/Kühne/von Mäßenhausen, Bundesberggesetz, § 48 Rn. 40.

1158 BVerwGE 126, 205, 209; BVerwGE 123, 247, 254, BVerwGE 74, 315, 322 f.; vgl. hierzu *Kremer/Neuhaus gen. Wever*, Bergrecht, Rn. 253 ff.

1159 *Kühne*, in: Boldt/Weller/Kühne/von Mäßenhausen, Bundesberggesetz, § 48 Rn. 40.

1160 *Kühne*, UPR 1989, 326, 328, *Hagmann*, in: Hoppe/Beckmann/Kment, Gesetz über die Umweltverträglichkeitsprüfung, § 18 Rn. 38; *von Mäßenhausen*, ZfB 1994, 119, 128; *Kühne*, in: Boldt/Weller/Kühne/von Mäßenhausen, Bundesberggesetz, § 48 Rn. 40, 52 Rn. 81; *Peters*, Die UVP-Richtlinie der EG und die Umsetzung in das deutsche Recht, S. 104.

träglichkeitsprüfung auch materiell einer vertretbaren Lösung, wie zum Beispiel in Form einer Auflage, zugeführt werden.[1161]

Regelmäßig stellen daher wasser-, bauordnungs- und immissionsschutzrechtliche Belange keine über § 48 Abs. 2 S. 1 BBergG zu berücksichtigenden öffentlichen Belange dar, da das öffentliche Recht für diese Belange eigene Genehmigungs- bzw. Zulassungsverfahren vorschreibt und sie Gegenstand gesonderter materieller Zulassungsvoraussetzungen sind. Für die wasserrechtliche Erlaubnis für Fracking-Vorhaben gilt dies durch die Wertung des § 19 Abs. 1 WHG im Besonderen, da der obligatorische Rahmenbetriebsplan die wasserrechtliche Erlaubnis nicht konzentriert, sondern diese materiell gesondert zu überprüfen ist.[1162] Berücksichtigungsfähig sind allerdings öffentliche Belange aus dem Immissionsschutzrecht, soweit es sich um nicht genehmigungsbedürftige Anlagen i.S.d. § 22 BImSchG handelt[1163], bauplanungsrechtliche Voraussetzungen eines bergbaulichen Vorhabens, soweit für ein solches kein bauaufsichtsrechtliches Genehmigungsverfahren erforderlich ist[1164], die Erfordernisse der Raumordnung und der Landesplanung[1165], soweit das Planfeststellungsverfahren sie nicht ohnehin über § 4 Abs. 1 Nr. 3 ROG zu beachten bzw. zu berücksichtigen hat[1166], abfall- und bodenschutzrechtliche[1167] sowie naturschutzrechtliche Anforderungen[1168] und der Schutz des Grundeigentums bei Bergschäden.[1169]

In ihrer Gestalt der Planungshoheit und des Selbstgestaltungsrechts stellt die in Art. 28 Abs. 2 GG verankerte kommunale Selbstverwaltungsgarantie ebenfalls ein in den Abwägungsprozess des § 48 Abs. 2 S. 1 BBergG einzustellendes öffentliches Interesse dar.[1170] Wird durch ein bergbauliches Vorhaben die Selbstverwaltungsgarantie der Kommune unverhältnismäßig beeinträchtigt, so ist der erforderliche Betriebsplan zu versagen oder zu beschränken.[1171] Eine unverhältnismäßige Beeinträchtigung der Planungshoheit liegt dann vor, wenn das konkrete Vorhaben aufgrund seines Ausmaßes wesentliche Teile des Gemeindegebietes in Anspruch nimmt und es somit der durchsetzbaren kommunalen Planung entzieht oder das Vorhaben eine bereits hinrei-

---

1161   BR-Drs. 399/88, S. 17.

1162   Vgl. S. 114 f.

1163   BVerwG, ZfB 1987, 60, 66; VG Weimar, ZfB 1996, 321, 328.

1164   BVerwG, ZfB 1989, 210, 215; *Kremer/Neuhaus gen. Wever*, Bergrecht, Rn. 256.

1165   Vgl. *Kühne*, DVBl. 1984, 709, 711; *Kühne*, in: Boldt/Weller/Kühne/von Mäßenhausen, Bundesberggesetz, § 48 Rn. 55.

1166   Hierzu S. 207 ff.

1167   BVerwG, ZfB 2005, 156, 161; OVG Nordrhein-Westfalen, ZfB 2008, 126, 143; OVG Rheinland-Pfalz, ZfB 2008, 147, 154; Boldt/Weller/Kühne/von Mäßenhausen, Bundesberggesetz, § 48 Rn. 56.

1168   BVerwG, ZfB 2012, 236, 236; OVG Nordrhein-Westfalen, ZfB 2008, 101, 121; *Rausch*, Umwelt- und Planungsrecht beim Bergbau, S. 229 f.; *Wilde*, DVBl. 1998, 1321, 1324 f.; *Kühne*, in: Boldt/Weller/Kühne/von Mäßenhausen, Bundesberggesetz, § 57.

1169   *Kühne*, in: Boldt/Weller/Kühne/von Mäßenhausen, Bundesberggesetz, § 48 Rn. 62 ff.

1170   BVerwG, ZfB 2006, 306, 306; *Schenke*, Bergbau contra Oberflächeneigentum und kommunale Selbstverwaltung?, S. 72 f.; *Schoch*, FS Hoppe 2000, S. 711, 719 f.; *Piens/Schulte/Graf Vitzthum*, Bundesberggesetz, § 48 Rn. 60; *Kühne*, in: Boldt/Weller/Kühne/von Mäßenhausen, Bundesberggesetz, § 48 Rn. 60.

1171   *Kühne*, in: Boldt/Weller/Kühne/von Mäßenhausen, Bundesberggesetz, § 48 Rn. 60.

chend bestimmte Kommunalplanung stört.[1172] Weiterhin darf ein Vorhaben die von der Gemeinde in Betracht gezogene städtebauliche Planungsmöglichkeit nicht unnötig verbauen.[1173]

Die Selbstgestaltungshoheit erscheint dann unverhältnismäßig betroffen, wenn das Vorhaben das Gemeindebild entscheidet prägt und hierdurch nachhaltig auf das Gemeindegebiet und die Gemeindeentwicklung eingewirkt wirkt.[1174] Potentielle Bergschäden an einzelnen Gebäuden innerhalb der Gemeinde überschreiten die Schwelle einer berücksichtigungsfähigen Beeinträchtigung hingegen nicht.[1175]

2.   Nachvollziehbare behördliche Abwägung der öffentlichen Interessen

Bereits aus dem Wortlaut der überwiegenden Interessen folgt, dass § 48 Abs. 2 S. 1 BBergG eine Abwägungsvorschrift darstellt.[1176] Abzuwägen sind auf der Seite des Bergunternehmers das Rohstoffsicherungsinteresse nach § 48 Abs. 1 S. 2 BBergG sowie sein Interesse an der nach Art. 14 GG grundrechtlich garantierten Ausübung seiner Bergbauberechtigung und auf der anderen Seite das im konkreten Einzelfall betroffene öffentliche Interesse.[1177] Überwiegt das öffentliche Interesse, so ist das Bergbauvorhaben zu untersagen oder zu beschränken. Unter Wahrung des Verhältnismäßigkeitsgrundsatzes hat die Behörde allerdings vorrangig eine Beschränkung des Vorhabens, zum Beispiel in Form einer Auflage, zu prüfen bevor sie zu einer Versagung kommt.[1178] Insoweit kann auf die Ausführungen zur Abwägung im Rahmen des § 11 Nr. 10 BBergG verwiesen werden.[1179]

Nach dem gesetzgeberischen Willen und entgegen dem Wortlaut »kann« handelt es sich – zwar nicht ganz unumstritten[1180] – bei der Abwägungsvorschrift des § 48 Abs. 2 S. 1 BBergG um eine Befugnisnorm seitens der Behörde, die ihr aber keinen Ermessensspielraum einräumt.[1181] Die Behörde wird nicht zu einer fachplanerischen Entscheidung ermächtigt, im Rahmen derer sie eine umfassende planerische Abwä-

---

1172   BVerwG, ZfB 2006, 306, 311; OVG NRW, ZfB 2006, 32, 54; VG Cottbus, ZfB 2003, 117, 117; *Piens/Schulte/Graf Vitzthum*, Bundesberggesetz, § 48 Rn. 60; *Kühne,* in: Boldt/Weller/Kühne/von Mäßenhausen, Bundesberggesetz, § 48 Rn. 60.

1173   BVerwG, ZfB 2006, 306, 311; *Kühne,* in: Boldt/Weller/Kühne/von Mäßenhausen, Bundesberggesetz, § 48 Rn. 60.

1174   Vgl. *Kühne,* in: Boldt/Weller/Kühne/von Mäßenhausen, Bundesberggesetz, § 48 Rn. 60.

1175   BVerwG, ZfB 2006, 306, 311; *Kühne,* in: Boldt/Weller/Kühne/von Mäßenhausen, Bundesberggesetz, § 48 Rn. 60.

1176   BVerwG, ZfB 1987, 60, 68; *Piens/Schulte/Graf Vitzthum*, Bundesberggesetz, § 48 Rn. 18; *Kühne,* in: Boldt/Weller/Kühne/von Mäßenhausen, Bundesberggesetz, § 48 Rn. 46.

1177   *Kühne,* in: Boldt/Weller/Kühne/von Mäßenhausen, Bundesberggesetz, § 48 Rn. 46.

1178   Vgl. *Kühne,* in: Boldt/Weller/Kühne/von Mäßenhausen, Bundesberggesetz, § 48 Rn. 46.

1179   Siehe S. 165 ff.

1180   Für die Annahme einer planerischen Entscheidungsgewalt seitens der Behörde vgl. *Kühling/Hermann*, Fachplanungsrecht, Rn. 68 f.

1181   Vgl. BT-Drs. 8/1315, S. 109; *Kühne,* in: Boldt/Weller/Kühne/von Mäßenhausen, Bundesberggesetz, § 48 Rn. 47.

gung aller tangierten Interessen vornehmen soll.[1182] Die Bergbehörde hat im Rahmen einer nachvollziehenden Abwägung die konfligierenden öffentlichen Interessen auch unter Beachtung der (gesamtwirtschaftlichen) Bedeutung und der Besonderheiten des Bergbaus, wie seiner Standortgebundenheit, zu einem angemessenen Ausgleich zu bringen.[1183]

3. Bedeutung der Vorschrift im Rahmen der Planfeststellung

Aufgrund der weitreichenden Folgen des umfassenden Planfeststellungsverfahrens wird es kaum einen zumindest fachplanerischen öffentlichen Belang geben, der nicht schon im bergrechtlichen Verfahren über § 55 Abs. 1 BBergG zu berücksichtigen ist oder aber in den außerbergrechtlichen Prüfungsverfahren Niederschlag findet. Somit wird die Berücksichtigung der öffentlichen Interessen über § 48 Abs. 2 S. 1 BBergG kaum einen Anwendungsbereich finden. Einzig sich aus der UVP-Prüfung ergebende öffentliche Belange haben das Potenzial über das Einfallstor des § 48 Abs. 2 S. 1 BBergG Einzug in die bergrechtliche Genehmigungsentscheidung zu erhalten. Ebenso werden im Einzelfall die Interessen der Gemeinde im Rahmen ihrer kommunalen Selbstverwaltungsgarantie in die Abwägung einzustellen sein.

III. Raumordnungsrechtliche Voraussetzungen

Im Rahmen des obligatorischen Rahmenbetriebsplanverfahrens sind zusätzlich die sich aus § 4 Abs. 1 Nr. 3 ROG ergebenden raumordnungsrechtlichen Voraussetzungen in die Zulassungsprüfung einzubeziehen. Gemäß § 4 Abs. 1 S. 1 Nr. 3 ROG sind bei Entscheidungen öffentlicher Stellen über die Zulässigkeit raumbedeutsamer Planungen und Maßnahmen von Personen des Privatrechts, die der Planfeststellung oder der Genehmigung mit der Rechtswirkung der Planfeststellung bedürfen, die Ziele der Raumordnung zu beachten sowie Grundsätze und sonstige Erfordernisse der Raumordnung in Abwägungs- oder Ermessensentscheidungen zu berücksichtigen. Die Differenzierung der Beachtenspflicht von Zielen und der Berücksichtigungspflicht von Grundsätzen im Rahmen des Betriebsplanverfahrens stellt eine strengere Anpassungspflicht des Vorhabens an raumordnungsrechtliche Vorgaben im Gegensatz zu der Konzessionsebene, auf der die raumordnungsrechtlichen Anforderungen nur einheitlich zu berücksichtigen sind.[1184] Eine Beachtenspflicht der Ziele der Raumordnung ergibt sich ferner bei allen Betriebsplanarten aus § 48 Abs. 2 S. 2 ROG, wonach bei raumbedeutsamen Vorhaben die Ziele der Raumordnung zu beachten sind.

1182   BVerwG, ZfB 1991, 140, 143 f.; VG Weimar, ZfB 1996, 321, 330; *Schulte,* ZfB 1987, 178, 186; *Niermann,* Betriebsplan und Planfeststellung im Bergrecht, S. 53; *Piens/ Schulte/Graf Vitzthum,* Bundesbergggesetz, § 48 Rn. 27.
1183   Vgl. BVerfG, ZfB 2014, 49, 89 (Rn. 275 ff.); *Kühne,* in: Boldt/Weller/Kühne/von Mäßenhausen, Bundesberggesetz, § 48 Rn. 49.
1184   Vgl. S. 168.

1. Raumbedeutsame Planung und Maßnahme

Zur Anwendung der Vorschrift muss das konkrete Fracking-Vorhaben eine raumbedeutsame Planung oder Maßnahme sein. Bei diesem Tatbestandsmerkmal handelt es sich um einen Schlüsselbegriff des Raumordnungsrechts. Von ihm hängt ab, ob das Vorhaben den Bindungswirkungen des § 4 ROG unterliegt.[1185]

a) Legaldefinition des § 3 Abs. 1 Nr. 6 ROG

§ 3 Abs. 1 Nr. 6 ROG definiert die raumbedeutsamen Planungen und Maßnahmen legal. Demnach handelt es sich bei ihnen um Planungen einschließlich der Raumordnungspläne, Vorhaben und sonstige Maßnahmen, durch die Raum in Anspruch genommen oder die räumliche Entwicklung oder Funktion eines Gebietes beeinflusst wird. Hierunter fällt auch die unterirdische Planung.[1186]

b) Bindungswirkung gegenüber dem konkreten Fracking-Vorhaben

Das Raumordnungsrecht zielt in erster Linie als »Planung der Planung« darauf ab, planerisches Verwaltungshandeln aufeinander abzustimmen, indem es räumliche Vorgaben für nachfolgende raumbedeutsame Planungen anderer öffentlicher Stellen aufstellt.[1187] Dies verdeutlicht die Definition des § 3 Abs. 1 Nr. 6 ROG, der insbesondere die Raumordnungspläne zu den raumbedeutsamen Planungen zählt, die damit gleichermaßen den Bindungswirkungen des Raumordnungsgesetzes unterliegen.[1188] Da dem konkreten bergbaulichen Vorhaben in der Regel aber keine spezifische raumbedeutsame Planung vorangeht[1189], stellt sich die Frage einer unmittelbaren Bindungswirkung der raumordnerischen Erfordernisse direkt gegenüber dem Vorhaben.[1190]

aa) Indizwirkung aufgrund von UVP-Pflichtigkeit

Indiz für die Raumbedeutsamkeit eines Vorhabens kann der Umstand sein, dass ein Vorhaben der Pflicht zur Durchführung einer Umweltverträglichkeitsprüfung unterliegt, da Umweltauswirkungen, wie § 2 Abs. 2 UVPG sie definiert, in der Regel von Vorhaben ausgehen, die auch einen gewissen Raum beanspruchen, diesen beeinflussen oder schon aufgrund ihrer Gefährlichkeit für ihn bedeutsam sind. Beleuchtet man den § 1 UVP-V Bergbau a.F. vor diesem Hintergrund, so kommt diese Indizwirkung bei der Errichtung bergbaulicher Vorhaben durchaus zum Tragen. § 1 UVP-V Bergbau a.F. sah nämlich die Durchführung einer Umweltverträglichkeitsprüfung nur für solche

---

1185   *Runkel*, in: Bielenberg/Runkel/Spannowsky, Raumordnungsgesetz, L § 4 Rn. 231; *Runkel*, in: Spannowsky/Runkel/Goppel, Raumordnungsgesetz, § 3 Rn. 100.
1186   Vgl. S. 45 f.
1187   Vgl. *Runkel*, in: Bielenberg/Runkel/Spannowsky, Raumordnungsgesetz, L § 3 Rn. 236; *Runkel*, in: Spannowsky/Runkel/Goppel, Raumordnungsgesetz, § 3 Rn. 101.
1188   *Runkel*, in: Bielenberg/Runkel/Spannowsky, Raumordnungsgesetz, L § 3 Rn. 232, 262.
1189   Ausgenommen hiervon ist das Ziel 10.3-4 LEP NRW, das konkrete Planungen hinsichtlich unkonventioneller Fracking-Vorhaben macht. Zu dessen Rechtmäßigkeit vgl. S. 54 ff.
1190   Vgl. *Runkel*, in: Spannowsky/Runkel/Goppel, Raumordnungsgesetz, § 3 Rn. 101.

Vorhaben vor, die einen Flächenbedarf von zehn Hektar oder mehr Grundfläche beanspruchten, eine Absenkung der Oberfläche von mindestens einem Meter beabsichtigten oder aber auf erhebliche Förderkapazitäten abzielten. Damit bezog die UVP-Pflichtigkeit sich in erster Linie auf Großvorhaben, die eine Größenordnung erreicht hatten, die sich jenseits der normalen Größenordnung von Planungen und Maßnahmen bewegten und einen erheblichen Teil des Raumes in Anspruch nahmen aufgrund derer die Raumbedeutsamkeit bejaht werden konnte.[1191]

bb) Übertragbarkeit dieser Indizwirkung auf Fracking-Vorhaben

Die Übertragung dieser Indizwirkung auf den neu in die Verordnung über die Umweltverträglichkeitsprüfung bergbaulicher Vorhaben eingefügten § 1 S. 1 Nr. 2a UVP-V Bergbau, der die Durchführung einer Umweltverträglichkeitsprüfung für Vorhaben im Zusammenhang mit der Fracking-Technologie unabhängig von Fördervolumina und Größe für verbindlich erklärt, erscheint fraglich, zumal der Gesetzgeber mit der Einfügung dieser Vorschrift erkannt hat, dass es sich bei Fracking-Vorhaben in der Regel um wesentlich kleinere und damit nicht den Raum im gleichen Maße in Anspruch nehmende Vorhaben handeln wird.[1192] Im Gegensatz zum obertägigen Bergbau, der durch große Abgrabungsräume und Grundwasserabsenkungen gekennzeichnet ist, erstreckt sich der Berglochbergbau obertägig nur auf vereinzelte Gebäude, Förder- und Bohrtürme, so dass Zweifel an der Rauminanspruchnahme bestehen. Auch wenn man nur auf die untertägige Rauminanspruchnahme des Fracking-Vorhabens, also die Tiefbohrung und die anschließende Horizontalbohrung, abstellt und die obertägige Ausweitung außer Betracht lässt, dürfte dies nicht pauschal zur Bejahung der Raumbedeutsamkeit führen. Insbesondere wissenschaftliche Erprobungsmaßnahmen werden nicht von einem Bohrplatz mehrere Horizontalbohrungen durchführen, die in alle Himmelsrichtungen Bohrlöcher durch den Untergrund fräsen, sondern sich zumeist auf eine Bohrung beschränken. Abhängig von der Länge dieser Horizontalbohrung wird die Rauminanspruchnahme stark variieren und vom Einzelfall abhängig sein. Sie muss in jedem konkreten Einzelfall nachgewiesen werden.[1193]

cc) Keine Indizwirkung durch Pflicht zur Durchführung eines Raumordnungsverfahrens

Ein Indiz zur Bejahung der Raumbedeutsamkeit ist die Auflistung von planfeststellungsbedürftigen bergbaulichen Vorhaben in § 1 Nr. 16 RoV, wonach für solche Vor-

---

1191   Vgl. zu den Voraussetzung für die Bejahung der Raumbeanspruchung *Runkel*, in: Bielenberg/Runkel/Spannowsky, Raumordnungsgesetz, L § 3 Rn. 248, 249.
1192   Vgl. BR-Drs. 144/15, S. 13 f.
1193   So auch *Roßnagel/Hentschel/Polzer*, Rechtliche Rahmenbedingungen der unkonventionellen Erdgasförderung mittels Fracking, S. 100 f., die anhand zweier aufgezeigter Szenarien verdeutlichen, dass die Raumbedeutsamkeit eines Fracking-Vorhabens aufgrund seiner Rauminanspruchnahme stark von seiner jeweiligen Ausgestaltung abhängig ist. Die Szenarien beziehen sich allerdings nur auf die obertägige Raumbeanspruchung und ziehen nicht in Betracht, dass auch eine rein untertägige Nutzung eine raumbedeutsame Maßnahme darstellen kann.

haben die Durchführung eines Raumordnungsverfahrens erforderlich ist[1194]. Nach Auffassung des Gesetzgebers sollen die Planungen und Maßnahmen, die in die Raumordnungsverordnung aufgenommen sind, raumbedeutsam und regelmäßig von überörtlicher Bedeutung sein.[1195]

Die Listung lässt demnach die Vermutung zu, dass Fracking-Vorhaben raumbedeutsam sind. Allerdings ist die tatsächliche Durchführung des Raumordnungsverfahrens gemäß § 1 S. 1 RoV wiederum davon abhängig, ob es das Vorhaben im Einzelfall raumbedeutsam ist und überörtliche Bedeutung hat. Es wäre also ein Zirkelschluss, wenn man annehmen würde, es handele sich um ein Vorhaben mit überörtlicher Bedeutung, nur weil das Vorhaben in die Liste derjenigen Vorhaben aufgenommen worden ist, die ein Raumordnungsverfahren erfordern. Vielmehr muss die Raumbedeutsamkeit trotz der Auflistung im konkreten Einzelfall festgestellt werden.

dd) Einzelfallprüfung der Raumbedeutsamkeit des konkreten Fracking-Vorhabens

Das Gesetz nennt für die Raumbedeutsamkeit des Vorhabens, dass dieses Raum in Anspruch nimmt oder die räumliche Entwicklung oder Funktion eines Gebietes beeinflussen kann. Das Vorhaben muss daher entweder raumbeanspruchend oder raumbeeinflussend sein, wobei beide Merkmale auch kumulativ vorliegen können.[1196]

Die Raumbeeinflussung umschreibt das Kriterium der räumlichen Entwicklung und des Schutzes von Raumfunktionen.[1197] Die von dem Vorhaben ausgehenden Beeinflussungen müssen regelmäßig unmittelbar sein, also durch das Vorhaben zumindest mitverursacht.[1198] Eine mittelbare Beeinflussung ist dann ausreichend, wenn die Kausalkette offensichtlich ist.[1199] Die Beeinflussung muss weiterhin derart konkret sein, dass bestimmte Wirkungen oder Effekte, wie räumliche Umweltauswirkungen, Einkommens-, Beschäftigungseffekte, Versorgungs- oder Bevölkerungseffekte, aufgezeigt werden.[1200]

Zur Bejahung der Frage nach der Raumbeeinflussung wird eine Prognose als ausreichend angesehen, die Aussagen darüber trifft, welche positiven oder negativen Beeinflussungen von einer bestimmten Maßnahme auf die räumliche Entwicklung oder die Funktion des Raumes wahrscheinlich ausgehen wird.[1201] An sie werden im Einzelfall nicht zu hohe Anforderungen gestellt. Bloße Plausibilitätsüberlegungen, die durch

---

1194 Vgl. S. 108.
1195 Vgl. *Runkel*, in: Bielenberg/Runkel/Spannowsky, Raumordnungsgesetz, L § 3 Rn. 243.
1196 Vgl. *Runkel*, in: Bielenberg/Runkel/Spannowsky, Raumordnungsgesetz, L § 3 Rn. 242; *Runkel*, in: Spannowsky/Runkel/Goppel, Raumordnungsgesetz, § 3 Rn. 105; *Spoerr*, DVBl. 2001, 90, 92; *Hopp*, Rechts- und Vollzugsfragen des Raumordnungsverfahrens, S. 57; *Runkel*, UPR 1997, 1, 3.
1197 *Runkel*, in: Bielenberg/Runkel/Spannowsky, Raumordnungsgesetz, L § 3 Rn. 250.
1198 *Runkel*, in: Spannowsky/Runkel/Goppel, Raumordnungsgesetz, § 3 Rn. 114.
1199 *Runkel*, in: Bielenberg/Runkel/Spannowsky, Raumordnungsgesetz, L § 3 Rn. 251.
1200 *Runkel*, in: Spannowsky/Runkel/Goppel, Raumordnungsgesetz, § 3 Rn. 115; *Runkel*, in: Bielenberg/Runkel/Spannowsky, Raumordnungsgesetz, L § 3 Rn. 252.
1201 *Runkel*, in: Spannowsky/Runkel/Goppel, Raumordnungsgesetz, § 3 Rn. 115; *Runkel*, in: Bielenberg/Runkel/Spannowsky, Raumordnungsgesetz, L § 3 Rn. 254.

Tatsachen belegt werden können, reichen dabei aus.[1202] Möglich ist es, auf vergleichbare Sachverhalte in anderen Regionen zurückzugreifen, bei denen die Beeinflussung nachgewiesen werden konnte.[1203] Auch typisierende Betrachtungsweisen sind zulässig.[1204]

Nach alledem wird die Erkenntnis und die Prognosebeschreibung der potentiellen Umweltgefahren durch den Einsatz der Fracking-Technologie, welche mögliche Einflüsse auf das Grundwasser und den Wasserhaushalt beschreiben[1205], regelmäßig zu dem Ergebnis führen, dass eine Raumbeeinflussung anzunehmen ist. Die Auswirkungen der Fracking-Technologie auf die Funktionsfähigkeit des Wasserhaushaltes und des Grundwasserschutzes sind aufgrund des bereits vorhandenen Erfahrungsschatzes aus anderen Regionen dieser Erde, insbesondere aus den USA[1206], im Rahmen einer Prognose ausreichend, wenngleich diese nicht spiegelbildlich auf die hiesige Situation zu übertragen sein dürften[1207], um die von der Technologie ausgehenden Gefahren zumindest plausibel erscheinen zu lassen. Damit ist eine Raumbedeutsamkeit des Fracking-Vorhabens zumindest über das Kriterium der Raumbeeinflussung regelmäßig zu bejahen. Dies macht auch die Durchführung eines Raumordnungsverfahrens erforderlich, welches als sonstiges Erfordernis der Raumordnung i.S.d. § 3 Abs. 1 Nr. 4 ROG wiederum in der Zulassungsentscheidung des obligatorischen Rahmenbetriebsplans gemäß § 4 Abs. 1 Nr. 3 ROG zu berücksichtigen ist.

2. Beachtungspflicht der Ziele der Raumordnung

Gemäß § 4 Abs. 1 Nr. 3 ROG sind die Ziele der Raumordnung bei planfeststellungsbedürftigen Vorhaben privater Träger zu beachten. Sie entfalten für ein nachgelagertes Zulassungsverfahren zwingende Bindungswirkung. Ein Vorhaben, das gegen die Ziele der Raumordnung verstößt, kann nicht zugelassen werden.[1208] Hinsichtlich der Zulassung eines obligatorischen Rahmenbetriebsplans für die Erdgasförderung mittels der Fracking-Technologie aus unkonventionellen Lagerstätten in Nordrhein-Westfalen kommt dem Landesentwicklungsplan Nordrhein-Westfalen eine entscheidende Rolle zu. Dessen Ziel 10.3-4 LEP NRW sieht nämlich den Ausschluss der Fracking-Technologie zur Erdgasförderung aus unkonventionellen Lagerstätten vor. Aufgrund seiner Rechtswidrigkeit[1209] ist allerdings im Rahmen der Zulassungsentscheidung nicht zu berücksichtigen.[1210]

1202 *Runkel*, in: Spannowsky/Runkel/Goppel, Raumordnungsgesetz, § 3 Rn. 115; *Runkel*, in: Bielenberg/Runkel/Spannowsky, Raumordnungsgesetz, L § 3 Rn. 254.

1203 *Runkel*, in: Spannowsky/Runkel/Goppel, Raumordnungsgesetz, § 3 Rn. 115; *Runkel*, in: Bielenberg/Runkel/Spannowsky, Raumordnungsgesetz, L § 3 Rn. 254.

1204 *Runkel*, in: Bielenberg/Runkel/Spannowsky, Raumordnungsgesetz, L § 3 Rn. 254.

1205 Vgl. insoweit S. 35 ff.

1206 Vgl. Fn. 36.

1207 Vgl. Fn. 37.

1208 Vgl. *Runkel*, in: Bielenberg/Runkel/Spannowsky, Raumordnungsgesetz, L § 4 Rn. 121; *Runkel*, in: Spannowsky/Runkel/Goppel, Raumordnungsgesetz, § 3 Rn. 54.

1209 Vgl. zur Rechtmäßigkeit S. 55 ff.

1210 Vgl. S. 169.

3. Berücksichtigungspflicht der Grundsätze der Raumordnung und sonstiger Erfordernisse

Grundsätze und sonstige Erfordernisse der Raumordnung sind nach § 4 Abs. 1 Nr. 3 ROG bei der Zulassung des obligatorischen Rahmenbetriebsplans ebenfalls berücksichtigen. Auf der nachgelagerten Betriebsplanebene sind sie allerdings nicht berücksichtigungspflichtig, da sie von § 48 Abs. 2 S. 2 BBergG nicht umfasst sind. Sie entfalten eine gewisse Bindungswirkung[1211], wenn auch diese gegenüber den Zielen der Raumordnung wesentlich schwächer ist.[1212] Als Abwägungsdirektiven enthalten sie gewisse Vorgaben für nachfolgende Abwägungsentscheidungen.[1213]

IV. Ergebnis

Das Fracking-Unternehmen hat einen gebundenen Rechtsanspruch auf Zulassung der einzelnen Betriebspläne, soweit ihre Voraussetzungen vorliegen. Die einzelnen Betriebspläne (obligatorischer Rahmenbetriebsplan, Haupt- bzw. Sonderbetriebsplan) unterscheiden sich nicht so sehr vom Umfang der an sie zu stellenden Voraussetzungen als durch den Detaillierungsgrad der Ausweisungen. Der obligatorische Rahmenbetriebsplan erfordert neben den für alle Betriebspläne geltenden Anforderungen der §§ 55 Abs. 1 und 48 Abs. 2 S. 1 BBergG noch die Berücksichtigung der Umweltverträglichkeitsprüfung des § 52 Abs. 2a S. 3 BBergG und die Anpassung an raumordnungsrechtliche Anforderungen nach § 4 Abs. 1 Nr. 3 ROG.

Das Fracking-Unternehmen hat in den Betriebsplänen die erforderliche Vorsorge gegen Gefahren für Leben, Gesundheit und zum Schutz von Sachgütern, Beschäftigten und Dritten im Betrieb auszuweisen. Diese Ausweisungen umfasst nicht nur betriebszugehörige Personen, sondern auch solche, die ohne im Betrieb beschäftigt zu sein, auf dem Betriebsgelände tätig sind. Die Ausweisungen sind erforderlich, da die von Fracking-Vorhaben ausgehenden Gefahren erkennbar sind und eine gewisse Wahrscheinlichkeit dafür spricht, dass es ohne gegensteuernde Maßnahmen zur Verwirklichung dieser Gefahren kommen kann. Was im Einzelnen erforderlich ist, bemisst sich im Rahmen der Verhältnismäßigkeit nach Wahrscheinlichkeit und Potenzial der Schädigung. Hierbei gilt, je höher der Schadensfall ist, desto niedrigere Anforderungen bestehen an die Wahrscheinlichkeit eines Eintritts. Die alleinige Feststellung, dass von einem Fracking-Vorhaben Gefahren ausgehen, rechtfertigt nicht die Versagung der Betriebsplanzulassung. Es kommt darauf an, ob diese Gefahren beherrschbar sind. Hierfür müssen generell die nach den allgemein anerkannten Regeln der Sicherheitstechnik entsprechenden Maßnahmen getroffen werden, wodurch der bergrechtliche Schutzmaßstab tendenziell geringere Anforderungen aufweist als beispielsweise der Maßstab im Immissionsschutz- und Wasserrecht. Im Rahmen der Neuregelungen hat

---

1211   Vgl. 56 ff.
1212   *Runkel*, in: Spannowsky/Runkel/Goppel, Raumordnungsgesetz, § 4 Rn. 53.
1213   *Hoppe,* DVBl. 1993, 681, 683; *Runkel*, in: Spannowsky/Runkel/Goppel, Raumordnungsgesetz, § 3 Rn. 67.

sich der Gesetzgeber dazu entschlossen diesen Sicherheitsmaßstab zur Durchführung von Fracking-Vorhaben durchgängig auf den Stand der Technik zu heben. Hierdurch setzt er die beschriebenen prognostischen Gesundheits- und Lebensgefahren, die von einem Fracking-Vorhaben nach derzeitigem Erkenntnisstand ausgehen in einen verhältnismäßigen Ausgleich mit der Rohstoffförderung. Die einzelnen detaillierten und engmaschigen Sicherheits- und Überwachungsregelungen ergeben sich im Übrigen aus § 22b S. 1 ABBergV. Dieser stellt als Anforderungen insbesondere das Einhalten des Technikstands, die Bohrlochintegrität, die regelmäßige Überwachung von Rückfluss und Lagerstättenwasser, zusätzliche Maßnahmen in Erdbebenzonen und die Verhinderung von Methanfreisetzungen und anderen Emissionen.

Ebenso hat das Unternehmen Regelungen zum Lagerstättenschutz auszuweisen, um sicherzustellen, dass Lagerstätten im Interesse eines nachhaltigen Handelns sinnvoll abgebaut werden und sich der Abbau im Hinblick auf die Ressourcenschonung nicht nur auf die hochwertigen Lagerstättenteile beschränkt. Dies kann im Einzelnen dazu führen, dass die Zulassungsbehörde zu dem Schluss kommt, dass die Anzahl der vom Bergunternehmer beabsichtigten Fracks nicht ausreicht, um eine effektive Ausbeutung der Erdgaslagerstätte zu ermöglichen. Daneben können auch andere Nutzungsformen des Untergrundes, die dem Bergrecht unterliegen, mit dem konkret beabsichtigten Fracking-Vorhaben konkurrieren. Hierbei muss die Behörde im Rahmen der Verhältnismäßigkeit zunächst versuchen, die Nutzungsformen in einen angemessenen Ausgleich zu bringen, bevor eine Untersagung des Fracking-Vorhabens möglich ist.

Daneben hat das Unternehmen die ordnungsgemäße Abfallentsorgung sicherzustellen. Dabei muss es Ausweisungen für den Umgang mit Rückfluss und Lagerstätten treffen. Die Ordnungsgemäßheit der Abfallentsorgung richtet sich nach den einschlägigen öffentlich-rechtlichen Vorschriften. Da sowohl Rückfluss als auch Lagerstättenwasser sowie deren Stoffe, die im Rahmen der Aufbereitung anfallen, soweit sie auf dem Fracking-Betriebsgelände behandelt werden, als bergbauliche Abfälle gelten, sind auf sie die Vorschriften der §§ 22a und 22c ABBergV anzuwenden. Hinsichtlich des Rückflusses gelten daneben noch abwasserrechtliche Anforderungen. Sobald das Lagerstättenwasser in einem Betrieb weiterbehandelt wird, der nicht der bergrechtlichen Aufsicht unterliegt, gelten für das Lagerstättenwasser die Vorschriften nach dem Kreislaufwirtschaftsgesetz. Sobald Rückfluss das Betriebsgelände verlässt, gelten ausschließlich wasserrechtliche Vorschriften.

Rückfluss und Lagerstättenwasser müssen gemäß § 22c Abs. 2 S. 1 ABBergV in dichten und geschlossenen Auffangbehältnissen getrennt voneinander aufgefangen und weiter behandelt werden. Hierbei ist durchgängig der Stand der Technik einzuhalten. Daneben hat das Fracking-Unternehmen geeignete Maßnahmen zu treffen, um Auswirkungen auf die Umwelt sowie sich daraus ergebende Risiken für die menschliche Gesundheit so weit wie möglich zu vermeiden oder zu vermindern. Da es sich bei den Anlagen zum Auffangen und Behandeln von Rückfluss und Lagerstättenwasser regelmäßig um Abfallentsorgungseinrichtungen der Kategorie A handelt, gelten für sie die weiteren Anforderungen des § 22a Abs. 3 ABBergV. Aus diesem Grund unterlagen diese Einrichtungen auch schon vor der Gesetzesänderung regelmäßig gemäß § 1 Nr. 4a UVP-V Bergbau der UVP-Pflicht. Insofern haben die Fracking-Regelungen die Anforderungen an solche Einrichtungen nicht verschärft, aber Rechtsklarheit geschaffen, dass die Einrichtungen nunmehr zwingend der UVP-Pflicht unterstellt sind.

Zusätzlich ergeben sich für die ordnungsgemäße Abfallentsorgung Anforderungen an die Rohrleitungen, an den Umgang mit NORM-Stoffen sowie an die Verpressung von Lagerstättenwasser, die zwar gemäß § 22a Abs. 6 S. 1 ABBergV von den Regelungen des § 22a Abs. 1 bis 5 ABBergV ausgenommen, seit den Fracking-Neuregelungen aber gemäß § 22c Abs. 1 S. 3 und 4 ABBergV nur noch in druckabgesenkten kohlenwasserstoffhaltigen Gesteinsformationen zulässig ist, die einen sicheren Einschluss des Lagerstättenwassers gewährleisten.

Von Fracking-Vorhaben werden regelmäßig keine gemeinschädlichen Einwirkungen ausgehen, so dass die diesbezüglichen Betriebspläne nicht gemäß § 55 Abs. 1 Nr. 9 BBergG zu versagen sind. Zunächst dürfen sich Fracking-Vorhaben nur im wasserrechtlichen erlaubnisfähigen Rahmen bewegen und auch die induzierte Seismizität wird das Merkmal der Erwartbarkeit nicht mehr hinnehmbarer Schäden nicht erfüllen. Zudem gehen die Gefahren von Stör- bzw. Unfällen oder von einem fehlerhaften Umgang mit den Anlagen aus und sind somit keine zwingende Folge des Vorhabens. Sie fallen daher nicht unter das Merkmal der Erwartbarkeit.

Neben den Zulassungsvoraussetzungen nach § 55 Abs. 1 BBergG hat das Fracking-Unternehmen im Rahmen des § 48 Abs. 2 S. 1 BBergG noch außerbergrechtliche öffentliche Interesse zu berücksichtigen. Dieser Vorschrift wird insbesondere im Rahmen der obligatorischen Rahmenbetriebsplanzulassung keine allzu große Bedeutung zukommen. Aufgrund der weitreichenden Folgen des umfassenden Planfeststellungsverfahrens wird es kaum einen zumindest fachplanerischen öffentlichen Belang geben, der nicht schon im bergrechtlichen Verfahren über § 55 Abs. 1 BBergG zu berücksichtigen ist oder aber in den außerbergrechtlichen Prüfungsverfahren Niederschlag findet. Somit wird die Berücksichtigung der öffentlichen Interessen über § 48 Abs. 2 S. 1 BBergG kaum einen Anwendungsbereich finden. Einzig sonstige sich aus der UVP-Prüfung ergebende öffentliche Belange sind hierüber zu berücksichtigen. Ebenso werden im Einzelfall die Interessen der Gemeinden im Rahmen ihrer kommunalen Selbstverwaltungsgarantie in die Abwägung einzustellen sein.

Daneben hat der obligatorische Rahmenbetriebsplan auch gemäß § 4 Abs. 1 Nr. 3 ROG die Ziele der Raumordnung zu berücksichtigen und die Grundsätze der Raumordnung zu beachten, da Fracking-Vorhaben in der Regel aufgrund ihrer Gefährlichkeit den Raum beeinflussen und somit eine raumbedeutsame Maßnahme darstellen. Dies ergibt sich allerdings noch nicht aus der Indizwirkung, dass Fracking-Vorhaben der UVP-Pflicht unterliegen und sie als Vorhaben gelistet sind, für die regelmäßig ein Raumordnungsverfahren durchgeführt werden muss. Es muss im konkreten Einzelfall festgestellt werden. Darüber hinaus sind gemäß § 48 Abs. 2 S. 2 ROG die Ziele der Raumordnung auch im Rahmen weiterer Betriebspläne zu beachten. Dies gilt nicht für die Erfordernisse der Raumordnung.

Teil 5 Zulassungsvoraussetzungen nach dem Wasserhaushaltsgesetz

Nachdem in Teil 3 der Umfang der wasserrechtlichen Genehmigungspflicht von Fracking-Vorhaben untersucht wurde[1214], fragt es sich nun, unter welchen Voraussetzungen Fracking-Vorhaben wasserrechtlich erlaubnisfähig sind. Hierzu haben die Fracking-Regelungen den §§ 13a WHG in das Wasserhaushaltsgesetz eingeführt anhand dessen sich die Vorhaben im speziellen messen lassen müssen. Die Spezialanforderungen sind aber nicht losgelöst vom generellen Regelungsregime zu betrachten. Dies bedeutet, dass die Erlaubnisfähigkeit von Fracking-Vorhaben sich zusätzlich an den herkömmlichen Erlaubnistatbeständen zu messen hat.[1215] Im Gegensatz zum bergrechtlichen Regelungsregime steht die wasserrechtliche Genehmigung im Bewirtschaftungsermessen der Behörde.[1216]

1. Kapitel Abschließende Versagungsgründe für Fracking-Vorhaben

§ 13a Abs. 1 WHG sieht die Versagung einer wasserrechtlichen Erlaubnis für bestimmte Gewässerbenutzungen im Zusammenhang mit Fracking-Vorhaben vor. Mit dieser Regelung hat der Gesetzgeber sich für ein striktes Zulassungsregime entschieden und damit auf die zuvor verbreitete Rechtsunsicherheit reagiert, wie der Einsatz der Fracking-Technologie zu bewerten ist.[1217] Mit dem grundsätzlichen Verbot der Fracking-Technologie in unkonventionellen Erdgaslagerstätten[1218] im Zusammenhang mit der Schaffung von Ausnahmetatbeständen bezüglich der Erprobung des Verfahrens zu wissenschaftlichen Zwecken hat er eine bewusste politische Risikoentscheidung getroffen.[1219] Die Struktur des § 13a Abs. 1 WHG unterscheidet dabei nach gesteins- und gebietsbezogenen Versagungsgründen.[1220]

1214 Vgl. S. 118 ff.
1215 Vgl. BT-Drs. 18/4713, S. 22.
1216 Vgl. S. 123.
1217 Breuer/Gärditz, Öffentliches und privates Wasserrecht, Rn. 670; bzgl. der vor der Gesetzesänderung bestandenen Rechtsunsicherheiten vgl. *Raumsauer/Wendt*, NVwZ 2014, 1401, 1401 ff.; *Dietrich/Elgeti*, NuR 2012, 232, 232 ff.; *Roßnagel/Hentschel/Polzer*, Rechtliche Rahmenbedingungen der unkonventionellen Erdgasförderung mittels Fracking, S. 12 ff., 48 ff.; *Seuser*, NuR 2012, 8, 8 ff.
1218 Siehe auch *Giesberts/Kastelec*, in: BeckOK Umweltrecht, WHG § 13a Rn. 6.
1219 Breuer/Gärditz, Öffentliches und privates Wasserrecht, Rn. 670.
1220 Vgl. *Czychowski/Reinhardt*, Wasserhaushaltsgesetz, § 13a Rn. 2.

I. Anwendbarkeit auch auf echte Benutzungstatbestände

Seinem Wortlaut nach beziehen sich die Versagungsgründe des § 13a Abs. 1 WHG ausschließlich auf die Benutzungstatbestände des § 9 Abs. 2 Nr. 3 und 4 WHG, also lediglich auf die unechten Nutzungstatbestände im Zusammenhang mit der Fracking-Fluidinjektion und der Verpressung von Lagerstättenwasser.[1221] Dem Sinn und Zweck der Norm entsprechend, die Risiken der Fracking-Technologie zu minimieren[1222], müssen die Versagungsgründe allerdings auch für echte Gewässerbenutzungen i.S.d. § 9 Abs. 1 WHG gelten, soweit Fracking-Vorhaben derartige Gewässerbenutzungstatbestände erfüllen. Dass es sich bei der diesbezüglichen fehlenden Bezugnahme auch auf solche echten Nutzungstatbestände um ein redaktionelles Versehen gehandelt haben muss, zeigt schon ein systematischer Blick auf § 13b Abs. 4 Nr. 2 WHG. Der Gesetzgeber hat hier die Möglichkeit gesehen, dass auch im Zusammenhang mit den Nutzungstatbeständen des § 9 Abs. 2 Nr. 3 und 4 WHG weitere echte Gewässerbenutzungen in Betracht kommen. Darüber hinaus wäre teleologisch unklar, warum die strengen Anforderungen des § 13a Abs. 1 WHG für unechte Benutzungen gelten sollen, nicht aber für die strengeren Anforderungen unterliegenden echten Benutzungen.[1223] Demnach findet § 13a WHG Anwendung auf sämtliche Benutzungen im Zusammenhang mit dem Verfahren der Fracking-Technologie und nicht nur auf solche, die eine unechte Gewässerbenutzung darstellen.

II. Gesteinsbezogener Ausschluss von unkonventionellen Fracking-Maßnahmen

Eine Erlaubnis ist gemäß § 13a Abs. 1 S. 1 Nr. 1 WHG für die Fracking-Fluidinjektion und für das Verpressen von Lagerstättenwasser zu versagen, wenn Schiefer-, Ton-, Mergel- oder Kohleflözgestein zur Aufsuchung oder Gewinnung von Erdgas oder Erdöl aufgebrochen werden soll.

1. Vom Verbot umfasste Gesteinsarten

Um die geologischen, hydrogeologischen und umweltspezifischen Gefahren, insbesondere für das Grund- und Trinkwasser, bis zur ausreichenden Erforschung möglicher Risiken auszuschließen, hat der Gesetzgeber sich für die grundsätzliche Versagung einer wasserrechtlichen Erlaubnis in Schiefer-, Ton-, Mergel- oder Kohleflözgestein

---

1221   Siehe auch *Czychowski/Reinhardt*, Wasserhaushaltsgesetz, § 13a Rn. 8, 10, wonach sich die Anwendbarkeit des § 13a WHG ausschließlich für die behördliche Prüfung von Gewässerbenutzungen i.S.d. § 9 Abs. 2 Nr. 3 und 4 WHG beschränken solle.

1222   Vgl. Überschrift des Mantelgesetzes, BGBl. I 2016, S. 1972.

1223   Gegen die Anwendbarkeint im Wege der teleologischen Extension wohl *von Weschpfennig*, in: Landmann/Rohmer, Umweltrecht, Band I, WHG § 13a Rn. 44, mit Hinblick auf das durchgeführte Gesetzgebungsverfahren; *ders.*, W+B 2017, 5, 62; *ders.*, ZfB 157 (2016), 193, 200.

216

entschieden.[1224] Fracking-Maßnahmen außerhalb von Schiefer-, Ton-, Mergelgestein und Kohleflözgestein werden von dem generellen Verbot des § 13a Abs. 1 S. 1 Nr. 1 WHG nicht umfasst.[1225] Die konventionelle Öl- und Gasförderung im Sandgestein kann daher auch unter Einsatz der Fracking-Technologie fortgeführt werden, soweit kein gebietsbezogener Versagungsgrund greift[1226] und das Vorhaben unter den weiteren wasserrechtlichen Kriterien, insbesondere des § 12 WHG, erlaubnisfähig ist.

2. Vom Verbot umfasstes Verpressen von Lagerstättenwasser

Das Verbot des § 13 Abs. 1 S. 1 Nr. 1 WHG gilt ausweislich des Gesetzestextes für sämtliche Gewässerbenutzungen im Zusammenhang mit der Fracking-Technologie, also auch für den Benutzungstatbestand der untertägigen Ablagerung von Lagerstättenwasser des § 9 Abs. 2 Nr. 4 WHG. Seinem Wortlaut nach gilt das Verbot der untertägigen Ablagerung von Lagerstätten nach § 13a Abs. 1 S. 1 Nr. 1 WHG also nur für solches Lagerstättenwasser, das bei unkonventionellen Fracking-Maßnahmen anfällt. Das Lagerstättenwasser, das bei konventionellen Fracking-Maßnahmen anfällt, fällt nicht unter die Versagungsnorm. Diese Regelung wirkt auf den ersten Blick nur wenig verständlich. Insbesondere ist unklar, inwiefern das jeweilige Lagerstättenwasser aus unkonventioneller und konventioneller Förderung sich derart unterscheidet, das an ihre untertägige Ablagerung vor dem Hintergrund der nachhaltigen Gewässerbewirtschaftung und des Vorsorgeprinzips andere Anforderungen zu stellen sind. Die Regelung erschließt sich allerdings auf den zweiten Blick. Denn auch die Ablagerung des Lagerstättenwassers aus konventioneller Förderung unterliegt den neuen Anforderungen des § 22c ABBergV. Die Erfassung von Lagerstättenwasser aus unkonventioneller Förderung im Tatbestand des § 13a Abs. 1 S. 1 Nr. 1 WHG ist gleichsam akzessorischer Natur und eine Begleiterscheinung des grundsätzlichen Verbotes unkonventioneller Förderung.[1227] Würde sämtliches Lagerstättenwasser, unabhängig von den unterschiedlichen Fördermethoden, von dem Verbot des § 13a Abs. 1 S. 1 Nr. 1 WHG erfasst, so wäre auch die konventionelle Förderung durch die Hintertür verboten, die gesetzgeberisch intendierte Unterscheidung zwischen konventionellen und unkonventionellen Lagerstätten gleichsam wieder aufgegeben.

3. Stellungnahme

Der Gesetzgeber hat mit der Einführung des Gesetzespakets Fracking in denjenigen Gesteinsarten verboten, die vom Untersuchungsgegenstand als »unkonventionell«

1224 Vgl. BT-Drs. 18/4713, S. 22.
1225 *Czychowski/Reinhardt,* Wasserhaushaltsgesetz, § 13a Rn. 14; *von Weschpfennig,* in: Landmann/Rohmer, Umweltrecht, Band I, WHG § 13a Rn. 46.
1226 Siehe sogleich S. 218 ff.; *Frenz,* in: Berendes/Frenz/Müggenborg, Wasserhaushaltsgesetz, §§ 13a, 13b Rn. 18.
1227 So auch *Frenz,* in: Berendes/Frenz/Müggenborg, Wasserhaushaltsgesetz, §§ 13a, 13b Rn. 19; *von Weschpfennig,* in: Landmann/Rohmer, Umweltrecht, Band I, WHG § 13a Rn. 46.

klassifiziert werden.[1228] Er stellt dabei nach Aufgabe des im ursprünglichen Gesetzentwurfs vorgesehenen und im Laufe des Gesetzgebungsverfahrens vielfach als willkürlich kritisierten Tiefenbezugs nur noch auf das jeweilig aufzubrechende Zielgestein ab.[1229] Der ursprüngliche Entwurf sah nämlich vor, unkonventionelle Fracking-Maßnahmen unterhalb von 3.000 Metern generell zuzulassen und ein Verbot nur für solche Maßnahmen zu etablieren, die eine Zieltiefe von weniger als 3.000 Metern aufweisen sollten.[1230] Diese Grenze wurde gesetzgeberseitig damit gerechtfertigt, dass hydrogeologische Barrieren wie etwa Salzgesteine des Zechsteins einen Aufstieg von Fluiden aus Fracking-Maßnahmen aus tieferen Schichten wirksam verhindern können.[1231]

Der Gesetzgeber ist bei Einführung dieser Verbotsnorm davon ausgegangen, dass nach derzeitigem Kenntnisstand die Umweltrisiken beim unkonventionellen Fracking größer sind als beim »konventionellen« Fracking in anderen Gesteinsformationen. Im Gegensatz zu konventionellen Fracking-Maßnahmen im Sandstein kam unkonventionelles Fracking in Deutschland bisher praktisch noch nicht zur Anwendung, so dass es hierzu an den notwendigen Erkenntnissen fehle, um eine finale Risikoabschätzung vornehmen zu können.[1232] Aufgrund der grundsätzlich höheren Anzahl der zur Erdgasgewinnung benötigten Bohrungen und Bohrplätzen, der Einsatz eines größeren Volumens an Frack-Fluiden pro Bohrung und der unterschiedlichen Zieltiefen sei eine Übertragung der Erfahrungen aus der konventionellen Förderung auf die unkonventionelle Förderung nicht möglich.[1233]

Mit dieser Differenzierung gibt der Gesetzgeber klar zu erkennen, dass es ihm nicht auf ein generelles Fracking-Verbot ankam. Vielmehr bleibt Fracking in denjenigen Gesteinsarten, in denen es bisher zum Einsatz gekommen ist, weiterhin anwendbar. Insofern hat die Aussage, es handele sich bei dem Fracking-Gesetz um ein »Fracking-Erlaubnisgesetz«[1234] durchaus seine Berechtigung, wenngleich der Gesetzgeber auch die Zulassungsanforderungen an das konventionelle Fracking verschärft hat.

III. Gebietsbezogener Ausschluss von sämtlichen Fracking-Maßnahmen

Eine Erlaubnis für Fracking-Maßnahmen sowie das Verpressen von Lagerstättenwasser ist nach der Maßgabe des § 13a Abs. 1 S. 1 Nr. 2 WHG weiterhin zu versagen, wenn die Gewässerbenutzung in oder unter[1235] einem festgesetzten Wasserschutzge-

---

1228 Vgl. S. 18.
1229 Vgl. *Frenz*, in: Berendes/Frenz/Müggenborg, Wasserhaushaltsgesetz, §§ 13a, 13b Rn. 18. Zum Verlauf des Gesetzgebungsverfahrens siehe BR-DRS. 143/15 (B) und BR-Drs. 353/16 (B).
1230 Vgl. BT-Drs. 18/4713, S. 9.
1231 Vgl. BT-Drs. 18/4713, S. 22; siehe hierzu auch *Czychowski/Reinhardt*, Wasserhaushaltsgesetz, § 13a Rn. 13.
1232 BT-Drs. 18/4713, S. 22.
1233 BT-Drs. 18/4713, S. 22.
1234 Vgl. Fn. 61.
1235 Zum dreidimensionalen Begriffsverständnis, *Czychowski/Reinhardt*, Wasserhaushaltsgesetz, § 13a Rn. 18; *von Weschpfennig*, W+B 2017, S. 56, 63 f.; siehe auch *Giesberts/Kastelec*, in: BeckOK Umweltrecht, WHG § 13a Rn. 15.

biet, einem festgesetzten Heilquellenschutzgebiet, einem Gebiet, aus dem über oberirdische Gewässer Oberflächenabfluss in einen natürlichen See gelangt, aus dem unmittelbar Wasser für die öffentliche Wasserversorgung entnommen wird oder in eine Talsperre gelangt, die der öffentlichen Wasserversorgung dient, einem Einzugsgebiet einer Wasserentnahmestelle für die öffentliche Wasserversorgung, einem Einzugsgebiet eines Brunnens nach dem Wassersicherstellungsgesetz oder einem Einzugsgebiet eines Mineralwasservorkommens, einer Heilquelle oder einer Stelle zur Entnahme von Wasser zur Herstellung von Lebensmitteln, erfolgen soll.[1236]

Die zweite Ausschlussvariante ist damit gebietsbezogen formuliert.[1237] Sie gilt für sämtliche Fracking-Maßnahmen, und zwar unabhängig davon, ob sie im Einzelnen in der konventionellen oder unkonventionellen Erdgasförderung zum Einsatz kommen sollen.[1238] Klargestellt wurde mit der Formulierung »in oder unter«, dass eine Fracking-Maßnahme auch nicht erlaubnisfähig ist, wenn die eigentliche Tiefbohrung außerhalb des Schutzgebietes liegt und lediglich die Horizontalbohrung in der Tiefe in das Schutzgebiet hineinragt. Mit der Klarstellung hat sich der Gesetzgeber für einen umfassenden Gebietsschutz ausgesprochen, der vor dem Hintergrund der nicht abschätzbaren Folgen begrüßenswert ist. Nur so kann ein ausreichender Schutz der Trinkwasser- und Heilquellenwassergewinnung gewährleistet werden.[1239] Der Einbezug von § 9 Abs. 2 Nr. 4 WHG macht deutlich, dass in diesen Gebieten nicht nur wie in § 13a Abs. 1 WHG die Verpressung von unkonventionellem Lagerstättenwasser verboten sind, sondern auch die Verpressung von konventionellem Lagerstättenwasser.

IV. Ausnahme für unkonventionelle Erprobungsbohrungen

Um die genannten Wissenslücken im Bereich des unkonventionellen Frackings zu schließen[1240], können gemäß § 13a Abs. 2 S. 1 WHG abweichend von dem grundsätzlichen Verbot unkonventioneller Fracking-Maßnahmen gebietsbezogener Art wasserrechtliche Erlaubnisse für vier Erprobungsmaßnahmen mit dem Zweck erteilt werden,

---

1236 Zur begrifflichen Unschärfe der einzelnen gebietsbezogenen Ausschlusstatbestände, *Czychowski/Reinhardt*, Wasserhaushaltsgesetz, § 13a Rn. 16 f., und zu den hierausfolgenden verfassungsrechtlichen Bedenken des Verbots, *Czychowski/Reinhardt*, Wasserhaushaltsgesetz, § 13a Rn. 42, *Giesberts/Kastelec*, in: BeckOK Umweltrecht, WHG § 13a Rn. 16, *von Weschpfennig*, in: Landmann/Rohmer, Umweltrecht, Band I, WHG § 13a Rn. 50, 56, *ders.*, ZfB 157 (2016), 193, 202 f.

1237 *Frenz*, in: Berendes/Frenz/Müggenborg, Wasserhaushaltsgesetz, §§ 13a, 13b Rn. 20.

1238 Im Wesentlichen konzentrieren sich die Verbote auf das konventionelle Fracking, *Czychowski/Reinhardt*, Wasserhaushaltsgesetz, § 13a Rn. 16; *von Weschpfennig*, W+B 2017, S. 56, 63 f.; *Giesberts/Kastelec*, in: BeckOK Umweltrecht, WHG § 13a Rn. 9.

1239 BT-Drs. 18/4713, S. 23 f. Zu der Frage, ob sich das Verbot auf den Ort der Bohrung oder den Ort seiner Wirkung bezieht, siehe *von Weschpfennig*, in: Landmann/Rohmer, Umweltrecht, Band I, WHG § 13a Rn. 48, *Herbeck* ZfB 158 (2017), 1, 6, 11.

1240 Vgl. BT-Drs. 18/4713, S. 22; die Erprobungsmaßnahmen sind von privaten Unternehmen durchzuführen, die auch die Kosten dieser Maßnahmen zu tragen haben, Giesberts/Kastelec, in: BeckOK Umweltrecht, WHG § 13a Rn. 18.

die Auswirkungen auf die Umwelt, insbesondere den Untergrund und den Wasserhaushalt, wissenschaftlich zu erforschen.[1241] Diese Ausnahme ist allerdings nur in Gebieten möglich, die nicht unter § 13a Abs. 1 S. 1 Nr. 2 WHG fallen.

1. Limitation der Erprobungsbohrungen

Wo der ursprüngliche Gesetzesentwurf noch eine unbegrenzte Anzahl an Erprobungsbohrungen zulassen wollte[1242], limitiert die tatsächliche Neufassung des Gesetzes die Zahl möglicher Erprobungsbohrungen auf vier.[1243] Diese Begrenzung war nach der Beschlussempfehlung des Ausschusses für Umwelt, Naturschutz, Bau und Reaktorsicherheit geboten, da Fracking-Vorhaben, unabhängig ob zu Erprobungszwecken oder kommerziellen Zwecken eingesetzt, grundsätzlich dasselbe Gefährdungspotenzial, insbesondere für den Untergrund und den Wasserhaushalt, aufweisen und die Begrenzung mit Blick auf die bestehenden Kenntnislücken dem Vorsorgeprinzip entspricht.[1244]

2. Stellungnahme

Ob diese Limitation tatsächlich dem Vorsorgeprinzip entspricht oder ihm zuwider läuft[1245], ist fraglich.[1246] Für ein Zuwiderlaufen kann berechtigterweise die Frage aufgeworfen werden, ob vier Bohrungen tatsächlich ausreichen, um alle sicherheitsrelevanten Aspekte der unkonventionellen Erdgasförderung zu erforschen, so dass anschließend ein kommerzielles Fracken zugelassen oder abschließend versagt werden

---

1241 Zu einer ggfs. bestehenden verfassungsrechtlichen Abweichungsgesetzgebungskompetenz der einzelnen Länder von den Bundesregelungen des § 13a WHG, sowohl im Hinblick auf eine Lockerung der Regelungen hin zu einer Annäherung an eine wirtschaftliche Nutzung des unkonventionellen Fracking (dies aber im Ergebnis verneindend), vgl. *Czychowski/Reinhardt*, Wasserhaushaltsgesetz, § 13a Rn. 6, sowie im Hinblick auf ein Komplettverbot von Fracking durch die Länder, Durner, W+B 2019, 143, 144 ff.; *von Weschpfennig*, in: Landmann/Rohmer, Umweltrecht, Band I, WHG § 13a Rn. 24 ff.

1242 Vgl. BT-Drs. 18/4713, S. 10.

1243 *Czychowski/Reinhardt*, Wasserhaushaltsgesetz, § 13a Rn. 47 und *Giesberts/Kastelec*, in: BeckOK Umweltrecht, WHG § 13a Rn. 19 kritisieren, dass die Angabe nicht eindeutig zu verstehen gibt, ob es sich um eine bundes- oder landesweite Limitation handeln soll, für einen bundeseinheitlichen Bezug *von Weschpfennig*, in: Landmann/Rohmer, Umweltrecht, Band I, WHG § 13a Rn. 70.

1244 BT-Drs. 18/8916, S. 20.

1245 So *Schmid*, in: Berendes/Frenz/Müggenborg, Wasserhaushaltsgesetz, § 13 Rn. 27, *Czychowski/Reinhardt*, Wasserhaushaltsgesetz, § 13a WHG Rn. 48; vgl. auch *von Weschpfennig*, ZfB 157 (2016), 193, 204.

1246 Zur Verfassungsgemäßheit der Einschränkung der Wissenschaftsfreiheit im Rahmen der legislativen Einschätzungsprärogative, vgl. *Czychowski/Reinhardt*, Wasserhaushaltsgesetz, § 13a Rn. 50, *Giesberts/Kastelec*, in: BeckOK Umweltrecht, WHG § 13a Rn. 19; siehe auch *von Weschpfennig*, in: Landmann/Rohmer, Umweltrecht, Band I, WHG § 13a Rn. 67 f., 84 f.; *Giesberts/Kastelec*, in: BeckOK Umweltrecht, WHG § 13a Rn. 20.

kann.[1247] Diese Frage ist vor dem Hintergrund der Etablierung einer evaluierenden Begleitung der Fracking-Technologie aber nicht weiter hinderlich. So sieht § 13a Abs. 7 WHG die Überprüfung der Angemessenheit des grundsätzlichen Verbotes unkonventioneller Fracking-Maßnahmen unter Berücksichtigung der durch die vier Erprobungsbohrungen gefunden Erkenntnisse vor. Kommt diese Evaluierung zu dem Schluss, dass noch weitere Erprobungsbohrungen für eine abschließende Bewertung der Zulassung kommerzieller Verfahren notwendig sind, steht es dem Parlamentsgesetzgeber ohne Weiteres frei, eine solche Regelung zu treffen. Er ist nicht daran gebunden, bereits bei der ersten Evaluierung eine finale Entscheidung über die Zukunft unkonventionellen Frackings zu treffen. Kommen die durch die vier Erprobungen gewonnenen Erkenntnisse allerdings zu dem Schluss, dass die Versagung aufrecht zu erhalten ist, so ist dies auch eine adäquate Entscheidung, an deren Entschluss eine anderweitige quantitative Limitation der Probebohrungen nichts geändert hätte. Beides entspricht dem Vorsorgeprinzip.

3. Zustimmung durch die jeweiligen Landesregierungen

Die Ausnahme untersteht gemäß § 13a Abs. 2 S. 2 WHG der Zustimmung der jeweiligen Landesregierung. Gemeint ist dabei die Landesregierung als Kollegialorgan.[1248] Es muss demnach ein Regierungsbeschluss herbeigeführt werden.[1249] Bei der Regelung handelt es sich um eine Zuständigkeitsregelung nach Art. 84 Abs. 1 GG.[1250] Die einzelnen Bundesländer können daher gemäß Art. 84 Abs. 1 S. 2 GG abweichende Regelungen über das Entscheidungsorgan treffen.[1251]

a) Fachplanerische Entscheidung der Landesregierung

Die Landesregierung hat bei ihrer Entscheidung die geologischen Besonderheiten der betroffenen Gebiete und sonstige öffentliche Interessen abzuwägen.[1252] Aus der Regelung des § 13a Abs. 2 WHG ergibt sich, dass die Zustimmung der Landesregierung ein Teil des Verwaltungsverfahrens zur Zulassung der wasserrechtlichen Erlaubnis im Rahmen des obligatorischen Betriebsplanverfahrens ist. Es ist damit geprägt von einer fachlichen, nicht von einer politischen Entscheidung. Diesem Umstand trägt § 13a Abs. 2 S. 3 WHG Rechnung, indem es inhaltliche Vorgaben trifft, was bei der Zustimmungsentscheidung zu beachten ist.[1253]

1247 In diese Richtung *Schmid*, in: Berendes/Frenz/Müggenborg, Wasserhaushaltsgesetz, § 13 Rn. 27.
1248 *Czychowski/Reinhardt*, Wasserhaushaltsgesetz, § 13a Rn. 51.
1249 Breuer/Gärditz, Öffentliches und privates Wasserrecht, Rn. 672.
1250 BR-Drs. 143/15, S. 1: Breuer/Gärditz, Öffentliches und privates Wasserrecht, Rn. 672.
1251 Breuer/Gärditz, Öffentliches und privates Wasserrecht, Rn. 672.
1252 BT-Drs. 8916, S. 20.
1253 *Frenz*, in: Berendes/Frenz/Müggenborg, Wasserhaushaltsgesetz, §§ 13a, 13b Rn. 28.

b) Kein politisches Ermessen

Die Einstellung der geologischen Besonderheiten der betroffenen Gebiete in die Abwägungsentscheidung stellt ein rein sachbezogenes Kriterium dar, das keiner politischen Ermessensentscheidung offen ist. Unter den geologischen Besonderheiten werden solche Besonderheiten zu verstehen sein, die die Struktur des betroffenen Teils der Erdkruste, insbesondere chemische und physikalische Zusammensetzungen und Eigenschaften der betroffenen Gesteinsformationen, seismische Stabilität, Risiken einer Diffusion ins Grundwasser betreffen.[1254] Ebenso dürfen auch die sonstigen Interessen, gegen die die geologischen Besonderheiten abzuwägen sind, keine politischen Interessen der jeweiligen Landesregierung sein, sondern müssen ebenso Gegenstand einer rein fachlichen Betrachtungsweise sein.[1255] Hierbei kommen insbesondere der Gesundheitsschutz der Wohnbevölkerung sowie wirtschaftspolitische Interessen und Forschungsinteressen in Betracht.[1256] Aufgrund der Limitation der Erprobungsbohrungen wird auch die Standortwahl, die unter wasserwirtschaftlichen Gesichtspunkten im Vergleich das größtmögliche Maß an Sicherheit und Erkenntnisaufschluss darstellen sollte, eine entscheidende Rolle bei der Zulassungsentscheidung spielen.[1257] Insofern wird das Ziel 10.3-4 LEP NRW keine wesentliche Entscheidungsgrundlage für das Versagen der Zustimmung bieten, da dieses vielmehr dem politischen Interesse folgt, die Anwendung einer Fördermethode zu verbieten, als dass es sich konkret mit den geologischen und hydrogeologischen Besonderheiten des Gesteins auseinander setzt.[1258]

4. Stellungnahme

Bei ihrer Entscheidung hat die Landesregierung politische Interessen außer Acht zu lassen und muss sich als fachlich-sachliches Zustimmungsorgan eines mitbewirkungsbedürftigen Verwaltungsverfahrens verstehen und in diesem Sinn handeln. Die Sinnhaftigkeit der auf Anraten des Bundesrats[1259] aufgenommenen Regelung außer Acht lassend, steht der Vorschrift das Konfliktpotenzial der Landesregierung zwischen ihren politischen Interessen und ihrer Funktion als verwaltungsrechtliches Exekutivorgan gleichsam auf die Stirn geschrieben.

Wird die Zustimmung der Landesregierung zu der Erlaubnis für eine Erprobungsbohrung unkonventioneller Art versagt, so führt dies dazu, dass sie nicht realisiert werden kann. Vor dem Hintergrund des Zwecks der Neuregelung, die Auswirkungen auf die Umwelt, insbesondere den Untergrund und den Wasserhaushalt, wissenschaft-

---

1254 Breuer/Gärditz, Öffentliches und privates Wasserrecht, Rn. 673.
1255 So auch *Frenz*, in: Berendes/Frenz/Müggenborg, Wasserhaushaltsgesetz, §§ 13a, 13b Rn. 28. *Von Weschpfennig*, in: Landmann/Rohmer, Umweltrecht, Band I, WHG § 13a Rn. 75 gesteht den Landesregierungen einen »politischen Entscheidungsspielraum« zu. Dies offenlassend *Giesberts/Kastelec*, in: BeckOK Umweltrecht, WHG § 13a Rn. 21.
1256 Breuer/Gärditz, Öffentliches und privates Wasserrecht, Rn. 673.
1257 Breuer/Gärditz, Öffentliches und privates Wasserrecht, Rn. 673.
1258 Vgl. S. 55 f.
1259 BT-Drs. 18/8916, S. 20; BR-Drs. 143/15 (Vorschlag Nr. 11).

lich zu erforschen, muss dann aber eine andere erlaubt werden können, so dass letztendlich insgesamt vier Erprobungsvorhaben realisiert werden können, unabhängig davon, dass eine oder mehrere Landesregierungen ihre Zustimmung verweigern.[1260]

V. Öffnungsklausel

Durch Landesrecht kann gemäß § 13a Abs. 3 S. 1 WHG bestimmt werden, dass eine wasserrechtliche Erlaubnis für Benutzungen nach § 9 Abs. 2 Nr. 3 und 4 WHG auch in oder unter Gebieten, in denen untertägiger Bergbau betrieben wird oder betrieben worden ist, nur unter bestimmten Auflagen erteilt werden darf oder zu versagen ist. Solche Restriktionsgebiete[1261] sind nach § 13a Abs. 3 S. 2 WHG kartenmäßig auszuweisen. Die formelle kartenmäßige Ausweisung dient der Bestimmtheit der Regelung und der Klarheit für die Rechtsanwender.[1262]

Die Restriktionsklausel[1263] soll es dem Landesgesetzgeber ermöglichen, den besonderen hydrogeologischen Gegebenheiten in Gebieten des untertägigen Bergbaus durch eine entsprechende Verbotsregelung angemessen Rechnung zu tragen. Insbesondere kann aufgrund von erforderlichen Maßnahmen zur Wasserhaltung und des hiermit verbundenen Wasserabflusses in oberirdische Gewässer eine besondere Schutzbedürftigkeit der öffentlichen Wasserversorgung gegeben sein.[1264]

Auch wenn die Regelungen keine weiteren Anforderungen an die Restriktionsmöglichkeit stellt, kommt eine solche nur infrage, wenn hierfür sachliche Gründe bestehen, die im Rahmen einer Verhältnismäßigkeitsprüfung Vorrang vor der wirtschaftlichen Betätigung der Unternehmen genießen.[1265] Auch über diese Öffnungsklausel verbietet es sich für den Landesgesetzgeber, seine Entscheidung lediglich von politischen Interessen abhängig zu machen. Mit anderen Worten: auch über diese Öffnungsklausel kann der Landesgesetzgeber nicht entgegen dem Zweck der bundesgesetzlichen Regelung ein Pauschalverbot für Fracking-Maßnahmen, unabhängig vom konkreten Zielgestein, etablieren.

Gleichwohl eröffnet ihm diese Regelung einen weitaus größeren Handlungsspielraum als die Zustimmungsregelung des § 13a Abs. 2 S. 1 WHG. Landesrechtliche Regelungen sind nämlich entgegen dem exekutiven Akt des Zustimmungserfordernisses durchaus von politischer Brisanz, für die zumindest im Falle eines förmlichen Gesetzes sogar parlamentarische Mehrheiten gewonnen werden müssen. Nichtsdestotrotz darf die landesrechtliche Entscheidung nicht über die grundrechtlich von Art. 12

1260 *Frenz,* in: Berendes/Frenz/Müggenborg, Wasserhaushaltsgesetz, §§ 13a, 13b Rn. 25.
1261 Hiervon nicht umfasst sind Gebiete ehemaligen Berglochbergbaus, *von Weschpfennig,* in: Landmann/Rohmer, Umweltrecht, Band I, WHG § 13a Rn. 66; *Keienburg* ZfB 157 (2016), 270 (272).
1262 BT-Drs. 18/4713, S. 24.
1263 Vgl. *Czychowski/Reinhardt,* Wasserhaushaltsgesetz, § 13a Rn. 57; *Giesbert,* WHG 13a Rn. 22; *von Weschpfennig,* in: Landmann/Rohmer, Umweltrecht, Band I, WHG § 13a Rn. 53; *von Weschpfennig* W+B 2017, 56, 64.
1264 BT-Drs. 18/4713, S. 24.
1265 *Frenz,* in: Berendes/Frenz/Müggenborg, Wasserhaushaltsgesetz, §§ 13a, 13b Rn. 30.

Abs. 1 GG und Art. 14 Abs. 1 und GG geschützten Wirtschaftstätigkeit[1266] hinweggehen. Besonderes Interesse dürfte sich dabei für den Landesgesetzgeber ergeben, dass eine nach § 13a Abs. 3 S. 1 WHG abweichende landesrechtliche Regelung sich nicht auf die Limitationen der unkonventionellen Erdgasförderungen beschränken muss (die ja ohnehin schon über § 13a S. 1 Nr. 1 WHG verboten ist), sondern sich auf sämtliche wasserrechtliche Nutzungen nach § 9 Abs. 2 Nr. 3 und 4 WHG beziehen darf. Dementsprechend darf das Landesrecht im Rahmen des § 13a Abs. 3 S. 1 WHG auch Regelungen treffen, die sich auf die konventionelle Fördermethode und die untertägige Ablagerung von Lagerstättenwasser beziehen, das bei Maßnahmen zur Aufsuchung oder Gewinnung von Erdgas oder Erdöl (unabhängig von der konkreten Fördermethode, also mit und ohne Fracking) angefallen ist.

VI. Weitere Anforderungen an Fracking-Maßnahmen

Sofern die Erteilung einer wasserrechtlichen Erlaubnis für eine Benutzung nach § 9 Abs. 2 Nr. 3 WHG, also bezogen auf das Fracking-Verfahren, nicht nach § 13a Abs. 1 S. 1 WHG oder § 13a Abs. 3 WHG ausgeschlossen ist, darf die Erlaubnis nur erteilt werden, wenn die verwendeten Gemische in den Fällen unkonventioneller Erprobungsbohrungen als nicht wassergefährdend eingestuft sind oder in den übrigen Fällen, also in den Fällen des konventionellen Frackings, als nicht oder als schwach wassergefährdend eingestuft sind und in beiden Varianten sichergestellt ist, dass der Stand der Technik eingehalten wird.

1. Keine bzw. schwache Wassergefährdung des Fracking-Fluids

Von den einzusetzenden Fracking-Fluiden darf keine bzw. eine maximal schwache Wassergefährdung ausgehen. Die Formulierung der Wassergefährdung ist abstrakt. Eine konkrete Gefahr für das Grundwasser ist also nicht erforderlich.[1267]

Für die Anforderung an die Wassergefährdung ist die Verordnung über Anlagen zum Umgang mit wassergefährdenden Stoffen[1268] maßgeblich.[1269]

a) Einteilung von Gemischen in Wassergefährdungsklassen

Die Einteilung von Gemischen erfolgt anhand ihrer Gefährlichkeit in sogenannte Wassergefährdungsklassen. Entsprechend ihrer Gefährlichkeit unterscheidet § 3 Abs. 1 AwSV nicht wassergefährdende Gemische, Gemische der Wassergefährdungsklasse 1,

---

1266 Vgl. *Frenz,* in: Berendes/Frenz/Müggenborg, Wasserhaushaltsgesetz, §§ 13a, 13b Rn. 30.
1267 *Frenz,* in: Berendes/Frenz/Müggenborg, Wasserhaushaltsgesetz, §§ 13a, 13b Rn. 33.
1268 Verordnung über Anlagen zum Umgang mit wassergefährdenden Stoffen vom 18. April 2017 (BGBl. I 2017, S. 905).
1269 Vgl. BT-Drs. 18/4713, S. 25; *von Weschpfennig,* in: Landmann/Rohmer, Umweltrecht, Band I, WHG § 13a Rn. 86; *Giesberts/Kastelec,* in: BeckOK Umweltrecht, WHG § 13a Rn. 25.

welche einer schwachen Wassergefährdung entsprechen, Gemische der Wassergefähr-dungsklasse 2 (deutlich wassergefährdend) und Gemische der Wassergefährdungsklasse 3 (stark wassergefährdend).[1270]

aa) Keine Wassergefährdung unkonventioneller Fracking-Fluide

Bei unkonventionellen Vorhaben dürfen ausschließlich nicht wassergefährdende Ge-mische eingesetzt werden. Diese müssen den Anforderungen der Nr. 2.2 der Anlage 1 zur AwSV entsprechen.[1271] Demnach handelt es um nicht wassergefährdende Gemi-sche, wenn der in ihnen enthaltene Masseanteil an Stoffen der Wassergefährdungs-klasse 1 geringer als 3 Prozent ist, der in ihnen enthaltene Masseanteil an Stoffen der Wassergefährdungsklasse 2 geringer als 0,2 Prozent Massenanteil, der ihn ihnen ent-haltende Massenanteil an Stoffen der Wassergefährdungsklasse 3 geringer als 0,2 Pro-zent Massenanteil, der Gehalt an nicht identifizierten Stoffen geringer als 0,2 Prozent Massenanteil ist, dem Gemisch keine krebserzeugenden Stoffe nach Nummer 1.2 der Anlage 2 zur AwSV, keine Stoffe der Wassergefährdungsklasse 3 und keine Stoffe, deren wassergefährdende Eigenschaften nicht bekannt sind, gezielt zugesetzt wurden. Weiterhin dürfen dem Gemisch keine Dispergatoren oder Emulgatoren gezielt zuge-setzt worden sein und das Gemisch darf nicht auf oberirdischen Gewässern schwim-men.

Damit bleibt festzuhalten, dass auch nicht wassergefährdende Gemische, schwach wassergefährdende, deutlich wassergefährdende und stark wassergefährdende Stoffe enthalten dürfen sowie einen Anteil an Stoffen, deren Gefährlichkeit nicht bekannt ist. Je nach Volumen des eingesetzten Fracking-Fluids handelt es sich weiterhin um eine beachtliche Zahl an einsetzbaren Additiven, die für sich wassergefährdend sein dürfen.

bb) Schwache Wassergefährdung konventioneller Fracking-Fluide

Konventionelle Vorhaben dürfen hingegen auch schwach wassergefährdende Fra-cking-Fluide einsetzen. Die Wassergefährdungsklasse von Gemischen wird nach Nr. 5.1.1 der Anlage 2 zur AwSV aus den Wassergefährdungsklassen der enthaltenen Stoffe rechnerisch ermittelt. Dabei werden nicht identifizierte Stoffe wie Stoffe der Wassergefährdungsklasse 3 behandelt. Auch hier folgt die Einteilung anhand der ein-gesetzten Additive anteilig am Gesamtvolumen des Fracking-Gemischs, wobei in ab-soluten Zahlen die Masse an wassergefährdenden Stoffen sogar höher sein darf. Es dürfen sogar krebserregende Stoffe zum Einsatz kommen. Diese müssen allerdings sich unterhalb der in Nr. 5.1.3 der Anlage 2 zur AwSV genannten Berücksichtigungs-grenze befinden.

cc) Kritik an der Differenzierung

Ob die sich auf den ersten Blick als Verschärfung lesende Einteilung der Fracking-Fluide in nicht wassergefährdende bzw. maximal schwach wassergefährdende Gemi-

---

1270   Vgl. auch *Czychowski/Reinhardt*, Wasserhaushaltsgesetz, § 13a Rn. 63.
1271   *Giesberts/Kastelec*, in: BeckOK Umweltrecht, WHG § 13a Rn. 25.

sche tatsächlich als Verschärfung bzw. Limitierung der einzusetzenden chemischen Additive zu lesen ist, ist fraglich. Für die Annahme, dass dem zumindest im konventionellen Bereich in der Regel nicht so ist, sprechen die im Internet von der ExxonMobil GmbH veröffentlichten Gemischzusammensetzungen vergangener konventioneller Fracking-Maßnahmen. Diese weisen zum größten Teil den Einsatz maximal schwach wassergefährdender Fracking-Fluide aus.[1272] Für Erprobungsmaßnahmen im unkonventionellen Bereich begründet der Regierungsentwurf den Einsatz ausschließlich nicht wassergefährdender Frack-Fluide damit, dass bei ihnen ein größeres Volumen an Frack-Fluiden eingesetzt werden muss und die notwendigen Erkenntnisse zu den Umweltauswirkungen fehlen.[1273] Eine Begründung, warum im konventionellen Bereich auch schwach wassergefährdende Fracking-Fluide zugelassen worden sind bzw. weiterhin zulässig bleiben, liefert der Gesetzesentwurf hingegen nicht. Eine Vermutung lässt sich dahingehend aufstellen, dass der Regierungsentwurf den Mehraufwand eines Fracks, der mit nicht wassergefährdenden Stoffe praktiziert wird, auf 160.000 Euro pro Fracking-Maßnahme taxiert, den Mehraufwand mit einem schwach wassergefährdenden Gemisch hingegen auf lediglich 50.000 Euro pro Maßnahme.[1274]

Die Differenz von 110.000 Euro pro Fracking-Maßnahme mag industriefreundlich Anlass dazu gegeben haben, im konventionellen Bereich die Zusammensetzung der Fracking-Fluide nicht weiter einzuschränken. Die Differenzierung mag indes vor dem Hintergrund des vorrangigen Schutzzweckes des Wasserhaushaltsgesetzes, die Gewässer nachhaltig zu bewirtschaften (§ 1 WHG), nur wenig überzeugen. Insbesondere das Kriterium des mengenmäßigen Mehreinsatzes von Frack-Fluiden mag hierfür kein überzeugendes Argument liefern. Auch im konventionellen Bereich kommt es nämlich auf die konkret vorherrschenden geologischen Gegebenheiten an, wie viel des eingesetzten Fracking-Fluides tatsächlich im Untergrund verbleibt. Die Zahlen besagen dabei, dass lediglich rund 20 bis 30 Prozent des verpressten Fracking-Fluids als Rückfluss zurückgefördert werden[1275]. In absoluten Zahlen gesprochen bedeutet dies, dass auch im konventionellen Bereich ein beachtlicher Teil der chemischen Additive dauerhaft unter Tage bleibt.

b)   Bestimmung der Wassergefährdung

Beabsichtigt ein Unternehmen in einer Anlage mit einem flüssigen oder gasförmigen Gemisch umzugehen, so muss es die Bestimmungen des § 8 AwSV beachten.

aa)   Selbsteinstufung

Gemäß § 8 Abs. 1 S. 1 AwSV erfolgt die Einteilung der einzusetzenden beabsichtigten Gemische im Rahmen einer Selbsteinstufung. Der Unternehmer hat nach der Maßgabe des § 8 Abs. 3 S. 1 AwSV die Einstufung zu dokumentieren und sie der zuständigen Behörden bei der Eintragung vorzulegen. Gemäß § 9 Abs. 1 S. 1 AwSV kann die Ein-

---

1272   Vgl. https://www.erdgas-aus-deutschland.de/de-dc/fracking/fracking/fracking-fl%C3% BCssigkeit/fracking-massnahmen, abgerufen am 20. März 2019.
1273   BT-Drs. 18/4713, S. 25.
1274   Vgl. BT-Drs. 18/4713, S. 18.
1275   Vgl. S. 27.

stufung von der zuständigen Behörde überprüft werden. Ist die Einstufung nicht korrekt, kann eine wasserrechtliche Erlaubnis verweigert werden.[1276]

bb) Kritik an der Selbsteinstufung

Während § 13a Abs. 7 Nr. 2 des Regierungsentwurfes zur Neuregelung des Wasserhaushaltsgesetztes[1277] noch vorsah, dass das Umweltbundesamt den für unkonventionelle Fracking-Erprobungsmaßnahmen einzusetzen beabsichtigten Fracking-Gemischen eine Unbedenklichkeitserklärung i.S.d. § 11 S. 1 AwSV attestieren musste, hat der Gesetzgeber sich in der tatsächlichen Neuregelung für das als Selbsteinstufung konzipierte Regelungssystem der § 8 und 9 AwSV entschieden. Dies bietet Anlass zur Kritik.

(1) Keine behördliche Überprüfungspflicht

Ausweislich des Wortlautes stecken in dem Regelungskonstrukt zwei Eventualitäten, die es zu beachten gilt. Zunächst ist die behördliche Überprüfung der Einteilung von Gemischen in die jeweilige Wassergefährdungsklasse nicht verpflichtet. Es steht ihr im Rahmen ihres pflichtgemäßen Ermessens frei, zu entscheiden, ob sie eine Überprüfung anordnet oder dies bleiben lässt. Kommt die Überprüfung zu dem Ergebnis, dass das Stoffgemisch vom Unternehmen nicht korrekt eingestuft wurde, steht es ihr wiederum frei, den Einsatz des Gemisches zu versagen. Dem Konstrukt liegt demnach ein zweifaches Ermessen zugrunde und basiert letztendlich auf einem erheblichen Vertrauensvorschuss für die Ehrlichkeit des Unternehmens.

(2) Keine an eine Falscheinstufung geknüpfte Sanktion

Wenngleich den Behörden nach der hitzigen Diskussion in der Bevölkerung und im politischen Diskurs schon im eigenen Interesse daran gelegen sein wird, eine wasserrechtliche Erlaubnis für konventionelles Fracking oder für eine unkonventionelle Erprobungsmaßnahme nicht ohne tatsächliche Überprüfung des einzusetzenden beabsichtigten Fracking-Fluides zu erteilen, kann durch das Ausnutzen des Regelungssystem im Wege krimineller Energie und unter dem Gesichtspunkt der Kostenersparnis nicht ausgeschlossen werden, dass doch stärker wassergefährdende Gemische bei dem Fracking-Verfahren zum Einsatz kommen als gesetzlich festgesetzt. Mangels einer festgesetzten Sanktionsmöglichkeit für eine falsche Selbsteinstufung – eine solche ist weder als Ordnungswidrigkeit im § 65 AwSV noch in der Bußgeldvorschrift des § 103 WHG gelistet – sind hieran auch keine gravierende Folgen geknüpft, die den Anlagenbetreiber dazu anhalten würden, sich streng an die gesetzlichen Vorgaben halten zu müssen. Im Sinne des Vorsorgeschutzes wäre es *de lege ferenda* anzuraten, dass das Umweltbundesamt, wie ursprünglich vorgesehen, gemäß § 11 S. 1 AwSV über die

---

1276 BT-Drs. 18/4713, S. 25. Entgegen der Regelung in § 9 AwSV und der Gesetzesbegründung geht *Czychowski/Reinhardt*, Wasserhaushaltsgesetz, § 13a Rn. 64 davon aus, dass die Erlaubnis versagt werden »muss«.

1277 Vgl BT-Drs. 18/4713, S. 11.

Zulassung bestimmter Gemische zu entscheiden hat, die als Fracking-Gemische zum Einsatz kommen dürfen. Damit wäre das Fracking-Unternehmen auch tatsächlich unter Gewährleistung der behördlichen Überprüfung daran gehalten, nur genehmigte Gemische einzusetzen.

2.   Stand der Technik

Weiterhin hat nach § 13a Abs. 4 Nr. 2 WHG das Fracking-Unternehmen bei dem Einsatz der Fracking-Technologie den Stand der Technik einzuhalten. Diese Änderung entspricht dem neuen § 22b S. 1 Nr. 1 ABBergV. Die zusätzliche Regelung auch im Wasserhaushaltsgesetz trägt dem speziellen Schutzanliegen des Wasserhaushaltsgesetzes (Gewässer- und Grundwasserschutz) Rechnung und fügt sich in die bereits bestehenden Regelungen zum Stand der Technik gemäß § 3 Nr. 11 i.V.m. Anlage 1 zum WHG ein. § 13a Absatz 4 Nr. 2 umfasst alle mit einer Benutzung nach § 9 Abs. 2 Nr. 3 WHG zusammenhängenden Tätigkeiten und kommt damit auch insoweit zum Tragen, als es sich um nicht anlagenbezogene Tätigkeiten handelt.[1278]

a)   Abstrakte Verschärfung des Sicherheitsstands durch den Technikstand

Auffällig ist, dass § 22b Abs. 1 Nr. 1 ABBergV und § 13a Abs. 4 Nr. 2 den Begriff »Stand der Technik« verwenden und damit eine von § 55 Abs. 1 Nr. 3 BBergG abweichende Regelung treffen, der für gewöhnliche bergbauliche Betriebspläne die Einhaltung der allgemein anerkannten Regeln der Sicherheitstechnik fordert. Zu fragen ist daher, ob der Stand der Technik gegenüber den allgemein anerkannten Regeln der (Sicherheits-)Technik eine Verschärfung darstellt oder nicht.[1279] Bei dem Begriff des Stands der Technik handelt es sich um einen unbestimmten Rechtsbegriff.[1280] Er ist nach den allgemeinen Grundsätzen zu bestimmen.[1281]

aa)   Höchstrichterliche Auffassung

Das Bundesverfassungsgericht hat klar gestellt, dass das Recht und die Technik durch unbestimmte Begriffe verknüpft werden können, um den technischen Fortschritt in ein rechtlich verbindliches Fundament zu gießen.[1282] Demzufolge sind die Begriffe strikt voneinander zu trennen, da sie unterschiedliche Technikstandards aufweisen und es sich um einen Entwicklungsprozess handelt.[1283] Bei den allgemein anerkannten Regeln der Technik können Behörden und Gerichte sich darauf beschränken, die herrschende

---

1278   BT-Drs. 18/8916, S. 20.
1279   Vgl. Frenz/Lülsdorf, EnEG/EnEV, § 5 EnEG Rn. 10 ff.; *Frenz,* in: Berendes/Frenz/ Müggenborg, Wasserhaushaltsgesetz, §§ 13a, 13b Rn. 37.
1280   Frenz/Lülsdorf, EnEG/EnEV, § 5 EnEG Rn. 10; *Frenz,* in: Berendes/Frenz/Müggenborg, Wasserhaushaltsgesetz, §§ 13a, 13b Rn. 37.
1281   *Frenz,* in: Berendes/Frenz/Müggenborg, Wasserhaushaltsgesetz, §§ 13a, 13b Rn. 36.
1282   BVerfGE 49, 89, 135 f.
1283   *Frenz,* in: Berendes/Frenz/Müggenborg, Wasserhaushaltsgesetz, §§ 13a, 13b Rn. 37; Frenz/Lülsdorf, EnEG/EnEV, § 5 EnEG Rn. 11.

Auffassung unter den technischen Praktikern zu ermitteln und somit feststellen, ob das jeweilige technische Arbeitsmittel in den Verkehr gebracht werden kann oder nicht.[1284] Mit der Zugrundelegung der herrschenden Auffassung bleibt der Technikstandard rechtlich allerdings hinter den neusten technischen Entwicklungen zurück.[1285]

Dem wirkt der Begriff des Stands der Technik entgegen, da dieser seinem Maßstab nicht die herrschende Auffassung der Praktiker zugrunde legt, sondern die Verknüpfung des Gebotenen und Erlaubten herstellt.[1286] Dies erfordert allerdings eine behördliche und gerichtliche Auseinandersetzung mit dem technischen Meinungsstreit, um herauszufinden, was technisch notwendig, geeignet, angemessen und vermeidbar ist.[1287]

bb) Literaturauffassung

In der Literatur wird im Gegensatz der Stand der Technik zum Teil als Oberbegriff zu den allgemein anerkannten Regeln der Technik verstanden.[1288] Der Stand der Technik verzichtet im Gegensatz zu den allgemein anerkannten Regeln der Technik auf die allgemeine Anerkennung.[1289] Ein Verfahren muss darüber nicht langfristig erprobt sein, um dem Stand der Technik zu genügen.[1290] Gefordert wird nur, dass es flächendeckend am Markt frei verfügbar ist.[1291]

b) Konkretisierungen des Stands der Technik

Konkretisierungen erfährt der Stand der Technik in verschiedenen Gesetzen, Rechtsverordnungen und Verwaltungsvorschriften.[1292] Legaldefinitionen des Begriffs beinhalten beispielsweise § 3 Nr. 11 WHG, § 3 Abs. 6 S. 1 BImSchG und § 3 Nr. 28

1284 BVerfGE 49, 89, 135 f.; Frenz/Lülsdorf, EnEG/EnEV, § 5 EnEG Rn. 12; *Frenz,* in: Berendes/Frenz/Müggenborg, Wasserhaushaltsgesetz, §§ 13a, 13b Rn. 38.

1285 BVerfGE 49, 89, 135 f.; *Frenz,* in: Berendes/Frenz/Müggenborg, Wasserhaushaltsgesetz, §§ 13a, 13b Rn. 38; *Frenz/Lülsdorf,* in: Frenz/Lülsdorf, EnEG/EnEV, § 5 EnEG Rn. 12; *Breuer,* AöV 101 (1976), 46, 67.

1286 BVerfGE 49, 89, 135; *Frenz,* in: Berendes/Frenz/Müggenborg, Wasserhaushaltsgesetz, §§ 13a, 13b Rn. 39, *Frenz/Lülsdorf,* in: Frenz/Lülsdorf, EnEG/EnEV, § 5 EnEG Rn. 13; *Breuer,* AöV 101 (1976), 46, 67.

1287 BVerfGE 49, 89, 136; *Frenz,* in: Berendes/Frenz/Müggenborg, Wasserhaushaltsgesetz, §§ 13a, 13b Rn. 39, *Frenz/Lülsdorf,* in: Frenz/Lülsdorf, EnEG/EnEV, § 5 EnEG Rn. 13; *Breuer,* AöV 101 (1976), 46, 67.

1288 Vgl. *Seibel,* NJW 2013, 3000, 3003; *Frenz,* in: Berendes/Frenz/Müggenborg, Wasserhaushaltsgesetz, §§ 13a, 13b Rn. 41, *Frenz/Lülsdorf,* in: Frenz/Lülsdorf, EnEG/EnEV, § 5 EnEG Rn. 17.

1289 *Seibel,* NJW 2013, 3000, 3002; *Frenz/Lülsdorf,* in: Frenz/Lülsdorf, EnEG/EnEV, § 5 EnEG Rn. 17; *Breuer,* AöV 101 (1976), 46, 67.

1290 *Frenz,* in: Berendes/Frenz/Müggenborg, Wasserhaushaltsgesetz, §§ 13a, 13b Rn. 41; *Frenz/Lülsdorf,* in: Frenz/Lülsdorf, EnEG/EnEV, § 5 EnEG Rn. 17.

1291 *Müller-Kulmann,* in: Danner/Theobald, Energiewirtschaftsrecht, § 5 EnEG Rn. 5; *Frenz/Lülsdorf,* in: Frenz/Lülsdorf, EnEG/EnEV, § 5 EnEG Rn. 17; *Frenz,* in: Berendes/Frenz/Müggenborg, Wasserhaushaltsgesetz, §§ 13a, 13b Rn. 41.

1292 *Frenz,* in: Berendes/Frenz/Müggenborg, Wasserhaushaltsgesetz, §§ 13a, 13b Rn. 42.

KrWG. Ihnen gemein ist, dass sie davon ausgehen, dass der Stand der Technik der Entwicklungsstand fortschrittlicher Verfahren, Einrichtungen oder Betriebsweisen ist, der die praktische Eignung einer Maßnahme zur Begrenzung von Emissionen in Luft, Wasser und Boden, zur Gewährleistung der Anlagensicherheit, zur Gewährleistung einer umweltverträglichen Abfallentsorgung oder sonst zur Vermeidung oder Verminderung von Auswirkungen auf die Umwelt zur Erreichung eines allgemein hohen Schutzniveaus für die Umwelt insgesamt gesichert erscheinen lässt. Es handelt sich demnach um praktisch erprobte Verfahren, die ein hohes ökologisches Schutzniveau erwarten lassen.[1293] Es muss sich gleichsam um die beste verfügbare Technik handeln.[1294]

aa) Stand der Technik beim unkonventionellen Fracking

Auf eine praktische Erprobung wird man sich beim unkonventionellen Fracking in Ermangelung an Erfahrungssätzen nicht stützen können, außer man bezieht die ausländischen Fracking-Erfahrungen mit ein, die aufgrund anderweitiger Zulassungsvoraussetzungen wohl aber nur bedingt übertragbar sein dürften.[1295] Allerdings kann die Erprobung nicht das einzig heranzuziehende Kriterium sein. Bei dem Einhalten des Stands der Technik müssen bereits erhebliche Sicherheitsvorkehrungen getroffen werden. Auch wenn sich ein technischer Maßstab noch nicht etabliert hat, dürfen nicht gänzlich unkalkulierbare Technologien mit uneinschätzbaren Risikopotenzialen zum Einsatz kommen.[1296] Gleichwohl dürfte die Festsetzung des Stands der Technik für die verwaltungsrechtliche Praxis nicht unproblematisch sein. Die potentiellen Umweltgefahren werden zwar abstrakt formuliert, sind jedoch noch nicht hinreichend konkret bestimmbar.[1297] Es dürfte sich daher wohl kaum ein hinreichend verdichtetes Anwendungswissen finden lassen, das für die allgemeine Anerkennung in den einschlägigen Fachkreisen notwendig ist.[1298] Die behördliche Praxis wird es daher nicht leicht haben, eine notwendige Standardisierung des Begriffes zu finden, die vorhersehbar und transparent genug ist, um Rechtsklarheit und somit Rechtssicherheit für den Anwender zu schaffen.[1299]

1293 *Reese*, in: /Petersen, Kreislaufwirtschaftsgesetz, § 3 Rn. 359; *Frenz,* in: Berendes/Frenz/ Müggenborg, Wasserhaushaltsgesetz, §§ 13a, 13b Rn. 42.

1294 *Brandt,* in: Jahn/Deifuß-Kruse/Brandt, Kreislaufwirtschaftsgesetz, § 3 Rn. 120; *Kopp-Assenmacher/Schwartz*, in: Kopp-Assenmacher, Kreislaufwirtschaftsgesetz, § 3 Rn. 129.

1295 So auch *Frenz,* in: Berendes/Frenz/Müggenborg, Wasserhaushaltsgesetz, §§ 13a, 13b Rn. 42; *Czychowski/Reinhardt*, Wasserhaushaltsgesetz, § 13a Rn. 65.

1296 *Frenz,* in: Berendes/Frenz/Müggenborg, Wasserhaushaltsgesetz, §§ 13a, 13b Rn. 42.

1297 Vgl. Breuer/Gärditz, Öffentliches und privates Wasserrecht, Rn. 671.

1298 Vgl. hierzu BVerwG, NVwZ-RR 1997, 213, 214; Breuer/Gärditz, Öffentliches und privates Wasserrecht, Rn. 671; *Ziegler*, ZfBR 2009, 316, 318, *Reinhardt,* NVwZ 2016, 1505, 1507.

1299 Breuer/Gärditz, Öffentliches und privates Wasserrecht, Rn. 671; zum behördlichen Standardisierungsspielraum *Breuer*, NVwZ 1990, 211, 222; *Breuer*, NVwZ 1988, 104, 110; *Breuer*, in: Aktuelle Probleme des Umwelt- und Technikrechts, S. 9, 16 ff.

bb) Stand der Technik beim konventionellen Fracking

Bei der konventionellen Förderung kann man im Gegensatz dazu auf einen Erfahrungsschatz bereits erprobter Verfahren zurückgreifen, die es ermöglichen einen Stand der Technik zu ermitteln. Bei allem Einhalten eines ökologischen Schutzniveaus sind ausweislich der Anlage 1 zum WHG bei der Ermittlung des Stands der Technik aber auch die Grundsätze der Verhältnismäßigkeit zwischen dem Aufwand und dem Nutzen möglicher Maßnahmen sowie des Grundsatzes der Vorsorge und der Vorbeugung zu berücksichtigen. Ökonomische Anforderungen können demnach auch bei der Festlegung des Technikstandards nicht gänzlich außer Acht bleiben.[1300]

VII. Weitere Anforderungen an den Umgang mit Lagerstättenwasser

§ 13a Abs. 5 WHG stellt an die untertägige Ablagerung von Lagerstättenwasser weitere Anforderungen. § 13a Abs. 5 WHG gilt für sämtliches Lagerstättenwasser, das im Zusammenhang mit der gesamten Öl- oder Gasförderung anfällt und untertätig abgelagert werden soll. Er beschränkt sich also nicht auf Lagerstättenwasser, das bei Fracking-Maßnahmen anfällt.[1301] Demnach darf die wasserrechtliche Erlaubnis nur erteilt werden, wenn sichergestellt ist, dass der Stand der Technik eingehalten wird und insbesondere die Anforderungen nach § 22c ABBergV erfüllt werden.

1. Einhalten des Stands der Technik

Zum Begriff des Stands der Technik kann auf das soeben Gesagte verwiesen werden.[1302] Im Rahmen des § 13 Abs. 5 WHG erfährt der Begriff allerdings ausweislich des Gesetzestexts eine Konkretisierung durch die Anforderungen des § 22c ABBergV (»insbesondere«).[1303] Dies entspricht der im § 22c Abs. 3 ABBergV enthaltenen Regelung, nach der durchgehend der Stand der Technik bei Maßnahmen nach § 22c ABBergV einzuhalten ist.[1304] Dies umfasst alle mit der Ablagerung von Lagerstättenwasser zusammenhängenden Tätigkeiten, wie beispielsweise die Abscheidung von Feststoffen oder von Kohlenwasserstoffen durch Filtration, Fällung, Schwerkraftabtrennung oder entsprechende Verfahren.[1305]

1300 *Frenz,* in: Berendes/Frenz/Müggenborg, Wasserhaushaltsgesetz, §§ 13a, 13b Rn. 43.
1301 Vgl. *Frenz,* in: Berendes/Frenz/Müggenborg, Wasserhaushaltsgesetz, §§ 13a, 13b Rn. 35.
1302 Siehe S. 228 ff.
1303 So auch *Czychowski/Reinhardt,* Wasserhaushaltsgesetz, § 13 Rn. 67; krit. *von Weschpfennig,* in: Landmann/Rohmer, Umweltrecht, Band I, WHG § 13a Rn. 91.
1304 Vgl. BT-Drs. 18/8916, S. 20. vgl. ebenfalls die Ausführungen zur Betriebsplanzulassung S. 197 f. Zur Doppelnormierung des Stands der Technik, *von Weschpfennig,* in: Landmann/Rohmer, Umweltrecht, Band I, WHG § 13a Rn. 89; ders., ZfB 157 (2016), 255, 257.
1305 BT-Drs. 18/8916, S. 21.

Der Stand der Technik erfordert[1306], dass das Lagerstättenwasser in dichten Behältern gemäß den Vorschriften der §§ 17 ff. AwVS aufgefangen wird. Im Hinblick auf die Versenkbohrung erfordert der Stand der Technik zudem ein Rohrsystem aus mehreren ineinander geschobenen und durch Zementation verbundenen Rohren, das sicherstellt, dass keine Stoffe aus dem Rohrsystem entweichen können.[1307] Weiterhin hat das Unternehmen das Lagerstättenwasser gemäß § 22c Abs. 1 S. 2 ABBergV aufzufangen. Es hat Umweltgefährdungen bei Transport und Zwischenlagerung des Lagerstättenwassers und seismologischen Gefährdungen bei Versenkbohrungen durch geeignete Maßnahmen vorzubeugen. Die untertägige Einbringung des Lagerstättenwassers ist nur zulässig, wenn es in druckabgesenkte kohlenwasserstoffhaltige Gesteinsformationen eingebracht wird, die in den Fällen der Ablagerung gewährleisten, dass das Lagerstättenwasser sicher eingeschlossen ist, oder in denen das Lagerstättenwasser, sofern es nicht abgelagert wird, sicher gespeichert ist und ohne die Möglichkeit zu entweichen erneut nach über Tage gefördert werden kann. Mit druckabgesenkten kohlenwasserstoffhaltigen Gesteinsformationen sind unter anderem die produktionsunterstützende Re-Injektion in die Ursprungslagerstätte und die Versenkung zur dauerhaften Ablagerung in ausgeförderte Lagerstättenbereiche gemeint. Druckreduzierte Bereiche alter Erdöl- und Erdgaslagerstätten, die auch herkömmlichen Wege ausgebeutet worden sind, können besonders geeignete Horizonte sein.[1308] Gefrackte Lagerstätten eignen sich hingegen nicht[1309], da regelmäßig nicht ausreichend sichergestellt werden kann, dass die Ursprungslagerstätte sich durch die Behandlung mit der Fracking-Maßnahme nicht derart verändert hat, das sie Verbindungen mit grundwasserführenden Schichten aufweist und das Lagerstättenwasser damit nicht mehr sicher eingeschlossen ist.

2. Keine nachteilige Veränderung des Grundwassers

Eine nachteilige Veränderung des Grundwassers darf hierdurch nicht zu besorgen sein. Damit wird der wasserrechtliche Besorgnisgrundsatz auf den Umgang mit Lagerstättenwasser übertragen.[1310] Entsprechendes ist für die tatsächliche Fracking-Maßnahme nicht pauschal vorgesehen.[1311] Die Behörde kann festlegen, ob aufgrund der Zusammensetzung des Lagerstättenwassers und der Beschaffenheit der Gesteinsformation, in die das Lagerstättenwasser eingebracht werden soll, vor dem Einbringen unter Tage

---

1306 Siehe für das Folgende auch *von Weschpfennig*, in: Landmann/Rohmer, Umweltrecht, Band I, WHG § 13a Rn. 92 ff.; *Giesberts/Kastelec*, in: BeckOK Umweltrecht, WHG § 13a Rn. 28 ff.
1307 BT-Drs. 18/8916, S. 20 f.
1308 BR-Drs. 144/15, S. 19.
1309 BR-Drs. 144/15, S. 19.
1310 Vgl. Breuer/Gärditz, Öffentliches und privates Wasserrecht, Rn. 676. Der Besorgnisgrundsatz kommt dementsprechend nur zum Tragen soweit die Fracking-Maßnahme eine echte Wasserbenutzung i.S.d. § 9 Abs. 1 Nr. 4 WHG darstellt, siehe S.126 ff.
1311 Krit. *Reinhardt*, NVwZ 2016, 1505, 1507; *Czychowski/Reinhardt*, Wasserhaushaltsgesetz, § 13a Rn. 69.

eine Aufbereitung des Lagerstättenwassers nach dem Stand der Technik erforderlich ist und welche Maßnahmen der Unternehmer hierzu vorzunehmen hat.

3.   Ausschluss von Verpressen von Rückfluss

Die untertägige Einbringung des Rückflusses ist im Gegensatz zum Lagerstättenwasser gemäß § 22c Abs. 2 S. 6 ABBergV ausgeschlossen.

Vor dem Hintergrund des wasserhaushaltsgesetzlichen Bewirtschaftungsziel der sparsamen Verwendung von Wasser und dem primären Ziel des Gesetzgebers, den Rückfluss zunächst wiederzuverwenden (§ 22c Abs. 2 S. 4 ABBergV), ist das Verbot das untertägigen Einbringens von Rückfluss begrüßenswert. Vor dem Hintergrund der nachhaltigen Gewässerbewirtschaftung ist es dennoch unverständlich, warum die Entsorgung von Rückfluss und Lagerstättenwasser auf unterschiedlichen Wegen zu erfolgen hat.

a)   Bestandteile von Rückfluss und Lagerstättenwasser

Der Gesetzgeber geht bei der Abgrenzung von Rückfluss und Lagerstättenwasser davon aus, dass die jeweilige Flüssigkeit in unterschiedlichen Phasen des Betriebes anfällt.[1312] Unmittelbar nach Abschluss des Fracking-Vorgangs wird zunächst ausschließlich Rückfluss anfallen.[1313] Zu diesem Zeitpunkt wird der Rückfluss weitgehend aus dem eingebrachten Fracking-Gemisch bestehen, das zum Aufbrechen des Gesteins genutzt wird. Im Verlauf der Rückförderung verringert sich der Anteil des Fracking-Gemischs und der Anteil an Lagerstättenwasser steigt an. Zu Beginn der Produktionsphase soll schließlich der Anteil des Rückflusses am Lagerstättenwasser so marginal sein, dass die Flüssigkeit als Lagerstättenwasser zu behandeln ist. Unter Lagerstättenwasser sind nur solche Flüssigkeiten zu verstehen, die in der Produktionsphase nach über Tage gefördert werden.[1314] Dies entspricht der Legaldefinition des Lagerstättenwassers in § 22b S. 1 Nr. 3 ABBergV, die auf den Beginn der Produktionsphase, also den Zeitpunkt, ab dem Erdgas gewonnen wird, abstellt. Mit anderen Worten: Sämtliche Flüssigkeiten geogenen Ursprungs, die vor dem Beginn der Produktionsphase zurückgefördert werden, fallen im Umkehrschluss unter den Begriff des Rückflusses. Wo das Lagerstättenwasser also zu 99,9 Prozent zusammengesetzt ist aus Flüssigkeiten geogenen Ursprungs (vgl. § 22b S. 1 Nr. 3 ABBergV und § 22c Abs. 2 S. 2 ABBergV), ist der Rückfluss ein Mix aus dem ursprünglichen Fracking-Gemisch und dem geogenen Lagerstättenwasser, der zum Ende der Rückforderung des Rückflusses hin überwiegend aus Lagerstättenwasser bestehen wird. Vereinfacht ausgedrückt: Der Rückfluss wird ebenfalls zu einem erheblichen Teil aus Lagerstättenwasser bestehen.

1312   Vgl. BR-Drs. 144/15, S. 20.
1313   *Rosenwinkel/Weichgrebe/Olsson*, Gutachten zur Abwasserentsorgung und Stoffstrombilanz, S. 31.
1314   BR-Drs. 144/15, S. 18.

b) Kritik an Abgrenzung im Rahmen unkonventioneller Erprobungsmaßnahmen

Vor diesem Hintergrund sind die unterschiedlichen Anforderungen, die das Gesetz an die Entsorgungswege von Rückfluss und von Lagerstättenwassers stellt, insbesondere im Rahmen der unkonventionellen Erprobungsförderung unverständlich. Bei der unkonventionellen Erprobungsförderung darf das eingesetzte Frack-Fluid nämlich ausschließlich aus Gemischen bestehen, von denen keine Wassergefährdung ausgeht.[1315]

In diesem Fall wird das zurückgeförderte Lagerstättenwasser keine wassergefährdenden Stoffe aus dem Fracking-Fluid gemäß § 22c Abs. 2 S. 2 ABBergV aufweisen. Demnach ist streng nach der Legaldefinition des § 22b S. 1 Nr. 3 ABBergV abzugrenzen. Sämtliche Flüssigkeit, die ab Beginn der Produktionsphase anfällt, zählt dann als Lagerstättenwasser, alles davor als Rückfluss, unabhängig von seiner konkreten Zusammensetzung. Es wird also unterschieden zwischen »reinem« Lagerstättenwasser und »gestrecktem« Lagerstättenwasser. Das »reine« Lagerstättenwasser darf unter den Voraussetzungen des § 22c Abs. 1 S. 3 ABBergV in den Untergrund verbracht werden, das »gestreckte« hingegen nicht, sondern muss gemäß § 22c Abs. 2 S. 5 ABBergV entweder als Abfall entsorgt oder als Abwasser beseitigt werden.

Aufgrund der im Wasser geogenen Ursprungs enthaltenen regelmäßig giftigen und sogar radioaktiven Stoffe wird eine Aufbereitung zur Wiederverwendung, wie gesetzlich gewünscht, aus Kostengründen scheitern, sondern muss obertägig entsorgt werden. Die obertägigen Entsorgungswege stellen aber eine viel größere Gefahr für die Verunreinigung von Trinkwasservorkommen und von oberflächennah gelegenen Grundwasserleitern, die potentiell der Trinkwassergewinnung dienen können, dar, als der sichere Einschluss dieser Stoffe in druckabgesenkte Gesteinsformationen, die weit unter der Erde gelegen sind und damit um ein Vielfaches weniger Gefahr laufen, für die Trinkwassergewinnung nutzbare grundwasserführende Schichten zu kontaminieren.

c) Defizitäre Umsetzung

Um den Schutzzweck des Regelungspaketes, den Schutz der Gesundheit und des Trinkwassers zuverlässig und umfassend zu gewährleisten[1316], wäre demnach eine andere gesetzliche Abgrenzung von Lagerstättenwasser und Rückfluss zwingend notwendig gewesen. Geht man davon aus, dass das eingesetzte Fracking-Fluid, wie gesetzlich gewünscht, in Abgrenzung zum Lagerstättenwasser hin, die »sauberere« Form ist, da sie fast ausschließlich aus Wasser besteht und nur zu einem geringen Teil aus nicht bis maximal schwach wassergefährdenden Gemischen, müsste primäres Ziel des Gesetzgebers sein, den Rückfluss soweit es geht vor der Kontaminierung mit dem schädlichen Lagerstättenwasser geogenen Ursprungs zu schützen. Dem entspräche eine zu § 22c Abs. 2 S. 2 ABBergV umgekehrte Abgrenzung dahingehend, dass der Rückfluss maximal 0,1 Prozent des Lagerstättenwassers enthalten dürfe. Diese »reinere« Form des Rückflusses, wenngleich damit eine erheblich geringere Menge der Rückforderung unter den Begriff fiele, könnte mit erheblich geringerem Aufwand zur Wiederverwendung aufbereitet werden und somit tatsächlich wiederverwendet werden.

1315   Vgl. S. 225.
1316   Vgl. BR-Drs. 144/15, S. 1.

VIII. Expertenkommission

Die Bundesregierung setzt gemäß § 13a Abs. 6 WHG eine unabhängige Expertenkommission ein, welche die Erprobungsmaßnahmen für unkonventionelles Fracking wissenschaftlich begleitet[1317] und auswertet sowie hierzu und zum Stand der Technik Erfahrungsberichte zum 30. Juni eines Jahres, beginnend mit dem 30. Juni 2018, erstellt.[1318] Die Expertenkommission übermittelt die Erfahrungsberichte dem Deutschen Bundestag und veröffentlicht sie im Internet. Sie unterrichtet ebenfalls die Öffentlichkeit in regelmäßigen Abständen über Verlauf und Ergebnisse der Erprobungsmaßnahmen; hierbei sowie zu den Entwürfen der Erfahrungsberichte ist der Öffentlichkeit Gelegenheit zur Stellungnahme zu geben. Damit stellt die Expertenkommission eine institutionalisierte Expertengruppe dar, die dem Recht nicht fremd ist[1319] und den Gesetzgeber und die Verwaltung fundiert beraten sollen.[1320]

1. Zusammensetzung der Kommission

Die unabhängige Expertenkommission setzt sich zusammen aus einem Vertreter der Bundesanstalt für Geowissenschaften und Rohstoffe, einem Vertreter des Umweltbundesamtes, einem vom Bundesrat benannten Vertreter eines Landesamtes für Geologie, das nicht für die Zulassung der Erprobungsmaßnahmen zuständig ist, einem Vertreter des Helmholtz-Zentrums Potsdam Deutsches GeoForschungsZentrum, einem Vertreter des Helmholtz-Zentrums für Umweltforschung Leipzig sowie einem vom Bundesrat benannten Vertreter einer für Wasserwirtschaft zuständigen Landesbehörde, die nicht für die Zulassung der Erprobungsmaßnahmen zuständig ist. Die Mitglieder der Expertenkommission sind an Weisungen nicht gebunden. Mit dieser Zusammensetzung handelt es sich um ein Gremium aus Fachleuten, eine nähere Ausgestaltung der Kriterien für das Votum dieser Kommission erfolgt allerdings im Wasserhaushaltsgesetz nicht.[1321]

1317 Zur Unterscheidung zwischen der Erprobungsmaßnahme und dem wissenschaftlichen Begleitprozess, *von Weschpfennig*, in: Landmann/Rohmer, Umweltrecht, Band I, WHG § 13a Rn. 82 f.

1318 Mit einjähriger Verspätung hat die Expertenkommission im Sommer 2019 ihren ersten Bericht vorgelegt, in dem sie über die Bestellung ihrer Mitglieder, der Klärung von Inhalten und Modalitäten des Arbeitsauftrages sowie der Schaffung der Geschäftsgrundlagen berichtete. Der erste »inhaltliche« Bericht folgte im Sommer 2020. Demzufolge wurden im Berichtsjahr drei Studien zu Umweltauswirkungen von Fracking bei der Aufsuchung und Gewinnung von Kohlenwasserstoffen aus unkonventionellen Lagerstätten öffentlich ausgeschrieben und teilweise beauftragt, bei denen es um die Erarbeitung von Monitoringkonzepten des Grund- und Oberflächenwassers, Methanemissionen und Mikroseismizitäten geht. Mangels eines derzeitigen Interesses der Erdgasunternehmen in Deutschland unkonventionelles Fracking zu erforschen, werden die Gutachten sich dabei auf Erfahrungsberichte aus anderen Ländern stützen, von denen man sich sinnvolle Ergänzungen des Kenntnisstandes für Deutschland erhofft.

1319 Vgl. § 35c SGB V, § 125 TKG und § 64 EnWG.

1320 Vgl. *Boehme-Neßler*, NVwZ 2015, 1249, 1250.

1321 *Frenz*, in: Berendes/Frenz/Müggenborg, Wasserhaushaltsgesetz, §§ 13a, 13b Rn. 60.

Die Einberufung eines solchen Gremiums entspricht der geforderten »Schritt-für-Schritt-Ermittlung« der Risiken im Zusammenhang mit unkonventionellen Fracking.[1322] Dass Fachleute und Expertengremien ihre Expertise in den Gesetzgebungsprozess in einer High-Tech-Welt, die in immer höherem Tempo und größerem Ausmaß von hochkomplexen Technologien geprägt ist, einbringen, ist unverzichtbar.[1323] Ihre Bedeutung wird im größer.[1324] In der Regel sind wissenschaftliche Beratungsleistungen aber für den Staat schon vor dem Hintergrund von Demokratiegesichtspunkten rechtlich unverbindlich.[1325] Die Letztentscheidungskompetenz bleibt beim Parlamentsgesetzgeber.

2. Aufgabe der Kommission

Der Expertenkommission wird eine wissenschaftlich begleitende und auswertende Funktion zugestanden.[1326] Ihre Berichte bilden die wesentliche, aber nicht bindende Grundlage für die nach § 13a Abs. 7 WHG festgesetzte Überprüfungsentscheidung (Parlamentsvorbehalt) hinsichtlich der Aufrechterhaltung des unkonventionelles Fracking-Verbotes des Bundestages im Jahr 2021.[1327] Mangels Bindungswirkung der Expertenberichte tangiert die umgesetzte Regelung weder die Wesentlichkeitstheorie noch schafft sie Bedenken hinsichtlich der demokratischen Legitimation des Gremiums.[1328] Vielmehr kommt ihr jetzt diejenige angemessene Rolle zu, die zur Begleitung

1322 *Bünnigmann*, DVBl. 2015, 1418, 1424; *Schweighart*, UPR 2014, 11, 13.
1323 *Boehme-Neßler*, NVwZ 2015, 1249, 1249.
1324 *Boehme-Neßler*, NVwZ 2015, 1249, 1250; *Boehme-Neßler*, Rechtswissenschaft 2014, 189, 191 ff.
1325 *Boehme-Neßler*, NVwZ 2015, 1249, 1250; *Vierhaus*, NVwZ 1993, 36, 37 ff.
1326 Ursprünglich sah § 13 Abs. 7 Nr. 1 des Regierungsentwurfes für die Neuregelung des Wasserhaushaltsgesetzes vor, dass eine wasserrechtliche Erlaubnis für (kommerzielles) Fracking für den Fall, dass das Gremium den Einsatz der beantragten Fracking-Maßnahme mehrheitlich als grundsätzlich unbedenklich einstuft, von der zuständigen Behörde erteilt werden kann. Trotz der Ausgestaltung als Ermessensvorschrift wurde die Meinung vertreten, dass die Gremiumsentscheidung aufgrund ihrer präjudizierenden Wirkung eine Ermessensreduktion auf die behördliche Letztentscheidung darstellt, da die Behörde im Rahmen der sachlichen Reichweite ihres Ermessens gar keine abweichende Entscheidung treffen kann, wenn ein Expertengremium dem Fracking-Vorhaben vorgelagert bereits ihre Unbedenklichkeit attestiert habe. Der Regierungsentwurf wies dem unabhängigen Expertengremium damit eine (Mit-)Entscheidungskompetenz zu, das unabhängig von staatlichen Stellen entscheiden sollte. vgl. *Boehme-Neßler*, NVwZ 2015, 1249, 1251.
1327 *Frenz*, in: Berendes/Frenz/Müggenborg, Wasserhaushaltsgesetz, §§ 13a, 13b Rn. 60, 75; vgl. auch Breuer/Gärditz, Öffentliches und privates Wasserrecht, Rn. 674.
1328 Der ursprüngliche Entwurf (vgl. Fn. 1326) stieß auf verfassungsrechtliche Bedenken, insbesondere hinsichtlich des Demokratieprinzips und der Wesentlichkeitstheorie. Bedenken hinsichtlich der Wesentlichkeit ergaben sich daraus, dass die Expertenkommission die inhaltlichen Grundlinien der Rechtsgüterabwägung vorentscheiden, Entscheidungsfreiräumen der Verwaltung präzisieren und die verfahrensmäßigen sowie organisatorischen Voraussetzungen für eine transparente Beteiligung von Sachverständigen schaffen sollte. Aufgrund der zahlreichen Grundrechte, die im Zusammenhang mit Fracking-Vorhaben einschlägig sind, u.a. das Recht auf Leben und körperliche Unversehrtheit aus

einer hochkomplexen Hochrisikotechnologie erforderlich erscheint, um dem Parlamentsgeber mit genügend wissenschaftlich fundierten Information zu schaffen, auf die er seine souveräne und demokratische legitimierte Entscheidung fußen kann.

3.   Veranlassung zur Etablierung einer Expertenkommission

Mit der Evaluierungsklausel des § 13a Abs. 7 WHG gibt der Gesetzgeber zu erkennen, dass die bisherigen Erkenntnisse für ein generelles und dauerhaftes Verbot von unkonventionellen Fracking-Maßnahmen seines Erachtens zurzeit nicht ausreichend sind.[1329] Ohne begleitende Analyse und abschließende Evaluierung bestünden erhebliche Zweifel an der Verhältnismäßigkeit eines Verbots.[1330] Eine konkrete Rechtsfolge ist mit der Evaluierung allerdings nicht verbunden.[1331] So kann es danach zu einem Totalverbot kommen oder das unkonventionelle Fracking grundsätzlich auch zu kommerziellen Zwecken erlaubnisfähig gemacht werden. Diese bewusst offen gelassene gesetzliche Ausgestaltung ist durchaus experimentell.[1332] Ihrem Gegenstand nach ist sie vorteil-

---

Art. 2 Abs. 2 S. 1 GG, das Recht auf Eigentum und am eingerichteten und ausgeübten Gewerbebetrieb aus Art. 14 Abs. 1 und 2 GG sowie die Berufsfreiheit aus Art. 12 Abs. 1 S. 1 und 2 GG, sprach vieles dagegen die Zulassungsentscheidung auf ein nicht demokratisch legitimiertes Entscheidungsgremium zu verlagern, das auch politisch nicht verantwortlich für die möglichen Folgen des Einsatzes der Risikotechnologie ist. Bedenken hinsichtlich des Demokratieprinzips ergaben sich daraus, dass eine durch den Bund zu ernennende Kommission, den Behörden der Länder, die über die Zulassung nach Art. 84 Abs. 1 S. 1 GG zu entscheiden haben, verbindliche sachlich-inhaltliche Vorgaben für ihre Entscheidung machen sollte. Weiterhin verlangt das bundesstaatliche Prinzip, dass weder die Staatsgewalt des Bundes von den Ländern noch die der Länder vom Bund abgeleitet wird, sondern die Staatsgewalt der einzelnen Länder vom jeweiligen Landesvolk ausgehen. Auch hiergegen wurde ein Verstoß gesehen, da die Kommission eine inhaltliche Vorentscheidung für die Länder treffen sollte, vgl. *Boehme-Neßler*, NVwZ 2015, 1249, 1251 ff.; krit. *Frenz*, in: Berendes/Frenz/Müggenborg, Wasserhaushaltsgesetz, §§ 13a, 13b Rn. 61, 65; *Frenz*, Dokumentation zur 39. Wissenschaftlichen Fachtagung der Gesellschaft für Umweltrecht e.V. Berlin 2015, S. 89, 99 ff.; *Bünnigmann*, DVBl. 2015, 1418, 1424; siehe auch *Wagner*, UPR 2015, 201, 206; *Ramsauer/Wendt*, NVwZ 2014, 1401, 1406; *Gaßner/Buchholz*, ZUR 2013, 143, 149; siehe auch *von Weschpfennig*, in: Landmann/Rohmer, Umweltrecht, Band I, WHG § 13a Rn. 80, *ders.*, ZfB 157 (2016), 193, 199 f.

1329   Breuer/Gärditz, Öffentliches und privates Wasserrecht, Rn. 670. Ob der Erkenntnisgewinn insbesondere im Hinblick auf die zahlenmäßige Begrenzung der Erprobungsmaßnahmen – soweit überhaupt solche durchgeführt werden – so hoch ist, dass dieser zu einer Neubewertung des gesetzlichen Verbots von unkonventionellen Fracking führen kann bzezweifeldn, *Giesberts/Kastelec*, in: BeckOK Umweltrecht, WHG § 13a Rn. 36; *Giesberts/Kastelec*, NVwZ 2017, 360, 366 f.

1330   Breuer/Gärditz, Öffentliches und privates Wasserrecht, Rn. 670; *Sanders/Preisner*, DÖV 2015, 761, 763 ff.; *Bickenbach*, S. 434 ff.; siehe auch *von Weschpfennig*, in: Landmann/Rohmer, Umweltrecht, Band I, WHG § 13a Rn. 100.

1331   Breuer/Gärditz, Öffentliches und privates Wasserrecht, Rn. 670.

1332   *Reinhardt*, NVwZ 2016, 1505, 1506; *Czychowski/Reinhardt*, Wasserhaushaltsgesetz, § 13a Rn. 83.

haft, da sie durch ihre bewusst offene und vorläufige Ausgestaltung Platz für demokratische und politische Neuorientierungen und Entwicklungen lässt.[1333] Gleichsam verpflichtet sie den nächsten demokratischen legitimierten Souverän sich erneut mit den neuesten Entwicklungen der Risikotechnologie zu beschaffen.

IX. Ergebnis

Die wasserrechtliche Erlaubnisfähigkeit der im Zusammenhang mit Fracking-Vorhaben bestehenden Gewässerbenutzungstatbeständen richtet sich aus dem im Zuge der Fracking-Neuregelungen in das Wasserhaushaltsgesetz aufgenommenen § 13a WHG. Diese beziehen sich ihrem Wortlaut nach nur auf die unechten Wasserbenutzungstatbestände des § 9 Abs. 2 Nr. 3 und 4 WHG, sind ihrem Sinn und Zweck aber auch auf Fracking-Fluidinjektionen und Verpressen von Lagerstättenwasser anzuwenden, wenn diese im Einzelnen echte Gewässerbenutzungen darstellen.

§ 13 Abs. S. 1 Nr. 1 WHG regelt ein generelles Verbot für unkonventioneller Fracking-Maßnahmen sowie das Verpressen von Lagerstättenwasser aus derartigen Maßnahmen, wobei das Gesetz die Gesteinsart des Tight-Gases aus dem unkonventionellen Bereich herausnimmt. Mit dem Herausnehmen von Tight Gas-Lagerstätten aus dem Regelungsbereich hat der Gesetzgeber sich gegen ein Totalverbot von Fracking-Maßnahmen positioniert.

Weiterhin werden sämtliche Fracking-Maßnahmen sowie das Verpressen jeglichen Lagerstättenwassers in bestimmten, besonders wassersensiblen Bereichen gemäß § 13a Abs. 2 WHG verboten.

Zur Schließung von Wissenslücken etabliert § 13a Abs. 3 WHG die Möglichkeit bis zu vier Erprobungsbohrungen unkonventioneller Natur durchzuführen, um die Auswirkungen auf die Umwelt, insbesondere den Untergrund und den Wasserhaushalt, wissenschaftlich zu erforschen. Die Limitierung entspricht dem Vorsorgeprinzip. Es besteht nach der Ausschöpfung der Erkundungsmaßnahmen die Möglichkeit weitere Erkundungsmaßnahmen anzuordnen. Die Durchführung der Erprobungsbohrungen steht unter dem Zustimmungsvorbehalt der Landesregierung. Bei der Zustimmung haben sie sich ausschließlich an fachplanerischen Entscheidungen, wie beispielsweise den geologischen und hydrogeologischen Besonderheiten der betroffenen Gebiete, zu orientieren. Ein politisches Ermessen steht ihnen nicht zu. Eine pauschale Verweigerung der Zustimmung ist nicht möglich. Dies birgt ein erhebliches Konfliktpotenzial der Landesregierung zwischen ihren politischen Interessen und ihrer Funktion als verwaltungsrechtliches Exekutivorgan.

Weiterhin besteht gemäß § 13a Abs. 3 S. 1 WHG die Möglichkeit für die Landesregierung weitere Restriktionen von Fracking-Vorhaben in oder unter Gebieten, in denen untertägiger Bergbau betrieben wird oder betrieben worden ist, aufgrund der besonderen Schutzbedürftigkeit der öffentlichen Wasserversorgung festzulegen. Auch im

---

1333 Breuer/Gärditz, Öffentliches und privates Wasserrecht, Rn. 670; *Gärditz*, in: Management von Unsicherheit und Nichtwissen, S. 253, 280 f.

Rahmen dieser Öffnungsklausel hat der Landesgesetzgeber kein politisches Ermessen, sondern muss sich von fachplanerischen Überlegungen leiten lassen.

§ 13a Abs. 4 WHG stellt weitere Anforderungen an das Fracking-Fluid sowie an den durchgängig im Rahmen der wasserrechtlichen Benutzung einzuhaltenden Stand der Technik. Unkonventionelle Fracking-Fluidgemische dürfen nicht abstrakt wassergefährdend sein. Das bedeutet, sie müssen in ihrer Gesamtheit den Anforderungen der Nr. 2.2 der Anlage 1 zur AwSV entsprechen, dürfen aber zu einem gewissen Masseanteil schwach, deutlich und stark wassergefährdende Stoffe sowie einen Anteil an Stoffen enthalten, deren Gefährlichkeit nicht bekannt ist. Je nach Volumen des eingesetzten Fracking-Fluids handelt es sich dabei weiterhin um eine beachtliche Zahl an einsetzbaren Additiven, die für sich wassergefährdend sein dürfen. Konventionelle Fracking-Fluide dürfen maximal schwach wassergefährdend sind. Dies bedeutet sie dürfen über die Zusammensetzung der unkonventionellen Fracking-Fluide hinaus zu einem gewissen Massenanteil auch krebserzeugende Stoffe enthalten.

Ob die Einteilung der Fracking-Fluide in Wassergefährdungsklassen insbesondere im konventionellen Bereich eine Verschärfung der Anforderungen ist, ist fraglich. Eine Auswertung der meisten in Deutschland in der Vergangenheit eingesetzten Fracking-Fluide ergab, dass diese (lediglich) schwach wassergefährdend waren. Eine Differenzierung ist industriefreundlich, da der Einsatz schwach wassergefährdender Gemische kostengünstiger ist, vermag allerdings vor dem vorrangigen Schutzzweckes des Wasserhaushaltsgesetzes, die Gewässer nachhaltig zu bewirtschaften nicht zu überzeugen.

Weiterhin erfolgt die Einteilung der Fracking-Gemische in die jeweiligen Wassergefährdungsklassen anhand einer Selbsteinstufung durch die Unternehmen, die von den Behörden überprüft werden kann, aber nicht muss. Ebenso kann eine Falscheinstufung zum Versagen der Erlaubnis führen, eine zwingende Versagung ist allerdings nicht vorgeschrieben. Mangels Bußgeldbeschwerung einer Falscheinstufung folgen hieraus keine allzu schweren Sanktionen für das Fracking-Unternehmen. Die Erteilung einer wassergefährdenden Unbedenklichkeitserklärung, wie sie der ursprüngliche Gesetzesentwurf vorgesehen hat, würde *de lege ferenda* eine behördlichen Überprüfung gewährleisten und den Einsatz ausschließlich genehmigter Gemische sicherstellen.

Weiterhin hat das Fracking-Unternehmen bei dem Einsatz der Fracking-Technologie den Stand der Technik durchgängig einzuhalten. Der Stand der Technik stellt eine abstrakte Verschärfung der Sicherheitsanforderungen im Gegensatz zu der im Bergrecht für gewöhnlich geltenden Einhaltung der allgemeinen Regeln der Technik dar.

Der Stand der Technik entspricht dem Entwicklungsstand fortschrittlicher Verfahren, Einrichtungen oder Betriebsweisen, der die praktische Eignung einer Maßnahme zur Begrenzung von Emissionen in Luft, Wasser und Boden, zur Gewährleistung der Anlagensicherheit, zur Gewährleistung einer umweltverträglichen Abfallentsorgung oder sonst zur Vermeidung oder Verminderung von Auswirkungen auf die Umwelt zur Erreichung eines allgemein hohen Schutzniveaus für die Umwelt insgesamt gesichert erscheinen lässt. Mangels einer praktischen Erprobung unkonventioneller Fracking-Maßnahmen wird in Ermangelung an Erfahrungssätzen die Festsetzung des Stands der Technik für die verwaltungsrechtliche Praxis problematisch sein. Die notwendige Standardisierung des Begriffes wird nur schwer zu finden sein, die vorhersehbar und transparent genug ist, um Rechtsklarheit und somit Rechtssicherheit für den Anwender zu schaffen.[1334] Bei der konventionellen Förderung kann im Gegensatz dazu auf einen Erfahrungsschatz bereits erprobter Verfahren zurückgegriffen werden, der es ermöglicht, einen Stand der Technik zu ermitteln.

§ 13 Abs. 5 WHG stellt an die untertägige Ablagerung von Lagerstättenwasser weitere Anforderungen. Demnach darf die wasserrechtliche Erlaubnis nur erteilt werden, wenn sichergestellt ist, dass der Stand der Technik eingehalten wird, insbesondere die Anforderungen nach § 22c ABBergV erfüllt werden und durch den Umgang mit dem Lagerstättenwasser keine nachteilige Veränderung des Grundwassers zu besorgen ist.

Warum ein Verpressen von Rückfluss im unkonventionellen Bereich verboten ist, ist vor dem Hintergrund der Bestandteile von Rückfluss und Lagerstättenwasser unverständlich. Insbesondere im unkonventionellen Bereich wird das im Rückfluss mit enthaltende nicht wassergefährdende Fracking-Fluid im Verhältnis zum geogenen Lagerstättenwasser keine über die Schädlichkeit und Gefährlichkeit des Lagerstättenwassers hinausgehende Eigenschaften aufweisen, die eine Differenzierung von Verpressen von Rückfluss und Lagerstättenwasser rechtfertigen dürfte.

Vor dem Hintergrund des wasserhaushaltsgesetzlichen Bewirtschaftungsziels der sparsamen Verwendung von Wasser und dem primären Ziel des Gesetzgebers, den Rückfluss zunächst wiederzuverwenden, wäre eine andere Definition von Rückfluss und Lagerstättenwasser sinnvoll, dass Rückfluss keine Bestandteile von Lagerstättenwasser enthalten darf (vgl. § 22c Abs. 2 S. 2 ABBergV)

Gemäß § 13a Abs. 6 WHG wird eine unabhängige Expertenkommission eingesetzt, die evaluierend die unkonventionellen Erprobungsmaßnahmen wissenschaftlich begleitet und auswertet und somit die wesentliche, aber nicht bindende Grundlage für Neuevaluierung zur Aufrechterhaltung des unkonventionelles Fracking-Verbotes des Bundestages im Jahr 2021 vorbereitet.

1334   Breuer/Gärditz, Öffentliches und privates Wasserrecht, Rn. 671.

2. Kapitel Allgemeine Versagungsgründe für Fracking-Vorhaben

Der neu eingeführte § 13a WHG sollte die Anwendung der generellen Zulassungsvoraussetzungen des § 12 WHG nicht berühren.[1335] Insbesondere sollte er das dem Wasserhaushaltsgesetz zugrunde liegende Bewirtschaftungsermessen des § 12 Abs. 2 WHG nicht aushebeln.[1336] Bei § 13a WHG handelt es sich daher um eine spezielle Versagungsnorm, nicht aber um abschließende Erlaubnisanforderungen.[1337] § 12 WHG hat im Rahmen der Fracking-Phase als auch beim Verpressen von Lagerstättenwasser eine eigenständige Rolle. Im Übrigen ist er insbesondere für diejenigen Betriebsphasen des Fracking-Betriebs, die nicht den speziellen Regelungen unterliegen, zentrale Versagens- und Erlaubnisnorm, soweit diese Phasen wasserrechtlich erlaubnisbedürftig sind. Daher sind im Weiteren die Zulassungsvoraussetzungen des § 12 WHG im Bezug auf den Untersuchungsgegenstand zu prüfen.

Nach § 12 Abs. 1 WHG sind Erlaubnis und Bewilligung zu versagen, wenn schädliche, auch durch Nebenbestimmungen nicht vermeidbare oder nicht ausgleichbare Gewässerveränderungen zu erwarten sind (§ 12 Abs. 1 Nr. 1 WHG) oder andere Anforderungen nach öffentlich-rechtlichen Vorschriften nicht erfüllt werden (§ 12 Abs. 1 Nr. 2 WHG). § 12 Abs. 1 WHG zwingt die Behörde, bei alternativem Vorliegen der Versagungsgründe des § 12 Abs. 1 Nr. 1 WHG oder § 12 Abs. 1 Nr. 2 WHG die begehrte Erlaubnis zu versagen. Insoweit ist die behördliche Entscheidung gebunden.[1338] Die Versagungsgründe des § 12 Abs. 1 WHG konstituieren daher normative Mindestanforderungen an die Gewässerbenutzung.[1339]

I. Versagungsgrund des § 12 Abs. 1 Nr. 1 WHG

Gemäß § 12 Abs. 1 Nr. 1 WHG sind Erlaubnis und Bewilligung zu versagen, wenn schädliche, auch durch Nebenbestimmungen nicht vermeidbare oder nicht ausgleichbare Gewässerveränderungen zu erwarten sind.

1335 BT-Drs. 18/4713, S. 22; siehe auch *Czychowski/Reinhardt*, Wasserhaushaltsgesetz, § 13a Rn. 9.

1336 So auch *Frenz,* in: Berendes/Frenz/Müggenborg, Wasserhaushaltsgesetz, §§ 13a, 13b Rn. 46; detailliert hierzu S. 261 ff.

1337 So wohl auch *Schmid*, in: Berendes/Frenz/Müggenborg, Wasserhaushaltsgesetz, § 12 Rn. 6a, der darauf hinweist, dass die Fracking-Sondervorschriften der §§ 13a, 13b WHG im Einklang mit der Regelungssystematik des § 12 WHG stehen.

1338 *Czychowski/Reinhardt,* Wasserhaushaltsgesetz, § 12 Rn. 10.

1339 *Schmid*, in: Berendes/Frenz/Müggenborg, Wasserhaushaltsgesetz, § 12 Rn. 1.

1. Schädliche Gewässerveränderung

Der Begriff der schädlichen Gewässerveränderung ist in § 3 Nr. 10 WHG legaldefiniert und bezeichnet solche Veränderungen von Gewässereigenschaften, die das Wohl der Allgemeinheit, insbesondere die öffentliche Wasserversorgung, beeinträchtigen oder die nicht den Anforderungen entsprechen, die sich aus dem Wasserhaushaltsgesetz oder auf Grund dieses Gesetzes erlassenen oder aus sonstigen wasserrechtlichen Vorschriften ergeben. Diese Definition stellt zu einem auf den Versagungsgrund der Vorläuferbestimmung des § 6 Abs. 1 WHG a.F. ab (Beeinträchtigung des Wohls der Allgemeinheit[1340]) und umschließt zum anderen sämtliche formelle und materielle wasserrechtlichen Anforderungen, die an die einzelnen Gewässerbenutzungen zu stellen sind.[1341]

a) Allgemeinwohlbeeinträchtigung

Konkret geht es also um die Frage, ob das Wohl der Allgemeinheit durch die Gewässerbenutzung beeinträchtigt werden kann. Allgemeinwohlbelange unterliegen einem stetigen Wandel. Sie sind u.a. umweltpolitischer, technischer, wirtschaftlicher Natur, und können je nach Zeit und Raum einen unterschiedlichen Stellenwert haben.[1342] Demnach kann also keine pauschale Aussage getroffen werden, wann eine Gewässerveränderung das Allgemeinwohl beeinträchtigt. Dieser Hintergrund verdeutlicht, dass an den Begriff der schädlichen Gewässerveränderung keine rein naturwissenschaftliche Vorgabe geknüpft ist, die besagt, ab wann oder ab welch einem Schwellenwert eine Gewässerveränderung schädlich ist. Vielmehr ist der Begriff normativ aufzufassen.[1343]

Zur Beurteilung der Frage, wann das Allgemeinwohl beeinträchtigt ist, hat die Behörde zwischen den für und gegen die Benutzung sprechenden Gründen abzuwägen.[1344] Hierbei hat sie neben anderen Belangen auch solche des Bergrechts in die Abwägung einzustellen.[1345] Möglich ist, dass die Versagung der wasserrechtlichen Benutzung mit bergbaulichen Belangen kollidiert.[1346] Ist dies der Fall, kann die Abwägungsentscheidung der Behörde auch zu dem Ergebnis kommen, dass die bergrechtlichen Belange überwiegen. Nicht jeder, das Wasser beeinträchtigende Belange führt

---

1340 § 6 WHG a.F. sprach nicht von »Beeinträchtigung«, sondern von »Gefährdung« des Allgemeinwohls. Mit der begrifflichen Änderung sollte aber vor dem Hintergrund des hohen Gutes, das Wasser für die Bevölkerung darstellt, keine sachliche Herabsenkung des Schutzniveaus erreicht werden, vgl. *Czychowski/Reinhardt,* Wasserhaushaltsgesetz, § 12 Rn. 13.

1341 *Czychowski/Reinhardt,* Wasserhaushaltsgesetz, § 12 Rn. 11 mit Beispielen.

1342 *Czychowski/Reinhardt,* Wasserhaushaltsgesetz, § 12 Rn. 15.

1343 *Berendes*, KurzKom Wasserhaushaltsgesetz, § 3 Rn. 15 ff.; *Berendes*, in: Berendes/Frenz/Müggenborg, Wasserhaushaltsgesetz, § 3 Rn. 5.

1344 VGH Baden-Württemberg, ZfW 15 (1976), 218, 225; *Czychowski/Reinhardt,* Wasserhaushaltsgesetz, § 12 Rn. 15.

1345 Zur Entwicklung der Auslegung des Gemeinwohlbegriffes vgl. Breuer/Gärditz, Öffentliches und privates Wasserrecht, Rn. 594 ff.

1346 Siehe *Czychowski/Reinhardt,* Wasserhaushaltsgesetz, § 12 Rn. 15.

demnach auch zu einer Allgemeinwohlbeeinträchtigung. Eine Benutzung, die für das Allgemeinwohl sehr bedeutsam ist, kann auch zugelassen werden, wenn dadurch das Allgemeinwohl hinsichtlich eines weniger bedeutsameren Belanges beeinträchtigt wird.[1347]

b) Beeinflussung der Allgemeinwohlbeeinträchtigung durch die wasserhaushaltsgesetzlichen Bewirtschaftungsziele

Der Begriff der schädlichen Gewässerveränderungen ist demnach als Oberbegriff zu verstehen, der zunächst alle Fälle umfasst, in denen das Wasserhaushaltsgesetz allgemein auf die nachteilige Veränderung von Gewässereigenschaften abgestellt.[1348] Die rein naturwissenschaftlich zu verstehende Nachteilhaftigkeit einer Gewässerveränderung (vgl. § 48 Abs. 1 S. 1 WHG) erlangt ihre Schädlichkeit indes nur, wenn die Nachteilhaftigkeit auch zu einer Allgemeinwohlbeeinträchtigung führt oder im Widerspruch mit den wasserrechtlichen Vorschriften steht.[1349]

Das Wasserhaushaltsgesetz stellt an die verschiedenen Gewässernutzungen differenzierte Anforderungen.[1350] Der Maßstab für die Schädlichkeit einer Gewässerveränderung kann anhand dieser verschiedenen Anforderungen variieren.[1351] Die 7. Änderung des Wasserhaushaltsgesetzes im Jahr 2010, die der Umsetzung des Bewirtschaftungssystems der Wasserrahmenrechtlinie nach Flussgebietseinheiten diente, hatte die allgemeinen Bewirtschaftungsgrundsätze des § 6 WHG konkretisiert und auch den Begriff der Allgemeinwohlbeeinträchtigung präzisiert.[1352] In materieller Hinsicht sind daher für die Bejahung der Schädlichkeit einer Gewässerveränderung nach § 12 Abs. 1 Nr. WHG die wasserhaushaltsgesetzlich festgelegten Bewirtschaftungsziele der einzelnen Gewässerarten maßgeblich.[1353] Bewegt sich eine Gewässerbenutzung außerhalb des jeweils einschlägigen Bewirtschaftungszieles, stellt dies ausnahmslos eine schädliche Gewässerveränderung dar. Bewegt sie sich innerhalb des Rahmens, kann sie im Einzelfall dennoch gleichwohl eine schädliche Gewässerveränderung darstellen.[1354] Dies ist dann anhand einer Einzelfallprüfung festzustellen.

Da die einzelnen Phasen des Fracking-Vorhabens unterschiedliche Gewässerbenutzungsarten darstellen[1355], bemisst sich die Erlaubnisfähigkeit der einzelnen Phasen an den anhand der Bewirtschaftungsziele orientiere Anforderungen.

1347   *Czychowski/Reinhardt*, Wasserhaushaltsgesetz, § 12 Rn. 15; vgl. auch *Leisner*, DÖV 1970, 217, 217.
1348   BT-Drs. 16/12275, S. 53, *Berendes*, in: Berendes/Frenz/Müggenborg, Wasserhaushaltsgesetz, § 12 Rn. 5.
1349   *Berendes*, in: Berendes/Frenz/Müggenborg, Wasserhaushaltsgesetz, § 12 Rn. 5.
1350   BT-Drs. 16/12275, S. 53.
1351   Vgl. BT-Drs. 16, 12775, S. 53.
1352   Vgl. *Czychowski/Reinhardt*, Wasserhaushaltsgesetz, § 12 Rn. 5, 21; *Reinhardt*, NuR 2006, 205, 208; *Knopp*, ZUR 2001, 368, 372.
1353   *Reinhardt*, NVwZ 2012, 1369, 1371; *Czychowski/Reinhardt*, Wasserhaushaltsgesetz, § 12 Rn. 5.
1354   *Czychowski/Reinhardt*, Wasserhaushaltsgesetz, § 12 Rn. 21.
1355   Vgl. S. 124 ff.

c) Allgemeinwohlbeeinträchtigung durch die Fracking-Phase

Innerhalb der Fracking-Phase stellen sowohl die Wasserentnahme zur Herstellung des Fracking-Fluids[1356] als auch die Fracking-Fluidinjektion in das Bohrloch[1357] nach dem Wasserhaushaltsgesetz zu beurteilende Tatbestände dar.

aa) Wasserentnahme zur Herstellung des Fracking-Fluids

Im Rahmen der Entnahme von Wasser zur Herstellung des Frack-Fluids sind, soweit dieses aus oberirdischen Gewässern entnommen wird, insbesondere die Bewirtschaftungsziele der §§ 27 bis 31 WHG. Dient nicht das oberirdische Gewässer, sondern das Grundwasser als Quelle für die Herstellung des Frack-Fluids, so ist bei der Frage der Erlaubnisfähigkeit das Bewirtschaftungsziel des § 47 WHG zu beachten.

(1) Bewirtschaftungsziele der Oberflächengewässer

Die Oberflächengewässer sind nach der Maßgabe des § 27 Abs. 1 WHG so zu bewirtschaften sind, dass eine Verschlechterung ihres ökologischen und ihres chemischen Zustands vermieden werden (sog. Verschlechterungsverbot) und ein guter ökologischer und ein guter chemischer Zustand erhalten bzw. erreicht werden soll (Erhaltungs- und Verbesserungsgebot).[1358] Es wird demnach eine Bewirtschaftung verlangt, die eine Verschlechterung des ökologischen und chemischen Zustands der oberirdischen Gewässer, also grundsätzlich jede Einwirkung, die sich nicht positiv oder neutral im Gewässerzustand niederschlägt, vermeidet.[1359] Die materiellen Anforderungen an die Bewirtschaftung werden durch die Verordnung zum Schutz der Oberflächengewässer[1360] konkretisiert. Demnach sind gemäß § 4 Abs. 1 Nr. 1 OGewV i.V.m. Nr. 1.2 der Anlage 2 zum OGewV signifikante Wasserentnahmen für kommunale, industrielle, landwirtschaftliche und andere Zwecke, einschließlich saisonaler Schwankungen, des jährlichen Gesamtbedarfs und der Wasserverluste in Versorgungssystemen einzuschätzen und zusammenstellen. Anhand dieser kann sich ergeben, ob eine beantragte und beabsichtigte Wasserentnahme mangels Reproduzierbarkeit oder aus anderen Gründen eine schädliche Gewässerveränderung darstellt.

Weiterhin ist in diesem Kontext der § 33 WHG zu beachten. Danach ist das Entnehmen von Wasser aus einem oberirdischen Gewässer nur zulässig, wenn die Abflussmenge erhalten bleibt, die für das Gewässer und andere hiermit verbundene Gewässer erforderlich ist, um den Zielen des § 6 Abs. 1 WHG und der §§ 27 bis 31 WHG zu entsprechen (Mindestwasserführung).

1356 Vgl. S. 125 ff.
1357 Vgl. S. 126 ff.
1358 Vgl. *Czychowski/Reinhardt,* Wasserhaushaltsgesetz, § 27 Rn. 7.
1359 Vgl. OVG Hamburg, ZUR 2013, 357, 357; OVG Bremen, ZfW 49 (2010), 233, 242, *Czychowski/Reinhardt,* Wasserhaushaltsgesetz, § 27 Rn. 14; *Berendes,* KurzKom Wasserhaushaltsgesetz, § 27 Rn. 8; *Kotulla,* Wasserhaushaltsgesetz, § 37 Rn. 5; *Söhnlien,* NVwZ 2006, 1139, 1140; *Gellermann,* DVBl. 2007, 1517, 1519, 1518 f.
1360 Oberflächengewässerverordnung vom 20. Juni 2016 (BGBl. I 2016, S. 1373).

(2) Bewirtschaftungsziele des Grundwassers

Wohingegen die Bewirtschaftungsziele der Oberflächengewässer auf die Vermeidung einer Verschlechterung des ökologischen Zustands abstellen, stellt § 47 Abs. 1 Nr. 1 WHG auf die Vermeidung der Verschlechterung eines mengenmäßigen Zustands ab. Ein guter mengenmäßiger Zustand liegt insbesondere vor, wenn ein Gleichgewicht zwischen Grundwasserentnahme und Grundwasserneubildung besteht, § 47 Abs. 1 Nr. 3 2. Halbsatz WHG. Diesen Zustand konkretisiert § 4 GrwV[1361]. Die Entnahme von Grundwasser zur Herstellung des Fracking-Fluids stellt nur dann keine schädliche Gewässerveränderung dar und ist somit erlaubnisfähig, wenn die natürliche Grundwasserneubildung die Entnahme kompensieren kann.

(3) Bedeutung für Fracking-Vorhaben

Verglichen mit der Wasserverfügbarkeit im gesamten Raum der Bundesrepublik fallen die für Fracking-Vorhaben benötigten Mengen an Wasser gering aus.[1362] Allerdings handelt es sich bei ihnen um jeweils lokale Vorgänge mit örtlich sehr großem Wasserdarf über einen kurzen Zeitraum. Es kann daher je nach regionalen Bedingungen örtlich und kurzzeitig zu starken Belastungen der Grundneuwasserbildung, der mit der Oberfläche in Verbindung stehenden Grundwasserleiter sowie der Oberflächengewässer kommen, so dass die Folgen der Wasserentnahme an jedem Standort im Einzelfall genau zu prüfen sind.[1363]

bb) Fracking-Fluidinjektion

Im Rahmen der tatsächlichen Fracking-Maßnahme sind, gleich ob es sich dabei im Einzelfalls um einen echten Benutzungstatbestand nach § 9 Abs. 1 Nr. 4 WHG oder um einen unechten Benutzungstatbestand nach § 9 Abs. 2 oder 3 WHG handelt, bei der Frage der schädlichen Gewässerveränderung die Bewirtschaftungsziele des Grundwassers zu beachten. Demnach ist das Grundwasser so zu bewirtschaften, dass eine Verschlechterung seines mengenmäßigen und seines chemischen Zustands vermieden wird (§ 47 Abs. 1 Nr. 1 WHG), alle signifikanten und anhaltenden Trends ansteigender Schadstoffkonzentrationen auf Grund der Auswirkungen menschlicher Tätigkeiten umgekehrt werden (§ 47 Abs. 1 Nr. 2 WHG) und ein guter mengenmäßiger und ein guter chemischer Zustand erhalten oder erreicht wird.

Mit der Konstatierung des Verschlechterungsverbots übernimmt § 47 Abs. 1 Nr. 1 WHG das grundsätzliche Verschlechterungsverbot des Art. 4 Abs. 1 lit. b) i) WRRL. Die Trendumkehr des § 47 Abs. 1 Nr. 2 WHG verpflichtet in Übernahme von Art. 4 Abs. 1 lit. b) iii) WRRL schon vor Erreichen der Schwellenwerte alle signifikanten

---

1361   Grundwasserverordnung vom 9. November 2010 (BGBl. I 2010, S. 1513), die zuletzt durch Art. 1 der Verordnung vom 4. Mai 2017 (BGBl. I 2017, S. 1044) geändert worden ist.

1362   SRU (Hrsg.), Fracking zur Schiefergasgewinnung – ein Beitrag zur energie- und umweltpolitischen Bewertung, S. 23.

1363   Vgl. SRU (Hrsg.), Fracking zur Schiefergasgewinnung – ein Beitrag zur energie- und umweltpolitischen Bewertung, S. 23.

und anhaltenden Trends anthropogen begründeter ansteigender Schadstoffkonzentrationen umzukehren.[1364] Konkretisierungen hierzu enthalten die §§ 10, 11 GrwV. Der Begriff des Trends bedeutet als Ausdruck europäischer Harmonisierung in deutscher Rechtssprache nichts anderes als Entwicklung.[1365] Umkehr bedeutet die Verpflichtung, die Schadstoffkonzentration im betroffenen Grundwasserkörper zu vermindern.[1366] Ein Trend ist anhaltend, wenn sich die Steigerung der Schadstoffkonzentration über einen längeren Zeitraum hinweg nachweisen lässt.[1367]

(1) Beeinflussung der Erlaubnisfähigkeit durch Besorgnisgrundsatz im Rahmen echter Wasserbenutzungen

Führt die Fracking-Maßnahme zu einer echten Gewässerbenutzung[1368], so findet bei der Beurteilung der schädlichen Gewässerveränderungen über die Beachtung der Bewirtschaftungsziele hinaus auch der wasserrechtliche Besorgnisgrundsatz des § 48 Abs. 1 S. 1 WHG Anwendung.[1369] Demnach darf die wasserrechtliche Erlaubnis nur erteilt werden, wenn eine nachteilige Veränderung der Wasserbeschaffenheit nicht zu besorgen ist. Der wasserrechtliche Besorgnisgrundsatz zielt darauf ab, die allgemeinen Grundsätze der Gewässerbewirtschaftung, insbesondere mit Blick auf die öffentliche Wasserversorgung und die bedeutenden ökologischen Funktionen des Grundwassers zu verstärken.[1370]

(a) Wasserbeschaffenheit

Die Wasserbeschaffenheit ist im Gegensatz zu der für die Frage der schädlichen Gewässerveränderung maßgebliche Gewässereigenschaft (§ 3 Nr. 7, 10 WHG) gemäß der Begriffsbestimmung in § 3 Nr. 9 WHG die physikalische, chemische oder biologische Beschaffenheit des Grundwassers. Die Veränderung der Wasserbeschaffenheit bezieht sich auf die vom bestehenden Normalzustand künftige abweichende Grundwasserbeschaffenheit.[1371] Nachteilig ist diese, wenn sich der Zustand des Wassers im Vergleich zum bisher bestehenden Zustand als Verschlechterung herausstellt. Hierfür reich schon eine geringfügige qualitative Verschlechterung aus.[1372] Für die Versagung der Erlaubnis reicht es aus, wenn eine solche nachteilige Veränderung bereits zu besorgen ist. Sie muss also nicht tatsächlich eintreten. Bezüglich der Besorgnis reicht

---

1364 *Czychowski/Reinhardt,* Wasserhaushaltsgesetz, § 47 Rn. 11; *Rechenberg*, ZUR 2007, 235, 240 f.; *Kotulla*, NVwZ 2002, 1409, 1415.
1365 *Czychowski/Reinhardt,* Wasserhaushaltsgesetz, § 47 Rn. 11.
1366 *Böhme*, in: Berendes/Frenz/Müggenborg, Wasserhaushaltsgesetz, § 47 Rn. 29; *Czychowski/Reinhardt,* Wasserhaushaltsgesetz, § 47 Rn. 11; *Ginsky*, NuR 2008, 243, 249 f.
1367 *Czychowski/Reinhardt,* Wasserhaushaltsgesetz, § 47 Rn. 12.
1368 Was in der Regel der Fall sein dürfte, vgl. 126 ff.
1369 *Gaßner/Buchholz*, NVwZ 2013, 1369, 1371 spricht sich dafür aus, dass der wasserrechtliche Besorgnisgrundsatz auch auf unechte Wasserbenutzungen Anwendung findet.
1370 Vgl. BVerfGE 58, 300, 344; *Czychowski/Reinhardt,* Wasserhaushaltsgesetz, § 48 Rn. 2.
1371 *Kotulla*, Wasserhaushaltsgesetz, § 48 Rn. 5.
1372 *Kotulla*, Wasserhaushaltsgesetz, § 48 Rn. 5.

bereits eine entfernte Wahrscheinlichkeit.[1373] Diese Beurteilung ist Sache des Einzelfalls. Maßgebliches Gewicht kommt regelmäßig der Art des Stoffes, der Bodenbeschaffenheit sowie der Tiefe und der Fließrichtung des Grundwassers zu.[1374] Je höher allerdings der zu erwartende Schaden, desto geringere Anforderungen müssen im Rahmen der Besorgnis an die Wahrscheinlichkeit gestellt werden.[1375]

(b) Nachteilige Veränderung

Wann eine mengenmäßige oder chemische Verschlechterung des Grundwassers tatsächlich eintritt, ist umstritten.[1376] Aus der Ausformung des Besorgnisgrundsatzes wie auch bei der Frage nach der Allgemeinwohlbeeinträchtigung ergibt sich allerdings, dass das Grundwasser keinen absoluten Schutz genießt. Der Schutz ist vielmehr bewirtschaftungsrechtlich und ökologisch determiniert.[1377] Für die Frage der Nachteilhaftigkeit ist zunächst, wie eben beschrieben, der Normalzustand des Grundwassers zu bestimmen. Je tiefer das betroffene Grundwasser unterhalb der Erdoberfläche liegt, desto höhere Anforderungen ergeben sich an die Nachteilseignung.

(2) Nachteilige Veränderung des Beschaffenheit des Lagerstättenwassers durch das Fracking-Fluid in der Zieltiefe

Soweit durch die Injektion des Fracking-Fluids Lagerstättenwasser in der Zieltiefe betroffen ist, ist auf diesen Vorgang im Rahmen der Frage nach der Erlaubnisfähigkeit der Fracking-Anwendung der Besorgnisgrundsatz anzuwenden. Hinsichtlich dieses Tiefengrundwassers ist zu festzustellen, dass es regelmäßig geogen aufgrund seiner hohen Salzhaltigkeit, der im Wasser befindlichen natürlich vorkommenden radioaktiven Stoffe und Spurenelemente und der Metallbelastung nicht zur Trink- und Nutzwassergewinnung ohne ein Aufbereitungsverfahren verwendet werden kann.[1378] Die natürliche Beschaffenheit des »Ausgangsgrundwassers« ist als schon derart »schlecht«, dass es durch die Kontamination mit dem Fracking-Fluid, das maximal schwach wassergefährdend sein darf[1379], nicht noch zu einer zusätzlichen Verschlechterung kommen wird.

(3) Nachteilige Veränderung der Beschaffenheit anderer grundwasserführender Schichten durch das Fracking-Fluid

Weiterhin ist der Besorgnisgrundsatz auch auf das Szenario anzuwenden, dass das Fracking-Fluid erst im Zuge der Schaffung neuer Wegsamkeiten durch die künstliche

---

1373   *Kotulla*, Wasserhaushaltsgesetz, § 48 Rn. 6.
1374   OLG Zweibrücken, NuR 1991, 41, 42; OLG Düsseldorf, NuR 1987, 188, 188; *Kotulla*, Wasserhaushaltsgesetz, § 48 Rn. 6.
1375   BVerwG, NJW 1970, 1890, 1893; *Kotulla*, Wasserhaushaltsgesetz, § 48 Rn. 6.
1376   Vgl. *Franzius*, NordÖR 2014, 1, 1 ff.; OVG Hamburg, NordÖR 2013, 322, 328 ff.
1377   *Reinhardt*, NVwZ 2012, 1369, 1371.
1378   Vgl. S. 28 f.
1379   Vgl. S. 224 ff.

Rissbildung Anschluss an grundwasserführende Schichten findet, da auch dies regelmäßig den Tatbestand der echten Gewässerbenutzung erfüllt.[1380] Auch in diesem Fall wird es regelmäßig auf tief gelegene Grundwasserleiter treffen und die Gefahr klein sein, dass es in Austausch mit für die Entnahme von Grundwasser relevanten Grundwasserleitern in Berührung kommt. Dies bleibt allerdings eine Frage des Einzelfalls, in der es entscheidend auf die spezifischen geologischen und hydrogeologischen Gegebenheiten ankommen wird. Liegen stark undurchlässige Schichten zwischen dem Grundwasser, dessen Verschlechterung zu besorgen ist, und dem für die Grundwassergewinnung relevanten Grundwasser, so dürfte ein Schaden regelmäßig nicht zu besorgen sein. Steht allerdings die Befürchtung im Raum, dass aufgrund einer geringeren Zieltiefe oder besonders permeabler Schichten auch oberflächennahe Grundwasserleiter betroffen sein können, wird eine Allgemeinwohlbeeinträchtigung eher zu besorgen sein, die in Abwägung aller Belange zur Besorgnis einer nachteiligen Veränderung der Grundwasserbeschaffenheit führen kann.

(4) Berücksichtigung weiterer Belange im Rahmen der Allgemeinwohlbeeinträchtigung

Durch die Verbringung des Fracking-Fluids in die Zieltiefe wird, wie soeben festgestellt, regelmäßig keine nachteilige Veränderung der Grundwasserbeschaffenheit zu besorgen sein, so dass die Erlaubnisfähigkeit der einzelnen Fracking-Maßnahme im Rahmen der Abwägungsentscheidung, ob durch die Injektion das Allgemeinwohl beeinträchtigt wird, entscheidend davon abhängen, wie wahrscheinlich eine potentielle durch die Fracking-Maßnahme verursachte Umweltgefährdung sein wird, hinter die dann in der Abwägung der Schädlichkeit die anderen (bergbaulichen) Belangen zu treten haben. Hierfür formuliert der § 22b ABBergV die entscheidenden Anforderungen[1381], die auch im Rahmen der wasserrechtlichen Erlaubnisfähigkeit zu beachten sind.

Insbesondere die Gewährleistung und Sicherstellung der Bohrlochintegrität nach dem Stand der Technik gemäß § 22b Abs. 1 S. 1 Nr. 2 ABBergV erscheint zentraler Bestandteil zur Vermeidung der potentiellen durch die tatsächliche Fracking-Maßnahme verursachten Umweltgefahren. Aufgrund des hohen Drucks, mit der das Fracking-Fluid in den Untergrund verpresst wird, bildet im besonderen Maße das Bohrloch einen möglichen Schwachpunkt für einen potentiellen Schadstoffaufstieg. Der Stand der Technik erfordert vor diesem Hintergrund ein umfassendes Monitoring des Bohrlochs durch eine entsprechende Drucküberwachung.[1382] Durch einen Druckverlust wird schnell erkannt, ob es zu Leckagen und Schäden gekommen ist.

Bei Einhaltung der in § 22b ABBergV festgesetzten Anforderungen werden im Rahmen der Abwägungsentscheidung die Risiken für das Wasser regelmäßig hinter die bergbaulichen Belange fallen. Eine Allgemeinwohlbeeinträchtigung dürfte daher in

---

1380 Vgl. S. 129 f.
1381 Vgl. S. 182 ff.
1382 BR-Drs. 144/15, S. 18.

der Regel zu verneinen sein, so dass sich kein zwingender Versagungsgrund aus § 12 Abs. 1 Nr. 1 WHG ergibt.[1383]

d) Allgemeinwohlbeeinträchtigung durch die Rückförderungsphase

Die Rückförderung von Rückfluss und Lagerstättenwasser stellen ebenfalls echte Gewässerbenutzung dar[1384], deren Erlaubnisfähigkeit sich nach § 12 Abs. 1 WHG zu richten hat. Demnach darf auch von der Rückförderungsphase keine schädlichen Gewässerveränderungen zu erwarten sein. Den zurückgeförderten Flüssigkeiten wohnt allerdings kein für das Allgemeinwohl zu beachtender Gebrauchszweck inne. Insbesondere können sie unaufbereitet aufgrund ihrer Bestandteile[1385] weder der Nutzwasser- noch der Trinkwassergewinnung dienen, so dass sie zwingend zu entsorgen sind. Eine Abwägung ergibt somit, dass, soweit ihre Entsorgung sichergestellt ist, auch das Zutagefördern kein weiterer Allgemeinwohlbelang trifft, der gegen die Erlaubnisfähigkeit an zu führen wäre. Demnach kommt der Erlaubnisprüfung der Rückförderungsphase keine eigenständige Bedeutung zu.

e) Allgemeinwohlbeeinträchtigung durch die Entsorgungsphase

Auch innerhalb der Entsorgungsphase stellen die unterschiedlichen Entsorgungswege nach dem Wasserhaushaltsgesetz zu beurteilende Sachverhalte, deren Erlaubnisfähigkeit sich nach § 12 Abs. 1 Nr. 1 WHG richtet.

aa) Direkteinleitung von Rückfluss und Lagerstättenwasser

Bei der Entledigung von Rückfluss und Lagerstättenwasser sind im Rahmen der Direkteinleitung die Bewirtschaftungsziele der oberirdischen Gewässer zu beachten. Wo bei der Wasserentnahme zur Herstellung des Fracking-Fluids insbesondere der ökologische Zustand im Rahmen der schädlichen Gewässerveränderung zu beachten ist, liegt der Fokus bei der Entledigung von Rückfluss und Lagerstättenwasser auf der Vermeidung der Verschlechterung des chemischen Zustands. Im Rahmen der untertägigen Verpressung von Lagerstättenwasser hingegen sind wiederum die Bewirtschaftungsziele des Grundwassers nach § 47 WHG zu beachten.

(1) Bewirtschaftungsziele der Oberflächengewässer

In Konkretisierung der Bewirtschaftungsziele ist ein guter chemischer Zustand nach der Definition des Art. 2 Nr. 24 WRRL der chemische Zustand der zur Erreichung der Umweltziele für Oberflächengewässer gemäß Art. 4 Abs. 1 lit. a WRRL erforderlich

---

1383 Ob ein Bergbauunternehmen von der grundsätzlichen Möglichkeit des Einsatzes von konventionellen Fracking weiterhin Gebrauch machen wird, wird daher aufgrund des finanziellen Mehraufwandes wegen der Durchführung einer Umweltverträglichkeitsprüfung sowie die durchgängige Einhaltung des Stands der Technik eine wirtschaftlich-ökonomische Frage sein.

1384 Vgl. S. 135 f.

1385 Vgl. S. 28.

ist, das heißt der chemische Zustand, den ein Oberflächenwasserkörper erreicht hat, in dem kein Schadstoff in einer höheren Konzentration als nach den Umweltqualitätsnormen vorkommt, die in Anhang IX der WRRL und gemäß Art. 16 Abs. 7 WRRL oder in anderen Rechtsvorschriften der Union über Umweltqualitätsnormen auf Gemeinschaftsebene festgelegt sind.[1386] Das Merkmal beschreibt somit die qualitativen Eigenschaften des Wasserdargebots unter Bezugnahme auf die einschlägigen europarechtlichen Grenzwerte.[1387]

Sowohl Rückfluss als auch Lagerstättenwasser enthalten regelmäßig Stoffe, die zu einer chemischen Zusammensetzung des Gemisches führen, die sich unbehandelt nachteilig auch die Gewässereigenschaften der Oberflächenwasserkörper auswirken werden. Aus dem Bewirtschaftungsziel der Vermeidung einer chemischen Verschlechterung lässt sich pauschal die Aussage ableiten, dass eine Einleitung ohne vorherige Aufbereitung bzw. Behandlung von Rückfluss und Lagerstättenwasser nicht möglich sein wird. Welche Behandlung zur Vermeidung nötig ist, ist hingegen eine Frage des Einzelfalls.

(2) Beeinflussung der Erlaubnisfähigkeit durch abwasserrechtliche Anforderungen

Im Rahmen der Frage, ob Direkteinleitungen das Wohl der Allgemeinheit beeinträchtigen, sind neben den Bewirtschaftungszielen auch abwasserrechtliche Anforderungen zu beachten, die als Hauptquelle für die Verunreinigung der oberirdischen Gewässer angesehen werden.[1388]

Mit Einführung des § 22c Abs. 1 S. 5, Abs. 2 S. 5 ABBergV hat der Gesetzgeber (trotz der defizitären Umsetzung[1389]) grundsätzlich zu verstehen gegeben, dass das Fracking-Unternehmen bei der Entsorgung von Rückfluss und Lagerstättenwasser die Voraussetzungen des bei Einleitungen von Abwasser im Wasserhaushaltsgesetz festgesetzten generellen, emissionsbezogenen Systems der Mindestanforderungen nach § 54 ff. WHG[1390] zu beachten hat. Dem Grundsatz der Abwasserbeseitigung nach ist das Abwasser so zu beseitigen ist, dass das Wohl der Allgemeinheit nicht beeinträchtigt wird, § 55 Abs. 1 S. 1 WHG. Es enthält ein Gebot zur schadlosen Abwasserbeseitigung.[1391] Das Wohl der Allgemeinheit entspricht als allgemeines Kriterium der Abwasserbeseitigung der allgemeinen Zielsetzung des Wasserhaushaltsgesetzes.[1392] Prüfungsmaßstab, nämlich die Beeinträchtigung des Wohls der Allgemeinheit, läuft dementsprechend bei der Frage nach der schädlichen Gewässerveränderung nach § 12

1386 *Ginsky*, ZUR 2009, 242, 243 f.; *Czychowski/Reinhardt*, Wasserhaushaltsgesetz, § 27 Rn. 11.

1387 *Czychowski/Reinhardt*, Wasserhaushaltsgesetz, § 27 Rn. 11.

1388 VGH Nordrhein-Westfalen, ZfW 30 (1991), 220, 224; *Czychowski/Reinhardt*, Wasserhaushaltsgesetz, § 12 Rn. 6.

1389 Vgl. S. 148 ff.

1390 Vgl. OVG Nordrhein-Westfalen, ZfW 28 (1989), 226, 229; *Arndt*, NVwZ 2012, 937, 939; *Czychowski/Reinhardt*, Wasserhaushaltsgesetz, §12 Rn. 6, § 57 Rn. 13 f.; Breuer/ Gärditz, Öffentliches und privates Wasserrecht, Rn. 583.

1391 BT-Drs. 7/4546, S. 6, *Czychowski/Reinhardt*, Wasserhaushaltsgesetz, § 55 Rn. 5.

1392 *Nisipeanu*, in: Berendes/Frenz/Müggenborg, Wasserhaushaltsgesetz, § 55 Rn. 6; *Czychowski/Reinhardt*, Wasserhaushaltsgesetz, § 55 Rn. 7.

Abs. 1 Nr. 1 WHG und der Abwasserbeseitigung (vgl. § 55 Abs. 1 S. 1 WHG) gleich. Die Nichterfüllung der Abwasserbeseitigungsanforderungen auch immer eine schädliche Gewässerveränderungen i.S.d. § 12 Abs. 1 Nr. 1 WHG, da § 57 WHG im Vorfeld der eigentlichen Bewirtschaftungsentscheidung Menge und Schädlichkeit des Abwassers eines einzelnen Einleiters regelt.[1393] Verstößt das Einleiten gegen die Anforderungen der §§ 54 WHG, liegt hierin auch immer ein Verstoß gegen § 12 Abs. 1 Nr. 1 WHG. Auf die Darstellung der Erlaubnisfähigkeit der gesondert zu erteilenden und eigenständig neben § 12 WHG stehenden abwasserrechtlichen Erlaubnis[1394] für die Direkteinleitung von Rückfluss wird daher verzichtet. Für sie gilt die folgende Untersuchung entsprechend. Im Einzelfall können sich allerdings aus § 12 Abs. 1 Nr. 1 WHG aufgrund einer immissions- und situationsbezogenen Betrachtung schärfere Anforderungen ergeben, die trotz Erfüllung der Voraussetzungen der §§ 54 ff. WHG eventuell zu Verweigerung einer Erlaubnis führen können.[1395]

Gemäß § 57 Abs. 1 WHG ist ein Einleiten nur möglich, wenn die Menge und Schädlichkeit des Abwassers so gering gehalten wird, wie dies bei Einhaltung der jeweils in Betracht kommenden Verfahren nach dem Stand der Technik möglich ist (§ 57 Abs. 1 Nr. 1 WHG), die Einleitung mit den Anforderungen an die Gewässereigenschaften und sonstigen rechtlichen Anforderungen vereinbar ist (§ 57 Abs. 1 Nr. 2 WHG) und Abwasseranlagen oder sonstige Einrichtungen errichtet und betrieben werden, die erforderlich sind, um die Einhaltung der Anforderungen nach dem § 57 Abs. 1 Nr. 1 und 2 WHG sicherzustellen (§ 57 Abs. 1 Nr. 3 WHG). Alle Anforderungen müssen kumulativ vorliegen.[1396] Mit anderen Worten: § 57 Abs. 1 WHG senkt das Maß der Gewässerbeeinträchtigung auf ein nicht (mehr) vermeidbares Mindestmaß, was zur Unvermeidbarkeit einer schädlichen Gewässerveränderungen im Rahmen des § 12 Abs. 1 Nr. 1 WHG führt.

(a) Stand der Technik als Mindestmaß der Schädigung

Da weder der Begriff der Menge noch der Begriff der Schädlichkeit im Wasserhaushaltsgesetz definiert ist[1397] und auch das Merkmal des »so gering gehalten wie möglich« keine bestimmte Abgrenzungsmöglichkeit zulässt[1398], kommt es im Sinne der Mindestanforderungen[1399] entscheidend auf die Ausarbeitung des Stands der Technik an. Dieser wird gemäß § 57 Abs. 2 S. 1 WHG i.V.m. § 23 Abs. 1 Nr. 3 WHG durch

---

1393   *Czychowski/Reinhardt*, Wasserhaushaltsgesetz, § 57 Rn. 13, *Nisipeanu*, in: Berendes/Frenz/Müggenborg, Wasserhaushaltsgesetz, § 57 Rn. 5; *Nisipeanu*, NuR 2015, 449, 450 ff.; *Nisipeanu*, NuR 2015, 526, 526 ff.

1394   Vgl. BT-Drs. 16/12275, S. 69; *Czychowski/Reinhardt*, Wasserhaushaltsgesetz, § 57 Rn. 13.

1395   Dies kommt namentlich in Betracht, wenn das betroffene Gewässer der öffentlichen Wasserversorgung, der Fischerei oder Badezwecken dient oder in absehbarer Zeit solchen Zwecken dienstbar gemacht werden soll, vgl. Breuer/Gärditz, Öffentliches und privates Wasserrecht, Rn. 583.

1396   *Czychowski/Reinhardt*, Wasserhaushaltsgesetz, § 57 Rn. 17.

1397   Vgl. *Nisipeanu*, in: Berendes/Frenz/Müggenborg, Wasserhaushaltsgesetz, § 57 Rn. 13, 14.

1398   Vgl. *Nisipeanu*, in: Berendes/Frenz/Müggenborg, Wasserhaushaltsgesetz, § 57 Rn. 15.

1399   Vgl. *Nisipeanu*, in: Berendes/Frenz/Müggenborg, Wasserhaushaltsgesetz, § 57 Rn. 10.

die Abwasserverordnung konkretisiert.[1400] Die Verordnung trifft spezielle Ausformungen des Stands der Technik, der an die Abwasserbeseitigung zu stellen ist, allerdings nur für bestimmte Verfahren[1401], zu denen die Entsorgung von Rückfluss (und Lagerstättenwasser) als zwingende Folge von Aufsuchungs- bzw. Gewinnungstätigkeiten zur Förderung von Kohlenwasserstoffen nicht zählen.[1402]

(b) Festlegung des Technikstands für die Direkteinleitung von Rückfluss und Lagerstättenwasser

Da Rückfluss und Lagerstättenwasser keinen besonderen Entsorgungsanforderungen unterliegen, gelten für sie die allgemeinen Anforderungen nach § 3 Abs. 1 AbwV, eine Einleitung nur durchgeführt werden darf, wenn die Schadstofffracht so gering gehalten wird, wie dies nach Prüfung der Verhältnisse im Einzelfall möglich ist, wobei die Anforderungen der Abwasserverordnung nicht durch Verfahren erreicht werden dürfen, bei denen Umweltbelastungen in andere Umweltmedien wie Luft oder Boden verlagert werden. Dies entspräche nicht dem Stand der Technik.

Der Stand der Technik muss also unter Beachtung dieser Kriterien im Einzelfall bestimmt werden. Es ist ein allgemein anerkanntes Verfahren zu wählen bei dem Menge und Schädlichkeit zusammen, also nicht nur alternativ, möglichst gering gehalten werden.[1403] Eine bloße Verdünnung, die zwar zur Folge hat, dass die Konzentration geringer wird, nicht aber die tatsächliche Schadstoffmenge, würde demnach nicht ausreichen.[1404] Unter Berücksichtigung des § 3 Nr. 11 WHG i.V.m. Anlage 1 zum WHG ist der Stand der Technik unter Berücksichtigung der Verhältnismäßigkeit zwischen Aufwand und Nutzen möglicher Maßnahmen sowie des Grundsatzes der Vorsorge und der Vorbeugung, jeweils bezogen auf Anlagen einer bestimmten Art, insbesondere die in der Anlage 1 aufgeführten Kriterien zu berücksichtigen.

Eine pauschale Aussage, unter welchen Bedingungen und Voraussetzungen Rückfluss und Lagerstättenwasser über diesen Entsorgungsweg entsorgt werden dürfen und dementsprechend auch keine schädliche Gewässerveränderung anzunehmen ist kann auch unter Berücksichtigung abwasserrechtlicher Anforderungen nicht getroffen werden. Die Frage, welche Verfahren zur Minimierung der Schadstofftracht anzuwenden sind wird von der konkreten Beschaffenheit des Rückflusses und des Lagerstättenwassers abhängen. Mangels eines gefestigten Stands der Technik, werden erst anhand dieser Zusammensetzung sich konkrete Aussagen treffen lassen, welche Verfahren zur Anwendung kommen müssen.

(c) Bedeutung des Fracking-Regelungspakets im Bereich der Rückfluss- und Lagerstättenwasserentsorgung im Rahmen der Direkteinleitung

Die Fracking-Neuregelungen leisten dem Rechtsanwender zur Bestimmung der Anforderungen, die an die Entsorgung von Rückfluss und Lagerstättenwasser zu stellen

---

1400 Vgl. S. 150 ff.
1401 Vgl. *Czychowski/Reinhardt,* Wasserhaushaltsgesetz, § 57 Rn. 15.
1402 Vgl. S. 150 ff.
1403 *Czychowski/Reinhardt,* Wasserhaushaltsgesetz, § 57 Rn. 22.
1404 *Czychowski/Reinhardt,* Wasserhaushaltsgesetz, § 57 Rn. 22.

sind, keine Hilfestellung. § 22c Abs. 3 ABBergV setzt nämlich fest, dass bei der Abwasserbeseitigung der konventionellen und unkonventionellen Erdgasförderung mittels der Fracking-Technologie durchgängig der Stand der Technik einzuhalten ist. Dieser Maßstab stellt dabei allerdings keine Verschärfung der Abwasserbeseitigungspflicht dar. Vielmehr war er auch vor der Neuregelung bereits gemäß § 57 Abs. 1 Nr. 1 WHG und damit auch im Rahmen der Entscheidung, ob von der Entsorgung eine schädliche Gewässerveränderung ausgehen kann gemäß § 12 Abs. 1 Nr. 1 WHG, zu beachten. Weitere Konkretisierungen des Stands der Technik, wie es die Abwasserverordnung in ihren Anhängen für die Abwasserbeseitigung zahlreicher anderer industrieller Bereiche trifft, wurden nicht getroffen. Dies ist insbesondere vor dem Hintergrund, dass Erdgasunternehmen bereits seit den 1960er Jahren zumindest im konventionellen Bereich Erfahrungen mit dem Umgang mit Rückfluss und Lagerstättenwasser haben, bedauerlich. Mangels einer Konkretisierung müssen auf die allgemeinen Maßstäbe des § 3 Nr. 11 i.V.m. Anlage 1 zum WHG zurückgegriffen werden. Demzufolge ist bei dem Stand der Technik auch der Verhältnismäßigkeitsgrundsatz zu beachten, der besagt, das der Aufwand, das Abwasser frei von schädlichen Stoffen zu halten, und den daraus folgendem Nutzen nicht außer Verhältnis zueinander stehen dürfen.

bb) Untertägiges Verbringen von Lagerstättenwasser

Neben den speziellen Versagungsgründen des § 13a Abs. 5 S. 1 WHG muss die Erlaubnisfähigkeit der Verpressung von Lagerstättenwasser sich daran messen lassen, ob durch sie schädliche Gewässerveränderung nicht zu erwarten ist.

(1) Bewirtschaftungsziele des Grundwasser

Im Rahmen der hierfür notwendigen Abwägung, ob durch das Verpressen von Lagerstättenwasser das Allgemeinwohl beeinträchtigt ist, müssen wiederum die grundwasserrechtlichen Bewirtschaftungsziele des § 47 WHG beachtet werden. Daneben findet auf den Verpressvorgang auch der wasserrechtliche Besorgnisgrundsatz Anwendung, da § 22c Abs. 1 S. 4 ABBergV dies anordnet, und zwar unabhängig von der Frage, ob die Verpressung im konkreten Fall eine echte oder eine unechte Gewässerbenutzung darstellt. Warum der Gesetzgeber die Einhaltung des Besorgnisgrundsatzes nur für die untertägige Verpressung anordnet, nicht aber für die Fracking-Fluidinjektion, ist vor dem Hintergrund der mit der Fracking-Maßnahme zu befürchtenden Auswirkungen auf das Grundwasser nicht nachvollziehbar.

(2) Bedeutung der Vorschrift für Fracking-Vorhaben

Das Gesetz formuliert für die Verpresslagerstätte von Lagerstättenwasser, dass diese den sicheren Einschluss des Lagerstättenwassers nach dem Stand der Technik gewährleisten muss. Nach Maßgabe dieser Maßgabe darf das Lagerstättenwasser also nicht mit der Umgebung interferieren. Das Gesetz geht also selbst davon aus, dass das Lagerstättenwasser zu keiner Zeit mit grundwasserführenden Schichten in Berührung kommen darf. Vor diesem Hintergrund erscheint die Regelung des § 22c Abs. 1 S. 4 ABBergV, der im Nachklang der Lagerstätteneigenschaft erklärt, dass durch die Einbringung des Lagerstättenwassers in die sicher verschlossene Verpresslagerstätte eine nachteilige Veränderung der Grundwasserbeschaffenheit nicht zu besorgen sein darf, als eine unnötige Verdopplung. Wenn der potentiellen Lagerstätte nach dem Stand der Technik eine Unbedenklichkeit attestiert worden ist, dann muss auch zwingend der grundwasserrechtliche Besorgnisgrundsatz erfüllt sein. Den Bewirtschaftungszielen kommt damit im Rahmen der Abwägung, ob eine schädliche Gewässerveränderung zu erwarten ist, keine eigenständige Bedeutung mehr zu. Soweit eine Verpressung die Anforderungen des § 13a Abs. 5 S. 1 WHG erfüllt, ist sie auch nicht nach § 12 Abs. 1 Nr. 1 WHG zu versagen.

Das Gesetz formuliert demnach für die untertägige Verpressung von Lagerstättenwasser sehr strenge Anforderungen. Das Verbot der Versenkung von Lagerstättenwasser in bestimmten Gesteinsformationen erfordert die Stilllegung bestehender Versenkbohrungen und Genehmigung und Errichtung neuer Versenkbohrungen oder alternativer Entsorgungswege.[1405] Ob vor diesem Hintergrund die Verpressung des Lagerstättenwassers weiterhin als kostengünstiger Entsorgungsweg anzusehen ist, ist fraglich, zumal der unternehmerische Mehraufwand auf mehrere Millionen Euro geschätzt wird.[1406]

2. Erwartbarkeit der schädlichen Gewässerveränderung

Neben der Frage, ob von den einzelnen Phasen eines Fracking-Vorhabens eine nachteilige Gewässerveränderung ausgehen kann, führte diese nach der gefahrenabwehrrechtlichen Norm des § 12 Abs. 1 Nr. 1 WHG nur zum Versagen der Erlaubnis, wenn die Gewässerschädigung auch zu erwarten ist. Die bloß entfernte Möglichkeit des Eintritts einer schädlichen Gewässerveränderung oder die Gefährdung einer Besorgnis reichen im Rahmen der Erwartbarkeit nicht aus.[1407] Die Erwartbarkeit kann vielmehr erst dann bejaht werden, wenn es hinreichend wahrscheinlich ist, dass das betroffene Gewässer einer schädlichen Gewässerveränderung ausgesetzt ist.[1408] Dabei genügt es, dass eine ihrer Natur nach annähernde Voraussehbarkeit besteht, die besseren Gründe also für ein Eintreten einer Gewässerveränderung sprechen, nach allgemeiner Lebenserfahrung oder anerkannten fachlichen Regeln der Eintritt wahrscheinlich ist.[1409] Ähnlich der polizeilichen Gefahrenprognose gilt auch hier das Prinzip, dass, je höher der durch die Gewässerbenutzung einzutretende Schaden ist, desto niedrige Ansprüche an das Wahrscheinlichkeitskriterium zu stellen sind.[1410] Eingeschätzt wird dies anhand dem wirtschaftlich-technischem Erkenntnisvermögen und der vor

---

1405 BR-Drs. 144/15, S. 2.
1406 Vgl. BR-Drs. 144/15, S. 2.
1407 BVerwG, ZfW 13 (1974), 306, 309; VGH Bayern, ZfBR 2002, 701, 702; *Czychowski/ Reinhardt,* Wasserhaushaltsgesetz, § 12 Rn. 25.
1408 *Kotulla,* Wasserhaushaltsgesetz, § 12 Rn. 5.
1409 *Czychowski/Reinhardt,* Wasserhaushaltsgesetz, § 12 Rn. 25 m.w.N.; *Kotulla,* Wasserhaushaltsgesetz, § 12 Rn. 5.
1410 VGH Baden-Württemberg, ZfW 30 (1991), 233, 236; VGH Bayern, ZfW 27 (1988), 427, 427; *Czychowski/Reinhardt,* Wasserhaushaltsgesetz, § 12 Rn. 25; *Kotulla,* Wasserhaushaltsgesetz, § 12 Rn. 5.

Ort vorherrschenden konkreten Gegebenheiten.[1411] Die schädliche Gewässerveränderung muss nicht unmittelbar aus der Benutzung resultieren, darf aber nicht erst in un-
absehbarer Zukunft eintreten, muss also in einem sowohl zeitlich als auch sachlich
wasserwirtschaftlich relevanten Zusammenhang stehen.[1412] Bei der Frage, ob eine
schädliche Gewässerveränderung zu erwarten ist, ist von einer konkreten Betrachtungsweise auszugehen.[1413]

a) Erwartbarkeit einer Gewässerschädigung durch die Wasserentnahme zur
Herstellung des Fracking-Fluids

Ein zur Erwartbarkeit der Schädigung erforderlicher Zusammenhang ist auch dann
gegeben, wenn die eigentliche Gewässerbenutzung noch keine schädliche Gewässerveränderung darstellt, aber weitere von der Benutzung untrennbare Gewässerbenutzungen die schädliche Gewässerveränderung hervorrufen.[1414] Daher darf eine Wasserentnahme nicht erlaubt werden, wenn die anschließende Abwasserbeseitigung das
Wohl der Allgemeinheit beeinträchtigt.[1415] Dementsprechend darf eine Wasserentnahme zur Herstellung des Fracking-Fluids nicht erlaubt werden, wenn bereits im Ent-
nahmezeitpunkt feststeht, dass die Abwasserbeseitigung das Wohl der Allgemeinheit
beeinträchtigen wird. Da das zur Herstellung des Fracking-Fluids entnommene Wasser
»nur« zur Herstellung eines maximal schwach wassergefährdenden Gemisches verwendet werden darf und die konkreten Anforderungen, die an die Beseitigung von
Rückfluss und Lagerstättenwasser zu stellen sind, sich erst bei deren jeweiligen Anfall
konkretisieren, wird die Wasserentnahme aus diesen Gründen regelmäßig nicht zu
versagen sein.

b) Erwartbarkeit einer Gewässerschädigung durch die Fracking-Fluidinjektion

Etwas anderes könnte sich für die Anwendung des tatsächlichen Fracks ergeben. Die
zu erwartenden Schäden entlang der beschriebenen potentiellen Störrisiken können
zumindest mittelbar[1416] sachlich und räumlich auf die Gewässerbenutzung zurückzuführen sein. Bei Gewährleistung der Bohrlochintegrität und dem Stand der Technik
werden sie zwar auf ein Mindestmaß gehalten, doch kann der konkrete Bohrlochplatz
und die vor Ort vorherrschenden geologischen und hydrogeologischen Gegebenheiten
Veranlassung dazu geben, dass die allgemein anerkannten fachlichen Meinungen im
Einzelfall zu einer anderen Einschätzung kommen, die eine schädliche Gewässerveränderung erwarten lassen. An dieser Stelle kann die gesetzliche Neuregelung keine
pauschalen Aussage treffen, sondern muss die letztendliche Frage nach der Erwartbar-

1411 *Kotulla*, Wasserhaushaltsgesetz, § 12 Rn. 5.
1412 *Kotulla*, Wasserhaushaltsgesetz, § 12 Rn. 5.
1413 BVerwG, NuR 2004, 809, 809; *Reinhardt*, NuR 2006, 205, 209; *Czychowski/Reinhardt*,
Wasserhaushaltsgesetz, § 12 Rn. 20.
1414 *Czychowski/Reinhardt*, Wasserhaushaltsgesetz, § 12 Rn. 26.
1415 So *Czychowski/Reinhardt*, Wasserhaushaltsgesetz, § 12 Rn. 26.
1416 Vgl. zum Ursachenzusammenhang *Czychowski/Reinhardt*, Wasserhaushaltsgesetz, § 12
Rn. 22; VGH Nordrhein-Westfalen, ZfW (1979), 58, 58 ff.; VGH Bayern, BayVBl. 1970,
106, 106; *Pape*, in: Landmann/Rohmer, Umweltrecht, Band I, WHG § 12 Rn. 34.

keit der schädlichen Gewässerveränderung in der Hand der behördlichen Erlaubnisentscheidung belassen.

c) Erwartbarkeit einer Gewässerschädigung durch die Entsorgung von Rückfluss und Lagerstättenwasser

Bei der Beseitigung von Rückfluss und Lagerstättenwasser, deren Aufbereitungsmechanismen erst nach dem konkreten Anfall bestimmt werden können, werden regelmäßig nach den fachlichen Meinungen derartige Aussagen getroffen werden können, die es ermöglichen die Schwelle der Erwartbarkeit auf ein Mindestmaß zu beschränken, so dass eine schädliche Gewässerveränderung nicht zu erwarten sein wird, soweit das Fracking-Unternehmen die Anforderungen an die Aufbereitungsmechanismen einhält.

3. Versagung als Ultima Ratio

Die Annahme der Erwartbarkeit einer schädlichen Gewässerveränderung führt nach der Maßgabe des § 12 Abs. 1 Nr. 1 WHG allerdings als Ausfluss des Verhältnismäßigkeitsprinzips erst dann zu einer Versagung der beantragten Gewässerbenutzung, wenn die schädliche Gewässerveränderung unvermeidbar oder nicht ausgleichbar ist.[1417] Dies hat die Behörde auch im Rahmen des absoluten Versagungsgrundes des § 12 Abs. 1 Nr. 1 WHG nach ihrem pflichtgemäßen Ermessen zu bestimmen.[1418] Erst nach Berücksichtigung und Abwägung aller Umstände und dem Ausschluss relativ milderer Mittel, wie dem Erlass von Nebenbestimmungen[1419] darf die Versagung als stärkste Sanktion nur *ultima ratio* angewendet werden.[1420] Nicht vermeidbar ist eine schädliche Gewässerveränderung, wenn es mit dem Grad der Wahrscheinlichkeit keine im Rahmen des § 13 WHG erlassbaren konkreten Zulassungsmaßgaben gibt, mit denen sich unter Aufrechterhaltung des mit der Gewässerbenutzung intendierten Ziels das Eintreten der schädlichen Gewässerveränderungen am Einwirkungsort abwenden ließe.[1421]

II. Versagungsgrund des § 12 Abs. 1 Nr. 2 WHG

Die Erlaubnis für die wasserrechtlich relevanten Phasen eines Fracking-Vorhabens ist gemäß § 12 Abs. 1 Nr. 2 WHG weiterhin zu versagen, wenn die Phasen andere Anfor-

---

1417 Vgl. *Kotulla*, Wasserhaushaltsgesetz, § 12 Rn. 6.
1418 BVerwG, ZfW 29 (1990), 351, 352, *Czychowski/Reinhardt*, Wasserhaushaltsgesetz, § 12 Rn. 27.
1419 Um dem Grundsatz der Verhältnismäßigkeit Rechnung zu tragen, ist auch der Erlass von Inhaltsbestimmungen zulässig, obwohl diese vom Wortlaut der Norm nicht gedeckt sind, vgl. *Kotulla*, § 12 Rn. 7.
1420 *Kotulla*, Wasserhaushaltsgesetz, § 12 Rn. 6.
1421 *Kotulla*, Wasserhaushaltsgesetz, § 12 Rn. 8.

derungen nach öffentlich-rechtlichen Vorschriften nicht erfüllen. Eine Gewässerbenutzung ist also auch dann nicht gestattungsfähig, wenn sie zwar nicht den engen wasserrechtlichen Anforderungen widerspricht, gleichwohl aber durch andere öffentlich-rechtlichen Vorschriften untersagt ist.[1422] Der Begriff der anderen Vorschriften ist dabei systematisch eng im Zusammenhang mit § 12 Abs. 1 Nr. 1 WHG zu lesen, der über den Begriff der schädlichen Gewässerveränderungen des § 3 Nr. 10 WHG bereits auf das gesamte öffentliche Wasserrecht Bezug nimmt. Unter § 12 Abs. 1 Nr. 2 WHG fallen demnach alle an die Gewässerbenutzung gerichteten Anforderungen nicht-wasserrechtlicher Natur.[1423] Über diese Norm erhalten nicht-wasserrechtliche Vorschriften, die zur Ausübung der Gewässerbenutzung zu erfüllen sind, Einzug in den wasserrechtlichen Prüfungskatalog. Diese sind meist baurechtlicher, immissionsschutzrechtlicher oder naturschutzrechtlicher Natur.[1424] Allerdings darf die Entscheidung nicht mit außerhalb der Wasserwirtschaft liegenden Gründen begründet werden.[1425]

Der größte Teil dieser unter dem Stichwort »parallele Genehmigungsverfahren« zusammenzufassenden Probleme erledigt sich verwaltungsökonomisch und hinsichtlich der Konformität mit anderen öffentlich-rechtlichen Vorschriften zweckmäßig mit der Anwendung von formalisierten Verwaltungsverfahren.[1426] Zur Vermeidung widersprüchlicher Ergebnisse der nach parallel durchzuführenden Verfahren zuständigen Behörden endet die jeweilige Prüfungs- und Entscheidungskompetenz der einen Behörde dort, wo ein gesondertes Verfahren einer anderen Behörde mit eigenen rechtlichen Voraussetzungen und besonderen Rechtsfolgen beginnt, das durch eine rechtlich selbständige Entscheidung mit Außenwirkung abgeschlossen wird.[1427]

Da für Fracking-Anwendungen seit der Neuregelung ein bergrechtlicher obligatorischer Rahmenbetriebsplan erforderlich ist, der einen Planfeststellungsbeschluss erfordert, müssen zu dessen Zulassung gemäß § 73 Abs. 1 VwVfG diejenigen Fachbehörden, deren Aufgabenbereich durch das Vorhaben berührt werden, zur Stellungnahme aufgefordert werden. Konfligierende Genehmigungsvoraussetzungen werden sich dann regelmäßig bereits in diesem obligatorischen Anhörungsverfahren zeigen.[1428] Damit dürfte in jedem Fall die Beteiligung der für die »anderen Anforderungen« zuständigen Behörden gesichert sein. § 12 Abs. 1 Nr. 2 WHG wird daher bei der Prüfung der wasserrechtlichen Zulassungskriterien innerhalb des Planfeststellungsbeschlusses für den obligatorischen Rahmenbetriebsplan eine untergeordnete Rolle zukommen.

1422 BVerwGE 81, 347, 351; VGH Bayern, ZfW 33 (1994), 287, 288; *Pape*, in: Landmann/Rohmer, Umweltrecht, Band I, WHG § 12 Rn. 22; *Czychowski/Reinhardt*, Wasserhaushaltsgesetz, § 12 Rn. 29; *Melsheimer*, ZfW 42 (2003), 65, 73; *Knopp*, Anm. zu BVerwG, Urteil vom 17. März 1989 – 4 C 30.88, ZfW 29 (1990), 279, 282 f.

1423 *Schmid*, in: Berendes/Frenz/Müggenborg, Wasserhaushaltsgesetz, § 12 Rn. 7.

1424 Vgl. *Schmid*, in: Berendes/Frenz/Müggenborg, Wasserhaushaltsgesetz, § 12 Rn. 8.

1425 BVerwGE 81, 347, 349; OVG Niedersachsen, ZfW 26 (1987), 117, 120; VGH Baden-Württemberg, ZfW 12 (1973), 180, 183; *Czychowski/Reinhardt*, Wasserhaushaltsgesetz, § 12 Rn. 30.

1426 Zum Begriff siehe *Schmid*, in: Berendes/Frenz/Müggenborg, Wasserhaushaltsgesetz, § 12 Rn. 14.

1427 BVerwG, NJW 1987, 1713, 1715; BVerwG, NVwZ 1988, 535, 536; *Kremer/Neuhaus gen. Wever*, Bergrecht, Rn. 253; vgl. auch *Gaentzsch*, NJW 1986, 2787 ff.

1428 So *Schmid*, in: Berendes/Frenz/Müggenborg, Wasserhaushaltsgesetz, § 12 Rn. 14.

III. Ergebnis

Neben den speziellen Fracking-Anforderungen des § 13a WHG findet auch die Vorschrift des § 12 WHG Anwendung auf die Zulassung von Fracking-Vorhaben. Insbesondere die Betriebsphasen, die nicht den speziellen Anforderungen des § 13a WHG unterfallen, müssen anhand der generellen Zulassungskriterien beurteilt werden.

Gemäß § 12 Abs. 1 Nr. 1 WHG sind Erlaubnis und Bewilligung zu versagen, wenn schädliche, auch durch Nebenbestimmungen nicht vermeidbare oder nicht ausgleichbare Gewässerveränderungen zu erwarten sind. Im Rahmen der Frage, ob die Fracking-Phase zu einer schädlichen Gewässerveränderung führt ist insbesondere Frage zu klären, ob hierdurch das Wohl Allgemeinheit beeinträchtigt wird. Allgemeinwohlbelange unterliegen einem stetigen Wandel, sind u.a. umweltpolitischer, technischer, wirtschaftlicher Natur, und können je nach Zeit und Raum einen unterschiedlichen Stellenwert haben, sodass keine pauschale Aussage dazu getroffen werden, wann eine Gewässerveränderung das Allgemeinwohl beeinträchtigt. Im Rahmen der Abwägungsentscheidung hat die Behörde sich an den einzelnen Bewirtschaftungszielen der verschiedenen Gewässerarten zu orientieren.

Im Rahmen der Entnahme von Wasser zur Herstellung des Frack-Fluids sind die Bewirtschaftungsziele der §§ 27 bis 31 WHG (Entnahme aus Oberflächengewässer) und die Bewirtschaftungsziele des § 47 WHG (Grundwasserentnahme) zu beachten.

Demnach sind signifikante Wasserentnahmen für kommunale, industrielle, landwirtschaftliche und andere Zwecke, einschließlich saisonaler Schwankungen, des jährlichen Gesamtbedarfs und der Wasserverluste in Versorgungssystemen einzuschätzen und zusammenstellen. Das Grundwasser ist so zu bewirtschaften, dass eine Verschlechterung seines mengenmäßigen Zustands vermieden wird, was der Fall ist, wenn ein Gleichgewicht zwischen Grundwasserentnahme und Grundwasserneubildung besteht. Verglichen mit der Wasserverfügbarkeit im gesamten Raum der Bundesrepublik fallen die für Fracking-Vorhaben benötigten Mengen an Wasser gering aus. Je nach regionalen Bedingungen kann es örtlich und kurzzeitig allerdings zu starken Belastungen der Grundneuwasserbildung, der mit der Oberfläche in Verbindung stehenden Grundwasserleiter sowie der Oberflächengewässer kommen, so dass die Folgen der Wasserentnahme an jedem Standort im Einzelfall genau zu prüfen sind.

Im Rahmen der tatsächlichen Fracking-Maßnahme sind ebenfalls Bewirtschaftungsziele des Grundwassers zu beachten sowie der wasserrechtliche Besorgnisgrundsatz, soweit die tatsächliche Fracking-Maßnahme eine echte Gewässerbenutzung darstellt, nach dem die wasserrechtliche Erlaubnis nur erteilt werden, wenn eine nachteilige Veränderung der Wasserbeschaffenheit nicht zu besorgen ist. Mangels absoluten Schutzes des Grundwassers ist im Rahmen der nachteiligen Veränderung eine vergleichende Betrachtung anzustellen, die zur Bejahung der Nachteilhaftig führt, soweit der Wasserzustand im Vergleich zum bisher bestehenden Zustand sich als Verschlechterung herausstellt. Hinsichtlich des Tiefengrundwassers, insbesondere des Lagerstättenwassers, ist festzustellen, dass es regelmäßig geogen aufgrund seiner Bestandteile schon derart »schlecht« ist, dass es durch die Kontamination mit dem Fracking-Fluid, das maximal schwach wassergefährdend sein darf, nicht noch zu einer zusätzlichen Verschlechterung kommen wird.

Dasselbe Ergebnis gilt auch für den Fall, dass das Fracking-Fluid erst im Zuge der Schaffung neuer Wegsamkeiten durch die künstliche Rissbildung Anschluss an grundwasserführende Schichten findet, da auch dieser Vorgang regelmäßig tief gelegene Grundwasserleiter betreffen und daher die Gefahr klein sein, dass es in Austausch mit für die Entnahme von Grundwasser relevanten Grundwasserleitern in Berührung kommt. Allerdings ist dies eine Frage des Einzelfalls, in der es entscheidend auf die spezifischen geologischen und hydrogeologischen Gegebenheiten ankommen wird. Liegen stark undurchlässige Schichten zwischen dem Grundwasser, dessen Verschlechterung zu besorgen ist, und dem für die Grundwassergewinnung relevanten Grundwasser, so dürfte ein Schaden regelmäßig nicht zu besorgen sein. Steht allerdings die Befürchtung im Raum, dass aufgrund einer geringeren Zieltiefe oder besonders permeabler Schichten auch oberflächennahe Grundwasserleiter betroffen sein können, wird eine Allgemeinwohlbeeinträchtigung eher zu besorgen sein, die in Abwägung aller Belange zur Besorgnis einer nachteiligen Veränderung der Grundwasserbeschaffenheit führen kann.

Die Rückförderung von Rückfluss und Lagerstättenwasser stellt zwar ebenfalls eine echte Gewässerbenutzung dar. Da weder Rückfluss noch Lagerstättenwasser allerdings keinen für das Allgemeinwohl zu berücksichtigenden eigenständigen Gebrauchszwecks haben, richtet sich die Erlaubnisfähigkeit der Rückförderungsphase ausschließlich nach der Frage, ob die Flüssigkeiten allgemeinwohlverträglich entsorgt werden können. Demnach kommt der Erlaubnisprüfung der Rückförderungsphase keine eigenständige Bedeutung zu.

Im Rahmen der Direkteinleitung von Rückfluss und Lagerstättenwasser ist insbesondere zu beachten, dass die Entledigung von Rückfluss und Lagerstättenwasser nicht zu einer Verschlechterung des chemischen Zustands des betroffenen Gewässers führen darf. Da sowohl Rückfluss als auch Lagerstättenwasser regelmäßig Stoffe enthalten, die zu einer chemischen Zusammensetzung des Gemisches führen, die sich unbehandelt nachteilig auch die Gewässereigenschaften der Oberflächenwasserkörper auswirken werden, dürfen sie nicht unaufbereitet werden. Welche Behandlung zur Vermeidung nötig ist, ist eine Frage des Einzelfalls. Daneben müssen zur Konkretisierung der Allgemeinwohlbeeinträchtigung auch die abwasserrechtlichen Anforderungen beachtet werden, wonach das Wohl der Allgemeinheit durch die Abwasserbeseitigung nicht beeinträchtigt werden darf. Durch diesen Gleichlauf der Tatbestandsmerkmale erfüllt die rechtmäßige Abwasserbeseitigung regelmäßig auch die Anforderungen an die Unschädlichkeit von Gewässerveränderungen. Im Einzelfall können sich allerdings aufgrund einer immissions- und situationsbezogenen Betrachtung schärfere Anforderungen ergeben.

Zur Verneinung der Allgemeinwohlbeeinträchtigung ist maßgeblich, dass die Schadstofffracht so gering wie möglich zu halten ist, was der Fall ist, wenn bei der Entsorgung der Stand der Technik eingehalten wird. Da der Entsorgungsmaßstab von Rückfluss und Lagerstättenwasser nicht in der Abwasserverordnung konkretisiert ist, ergeben sich die Anforderungen an den Technikstandard nach den allgemeinen Regelungen, wonach ein allgemein anerkanntes Verfahren zu wählen ist bei dem Menge und Schädlichkeit zusammen, also nicht nur alternativ, möglichst gering gehalten werden, wobei auch die Verhältnismäßigkeit zwischen Aufwand und Nutzen möglicher Maßnahmen sowie des Grundsatzes der Vorsorge und der Vorbeugung zu berücksichtigen sind. Die Frage, welche Verfahren zur Minimierung der Schadstofffracht anzuwenden sind wird mangels eines gefestigten Stands der Technik erst anhand der kon-

259

kreten Zusammensetzung von Rückfluss und Lagerstättenwasser zu beurteilen sein. Da auch bereits vor den Fracking-Neuregelungen dieser Technikstand bei der Entsorgung einzuhalten war, haben die Neuregelungen in dieser Hinsicht weder zu einer Rechtsklarheit noch zu einer Verschärfung der Zulassungsvoraussetzungen geführt. Dass insbesondere im konventionellen Bereich der Umgang mit Rückfluss und Lagerstättenwasser nicht konkretisiert wurde, ist vor dem Hintergrund, dass hierzu bereits seit den 1960er Jahren Erfahrungen vorliegen, bedauerlich.

Daneben darf auch die Verpressung von Lagerstättenwasser keine schädliche Gewässerveränderung darstellen. Im Rahmen der hierfür notwendigen Abwägung müssen wiederum die grundwasserrechtlichen Bewirtschaftungsziele des § 47 WHG beachtet werden. Daneben findet auch durch Klarstellung des § 22c Abs. 1 S. 4 ABBergV der wasserrechtliche Besorgnisgrundsatz Anwendung, gleich, ob die Verpressung im konkreten Fall eine echte oder eine unechte Gewässerbenutzung darstellt. Warum der Gesetzgeber die Einhaltung des Besorgnisgrundsatzes nur für die untertägige Verpressung anordnet, nicht aber für die Fracking-Fluidinjektion, ist vor dem Hintergrund der mit der Fracking-Maßnahme zu befürchtenden Auswirkungen auf das Grundwasser nicht nachvollziehbar. Allerdings stellen die Fracking-Neuregelungen nach § 22c Abs. 1 S. 3 ABBergV derart strenge Anforderungen an den Verpressvorgang, dass der wasserrechtliche Besorgnisgrundsatz regelmäßig erfüllt sein wird, wenn die potentiellen Verpressstätte nach dem Stand der Technik die speziellen Anforderungen erfüllt. Den Bewirtschaftungszielen kommt im Rahmen der Allgemeinwohlbeeinträchtigung keine eigenständige Bedeutung mehr zu.

Daneben müssen die schädlichen Gewässerveränderungen auch zu erwarten und dürfen nicht durch Nebenbestimmungen zu vermeiden sein. Die Wasserentnahme zur Herstellung des Fracking-Fluids lässt eine schädliche Gewässerveränderung regelmäßig nicht erwarten, soweit die Entnahmegrenzen eingehalten werden, da anzunehmen ist, dass Rückfluss und Lagerstättenwasser grundsätzlich im Einklang mit dem Allgemeinwohl beseitigt werden können. Die potentiellen Störrisiken, die mit der tatsächlichen Fracking-Maße einhergehen, können zumindest mittelbar sachlich und räumlich auf die Gewässerbenutzung zurückzuführen sein, so dass der konkrete Bohrlochplatz und die vor Ort vorherrschenden geologischen und hydrogeologischen Gegebenheiten dazu geben, dass die allgemein anerkannten fachlichen Meinungen im Einzelfall über die strengen Anforderungen des § 13a WHG hinaus zur Erwartbarkeit einer Schädigung führen können.

Bei der Beseitigung von Rückfluss und Lagerstättenwasser, deren Aufbereitungsmechanismen erst nach dem konkreten Anfall bestimmt werden können, werden regelmäßig nach den fachlichen Meinungen derartige Aussagen getroffen werden können, die es ermöglichen die Schwelle der Erwartbarkeit auf ein Mindestmaß zu beschränken, so dass eine schädliche Gewässerveränderung nicht zu erwarten sein wird, soweit das Fracking-Unternehmen die Anforderungen an die Aufbereitungsmechanismen einhält.

Der Versagungsgrund des § 12 Abs. 1 Nr. 2 WHG, der dann erfüllt ist, wenn die wasserrechtliche Benutzung nicht im Einklang mit öffentlich-rechtlichen, nichtwasserrechtlichen Vorschriften steht, hat in Bezug auf Fracking-Vorhaben keine besondere Bedeutung, da hierfür im Rahmen der bergrechtlichen Zulassung ein Planfeststellungsbeschluss erforderlich ist, der konfligierende Genehmigungsvoraussetzungen bereits auf der Ebene des obligatorischen Rahmenbetriebsplan gelöst haben wird.

3. Kapitel   Bewirtschaftungsermessen

Sofern das Fracking-Vorhaben die Zulassungsanforderungen für die Erteilung einer wasserrechtlichen Erlaubnis erfüllt, also kein zwingender Versagungsgrund aus § 12 Abs. 1 WHG bzw. aus § 13a WHG vorliegt, steht die Genehmigungsentscheidung im wasserrechtlichen Bewirtschaftungsermessen der Behörde.[1429] Dies entspricht dem Interesse des Art. 20a GG, die ökologischen Belange angemessen zu berücksichtigen.[1430] Auf die Erteilung einer wasserrechtlichen Erlaubnis besteht also auch dann kein Rechtsanspruch besteht, wenn tatbestandsmäßig alle Voraussetzungen für eine Erlaubnis vorliegen.[1431] Trotz Gemeinwohlverträglichkeit oder anderen sachlichen Gründen, die für die Erteilung einer Erlaubnis sprechen, ist sie nicht verpflichtet eine solche zu erteilen.[1432] Dies bedeutet allerdings nicht, dass die Behörde über einen Freibrief für eine repressive Erlaubnispraxis verfügt.[1433]

Das System zur Ausübung des wasserrechtlichen Bewirtschaftungsermessens erfuhr mit dem Erlass der Wasserrahmenrichtlinie und das zur ihrer Umsetzung erlassene 7. Änderungsgesetz eine Zweiteilung: Das planerische Bewirtschaftungsermessen und das nachgelagerte auf den Einzelfall bezogene Bewirtschaftungsermessen im Rahmen der Genehmigungsentscheidung.[1434] Die Entscheidung, ob ein Fracking-Vorhaben zugelassen werden kann, hat sich an diese Ermessenserwägungen zu halten.

I.   Planerisches Bewirtschaftungsermessen

Die Behörde übt ihr planerisches Bewirtschaftungsermessen aus, indem sie als Ausfluss einer im Hinblick auf die Bedeutung und Aufwand einen langen Zeitraum in Anspruch nehmenden übergeordneten Planung Maßnahmenprogramme und Bewirtschaftungspläne aufstellt.[1435] Beide Planungsinstrumente stehen jeweils eigenständig nebeneinander.[1436]

1429   Breuer/Gärditz, Öffentliches und privates Wasserrecht, Rn. 676; *Frenz,* NVwZ 2016, 1042, 1044; *Frenz,* in: Pielow (Hrsg.), Erdgas in Zeiten der Energiewende, S. 73, 75, *Czychowski/Reinhardt,* Wasserhaushaltsgesetz, § 13a Rn. 10.; vgl. auch *von Weschpfennig,* W+B 2017, 56 63, 65.

1430   Breuer/Gärditz, Öffentliches und privates Wasserrecht, Rn. 676; *Boehme-Neßler,* NVwZ 2015, 1249, 1253.

1431   BVerwGE 78, 40, 44, BVerwGE 81, 347, 348; OVG Saarland, ZfW 14 (1975), 183, 183 ff.; *Kotulla,* Wasserhaushaltsgesetz, § 12 Rn. 15; *Czychowski/Reinhardt,* Wasserhaushaltsgesetz, § 12 Rn. 12 f.; *Sendler,* UPR 1983, 33, 34 ff.

1432   BVerfGE 58, 300, 328; BGH, ZfW 14 (1975), 45, 46; BVerwGE 20, 219, 219 f.; *Czychowski/Reinhardt,* Wasserhaushaltsgesetz, § 12 Rn. 33.

1433   Breuer/Gärditz, Öffentliches und privates Wasserrecht, Rn. 615.

1434   Vgl. *Schmid,* in: Berendes/Frenz/Müggenborg, Wasserhaushaltsgesetz, § 12 Rn. 70 ff.

1435   *Schmid,* in: Berendes/Frenz/Müggenborg, Wasserhaushaltsgesetz, § 12 Rn. 72, 73.

1436   *Czychowski/Reinhardt,* Wasserhaushaltsgesetz, § 82 Rn. 15.

Nach § 82 Abs. 1 S. 1 WHG ist für jede Flussgebietseinheit ein Maßnahmenprogramm aufzustellen, um die Bewirtschaftungsziele nach Maßgabe der §§ 27 bis 31, 44 und 47 WHG zu erreichen. § 83 Abs. 1 S. 1 WHG verlangt darüber hinaus die Aufstellung eines Bewirtschaftungsplans für jede Flussgebietseinheit. Diese auffallend genau nachvollzogene Transformation von Art. 11 und 13 der WRRL in Bundesrecht[1437] sind das zentrale richtlinienrechtlich vorgesehene prozedurale Mittel zur Erreichung der materiellen Bewirtschaftungsziele für alle Gewässer.[1438]

Fracking-Vorhaben können auf dieser Ermessensstufe insbesondere im Rahmen der Erstellung von Maßnahmenprogrammen nach § 82 WHG zu beachten sein.

1. Anforderungen der Raumordnung

§ 82 Abs. 1 S. 2 WHG sieht bei der Erstellung der Maßnahmenprogramme vor, dass die Ziele der Raumordnung zu beachten und die Grundsätze und sonstigen Erfordernisse der Raumordnung zu berücksichtigen sind. Die Regelung trägt der Einordnung der Maßnahmenprogramme als flussgebiets- und damit raumbezogenes planerisches Instrument und der daraus resultierenden Notwendigkeit ihrer Einbindung in das Gesamtgefüge der Raumordnung Rechnung.[1439] Hierzu hat § 82 Abs. 1 S. 2 WHG die sich aus § 4 ROG ergebenden Bindungswirkungen deklaratorisch übernommen.[1440]

Soweit Fracking-Vorhaben zulässigerweise Gegenstand der planerischen Raumordnung sein können[1441], hat die Behörde die diesbezüglichen Festsetzungen bei der Aufstellung der Maßnahmenprogramme zu berücksichtigen. Wird in einen Raumordnungsplan ein Fracking-Verbot festgelegt[1442] oder bestimmte Gebiete als Vorranggebiete für Fracking-Vorhaben[1443] ausgewiesen, so hat dies auch Einfluss auf die Maßnahmenprogramme, da sie als das letztverbindliche Ergebnis einer landesplanerischen Abwägung einer weiteren Abwägung nicht mehr zugänglich sind.[1444] Daneben sind gemäß § 82 Abs. 1 S. 2 2. Halbsatz WHG die Grundsätze und sonstigen Erfordernisse der Raumordnung zu berücksichtigen.[1445] Auch die diesbezüglichen Gebietsaufweisungen für Fracking-Vorhaben wie Vorbehaltsgebiete[1446] können Einfluss auf das planerische Bewirtschaftungsermessen haben.

1437 Vgl. *Breuer*, ZfW 44 (2005), 1, 15.
1438 *Czychowski/Reinhardt,* Wasserhaushaltsgesetz, § 82 Rn. 7.
1439 *Czychowski/Reinhardt,* Wasserhaushaltsgesetz, § 82 Rn. 13.
1440 *Berendes*, KurzKom Wasserhaushaltsgesetz, § 82 Rn. 6; *Czychowski/Reinhardt,* Wasserhaushaltsgesetz, § 82 Rn. 13; *Kotulla*, Wasserhaushaltsgesetz, § 82 Rn. 8; *Köck*, DÖV 2013, 844, 847; *Breuer*, ZfW 44 (2005), 1, 15.
1441 Vgl. hierzu S. 46 ff.
1442 Siehe zur Rechtswidrigkeit des Ziels 10.3-4 LEP NRW S. 54 ff.
1443 Vgl. S. 61.
1444 *Czychowski/Reinhardt,* Wasserhaushaltsgesetz, § 82 Rn. 13.
1445 Vgl. insoweit für die Betriebsplanzulassung S. 212 ff.
1446 Vgl. S. 62.

2. Grundlegende Maßnahmen

Nach § 82 Abs. 2 1. Halbsatz WHG haben Maßnahmenprogramme insbesondere grundlegende Maßnahmen aufzunehmen. Solche sind nach § 82 Abs. 3 WHG die in Art. 11 Abs. 3 WRRL bezeichneten Maßnahmen, die der Erreichung der Bewirtschaftungsziele dienen oder zur Erreichung dieser Ziele beitragen. Damit gelten aufgrund der statischen Verweisung die europarechtlich festgelegten Vorgaben.[1447]

a) Grundsatz: Verbot der Schadstoffeinleitung in das Grundwasser

In Bezug auf Fracking-Maßnahmen ist insbesondere Art. 11 Abs. 3 lit. j) WRRL einschlägig. Das dort geforderte Grundwasserschutzregime[1448] verbietet grundsätzlich die Einleitung von Schadstoffen in das Grundwasser.

b) Europarechtliche Ausnahmemöglichkeit

Die Wasserrahmenrichtlinie sieht für die Mitgliedsstaaten die Möglichkeit vor, von diesem Grundsatz Ausnahmen zu regeln. Gemäß Art. 11 Abs. 3 lit. j) UAbs. 3 1. Spiegelstrich können die Mitgliedsstaaten die Einleitung von Wasser, das Stoffe enthält, die bei der Exploration und Förderung von Kohlenwasserstoffen oder bei Bergbauarbeiten anfallen, sowie die Einleitung von Wasser zu technischen Zwecken in geologische Formationen, aus denen Kohlenwasserstoffe oder andere Stoffe gewonnen worden sind, oder in geologische Formationen, die aus natürlichen Gründen für andere Zwecke auf Dauer ungeeignet sind, gestatten. Solche Einleitungen dürfen dann keine anderen Stoffe als solche enthalten, die bei den oben genannten Arbeitsvorgängen anfallen.

Das Lagerstättenwasser, das nach der Definition des § 22b S. 1 Nr. 3 ABBergV ausschließlich geogene Stoffe enthält und bei der Erdgasgewinnung anfällt, fällt unter diese Ausnahmenmöglichkeit.[1449] Damit hat der europäische Gesetzgeber die grundsätzliche Verpressmöglichkeit von Lagerstättenwasser etabliert.

c) Umsetzung der Verpressmöglichkeit für Lagerstättenwasser im Wasserhaushaltsgesetz

Die Bundesrepublik Deutschland hat von dieser Gestattungsmöglichkeit grundsätzlich Gebrauch gemacht und in § 82 Abs. 6 S. 2 WHG festgelegt, dass die zuständige Behörde die in Art. 11 Abs. 3 lit. j) WRRL genannten Einleitungen in das Grundwasser zulassen kann. Dies hat allerdings nach der Maßgabe der Bewirtschaftungsziele für das Grundwasser nach § 47 WHG und unter Beachtung des wasserrechtlichen Besorgnisgrundsatzes des § 48 WHG zu erfolgen. Insofern legte der Gesetzgeber eine grundsätzliche Gestattungsmöglichkeit fest, knüpfte aber die materielle Gestattungsfähigkeit an den gleichen strengen Prüfungskatalog wie die Zulassung einer Einleitung in das

---

1447 *Knopp*, NVwZ 2003, 275, 277; *Knopp*, ZUR 2005, 505, 509; hiergegen *Filser*, NWVBl. 2005, 419, 423; *Kotulla*, Wasserhaushaltsgesetz, § 82 Rn. 12; *Czychowski/Reinhardt*, Wasserhaushaltsgesetz, § 82 Rn. 23.

1448 *Appel*, in: Berendes/Frenz/Müggenborg, Wasserhaushaltsgesetz, § 82 Rn. 52.

1449 Vgl. auch S. 192 f.

Grundwasser nach § 9 Abs. 1 Nr. 4 WHG.[1450] Demnach darf Lagerstättenwasser nach dem Wasserhaushaltsgesetz in das Grundwasser eingeleitet werden. Diesen Grundsatz hat auch die Behörde bei Ausübung ihres planerischen Bewirtschaftungsermessens zu berücksichtigen.

d) Verschärfung der Anforderungen an die Verpressung von Lagerstättenwasser durch das Fracking-Regelungspaket

Diesen Befund haben die Fracking-Neuregelungen verschärft. Zwar hat der Gesetzgeber im § 22c Abs. 1 S. 3 ABBergV grundsätzlich die Möglichkeit etabliert, Lagerstättenwasser untertägig verpressen zu können. Er stellt aber an die Verpresslagerstätten strenge Anforderungen, die das Wasserhaushaltsgesetz so nicht für die Verpressung verlangte. Sie müssen nämlich nach dem Stand der Technik den sicheren Einschluss des Lagerstättenwassers gewährleisten. Das Lagerstättenwasser darf dementsprechend nicht mit dem Grundwasser interferieren. Ein Einleiten in das Grundwasser ist demnach nicht mehr möglich.

e) Stellungnahme

Der Gesetzgeber hat sich im Wege der Fracking-Neuregelungen dazu entschieden, seine Umsetzung bezüglich der europäischen Ausnahmemöglichkeit, Lagerstättenwasser in das Grundwasser einzuleiten, zu verschärfen. Während im Rahmen des planerischen Bewirtschaftungsermessen nach dem Wasserhaushaltsgesetz grundsätzlich die Möglichkeit bestand, Lagerstättenwasser in das Grundwasser einzuleiten, soweit die Einleitung eine nachteilige Veränderung der Grundwasserbeschaffenheit nicht besorgen lässt, ist dies nach den Fracking-Neuregelungen nicht mehr möglich. Verpressstätten müssen nunmehr das Lagerstättenwasser sicher einschließen, ein Einleiten in Grundwasser ist demnach nicht mehr möglich. Damit ist ein Spannungsverhältnis zwischen der Vorgabe für die Ausübung des Bewirtschaftungsermessens und der spezialgesetzlichen Fracking-Vorgabe entstanden. Da die Anforderungen an die Verpresslagerstätten nach § 22c Abs. 1 Satz 3 ABBergV über § 13a Abs. 5 S. 1 WHG Einzug in die wasserrechtliche Erlaubnisprüfung von Fracking-Vorhaben gefunden haben[1451], wird dieses Spannungsverhältnis regelmäßig dahingehend aufzulösen sein, dass § 82 Abs. 6 S. 2 WHG in Bezug auf Fracking-Vorhaben keine Bedeutung mehr haben wird. Nichtsdestotrotz wäre eine Klarstellung an dieser Stelle im Interesse der Rechtssicherheit für den Rechtsanwender wünschenswert.

II. Gestattendes Bewirtschaftungsermessen

Die an Umwelt- und Bewirtschaftungszielen orientierten Planungsinstrumente werden kaum jemals geeignet sein, im konkreten Erlaubnisverfahren eine abschließende Ent-

---

1450   Vgl. *Appel,* in: Berendes/Frenz/Müggenborg, Wasserhaushaltsgesetz, § 82 Rn. 52.
1451   Vgl. S. 231 ff.

scheidung vorzugeben.[1452] Vielmehr überlässt der gewässer- und immissionsseitige Finalismus der Programme es typischerweise der letztrangigen Einzelfallentscheidung, wie die normativen, programmatischen und planerischen Vorgaben in die Tat umgesetzt werden.[1453] Nichtsdestotrotz kommt ihnen eine ermessenslenkende Funktion zu.[1454]

1. Ermessenlenkende Funktion der Maßnahmenprogramme und Bewirtschaftungspläne

Auf der Ebene des unmittelbaren wasserbehördlichen Vollzugs hat sich das Gestattungsbewirtschaftungsermessen um die Ebene des Planbewirtschaftungsermessens verengt.[1455] Sie sind behördenverbindlich und demnach für alle öffentlichen Planungsträger nach den Regeln des Fachplanungsrechts beachtlich.[1456] Die Behörde hat zunächst die konkreten Vorgaben der Maßnahmenprogramme abzuarbeiten und anschließend im verbleibenden Spielraum ihr Ermessen nach den Grundregeln der Ermessensbetätigung auszuüben.[1457] Ihr bleibt damit insbesondere im Zulassungsverfahren ein Auswahlermessen hinsichtlich der Frage, wie das Vorhaben mit den Anforderungen der Maßnahmenprogramme durch Inhalts- und Nebenbestimmungen in Übereinstimmung zu bringen ist oder aber ob der konkrete Zulassungsantrag zu versagen ist.[1458] Hierbei hilft ihr bei Fracking-Maßnahmen insbesondere die nunmehr etablierte Pflicht zur Aufstellung von obligatorischen Rahmenbetriebsplänen als Planfeststellung, nach der bereits alle für die Ermessensbetätigung entscheidenden Belange öffentlicher und privater Natur[1459] zu ermitteln sind. Die konkrete Ermessenbetätigung kann bei Fracking-Vorhaben durch bergrechtliche Vorgaben und weitere Faktoren beeinflusst werden.

2. Konkrete Ermessensbetätigung

Der Mangel eines Rechtanspruchs seitens des Antragstellers bedeutet nicht, dass die für die Erteilung zuständige Behörde willkürlich entscheiden darf.[1460] Sie hat ihr Ermessen – wie generell bei Ermessensentscheidungen – nach der Maßgabe des § 40 VwVfG[1461] auszuüben.[1462] Das Ermessen hat dementsprechend dem Zweck der Er-

---

1452   Breuer/Gärditz, Öffentliches und privates Wasserrecht, Rn. 816.
1453   Breuer/Gärditz, Öffentliches und privates Wasserrecht, Rn. 816.
1454   Vgl. Breuer/Gärditz, Öffentliches und privates Wasserrecht, Rn. 571; *Czychowski/Reinhardt,* Wasserhaushaltsgesetz, § 12 Rn. 33, § 82 Rn. 23 ff.; *Schmid,* in: Berendes/Frenz/Müggenborg, Wasserhaushaltsgesetz, § 12 Rn. 81; *Durner,* NuR 2009, 77, 80.
1455   Vgl. *Hasche,* ZfW 43 (2004), 144, 168 f.; *Berendes,* ZfW 41 (2002), 197, 214; *Schmid,* in: Berendes/Frenz/Müggenborg, Wasserhaushaltsgesetz, § 12 Rn. 78.
1456   *Schmid,* in: Berendes/Frenz/Müggenborg, Wasserhaushaltsgesetz, § 12 Rn. 82.
1457   Vgl. *Czychowski/Reinhardt,* Wasserhaushaltsgesetz, § 12 Rn. 49.
1458   *Schmid,* in: Berendes/Frenz/Müggenborg, Wasserhaushaltsgesetz, § 12 Rn. 79.
1459   Vgl. insoweit für die Berücksichtigung privater Belange *Czychowski/Reinhardt,* Wasserhaushaltsgesetz, § 12 Rn. 59 ff.
1460   *Czychowski/Reinhardt,* Wasserhaushaltsgesetz, § 12 Rn. 42.
1461   I.V.m. mit den jeweiligen landesgesetzlichen Vorgaben.
1462   *Czychowski/Reinhardt,* Wasserhaushaltsgesetz, § 12 Rn. 42.

mächtigung zu entsprechen und die gesetzlichen Grenzen des Ermessens einzuhalten. Aus Ausfluss der gesetzlichen Grenzen des Ermessens hat die Behörde auch im wasserrechtlichen Kontext die Einhaltung des Verhältnismäßigkeitsprinzips zu beachten.[1463] Hierauf weist bereits die Erwähnung der Möglichkeit von Vermeidungs- und Ausgleichsmaßnahmen in § 12 Abs. 1 Nr. 1 WHG hin.[1464]

a) Zweck der Ermessensausübung

Zweck der Ermächtigung ist die Zielsetzung, die der Gesetzgeber mit der Regelung erreichen will.[1465] Dies ist durch Auslegung zu ermitteln, wobei nicht auf eine isolierte Betrachtung der die Ermessensermächtigung enthaltende Norm abzustellen ist, sondern auf die Gesamtheit der einen Sachverhalt betreffenden Regelungen unter Einbeziehung der allgemeinen Aufgabenstellung der handelnden Behörde.[1466] Hierbei können insbesondere die Zweckbestimmungen des jeweiligen Gesetzes maßgebende Kriterien beinhalten.[1467]

aa) Vorrangiger Zweck des Bewirtschaftungsermessens

Der vorrangige Zweck des Bewirtschaftungsermessens ist es die wasserwirtschaftliche Ordnung nachhaltig zu gewährleisten.[1468] Nach Maßgabe des § 1 WHG soll eine nachhaltige Gewässerbewirtschaftung die Gewässer als nutzbares Gut schützen. Über den Zweck des eigenen Gesetzes hinaus, ist das behördliche Ermessen aufgrund seiner Bindung an das Gesetz auch an alle anderen irgendwie einschlägigen Rechtsnormen gebunden.[1469] Dies umfasst nicht nur einfache Gesetze, sondern auch Grundrechte und andere Rechtssetzungsakte wie die Bestimmungen des EU-Rechts einschließlich umgesetzter Richtlinien.[1470] Durch die Ermessensentscheidung dürfen inhaltlich keine Rechtsverstöße gegen andere Gesetze bewirkt werden. Das wasserrechtliche Ermessen ist demnach auch an die Gesetze gebunden, die nicht nur die Wahrung wasserwirtschaftlicher, sondern auch anderer Gesichtspunkte des Wohls der Allgemeinheit fordern.[1471]

1463 *Czychowski/Reinhardt,* Wasserhaushaltsgesetz, § 12 Rn. 42; *Kotulla,* Wasserhaushaltsgesetz, § 12 Rn. 19.

1464 *Czychowski/Reinhardt,* Wasserhaushaltsgesetz, § 12 Rn. 24; *Salzwedel,* ZfW 22 (1983), 13, 15; *Sendler,* UPR 1983, 33, 34.

1465 *Stuhlfauth,* in: Obermayer/Funke-Kaiser, Verwaltungsverfahrensgesetz, § 40 Rn. 29.

1466 *Sachs,* in: Stelkens/Bonk/Sachs, Verwaltungsverfahrensgesetz, § 40 Rn. 62; Obermayer/ Funke-Kaiser, Verwaltungsverfahrensgesetz, § 40 Rn. 29.

1467 Vgl. *Sachs,* in: Stelkens/Bonk/Sachs, Verwaltungsverfahrensgesetz, § 40 Rn. 62 f.

1468 *Kotulla,* Wasserhaushaltsgesetz, § 12 Rn. 19.

1469 *Sachs,* in: Stelkens/Bonk/Sachs, Verwaltungsverfahrensgesetz, § 40 Rn. 82. Gegen die Notwendigkeit noch nicht beschlossene Gesetze zu berücksichtigen, vgl. BVerwGE 147, 81, 95 (Rn. 40 ff.); *Polzin,* DÖV 2014, 1007 ff.

1470 *Sachs,* in: Stelkens/Bonk/Sachs, Verwaltungsverfahrensgesetz, § 40 Rn. 82 m.w.N.

1471 *Czychowski/Reinhardt,* Wasserhaushaltsgesetz, § 12 Rn. 43.

bb) Berücksichtigung bergrechtlicher Belange im Rahmen der Ermessensausübung

Das wasserrechtliche Ermessen hat danach also auch die bergrechtlichen Belange in den Blick zu nehmen. Vorrangiger Zweck des Bundesberggesetzes ist nach § 1 Nr. 1 BBergG die Rohstoffsicherung. Als Ausfluss dessen konstatiert die Rohstoffsicherungsklausel des § 48 Abs. 1 S. 2 BBergG, dass dafür Sorge zu tragen ist, dass die Aufsuchung und Gewinnung von Bodenschätzen so wenig wie möglich beeinträchtigt werden. Weiterhin zu beachten ist, dass die wasserrechtliche Versagung auch eine Beeinträchtigung der eigentumsähnlichen Position der zuvor erteilen Aufsuchungskonzession ist.

cc) Spannungsverhältnis zwischen den Gesetzeszwecken des Wasserhaushaltsgesetzes und des Bundesberggesetzes

Dass sich aus diesen unterschiedlichen gesetzlichen Zielsetzungen, auf der einen Seite die Minimalbeeinträchtigung der Bodenschatzgewinnung und auf der anderen Seite die Beachtung einer nachhaltigen Gewässerbewirtschaftung, für den Rechtsanwender Unsicherheiten und Konflikte ergeben, liegt auf der Hand. Nach der bergrechtlichen Ausgestaltung des gebundenen Anspruchs des Antragstellers, also als ein präventives Verbot mit Erlaubnisvorbehalt[1472], ergibt sich, dass ein Bergbauvorhaben nämlich auch dann regelmäßig zuzulassen ist, wenn hinsichtlich der Fördermethode Unsicherheiten bestehen.[1473] Diese Unsicherheiten dürften allerdings im Rahmen der Erwartbarkeit der schädlichen Gewässerveränderung und der Ausgestaltung des wasserrechtlichen Regelungssystems als repressives Verbot mit Befreiungsvorbehalt[1474] regelmäßig zum Versagen einer wasserrechtlichen Erlaubnis führen.

b) Herbeiführung einer verhältnismäßigen Entscheidung im Spannungsfeld der unterschiedlichen gesetzlichen Vorgaben

In diesem Spannungsverhältnis hat die Planfeststellungsbehörde eine Entscheidung zu treffen, die im Rahmen der Verhältnismäßigkeit allen Interessen ausreichend Rechnung trägt. Das Gewicht der abzuwägenden Belange kann je nach Zusammenhang unterschiedlich sein.[1475] Schon vor diesem Hintergrund verbietet sich der behördliche Ausspruch eines generellen Fracking-Verbotes im Rahmen ihres Bewirtschaftungsermessens. Ein solcher Ausschluss widerspräche auch der Intention des Gesetzgeber, der mit dem Regelungspaket zur Fracking-Technologie gerade kein generelles Verbot von Fracking-Anwendungen konstatieren wollte, sondern die Anwendung differenziert auszugestalten beabsichtigte, indem er unterschiedliche Voraussetzungen an die konventionelle und die unkonventionelle Methode knüpfte.

1472 Vgl. S. 85.
1473 Vgl. *Frenz*, NVwZ 2016, 1042, 1045; *Frenz*, in: Berendes/Frenz/Müggenborg, Wasserhaushaltsgesetz, §§ 13a, 13b Rn. 26, 46; *Frenz*, Dokumentation zur 39. wissenschaftlichen Fachtagung der Gesellschaft für Umweltrecht e.V. Berlin 2015, S. 87, 95.
1474 Vgl. Fn. 726; zur Ausgestaltung krit. *Kotulla*, Wasserhaushaltsgesetz, § 12 Rn. 18.
1475 *Sachs*, in: Stelkens/Bonk/Sachs, Verwaltungsverfahrensgesetz, § 40 Rn. 14.

Die vorgenannten Zwecke und Zielsetzungen der unterschiedlichen Gesetze beachtend, wird bei der behördlichen Einzelfallentscheidung es demnach entscheidend darauf ankommen, inwieweit das Grundwasser als nutzbares Gut im Sinne des § 1 WHG beeinträchtigt sein wird. Die Gewässerbewirtschaftung erfolgt nach den Gesetzeszwecken des Wasserhaushaltsgesetzes eben nicht allein um ihrer selbst willen, sondern hat stets die Nutzbarkeit der Gewässer zu beachten.[1476] Je »unnutzbarer« ein Gewässer also ist, desto weniger Einschränkungen dürften im Rahmen des Bewirtschaftungsermessens an die wasserrechtliche Erlaubnis zu stellen sein.

aa) Wichtige Einflussvariablen für die konkrete Ermessenausübung

Die Beantwortung dieser Frage wird stark von den Faktoren des Einzelfalls, insbesondere von den vor Ort vorherrschenden geologischen und hydrogeologischen Gegebenheiten abhängen. Diese werden sich an den Kriterien Wahrscheinlichkeit und Potenzial des Schadenseintritts messen lassen müssen. Wichtige Einflussvariablen in diesem Zusammenhang sind:

– die Zieltiefe der zu frackenden Lagerstätte und die Zusammensetzung des Lagerstättenwassers: je tiefer eine Lagerstätte sich befindet und je kontaminierter das Lagerstättenwasser mit radioaktiven Stoffen, Metallen, Salzen, etc. ist, desto unbrauchbarer dürfte das Grundwasser sein;

– die Nähe der Lagerstätte zu grundwasserführenden Schichten in der Zieltiefe: je näher die Lagerstätte sich zu grundwasserführenden Schichten befindet, die tatsächlich der Trink- und Brauchwassergewinnung dienen, desto größer ist die Schädlichkeit einer Rissbildung;

– die Permeabilität des Gesteins: je durchlässiger die durchteuften Schichten sind, desto wahrscheinlicher ist ein ungewollter Aufstieg von Lagerstättenwasser und Erdgas. Dies gilt auch für die untertägige Verbringung von Lagerstättenwasser;

– Die Zusammensetzung des Fracking-Fluids: je wassergefährdender die in ihm enthaltenen einzelnen Stoffe sind, desto größer das Potenzial der Schädigung.

Ist nach diesen Faktoren die Erheblichkeit einer Schädigung und die Wahrscheinlichkeit eines Eintritts als gering einzuschätzen, dürfte eine wasserrechtliche Erlaubnis in Anbetracht der hohen Wertung der Rohstoffsicherung nicht mehr zu versagen sein. Andererseits dürfte eine Versagung immer dann zu verneinen sein, wenn die Faktoren zum gegenteiligen Ergebnis kommen.

bb) Einschränkungen durch die Rohstoffsicherungsklausel

Zu beachten ist, dass die Rohstoffsicherungsklausel ein der jeweiligen Fachbehörde eingeräumtes Ermessen zu Gunsten des Bergbaus wesentlich einschränkt und somit dem Interesse an der Aufsuchung und Gewinnung von Bodenschätzen einen Vorrang

---

1476   Vgl. *Kotulla*, Wasserhaushaltsgesetz, § 1 Rn. 12; *Berendes*, in: Berendes/Frenz/Müggenborg, Wasserhaushaltsgesetz, § 1 Rn. 13.

gewährt.[1477] Dies kann dazu führen, dass die Rohstoffsicherungsklausel des § 48 Abs. 1 S. 2 BBergG im Einzelfall das Ermessen der Behörde bis auf null zu reduzieren vermag[1478], wenn nicht das hinter der jeweiligen Rechtsvorschrift stehende öffentliche Schutzinteresse zumindest ebenso gewichtig ist wie das Interesse an der Rohstoffsicherung.[1479]

Feststehen dürfte auch ohne eine Ermessensreduzierung auf null, dass trotz der hohen Wertigkeit des behördlichen Bewirtschaftungsermessens im Regelungssystem wasserrechtlicher Zulassungen vor dem Hintergrund der strengen Anforderungen an Fracking-Vorhaben nach den Maßgaben der §§ 12 Abs. 1 und 13a WHG das Bewirtschaftungsermessen nur in seltenen Fällen noch zum Versagen des einzelnen Fracking-Vorhabens führen dürfte. Sobald das einzelne Vorhaben nämlich die strengen Anforderungen, die an Fracking-Vorhaben mit dem durchgängig einzuhaltenden Stand der Technik und den detaillierten Überwachungsmechanismen des § 22b ABBergV gestellt werden, erfüllt, dürfte das behördliche Bewirtschaftungsermessen kaum noch zu einer Versagung kommen, da bereits durch die strengen Voraussetzungen regelmäßig der Ausschluss einer Gefahr für das Grundwasser als nutzbares Gut sichergestellt bzw. die Gefahr für das Wasser auf ein im Anbetracht der Rohstoffsicherungsklausel zulässiges Minimalmaß reduziert sein dürfte.

Nichtsdestotrotz ist die Entscheidung des Gesetzgebers, bei Fehlen von Versagungsgründen keine gebundene Entscheidung anzuordnen, sondern der Behörde ein Bewirtschaftungsermessen einzuräumen für das Wohl der Allgemeinheit verfassungsrechtlich nicht nur zulässig, sondern zwingend geboten.[1480] Insbesondere die Betriebsphasen des Fracking-Vorhabens, die nicht von den Neuregelungen betroffen sind, vor allem also die Wasserentnahme zur Herstellung des Fracking-Fluids und die tatsächliche Abwasserbeseitigung von Rückfluss und Lagerstättenwasser (mit Ausnahme der Neuregelungen betreffend die untertägige Verbringung, § 22c Abs. 1 Satz 3 ABBergV), bieten demnach das größte Einfallstor für die Ausübung des wasserrechtlichen Bewirtschaftungsermessen.

III. Ergebnis

Sofern das Fracking-Vorhaben die Zulassungsanforderungen für die Erteilung einer wasserrechtlichen Erlaubnis erfüllt, steht die Genehmigungsentscheidung im wasserrechtlichen Bewirtschaftungsermessen der Behörde. Die Ausübung des wasserrechtlichen Bewirtschaftungsermessens untergliedert sich in das planerische Bewirtschaftungsermessen und das auf den Einzelfall bezogene Bewirtschaftungsermessen im Rahmen der Genehmigungsentscheidung.

1477   BVerwG, NJW 1987, 1713, 1714.
1478   Für die Möglichkeit einer Ermessensreduzierung auf null ebenfalls *von Weschpfennig*, in: Landmann/Rohmer, Umweltrecht, Band I, WHG § 13a Rn. 99; *ders.*, ZfB 157 (2016), 255, 260; *Herbeck* ZfB 158 (2017), 1, 13.
1479   BVerwG, NJW 1987, 1713, 1714; *Tettinger*, ZfW 30 (1991), 1, 12 f.; *Czychowski/Reinhardt*, Wasserhaushaltsgesetz, § 12 Rn. 42.
1480   *Czychowski/Reinhardt*, Wasserhaushaltsgesetz, § 12 Rn. 4.

Im Rahmen des planerischen Bewirtschaftungsermessens, das durch Aufstellung von Maßnahmenprogramme und Bewirtschaftungsplänen ausgeübt wird, ist die Behörde an raumordnungsrechtliche Ziele gebunden und hat die Grundsätze der Raumordnung zu berücksichtigen. Soweit Raumordnungspläne zulässigerweise Festlegungen hinsichtlich Fracking-Vorhaben enthalten, haben diese Einfluss auf die Ausübung des planerischen Bewirtschaftungsermessens.

Weiterhin hat die Behörde in den Maßnahmenprogrammen grundlegende Maßnahmen auszuweisen. Hierzu zählt auch die Einleitung von Schadstoffen in das Grundwasser. Dies ist europarechtlich grundsätzlich verboten. Hinsichtlich der Wiedereinleitung von Lagerstättenwasser sieht die europäische Vorgabe allerdings die Möglichkeit zur Regelung einer Ausnahme vor. Hiervon hat die Bundesrepublik Deutschland Gebrauch gemacht, indem sie im Wasserhaushaltsgesetz geregelt hat, dass das Einleiten von Lagerstättenwasser in das Grundwasser zulässig ist, wenn hierdurch keine nachteilige Veränderung der Grundwasserbeschaffenheit zu besorgen ist. Damit muss das planerische Bewirtschaftungsermessen auch den wasserrechtlichen Besorgnisgrundsatz beachten. Im Rahmen der Fracking-Neuregelungen hat der Gesetzgeber sich nunmehr dazu entschieden, dass ein Einleiten in das Grundwasser nach Maßgabe des § 22c Abs. 1 S. 3 ABBergV nicht mehr möglich ist. Dies stellt eine Verschärfung gegenüber den wasserhaushaltsgesetzlichen Vorgaben zur Ausübung des Bewirtschaftungsermessens dar. Da diese bergrechtliche Vorgaben über § 13a Abs. 5 S. 1 WHG auch Einzug in die wasserrechtliche Erlaubnisprüfung findet, geht sie dem Bewirtschaftungsermessen vor. Nichtsdestotrotz konstatiert sie ein Spannungsverhältnis, dessen Auflösen der Gesetzgeber versäumt hat und im Sinne der Rechtsklarheit für den Rechtsanwender *de lege ferenda* wünschenswert ist.

Das Bewirtschaftungsermessen auf Erlaubnisebene hat sich an den Vorgaben des planerischen Bewirtschaftungsermessens zu orientieren. Der Behörde verbleibt insbesondere ein Auswahlermessen hinsichtlich der Frage zu, wie die Anforderungen der Maßnahmenprogramme durch Inhalts- und Nebenbestimmungen in Übereinstimmung zu bringen sind oder aber der konkrete Zulassungsantrag zu versagen ist. Die Zulassung des obligatorischen Rahmenbetriebsplans hilft ihr dabei, da bereits hierfür alle zur Ermessensbetätigung entscheidenden Belange öffentlicher und privater Natur zu ermitteln waren.

Das Ermessen hat dem Zweck der Ermächtigung zu entsprechen und die gesetzlichen Grenzen des Ermessens einzuhalten. Der vorrangige Zweck des Bewirtschaftungsermessens ist es, die wasserwirtschaftliche Ordnung nachhaltig zu gewährleisten, indem es die Gewässer als nutzbares Gut schützt. Über den Zweck des eigenen Gesetzes hinaus, ist das behördliche Ermessen auch an die bergrechtlichen Belange mit ihrem Zweck der Rohstoffsicherung gebunden. In diesem Spannungsverhältnis (repressives Verbot mit Befreiungsvorbehalt auf der einen Seite und präventives Verbot mit Befreiungsvorbehalt auf der anderen Seite) muss eine verhältnismäßige Entscheidung zugunsten des Bergrechts ausfallen, soweit das Grundwasser als nutzbares Gut nicht beeinträchtigt wird. Je »unnutzbarer« ein Gewässer ist, desto weniger Einschränkungen sind an die wasserrechtliche Erlaubnis zu stellen. Wichtige Faktoren sind dabei die Frage nach der Wahrscheinlichkeit und dem Potenzial einer Wasserschädigung durch Fracking-Vorhaben. Wichtige Einflussvariablen sind die Zieltiefe der zu frackenden Lagerstätte und die Zusammensetzung des Lagerstättenwassers, die Nähe der Lagerstätte zu grundwasserführenden Schichten in der Zieltiefe, die Permeabilität des Gesteins und die Zusammensetzung des Fracking-Fluids.

Vor dem Hintergrund der strengen Anforderungen an Fracking-Vorhaben nach den Maßgaben der §§ 12 Abs. 1 und 13a WHG dürfte das behördliche Bewirtschaftungsermessen in Anbetracht der hohen Wertigkeit der Rohstoffsicherungsklausel nur in seltenen Fällen noch zum Versagen des einzelnen Fracking-Vorhabens führen. Nichtsdestotrotz verbleibt das Ermessen in der Hand der Behörde. Insbesondere die Betriebsphasen des Fracking-Vorhabens, die nicht von den Neuregelungen betroffen sind, vor allem also die Wasserentnahme zur Herstellung des Fracking-Fluids und die tatsächliche Abwasserbeseitigung von Rückfluss und Lagerstättenwasser, bieten das größte Einfallstor für die Ausübung des wasserrechtlichen Bewirtschaftungsermessen.

Teil 6 Instrumente der Schadensregulierung

Spätestens seit dem als »wahrscheinlich« eingestuften Zusammenhang zwischen dem Auftritt seismischer Ereignisse in der Nähe des Erdgasfeldes Völkersen am 22. November 2012 und der dortigen Erdgasförderung[1481] sowie dem Fall Stauffen[1482] dürften nicht nur Anwohner, sondern auch Behörden und die Öffentlichkeit für die schadensrechtlichen Fragestellungen eines Bohrlochbergbaus sensibilisiert sein. Bei dem Einsatz der Fracking-Technologie kann es potentiell zu Schäden an der Umwelt, dem Eigentum sowie dem Leben und der Gesundheit von Menschen kommen.[1483] Denkbar sind hierbei insbesondere Schäden durch Verunreinigungen von Grund- und Oberflächengewässer[1484], durch Bodenkontaminationen[1485], aufgrund induzierter seismischer Aktivitäten[1486] sowie im schlimmsten Fall durch einen *blowout*[1487]. Luftverunreinigungen sind in der folgenden Untersuchung außer Betracht gelassen, da sie kein Fracking-typisches Szenario sind, sondern von der Erdgasförderung allgemein ausgehen.[1488] Mit dieser Wahrscheinlichkeit eines Schadeneintritts im Hintergrund stellt sich die Frage, welche Auswirkungen die Fracking-Neuregelungen auf die Möglichkeit der Schadensregulierung haben. Eingegangen werden soll dabei insbesondere auf bergrechtliche und wasserrechtliche Regulierungsinstrumente, die von den Neuregelungen betroffen sind. Auf allgemein deliktische Regulierungsinstrumente wird nur insoweit eingegangen, als deren Besonderheiten und Unterschiede im Vergleich zu den bergrechtlichen und wasserrechtlichen Regulierungsinstrumenten aufgezeigt werden.

1. Kapitel Bergrechtliche Haftung

Die Bergschadenshaftung schafft den notwendigen Ausgleich zwischen den aus der Dogmatik des Bundesberggesetzes resultierenden unausweichlichen Interessenskollisionen von Grundeigentum und Bergbauberechtigung.[1489] Das Bundesberggesetz be-

---

1481 Vgl. LBEG/BGR (Hrsg.), Untersuchungsergebnisse zum Erdbeben bei Völkersen (Landkreis Verden) am 22.11.2012 – Seismologische Auswertung, S. 48.

1482 Für einen Überblick über die Geschehnisse im Zusammenhang mit einer Geothermie in Staufen (Baden-Württemberg) siehe *Benesch*, Heft 119 der Schriftenreihe der GDMB, S. 9 ff.

1483 Vgl. S. 35 ff.

1484 Vgl. S. 35 ff.

1485 Vgl. S. 38.

1486 Vgl. S. 39.

1487 Vgl. S. 40.

1488 Vgl. S. 39.

1489 Vgl. *Piens/Schulte/Graf Vitzthum*, Bundesberggesetz, § 114 Rn. 26.

handelt die Ersatzpflicht für Bergschäden nicht in einer einheitlichen Rechtsnorm, sondern widmet der Bestimmung des haftungsbegründenden Tatbestandes (§ 114 BBergG), der haftenden Personen (§§ 115, 116 BBergG) und des Haftungsumfanges (§ 117 Abs. 1 BBergG) vier Paragraphen, wobei bezüglich des Umfanges ebenso wie bezüglich seiner Verjährung (§ 117 Abs. 2 BBergG) auf die Bestimmungen des Bürgerlichen Gesetzbuches verwiesen wird.[1490]

Bei der Bergschadenshaftung handelt es sich um einen Fall der zivilrechtlichen Umwelthaftung.[1491] Bergbauaktivitäten sind nicht nur aufgrund des erheblichen Eingriffes in den Naturhaushalt umweltrechtlich erheblich[1492], sondern können auch spezifische Schäden an den Umweltmedien Boden und Wasser verursachen.[1493] Unabhängig von der dogmatischen Einordnung des bergschadensrechtlichen Haftungsregimes[1494] ist sie verschuldensunabhängig ausgestaltet.[1495]

I. Tatbestandsvoraussetzungen

Hauptnorm des haftungsbegründenden Tatbestandes ist § 114 Abs. 1 BBergG. Wird infolge der Ausübung einer der in § 2 Abs. 1 Nr. 1 und 2 BBergG bezeichneten Tätigkeiten oder durch eine der in § 2 Abs. 1 Nr. 3 BBergG bezeichneten Einrichtungen (Bergbaubetrieb) ein Mensch getötet oder der Körper oder die Gesundheit eines Men-

---

1490 *Schubert*, in: Boldt/Weller/Kühne/von Mäßenhausen, Bundesbergesetz, § 114 Rn. 1.

1491 *Kohler*, in: Staudinger, Umwelthaftungsrecht, §§ 114–121 BBergG Rn. 4.

1492 Vgl. *Kloepfer*, Umweltrecht, § 11 Rn. 455 ff.

1493 Vgl. *Piens*, ZfW 38 (1999), 11, 11; *Kohler*, in: Staudinger, Umwelthaftungsrecht, §§ 114–121 BBergG Rn. 4.

1494 Gestritten wird, ob es sich bei ihr um einen Fall der Gefährdungshaftung (so *Schubert*, in: Boldt/Weller/Kühne/von Mäßenhausen, Bundesberggesetz, § 114 Rn. 3; *Müggenborg*, NuR 2011, 689, 689; wohl auch aber im Ergebnis offen *von Richthofen*, S. 101 unter Bezugnahme auf BT-Drs. 8/1315, S. 141, 143) oder um einen Fall der sog. privatrechtlichen Aufopferung handelt (Hierfür zum alten § 148 ABG vgl. *Schulte*, ZfB 1966, 188, 188). Für die Annahme einer Gefährdungshaftung spricht, dass der haftungsbegründende Tatbestand inhaltlich den Gefährdungtatbeständen wie beispielsweise § 7 StVG oder § 1 HaftPflG ähnelt (vgl. *Schubert*, in: Boldt/Weller/Kühne/von Mäßenhausen, Bundesberggesetz, § 114 Rn. 3; *von Richthofen*, S. 99.) Hiergegen spricht, dass die Bergschadenshaftung ihrer Entstehungsgeschichte nach von den Grundsätzen des nachbarschaftlichen Gemeinschaftsverhältnisses geprägt ist (vgl. *Schubert*, in: Boldt/Weller/Kühne/von Mäßenhausen, Bundesberggesetz, Vorbem. §§ 110 bis 115 Rn. 36 ff.; *Piens/Schulte/Graf Vitzthum*, Bundesberggesetz, § 114 Rn. 19 ff.) Nach wohl jetzt herrschender Meinung handelt es sich um einen Mischtatbestand, der sowohl Elemente der Aufopferung- als auch der Gefährdungshaftung in sich vereint (vgl. *Kohler*, in: Staudinger, Umwelthaftungsrecht, §§ 114–121 BBergG Rn. 2; *Konrad*, Bergschadensrecht, S. 44 ff.; *Kühne*, FS Deutsch 1999, S. 203, 214 ff.; *Kühne*, DVBl. 2006, 1224, 1224; *Piens/Schulte/Graf Vitzthum*, Bundesberggesetz, § 114 Rn. 26 f.) Da § 117 BBergG hinsichtlich der durch den haftungsbegründenden Tatbestand ausgelösten Rechtsfolgen in das Bürgerliche Gesetzbuch verweist, dürfte die genaue dogmatische Einordnung für die hiesige Untersuchung keinen Relevanz haben, so dass auf eine weitere Darstellung verzichtet wird.

1495 Vgl. *Kohler*, in: Staudinger, Umwelthaftungsrecht, §§ 114–121 BBergG Rn. 2.

schen verletzt oder eine Sache beschädigt (Bergschaden), so ist für den daraus entstehenden Schaden nach den §§ 115 bis 120 BBergG Ersatz zu leisten.

1.   Der Bergbaubetrieb

Die Bergschadenshaftung greift ein, wenn infolge des Bergbaubetriebes eine Rechtsgutverletzung – ein Bergschaden – eingetreten ist und hierdurch ein Schaden entstanden ist.[1496] Der Bergbaubetrieb umfasst nach der Legaldefinition des § 114 Abs. 1 1. Halbsatz BBergG die Ausübung einer der in § 2 Abs. 1 Nr. 1 und 2 BBergG bezeichneten Tätigkeiten sowie die in § 2 Abs. 1 Nr. 3 bezeichneten Einrichtungen. Im Zusammenspiel mit den Begriffsbestimmungen in § 4 BBergG ergibt sich, dass der haftungsbegründende Tatbestand seinem Wortlaut nach alle Tätigkeiten zur Führung des bergbaulichen Betriebes einschließlich der Betriebseinstellung sowie jegliche Schadensverursachung durch Anlagen und Einrichtungen dieses Betriebes beinhaltet.[1497] Somit fallen alle relevanten Phasen eines Fracking-Vorhabens sowie die hierfür benötigten Anlagen unter den auch für das Schadensrecht relevanten Begriff des Bergbaubetriebes.[1498]

2.   Bergschaden

§ 114 Abs. 1 BBergG erklärt nur bestimmte Schäden für ersatzfähig.[1499] Diese werden mit dem legaldefinierten Begriff des Bergschadens in Anknüpfung an die Verletzung bestimmter Rechtsgüter bestimmt.[1500] Ein Bergschaden liegt nach der Legaldefinition vor, wenn ein Mensch getötet oder der Körper oder die Gesundheit eines Menschen verletzt oder eine Sache beschädigt wird.[1501] Insoweit ist der Haftungstatbestand des § 114 Abs. 1 BBergG enger gefasst, als der deliktsrechtliche Tatbestand des § 823 Abs. 1 BGB.[1502] Geschützt werden über § 823 Abs. 1 BGB zusätzlich die Rechtsgüter Eigentum sowie sonstige Rechte.

a)   Personenschäden

Schädigendes Ereignis ist der Tod oder die Körper- oder die Gesundheitsverletzung eines Menschen.[1503] Die Tatbestandsmerkmale zum Schutz des menschlichen Lebens sowie zur Verletzung von Körper und Gesundheit sind deckungsgleich mit den Merk-

---

1496   *Piens/Schulte/Graf Vitzthum*, Bundesberggesetz, § 114 Rn. 5.
1497   *Schubert*, in: Boldt/Weller/Kühne/von Mäßenhausen, Bundesberggesetz, § 114 Rn. 35; *Piens/Schulte/Graf Vitzthum*, Bundesberggesetz, § 114 Rn. 5.
1498   Vgl. S. 81 ff.
1499   *Kohler*, in: Staudinger, Umwelthaftungsrecht, §§ 114–121 BBergG Rn. Rn. 5.
1500   *Kohler*, in: Staudinger, Umwelthaftungsrecht, §§ 114–121 BBergG Rn. 5.
1501   Zum Schadensbegriff ausführlich vgl. *von Richthofen*, S. 113 ff.
1502   Vgl. hierzu zu Voraussetzungen des § 823 Abs. 1 BGB insbesondere die detaillierten Ausführungen in *von Richthofen*, S. 240 ff. Daneben kommt auch die Haftungsnorm des § 823 Abs. 2 BGB in Betracht, vgl. hierfür *von Richthofen*, ab S. 261 ff.
1503   *Piens/Schulte/Graf Vitzthum*, Bundesberggesetz, § 114 Rn. 33.

malen in § 823 Abs. 1 BGB und § 1 UmwHG.[1504] Eine Körperverletzung meint grundsätzlich den äußeren Eingriff in die körperliche Unversehrtheit bzw. Integrität des Menschen.[1505] Eine Gesundheitsverletzung wird hingegen als eine Störung der inneren Lebensvorgänge verstanden.[1506] Da beide Rechtsgüter vom Bergschaden umfasst sind, braucht es keiner genauen Grenzziehung.[1507] Allerdings ist große Sorgfalt in der Abgrenzung zur bloßen Befindlichkeitsbeeinträchtigung anzuwenden, die vom Tatbestand nicht umfasst ist.[1508] Die Abgrenzung ist unter Würdigung der Besonderheiten des Einzelfalls nach medizinisch-pathologischen Gesichtspunkten vorzunehmen.[1509]

Die durch die Realisierung der mit Fracking-Vorhaben verbundenen Gefahren die damit vorstellbaren Personenschäden sind vielfältig und in ihrer konkreten Ausgestaltung kaum vorhersagbar. Da das Gesetz an dieser Stelle für Fracking-Vorhaben keine besonderen Regelungen enthält, genügt auf der abstrakten Ebene die Feststellung, dass durch Fracking-Vorhaben verursachte Personenschäden ihrem Grundsatz nach bis auf die Bereichsausnahme des § 114 Abs. 1 Nr. 1 1. Halbsatz BBergG, wonach Personenschäden der im Bergbaubetrieb beschäftigten Personen nicht unter den Begriff des Bergschadens fallen, ihrem Grundsatz nach vom Begriff des Bergschadens umfasst sind und die Ersatzpflichten nach §§ 115 BBergG auslösen können.[1510]

b) Sachschäden

Der Begriff der Sachbeschädigung ist enger als der Begriff der Eigentumsverletzung in § 823 Abs. 1 BGB.[1511] Das Eigentum umfasst auch die Befugnis, über die Sache nach Belieben zu verfügen und sie zu benutzen, sodass auch die bloße Beeinträchtigung des bestimmungsgemäßen Gebrauchs den zivilrechtlichen Tatbestand erfüllen kann.[1512]

aa) Von der Haftung umfasste Sachen

Im Gegensatz hierzu setzt die Sachbeschädigung die Verletzung einer Sache gemäß § 90 BGB, also die Verletzung eines körperlichen beweglichen oder unbeweglichen Gegenstands voraus.[1513]

1504 *Kohler*, in: Staudinger, Umwelthaftungsrecht, §§ 114–121 BBergG Rn. 6; *Kohler*, in: Staudinger, Umwelthaftungsrecht, § 1 UmwHG Rn. 13 f.
1505 *Schubert*, in: Boldt/Weller/Kühne/von Mäßenhausen, Bundesberggesetz, § 114 Rn. 15; *Kohler*, in: Staudinger, Umwelthaftungsrecht, § 1 UmwHG Rn. 14; *Wagner*, in: MüKo, Bürgerliches Gesetzbuch, Band 6, § 823 Rn. 133.
1506 *Landsberg/Lülling*, § 1 UmwHG Rn. 26; *Paschke*, Umwelthaftungsgesetz, § 1 Rn. 27; *Kohler*, in: Staudinger, Umwelthaftungsrecht, § 1 UmwHG Rn. 14; *Schubert*: in: Boldt/ Weller/Kühne/von Mäßenhausen, Bundesberggesetz, § 114 Rn. 16.
1507 Vgl. *Kohler*, in: Staudinger, Umwelthaftungsrecht, § 1 UmwHG Rn. 14.
1508 *Schubert*, in: Boldt/Weller/Kühne/von Mäßenhausen, Bundesberggesetz, § 114 Rn. 17; *Kohler*, in: Staudinger, Umwelthaftungsrecht, § 1 UmwHG Rn. 15.
1509 *Schubert*, in: Boldt/Weller/Kühne/von Mäßenhausen, Bundesberggesetz, § 114 Rn. 17; *Kohler*, in: Staudinger, Umwelthaftungsrecht, § 1 UmwHG Rn. 15.
1510 So auch *von Richthofen*, S. 135.
1511 *Schubert*, in: Boldt/Weller/Kühne/von Mäßenhausen, Bundesberggesetz, § 114 Rn. 19.
1512 *Schubert*, in: Boldt/Weller/Kühne/von Mäßenhausen, Bundesberggesetz, § 114 Rn. 19.
1513 *Kohler*, in: Staudinger, Umwelthaftungsrecht, § 1 UmwHG Rn. 18.

(1) Bewegliche Gegenstände

Zu den beweglichen Sachen zählen primär festkörperliche Gegenstände.[1514] Definitorisch können hierunter aber auch Flüssigkeiten und Gase zu subsumieren sein, sofern sie eingegrenzt und damit abgrenzbar und beherrschbar sind.[1515]

(a) Erdgas als bewegliche Sache

Das zu fördernde Erdgas ist demnach, soweit es durch die entsprechenden Anlagen im Bergbaubetrieb aufgefangen wird, eine bewegliche Sache.[1516] Mangels Fremdheit ist es allerdings kein dem Bergschaden zugängliches Rechtsgut, da es im Eigentum des Bergbauberechtigten steht.

(b) Wasser als bewegliche Sache

Das als Allgemeingut bezeichnete freie Wasser ist mangels seiner Beherrschbar- und Abgrenzbarkeit keine Sache im Sinne des bürgerlichen Rechts.[1517] Unter freiem Wasser ist das fließende oberirdische Wasser einschließlich des Grundwassers zu verstehen.[1518] Diese sind gemäß § 4 Abs. 2 WHG auch nicht eigentumsfähig.[1519] Soweit also der Bergbaubetrieb eines Fracking-Vorhaben Grundwasserverunreinigungen oder Verunreinigungen von oberirdischen Fließgewässer zur Folge hat, unterfallen diese Szenarien nicht dem Bergschadensrecht nach § 114 Abs. 1 BBergG. Das Medium Wasser ist somit weitestgehend dem Bergschadensrecht entzogen.

Etwas anderes ergibt sich nur, sobald das Wasser abgrenzbar und damit beherrschbar ist. Wasser in Seen, Teichen und Wasserläufen, soweit das hierin eingefasste Wasser von anderem Wasser abgegrenzt ist, unterliegt dem Sachenbegriff[1520] ebenso wie Wasser in Stauseen.[1521] Hierzu zählen auch abgeschlossene Grundwasserseen im Erdinneren eines Grundstücks.[1522] Kommt es zu einer Verunreinigung dieser (seltenen) Gewässerarten, so kann auch an ihnen ein Bergschaden eintreten[1523], der vom jeweiligen Eigentümer bzw. demjenigen, dem das Gewässer zugewiesen ist, geltend gemacht werden kann.[1524]

1514 *Kohler*, in: Staudinger, Umwelthaftungsrecht, § 1 UmwHG Rn. 19.

1515 Vgl. *Kohler*, in: Staudinger, Umwelthaftungsrecht, § 1 UmwHG Rn. 20.

1516 Vgl. *Stieper*, in: Staudinger, Bürgerliches Gesetzbuch, Buch 1, § 90 Rn. 8.

1517 *Stieper*, in: Staudinger, Bürgerliches Gesetzbuch, Buch 1, § 90 Rn. 20; *Kohler*, in: Staudinger, Umwelthaftungsrecht, § 1 UmwHG Rn. 20; *Schubert*, in: Boldt/Weller/Kühne/ von Mäßenhausen, Bundesberggesetz, § 114 Rn. 21.

1518 *Schubert*, in: Boldt/Weller/Kühne/von Mäßenhausen, Bundesberggesetz, § 114 Rn. 21.

1519 Zurückgehend auf den »Naussauskiesungsbeschluss« BVerfGE 58, 300, 336 f.; vgl. *Roth*, in: Staudinger, Bürgerliches Gesetzbuch, Buch 3, § 905 Rn. 6.

1520 Vgl. *Kohler*, in: Staudinger, Umwelthaftungsrecht, § 1 UmwHG Rn. 20.

1521 *Stresemann*, in: MüKo, Bürgerliches Gesetzbuch, Band 1, § 90 Rn. 9.

1522 *Kohler*, in: Staudinger, Umwelthaftungsrecht, § 1 UmwHG Rn. 20 m.w.N.; *Stresemann*, in: MüKo, Bürgerliches Gesetzbuch, Band 1, § 90 Rn. 9.

1523 Fraglich ist allerdings, ob ein Fracking-Vorhaben überhaupt erlaubnisfähig ist, wenn es derart nah an einem dieser Gewässer liegt, dass ein Schaden an ihnen eintreten kann, vgl. *von Richthofen*, S. 128.

1524 Hierzu mehr ab S. 290 f. und S. 330 ff.

(2) Unbewegliche Gegenstände

Zu den unbeweglichen Gegenständen gehören zunächst Grundstücke. Diese sind im Rechtsinn räumlich abgegrenzte, also katastermäßig vermessene und bezeichnete Teile der Erdoberfläche, die grundsätzlich im Grundbuch unter dem Begriff »Grundstück« geführt werden.[1525] Rechtlich gleichgestellt ist gemäß § 1 WEG das Wohneigentum, gemäß § 11 ErbbauRG[1526] das Erbbaurecht und gemäß § 9 BBergG das Bergwerkseigentum.[1527] Die vom letzteren umfassten Rechtspositionen, insbesondere die aus ihm folgenden Aufsuchungs- und Gewinnungsrechte von Bodenschätzen sind nach der Bereichsausnahme des § 114 Abs. 2 Nr. 2 BBergG nicht von der bergrechtlichen Haftung umfasst.[1528]

(a) Wesentliche Bestandteile

Zu den unbeweglichen Sachen gehören neben den Grundstücken auch deren wesentliche Bestandteile im Sinne der §§ 93 bis 96 BGB, wozu regelmäßig auch errichtete Gebäude und Pflanzen gehören.[1529] Kommt es zu Schäden auf der Erdoberfläche des Grundstückes sowie zu Schäden an Gebäuden und auf dem Grundstück befindliche Pflanzen, so unterliegen all diese Szenarien der bergrechtlichen Schadensregulierung.

(b) Boden als wesentlicher Bestandteil des Grundstücks

Problematischer ist allerdings das Szenario, dass der Schaden nicht an der dem Sachbegriff unbeweglicher Sachen dienenden Begriff der Erdoberfläche eintritt, sondern die durch ein Fracking-Vorhaben – beispielsweise durch unkontrollierten Lagerstättenwassereintrag – verursachte Bodenkontamination im Erdinneren stattfindet.[1530] Insoweit lässt sich fragen, ob auch diese Kontaminationen grundsätzlich dem Sachbegriff des Bundesberggesetzes offen sind. Die Verletzung der Umwelt als solcher, worunter auch das Umweltmedium Boden fällt[1531], ist nämlich von der schadensrechtlichen Regulierung nur umfasst, soweit das Medium sich einer individualisierbar zu-

---

1525 *Baur/Stürner*, Sachenrecht, § 15 Rn. 18; das nach § 3 Abs. 2 und 3 GBO bestimmte Grundstücke nicht im Grundbuch geführt werden müssen, ändert nichts an ihrer rechtlichen Qualifikation als Grundstücke, vgl. *Stresemann*, in: MüKo, Bürgerliches Gesetzbuch, Band 1, § 90 Rn. 12.

1526 Erbbaurechtsgesetz in der im BGBl. 2013 III, Gliederungsnummer 403-6, veröffentlichten bereinigten Fassung, das zuletzt durch Artikel 4 Absatz 7 des Gesetzes vom 1. Oktober 2013 (BGBl. I 2913, S. 3719) geändert worden ist.

1527 *Stieper*, in: Staudinger, Bürgerliches Gesetzbuch, Buch 1, § 90 Rn. 60; *Stresemann*, in: MüKo, Bürgerliches Gesetzbuch, Band 1, § 90 Rn. 12.

1528 Vgl. *Schubert*, in: Boldt/Weller/Kühne/von Mäßenhausen, Bundesberggesetz, § 114 Rn. 69.

1529 *Kohler*, in: Staudinger, Umwelthaftungsrecht, § 1 UmwHG Rn. 21.

1530 Vgl. *von Richthofen*, S. 118 ff.

1531 Vgl. *Kohler*, in: Staudinger, Umwelthaftungsrecht, §§ 114–121 BBergG Rn. 4.

gewiesenen rechtlichen oder tatsächlichen Position zuordnen lässt.[1532] Mit anderen Worten: nur insoweit der untertägige Boden zum Grundstück zählt, ist er auch von der bergrechtlichen Regulierung umfasst.

(aa) Vertikale Grenzen des Eigentums

Diese Frage ist eng mit der Frage nach der Grenze des Eigentumsrechts verbunden.[1533] Hierzu bietet § 905 BGB einen Anhaltspunkt. Demnach erstreckt sich das Recht des Eigentümers eines Grundstücks auf den Raum über der Oberfläche und auf den Erdkörper unter der Oberfläche. § 905 S. 1 BGB besagt also, dass dem Eigentumsrecht des Grundstückseigentümer grundsätzlich im Erdinneren keine Grenzen gesetzt sind.

(bb) Schutzwürdiges Interesse

Diesen Grundsatz schränkt allerdings § 905 S. 2 BGB insoweit ein, als dass der Eigentümer Einwirkungen nicht verbieten kann, die in solcher Höhe oder Tiefe vorgenommen werden, dass er an der Ausschließung kein Interesse hat. Gemeint ist, dass die Herrschaft des Eigentümers sich nur insoweit erstreckt, als für die Ausübung ein konkretes Interesse besteht.[1534] Das Verbietungsrecht des Eigentümers kann sich auf jedes schutzwürdige Interesse stützen, wenn es sich nur auf eine Beziehung zur Benutzung des Grundstückes gründet.[1535] Maßgebend hierfür ist in erster Linie die Verkehrsanschauung.[1536] Hierbei sind unter Umständen auch die örtlichen Verhältnisse zu berücksichtigen.[1537]

Soweit der Eigentümer des Oberflächengrundstückes ein schutzwürdiges Interesse geltend machen kann, unterliegen unterirdische Bodenkontaminationen seines Grundstücks ebenfalls dem Anwendungsbereich der bergrechtlichen Regulierung. Ob und wann ein schutzwürdiges Interesse vorliegt, muss im Einzelfall bestimmt werden, wobei bei einem Ausschluss der Eigentümerinteressen insbesondere bei Einwirkungen in der Tiefe strenge Maßstäbe anzulegen sind.[1538]

(3) Fremdheit der Sache

Bei dem Objekt der rechtlichen relevanten Beschädigung muss es sich um eine fremde Sache handeln.[1539] Herrenlose und im Eigentum des die Beschädigung verursachenden

---

1532 Vgl. *Höpke/Thürmann*, in: EUDUR I § 41 Rn. 16; *Kloepfer*, NuR 1990, 337, 348; vgl. *Landsberg/Lülling*, § 1 UmwHG Rn. 24; *Paschke*, § 1 Rn. 21, 24; *Rehbinder*, NuR 1989, 149, 161 f.; *Salje/Peter*, Umwelthaftungsgesetz §§ 1, 3 Rn. 88; *Kohler*, in: Staudinger, Umwelthaftungsrecht, § 1 UmwHG Rn. 11.

1533 So auch *von Richthofen*, S. 119.

1534 *Roth*, in: Staudinger, Bürgerliches Gesetzbuch, Buch 3, § 905 Rn. 2.

1535 *Brückner*, in: MüKo, Bürgerliches Gesetzbuch, Band 7, § 905 Rn. 7.

1536 *Althammer*, in: Staudinger, Bürgerliches Gesetzbuch, Buch 3, § 903 Rn. 10; *Brückner*, in: MüKo, Bürgerliches Gesetzbuch, Band 7, § 905 Rn. 5.

1537 RGZ 97, 25, 27.

1538 *Roth*, in: Staudinger, Bürgerliches Gesetzbuch, Buch 3, § 905 Rn. 14.

1539 *Schubert*, in: Boldt/Weller/Kühne/von Mäßenhausen, Bundesberggesetz, § 114 Rn. 24.

Bergbauunternehmens sind daher keine der bergrechtlichen Regulierung zugänglichen Sachobjekte.[1540] Durch Fracking-Vorhaben verursachte Schäden an unbeweglichen oder beweglichen Sachen sind daher nur insoweit im Sinne des Bergschadensrechts relevant, sofern sie sich auf Sachen oder Grundstücke beziehen, die nicht dem Eigentum des Bergbauunternehmens unterliegen. Verursacht der unsachgemäße Umgang mit Lagerstättenwasser oder Rückfluss ausschließlich Bodenkontaminationen auf betriebseigenen Grundstücken oder zerstört entzündetes unkontrolliert aufgestiegenes Methan betriebseigene Anlagen oder Einrichtungen, so können diese Gegenstände nicht über das Bergschadensrecht reguliert werden. Gleiches Ergebnis stellt sich ein, wenn das Betriebsgelände zwar im Fremdeigentum steht, die Schädigung aber auf Anlagen oder Einrichtungen des Bergbauunternehmens zurückzuführen sind, die aufgrund vertraglicher Absprachen ordnungsgemäß errichtet und geführt werden durften.[1541] Derartige Fälle können primär über Gewährleistungsansprüche und vertragliche Schadensersatzansprüche reguliert werden.[1542]

bb) Von der Haftung umfasste Sachschäden

Für einen Sachschaden im Sinne des § 114 Abs. 1 BBergG ist ein zu einer Vermögensminderung führender Eingriff in die Integrität der Sache erforderlich[1543] Umfasst von der Sachbeschädigung sind daher nur Sachsubstanzschäden.[1544] Die Sachzerstörung als radikalste Form des Eingriffs in die Sachsubstanz erfüllt regelmäßig die Anforderungen an die Sachbeschädigung.[1545] Unterhalb dieser Schwelle sind im Bergbau typische Beispiele für die Sachsubstanzbeschädigung Risse an Gebäuden oder sonstigen baulichen Anlagen, die durch bergbaubedingte Verformungen der Erdoberfläche ausgelöst werden.[1546] Abzugrenzen ist der Sachsubstanzschaden von der bloßen Sachzustandsveränderung[1547], da nur ein Substanzschaden das bergrechtliche Instrument der Schadensregulierung auslöst.

1540 Vgl. *Schubert*, in: Boldt/Weller/Kühne/von Mäßenhausen, Bundesberggesetz, § 114 Rn. 24.

1541 Vgl. LG Essen, ZfB 1993, 220, 222 f.

1542 *Schubert*, in: Boldt/Weller/Kühne/von Mäßenhausen, Bundesberggesetz, § 114 Rn. 25.

1543 LG Köln, NJW-RR 1990, 796, 797; *Kohler*, in: Staudinger, Umwelthaftungsrecht, §§ 114–121 BBergG Rn. 7; *Piens/Schulte/Graf Vitzthum*, Bundesberggesetz, § 114 Rn. 43; krit. *Schulte*, NJW 1990, 2734, 2734 f.; *Konrad*, Bergschadensrecht, S. 65; *Piens/Schulte/Graf Vitzthum*, Bundesberggesetz, § 114 Rn. 43; gegen eine Einschränkung auf Sachsubstanzschäden *Wilhelms*, ZfIR 2003, 666, 668 f.

1544 OLG Saarbrücken, ZfB 1994, 295, 298; LG Essen, ZfB 1986, 264, 265; LG Dortmund, ZfB 1990, 239, 239; LG Kleve, ZfB 2007, 81, 83; LG Köln, ZfB 1991, 303, 307; LG Köln ZfB 1993, 151, 155; *Piens/Schulte/Graf Vitzthum*, Bundesberggesetz, § 43, 46; *Kohler*, in: Staudinger, Umwelthaftungsrecht, § 1 UmwHG Rn. 27; *Kohler*, in: Staudinger, Umwelthaftungsrecht, §§ 114–121 BBergG Rn. 14; *Konrad*, S. 65, 71 f.; *Ehricke*, ZfB 2006, 130, 134; *Keienburg*, Anm. zum Urteil des OLG Düsseldorf vom 4.2.2000, ZfB 2000, 201, 203.

1545 *Höpke/Thurmann*, in: EUDUR I § 41 Rn. 16; *Salje/Peter*, Umwelthaftungsgesetz §§ 1, 3 Rn. 95.

1546 *Schubert*, in: Boldt/Weller/Kühne/von Mäßenhausen, Bundesberggesetz, § 114 Rn. 25.

1547 Vgl. *Kohler*, in: Staudinger, Umwelthaftungsrecht, § 1 UmwHG Rn. Rn. 27.

Der Schutzbereich des Bergeschadenrechts ist hierdurch wesentlich enger gefasst als der allgemeine deliktsrechtliche Tatbestand des § 823 Abs. 1 BGB. Hierin liegt eine wesentliche Verengung des Schutzbereichs des Bergbergschadensrechts. Während die von der bergrechtlichen Haftung umfassten Sachsubstanzschäden auch vom Rechtsgut Eigentum geschützt werden[1548], umfasst der Eigentumsschutz nach § 823 Abs. 1 BGB auch die Beeinträchtigung der Nutzungsmöglichkeiten.[1549] Sollte also ein Grundstück durch ein Fracking-Vorhaben vorübergehend zur bestimmungsgemäßen Verwendung (beispielsweise) dem Wohnen nicht genutzt werden können und ist dies verursacht durch einen Schaden, der unterhalb eines Sachsubstanzschadens anzusiedeln ist, so wird dieser Schaden vom § 823 Abs. 1 BGB umfasst.

(1) Abgrenzung zur Zustandsveränderung und Gebrauchseinschränkung

Abzugrenzen ist der Substanzschaden von Zustandsveränderungen und Gebrauchseinschränkungen in Form von rechtlichen oder tatsächlichen Nutzungseinschränkungen, die ohne Substanzverletzungen eingetreten sind.[1550] Zustandsveränderungen und Gebrauchsbeeinträchtigungen stellen zwar regelmäßig eine Form der Eigentumsverletzung gemäß § 823 Abs. 1 BGB dar.[1551] Mangels Einbeziehung des Eigentums in den vom Rechtsgüterschutz umfassten Bereich des Bergschadens in § 114 Abs. 1 BBergG, stellen sie aber keinen Fall des Bergschadensrechts dar.[1552]

(2) Sachsubstanzschäden am Wasser

Soweit das Wasser dem Bergschadensrecht zugänglich, also eigentumsfähig ist,[1553] fragt es sich, wann eine Gewässerverunreinigung die Schwelle zum Sachsubstanzschaden überschreitet.[1554] Denkbar sind folgende Szenarien möglicher Gewässerverunreinigungen: Zunächst kann eine Verunreinigung von eingegrenzten oberflächennahen Wasserkörpern und Grundwasserseen durch die Kontamination mit dem Fracking-Fluid geschehen. Zum anderen kann eine solche Kontamination nach Beendigung des Fracking-Vorgangs mit dem Rückfluss und dem Lagerstättenwasser eintreten. Darüber hinaus kann es zu Verunreinigungen anderweitiger Wasserkörper bei der Entsorgung von Lagerstättenwasser und Rückfluss kommen, insbesondere bei der untertägigen Verbringung von Lagerstättenwasser.

1548 *Hager*, in: Staudinger, Bürgerliches Gesetzbuch, Buch 2, § 823 Rn. B79.

1549 Vgl. ausführlich *Hager*, in: Staudinger, Bürgerliches Gesetzbuch, Buch 2, § 823 Rn. B 89 ff.; vgl. auch *von Mäßenhausen*, in: Boldt/Weller/Kühne/von Mäßenhausen, Bundesberggesetz, § 121 Rn. 9.

1550 *Kohler*, in: Staudinger, Umwelthaftungsrecht, § 1 UmwHG Rn. 29.

1551 So zumindest die h.M vgl. hierzu ausführlich *Hager*, in: Staudinger, Bürgerliches Gesetzbuch, Buch 2, § 823 Rn. B89 ff.; *Wagner*, in: MüKo, Bürgerliches Gesetzbuch, Band 6, § 823 Rn. 236 ff.

1552 Vgl. *Kohler*, in: Staudinger, Umwelthaftungsrecht, § 1 UmwHG Rn. 31. Für eine Harmonisierung der Schutzbereiche wohl *Landsberg/Lülling*, § 1 UmwHG Rn. 40.

1553 Vgl. S. 277.

1554 Siehe hierzu auch *von Richthofen*, S. 126 ff.

Zur Bejahung des Sachsubstanzschaden kann die parallele Überlegung in Bezug auf die nachteilige Wasserveränderung des § 89 Abs. 1 WHG herangezogen werden.[1555] Die Feststellung der nachteiligen Veränderung der Wasserbeschaffenheit erfordert den Vergleich von zwei Zuständen des Wassers, namentlich den Zustand des Wassers vor dem Eintrag und den Zustand, den das Wasser durch den Eintrag erfahren hat.[1556] Für die Frage der Nachteilseignung kann auf die Ausführung der Erlaubnisfähigkeit der für Fracking-Vorhaben erforderlichen wasserrechtlichen Erlaubnis verwiesen werden.[1557]

(a) Gewässerverunreinigung durch Kontamination mit Fracking-Fluid

Bezüglich einer Verunreinigung durch reines Fracking-Fluid ist festzuhalten, dass eine solche im Bereich unkonventioneller Erprobungsbohrungen nahezu ausgeschlossen sein dürfte, da hierfür nur nicht wassergefährdende Gemische zum Einsatz kommen dürfen[1558]. Ob die Kontamination maximal schwach wassergefährdender Gemische, die im konventionellen Bereich zum Einsatz kommen dürfen, eine nachteilige Veränderung der Wasserbeschaffenheit zur Folge haben können, ist eine Frage des Einzelfalls, die regelmäßig im Bereich von tief gelegenen Grundwasserseen aufgrund der hierin vorherrschenden Wasserqualität zu verneinen sein dürfte.

(b) Unterirdische Grundwasserkontamination durch Rückfluss und
       Lagerstättenwasser

Ebenso dürfte eine nachteilige Veränderung von Grundwasserseen und eingegrenzten Wasserkörpern, soweit sich ihre Abgrenzbarkeit und damit ihre Eigentumsfähigkeit überhaupt praktisch nachweisen lässt, durch Rückfluss und Lagerstättenwasser in seltenen Fällen zu einer nachteiligen Veränderung führen. Grundwasserseen, insbesondere je tiefer sie liegen, dürften aufgrund ihrer natürlichen Wasserbeschaffenheit nicht durch Lagerstättenwasser- bzw. Rückflusseintrag nachteilig verändert werden, wenngleich die in Rückfluss und Lagerstättenwasser zu erwartende Schadstofflast um ein Vielfaches höher ist als die im Fracking-Fluid. Etwas anderen gilt gewiss für oberflächennahe Wasserkörper, insbesondere wenn sie Trinkwasserqualität haben. Hierin liegt ein denkbares Szenario einer Sachsubstanzschädigung. Allerdings stellt sich auch hier wiederum die Frage nach der Abgrenzbarkeit.

(c) Gewässerverunreinigung durch unsachgemäßen Umgang mit Rückfluss und
       Lagerstättenwasser an der Erdoberfläche

Führt unsachgemäßer obertägiger Umgang mit Lagerstättenwasser oder Rückfluss zu einer Verunreinigung von Sachqualität besitzenden Wasserkörpern, so ist festzuhalten, dass diese auch fremd sein müssen. Denkbar ist nämlich, dass solche Kontamination nur in unmittelbarer Nähe zu den Auffang- und Aufbereitungsanlagen auf dem Be-

---

1555   So überzeugend von Richtofen, S. 127.
1556   Vgl. *Kohler*, in: Staudinger, Umwelthaftungsrecht, § 89 WHG Rn. 13.
1557   Siehe S. 245 ff.
1558   Vgl. S. 225 f.

triebsgelände stattfinden können. Dies kann beispielsweise der Fall sein, wenn ein nahegelegener, aber fremder Stausee betroffen ist.[1559]

Die untertägige Verbringung von Lagerstättenwasser kann nur dann zu einem Sachsubstanzschaden führen, wenn diese zur Verunreinigung eines nahe gelegenen Grundwassersees führt. Da nach § 22 Abs. 1 S. 3 Nr. 1 ABBergV die Verbringungsstätte den sicheren Einschluss des Lagerstättenwassers gewährleisten muss, um die Erlaubnisfähigkeit der Verbringung zu bejahen[1560], ist eine Sachsubstanzschädigung zwar denkbar, aber unwahrscheinlich.

(3) Sachsubstanzschäden am Grundstück

Des Weiteren sind mehrere durch ein Fracking-Vorhaben induzierte Schadensszenarien an Grundstücken vorstellbar. Hierbei gilt es allerdings stets zu beachten, dass diese Szenarien nur Grundstücke betreffen können, die außerhalb des Betriebsgeländes liegen.[1561] Durch Fracking-Vorhaben kann es zu seismischen Aktivitäten kommen, die Risse und Einstürze von Gebäuden verursachen können. Diese stellen Eingriffe in die Sachsubstanz wesentlicher Bestandteile von Grundstücken dar. Weiterhin kann es auch zu Hebungen des Untergrundes kommen. Auch solche sind Sachsubstanzschäden. Auch möglich sind Entzündungen von unkontrolliert aufsteigendem Methan und das Szenario eines Blowouts. Je nach Ausmaß des Schadenseintritts stellen auch diese Szenarien Sachsubstanzschäden dar.

(4) Sachsubstanzschäden am Boden

Ein weiteres Schadensszenario stellt die durch Lagerstätten- bzw. Rückflusseintrag oder Methanaufstieg verursachten Kontaminationen des Bodens dar. Soweit der Boden aufgrund eines schutzwürdigen Interesses des Eigentümers zum Grundstück gezählt werden kann[1562], fragt es sich, inwiefern die Verunreinigung einen Sachsubstanzschaden darstellt. Kontaminierter Boden stellt per se zunächst keinen Substanzschaden dar[1563], da die Substanz nicht beschädigt, sondern allenfalls der Sachzustand verändert bzw. beeinträchtigt ist. Erreicht die Kontamination allerdings die Toxiditätsschwelle oder wird der Verkehrswert des Grundstückes bzw. seine objektive Nutzungsmöglichkeit nachhaltig gemindert, so kann dies die Schwelle zum Eingriff in die Sachsubstanz überschreiten.[1564] Ein Sachsubstanzschaden liegt nämlich jedenfalls dann vor, wenn die Kontamination durch Abtragung des Erdreiches beseitigt wird.[1565] Dann stellt nämlich zumindest die Beseitigung einen Eingriff in die Sachsubstanz dar.[1566]

1559 So *von Richthofen*, S. 128.
1560 Vgl. S. 253 f.
1561 Vgl. S. 279.
1562 Vgl. S. 278 f.
1563 Vgl. *Kohler*, in: Staudinger, Umwelthaftungsrecht, § 1 UmwHG Rn. 27.
1564 Vgl. *Kohler*, in: Staudinger, Umwelthaftungsrecht, § 1 UmwHG Rn. 27.
1565 *Kohler*, in: Staudinger, Umwelthaftungsrecht, § 1 UmwHG Rn. Rn. 27, so auch *von Richthofen*, S. 129.
1566 Vgl. OLG Düsseldorf, NJW 1982, 1167, 1167.

Führt die Kontamination allerdings zu einem behördlich verhängten Verkaufsverbot des Grundstücks, dann stellt dieses an sich keinen Sachsubstanzschaden dar. Hiermit verbunden kann aber eine Eigentumsverletzung sein, die über die Regulierungsinstrumente des allgemeinen Deliktsrechts zu regulieren ist. Ebenso stellt die durch die Kontamination verursachte Minderung der Marktfähigkeit eines Grundstücks wegen des bloßen Verdachts einer umweltbedingten Belastung keine Sachsubstanzbeeinträchtigung dar, sondern beruht auf dem externen Faktor einer Objekteinschätzung durch die Marktteilnehmer.[1567]

3. Zwischenergebnis

Nach alledem unterliegen die von Fracking-Vorhaben ausgehenden potentiellen Gefahren nur eingeschränkt dem bergrechtlichen Haftungstatbestand des § 114 Abs. 1 BBergG. Hierfür muss von einem Bergbaubetrieb ein Mensch getötet oder der Körper oder die Gesundheit eines Menschen verletzt oder eine Sache beschädigt worden sein. Grundsätzlich fallen alle Phasen sowie die dafür errichteten Anlagen unter den schadenrechtlichen Begriff des Bergbaubetriebes.

Soweit Personen über die Schwelle der bloßen Befindlichkeitsbeeinträchtigung hinaus durch den Bergbaubetrieb zu Schaden können, unterfallen diese Schäden dem Bergschadensbegriff. Da die durch die Realisierung der mit Fracking-Vorhaben verbundenen Gefahren und die damit vorstellbaren Personenschäden vielfältig und sind, ist ihre konkrete Ausgestaltung kaum vorhersagbar.

Anderes ergibt sich im Bereich der Sachbeschädigung. Dafür muss es sich zunächst um eine Sache handeln, was nach dem Zivilrecht zu beurteilen ist. Tritt der Schaden an der Oberfläche eines Grundstücks oder an dessen wesentlichen Bestandteilen wie Häuser oder Pflanzen an, so stellt dies ein Schaden an einer unbeweglichen Sache dar. Wasser und Boden hingegen sind grundsätzlich mangels Eigentumsfähigkeit nicht vom Sachbegriff umfasst. Wasser erlangt seine Sacheigenschaft erst, wenn es abgrenzbar und damit beherrschbar ist (Seen, Teiche, Wasserläufe, Stauseen und abgeschlossene Grundwasserseen). Unterirdischer Boden unterfällt dem Sachbegriff nur, wenn der Grundstückeigentümer an ihm ein konkretes schutzwürdiges Interesse geltend machen kann, das im Einzelfall nach der Verkehrsanschauung zu bestimmen ist. Weiterhin müssen die Sachen auch fremd sein. Herrenlose und im Eigentum des die Beschädigung verursachenden Bergbauunternehmens sind daher keine der bergrechtlichen Regulierung zugänglichen Sachobjekte. Gleiches gilt für die Beschädigung von Anlagen oder Einrichtungen die zwar im Fremdeigentum stehen aber aufgrund vertraglicher Absprachen ordnungsgemäß errichtet und geführt werden durften.

Die bloße Beeinträchtigung des bestimmungsgemäßen Gebrauchs einer Sache erfüllt den Begriff des Bergschadens nicht. Vielmehr muss ein Sachsubstanzschaden eintreten. Die Sachzerstörung als radikalste Form des Eingriffs in die Sachsubstanz erfüllt regelmäßig die Anforderungen an die Sachbeschädigung. Unterhalb der Zerstörung sind im Bergbau typische Beispiele Risse an Gebäuden oder sonstigen baulichen An-

---

1567 *Kohler*, in: Staudinger, Umwelthaftungsrecht, § 1 UmwHG Rn. 30; *Landsberg/Lülling*, § 1 UmwHG Rn. 39 f.

lagen, die durch bergbaubedingte Verformungen der Erdoberfläche ausgelöst werden. Rechtliche (zb. Veräußerungshindernisse als Folge eines behördlichen Verkaufsverbotes) oder tatsächlichen Nutzungseinschränkungen (vorübergehenden Betretungsverbot) stellen keinen Sachsubstanzschaden dar.

Ein Sachsubstanzschaden am Wasser tritt ein, wenn die Kontamination eine nachteilige Veränderung der Wasserbeschaffenheit zur Folge hat. Die Beurteilung dieser Frage hängt von Ausgangsbeschaffenheit des kontaminierten Gewässers und dem Grund der Schadstofffracht der kontaminierenden Flüssigkeit ab. Insbesondere tief gelegene Grundwasserseen sind aufgrund ihrer salzigen und mit Schwermetallen und radioaktiven Bestandteile belasteten Eigenschaften einem Sachsubstanzschaden kaum zugänglich. Insbesondere das nicht wassergefährdende Fracking-Fluid im unkonventionellen Bereich dürfte kaum zu einer Nachteilzueignung führen. Insofern kann insbesondere fehlerhafter Umgang mit (stark kontaminierten) Rückfluss und Lagerstättenwasser zu einem Bergschaden führen.

Kontaminationen am Boden stellen in der Regel keinen Substanzschaden, sondern eine Sachzustandsveränderung dar. Sie überschreiten die Schwelle zur Substanzschädigung erst mit Erreichen der Toxiditätsschwelle und der nachhaltigen Minderung des Verkehrswertes des Grundstückes oder seiner objektiven Nutzungsmöglichkeit.

II. Haftungsbegründende Kausalität

Der Bergschaden muss weiterhin infolge der dem Bergbaubetrieb zugehörigen Tätigkeiten bzw. durch seine Betriebsanlagen eingetreten sein. Es muss ein »haftungsbegründender Nexus« im Sinne eines ursächlichen Zusammenhangs bestehen.[1568] Mangels eines ausdrücklichen Verzichts auf das Zurechnungskriterium der haftungsbegründenden Kausalität[1569] oder einer eigenständigen materiell-rechtlichen Ausgestaltung, kann zur Bestimmung des Zurechnungsumfangs auf die allgemeinen zivilrechtlichen Grundsätze zurückgegriffen werden.[1570]

1. Äquivalenz

Zum Minimalerfordernis der Kausalität gehört im Sinne der Äquivalenztheorie, dass das betriebsbezogene Ereignis nicht hinweggedacht werden kann, ohne dass die Umwelteinwirkung und der daraus resultierende Verletzungserfolg ausgeblieben wäre.[1571]

1568 *Müggenborg*, NuR 2013, 326, 331; *Frenz*, LKV 2010, 49, 50; *Kohler*, in: Staudinger, Umwelthaftungsrecht, §§ 114–121 BBergG Rn. 17; vgl. *Piens/Schulte/Graf Vitzthum*, Bundesberggesetz, § 114 Rn. 29.
1569 *Salje*, Notwendigkeit eines erweiterten Schadensbegriffes, S. 340.
1570 *Paschke*, § 1 Rn. 40; *Kohler*, in: Staudinger, Umwelthaftungsrecht, § 1 UmwHG Rn. 49.
1571 *Kohler*, in: Staudinger, Umwelthaftungsrecht, § 1 UmwHG Rn. 53; *Landsberg/Lülling*, § 1 UmwHG Rn. 157; *Paschke*, § 1 Rn. 42; vgl. für die conditio-sine-qua-non-Formel im Allgemeinen *Oetker*, in: MüKo, Bürgerliches Gesetzbuch, Band 2, § 249 Rn. 103 m.w.N.; Palandt, Bürgerliches Gesetzbuch, Vor § 249 Rn. 25.

Dieser natürliche Bedingungszusammenhang muss stets vorliegen.[1572] Der Ursachenzusammenhang wird auch dann nicht unterbrochen, wenn aus einer unmittelbar durch den Bergbaubetrieb verursachten primären Rechtsgutsverletzung infolge weiterer Entwicklungen sekundäre Beschädigungen an anderen Rechtsgütern, einschließlich etwaiger Rechtsgüter Dritter, auftreten.[1573]

In Bezug auf die untersuchten Fracking-Vorhaben ist also zu fragen, ob der eingetretene Bergschaden bei Hinwegdenken des betriebsbezogenen Ereignisses, beispielweise das Einbringen des Fracking-Fluids in den Untergrund oder die Rückförderung, Lagerung, Aufbereitung und Entsorgung von Lagerstättenwasser oder Rückfluss, ausgeblieben wäre. Ist dies nicht der Fall, so ist das betriebsbezogene Ereignis äquivalent kausal für den Bergschaden geworden, gleich ob der Betrieb unmittelbar oder mittelbar (vermittelt über ein Umweltmedium) die Schadenursache gesetzt hat.

Da der Zurechnungsumfang einer an der Äquivalenztheorie ausgerichteten Haftung sehr weit reicht, besteht Einigkeit darüber, dass die Anwendung der Äquivalenztheorie nur als Negativfilter dienen kann.[1574] Es sind daher weitere haftungsbegründende Kriterien notwendig, um eine auch dem verfassungsrechtlichen Übermaßverbot widersprechende unverhältnismäßige Haftung des Schädigers zu verhindern.[1575]

2. Adäquanz

Der Bundesgerichtshof verlangt daher bei der allgemeinen zivilrechtlichen Haftung als Kriterium der Haftungsbeschränkung in ständiger Rechtsprechung, dass der Schaden adäquat kausal geworden sein muss.[1576] Negativ formuliert besagt die Adäquanztheorie, dass solche Bedingungen ausscheiden, die ihrer Natur nach für die Entstehung des Schadens gleichgültig sind und nur durch eine Verkettung außergewöhnlicher Umstände den Erfolg herbeigeführt haben.[1577] Die Ursache muss demnach im Allgemeinen und nicht nur unter besonders eigenartigen, unwahrscheinlichen und nach dem gewöhnlichen Verlauf der Dinge außer Betracht zu lassenden Umständen geeignet sein, einen Erfolg dieser Art herbeizuführen.[1578] Über die Adäquanz werden demnach lediglich gänzlich unwahrscheinliche und unerwartete Folge von der Zurechnung ausgenommen.[1579] Es wird also an die Beurteilung der Adä-

---

1572 *Piens/Schulte/Graf Vitzthum*, Bundesberggesetz, § 114 Rn. 30.

1573 *Schubert*, in: Boldt/Weller/Kühne/von Mäßenhausen, Bundesberggesetz, § 114 Rn. 45.

1574 *Oetker*, in: MüKo, Bürgerliches Gesetzbuch, Band 2, § 249 Rn. 104 m.w.N.

1575 *Oetker*, in: MüKo, Bürgerliches Gesetzbuch, Band 2, § 249 Rn. 104; *Ackermann*, Der Schutz des negativen Interesses, S. 266 f.; vgl. auch *Krause*, JR 1994, 494, 497; *Bartelt*, Beschränkung des Schadensersatzumfangs durch das Übermaßverbot?, S. 176 ff.; S. 204 ff.

1576 Vgl. nur BGHZ 3, 261, 265 ff.; BGHZ 7, 198, 204, BGHZ 18, 286, 287 f.; BGHZ 25, 86, 88 ff.; BGHZ 57, 137, 141; BGHZ 58, 162, 164 f.; BGHZ 59, 139, 144; BGH, NJW 1976, 1143, 1144; BGH, NJW 1986, 1329, 1331; BGH, NJW 2013, 2345, 2346 (Rn. 20); BGH, NJW 2017, 1600, 1601 (Rn. 9).

1577 Vgl. *Oetker*, in: MüKo, Bürgerliches Gesetzbuch, Band 2, § 249 Rn. 110 m.w.N.

1578 *Schiemann*, in: Staudinger, Bürgerliches Gesetzbuch, Buch 2, § 249 Rn. 13 ff.; *Oetker*, in: MüKo, Bürgerliches Gesetzbuch, Band 2, § 249 Rn. 110.

1579 Vgl. *Piens/Schulte/Graf Vitzthum*, Bundesberggesetz, § 114 Rn. 31.

quanz ein strenger Maßstab gelegt.[1580] In der Praxis ist daher kaum ein haftungseinschränkender Effekt vorhanden.[1581]

3. Gefährdungszusammenhang

Einigkeit besteht darüber, dass der haftungsbegründende Ursächlichkeitszusammenhang im Bereich verschuldensunabhängiger Haftung über das Haftungskorrektiv des Gefährdungszusammenhangs einzuschränken ist.[1582] Die Bedeutung dieses Kriterium ist der Verdienst der Schutzzwecklehre.[1583] Im Grunde bedeutet sie eine aus der methodischen Notwendigkeit einer teleologischen Norminterpretation folgende Konsequenz, dass nur diejenigen Schäden zu ersetzen sind, die nach dem Gesetzeszweck auch geschützt werden sollen.[1584] Der Umfang des zu ersetzenden Schadens ergibt sich also aus dem Schutzzweck, der ein bestimmtes Verhalten vorschreibt, der seinerseits durch deren Auslegung zu ermitteln ist.[1585] Der Gefährdungszusammenhang fehlt, wenn der Verletzungserfolg, also der Bergschaden, nicht mit der Gefahr im Zusammenhang steht, derentwegen die Schadensersatzpflicht nach dem Zweck des

---

1580 *Landsberg/Lülling*, § 1 UmwHG Rn. 159.

1581 *Kohler*, in: Staudinger, Umwelthaftungsrecht, § 1 UmwHG Rn. Rn. 54. Die Anwendung der Adäquanzformel im Rahmen von Tatbeständen der Gefährdungshaftung und somit auch im Rahmen des § 114 Abs. 1 BBergG ist umstritten. Für die Anwendung *Schubert*, in: Boldt/Weller/Kühne/von Mäßenhausen, Bundesberggesetz, § 114 Rn. 47; *Piens/ Schulte/Graf Vitzthum*, Bundesberggesetz, § 1114 Rn. 30; *Frenz*, ZNER 2010, 145, 149 f.; *Frenz*, ZNER 2016, 181, 186 f.; dag. *Schiemann*, in: Staudinger, Bürgerliches Gesetzbuch, Buch 2, § 249 Rn. 25; *Kohler*, in: Staudinger, Umwelthaftungsrecht, §§ 114– 121 BBergG Rn. 17; *von Richthofen*, S. 144 f. Kernargument der Gegner ist, dass das Kausalitätskriterium der Adäquanz delikttypisch verhaltensbezogen sei und daher für die Unrechtshaftung gelte, nicht aber auf die Gefährdungshaftung passe, da diese einen Ausgleich für eine an sich erlaubte Tätigkeit biete. Hiergegen wird eingewendet, dass die Beschädigung fremder Rechtsgüter aus der Sicht des Bergbaubetriebes in der Regel nicht zufällig und planwidrig, sondern durchaus im Rahmen eines Gesamtkonzeptes passiere, und somit sehr wohl die Wahrscheinlichkeit eines Schadenseintritts Gegenstand einer planenden und abwägenden Vorausschau sei. Auch die Adäquanztheorie sei Ausdruck des Gedankens der Gefahrerhöhung, der gerade auch wesentliche Grundlage der Gefährdungshaftung sei. Für eine detaillierte Darstellung vgl. *von Richthofen*, S. 141 ff.

1582 Vgl. *Kohler*, in: Staudinger, Umwelthaftungsrecht, Einl. zum UmweltHR Rn. 162; § 1 UmwHG Rn. 58; *Schubert*, in: Boldt/Weller/Kühne/von Mäßenhausen, Bundesberggesetz, § 114 Rn. 50, *Piens/Schulte/Graf Vitzthum*, Bundesberggesetz, § 114 Rn. 31; *Kräber*, S. 151; *Konrad*, Bergschadensrecht, S. 86; *Frenz*, ZNER 2010, 145, 152 f.; *Kühne*, DVBl. 2006, 1219, 1224.

1583 Erstmalig *Rabel*, Recht des Warenkaufs, S. 495 ff.

1584 Vgl. *Schiemann*, in: Staudinger, Bürgerliches Gesetzbuch, Buch 2, § 249 Rn. 27.

1585 *Oetker*, in: MüKo, Bürgerliches Gesetzbuch, Band 2, § 249 Rn. 120; Palandt, Bürgerliches Gesetzbuch, Vorb. v § 249 Rn. 29.

Bundesberggesetzes besteht.[1586] Folglich muss es sich um eine bergbauspezifische Gefahr handeln.[1587]

a)   Schutzzweck des Bergschadensrechts

Demzufolge muss der Schutzzweck des Bergschadensrechts bestimmt werden. Wie eingangs erwähnt, schafft die Bergschadenshaftung den notwendigen Ausgleich zwischen den aus der Dogmatik des Bundesberggesetzes resultierenden unausweichlichen Interessenskollisionen von Grundeigentum und Bergbauberechtigung.[1588] Dem grundsätzlichen Vorrang des Bergbaus, also die dahingehende Privilegierung des Bergbaus, dass eine Bergbauberechtigung *in dubio* auch bei bestehenden Unsicherheiten zu erteilen ist[1589], ist auf der Folgenseite gegenüberzustellen, dass die Auswirkungen der an sich erlaubten Gefahr[1590], die von den tätigkeits- und anlagenbezogenen Kriterien des Bergbaubetriebes ausgehen, umfassend auszugleichen sind. Bergbauspezifische Gefahren sind daher zumindest all diejenigen, die der Gesetzgeber selbst als typische Bergschäden erkannt hat. Somit fallen alle Schäden in Form von Senkungen, Hebungen, Pressungen oder Zerrungen der Oberfläche oder durch Erdrisse oder durch Erschütterungen, die im Einwirkungsbereich eines Bergbaubetriebes auftreten, in den spezifischen Gefahrzusammenhang, vgl. § 120 Abs. 1 S. 1 BBergG. Hierauf kann der Gefährdungszusammenhang nach Bestimmung des weiten Schutzzwecks aber nicht beschränkt sein. Vielmehr realisieren alle Schäden, die sich im Zusammenhang mit sämtlichen Tätigkeitsfeldern, die sich aus dem Zusammenspiel des § 114 Abs. 1 mit § 2 Abs. 1 BBergG ergeben, den bergbauspezifischen Zusammenhang.[1591]

b)   Vom Schutzzweck umfasste Schäden von Fracking-Vorhaben

Für den Bereich der Fracking-Vorhaben bedeutet dies, dass sämtliche schädliche Ereignisse, die bisher Gegenstand der Untersuchung waren und auf die einzelnen Betriebsphasen eines Fracking-Vorhabens zurückzuführen sind, auch das bergbauspezifische Risiko eines Bergschadens realisieren, da alle Szenarien von Tätigkeiten ausgehen, die unter den Anwendungsbereich des Bundesberggesetzes fallen und somit auch vom Bergschadensrecht umfasst sind.

1586   Für das Umwelthaftungsgesetz *Kohler*, in: Staudinger, Umwelthaftungsrecht, § 1 UmwHG Rn. 59.
1587   Vgl. *von Richtofen*, S. 147.
1588   Vgl. S. 273.
1589   Vgl. S. 267.
1590   *Beck/Perling*, NJ 2000, 339, 343 m.w.N.
1591   Vgl. *von Richthofen*, S. 149; *Dietz*, S. 104 f. Beispiele für außerhalb des Schutzzwecks liegende Schadensbilder finden sich bei *Schubert*, in: Boldt/Weller/Kühne/von Mäßenhausen, Bundesberggesetz, § 114 Rn. 53 ff.

III. Unerheblichkeit von Rechtswidrigkeit und Verschulden

Aufgrund des Gefährdungshaftungskonzepts sind Gesichtspunkte unbeachtlich, die in der Sache ein Rechtswidrigkeits- oder Verschuldensurteil implizieren.[1592] Rechtsgutverletzungen sind auch dann von der Haftung umfasst, wenn sie Folge eines Entwicklungsrisikos sind, die Schäden also auch nach dem Stand der Technik, der durchgängig in Bezug auf Fracking-Vorhaben anzuwenden ist[1593], nicht erkennbar waren.[1594] Ebenfalls nicht vorausgesetzt ist, dass der Anlagenbetrieb pflichtwidrig war.[1595] Es wird also auch bei rechtmäßigem Normalbetrieb gehaftet.[1596]

IV. Rechtsfolgen

Ist der Tatbestand des § 114 Abs. 1 BBergG erfüllt und liegt weder ein Sachverhalt nach § 114 Abs. 2 BBergG vor noch ein wirksamer Bergschadensverzicht[1597], so ist von den in §§ 115 f. BBergG festgesetzten Ersatzverpflichteten nach der Maßgabe der §§ 117 ff. BBergG Ersatz für den vom Ersatzberechtigten erlittenen Bergschaden zu leisten.

1. Ersatzberechtigung

Das Bundesberggesetz enthält keine ausdrückliche Regelung des Personenkreises, der im Falle eines Bergschadens berechtigt (aktivlegitimiert) ist, Ersatz für erlittene Vermögenseinbußen zu verlangen.[1598] Aus dem Wortlaut des § 114 Abs. 1 BBergG ergibt sich allerdings, dass derjenige, der den Schaden erlitten hat, auch der Ersatzberechtigte ist.

a) Ersatzberechtigung bei Personenschäden

Bei Personenschäden ist diese zum einen der Verletzte selbst und darüber hinaus auch die nach Maßgabe der § 844 f. BGB Ersatzberechtigten.[1599]

1592   *Kohler*, in: Staudinger, Umwelthaftungsrecht, § 1 UmwHG Rn. 61.
1593   Vgl. zum Stand der Technik S. 182 ff. und S. 228 ff.
1594   Vgl. *Hager*, NJW 1991, 134, 136 f.; *Schieber*, VersR 1999, 816, 816 f.; *Kohler*, in: Staudinger, Umwelthaftungsrecht, § 1 UmwHG Rn. 61.
1595   *Hager*, in: Landmann/Rohmer, Umweltrecht, Band I, UmwHG § 1 Rn. 4; *Landsberg/Lülling*, § 1 UmwHG Rn. 6; *Paschke*, § 1 Rn. 46, 88; *Salje/Peter*, Umwelthaftungsgesetz §§ 1, 3 Rn. 126.
1596   Vgl. *Kohler*, in: Staudinger, Umwelthaftungsrecht, § 1 UmwHG Rn. 62.
1597   Vgl. §§ 115 Abs. 3, 116 Abs. 1 S. 3 BBergG.
1598   *Schubert*, in: Boldt/Weller/Kühne/von Mäßenhausen, Bundesberggesetz, § 117 Rn. 29.
1599   *Kohler*, in: Staudinger, Umwelthaftungsrecht, §§ 114–121 BBergG Rn. 18; *Piens/Schulte/Graf Vitzthum*, Bundesberggesetz, § 114 Rn. 41; vgl. *Schubert*, in: Boldt/Weller/Kühne/von Mäßenhausen, Bundesberggesetz, § 117 Rn. 36, 45 f.

b)   Ersatzberechtigung bei Sachschäden

Zum Ersatz berechtigt ist derjenige, der eine rechtlich gefestigte Sonderverbindung zu der Sache hat.[1600] Diese ist zunächst bei dem Eigentümer der Fall, allerdings grundsätzlich beschränkt auf diejenigen Ersatzansprüche, die während der Zeit seines Eigentums entstanden sind.[1601] Diese Sonderverbindung ist auch bei dem Inhaber dinglicher Recht aus Dienstbarkeiten, aus Nießbrauch und dem dinglichen Wohnrecht zu bejahen, ebenso wie bei demjenigen, der zum Besitz berechtigt ist, wie dem Mieter, Pächter und Entleiher.[1602] Ebenso lösen Anwartschaftsrechte die Ersatzberechtigung aus.[1603]

Nicht unmittelbar durch § 114 BBergG geschützt werden die Gläubiger von Hypotheken, Grund- und Rentenschulden, da nach § 117 Abs. 3 BBergG i.V.m. Art. 52 f. EGBGB[1604] die Forderung des Grundstückseigentümers auf Bergschadensersatz nach § 114 BBergG zu deren Gunsten als verpfändet gilt.[1605]

2.   *Ersatzverpflichtung*

Ersatzverpflichtet sind nach § 115 BBergG der Bergbauunternehmer und nach § 116 BBergG der Bergbauberechtigte.

a)   Bergbauunternehmen

Gemäß § 115 Abs. 1 BBergG ist zum Ersatz eines Bergschadens derjenige Unternehmer verpflichtet, der den Bergbaubetrieb zur Zeit der Verursachung des Bergschadens betrieben hat oder für eigene Rechnung hat betreiben lassen.

aa)   Der Unternehmerbegriff

Der Begriff des Unternehmers wird in § 4 Abs. 5 BBergG legaldefiniert. Unternehmer ist demnach eine natürliche oder juristische Person oder Personenhandelsgesellschaft, die eine der in § 2 Abs. 1 Nr. 1 und 2 sowie Abs. 2 und 3 BBergG bezeichneten Tätigkeiten auf eigene Rechnung durchführt oder durchführen lässt. Über die ausdrücklich aufgeführten, einer Unternehmerstellung zugänglichen Rechtssubjekte werden alle

---

1600   Vgl. *Piens/Schulte/Graf Vitzthum*, Bundesberggesetz, § 114 Rn. 53.
1601   *Schubert*, in: Boldt/Weller/Kühne/von Mäßenhausen, Bundesberggesetz, § 117 Rn. 31; zu § 148 ABG vgl. RG, ZfB 1921, 420, 425.
1602   Vgl. *Piens/Schulte/Graf Vitzthum*, Bundesberggesetz, § 114 Rn. 53; *Kohler*, in: Staudinger, Umwelthaftungsrecht, §§ 114–121 BBergG Rn. 19 m.w.N.; für weitere Beispiele vgl. *Schubert*, in: Boldt/Weller/Kühne/von Mäßenhausen, Bundesberggesetz, § 117 Rn. 39 ff.
1603   *Piens/Schulte/Graf Vitzthum*, Bundesberggesetz, § 114 Rn. 53.
1604   Einführungsgesetz zum Bürgerlichen Gesetzbuch in der Fassung der Bekanntmachung vom 21. September 1994 (BGBl. I 1994, S. 2494; BGBl. I 1997, S. 1061), das zuletzt durch Art. 2 des Gesetzes vom 18. Dezember 2018 (BGBl. I 2018, S. 2648) geändert worden ist.
1605   *Kohler*, in: Staudinger, Umwelthaftungsrecht, §§ 114–121 BBergG Rn. 19; *Wilke*, WM 1981, 1374, 1375 f.

natürlichen Personen, alle juristischen Personen (AG, KGaA, GmbH, e.V., e.G. und Stiftungen) sowie alle Personenhandelsgesellschaften (OHG und KG) erfasst.[1606] Allein Gesellschaften bürgerlichen Rechts sind hiervon ausgenommen.[1607] Auf das Erfordernis einer Bergbauberechtigung kommt es für die Unternehmerstellung nicht an.[1608]

Auffällig ist, dass der Unternehmerbegriff sich im Gegensatz zum Begriff des Bergbaubetriebes aus § 114 Abs. 1 BBergG nur auf die Tätigkeiten nach § 2 Abs. 1 Nr. 1 und 2 BBergG bezieht, nicht aber auch auf die Anlagen nach § 2 Abs. 1 Nr. 3 BBergG.[1609] Indem die anlagenbezogene Komponente aus dem Unternehmerbegriff ausgenommen ist, ist dieser losgelöst vom Eigentum oder Besitz der sich in dem Betrieb befindlichen Betriebseinrichtungen zu verstehen.[1610] Er ist damit ausschließlich tätigkeitsbezogen. Da alle Tätigkeiten eines Fracking-Vorhabens als Haupt- bzw. Nebentätigkeiten der Aufsuchung bzw. der Gewinnung eines Bodenschatzes dienen[1611], ist derjenige, der ein Fracking-Vorhaben unternimmt auch Unternehmer i.S.d. § 115 Abs. 1 BBergG, wobei auch die Durchführung einzelner Phasen des Fracking-Vorhabens eine Unternehmerstellung begründen kann.

bb) Der ersatzverpflichtete Bergbaubetrieb

Zur Bejahung der Unternehmerhaftung nach § 115 Abs. 1 BBergG hinzukommen muss, dass der Unternehmer den den Bergschaden verursachenden Bergbaubetrieb betrieben hat oder für eigene Rechnung hat betreiben lassen. Insbesondere in horizontaler Hinsicht ergeben sich diesbezügliche Unklarheiten, wenn nicht nur ein Unternehmen das Fracking-Vorhaben betreibt, sondern einzelne Betriebsphasen von verschiedenen Unternehmern betrieben werden. In diesem Fall kann der Wortlaut nämlich so verstanden, dass nur der Unternehmer im haftungsrechtlichen Sinn nach der Maßgabe des § 115 Abs. 1 BBergG einzustehen hat, dessen Betrieb den Bergschaden verursacht hat.[1612] Hiergegen spricht allerdings, dass der Begriff des Bergbaubetriebes die Gesamtheit sachlicher und personeller Mittel unabhängig von der Person des jeweiligen Unternehmers erfassen soll.[1613] Für die Unternehmereigenschaft ist daher vielmehr entscheidend, dass die Verfügungsgewalt und wirtschaftliche Nutzziehung in einer Person vereint ist.[1614] Dies kann auch ein Pächter oder ein Nießbraucher eines Berg-

---

1606   *Keienburg*, in: Boldt/Weller/Kühne/von Mäßenhausen, Bundesberggesetz, § 4 Rn. 31.
1607   So *Keienburg*, in: Boldt/Weller/Kühne/von Mäßenhausen, Bundesberggesetz, § 4 Rn. 31; *Kremer/Neuhaus gen. Wever*, Bergrecht, Rn. 81; *Kirchner/Kremer*, ZfB 1990, 189, 192.
1608   *Keienburg*, in: Boldt/Weller/Kühne/von Mäßenhausen, Bundesberggesetz, § 4 Rn. 31; vgl. *Piens/Schulte/Graf Vitzthum*, Bundesberggesetz, § 4 Rn. 48.
1609   Hierzu ausführlich S. 275 ff.
1610   Vgl. *Schubert*, in: Boldt/Weller/Kühne/von Mäßenhausen, Bundesberggesetz, § 115 Rn. 7.
1611   Vgl. S. 81 ff.
1612   So wohl *Schubert*, in: Boldt/Weller/Kühne/von Mäßenhausen, Bundesberggesetz, § 115 Rn. 9.
1613   BT-Drs. 8/1315, S. 141 f.
1614   *Kohler*, in: Staudinger, Umwelthaftungsrecht, §§ 114–121 BBergG Rn. 20.

baubetriebes sein.[1615] Nach teleologischen Gesichtspunkten ist daher nicht auf den Einzelbetrieb im haftungsrechtlichen Sinne, sondern auf den Gesamtbetrieb abzustellen.[1616] Wäre dies nicht so, könnte sich ein Bergbauunternehmer, dem wirtschaftlich die Aufsuchung und Gewinnung des Bodenschatzes zugute kommt, von vornherein dadurch der bergschadensrechtlichen Haftung entziehen, dass er einzelne – besonders heikle – Betriebsphasen werkvertraglich bzw. anderweitig schuldrechtlich auf andere Unternehmer abwälzt.[1617]

cc) Gesamtschuldnerhaftung mehrerer Bergbaubetriebe

Ist ein Bergschaden durch zwei oder mehrere Bergbaubetriebe verursacht, so haften die Unternehmer der beteiligten Bergbaubetriebe als Gesamtschuldner.[1618] Die Gesamtschuldnerhaftung folgt den allgemeinen zivilrechtlichen Regelungen der §§ 421 ff. BGB.[1619] Sie setzt einen einheitlichen Schaden voraus.[1620] Kann hingegen ein Teil eines Schaden räumlich trennbar auf den einen Betrieb und der andere Teil auf den anderen Betrieb zurückgeführt werden, so greift die Gesamtschuldnerstellung nicht.[1621] Im Innenverhältnis der Gesamtschuldner zueinander hängt, soweit nichts anderes vereinbart ist, die Verpflichtung zum Ersatz sowie der Umfang des zu leistenden Ersatzes von den Umstanden, insbesondere davon ab, inwieweit der Bergschaden vorwiegend von dem einen oder anderen Bergbaubetrieb verursacht worden ist; im Zweifel entfallen auf die beteiligten Bergbaubetriebe gleiche Anteile, § 115 Abs. 2 BBergG.

dd) Sonderstellung: Erprobungsbohrungen im Bereich unkonventioneller Fracking-Maßnahmen

Wie zuvor herausgearbeitet, stellt § 115 Abs. 1 BBergG zur Bejahung der Unternehmerstellung wesentlich darauf ab, wem die bergbauliche Tätigkeit wirtschaftlich zugute kommt (»auf eigene Rechnung«).[1622] Dem Unternehmer muss es also darauf ankommen, Gewinne zu erzielen.[1623] Bei Aufsuchungsmaßnahmen, die zu wissenschaftlichen Zwecken erfolgen, also dem Erkenntniszuwachs dienen, fehlt dieser wirtschaftliche

---

1615 *Piens/Schulte/Graf Vitzthum*, Bundesberggesetz, § 115 Rn. 3; *Kohler*, in: Staudinger, Umwelthaftungsrecht, §§ 114–121 BBergG Rn. 20.

1616 So auch *Kohler*, in: Staudinger, Umwelthaftungsrecht, §§ 114–121 BBergG Rn. 20; *Kräber*, S. 191 ff.; *von Richthofen*, S. 154 f.

1617 Vgl. *von Richthofen*, S. 154.

1618 Diese Regelung ist nicht mit der vorhergehenden Thematik des Betriebsbegriffes zu verwechseln, bei der es darum ging, ob mehrere Beteiligte innerhalb eines Betriebes einzeln haften oder auf den Gesamtbetrieb abzustellen ist.

1619 *Kohler*, in: Staudinger, Umwelthaftungsrecht, §§ 114–121 BBergG Rn. 21.

1620 RG, ZfB 1921, 438, 438.

1621 *Schubert*, in: Boldt/Weller/Kühne/von Mäßenhausen, Bundesberggesetz, § 115 Rn. 10; *Piens/Schulte/Graf Vitzthum*, Bundesberggesetz, § 115 Rn. 5; *Kohler*, in: Staudinger, Umwelthaftungsrecht, §§ 114–121 BBergG Rn. 21.

1622 Vgl. *Kohler*, in: Staudinger, Umwelthaftungsrecht, §§ 114–121 BBergG Rn. 20, *Piens/Schulte/Graf Vitzthum*, Bundesberggesetz, § 115 Rn. 3; *von Richthofen*, S. 154 f.; *Kräber*, S. 191 ff.

1623 *Kohler*, in: Staudinger, Umwelthaftungsrecht, §§ 114–121 BBergG Rn. 20.

Vorteil. Demzufolge gibt es im Fall der Aufsuchungsberechtigung zu wissenschaftlichen Zwecken[1624] keinen in die Haftungspflicht zu nehmenden Unternehmer, der Erlaubnisinhaber ist allein verantwortlich.[1625]

Dies ist im Besonderen im Bereich der unkonventionellen Erdgasförderung zu beachten. In diesem ist die Möglichkeit der Durchführung einer Fracking-Maßnahme im wasserrechtlichen Sinne nämlich nach der Maßgabe des § 13a Abs. 2 S. 1 WHG auf wissenschaftliche Erprobungsbohrungen beschränkt[1626]. Wenngleich hieraus keine Pflicht der zuständigen Bergbehörde folgt, auch im bergrechtlichen Konzessionsverfahren (lediglich) eine Aufsuchung zu wissenschaftlichen Zwecken zu erteilen[1627], ist die nach dem Betriebsplan zugelassene Ausübung der Konzession lediglich auf wissenschaftliche Zwecke beschränkt, da ansonsten die zwingend erforderliche wasserrechtliche Erlaubnis zur Durchführung des unkonventionellen Fracking-Vorhabens nicht erteilt worden wäre. Mit anderen Worten: demjenigen, der ein unkonventionelles Fracking-Vorhaben betreibt, fehlt es an der Gewinnerzielungsabsicht, so dass seine haftungsrechtliche Unternehmerstellung zu verneinen ist.

Etwas anderes ergibt sich auch nicht, wenn man darauf abstellt, dass die Gewinnerzielungsabsicht nicht unmittelbar aus dem Fördervorhaben folgen muss, sondern auch bei mittelbaren Aufsuchungstätigkeiten, die dem tatsächlichen Gewinnen vorgelagert sind, zu bejahen ist. Dies ist im Normalfall gegeben, da es im Rahmen der Gewinnerzielung nicht auf das tatsächliche Gewinnerzielen ankommt, sondern auf die damit verbundene Absicht und die Aufsuchung in der Absicht betrieben wird, nach erfolgreicher Aufsuchung mit dem Gewinnen des Bodenschatzes zu beginnen. Im Bereich unkonventioneller Fracking-Tätigkeiten ist dieser Zusammenhang allerdings nicht gegeben. Zwar muss auch hier konstatiert werden, dass derjenige, der zu wissenschaftlichen Zwecken unkonventionelle Lagerstätten mittels der Fracking-Technologie erkundet, die hieraus gewonnenen Erkenntnisse regelmäßig für eine spätere Gewinnung einzusetzen beabsichtigt. Ob dieser Einsatz allerdings je in die Tat umgesetzt werden kann, ist zurzeit zu ungewiss, als dass im jetzigen Entwicklungsstadium von einer Gewinnerzielungsabsicht ausgegangen werden kann. Zwar ist die momentane Gesetzeslage des grundsätzlichen unkonventionellen Fracking-Verbotes nicht in Stein gemeißelt[1628], doch hängt die Aufhebung des Verbotes von unkonventionellen Fracking-Maßnahmen zu wirtschaftlichen Zwecken zunächst von verschiedenen Evaluierungsprozessen ab (vgl. § 13a Abs. 7 WHG), an deren Ende nicht zwingend eine Verbotsaufhebung und damit eine positive Bescheidung für unkonventionelle Fracking-Vorhaben zu wirtschaftlichen Zwecken stehen muss.

Folglich ist § 115 Abs. 1 BBergG im Bereich unkonventioneller Erprobungsmaßnahmen nicht anzuwenden. Dies dürfte praktisch allerdings keine erhebliche Bedeutung haben, da anzunehmen ist, dass nur derjenige, der Inhaber der hierfür benötigten Bergbauberechtigung ist, auch das unkonventionelle Fracking-Vorhaben durchführen wird und damit nach der Maßgabe des § 116 Abs. 1 BBergG auch haftungsrechtlich sich zu verantworten hat.

1624   Vgl. hierzu S. 90 f.
1625   *Kohler*, in: Staudinger, Umwelthaftungsrecht, §§ 114–121 BBergG Rn. 20.
1626   Vgl. S. 219 f.
1627   Vgl. S. 90 f.
1628   Vgl. S. 236.

b)   Bergbauberechtigter

Neben der Unternehmerhaftung ist gemäß § 116 Abs. 1 S. 1 1. Halbsatz BBergG auch der Inhaber der dem Bergbaubetrieb zugrundeliegenden Berechtigung zur Aufsuchung oder Gewinnung (Bergbauberechtigung) zum Ersatz des Bergschadens verpflichtet. Die mit der Aufnahme des Bergbaubetriebes beginnende und praktisch unbegrenzt bestehende Haftung des Erlaubnisinhabers neben dem Bergbauunternehmer bezweckt, dem Geschädigten auch bei Vermögenslosigkeit oder Nichtmehrvorhandensein des Unternehmers einen Einstandspflichtigen zu geben.[1629] Für den Fall, dass der Inhaber der Bergbauberechtigung den Betrieb einem Dritten zur selbstständigen Führung überlässt, wird durch diese Bestimmung sichergestellt, dass der Geschädigte haftungsrechtlich auch auf den Bergbauberechtigten zugreifen kann.[1630] Unternehmer und Bergbauberechtigter haften dann nach § 116 Abs. S. 1 S. 2 BBergG gesamtschuldnerisch.

c)   Ausfall von Bergbauunternehmen und Berechtigungsinhaber

Sollte weder vom Bergbauunternehmen noch vom Bergbauberechtigten Ersatz zu erlangen ein, steht der »Bergschadensausfallkasse e.V.«, der zur Vermeidung der Errichtung einer staatlichen Bergschadensausfallkasse von den Unternehmen der verschiedenen Bergbauzweige auf freiwilliger Grundlage im Jahr 1987 gegründet worden ist[1631], für den Ausgleich des erlittenen Schadens ein.[1632] Zweck des Vereins ist es, den von einem Bergschaden Betroffenen zu entschädigen, sowie der Geschädigte von keinem ersatzpflichtigen Bergbauunternehmer oder Bergbauberechtigten Ersatz erlangen kann.[1633]

Darüber hinaus ist das Bundesministerium für Wirtschaft und Energie gemäß § 122 Abs. 1 Nr. 1 und 2 BBergG ermächtigt, durch Rechtsverordnung mit Zustimmung des Bundesrates in seinem Geschäftsbereich eine rechtsfähige Anstalt des öffentlichen Rechts als Ausfallkasse zur Sicherung von Bergschadensansprüchen (Bergschadensausfallkasse) zu errichten, wenn die Haftung für den Ersatz eines Bergschadens bei einem Ausfall durch die Unternehmer nicht sichergestellt ist und die Sicherstellung sich nicht auf alle Unternehmer erstreckt, es sei denn, dass der Ersatz im Rahmen der Ausfallhaftung durch einen Unternehmer oder eine bestimmte Gruppe von Unternehmern gewährleistet ist. Da das Ministerium bisher nicht von seiner Ermächtigung Gebrauch gemacht ist, ist davon auszugehen, dass der private Verein eine ausreichende Sicherung des Ausfallrisikos darstellt.[1634]

1629   *Piens/Schulte/Graf Vitzthum*, Bundesberggesetz, § 116 Rn. 3; *Kohler*, in: Staudinger, Umwelthaftungsrecht, §§ 114–121 BBergG Rn. 23.

1630   *Schubert*, in: Boldt/Weller/Kühne/von Mäßenhausen, Bundesberggesetz, § 116 Rn. 1.

1631   Die Satzung ist in ZfB 1989, 86 ff. veröffentlicht.

1632   *von Mäßenhausen*; in: Boldt/Weller/Kühne/von Mäßenhausen, Bundesberggesetz, § 122 Rn. 7.

1633   *von Mäßenhausen*; in: Boldt/Weller/Kühne/von Mäßenhausen, Bundesberggesetz, § 122 Rn. 8; *Piens/Schulte/Graf Vitzthum*, Bundesberggesetz, § 122 Rn. 16.

1634   *von Mäßenhausen*; in: Boldt/Weller/Kühne/von Mäßenhausen, Bundesberggesetz, § 122 Rn. 14; *Piens/Schulte/Graf Vitzthum*, Bundesberggesetz, § 122 Rn. 16.

3. Haftungsausfüllende Kausalität

Zwischen dem die Haftung begründenden Bergschaden und dem zu ersetzenden Schaden muss ein haftungsausfüllender Zurechnungszusammenhang bestehen (»dadurch«).[1635] Zu den Anforderungen an dessen Umfang kann auf die Ausführungen zur haftungsbegründenden Kausalität verwiesen werden.[1636] Die Differenzierung von haftungsbegründender und haftungsausfüllender Kausalität ist dennoch nötig, da in prozessualer Hinsicht die haftungsbegründende Kausalität gemäß § 286 Abs. 1 S. 1 ZPO zur Überzeugung des Gerichts feststehen muss, wohingegen bei der haftungsausfüllenden Kausalität die Beweiserleichterung des § 287 Abs. 1 S. 1 ZPO greift.[1637]

4. Umfang der Ersatzpflicht

Der Umfang der Ersatzpflicht richtet sich gemäß § 117 Abs. 1 1. Halbsatz BBergG nach den Vorschriften des Bürgerlichen Gesetzbuchs über die Verpflichtung zum Ersatz des Schadens im Falle einer unerlaubten Handlung, mithin nach den §§ 823 ff., 249 ff. BGB. Demgemäß ist grundsätzlich Naturalrestitution geschuldet.[1638] Schadensersatz in Geld ist nach den Maßgaben der §§ 249 Abs. 2 und 251 Abs. 1 und 2 BGB zu leisten sowie unter den Voraussetzungen des § 250 BGB.[1639]

a) Schaden

Durch den Verweis auf die Vorschriften des Bürgerlichen Gesetzbuches bezüglich des Umfangs der Ersatzpflicht ergänzt § 117 Abs. 1 BBergG die in § 114 Abs. 1 enthaltene Regelung, die sich mit der Definition des Bergschadens auf die Darstellung des haftungsbegründenden Tatbestandes beschränkt.[1640] Die Systematik verdeutlicht die zu beachtende strikte Trennung zwischen dem Bergschaden als Synonym für die bergbaubedingte haftungsbegründende Rechtsgutsverletzung einerseits und dem zu ersetzende Schaden andererseits, der Inhalt des dem Geschädigten zuzubilligenden Kompensationsanspruchs ist und der wirtschaftlich zu bestimmen sich aus einer vergleichenden Betrachtung der Vermögenslage des Geschädigten ergibt, wie sie sich nach dem Eintritt

1635 *Schubert*, in: Boldt/Weller/Kühne/von Mäßenhausen, Bundesberggesetz, § 117 Rn. 47.
1636 Siehe S. 285 ff.
1637 *Prütting*, in: MüKo, Zivilprozessordnung, Band 1, § 287 Rn. 10 ff., 13 f.; *Laumen*, in: Prütting/Gehrlein, Zivilprozessordnung, § 287 Rn. 7 ff.; Baumbach/Lauterbach/Albers/Hartmann, Zivilprozessordnung, § 287 Rn. 6 f.; *Wagner*, in: MüKo, Bürgerliches Gesetzbuch, Band 6, § 823 Rn. 308; siehe auch *von Richthofen*, S. 163 f.
1638 *Kohler*, in: Staudinger, Umwelthaftungsrecht, §§ 114–121 BBergG Rn. 26.
1639 *Müggenborg*, NuR 2013, 326, 331; *Kohler*, in: Staudinger, Umwelthaftungsrecht, §§ 114–121 BBergG Rn. 26.
1640 *Schubert*, in: Boldt/Weller/Kühne/von Mäßenhausen, Bundesberggesetz, § 117 Rn. 1.

des Bergschadens tatsächlich darstellt und wie sie hypothetisch ohne Rechtsgutverletzung zu erwarten gewesen wäre.[1641]

Voraussetzung für die Annahme einer Vermögenseinbuße ist nicht unbedingt die Verletzung eines Vermögensgutes[1642], der Schaden kann sich vielmehr auch als mittelbare Folge aus der Verletzung ideeller Güter ergeben.[1643] Typische Besonderheiten bei Bergschäden sind die in der Praxis überwiegende Betroffenheit von Immobilien, die oftmals langjährige Dauer der Wirkungszusammenhänge und der Umstand, dass ein Objekt sich wiederholenden schädigenden Einwirkungen ausgesetzt sein kann.[1644]

b) Höchstbeträge

Grundsätzlich gilt das Prinzip der Totalreparation, es ist also der gesamte Schaden auszugleichen, den der Geschädigte durch das zur Ersatzpflicht führende Ereignis erlitten hat.[1645] Allerdings sieht § 117 Abs. 1 2. Halbsatz BBergG – im Gegensatz zum allgemeinen Deliktsrecht – Abweichungen in Form von Haftungshöchstbeträgen vor. Im Falle der Tötung oder Verletzung eines Menschen haftet der Ersatzpflichtige für jede Person bis zu einem Kapitalbetrag von 600.000 Euro oder bis zu einem Rentenbetrag von jährlich 36.000 Euro, § 117 Abs. 1 Nr. 1 BBergG. Im Falle einer Sachbeschädigung haftet der Ersatzpflichtige nur bis zur Höhe des gemeinen Wertes der beschädigten Sache, wobei dies nicht für die Beschädigung von Grundstücken, deren Bestandteilen und Zubehör gilt, § 117 Abs. 1 Nr. 2 BBergG. Gemeiner Wert ist der im gewöhnlichen Geschäftsverkehr für eine Sache zu erzielende Preis, also der objektive Tauschwert, den eine Sache für jedermann hat.[1646] Er beschreibt somit den Veräußerungswert der Sache. Maßgeblich ist der Wert, der ohne das schädigende Ereignis und ohne Berücksichtigung von individuellen in der Person des Geschädigten begründeten Umständen anzunehmen wäre.[1647] Der Grund für die Rückausnahme in Bezug auf Immobiliargüter liegt darin, dass der Ersatz von Schäden an Grundstücken einen Ausgleich für den Ausschluss entsprechender Abwehrrechte des Eigentümers darstellt.[1648]

1641 *Schubert*, in: Boldt/Weller/Kühne/von Mäßenhausen, Bundesberggesetz, § 117 Rn. 1; *Piens/Schulte/Graf Vitzthum*, Bundesberggesetz, § 117 Rn. 7, vgl. allgemein zur Differenzhypothese *Schiemann*, in: Staudinger, Bürgerliches Gesetzbuch, Buch § 249 Rn. 4 ff.; *Oetker*, in: MüKo, Bürgerliches Gesetzbuch, Band 2, § 249 Rn. 16 ff.

1642 Hierbei ist zu beachten, dass das reine Vermögen sowie das Rechtsgut Eigentum nicht vom haftungsbegründenden Tatbestand des § 114 Abs. 1 BBergG umfasst sind, siehe hierzu S. 275 ff. Darüber hinaus vgl. die Differenzierung bei *von Richthofen*, S. 114 ff.

1643 *Piens/Schulte/Graf Vitzthum*, Bundesberggesetz, § 117 Rn. 7.

1644 *Schubert*, in: Boldt/Weller/Kühne/von Mäßenhausen, Bundesberggesetz, § 117 Rn. 3.

1645 *Piens/Schulte/Graf Vitzthum*, Bundesberggesetz, § 117 Rn. 8.

1646 BGHZ 31, 238, 241; *Piens/Schulte/Graf Vitzthum*, Bundesberggesetz, § 117 Rn. 30.

1647 *Schubert*, in: Boldt/Weller/Kühne/von Mäßenhausen, Bundesberggesetz, § 177 Rn. 125.

1648 BT-Drs. 8/1315, S. 143; *Schubert*, in: Boldt/Weller/Kühne/von Mäßenhausen, Bundesberggesetz, § 117 Rn. 124.

5. Mitverschulden des Ersatzberechtigten

Hat gemäß § 118 1. Halbsatz BBergG bei der Entstehung des Bergschadens ein Verschulden des Geschädigten mitgewirkt, so gilt § 254 des Bürgerlichen Gesetzbuchs. Die Vorschrift ist Ausdruck des Rechtsgedankens, dass derjenige, der in zurechenbarer Weise gegen sein eigenes Interesse handelt, sich eine Kürzung oder gar den Verlust des Ersatzanspruches wegen eines »Verschulden gegen sich selbst« gefallen lassen muss.[1649] Über § 254 Abs. 2 S. 2 BGB i.V.m. § 278 BGB hat sich der Geschädigte auch das Verschulden eines Dritten anzurechnen, für den er nach den gesetzlichen Bestimmungen verantwortlich ist.[1650] Ebenso kommt eine Anrechnung in Betracht, wenn der Geschädigte verschuldensunabhängig für eine Sach- oder Betriebsgefahr einzustehen hat.[1651]

Ob § 118 1. Halbsatz BBergG über seinen Wortlaut hinaus nicht nur bei der Entstehung des Bergschadens nach § 114 Abs. 1 BBergG anzuwenden ist, sondern auch im Bereich des haftungsausfüllenden Vorgangs[1652] darf dahinstehen, da § 254 BGB bereits über den Verweis in § 117 Abs. 1 1. Halbsatz BBergG bei dem haftungsausfüllenden Umfang der Ersatzpflicht Anwendung findet.

6. Mitwirken eines Dritten

Hat bei der Entstehung eines Bergschadens eine Ursache mitgewirkt, die die Ersatzpflicht eines Dritten auf Grund eines anderen Gesetzes begründet, haften der Ersatzpflichtige und der Dritte dem Geschädigten gegenüber als Gesamtschuldner, § 119 Abs. 1 S. 1 BBergG. Die Vorschrift trifft eine Regelung bei selbstständiger Verursachung desselben Schadens durch unterschiedliche Schädiger.[1653] Durch Einwirkungen aus dem Bergbaubetrieb und durch bergbaufremde Ursachen muss ein derart einheitliches Schadensbild entstanden sein, dass es nicht möglich ist, den beteiligten Verursachern konkrete Teilschäden zuzuordnen.[1654] Es entsteht dann ein Gesamtschuldverhältnis mit der Folge, dass der Geschädigte von jedem der Beteiligten nach seinen Belieben ganz oder teilweise Ersatz verlangen kann, was inhaltlich der Regelung des § 840 BGB entspricht.[1655] Wirkt bei der Entstehung eines durch ein Fracking-Vorhaben verursachten Bergschadens eine dritte, nicht dem bergrechtlichen Haftungsregime unterliegende dritte Person mit, so haftet sie zusammen mit dem bergrechtlich Ersatzverpflichteten Unternehmer und Erlaubnisinhaber im Außenverhältnis gesamtschuldnerisch gegenüber dem Geschädigten.

1649 BGHZ 57, 137, 145 m.w.N., *Piens/Schulte/Graf Vitzthum*, Bundesberggesetz, § 118 Rn. 1.

1650 *Piens/Schulte/Graf Vitzthum*, Bundesberggesetz, § 118 Rn. 9; zur systematischen Stellung des § 254 Abs. 2 S. 2 BGB vgl. Palandt, Bürgerliches Gesetzbuch, § 254 Rn. 48; *Schiemann*, in: Staudinger, Bürgerliches Gesetzbuch, Buch 2, § 254 Rn. 95 ff.

1651 *Piens/Schulte/Graf Vitzthum*, Bundesberggesetz, § 118 Rn. 12; vgl. *Schiemann*, in: Staudinger, Bürgerliches Gesetzbuch, Buch 2, § 254 Rn. 8 ff.

1652 So *Piens/Schulte/Graf Vitzthum*, Bundesberggesetz, § 118 Rn. 1; *von Richthofen*, S. 164.

1653 *Piens/Schulte/Graf Vitzthum*, Bundesberggesetz, § 119 Rn. 1.

1654 *Schubert*, in: Boldt/Weller/Kühne/von Mäßenhausen, Bundesberggesetz, § 119 Rn. 8.

1655 *Piens/Schulte/Graf Vitzthum*, Bundesberggesetz, § 119 Rn. 1.

V. Darlegungs- und Beweislast

Ist ein Bergschaden entstanden und möchte der Geschädigte diesbezügliche Schadensansprüche gegenüber dem Ersatzverpflichteten geltend machen, fragt es sich, inwiefern er die zum Schadensersatz berechtigenden Umstände darzulegen und zu beweisen hat. Hierfür bietet das Bergschadensrecht Besonderheiten, die im Folgenden im Hinblick auf den Untersuchungsgegenstand näher zu untersuchen sind.

1. Grundsätze der Beweislast

Möchte der Geschädigte einen Anspruch gegen den Ersatzverpflichteten geltend machen, für dessen Durchsetzung der Rechtsweg zu den ordentlichen Gerichten eröffnet ist[1656], muss er, wie im Haftpflichtrecht üblich, grundsätzlich alle Tatbestandsvoraussetzungen darlegen und im Falle des Bestreitens des Anspruchsgegner auch beweisen.[1657]

a) Berggeschädigter trägt Darlegungs- und Beweislast

Auf den Bergschadensanspruch angewendet bedeutet dies, dass der Bergschadensgeschädigte zwar aufgrund der verschuldensunabhängigen Ausgestaltung des Bergschadensrechts[1658] keine subjektiven Merkmale wie Vorsatz oder Fahrlässigkeit darzulegen oder zu beweisen hat, er aber grundsätzlich die Beweislast für die Ursachenzusammenhänge zwischen dem Bergbaubetrieb und den Bergschaden und zwischen dem Bergschaden und der eingetretenen Vermögenseinbuße trägt, er also sowohl die haftungsbegründende Kausalität als auch die haftungsausfüllende Kausalität darzulegen und zu beweisen hat.[1659]

Nach diesem allgemeinen Grundsatz trägt der Geschädigte allein das Risiko der Unaufklärbarkeit der Ursachenzusammenhänge.[1660] Für die haftungsausfüllende Kausalität hat der Geschädigte den Vollbeweis[1661] nach § 286 Abs. 1 S. 1 ZPO zu erbringen, wohingegen für die haftungsausfüllende Kausalität die Beweiserleichterung des § 287 Abs. 1 S. 1 ZPO.[1662] Verlangt wird also, dass die den konkreten Haftungsgrund begründeten Tatsachen zur Überzeugung des Gerichts wahr sind, also eine bestimmte bergbauliche Tätigkeit oder Anlage den Erfolg der Rechtsgutsverletzung herbeigeführt hat.[1663] Hierfür hat das Gericht gemäß § 286 Abs. 1 S. 1 ZPO nach freier Überzeugung zu entscheiden. Der Vollbeweis für die haftungsbegründende Kausalität ist dann er-

---

1656   *Kohler*, in: Staudinger, Umwelthaftungsrecht, §§ 114–121 BBergG Rn. 46.
1657   *Piens/Schulte/Graf Vitzthum*, Bundesberggesetz, § 120 Rn. 4; *Schubert*, in: Boldt/Weller/ Kühne/von Mäßenhausen, Bundesberggesetz, § 120 Rn. 2.
1658   Siehe S. 273 f.
1659   *Piens/Schulte/Graf Vitzthum*, Bundesberggesetz, § 120 Rn. 4.
1660   *Schubert*, in: Boldt/Weller/Kühne/von Mäßenhausen, Bundesberggesetz, § 120 Rn. 2.
1661   *Prütting*, in: MüKo, Zivilprozessordnung, Band 1, § 286 Rn. 35.
1662   Vgl. Fn. 1637.
1663   Vgl. *Piens/Schulte/Graf Vitzthum*, Bundesberggesetz, § 120 Rn. 5.

bracht, wenn eine »an Sicherheit grenzende Wahrscheinlichkeit«[1664] des gedachten Kausalverlaufs bzw. »ein jeden vernünftigen Zweifel ausschließenden Grad von Wahrscheinlichkeit«[1665] besteht.

b) Darlegungs- und Beweislast bezogen auf durch Fracking-Vorhaben verursachte Bergschäden

Im Hinblick auf Fracking-Vorhaben muss der Geschädigte demnach zur Überzeugung des Gerichts vortragen, dass eine Betriebsphase des Fracking-Vorhabens für den entstandenen Bergschaden ursächlich war. Entsteht eine bergschadensrechtlich relevante Gewässerveränderung[1666], so hat er zu beweisen, dass hierfür Fracking-Fluid- bzw. Lagerstättenwassereintrag verantwortlich war, wobei der Nachweis der Verantwortlichkeit von Fracking-Fluid aufgrund der standortspezifischen Zusammensetzung des Gemisches eher zu beweisen sein wird als die Verantwortlichkeit von geogenen Lagerstättenwasser, dessen genaue Zusammensetzung sich erst im Nachhinein bestimmen lässt.[1667] Kommt es zu einer bergschadensrechtlich relevanten Bodenkontamination[1668], so trägt der Geschädigte die volle Beweislast, dass Fracking-Fluid- bzw. Lagerstättenwassereintrag oder unkontrollierter Methanaufstieg hierfür verantwortlich ist. Insbesondere wenn die Bodenkontamination aufgrund der Horizontalbohrung weit entfernt von der eigentlichen Förderbohrung ist, dürfte sich dies als schwierig darstellen. Kommt es aufgrund von Erderschütterungen zu Beschädigungen an Grundstücken oder hierauf befindlichen baulichen Anlagen oder kommt es zu Explosion in Form eines *blowouts*, sind diese Grundsätze mit ihren verbundenen Schwierigkeiten ebenfalls anzuwenden.

2. *Beweiserleichterungen im Hinblick auf die haftungsbegründende Kausalität*

Die grundsätzliche Beweissituation ist für den Geschädigten außerordentlich schwierig, da der Schädiger im Gegensatz zu dem Geschädigten in der Regel nicht nur über genaue Kenntnisse in Bezug auf die möglichen Ursachen für Bergschäden durch seinen Betrieb verfügt, sondern auch jede nicht abschließend fundierte Einlassung des Geschädigten durch die im eigenen Betrieb beschäftigten Sachverständigen leicht erschüttert werden kann.[1669]

Im Hinblick auf die haftungsbegründende Komponenten des Anspruchs sieht das Bundesberggesetz daher zwei Beweiserleichterungen vor. Insbesondere macht § 120 BBergG von den grundsätzlich auch im Berghaftungsrecht geltenden allgemeinen Beweislastregeln durch seine sogenannte Bergschadensvermutung eine Ausnahme.[1670]

1664   BGH, NJW 1992, 3298, 3298 f.
1665   BGHZ 18, 311, 318.
1666   Siehe vgl. S. 281.
1667   Vgl. hierfür sowie für die folgenden Ausführungen *von Richthofen*, S. 167.
1668   Vgl. S. 283 f.
1669   BT-Drs. 8/1315, S. 144.
1670   *Kohler*, in: Staudinger, Umwelthaftungsrecht, §§ 114–121 BBergG Rn. 47.

Beweiserleichternd stellt sich auch das Recht auf Einsichtnahme nach § 63 BBergG dar.[1671] Beide Erleichterungen sind auf ihre Anwendbarkeit hinsichtlich des Untersuchungsgegenstandes genauer zu betrachten.

a) Die Bergschadensvermutung

Für den Fall, dass sich die Ursache für einen Sachsubstanzschaden an einer baulichen Anlage im Bergschadensprozess nicht, auch nicht durch einen gerichtlichen Sachverständigenbeweis einwandfrei klären lässt, die Beweislage also im Sinne es *non-liquet* offen bleibt, soll dies nicht zu Lasten des Geschädigten gehen, sofern die Anwendungsvoraussetzungen der Bergschadensvermutung, für die der Geschädigte den Vollbeweis nach § 286 Abs. 1 S. 1 ZPO zu erbringen hat[1672], vorliegen.[1673] Liegt der Vollbeweis für die Anwendungsvoraussetzungen der Vermutung vor, so wird alsdann eine Vermutung für deren Verursachung durch eine Bergbautätigkeit aufgestellt.[1674] Die Vermutung stellt daher eine Kausalitätsvermutung auf.[1675] Die Vermutung erstreckt sich hingegen weder auf die Höhe des Schadens noch auf die haftungsausfüllende Kausalität, die weiterhin im Einzelnen nach den allgemeinen Grundsätzen bewiesen werden muss.[1676]

Gemäß § 120 Abs. 1 S. 1 BBergG wird vermutet, dass ein Schaden durch einen Bergbaubetrieb verursacht worden ist, soweit dieser im Einwirkungsbereich der untertägigen Aufsuchung oder Gewinnung eines Bergbaubetriebes oder bei einer bergbaulichen Tätigkeit mit Hilfe von Bohrungen, die nicht der Aufsuchung oder Gewinnung von Gasen oder Erdwärme aus Grubenräumen stillgelegter Bergwerke dienen, durch Senkungen, Hebungen, Pressungen oder Zerrungen der Oberfläche oder durch Erdrisse oder durch Erschütterungen entstanden ist.

1671 § 63 BBergG ist zwar nicht in der Gesetzesbegründung als Beweiserleichterung genannt, erleichtert dennoch in dort gegeben Umfang die Einlassung des Geschädigten in Form einer Beweisführungserleichterung.

1672 Vgl. *Piens/Schulte/Graf Vitzthum*, Bundesberggesetz, § 120 Rn. 11: *Kohler*, in: Staudinger, Umwelthaftungsrecht, §§ 114–121 BBergG Rn. 48.

1673 *Piens/Schulte/Graf Vitzthum*, Bundesberggesetz, § 120 Rn. 1. Eine gesteigerte praktische Relevanz hat die Bergschadensvermutung seit ihrer Einführung allerdings nicht erlangt, da die gerichtlichen Sachverständigengutachter aufgrund der vorliegenden Tatsachen (Art der Bodenverformung, Art und Umfang der Beschädigungen, etc.) in nahezu allen Fällen zu einer eindeutigen Aussage kommen, ob ein Bergbaubetrieb für den verursachten Bergschaden verantwortlich ist oder nicht, vgl. *Piens/Schulte/Graf Vitzthum*, Bundesberggesetz, § 120 Rn. 3.

1674 *Müggenborg*, NuR 2013, 326, 332.

1675 Vgl. *Piens/Schulte/Graf Vitzthum*, Bundesberggesetz, § 120 Rn. 10; *Kohler*, in: Staudinger, Umwelthaftungsrecht, §§ 114–121 BBergG Rn. 49; *Konrad*, Bergschadensrecht, S. 92; *Deutsch*, NJW 1992, 73, 76; *Nölscher*, NJW 1981, 2039, 2039.

1676 Vgl. *Kohler*, in: Staudinger, Umwelthaftungsrecht, §§ 114–121 BBergG Rn. 48; *Nölscher*, NJW 1981, 2039, 2039.

aa) Eintritt eines Schadens, der nach seiner Art ein Bergschaden sein kann

Der Geschädigte muss darlegen und beweisen, dass ein Bergschaden i.S.d. § 114 Abs. 1 S. 1 BBergG eingetreten ist.[1677] Der Gesetzeswortlaut des § 120 Abs. 1 S. 1 BBergG spricht in diesem Zusammenhang nur von Schaden. Dies schließt Personenschäden und Schäden an beweglichen Sachen zwar nicht explizit aus, allerdings folgt aus dem zusätzlichen Erfordernis, dass ein typischer Bergschaden vorliegen muss, eine Einschränkung auf Schäden an immobilen Sachen, so dass ein Schaden an einem Grundstück bzw. an einer baulichen Anlage behauptet werden muss.[1678] In Bezug auf Fracking-Vorhaben bedeutet dies, dass nur Schäden an Grundstücken sowie deren baulichen Anlagen in den Anwendungsbereich der Bergschadensvermutung fallen. Bodenkontaminationen und Gewässerverunreinigungen zählen hierunter nur, soweit sie eigentumsfähig sind. Insofern kann auf die Ausführungen, ob solche Folgen eines Fracking-Vorhabens überhaupt Bergschäden darstellen können, verwiesen werden.[1679]

bb) Einwirkungsbereich

Weiterhin setzt der Vermutungstatbestand voraus, dass der Bergschaden im Einwirkungsbereich des Bergbaubetriebes entstanden ist, mithin in dem Bereich, in welchem der Bergbaubetrieb oder die sonstigen Tätigkeiten auf die Erdoberfläche einwirken können.[1680]

(1) Untertägiger Bergbaubetrieb

Hierbei muss es sich zunächst um den Einwirkungsbereich einer untertägigen Aufsuchung oder Gewinnung eines Bergbaubetriebes oder um eine bergbauliche Tätigkeit mit Hilfe von Bohrungen handeln.

(a) Festlegungen *de lege lata*

Mit Einführung der zweiten Alternative, nämlich der Bezugnahme auf bergbauliche Tätigkeiten mit Hilfe von Bohrungen, hat der Gesetzgeber im Zuge des Fracking-Regelungspakets klargestellt, dass der Anwendungsbereich der Bergschadensvermutung auch den Bohrlochbergbau umfasst. Ausgenommen geblieben sind allerdings Bohrungen zur Aufsuchung oder Gewinnung von Gasen oder Erdwärme aus Grubenräumen stillgelegter Bergwerke.[1681] Weiterhin wurde mit dem Verweis des § 126 Abs. 1 S. 2 BBergG die Anwendung der Bergschadensvermutung auf Untergrundspeicher erweitert, zur deren Errichtung ein künstlicher Hohlraum geschaffen wird. Der

---

1677 *Schubert*, in: Boldt/Weller/Kühne/von Mäßenhausen, Bundesberggesetz, § 120 Rn. 9; *Piens/Schulte/Graf Vitzthum*, Bundesberggesetz, § 120 Rn. 16.
1678 *Schubert*, in: Boldt/Weller/Kühne/von Mäßenhausen, Bundesberggesetz, § 120 Rn. 9; *Piens/Schulte/Graf Vitzthum*, Bundesberggesetz, § 120 Rn. 16.
1679 Vgl. S. 276 ff.
1680 *Kohler*, in: Staudinger, Umwelthaftungsrecht, §§ 114–121 BBergG Rn. 51.
1681 *Kohler*, in: Staudinger, Umwelthaftungsrecht, §§ 114–121 BBergG Rn. 47.

zur alten Rechtslage bestandene Streit, ob der Bohrlochbergbau unter das Merkmal der untertägigen Aufsuchung oder Gewinnung subsumiert werden konnte, ist damit obsolet geworden.[1682]

(b) Nur untertägige Betriebsteile

Nichtsdestotrotz gilt weiterhin, dass der Anwendungsbereich der Bergschadensvermutung sich nur auf untertägige Betriebsteile erstreckt.[1683] Ein übertägiger Betrieb ist danach ebenso von der Bergschadensvermutung ausgenommen wie Tätigkeiten und Anlagen, die der Aufbereitung von Bodenschätzen, den in § 2 Abs. 1 Nr. 3 BBergG genannten Nebentätigkeiten oder der Wiedernutzbarmachung der Oberfläche dienen.[1684]

(c) Von der Bergschadensvermutung weiterhin ausgenommene Betriebsteile

In Bezug auf Fracking-Vorhaben bedeutet die Gesetzesänderung nunmehr, dass alle Tätigkeiten, die mit den untertägigen Betriebsteilen eines Frack-Betriebes in Zusammenhang stehen sowie das untertägige Verbringen von Lagerstättenwasser in künstlich geschaffene Untergrundspeicher von der Bergschadensvermutung umfasst werden. Diese Klarstellung ist begrüßenswert. Weiterhin nicht umfasst sind allerdings, die mit dem Fracking-Vorhaben überirdisch durchzuführenden Nebentätigkeiten und damit insbesondere das Sammeln, Aufbereiten und Entsorgen von Rückfluss und Lagerstätten, auch wenn dies auf dem Gelände des Bergbaubetriebes geschieht. Für diese Tätigkeiten greift die Vermutung weiterhin nicht.

(2) Feststellung des Einwirkungsbereiches

Die Feststellung des Einwirkungsbereiches auf der Oberfläche erfolgt anhand der Methoden und Kriterien, die sich aus der Bergverordnung über Einwirkungsbereiche[1685] ergeben.[1686] Die Geltung und Maßgeblichkeit der aufgrund von § 67 Nr. 7 BBergG erlassenen Bergverordnung über Einwirkungsbereiche zur Festlegung des Einwirkungsbereichs i.S.d. § 120 Abs. 1 S. 1 BBergG steht mit dem vorgenannten Änderungsgesetz fest, sodass damit der diesbezügliche frühere Streit der Maßgeblichkeit der Verordnung[1687] ebenso obsolet geworden ist.[1688]

Gemäß § 1 EinwirkungsBergV sind die Einwirkungsbereiche von untertägigen Bergbaubetrieben, von Bergbaubetrieben mit Hilfe von Bohrungen und von Untergrund-

---

1682 Siehe zur alten Rechtslage ausführlich *von Richthofen*, S. 172 ff.

1683 Vgl. *Nölscher*, NJW 1981, 2039, 2040.

1684 *Schubert*, in: Boldt/Weller/Kühne/von Mäßenhausen, Bundesberggesetz, § 120 Rn. 12.

1685 BGBl. I 1982, S. 1553, 1558.

1686 *Keusgen*, ZfB 1983, 95, 107; *Schubert*, in: Boldt/Weller/Kühne/von Mäßenhausen, Bundesberggesetz, § 120 Rn. 14.

1687 Für die Maßgeblichkeit *Schubert*, in: Boldt/Weller/Kühne/von Mäßenhausen, Bundesberggesetz, § 120 Rn. 14; dagegen LG Duisburg, NuR 2013, 760, 760 f.; *Terwiesche*, Heft 131 der Schriftenreihe der GDMB, S. 15, 22.

1688 BT-Drs. 18/4717, S. 13; *Frenz/Slota*, ZNER 2015, 307, 315; *Kohler*, in: Staudinger, Umwelthaftungsrecht, §§ 114–121 BBergG Rn. 51.

speichern mit künstlich geschaffenem Hohlraum nach dieser Verordnung festzulegen. Eine Beschränkung dieser Festlegungen auf untertägige Gewinnungsbetriebe wie sie § 1 EinwirkungsBergV a.F. vorsah, findet nicht mehr statt, so dass die Festlegungspflicht nunmehr für alle untertägigen Aufsuchungs- und Gewinnungsbetriebe gilt, so dass sämtliche Fracking-Vorhaben, gleich ob es sich um einen Gewinnungsbetrieb im konventionellen Bereich oder um einen Erprobungsbetrieb im unkonventionellen Bereich handelt, ihre Einwirkungsbereiche festlegen müssen.

cc) Typische Schadensbilder

Der Schaden muss durch eine typische Veränderung der Oberfläche entstanden sein.[1689] Hierunter fielen vor der Gesetzesänderung lediglich Senkungen, Pressungen und Zerrungen der Erdoberfläche sowie Erdrisse.[1690] Da keines dieser Schadensbilder den von Fracking-Vorhaben ausgehenden potentiellen Schadensbildern entsprochen hat, hatte die Bergschadensvermutung unabhängig davon, ob sie überhaupt auf den Bohrlochbergbau Anwendung fand, keinerlei praktische Bedeutung.[1691]

(1) Festlegung *de lege lata*

Diese Bedeutungsirrelevanz hat sich durch die Gesetzesänderung im geringen Maß verändert. Im Zuge des Fracking-Regelungspaketes wurde die Vermutung nämlich auch auf Hebungen und Erschütterungen erstreckt. Eine durch ein Fracking-Vorhaben induzierte Seismizität fällt nach der neuen Gesetzeslage nunmehr unter den Anwendungsbereich der Bergschadensvermutung. Ebenso fällt hierunter eine durch ein Fracking-Vorhaben verursachte Hebung der Erdoberfläche. Diese kann durch die Tiefbohrung induziert oder Folge eines *blowouts* sein.

(2) Stellungnahme

Der Gesetzgeber hat die Anwendung der Bergschadensvermutung in zwei für den Untersuchungsgegenstand relevanten Punkten geändert. Zunächst hat er festgelegt, dass die Bergschadensvermutung auch auf den Bohrlochbergbau sowie auf die Lagerstätten zur untertägigen Speicherung Anwendung findet. Hierunter fallen auch Lagerstätten zur Verpressung von Lagerstättenwasser. Dies ist im Sinne einer verschärften Haftung des Bergbauunternehmens für die Folge seiner Aufsuchungs- bzw. Gewinnungstätigkeiten begrüßenswert. Weiterhin hat er in Erweiterung der Bergschadensvermutung festgelegt, dass auch Erderschütterungen und Hebungen der Erdoberfläche unter das typische Bergschadensbild fallen. Damit sind von einem Fracking-Vorhaben induzierte seismische Tätigkeiten umfasst. Nicht umfasst sind hingegen die wesentlich wahrscheinlicheren Schadensbilder in Form von Bodenkontaminationen und Gewässerverunreinigungen. Ebenfalls nicht umfasst sind sämtliche Schäden, die von einem fehlerhaften Umgang mit Rückfluss und Lagerstättenwasser an der Oberfläche ausge-

---

1689   *Schubert*, in: Boldt/Weller/Kühne/von Mäßenhausen, Bundesberggesetz, § 120 Rn. 20.
1690   Vgl. § 120 Abs. 1 S. 1 BBergG a.F.
1691   Vgl. *von Richthofen*, S. 176.

hen, da diese sich auf die obertägigen Betriebsteile beziehen. Damit hat *de facto* der Gesetzgeber keine Verschärfung des bergrechtlichen Haftungsregimes in Bezug auf den Untersuchungsgegenstand herbeigeführt, da die größten Gefahren eines Fracking-Vorhabens weiterhin von der Bergschadensvermutung ausgenommen sind.

dd) Widerlegung der Bergschadensvermutung

Gemäß § 120 Abs. 1 S. 2 BBergG gilt die Bergschadensvermutung nicht, wenn feststeht, dass der Schaden durch einen offensichtlichen Baumangel oder eine baurechtswidrige Nutzung verursacht sein kann (§ 120 Abs. 1 S. 2 Nr. 1 BBergG) oder die Senkungen, Hebungen, Pressungen, Zerrungen, Erdrisse oder Erschütterungen durch natürlich bedingte geologische oder hydrologische Gegebenheiten oder Veränderungen des Baugrundes (§ 120 Abs. 1 S. 2 Nr. 2 lit. a) BBergG) oder von einem Dritten verursacht sein können, der, ohne Bodenschätze untertägig aufzusuchen oder zu gewinnen oder ohne bergbauliche Tätigkeiten mit Hilfe von Bohrungen durchzuführen, im Einwirkungsbereich des Bergbaubetriebes auf die Oberfläche eingewirkt hat (§ 120 Abs. 1 S. 2 Nr. 2 lit. b BBergG).

In Bezug auf Fracking-Vorhaben ist hierbei § 120 Abs. 1 S. 2 Nr. 2 lit. a) BBergG hervorzuheben. Tritt die Hebung des Untergrundes aufgrund eines besonderen Quellverhaltens des Bodens ein oder kann es sich bei dem seismischen Ereignis auch um eine bergbaufremde Ursache handeln, kann die Vermutung abhängig vom geforderten und erbrachten Beweismaß[1692] widerlegt werden.[1693]

ee) Zwischenergebnis zur Bergschadensvermutung

Für den Fall eines *non-liquet* sieht § 120 Abs. 1 S. 1 BBergG die Beweiserleichterung der Bergschadensvermutung vor. Diese stellt die Vermutung, dass, soweit ihr Voraussetzungen zum Vollbeweis des § 286 Abs. 1 S. 1 ZPO feststehen, vermutet wird, dass der Bergbaubetrieb kausal für den Eintritt des Bergschadens war.

Der Geschädigte muss daher zunächst darlegen und beweisen, dass ein typischer Bergschaden eingetreten ist. Die Typizität ergibt sich nur hinsichtlich immobiler

---

1692 Das zu erbringende Beweismaß im Rahmen der Widerlegung der Bergschadensvermutung ist umstritten. Im Kern geht es bei den Streit um die Frage, ob es sich bei der Bergschadensvermutung um einen Anscheinsbeweis (*prima faciie*) oder um eine gesetzliche Vermutung i.S.d. § 292 ZPO mit einer teilweisen Beweislastumkehr handelt, vgl. *Ebert*, ZfB 1987, 331, 338. Handelt es sich um einen Anscheinsbeweis reicht es zu seiner Entkräftung aus, dass der Beweisgegner den Anscheinsbeweis erschüttert, indem er konkrete Tatsachen behauptet und zur Überzeugung des Gerichts nachweist, aus denen sich die ernsthafte Möglichkeit eines abweichenden Geschehensablauf im konkreten Fall ergibt (vgl. *Prütting*, in: MüKo, Zivilprozessordnung, Band 1, § 286 Rn. 65). Handelt es sich hingegen um eine gesetzliche Vermutung müsste der Beweisgegner entgegen der bloßen Erschütterung des Anscheinsbeweises den vollen Beweis des Nichtvorliegens der vermuteten Tatsache i.S.d. § 286 Abs. 1 S. 1 ZPO führen (*Prütting*, in: MüKo, Zivilprozessordnung, Band 1, § 292 Rn. 23).

1693 Vgl. *Schubert*, in: Boldt/Weller/Kühne/von Mäßenhausen, Bundesberggesetz, § 120 Rn. 32.

Schäden. In Bezug auf Fracking-Vorhaben bedeutet dies, dass nur Schäden an Grundstücken sowie deren baulichen Anlagen in den Anwendungsbereich der Bergschadensvermutung fallen. Bodenkontaminationen und Gewässerverunreinigungen zählen hierunter nur, soweit sie eigentumsfähig sind.

Seit Umsetzung des Fracking-Regelungspaketes erstreckt sich der Einwirkungsbereich für die Anwendung der Bergschadensvermutung auch auf den Bohrlochbergbau und die untertägige Verbringung von Lagerstättenwasser. Dies ist in Verschärfung des Haftungsregimes begrüßenswert. Allerdings bezieht sich der Einwirkungsbereich weiterhin nur auf die untertägigen Betriebsteile. Die übertägige Entsorgungsphase des Fracking-Vorhabens ist damit von der Bergschadensvermutung ausgenommen. Die Feststellung des Einwirkungsbereiches auf der Oberfläche erfolgt anhand der Methoden und Kriterien, die sich aus der Bergverordnung über Einwirkungsbereiche ergeben

Weiterhin muss der Schaden durch eine typische Veränderung der Oberfläche entstanden sein, worunter seit der Umsetzung des Fracking-Regelungspaketes auch Erderschütterungen und Hebungen der Erdoberfläche fallen. Nicht umfasst bleiben hingegen die wesentlich wahrscheinlicheren Schadensbilder der Gewässerverunreinigungen und Bodenverunreinigungen sowie sämtliche Schäden, die aus dem fehlerhaften Umgang mit Rückfluss und Lagerstättenwasser an der Oberfläche resultieren. Damit hat *de facto* der Gesetzgeber keine Verschärfung des bergrechtlichen Haftungsregimes in Bezug auf den Untersuchungsgegenstand herbeigeführt.

Gemäß § 120 Abs. 1 S. 2 Nr. 2 lit. a) BBergG kann die Bergschadensvermutung hinsichtlich seismischer Ereignisse widerlegt werden, wenn auch bergbaufremde Ursachen wie die geologischen Besonderheiten des Gebietes für die Erderschütterung ursächlich waren.

b) Einsichtsrecht in das Grubenbild

Nach § 63 Abs. 4 BBergG ist derjenige, der gegenüber der zuständigen Behörde glaubhaft macht, dass er von einem Bergschaden betroffen sein kann, zur Einsichtnahme in den entsprechenden Teil des bei der Behörde befindlichen Stückes des Grubenbildes berechtigt. Soweit die Bergschadensvermutung, wie für eine Vielzahl potentieller durch Fracking-Vorhaben verursachter Schäden gezeigt, nicht greift, erleichtert § 63 Abs. 4 S. 1 BBergG dem Geschädigten, den Beweis der haftungsbegründenden Kausalität zu führen zumindest insoweit, als dass es ihm das Recht gewährt, an Informationen zu gelangen, an die er sonst nur schwer kommen würde. § 63 Abs. 4 S. 1 BBergG stellt eine bergrechtliche Sonderregelung dar, die gemäß § 1 Abs. 1 a.E. VwVfG Vorrang vor den allgemeinen verwaltungsverfahrensgesetzlichen Bestimmungen über die Akteneinsicht hat.[1694] Das Einsichtrecht soll dem vom Bergbau Betroffenen die Möglichkeit geben, sich über die Auswirkungen des Bergbaus auf sein Eigentum zu informieren.[1695] Prozessual hat das Grubenbild, das als Teil des sogenannten Risswerkes gemäß §§ 63 Abs. 2 S. 1 Nr. 1, 64 BBergG von einem weisungs-

---

1694 *Piens/Schulte/Graf Vitzthum*, Bundesberggesetz, § 63 Rn. 5; *von Mäßenhausen*, in: Boldt/Weller/Kühne/von Mäßenhausen, Bundesberggesetz, § 63 Rn. 16.

1695 *von Mäßenhausen*, in: Boldt/Weller/Kühne/von Mäßenhausen, Bundesberggesetz, § 63 Rn. 16.

freien Vermessungsingenieur (im Bergbauwesen Markscheider) anzufertigen ist, besondere Bedeutung, da es eine öffentliche Urkunde i.S.d. § 415 Abs. 1 ZPO ist und damit vollen Beweis über die Beschaffenheit des Bergbaubetriebes liefert.[1696] Das Risswerk ist der bergbauspezifische Träger von wesentlichen Daten für die sichere und ordnungsgemäße Durchführung bergbaulicher Tätigkeiten.[1697] Das Risswerk ist damit das zentrale Dokument für den Nachweis eines Bergschadens.[1698]

aa) Voraussetzungen des Einsichtrechts

Voraussetzung ist nicht, wie der Wortlaut des § 63 Abs. 4 S. 1 BBergG suggeriert, dass tatsächlich ein Bergschaden besteht, sondern dass es sich der Art nach, also nach seinem äußeren Erscheinungsbild, um einen Bergschaden i.S.d. § 114 Abs. 1 S. 1 BBergG handeln kann.[1699] Voraussetzung ist also, dass das Rechtsgut, an dem der Schaden eingetreten ist, auch von der bergschadensrechtlichen Haftung umfasst ist. Für Bodenkontaminationen und Gewässerverunreinigungen kann diesbezüglich auf die Ausführungen zum Bergschaden verwiesen werden.[1700]

(1) Betroffenheit

Weiterhin muss der Einsichtnahmewillige von dem Bergschaden auch betroffen sein. Dies bedeutet, dass er in seinen Rechten beeinträchtigt sein muss.[1701] Dies ist bei Personenschäden der Verletzte selbst sowie in Todesfällen die Erben und bei Sachschäden jedenfalls der Eigentümer sowie dingliche Berechtigte. Auch dies läuft mit der bergschadensrechtlichen Ersatzberechtigung gleich, so dass auch diesbezüglich auf die dortigen Ausführungen verwiesen werden kann.[1702]

(2) Glaubhaftmachung

Des Weiteren müssen die Voraussetzungen glaubhaft gemacht werden. Hierbei ist § 294 ZPO sinngemäß anzuwenden.[1703] Somit kann sich der Einsichtnahmewillige aller Beweismittel bedienen. Ob das Beweismittel geeignet und ausreichend ist, die für die Glaubhaftmachung erforderliche überwiegende Wahrscheinlichkeit für die Richtigkeit der behaupteten Tatsache zu gründen, ist eine Frage des Einzelfalls.[1704] Liegt beispielsweise ein Grundstück im nach der Verordnung über Einwirkungsbereiche

---

1696   Vgl. BT-Drs. 8/1315, S. 116.
1697   Amtl. Begründung zur Verordnung über markscheiderische Arbeiten und Beobachtungen der Oberfläche, ZfB 1987, 286, 291.
1698   *Terwiesche*, Heft 131 der Schriftenreihe der GDMB, S. 15, 16.
1699   Vgl. BT-Drs. 8/1315, S. 116.
1700   Siehe S. 276 ff.
1701   *von Mäßenhausen*, in: Boldt/Weller/Kühne/von Mäßenhausen, Bundesberggesetz, § 63 Rn. 17.
1702   Siehe S. 289 ff.
1703   OVG Nordrhein-Westfalen, ZfB 1959, 209, 209.
1704   OVG Nordrhein-Westfalen, ZfB 1959, 209, 209; *von Mäßenhausen*, in: Boldt/Weller/ Kühne/von Mäßenhausen, Bundesberggesetz, § 63 Rn. 17.

festgestellten Einwirkungsbereich des Fracking-Vorhabens[1705], spricht eine gewisse Vermutung dafür, dass ein Bergschaden vorliegen kann oder zu besorgen ist.[1706]

bb) Umfang des Rechts

Liegen die Voraussetzungen vor, erstreckt sich das Recht der Einsichtnahme auf das sogenannte Grubenbild. Das Grubenbild ist gemäß § 63 Abs. 2 S. 1 Nr. 1 BBergG Teil des Risswerkes, eine zeichnerische Darstellung, die »ein klares übersichtliches und vollständiges Bild von dem jeweiligen Zustand des Bergbaubetriebes unter und übertage sowie seiner Umgebung gibt«[1707]. Eine Legaldefinition des Grubenbildes enthält weder das Bundesberggesetz noch die Verordnung über markscheiderische Arbeiten und Beobachtungen der Oberfläche[1708].[1709] Allerdings setzt es sich aus verschiedenen Rissen zusammen.[1710] Der Begriff des Risses wird allerdings auch im Zusammenhang mit den sonstigen Unterlagen in § 63 Abs. 2 S. 1 Nr. 2 BBergG genannt, die vom Einsichtnahmerecht nicht umfasst sind. Ob die Risse dem Grubenbild oder den sonstigen Unterlagen zuzuordnen sind, richtet sich nach der Bedeutung des Risses, die den jeweiligen Bestandteilen im Hinblick auf die mit dem Risswerk verfolgten Ziele beizumessen sind.[1711]

(1) Pflicht zur Aufstellung von Risswerken

Damit das Einsichtnahmerecht greift, muss zunächst eine Pflicht für die Erstellung eines Risswerkes bestehen. Hierzu ordnet § 63 Abs. 1 BBergG an, dass das Bergbauunternehmen für jeden Gewinnungsbetrieb und untertägigen Aufsuchungsbetrieb ein solches Risswerk aufzustellen hat. Die Pflicht nach § 63 beschränkt sich demnach auf Gewinnungsbetriebe und untertägige Aufsuchungsbetriebe.

(a) Gewinnungsbetriebe

Umfasst sind damit sämtliche Fracking-Vorhaben im konventionellen Bereich, die der Erdgasgewinnung dienen. Diese haben verpflichtend Risswerke zu führen. Für unkonventionelle Fracking-Vorhaben besteht hingegen hiernach zunächst keine Pflicht, da solche nach Maßgabe des § 13a Abs. 2 S. 1 WHG nur Erprobungszwecken dienen dürfen und nicht der Gewinnung.[1712]

1705 Vgl. S. 302.
1706 Vgl. *von Mäßenhausen*, in: Boldt/Weller/Kühne/von Mäßenhausen, Bundesberggesetz, § 63 Rn. 17.
1707 *von Mäßenhausen*, in: Boldt/Weller/Kühne/von Mäßenhausen, Bundesberggesetz, § 63 Rn. 6.
1708 BGBl. I 1986, S. 2631.
1709 *von Mäßenhausen*, in: Boldt/Weller/Kühne/von Mäßenhausen, Bundesberggesetz, § 63 Rn. 7.
1710 *von Mäßenhausen*, in: Boldt/Weller/Kühne/von Mäßenhausen, Bundesberggesetz, § 63 Rn. 7.
1711 BR-Drs. 464/86, S. 57.
1712 Vgl. S. 219.

(b)   Untertägige Aufsuchungsbetriebe

Soweit das Fracking-Vorhaben kein Gewinnungsbetrieb ist, sondern der Aufsuchung von Erdgas dient, fragt es sich, ob es als untertägiger Aufsuchungsbetrieb ebenfalls zum Erstellen eines Risswerkes verpflichtet ist. Diese Frage hängt entscheidend davon ab, ob der Bohrlochbergbau als untertägiger Betrieb zu qualifizieren ist. Zweifel hieran ergeben sich, da die wesentlichen Betriebsteile des Bohrlochbergbaus obertägig liegen und das gesamte Betriebspersonal sich jederzeit übertägig befindet.[1713]

Gegen den Einbezug des Bohrlochbergbaus in den Begriff des untertägigen Aufsuchungsbetriebes sprechen im Bereich des § 63 BBergG darüber hinaus systematische und gesetzesentwicklungstechnische Überlegungen. Zunächst differenziert Anlage 3 Teil 1 MarkschBergV nach untertägigen, übertägigen und mittels Bohrungen von über Tage betriebenen Aufsuchungs- und Gewinnungsbetrieben sowie bergbauverwandten Tätigkeiten wie Untergrundspeichern. Sie widmet den Betrieben mittels Bohrung von über Tage also eine eigene Kategorie und stellt an sie eigene Anforderungen, welche Risse vorzulegen sind.[1714] Darüber hinaus hat der Gesetzgeber im Zuge der Fracking-Neuregelungen im Bereich des § 120 BBergG klargestellt, dass der Bohrlochbergbau als untertägiger Betrieb gelten soll. Diese Klarstellung hat er in Bezug auf § 63 BBergG nicht vorgenommen. Es ist daher davon auszugehen, dass er die bestehende Differenzierung in Anlage 3 Teil 1 MarkschBergV akzeptiert hat und fortbestehen lassen wollte. Für die Annahme, dass die Nichtaufnahme in § 63 BBergG lediglich als redaktioneller Fehler zu werten ist, ergeben sich schon aufgrund der unterschiedlichen gesetzlichen Zielsetzungen keine Anhaltspunkte.

Nach alledem fallen Bohrlochbergbauaufsuchungsbetriebe und damit Aufsuchungsbetriebe, in den die Fracking-Technologie angewendet werden soll, nicht unter die Risswerkserstellungspflicht des § 63 Abs. 1 S. 1 BBergG.

(2)   Inhalt

Welche Angaben die verschiedenen Risse enthalten müssen, ergibt sich ebenfalls aus der Verordnung über markscheiderische Arbeiten und Beobachtungen der Oberfläche. In Ausfüllung des § 63 Abs. 2 S. 2 BBergG differenziert Anlage 3 Teil 1 MarkschBergV nach untertägigen, übertägigen und mittels Bohrungen von über Tage betriebenen Aufsuchungs- und Gewinnungsbetrieben sowie bergbauverwandten Tätigkeiten wie Untergrundspeicher und legt fest, welche Risse vorzulegen sind, welche Risse das

---

1713   Vgl. zum Streit um § 120 Abs. 1 S. 1 BBergG a.F., bei dem es ebenfalls um die Frage ging, ob der Bohrlochbergbau als untertägiger Betrieb von der Bergschadensvermutung umfasst war. Gegen die Einbeziehung *von Mäßenhausen*, in: Boldt/Weller/Kühne/von Mäßenhausen, Bundesberggesetz, § 120 Rn. 13; *Keusgen*, ZfB 1983, 95, 107; *Nölscher*, NJW 1981, 2039, 2040; vgl. auch *Roßnagel*/Hentschel/Polzer, Rechtliche Rahmenbedingungen der unkonventionellen Erdgasförderung mittels Fracking, S. 48 f.; offen gelassen (»zweifelhaft«) *Piens/Schulte/Graf Vitzthum*, Bundesberggesetz, § 120 Rn. 14; für die Anwendbarkeit der Bergschadensvermutung auf den Bohrlochbergbau *Kräber*, S. 158 f, 164; *von Richthofen*, S. 174 f.

1714   Den systematischen Gesichtspunkt auch beachtend *Schubert*, in: Boldt/Weller/Kühne/von Mäßenhausen, Bundesberggesetz, § 120 Rn. 13.

Grubenbild bilden sowie welche Risse zu den sonstigen Unterlagen zählen.[1715] Nach § 9 Abs. 1 S. 1 MarkschBergV gehören zum Risswerk diese in Anlage 3 Teil 1 MarkschBergV aufgeführten Bestandteile. Für ihren Inhalt und ihre Form ist Anlage 3 Teil 2 MarkschBergV maßgebend, § 9 Abs. 1 S. 2 MarkschBergV.

cc) Zwischenergebnis

Das Einsichtnahmerecht in das Grubenbild kann ebenfalls die Führung des Beweises für die haftungsbegründende Kausalität erleichtern, da das Grubenbild das zentrale Dokument für den Nachweis eines Bergschadens ist und als öffentliche Urkunde i.S.d. § 415 Abs. 1 ZPO vollen Beweis über die Beschaffenheit des Bergbaubetriebes liefert. Voraussetzung ist, dass der Einsichtnahmewillige glaubhaft macht, dass er von einem Schaden, der seiner Art nach ein Bergschaden sein kann, betroffen ist, wozu er sich gemäß § 294 ZPO aller Beweismittel bedienen kann. Kommt es zu Verunreinigungen des Wassers oder des Bodens durch Fracking-Vorhaben, kommt ihm das Recht nur insoweit zu, als dass das Wasser und der Boden eigentumsfähig sind.

Das Einsichtnahmerecht hilft dem Anspruchsberechtigten nur insoweit das Bergbauunternehmen auch Risswerke als Teil des Grubenbildes zu erstellen hat. Fracking-Unternehmen haben Risswerke nur zu erstellen, soweit es sich bei ihnen um Gewinnungsbetriebe handelt. Da solche Betriebe nur im konventionellen Bereich möglich sind, gilt die Pflicht nur für konventionelle Fracking-Vorhaben. Bohrlochbergbetriebe, deren Betrieb Aufsuchungstätigkeiten durchführt, unterliegen nicht der Pflicht zur Aufstellung von Risswerken, da sie keinen untertätigen Aufsuchungsbetrieb darstellen. Unkonventionelle Fracking-Vorhaben müssen demnach keine Risswerke aufstellen. Sollte von ihnen ein Schaden ausgehen, haben die Betroffenen demzufolge auch kein Einsichtnahmerecht.

c) Einsichtnahmerecht nach anderen Rechtsvorschriften

Neben dem Einsichtnahmerecht nach § 63 Abs. 4 BBergG können für die Betroffenen auch andere Ansprüche auf Einsichtnahme bestehen. Hierbei ist insbesondere an das Umweltinformationsgesetz[1716] und an die Informationsfreiheitsgesetze der Länder zu denken. Ihnen ist gemein, dass den Ansprüchen eine Bandbreite an Ablehnungsgründen entgegen steht.[1717] Sowohl nach UIG als auch nach den Informationsfreiheitsgesetzen ist beispielsweise eine Auskunft dann zu verwehren, wenn hierdurch Geschäfts- oder Betriebsgeheimnisse zugänglich gemacht würden. Eine genaue Definition dieser Geheimnisse liefern die Gesetze allerdings nicht.[1718]

1715 *von Mäßenhausen*, in: Boldt/Weller/Kühne/von Mäßenhausen, Bundesberggesetz, § 63 Rn. 7.

1716 Umweltinformationsgesetz in der Fassung der Bekanntmachung vom 27. Oktober 2014 (BGBl. I, S. 1643), das zuletzt durch Artikel 2 Absatz 17 des Gesetzes vom 20. Juli 2017 (BGBl. I, S. 2808) geändert worden ist; im Folgenden: UIG).

1717 So formulieren die §§ 8 und 9 UIG einen breiten Katalog an Ablehnungsgründe.

1718 Vgl. hierzu *von Mäßenhuasen*: in: Boldt/Weller/Kühne/von Mäßenhausen, Bundesberggesetz, § 63 Rn. 25 und 29.

2. Kapitel   Wasserrechtliche Haftung

Weiterhin können von Fracking-Vorhaben ausgehende Gewässerverunreinigungen, die mangels der Eigentumsfähigkeit des Mediums Wasser weitestgehend aus der bergrechtlichen Haftung ausgenommen sind[1719], wasserrechtlichen Haftungstatbeständen unterliegen. Die für den Untersuchungsgegenstand relevante Kernnorm ist § 89 WHG.[1720]

§ 89 WHG enthält zwei besondere privatrechtliche Schadensersatzansprüche, die die Haftung gegenüber dem allgemeinen Zivilrecht erweitern und verschärfen.[1721] Sie können unabhängig voneinander und selbstständig zur Anwendung kommen.[1722] Beide Anspruchsgrundlagen schließen einander nicht aus, sondern können parallel verwirklicht werden.[1723] Da beide Tatbestände verschuldensunabhängig konzipiert sind, nimmt die überwiegende Meinung an, dass es sich bei den Tatbeständen des § 89 WHG um Tatbestände der Gefährdungshaftung handelt.[1724] § 89 Abs. 1 WHG knüpft dabei an eine verhaltensbezogene Tätigkeit an, während § 89 Abs. 2 WHG eine anlagenbezogene Haftung begründet.[1725]

I.   Tatbestandsvoraussetzungen

Tatbestandlich setzt die Verhaltenshaftungsnorm des § 89 Abs. 1 WHG voraus, dass derjenige, der in ein Gewässer Stoffe einbringt oder einleitet oder in anderer Weise auf ein Gewässer einwirkt und dadurch die Wasserbeschaffenheit nachteilig verändert, zum Ersatz des daraus einem anderen entstehenden Schadens verpflichtet ist. Die Anlagenhaftung des § 89 Abs. 2 WHG setzt voraus, dass, wenn aus einer Anlage, die

---

1719   Eine Ausnahme bildet hierzu lediglich Wasser, dass insoweit abgegrenzt werden kann, dass es nicht mehr am natürlichen Wasserkreislauf teilnimmt, vgl. S. 277 f.

1720   Zu Haftungszweck und Normgeschichte vgl. *Seuser,* NuR 2013, 248, 248 ff. § 89 WHG ist die Nachfolgenorm des § 22 Abs. 1 und 2 WHG a.F., dessen Absatz 3 gegenstandslos geworden ist (vgl. BT-Drs. 17/12275, S. 78) Der Regelungsgehalt der Vorgängernorm besteht im Wesentlichen unverändert fort (*Seuser,* NuR 2013, 248, 249), so dass Rechtsprechung und Literatur zu § 22 WHG a.F. zur Bestimmung des Regelungsgehaltes im Rahmen des § 89 WHG weiterhin herangezogen werden können (vgl. *Kräber,* S. 265; *von Richthofen,* S. 198).

1721   *Czychowski/Reinhardt,* Wasserhaushaltsgesetz, § 89 Rn. 2; *Reiff,* in: Berendes/Frenz/ Müggenborg, Wasserhaushaltsgesetz, § 89 Rn. 1. 3.

1722   BGHZ 57, 170, 173; *Knopp,* ZfW 27 (1988), 261, 262; *Seuser,* NuR 2013, 248, 251.

1723   BGHZ 57, 170, 173; BGHZ 124, 394, 397; BGH, NJW 1986, 2312, 2313; *Reiff,* in: Berendes/Frenz/Müggenborg, Wasserhaushaltsgesetz, § 89 Rn. 6.

1724   BGHZ 55, 180, 183; BGHZ 57, 257, 258; vgl. *Reiff,* in: Berendes/Frenz/Müggenborg, Wasserhaushaltsgesetz, § 89 Rn. 4 m.w.N.; *Czychowski/Reinhardt,* Wasserhaushaltsgesetz, § 89 Rn. 8; *Kotulla,* Wasserhaushaltsgesetz, § 89 Rn. 2.

1725   *Kohler,* in: Staudinger, Umwelthaftungsrecht, § 89 WHG Rn. 1.

bestimmt ist, Stoffe herzustellen, zu verarbeiten, zu lagern, abzulagern, zu befördern oder wegzuleiten, derartige Stoffe in ein Gewässer gelangen, ohne in dieses eingebracht oder eingeleitet zu sein, und dadurch die Wasserbeschaffenheit nachteilig verändert wird, der Betreiber der Anlage zum Ersatz des daraus einem anderen entstehenden Schadens verpflichtet ist. Die Tatbestandsvoraussetzungen werden, soweit dies möglich ist, zusammen untersucht. Anschließend wird auf die Besonderheit der einzelnen Anspruchsgrundlagen der Verhaltens- und der Anlagenhaftung einzeln eingegangen.

1. Schutzgut

Beiden Tatbeständen ist gemeinsam, dass sie sich auf das Schutzgut Gewässer beziehen. Hierbei ist das Gewässer im Unterschied zum Umwelthaftungsrecht nicht nur transportierendes Medium, sondern der Schutzgegenstand selbst.[1726] Der Begriff des Gewässers ist enger als der Begriff des Wassers und umfasst die im Anwendungsbereich des § 2 WHG genannten Gewässerarten.[1727] Insofern kann auf die Ausführungen zur Anwendbarkeit des Wasserhaushaltsgesetzes Bezug genommen werden.[1728]

Demnach fallen alle durch ein Fracking-Vorhaben auf Gewässer, insbesondere das Grundwasser[1729], einwirkende Aspekte unter den Schutzbereich, soweit sie nicht Wasser, das sich in geschlossenen oder anderen Behältern befindet (Kanalisation, Kläranlagen, Abwasseranlagen[1730]) oder Meeresgewässer betreffen. Damit ist der Schutzgutbereich des § 89 WHG bezogen auf das Wasser deutlich weiter als der des § 114 Abs. 1 S. 1 BBergG, in den das Wasser nur fällt, soweit es auch unter den Sachbegriff fällt und eigentumsfähig ist.[1731]

1726 *Seuser,* NuR 2013, 248, 250; *Kohler,* in: Staudinger, Umwelthaftungsrecht, § 89 WHG Rn. 8.
1727 Vgl. *Kohler,* in: Staudinger, Umwelthaftungsrecht, § 89 WHG Rn. 8.
1728 Siehe S. 119 ff.
1729 Vgl. BGHZ 103, 129, 132 f.; BGHZ 124, 394, 395 f.; *Breuer,* NVwZ 1988, 992, 993; *Marburger,* Anm. zu BGH, Urteil vom 21. Januar 1988 – III ZR 180/86, in JZ 1988, 564, 564; *Reiff,* in: Berendes/Frenz/Müggenborg, Wasserhaushaltsgesetz, § 89 Rn. 9; Diese Wertung steht auch nicht im Widerspruch mit dem »Naussauskiesungsbeschluss« des Bundesverfassungsgerichts. Zwar hat das Verfassungsgericht hierin festgestellt, dass das Grundwasser zur Sicherung einer funktionsfähigen Wasserbewirtschaftung einer vom Oberflächeneigentum am Grundstück losgelösten öffentlich-rechtlichen Nutzungsordnung unterstellt ist (vgl. BVerfGE 58, 300, 328 f., 344), die mangelnde Eigentumsfähigkeit des Grundwasser bedeutet aber nicht, dass ein berechtigter Nutzer des Grundwassers nicht nach § 89 WHG anspruchsberechtigt ist, wenn er durch eine Verunreinigung des Grundwassers einen Schaden erleidet, vgl. *Reiff,* in: Berendes/Frenz/Müggenborg, Wasserhaushaltsgesetz, § 89 Rn. 9.
1730 Verstößt das Einleiten von Rückfluss und Lagerstättenwasser allerdings gegen vom Kanalisationsbetreiber auferlegte Auflagen oder Bestimmungen, können sich hieraus vertragliche oder allgemein zivilrechtliche deliktische Ansprüche ergeben, vgl. *Reiff,* in: Berendes/Frenz/Müggenborg, Wasserhaushaltsgesetz, § 89 Rn. 8.
1731 Vgl. S. 277 f.; S. 281 f.

2. Stoffe

Nach beiden Anspruchsgrundlagen müssen Stoffe in das Gewässer gelangt sein. Der zentrale Begriff des Stoffes[1732] ist im Wasserhaushaltsgesetz trotz seiner Bedeutung nicht näher konkretisiert.[1733] Aufgrund der rechtspolitischen Zielsetzung des Wasserhaushaltsgesetzes mit seinem weiten Schutzzweck ist der Stoffbegriff allerdings weit und umfassend zu verstehen.[1734] Erfasst werden sowohl feste, schlammige oder flüssige Materie als auch im Wasser gebundene Gase.[1735] Auch im Rahmen des Stoffbegriffes kann auf die bisherigen Ausführungen zur Genehmigungsbedürftigkeit der Gewässerbenetzungen zurückgegriffen werden.[1736] Fracking-Fluid, Rückfluss und Lagerstättenwasser als flüssige Stoffe sowie das Erdgas als gasiger Stoff fallen unter den Stoffbegriff.

3. Nachteilige Veränderung der Wasserbeschaffenheit

Die Schadensersatzpflicht beider Haftungstatbestände setzt ferner voraus, dass eine nachteilige Veränderung der Wasserbeschaffenheit eingetreten ist.[1737] Diese feststehende wasserhaushaltsgesetzliche Terminologie ist in § 3 Nr. 9 WHG legaldefiniert. Demnach ist die Wasserbeschaffenheit die physikalische, chemische oder biologische Beschaffenheit des Wassers eines oberirdischen Gewässers oder Küstengewässers sowie des Grundwassers. Da das Tatbestandsmerkmal der nachteiligen Veränderung der Wasserbeschaffenheit in § 89 WHG und in § 48 Abs. 1 S. 1 WHG identisch ist, kann auf die Ausführungen zum wasserrechtlichen Besorgnisgrundsatz verwiesen werden.[1738] Im Gegensatz zum wasserrechtlichen Besorgnisgrund, der im Rahmen der Erlaubnisfähigkeit einer wasserrechtlichen Genehmigung nach der Besorgung einer solchen nachteilhaften Veränderung fragt, ist § 89 WHG nur einschlägig, wenn die nachteilige Veränderung tatsächlich eingetreten ist. Demzufolge ist ein Gewässerzustandsvergleich vorzunehmen.[1739] Vorbelastungen schließen eine nachteilige Veränderung nicht kategorisch aus, von ihnen aber hängt entscheidend die Frage nach einer im Einzelfall relevanten Schadenserhöhung ab.[1740] Vor diesem Hintergrund kann sich einer möglichen nachteiligen Veränderung der Wasserbeschaffenheit durch die einzelnen Phasen eines Fracking-Vorhabens genähert werden.

1732 *Kohler*, in: Staudinger, Umwelthaftungsrecht, § 89 WHG Rn. 9.
1733 *Reiff*, in: Berendes/Frenz/Müggenborg, Wasserhaushaltsgesetz, § 89 Rn. 12.
1734 Vgl. *Kohler*, in: Staudinger, Umwelthaftungsrecht, § 89 WHG Rn. 10; *Reiff*, in: Berendes/Frenz/Müggenborg, Wasserhaushaltsgesetz, § 89 Rn. 12.
1735 *Petersen*, in: Landmann/Rohmer, Umweltrecht, Band I, WHG § 89 Rn. 19; *Kohler*, in: Staudinger, Umwelthaftungsrecht, § 89 WHG Rn. 10.
1736 Vgl. S. 127 und S. 187.
1737 Vgl *Kohler*, in: Staudinger, Umwelthaftungsrecht, § 89 WHG Rn. 12; *Seuser,* NuR 2013, 248, 253.
1738 Vgl. S. 246 ff.
1739 Vgl. auch *Kohler*, in: Staudinger, Umwelthaftungsrecht, § 89 WHG Rn. 13.
1740 Vgl. BGHZ 103, 129, 138; *Seuser,* NuR 2013, 248, 253; *Kohler*, in: Staudinger, Umwelthaftungsrecht, § 89 WHG Rn. 13.

a) Nachteilige Veränderung durch Fracking-Fluid

In Bezug auf dem Umgang mit dem Fracking-Fluid kommen Störfalle an oberflächennahen Wasserkörpern und Störfälle entlang der Bohrung an durchteuften Grundwasserkörpern in Form von Fracking-Fluideintrag in Betracht. Ob es sich hierbei um eine nachteilige Veränderung der betroffenen Wasserkörper handelt, hängt entscheidend von der Wasserqualität ab, wie sie dem Fracking-Fluideintrag bestand. Da das Fracking-Fluid im konventionellen Bereich maximal schwach wassergefährdend sein darf[1741], kann sich abstrakt bereits feststellen lassen, dass die Qualität der betroffenen Wasserkörper im Ausgangstadium besonders hochwertig sein muss, um eine nachteilige Veränderung durch den maximal schwach wassergefährdenden Stoff des Fracking-Fluids herbeizuführen.

Kommt es in der Zieltiefe zu einer Vermischung von Fracking-Fluid und sich geogen dort befindlichen Lagerstättenwasser, wird aufgrund der hohen Salzhaltigkeit sowie Mineralien, NORM-Stoffe und weiterer Bestandteile das Lagerstättenwasser eine derart minderwertige Wasserqualität aufweisen, dass diese durch den maximal schwach wassergefährdenden Stoffeintrag des Fracking-Fluids sich regelmäßig nicht nachteilig verändern wird.[1742]

b) Nachteilige Veränderung durch Rückfluss oder Lagerstättenwasser

Anders kann es hingegen in Bezug auf den Eintrag von Rückfluss und Lagerstätten nach der eigentlichen Fracking-Maßnahme aussehen. Diesbezüglich kommen gleich mehrere Störfälle in Betracht. Zum einen kann es dazu kommen, dass Rückfluss und Lagerstättenwasser nicht durch das Bohrloch zurückgefördert werden, sondern unsystematisch entlang von geologischen Störungen oder den durch die Fracking-Maßnahme neu geschaffenen künstlichen Wegsamkeiten auf weitere grundwasserführende Schichten treffen. Auch hierbei hängt es wiederum entscheidend von der Ausgangswasserqualität dieser grundwasserführenden Schichten, und damit wohl insbesondere davon ab, ob es sich um oberflächennahe der Trink- bzw. Nutzwassergewinnung zugängliche Grundwasserschichten handelt.[1743] Festzuhalten ist allerdings, dass Rückfluss und Lagerstättenwasser nach dem Fracking-Vorgang regelmäßig derart hohe Schadstoffkontaminationen aufweisen werden, dass eine nachteilige Veränderung der grundwasserführenden Schichten möglich erscheint.

c) Umgang mit Rückfluss und Lagerstättenwasser in der Entsorgungsphase

Als weitere Störquelle kommt der Umgang mit Rückfluss und Lagerstättenwasser an der Oberfläche in Betracht. Kommt es hierbei zu einem bewussten oder aufgrund eines Störfalls verursachten Rückfluss- oder Lagerstättenwassereintrag in Oberflächengewässer oder ähnliche Wasserkörper ohne die notwendigen vorherigen Aufbereitungsverfahren, wird regelmäßig eine nachteilige Veränderung vorliegen.

1741 Vgl S. 224 ff.
1742 Vgl. insoweit S. 247.
1743 Vgl. insoweit S. 247.

d) Verpressen von Lagerstättenwasser

Als letzte Störquelle ist das untertägige Verbringen von Lagerstättenwasser zu nennen. Stellt sich im Nachhinein heraus, dass die Verpressstätte nicht die nach § 22c Abs. 1 S. 3 ABBergV erforderliche Beschaffenheit des sicheren Einschlusses aufweist und gelangt das Lagerstättenwasser in grundwasserführende Schichten, so hängt eine nachteilige Veränderung wiederum von der Ausgangswasserqualität dieser Grundwasserschichten ab.

4. Voraussetzungen der Verhaltenshaftung

§ 89 Abs. 1 WHG ist als verhaltensbezogener Haftungstatbestand konzipiert.[1744] Haftungsbegründendes Verhalten ist das Einbringen oder Einleiten von Stoffen oder das Einwirken auf ein Gewässer in anderer Weise.

a) Verhalten

Die haftungsbegründenden Verhaltensweisen sind als auf Gewässer gerichtete, zweckbezogene Handlungen zu verstehen.[1745] Die Handlungsvarianten des Einbringens und des Einleitens entsprechen dem echten Gewässerbenutzungstatbestand des § 9 Abs. 1 Nr. 4 WHG, so dass auf die dortigen Ausführungen bezogen auf den Untersuchungsgegenstand verwiesen werden kann.[1746]

aa) Zweckbezogenes und unmittelbar auf ein Gewässer einwirkendes Verhalten in Bezug auf die einzelnen Phasen des Fracking-Vorhabens

Demzufolge kommt es auch im Rahmen der wasserrechtlichen Verhaltenshaftung darauf an, ob ein zweckbezogenes und unmittelbar auf das Gewässer einwirkendes Verhalten vorliegt. Der spezifische Bezug zwischen Verhalten und Nachteilhaftigkeit ist zu vereinen, wenn Stoffe nur zufällig in das Wasser gelangen, wozu auch Stör- bzw. Unfälle zählen.[1747]

1744   *Czychowski/Reinhardt,* Wasserhaushaltsgesetz, § 89 Rn. 11; *Kohler,* in: Staudinger, Umwelthaftungsrecht, § 89 WHG Rn. 31; *Seuser,* NuR 2013, 248, 252; *Hager,* JZ 1990, 397, 399; vgl. auch *Reiff,* in: Berendes/Frenz/Müggenborg, Wasserhaushaltsgesetz, § 89 Rn. 11, der von »Handlungshaftung« spricht.
1745   BGH, NJW 1983, 2029, 2030; BGH, NJW 1994, 1006, 1006; BGH, VersR 2002, 1555, 1556; BGH NVwZ-RR 2007, 754, 754; *Czychowski/Reinhardt,* Wasserhaushaltsgesetz, § 89 Rn. 16; *Kohler,* in: Staudinger, Umwelthaftungsrecht, § 89 WHG Rn. 32, *Reiff,* in: Berendes/Frenz/Müggenborg, Wasserhaushaltsgesetz, § 89 Rn. 12.
1746   Vgl. S. 127 f.
1747   Vgl. BGHZ 103, 129, 134; *Czychowski/Reinhardt,* Wasserhaushaltsgesetz, § 89 Rn. 16; *Kotulla,* Wasserhaushaltsgesetz, § 89 Rn. 10; *Kohler,* in: Staudinger, Umwelthaftungsrecht, § 89 WHG Rn. 32; *Janke-Weddige,* ZfW 27 (1998), 381, 384; *Kiethe,* DVBl. 2004, 1516, 1519. Ob das Verhalten darüber hinaus auch rechtswidrig sein muss, ist umstritten, vgl. die Darstellung bei *Kohler,* in: Staudinger, Umwelthaftungsrecht, § 89 WHG Rn. 19 ff. und *von Richthofen,* S. 208 ff. Richtigerweise dürfte es im Rahmen des § 89

Folgende Phasen des Fracking-Betriebes können demnach die verhaltensbezogene Haftung des § 89 Abs. 1 WHG auslösen, da sie ein zweckbezogenes und unmittelbar auf ein Gewässer bezogenes Einleiten darstellen:

- Fracking-Fluideintrag in das sich in der Zieltiefe befindliche Lagerstättenwasser[1748];
- Fracking-Fluideintrag bzw. Rückfluss und Lagerstättenwassereintrag in grundwasserführende Schichten aufgrund von neu geschaffenen künstlichen Wegsamkeiten entlang von geologischen Störungen oder ohne bevorzugte Wegsamkeiten[1749]; und
- Rückfluss- und Lagerstättenwassereintrag während der Entsorgungsphase im Rahmen einer Direkteinleitung[1750].

Fracking-Fluideinträge in Oberflächengewässer sowie entlang der Tiefbohrung, Rückfluss- und Lagerstättenwassereintrag in Oberflächengewässer aufgrund von fehlerhaftem Umgang an der Erdoberfläche sowie Lagerstättenwassereintrag in grundwasserführende Schichten im Rahmen der Entsorgungsphase fallen hingegen nicht unter den Verhaltenstatbestand, da sie Stör- bzw. Unfälle darstellen und ihnen somit der zweckbezogene Zusammenhang fehlt.

bb) Mittelbares Einleiten von Rückfluss und Lagerstättenwasser im Zuge der Indirekteinleitung

Fraglich ist, ob auch ein mittelbares Einleiten den Haftungstatbestand des § 89 Abs. 1 WHG erfüllen kann. Probleme bereitet das Unmittelbarkeitsmerkmal nämlich insbesondere bei Einleitungen in die Abwasserkanalisation bzw. Kläranlage, da die sich hierin befindlichen Abwässer selbst keine dem Schutzgut unterfallenden Gewässer darstellen.[1751] Zwar haftet in diesen Fällen das die Abwasseranlage betreibende Unternehmen nach § 89 Abs. 1 S. 1 WHG.[1752] Allerdings lässt sich auch fragen, ob nicht auch der durch die Einleitung einflussnehmende Nutzer der Kläranlage, also das Fra-

---

WHG aufgrund seines Charakters als Gefährdungshaftung auf die Rechtswidrigkeit des Verhaltens nicht ankommen, da auch an sich erlaubte Tätigkeiten mit denen unvermeidbare Risiken verbunden sein können, von der Haftung umfasst sind, vgl. *Kohler*, in: Staudinger, Umwelthaftungsrecht, § 89 WHG Rn. 21. Insbesondere wird darum gestritten, ob die Erteilung einer Bewilligung i.S.d. § 14 WHG bzw. einer gehobenen Erlaubnis gemäß § 15 WHG die Haftung nach § 89 WHG ausschließen (siehe *Kohler*, in: Staudinger, Umwelthaftungsrecht, § 89 WHG Rn. 22). Da beide Genehmigungsarten für echte Gewässerbenutzungen sowie für die Fracking-Fluidinjektion und das Verpressen von Lagerstättenwasser nicht erteilt werden dürfen (siehe S. 141 ff.) wird auf eine detaillierte Streitdarstellung verzichtet.

1748 Diesbezüglich wird aber regelmäßig keine nachteilige Veränderung der Wasserbeschaffenheit vorliegen, vgl. S. 313 f.
1749 Vgl. S. 129 ff.
1750 Vgl. S. 137.
1751 Vgl. *Reiff*, in: Berendes/Frenz/Müggenborg, Wasserhaushaltsgesetz, § 89 Rn. 18, 19; *Kohler*, in: Staudinger, Umwelthaftungsrecht, § 89 WHG Rn. 43.
1752 So *Kohler*, in: Staudinger, Umwelthaftungsrecht, § 89 WHG Rn. 43; *Reiff*, in: Berendes/Frenz/Müggenborg, Wasserhaushaltsgesetz, § 89 Rn. 18.

cking-Unternehmen, nach § 89 Abs. 1 S. 1 WHG für seine (Indirekt-)einleitung einzustehen hat. Dies kommt nur dann in Betracht, wenn sein über den Abwasserbetreiber vermitteltes, also mittelbares Einleiten als tatbestandliches Verhalten aufzufassen ist.[1753]

(1) Gesetzeszweck der Verhaltenshaftung

Richtigerweise ist eine am Gesetzeszweck ausgerichtete Betrachtungsweise des Einzelfalls anzustellen.[1754] Tatbestandsmäßig kommt es nach der herrschenden Meinung darauf an, ob das Verhalten objektiv dafür geeignet ist, dass Stoffe in ein Gewässer hineingelangen.[1755] Erfüllt das mittelbare Einleiten diese objektive Finalität, so ist kein Grund ersichtlich, warum dieses Verhalten nicht die Haftung begründen sollte.[1756] Ansonsten entstünde nämlich eine zweckwidrige Haftungslücke.[1757] Zweck des § 89 Abs. 1 WHG ist es die Nachteile erlaubter Risiken sozial gerecht und unter Berücksichtigung der Verantwortlichkeit für eigene Wagnisse zuzuweisen.[1758] Diesem Zweck läuft es zuwider, wenn gerade derjenige, der die Erstursächlichkeit gesetzt hat, pauschal von der strengen Haftung des § 89 Abs. 1 WHG ausgenommen wäre.[1759] Eine grundsätzliche Haftungsfreistellung lässt sich hiermit nicht vereinbaren.[1760] Wenn eine Indirekteinleitung dazu führt, dass sie wegen ihrer Menge oder ihrer Schädlichkeit dazu führt, dass sich der Charakter des gesamten Abwassers in einer signifikant gefahrerhöhenden Weise verändert, dann führt auch ein mittelbares Einleiten zur Bejahung des § 89 Abs. 1 WHG.[1761]

(2) Bedeutung für die Indirekteinleitung von Rückfluss und Lagerstättenwasser

Führt also das Einleiten von Rückfluss oder Lagerstättenwasser im Rahmen der Indirekteinleitung zu einer schädlichkeitserhöhenden Gesamtcharakterisierung des Abwassers und kommt es hierdurch zu einer nachteiligen Veränderung eines anderen Gewässers, in das die Abwässer eingeleitet werden, so ist in dieser Indirekteinleitung ein mittelbares tatbestandliches Verhalten zu erblicken. Ein solches Einleiten wird regelmäßig sich auch als vertragswidrig darstellen oder gegen die kommunalen Abwasser-

---

1753 Vgl. *Kohler*, in: Staudinger, Umwelthaftungsrecht, § 89 WHG Rn. 43; BGH, NJW 1981, 2416, 2416; ablehnend *Wernicke*, DVBl. 1968, 578, 580.
1754 BGH, NJW 1981, 2416, 2416; BGH, NJW 1988, 1593, 1593; *Kohler*, in: Staudinger, Umwelthaftungsrecht, § 89 WHG Rn. 44.
1755 Vgl. S. 127 ff.
1756 Vgl. *Kohler*, in: Staudinger, Umwelthaftungsrecht, § 89 WHG Rn. 44.
1757 *Kohler*, in: Staudinger, Umwelthaftungsrecht, § 89 WHG Rn. 44 unter Verweis auf *Landsberg/Lülling*, § 22 WHG a.F. Rn. 17 ff.
1758 So *Kohler*, in: Staudinger, Umwelthaftungsrecht, § 89 WHG Rn. 44.
1759 So BGHZ 62, 351, 353; *Czychowski/Reinhardt*, Wasserhaushaltsgesetz, § 89 Rn. 26, *Kohler*, in: Staudinger, Umwelthaftungsrecht, § 89 WHG Rn. 44.
1760 *Kohler*, in: Staudinger, Umwelthaftungsrecht, § 89 WHG Rn. 44; a.A. *Wernicke*, DVBl. 1968, 578, 580.
1761 Vgl. BGHZ 103, 129, 135 f.; OLG Düsseldorf, ZfW 35 (1996), 549, 552; *Kloepfer*, Umweltrecht, § 14 Rn. 394; *Kohler*, in: Staudinger, Umwelthaftungsrecht, § 89 WHG Rn. 44; *Reiff*, in: Berendes/Frenz/Müggenborg, Wasserhaushaltsgesetz, § 89 Rn. 20.

satzungen verstoßen[1762], so dass das Verhalten auch vertragliche oder allgemein zivilrechtliche Haftungstatbestände auslöst und somit auch wasserrechtlich nicht schutzwürdig ist.

b) Unterlassen

Die Verhaltenshaftung kann auch durch Unterlassen verwirklicht werden.[1763] Ein Unterlassen steht einem aktiven Tun allerdings nur dann gleich, wenn der Unterlassende etwas nicht getan hat, durch dessen Vornahme er den Schaden hätte abwenden können, und wenn für ihn eine Rechtspflicht zum entsprechenden Handeln bestand.[1764] Eine solche Rechtspflicht ist insbesondere dann anzunehmen, wenn den Unterlassenden eine Verkehrssicherungspflicht trifft.[1765]

aa) Entstehung von Fracking-Verkehrssicherungspflichten

Die rechtliche gebotene Verkehrssicherung umfasst alle Maßnahmen, die ein umsichtiger und verständiger, in vernünftigen Grenzen vorsichtiger Mensch für notwendig und ausreichend hält, um andere vor Schäden zu bewahren.[1766] Verkehrssicherungspflichten bestehen demnach immer nur im Rahmen der dem Sicherungspflichtigen in der konkreten Handlungssituation ex ante zur Verfügung stehenden faktischen und rechtlichen Handlungsmöglichkeiten.[1767] Aus den Verkehrssicherungspflichten ergibt sich also, dass jeder, der in einem von ihm zu verantwortenden Bereich eine Gefahrenquelle schafft, verpflichtet ist, für ihn zumutbare Vorkehrungen zu treffen, um einen möglichen Schaden abzuwenden.[1768]

Da Fracking-Vorhaben, wie dargelegt, unabhängig davon, ob sie in unkonventionellen oder konventionellen Lagerstätten erfolgen sollen, gefährliche Handlungen involvieren, die im Rahmen der aufgezeigten Gefahrenquellen Schäden an Leben und

---

1762 Vgl. zur Genehmigungsfreiheit solcher Indirekteinleitungen nach dem Wasserhaushaltsgesetz vgl. S. 150 ff.

1763 BGHZ 65, 221, 223; BGH, NJW 1986, 2312, 2314; BGH, VersR 2002, 1555, 1556 f.; OLG Hamm NVwZ 2007, 315, 317; *Czychowski/Reinhardt*, Wasserhaushaltsgesetz, § 89 Rn. 18, *Kohler*, in: Staudinger, Umwelthaftungsrecht, § 89 WHG Rn. 41; *Seuser*, Nur 2013, 248, 254.

1764 BGHZ 65, 221, 223; BGH, NJW 1986, 2312, 2314; *Czychowski/Reinhardt*, Wasserhaushaltsgesetz, § 89 Rn. 18; *Kohler*, in: Staudinger, Umwelthaftungsrecht, § 89 WHG Rn. 41; *Petersen*, in: Landmann/Rohmer, Umweltrecht, Band I, WHG § 89 Rn. 25; *Seuser*, NuR 2013, 248, 254.

1765 BGHZ 65, 221, 224; *Kohler*, in: Staudinger, Umwelthaftungsrecht, § 89 WHG Rn. 41; *Seuser*, NuR 2013, 248, 254. Zur dogmatischen Herleitung der Verkehrssicherungspflichten im Kontext deliktischer Haftung vgl. *Wagner*, in: MüKo, Bürgerliches Gesetzbuch, Band 6, § 823 Rn. 380 ff.

1766 Vgl. BGH, VersR 2014, 642 Rn. 9; BGH, NJW 2013, 48, 48; *Wagner*, in: MüKo, Bürgerliches Gesetzbuch, Band 6, § 823 Rn. 421 m.w.N.

1767 BGH, VersR 1985, 641, 642; *Wagner*, in: MüKo, Bürgerliches Gesetzbuch, Band 6, § 823 Rn. 422; vgl. auch *Röckrath*, NStZ 2003, 641, 642.

1768 BGHZ 65, 221, 224; BGH, NJW 1986, 2312, 2314.

Gesundheit von Menschen, am Eigentum und an den Umweltmedien Luft, Wasser und Boden in Form von seismischen Erschütterungen, Explosionen und Wasserverunreinigungen zur Folge haben können, schafft der Fracking-Unternehmer eine grundlegende Gefahrenquelle, so dass ihn dem Grunde nach bezüglich dieser Gefahrenquellen auch Verkehrssicherungspflichten treffen.

bb) Vom Fracking-Unternehmen zu treffende Maßnahmen

Insbesondere die *ex ante*-Perspektive und die rechtlich gebotenen Maßnahmen spielen für die Bestimmung der Anforderungen, die an die vom Fracking-Unternehmen zu veranlassenden Verkehrssicherungspflichten zu stellen sind, eine entscheidende Rolle. Hierfür stellt der im Zuge der Fracking-Neuregelungen neu eingeführte § 22 S. ABBergV entscheidende Weichen. Gemäß § 22b S. 1 ABBergV trifft das Bergbauunternehmen bei der Aufsuchung und Gewinnung von Erdgas einschließlich des Aufbrechens von Gestein unter hydraulischem Druck und den sonstigen damit in betrieblichem Zusammenhang stehenden Tätigkeiten insbesondere die Pflicht

1. den Stand der Technik einzuhalten,

2. die Integrität des Bohrlochs nach dem Stand der Technik sicherzustellen und regelmäßig zu überwachen,

3. Lagerstättenwasser und Rückfluss nach dem Stand der Technik regelmäßig zu überwachen,

4. in Gebieten der Erdbebenzonen 1 bis 3 ein seismologisches Basisgutachten erstellen zu lassen, Maßnahmen für einen kontrollierten Betrieb zu ergreifen und den Betrieb regelmäßig nach dem Stand der Technik zu überwachen, und

5. Maßnahmen nach dem Stand der Technik zu ergreifen, um Daten über die Freisetzung von Methan und andere Emissionen in allen Phasen der Gewinnung sowie der Entsorgung von Lagerstättenwasser und Rückfluss zu erheben.

Mit diesem Sicherungskatalog stellt das Gesetz konkrete Vorgaben an die Verkehrssicherungspflichten auf, die vom Fracking-Unternehmen einzuhalten sind.

cc) Umfang von Fracking-Verkehrssicherungspflichten

Fraglich ist allerdings, in welchem Umfang die Pflicht zur Durchführung der gebotenen Maßnahmen entsteht. Das Fracking-Unternehmen hat, wie festgestellt[1769], nur solche Vorkehrungen treffen, die ihm auch zumutbar sind. Was zumutbar ist, richtet sich primär nach Nutzen und Kosten möglicher Sicherheitsmaßnahmen.[1770] Die maßgebenden Faktoren für die Ermittlung des Nutzens solcher Maßnahmen sind die Höhe des Schadens und der Grad der Eintrittswahrscheinlichkeit.[1771] Es lässt sich sagen, dass Sicherungsmaßnahmen umso eher zumutbar sind, je größer die Gefahr und die Wahr-

---

1769 Vgl. soeben unter bb.
1770 *Wagner*, in: MüKo, Bürgerliches Gesetzbuch, Band 6, § 823 Rn. 423.
1771 *Wagner*, in: MüKo, Bürgerliches Gesetzbuch, Band 6, § 823 Rn. 424.

scheinlichkeit eines Schadenseintritts sind.[1772] Schwerwiegende Schäden rechtfertigen daher auch dann einen erheblichen Vermeidungsaufwand, wenn ihr Eintritt als nicht sehr wahrscheinlich gilt.[1773] Ökonomisch ausgedrückt bedeutet dies, dass es auf den sogenannten Schadenserwartungswert, also auf das Produkt aus Schadenshöhe und Eintrittswahrscheinlichkeit, ankommt.[1774] Im Rahmen einer optimalen Sorgfalt können die Verkehrssicherungspflichten so kostspielig ausfallen, dass der Wert der durch die Aktivität verursachten Schäden die Kosten der zur Abwendung von Schäden getroffenen Sorgfaltsmaßnahmen aufwiegen.[1775] Dies gilt auch im Rahmen der Gefährdungshaftung.[1776]

Die aufzuwendenden Verkehrssicherungspflichten des Bergbauunternehmens hängen demnach von zwei Faktoren ab. Erstens muss ermittelt werden, wie hoch der Wert der durch ein Fracking-Vorhaben verursachten Schäden ausfallen. Zweitens muss bestimmt werden, wie wahrscheinlich Schadenseintritt ist.[1777] Beide Faktoren werden im Hinblick auf Fracking-Vorhaben schwer zu bestimmen sein.

(1) Bezifferung der zu erwartenden Schadenshöhe

Zum einen fällt die Bezifferung einer Schadenshöhe schwer, da die Umweltmedien Luft, Wasser und Boden grundsätzlich nicht geschützt werden, sondern nur die durch sie vermittelten Schäden an anderen Schutzgütern. In den Schutz einbezogen werden können die Umweltmedien Wasser und Boden, soweit sie anderen Rechtsgütern, nämlich dem Eigentum zugeordnet werden können.[1778] Dies gilt freilich nicht für die Haftungstatbestände des § 89 WHG, in denen das Gewässer an sich, unabhängig von ihrer Eigentumsfähigkeit Schutzgut der Haftungsvorschrift ist.[1779] Aber auch diesbezüglich ergeben sich zur Bezifferung einer Schadenshöhe erhebliche Unsicherheiten. Die Schutzgutbetroffenheit resultiert nämlich dem Wortlaut der Norm nach nur in einem Schaden, wenn dieser »einem anderen« entstanden ist. Entscheidend kommt es also darauf an, wer für die nachteilige Veränderung der Wasserbeschaffenheit Ersatz verlangen kann.[1780] Demnach dürfte die Ermittlung einer Schadenshöhe davon abhängen, wer an den potentiell durch Fracking-Vorhaben gefährdeten Gewässern berechtigte Interessen geltend machen kann. Dies ist eine Frage des Einzelfalls.[1781]

1772   Vgl. BGH, VersR 2007, 72, 73 (Rn. 11); *Wilhelmi*, in: Erman, Bürgerliches Gesetzbuch, § 823 Rn. 80; *Wagner*, in: MüKo, Bürgerliches Gesetzbuch, Band 6, § 823 Rn. 424; *Larenz/Canaris*, Lehrbuch des Schuldrechts Band II/2, S. 414.
1773   Vgl. BGH, NJW 2006, 610, 610.
1774   *Wagner*, in: MüKo, Bürgerliches Gesetzbuch, Band 6, § 823 Rn. 424.
1775   Vgl. *Wagner*, in: MüKo, Bürgerliches Gesetzbuch, Band 6, Vor. § 823 Rn. 53.
1776   Vgl. *Wagner*, in: MüKo, Bürgerliches Gesetzbuch, Band 6, Vor. § 823 Rn. 55.
1777   Vgl. auch *von Richthofen*, S. 249.
1778   Siehe S. 276 ff.
1779   Siehe S. 311 f.
1780   Zur Ersatzberechtigung siehe S. 330.
1781   Vgl. auch *von Richthofen*, S. 249.

(2) Berechnung der Eintrittswahrscheinlichkeit

Zum anderen kommt es darauf an, wie wahrscheinlich ein Schadensszenario droht. Auch diesbezüglich dürften im Vorfeld einer Fracking-Maßnahme erhebliche Unsicherheiten bestehen.[1782] Während seismische durch Fracking-Vorhaben induzierte Erschütterungen und Rückfluss- bzw. Lagerstättenwasser- und Methaneintrag in andere grundwasserführende Schichten entlang von geologischen Störungen oder unsystematisch entlang neu geschaffener künstlicher Wegsamkeiten als eher unwahrscheinlich gelten, gilt dies nicht für Gewässerverunreinigungen aufgrund von Stör- bzw. Unfällen durch Leckagen der Bohrleitung sowie für oberflächennahe Gewässerverunreinigungen verursacht durch den Umgang mit Fracking-Fluid bzw. Rückfluss und Lagerstättenwasser. Während im unkonventionellen Bereich mangels praktischer Erfahrungen verschiedene Gutachten zu dem Ergebnis kommen, dass die von Fracking-Maßnahmen ausgehenden Gefahren und Risiken unvorhersehbar sind[1783], dürfte im konventionellen Bereich, in dem Fracking-Maßnahmen bereits seit mehreren Jahren praktiziert werden, die Wahrscheinlichkeitseinschätzung durchaus differenzierter und im Vorfeld einer Maßnahme leichter zu bestimmen sein.

dd) Verstoß gegen Fracking-Verkehrssicherungspflichten

Die Verwirklichung des verhaltensbezogenen Haftungstatbestandes des § 89 Abs. 1 S. 1 WHG in Form des Unterlassen hängt, wie dargestellt, davon ab, ob der Unterlassende etwas nicht getan hat, durch dessen Vornahme er den Schaden hätte abwenden können, und für die Vorname eine Rechtspflicht bestand.[1784] Ein Verstoß gegen eine Verkehrssicherungspflicht begründet demnach die Verwirklichungsform des Unterlassens.

Fraglich ist daher, wann das Bergbauunternehmen gegen eine ihm obliegende Verkehrssicherungspflicht verstoßen hat. Auffällig ist, dass der Sicherungskatalog des § 22 S. 1 ABBergV nicht statisch formuliert ist, sondern durch die durchgängige Referenz auf den Stand der Technik ein dynamisches Element aufweist. Ein Verstoß gegen die Verkehrssicherungspflichten liegt demnach vor, wenn das Bergbauunternehmen nicht den Stand der Technik einhält. Hierbei spielt die bereits erwähnte *ex ante*-Perspektive eine hervorgehobene Rolle. Auch wenn sich im Nachhinein herausstellt, dass die erforderlichen Sicherungsmaßnahmen nicht ausreichend waren, kommt es darauf an, welche Kenntnisse und Erfahrungen im Zeitpunkt des schädigenden Ereignisses im Hinblick auf erforderliche Sicherungspflichten vorlagen.[1785] Weiterhin ist das Bergbauunternehmen verpflichtet, seinen Betrieb so zu organisieren, dass neuartige Risiken rechtzeitig erkannt und abgewehrt werden können.[1786]

Hält das Fracking-Unternehmen diese Pflichten, insbesondere den Stand der Technik, nicht ein und kommt es in der Folge zu einer nachteiligen Veränderung der Wasserbeschaffenheit eines Gewässers, verwirklicht es die Verhaltenshaftung des § 89 Abs. 1 S. 1 WHG.

1782 So für den unkonventionellen Bereich *von Richthofen*, S. 249.
1783 Vgl. hierzu S. 35 ff.
1784 Siehe S. 317.
1785 Vgl. *von Richtofen*, S. 250 mit Verweis auf *Gast*, S. 194 und *Frey*, S. 32, 37.
1786 Vgl. *Gast*, S. 195 m.w.N.; *von Richthofen*, S. 250.

c)   Haftungsbegründende Kausalität der Verhaltenshaftung

Das Bestehen eines haftungsbegründendes Kausalzusammenhangs zwischen dem haftungsrechtlich relevanten Verhalten und der Veränderung der Wasserbeschaffenheit ist eine Elementarbedingung der Haftungszurechnung, auf die auch im Rahmen des § 89 WHG nicht verzichtet wird.[1787] Das Verhalten muss also dem Handelnden zuzurechnen sein.[1788] Mangels eigener Ausgestaltung kann hierfür – ebenso wie bei der bergrechtlichen Haftung[1789] – auf die allgemein zivilrechtlichen Kriterien verwiesen werden.[1790]

aa)   Anwendung der zivilrechtlichen Zurechnungsinstrumente

Es gelten demnach die allgemein zivilrechtlichen Zurechnungsinstrumente der Äquivalenz, Adäquanz[1791] und der Lehre vom Schutzzweck der Norm auch im wasserrechtlichen Haftungsregime.[1792] Das Fracking-Vorhaben darf also nicht hinweggedacht werden können, ohne dass die konkrete nachteilige Veränderung der Wasserbeschaffenheit entfiele. Hierbei ist es unerheblich, ob die nachteilige Veränderung der Wasserbeschaffenheit unmittelbare oder mittelbare Folge des Fracking-Vorhabens ist.[1793] Der Schaden braucht nicht in dem Gewässer entstanden sein, auf das das Fracking-Vorhaben eingewirkt hat.[1794] Ein Ursachenzusammenhang besteht auch dann, wenn die nachteilige Veränderung erst im Zusammenwirken mit anderen Gewässerbenutzungen eine Beschaffenheitsveränderung bewirkt hat.[1795]

(1)   Einschränkung durch Adäquanz

Weiterhin muss die nachteilige Veränderung der Wasserbeschaffenheit adäquate Folge des durch ein Fracking-Vorhaben verursachten wasserrechtlichen relevanten Verhaltens sein.[1796] Nicht ursächlich sind demnach solche Verhaltensweisen, die grundsätzlich nur

1787   *Kohler*, in: Staudinger, Umwelthaftungsrecht, § 89 WHG Rn. 46, *Schirmer*, ZVersWiss 1990, 137, 167.
1788   *Kohler*, in: Staudinger, Umwelthaftungsrecht, § 89 WHG Rn. 45.
1789   Vgl. S. 285 ff.
1790   So auch *von Richthofen*, S. 212.
1791   Str. ist, ob auch das Merkmal der Adäquanz im Rahmen der Gefährdungstatbestände zur Anwendung kommt. Für die Anwendung vgl. BGHZ 57, 170, 173; BGH, NJW 1975, 2012, 2013; *Janke-Weddige*, ZfW 27 (1988), 381, 384; *Czychowski/Reinhardt*, Wasserhaushaltsgesetz, § 89 Rn. 43; *Reiff*, in: Berendes/Frenz/Müggenborg, Wasserhaushaltsgesetz, § 89 Rn. 38; a.A. *Kohler*, in: Staudinger, Umwelthaftungsrecht, § 89 WHG Rn. 46, *von Richthofen*, S. 216.
1792   *von Richthofen*, S. 212.
1793   Vgl. *Kohler*, in: Staudinger, Umwelthaftungsrecht, § 89 WHG Rn. 48; *von Richthofen*, S. 213.
1794   Vgl. BGHZ 57, 170, 173; *Czychowski/Reinhardt*, Wasserhaushaltsgesetz, § 89 Rn. 44; *Kohler*, in: Staudinger, Umwelthaftungsrecht, § 89 WHG Rn. 48, krit. *Salzwedel*, NVwZ 1988, 493, 497.
1795   BGH, NuR 1985, 201.
1796   Zur Anwendbarkeit der Adäquanztheorie im Rahmen der Gefährdungstatbestände vgl. Fn. 1581 und 1791.

unter besonders eigenartigen, unwahrscheinlichen und nach dem gewöhnlichen Verlauf der Dinge außer Betracht zu lassenden Umständen den Erfolg herbeiführen können, so dass der dann doch eingetretene Erfolg außerhalb aller Wahrscheinlichkeit lag.[1797] Das Adäquanzerfordernis ist damit sehr weit und deckt sich fast mit dem Kriterium der Vorhersehbarkeit.[1798] Demzufolge dürfte in der praktischen Anwendung der durch Fracking-Vorhaben verursachten Schäden die haftungsbegründende Zurechnung durch dieses Erfordernis kaum eine Einschränkung erfahren.[1799]

(2) Einschränkung durch Gefährdungszusammenhang

Als weiteres die Zurechnung beschränkendes Kriterium muss das wasserrechtlich relevante Verhalten auch in den Schutzzweck der haftungsrechtlichen Norm fallen.[1800] Die nachteilige Veränderung der Wasserbeschaffenheit muss sich demnach als die spezifische Gefahr des durch ein Fracking-Vorhaben verursachten wasserrechtlich relevanten Verhaltens darstellen. Haftungsbegründend wirken nur solche Verhaltensweisen, die ihrer Natur nach typischerweise für das Wasser gefährlich und allgemein geeignet sind die Beschaffenheit des Wasser zu verschlechtern und die aus der Wasserqualität herrührenden Schadensmöglichkeiten zu erhöhen.[1801] Eine Besonderheit der wasserrechtlichen Verhaltenshaftung liegt allerdings gerade darin, dass die normierten Verhaltensweisen allesamt typische Gefahrerhöhungen für das Schutzgut Gewässer darstellen.[1802] Lediglich generell ungeeignete Verhaltensweisen und ganz ungewöhnliche Umstände wie ein Erdrutsch, der den Frischwasserzufluss plötzlich versiegen lässt, werden von der Haftung nicht umfasst.[1803] Auch unter diesem Gesichtspunkt dürften regelmäßig alle von einem Fracking-Vorhaben ausgehenden wasserrechtlich relevanten Verhaltensweisen den spezifischen Gefährdungszusammenhang erfüllen.

bb) Zurechnung bei Unterlassen

Bei der Verwirklichung des haftungsbegründenden Tatbestandes des § 89 Abs. 1 S. 1 WHG durch pflichtwidriges Unterlassen[1804] ist zu beachten, dass die unterlassende Handlung für den eingetretenen Erfolg nur dann kausal, wenn dieser bei pflichtgemäßen

---

1797 *Reiff*, in: Berendes/Frenz/Müggenborg, Wasserhaushaltsgesetz, § 89 Rn. 38.
1798 *Reiff*, in: Berendes/Frenz/Müggenborg, Wasserhaushaltsgesetz, § 89 Rn. 38.
1799 Vgl. insoweit S. 286.
1800 Vgl. S. 287 ff.
1801 BGHZ 57, 257, 262; BGHZ 103, 129, 137; *Czychowski/Reinhardt,* Wasserhaushaltsgesetz, § 89 Rn. 33, *Kohler*, in: Staudinger, Umwelthaftungsrecht, § 89 WHG Rn. 49; *Breuer*, NVwZ 1988, 992, 993.
1802 Vgl. *Kohler*, in: Staudinger, Umwelthaftungsrecht, § 89 WHG Rn. 49. *von Richthofen*, S. 218 spricht daher unter Verweis auf *Hager*, JZ 1990, 397, 399 und *Dietz*, S. 75 f. von einem atypischen Gefährdungstatbestand, da § 89 Abs. 1 WHG nicht das Verhalten in den Blick nimmt, sondern die spezifischen Folgen des Verhaltens für das Wasser, es dem Gefährdungstatbestand also nicht um die spezifische Gefahr eines bestimmten Verhaltens geht, sondern schlicht um die Gefährdetheit des Schutzgutes Wasser.
1803 Vgl. *Kohler*, in: Staudinger, Umwelthaftungsrecht, § 89 WHG Rn. 49 m.w.N.
1804 Vgl. S. 317 ff.

Handeln mit an Sicherheut grenzender Wahrscheinlichkeit verhindert worden wäre.[1805] Eine bloße Möglichkeit ebenso wie eine gewisse Wahrscheinlichkeit genügt hierfür nicht.[1806] Anknüpfungspunkt für die Unterlassenshaftung ist der Verstoß gegen eine Verkehrssicherungspflicht.[1807] Eine Haftung entfällt demnach, wenn die nachteilige Veränderung der Wasserbeschaffenheit auch bei Einhalten der Verkehrssicherungspflichten eingetreten wäre.

Dies beachtend ist also stets im Zusammenhang mit Fracking-Vorhaben danach zu fragen, ob die nachteilige Veränderung der Wasserbeschaffenheit auch bei Einhalten der Verkehrssicherungspflichten – also insbesondere bei der dynamischen Anpassung der Sicherstellungs- und Überwachungsinstrumente an den jeweiligen Stand der Technik – eingetreten wäre. Von dieser Frage dürfte es aufgrund mangelnder praktischer Erfahrungssätze insbesondere im unkonventionellen Bereich[1808] davon abhängen, ob das Bergbauunternehmen eine nachteilige Veränderung der Wasserbeschaffenheit zu verantworten hat.

d)   Zwischenergebnis

Die Verhaltenshaftung des § 89 Abs. 1 WHG setzt ein zweckbezogen auf ein Gewässer einwirkendes Verhalten voraus. Insoweit decken sich die Handlungsvarianten des Einbringens und des Einleitens mit dem echten Gewässerbenutzungstatbestand des § 9 Abs. 1 Nr. 4 WHG. Demzufolge kann der Fracking-Fluideintrag in das sich in der Zieltiefe befindliche Lagerstättenwasser, Fracking-Fluideintrag bzw. Rückfluss und Lagerstättenwassereintrag in grundwasserführende Schichten aufgrund von neu geschaffenen künstlichen Wegsamkeiten entlang von geologischen Störungen oder ohne bevorzugte Wegsamkeiten und Rückfluss- und Lagerstättenwassereintrag während der Entsorgungsphase im Rahmen einer Direkteinleitung die wasserrechtliche Verhaltenshaftung auslösen.

Der spezifische Bezug zwischen Verhalten und Nachteilhaftigkeit ist zu vereinen, wenn Stoffe nur zufällig, beispielsweise durch Stör- bzw. Unfälle in das Wasser gelangen. Demzufolge fallen Fracking-Fluideinträge in Oberflächengewässer sowie entlang der Tiefbohrung, Rückfluss- und Lagerstättenwassereintrag in Oberflächengewässer aufgrund von fehlerhaftem Umgang an der Erdoberfläche sowie Lagerstättenwassereintrag in grundwasserführende Schichten im Rahmen der Entsorgungsphase nicht unter den Verhaltenstatbestand.

Die Indirekteinleitung von Rückfluss und Lagerstättenwasser in die Kanalisationen bzw. Kläranlagen erfüllt nach einer am Gesetzeszweck ausgerichteten Betrachtungsweise dann den Tatbestand des Einleitens, wenn das Verhalten des Fracking-Unternehmens objektiv dafür geeignet ist, dass Rückfluss und Lagerstättenwasser in ein Gewässer hineingelangen, wenn es also vertragswidrig oder entgegen der kommunalen Abwassersatzung eingeleitet wird. Zwar haftet in diesen Fällen auch das die Abwasseranlage betreibende Unternehmen, doch läuft es dem Haftungszweck zuwider, wenn derjenige,

1805   BGHZ 65, 221, 225; *Reiff*, in: Berendes/Frenz/Müggenborg, Wasserhaushaltsgesetz, § 89 Rn. 39, *Kohler*, in: Staudinger, Umwelthaftungsrecht, § 89 WHG Rn. 47; *Czychowski*, DVBl. 1970, 379, 382.
1806   *Reiff*, in: Berendes/Frenz/Müggenborg, Wasserhaushaltsgesetz, § 89 Rn. 39.
1807   Vgl. S. 317 ff.
1808   Vgl. S. 320.

der die Erstursächlichkeit gesetzt hat, pauschal von der strengen Haftung des § 89 Abs. 1 WHG ausgenommen wäre.

Die Verhaltenshaftung kann auch durch Unterlassen verwirklicht werden. Hierfür muss das Fracking-Unternehmen gegen eine ihm obliegende Verkehrssicherungspflicht verstoßen. Die dem Fracking-Unternehmen obliegenden Verkehrssicherungspflichten erfahren ihre gesetzliche Ausformung in § 22b S. 1 ABBergV, wonach das Fracking-Unternehmen bei den zu treffenden Sicherungs- und Überwachungsmaßnahmen insbesondere den Stand der Technik einzuhalten hat.

Der zumutbare Umfang der Verkehrssicherungspflichten ergibt sich primär aus dem Verhältnis aus Nutzen und Kosten möglicher Sicherheitsmaßnahmen, wobei die maßgebenden Faktoren die Höhe des zu erwartenden Schadens und der Grad der Eintrittswahrscheinlichkeit sind. Beide Faktoren werden im Hinblick auf Fracking-Vorhaben schwer zu bestimmen sein. Die Ermittlung der Schadenshöhe hängt davon ab, wer an den potentiell durch Fracking-Vorhaben gefährdeten Gewässern berechtigte Interessen geltend machen kann. Dies ist eine Frage des Einzelfalls. Zur Berechnung der Eintrittswahrscheinlichkeit bestehen insbesondere im unkonventionellen Bereich mangels praktischer Erfahrungen erhebliche Unsicherheiten.

Die haftungsbegründende Kausalität zwischen Verhalten und Gewässerverunreinigung bestimmt sich nach den allgemeinen zivilrechtlichen Zurechnungsinstrumenten. Das Fracking-Vorhaben darf also nicht hinweggedacht werden können, ohne dass die konkrete nachteilige Veränderung der Wasserbeschaffenheit entfiele. Die tatbestandsmäßig vorausgesetzten Verhaltensweisen erfüllen regelmäßig den wasserspezifischen Gefahrzusammenhang, so dass die von Fracking-Vorhaben verursachten Schäden, soweit sie von tatbestandsmäßigen Verhaltensweisen ausgehen, auch vom Schutzzweckzusammenhang der Norm umfasst sind.

Im Rahmen der Verwirklichung des haftungsbegründenden Tatbestandes durch Unterlassen ist zu fragen, ob der eingetretene Schaden bei Einhaltung der Verkehrssicherungspflichten, insbesondere beim Einhalten des Stands der Technik an Sicherheit grenzender Wahrscheinlichkeit verhindert worden wäre.

5.   Voraussetzungen der Anlagenhaftung

Die Anlagenhaftung des § 89 Abs. 2 S. 1 WHG verlangt, dass aus einer Anlage, die bestimmt ist, Stoffe herzustellen, zu verarbeiten, zu lagern, abzulagern, zu befördern oder wegzuleiten, derartige Stoffe in ein Gewässer hineingelangen, ohne in dieses eingebracht oder eingeleitet zu sein, und dadurch die Wasserbeschaffenheit nachteilig verändert wird.

a)   Anlagenbegriff

Das Wasserhaushaltsgesetz kennt keine eigene Definition des Anlagenbegriffes.[1809] Er ist aber im Sinne der wasserhaushaltsgesetzlichen Haftungsvorschrift sehr weit gefasst.[1810] Auch die Aufzählung der in § 89 Abs. 2 S. 1 WHG formulierten Bestimmun-

---

1809   *Kohler*, in: Staudinger, Umwelthaftungsrecht, § 89 WHG Rn. 56.
1810   BGHZ 172, 287, 293 (Rn. 15).

gen ist nicht abschließend.[1811] Unter den Begriff fallen daher alle Einrichtungen, die dazu bestimmt sind, für eine gewisse Dauer wassergefährdende Stoffe herzustellen, zu verarbeiten, zu lagern, abzulagern, zu befördern oder wegzuleiten.[1812] Dass es sich um wassergefährdende Stoffe handeln muss, ergibt sich zwar nicht aus dem Wortlaut, aber aus dem Sinn und Zweck der wasserrechtlichen Gefährdungshaftung.[1813] Die Stoffe müssen also typischerweise geeignet sein, die Wasserbeschaffenheit nachteilig zu verändern.[1814] Auf die Ortsfestigkeit kommt es dabei nicht, so dass unter den Anlagenbegriff auch Schiffe oder Tanklaster fallen.[1815]

Haftungsgrund kann nur die bestimmungsgemäße Verwendung der Anlage sein[1816], wobei die Bestimmung von der Willensrichtung des Betreibers abhängig und veränderbar ist.[1817] Herstellen meint das Gewinnen, Erzeugen oder Produzieren von Stoffen.[1818] Verarbeiten umfasst das Umbilden von Stoffen sowie die Bearbeitung von Stoffen und die Stoffvernichtung.[1819] Lagern meint die Aufbewahrung von Stoffen zur späteren Verwendung, wohingegen beim Ablagern die Entledigung im Vordergrund steht, weil der Stoff nicht mehr genutzt werden soll.[1820] Befördern ist die Verbringung von Stoffen an einen anderen Ort, was auch durch Rohre und andere Leitungen erfolgen kann.[1821] Das Wegleiten bezieht sich auf das Abführen flüssiger und gasförmiger Stoffe in Kanälen, Rohren und Leitungen, wobei diesbezüglich nicht wie beim Befördern das Erreichen eines bestimmten Ziels als vielmehr das Verlassen des alten Standortes im Vordergrund steht, so dass Erdgas eher befördert und Abwasser hingegen eher weggeleitet wird.[1822]

Vor diesem Hintergrund fragt es sich, ob die für die einzelnen Betriebsphasen zum Einsatz kommenden Anlagen, Anlagen i.S.d. § 89 Abs. 2 S. 1 WHG sind.

1811   BGHZ 57, 257, 260; *Kohler*, in: Staudinger, Umwelthaftungsrecht, § 89 WHG Rn. 56; *Schirmer*, ZVersWiss 1990, 137, 166.

1812   BGHZ 47, 1, 3; BGHZ 57, 257, 260; BGHZ 172, 287, 293 (Rn. 15); *Kohler*, in: Staudinger, Umwelthaftungsrecht, § 89 WHG Rn. 56; *Czychowski/Reinhardt*, Wasserhaushaltsgesetz, § 89 Rn. 70; *Reiff*, in: Berendes/Frenz/Müggenborg, Wasserhaushaltsgesetz, § 89 Rn. 68, 70; *Keppeler*, AgrarR 1997, 207, 209; *Limberger/Koch*, VersR 1991, 134, 136.

1813   Vgl. *Reiff*, in: Berendes/Frenz/Müggenborg, Wasserhaushaltsgesetz, § 89 Rn. 71.

1814   Vgl. BGHZ 76, 35, 42; *Czychowski/Reinhardt*, Wasserhaushaltsgesetz, § 89 Rn. 73; *Kohler*, in: Staudinger, Umwelthaftungsrecht, § 89 WHG Rn. 57 m.w.N.

1815   BGHZ 47, 1, 3; BGHZ 80, 1, 4; *Reiff*, in: Berendes/Frenz/Müggenborg, Wasserhaushaltsgesetz, § 89 Rn. 68 m.w.N.; *Kotulla*, Wasserhaushaltsgesetz, § 89 Rn. 33; *Kohler*, in: Staudinger, Umwelthaftungsrecht, § 89 WHG Rn. 56; *Seuser*, NuR 2013, 391, 392; a.A. *Ettner*, DB 1964, 723, 724.

1816   BGH, VersR 2002, 1555, 1556.

1817   Vgl. *Reiff*, in: Berendes/Frenz/Müggenborg, Wasserhaushaltsgesetz, § 89 Rn. 70.

1818   *Reiff*, in: Berendes/Frenz/Müggenborg, Wasserhaushaltsgesetz, § 89 Rn. 67; *Kotulla*, Wasserhaushaltsgesetz, § 89 Rn. 35.

1819   *Reiff*, in: Berendes/Frenz/Müggenborg, Wasserhaushaltsgesetz, § 89 Rn. 67; *Kotulla*, Wasserhaushaltsgesetz, § 89 Rn. 36.

1820   *Reiff*, in: Berendes/Frenz/Müggenborg, Wasserhaushaltsgesetz, § 89 Rn. 67 unter Verweis auf BGHZ 46, 17, 19.

1821   *Kotulla*, Wasserhaushaltsgesetz, § 89 Rn. 39; *Reiff*, in: Berendes/Frenz/Müggenborg, Wasserhaushaltsgesetz, § 89 Rn. 67.

1822   *Reiff*, in: Berendes/Frenz/Müggenborg, Wasserhaushaltsgesetz, § 89 Rn. 67; *Kotulla*, Wasserhaushaltsgesetz, § 89 Rn. 40.

aa) Anlagen zur Mischung und Lagerung des Fracking-Fluids

Bevor das Fracking-Fluid in das Bohrloch injiziert werden kann, muss es hergestellt werden. Dies geschieht meist in entsprechenden Anlagen auf dem Bohrplatz.[1823] Zur Bejahung der Frage, ob die hierfür erforderlichen Anlagen wassergefährdend sind, kommt es auf die Zusammensetzung der Fracking-Fluide an. Insbesondere die Anlagen im unkonventionellen Bereich, in dem nur nicht wassergefährdende Gemische zum Einsatz kommen dürfen, sind hierbei einer genauen Prüfung zu unterziehen. Da allerdings auch solche Gemische teilweise wassergefährdende Stoffe beinhalten dürfen[1824], ist die Bejahung der Wassergefährdung im Einzelfall möglich.

bb) Das Bohrloch

Ebenfalls könnte das Bohrloch, bestehend aus der vertikalen Tiefbohrung und der eventuell anschließenden Horizontalbohrung entgegen dem allgemeinen Sprachgebrauch selbst eine wassergefährliche Anlage sein. Hierunter fallen auch Rohre und Leitungen.[1825] Bestimmungsgemäß wird durch das Bohrloch Erdgas in der Produktionsphase[1826] befördert. Dies stellt einen wassergefährdenden Stoff darf.[1827] Darüber hinaus wird bestimmungsgemäß durch das Bohrloch in der Fracking-Phase[1828] das Fracking-Fluid in die Zieltiefe befördert und anschließend Lagerstättenwasser und Rückfluss zurückgepumpt[1829]. Da Fracking-Fluid im unkonventionellen Bereich nicht wassergefährdend sein darf[1830], macht der Fracking-Fluideintrag zumindest im unkonventionellen Bereich das Bohrloch nicht zu einer wassergefährlichen Anlage, der Einsatz von maximal schwach wassergefährdenden Fracking-Fluid die Anlage zu einer schwach wassergefährlichen Anlage. Anders sieht es allerdings mit dem Zurückpumpen von Lagerstättenwasser und Rückfluss auf. Dieses wird aufgrund der Zusammensetzungen wassergefährdend sein, so dass auch unter diesem Gesichtspunkt die wassergefährliche Anlage in Form des Wegleitens zu bejahen ist.

cc) Anlagen für den Umgang mit Rückfluss und Lagerstättenwasser

Ist der Rückfluss und das Lagerstättenwasser zurückgefördert müssen diese wassergefährdenden Stoffe aufgefangen, gelagert, aufbereitet und entsorgt werden. Alle diesbezüglich zum Einsatz kommenden Anlagen fallen ebenfalls unter den Anlagenbegriff des § 89 Abs. 2 S. 1 WHG.[1831]

1823 Vgl. S. 23.
1824 Vgl. S. 225 f.
1825 Vgl. soeben S. 324.
1826 Siehe S. 30.
1827 Vgl. *Reiff*, in: Berendes/Frenz/Müggenborg, Wasserhaushaltsgesetz, § 89 Rn. 67.
1828 Siehe S. 23.
1829 Siehe S. 27.
1830 Vgl. S. 224 ff.
1831 So auch *von Richthofen*, S. 223 f.

dd) Zwischenergebnis

Somit fallen alle während der Erdgasgewinnung mittels der Fracking-Technologie zum Einsatz kommenden Anlagen potentiell unter den Anlagenbegriff des § 89 Abs. 2 S. 1 WHG. Insbesondere für das Bohrloch ist diese Klarstellung wichtig, da nur so potentielle durch Leckagen vermittelte Leckagen von der wasserrechtlichen Anlagenhaftung umfasst sind. Anlagen zur Herstellung des Fracking-Fluids fallen nur insoweit unter die Anlagenhaftung, als dass in ihnen wassergefährdende Stoffe vermischt werden.

b) Haftungsbegründendes Ereignis

Zweite Voraussetzung für die Anlagenhaftung nach § 89 Abs. 2 S. 1 WHG ist, dass aus einer Anlage im soeben erörterten Sinne wassergefährdende Stoffe in ein Gewässer gelangen.[1832] Ausreichend ist das bloße Hineingelangen[1833], welches eine nachteilige Wasserveränderung zur Folge haben muss, wobei auch ein mittelbares Hineingelangen genügt.[1834] Im Gegensatz zur Verhaltenshaftung kommt es auf einen zweckbezogenes Verhalten gerade nicht an[1835], sodass neben dem bestimmungsgemäßen Hineingelangen auch Stör- bzw. Unfälle die Anlagenhaftung nach § 89 Abs. 2 S. 1 WHG begründen.[1836] Somit dürfte der Anlagenhaftung des § 89 Abs. 2 S. 1 WHG in der Praxis deutlich größere Bedeutung zukommen als der Verhaltenshaftung des § 89 Abs. 1 S. 1 WHG, da nahezu alle aufgezeigten von Fracking-Vorhaben ausgehenden Gefahr für das Leben und die Gesundheit von Menschen und Eigentum in Form von Explosionen, Bodenkontamination, Gewässerverunreinigungen und unkontrolliertem Methanaufstieg aus aufgezeigten Stör- bzw. Unfällen herrühren und nicht aus der bestimmungsgemäßen Durchführung der Fracking-Technologie.

c) Kein Einleiten oder Einbringen

§ 89 Abs. 2 S. 1 WHG formuliert neben den erörterten Merkmalen, dass die wassergefährdenden Stoffe nicht eingebracht oder eingeleitet sind.[1837] Aus dieser Formulierung könnte geschlossen werden, dass § 89 Abs. 2 S. 1 WHG immer dann ausgeschlossen ist, wenn ein Einleiten oder Einbringen zu bejahen ist, das als haftungsbegründendes Verhalten grundsätzlich unter die Verhaltenshaftung nach § 89 Abs. 1 S. 1 WHG fällt. Diese Auslegung führt allerdings zu weiten nicht gewollten Haftungslücken.[1838] § 89

1832 *Reiff*, in: Berendes/Frenz/Müggenborg, Wasserhaushaltsgesetz, § 89 Rn. 73.
1833 *Reiff*, in: Berendes/Frenz/Müggenborg, Wasserhaushaltsgesetz, § 89 Rn. 73.
1834 BGHZ 62, 351, 359; *Reiff*, in: Berendes/Frenz/Müggenborg, Wasserhaushaltsgesetz, § 89 Rn. 74; *Kohler*, in: Staudinger, Umwelthaftungsrecht, § 89 WHG Rn. 58 m.w.N.
1835 BGHZ 57, 257, 257; *Keppeler*, AgrarR 1997, 207, 209; *Seuser*, NuR 2013, 391, 393; *Kohler*, in: Staudinger, Umwelthaftungsrecht, § 89 WHG Rn. 58 m.w.N.
1836 Vgl. BGHZ 80, 1,4; *Reiff*, in: Berendes/Frenz/Müggenborg, Wasserhaushaltsgesetz, § 89 Rn. 73; *Kohler*, in: Staudinger, Umwelthaftungsrecht, § 89 WHG Rn. 58.
1837 *Kohler*, in: Staudinger, Umwelthaftungsrecht, § 89 WHG Rn. 60.
1838 Vgl. im Detail *Kohler*, in: Staudinger, Umwelthaftungsrecht, § 89 WHG Rn. 60. m.w.N.

Abs. 2 S. 1 WHG ist demnach so zu lesen, dass die Anlagenhaftung auch ohne Ein-bringen, Einleiten oder Einwirken möglich ist.[1839]

d) Ausschluss wegen höherer Gewalt

Wird der Schaden durch höhere Gewalt verursacht, tritt gemäß § 89 Abs. 2 S. 3 WHG die Ersatzpflicht nicht ein. Unter höherer Gewalt ist ein außergewöhnliches, betriebs-fremdes, von außen durch elementare Naturkräfte oder Handlungen dritter Personen herbeigeführtes Ereignis, das nach menschlicher Einsicht und Erfahrung nicht vorher-sehbar ist, mit wirtschaftliche erträglichen Mitteln und auch durch die äußerste, ver-nünftigerweise zu erwartende Sorgfalt nicht verhütet oder unschädlich gemacht wer-den kann. Hierzu rechnen vor allem Naturereignisse wie Erdbeben[1840] und Orkane.[1841] Keine Haftungseinschränkung findet hingegen bei der Realisierung der typischen Be-triebsgefahr statt.[1842] Werden Anlagen etwa, die dem Umgang mit Fracking-Fluiden, Lagerstättenwasser oder Rückfluss dienen, oder das Bohrloch undicht und gelangen hierdurch die wassergefährdenden Stoffe in Gewässer, so realisiert sich die Betriebs-gefahr, unabhängig davon, ob es sich um einen Materialfehler oder einen Bedienungs-fehler handelt.[1843] Bei Mitwirkung eines Naturereignisses ist die Haftung ebenfalls nicht ausgeschlossen, wenn der Betrieb objektiv unzureichende Sicherheitsvorkehrun-gen im Hinblick auf zu erwartende externe Risiken getroffen, ohne die der Schaden nicht entstanden wäre.[1844]

e) Haftungsbegründende Kausalität

Des Weiteren muss die Wasserbeschaffenheit »dadurch« nachteilig verändert worden sind, dass Stoffe aus der Anlage in das Gewässer gelangten.[1845] Für die hiermit formu-lierte haftungsbegründende Kausalität gilt das zur Verhaltenshaftung Gesagte.[1846] Die nachteilige Veränderung der Wasserbeschaffenheit muss demnach äquivalente, adä-quate und vom Schutzzweck der Norm gedeckte Folge des Stoffeintrags sein. Aus dem bereits erörterten weiten Schutzzweck der wasserrechtlichen Haftungsnorm, nämlich, dass es sich um einen Vorgang handelt, der typischerweise für das Wasser gefährlich und allgemein geeignet ist, die Beschaffenheit des Wasser zu verschlechtern und die

---

1839   BGH NVwZ-RR 2007, 754, 755; *Czychowski/Reinhardt,* Wasserhaushaltsgesetz, § 89 Rn. 79; *Reiff,* in: Berendes/Frenz/Müggenborg, Wasserhaushaltsgesetz, § 89 Rn. 75; *Koh-ler,* in: Staudinger, Umwelthaftungsrecht, § 89 WHG Rn. 60; *Keppeler,* DRiZ 1997, 479, 483; *Keppeler,* AgrarR 1997, 207, 209; *Marburger,* AgrarR 1990 Beilage 3, 14, 14 f.

1840   Soweit diese nicht durch das Fracking-Vorhaben selbst verursacht werden, vgl. S. 39.

1841   *Czychowski/Reinhardt,* Wasserhaushaltsgesetz, § 89 Rn. 93; *Kohler,* in: Staudinger, Umwelthaftungsrecht, § 89 WHG Rn. 67.

1842   *Kohler,* in: Staudinger, Umwelthaftungsrecht, § 89 WHG Rn. 67.

1843   Vgl. BGHZ 62, 351, 354; *Kohler,* in: Staudinger, Umwelthaftungsrecht, § 89 WHG Rn. 67.

1844   BGH, NJW 1986, 2312, 2313; *Czychowski/Reinhardt,* Wasserhaushaltsgesetz, § 89 Rn. 93; *Kohler,* in: Staudinger, Umwelthaftungsrecht, § 89 WHG Rn. 67.

1845   *Reiff,* in: Berendes/Frenz/Müggenborg, Wasserhaushaltsgesetz, § 89 Rn. 77.

1846   Vgl. S. 321 ff.

aus der Wasserqualität herrührenden Schadensmöglichkeiten zu erhöhen[1847], ergibt sich ein grundsätzlich weit zu verstehendes Kausalitätsverständnis der Anlagenhaftung. Eine Grenze ist allerdings dort zu ziehen, wo eine Anlage durch Dritte missbraucht wird.[1848]

6. Ergebnis

Die Anlagenhaftung des § 89 Abs. 2 S. 1 WHG verlangt, dass aus einer Anlage, die bestimmt ist, Stoffe herzustellen, zu verarbeiten, zu lagern, abzulagern, zu befördern oder wegzuleiten, derartige Stoffe in ein Gewässer hineingelangen, ohne in dieses eingebracht oder eingeleitet zu sein, und dadurch die Wasserbeschaffenheit nachteilig verändert wird.

Alle Anlagen des Fracking-Betriebes, insbesondere auch das Bohrloch und die Anlagen zum Sammeln, Aufbereiten und Fortschaffen von Rückfluss und Lagerstättenwasser sind von der Anlagenhaftung umfasste wassergefährdende Anlagen. Anlagen zur Herstellung des Fracking-Fluids fallen nur insoweit unter die Anlagenhaftung, als dass in ihnen wassergefährdende Stoffe vermischt werden.

Im Gegensatz zur Verhaltenshaftung kommt es auf einen zweckbezogenes Verhalten nicht an, sodass neben dem bestimmungsgemäßen Hineingelangen auch Stör- bzw. Unfälle die Anlagenhaftung nach § 89 Abs. 2 S. 1 WHG begründen. Somit dürfte der Anlagenhaftung in der Praxis die deutlich größere Bedeutung in Bezug auf den Untersuchungsgegenstand zukommen, da nahezu alle aufgezeigten von Fracking-Vorhaben ausgehenden Gefahren aus Stör- bzw. Unfälle herrühren.

Material- oder Bedienungsfehler stellen keinen den Ausschlussgrund der höheren Gewalt realisierenden Tatbestand eines außergewöhnlichen, betriebsfremden, von außen durch elementare Naturkräfte oder Handlungen dritter Personen herbeigeführten Ereignisses dar, sondern sind Bestandteil der Betriebsgefahr. Bei Mitwirkung eines Naturereignisses ist die Haftung ebenfalls nicht ausgeschlossen, wenn der Betrieb objektiv unzureichende Sicherheitsvorkehrungen im Hinblick auf zu erwartende externe Risiken getroffen hat, ohne die der Schaden nicht entstanden wäre.

Die nachteilige Veränderung der Wasserbeschaffenheit muss wie bei der Verhaltenshaftung äquivalente, adäquate und vom Schutzzweck der Norm gedeckte Folge des Stoffeintrags sein, was in der Regel aufgrund des weiten Schutzzwecks der wasserrechtlichen Haftungsnorm zu bejahen ist.

II. Rechtsfolgen

Liegen die tatbestandlichen Voraussetzungen des § 89 Abs. 1 S. 1 bzw. Abs. 2 S. 1 WHG vor, muss gemäß § 89 WHG Schadensersatz geleistet werden. In diesem Zusammenhang fragt es sich, wer zum Ersatz berechtigt und verpflichtet ist und wie sich der Umfang der Leistungspflicht darstellt.

1847 Siehe S. 321 f.
1848 BGH, VersR 2002, 1555, 1555 f., *von Richthofen*, S. 225.

1. Ersatzberechtigung

§ 89 WHG ordnet an, dass der Schaden »einem anderen« entstanden sein muss. Vor dem Hintergrund, dass gemäß § 4 Abs. 2 WHG weite Teile der geschützten Gewässerarten nicht eigentumsfähig sind, bedarf es der genaueren Bestimmung des Kreises der Ersatzberechtigung. Da das Schutzgut des Gewässers sehr weit ist, gebietet es der Schutzzweck der Norm die tatbestandlich weite Haftung auf der Rechtsfolgenseite sachgerecht einzugrenzen, so dass nur unmittelbar auf der Wasserveränderung beruhende Schäden geltend gemacht werden können.[1849] Ohne eine solche Einschränkung würde § 89 WHG nicht nur eine verschuldensunabhängige, sondern auch sachlich und der Höhe nach unbegrenzte Haftung begründen, die dem zivilrechtlichen Haftungssystem fremd ist.[1850]

Ersatzberechtigte müssen demnach persönlich und sachlich unmittelbar betroffen sein.[1851] Unmittelbare Betroffenheit liegt insbesondere dann vor, wenn ein konkreter Eingriff in Rechte oder Rechtsgüter vorliegt, die in ihrer Substanz oder in ihrer Funktion auf eine ordentliche, in der Regel unveränderte Beschaffenheit des Wassers angewiesen sind.[1852] Ersatzberechtigt sind daher in erster Linie diejenigen, die ein Gewässer unmittelbar benutzen.[1853] Hierunter fallen all diejenigen, die Gewässer zum Gebrauch für Mensch und Tier, zur Bewässerung von Feldern oder zur Fischzucht benutzen[1854] und die Wasserversorger.[1855] Ersatzberechtigt sind ferner betroffene Grundstücksinhaber, die wegen der nachteiligen Veränderung eine Bodensanierung durchführen müssen, sowie die Gewässereigentümer, soweit das betroffene Gewässer eigentumsfähig ist.[1856] Verursacht die nachteilige Veränderung der Wasserbeschaffenheit hingegen bei niemand einen Schaden, greift § 89 WHG nicht.[1857]

1849 Vgl. BGH, NJW 1981, 2416, 2416; *Czychowski/Reinhardt,* Wasserhaushaltsgesetz, § 89 Rn. 34; *Kohler,* in: Staudinger, Umwelthaftungsrecht, § 89 WHG Rn. 30 m.w.N. Mittelbar Betroffene, wie Bootsverleiher eines verunreinigten Gewässer sowie Verzehrer von kontaminierten Nahrungsmitteln sind hingegen nicht ersatzberechtigt, vgl. *Kohler,* in: Staudinger, Umwelthaftungsrecht, § 89 WHG Rn. 30; *Janke-Weddige,* ZfW 27 (1988), 381, 388; *Schimikowski,* Umwelthaftungsrecht, Rn. 97.

1850 *Koche,* GewArch 1997, 279, 281; *Kohler,* in: Staudinger, Umwelthaftungsrecht, § 89 WHG Rn. 30.

1851 BGH, NJW 1999, 3203, 3204; *Kohler,* in: Staudinger, Umwelthaftungsrecht, § 89 WHG Rn. 30; *Czychowski/Reinhardt,* Wasserhaushaltsgesetz, § 89 Rn. 34; *Beckmann/Willmann,* AbfallR 2007, 87, 89; *Hübner,* NJW 1988, 441, 449; *Keppeler,* DRiZ 1997, 479, 481; *Schirmer,* ZVersWiss 1990, 137, 169; *Seuser,* NuR 2013, 248, 255 f.

1852 *Keppeler,* DRiZ 1997, 479, 481; *Kohler,* in: Staudinger, Umwelthaftungsrecht, § 89 WHG Rn. 30.

1853 Eine Gewässerbenutzung ohne wasserrechtliche Genehmigung kann sich aber im Rahmen des § 254 BGB verschuldensmindernd auswirken, vgl. *Czychowski/Reinhardt,* Wasserhaushaltsgesetz, § 89 Rn. 37; *Kohler,* in: Staudinger, Umwelthaftungsrecht, § 89 WHG Rn. 30.

1854 *Kohler,* in: Staudinger, Umwelthaftungsrecht, § 89 WHG Rn. 30 m.w.N.

1855 *Beckmann/Willman,* AbfallR 2007, 87, 89.

1856 Vgl. *Czychowski/Reinhardt,* Wasserhaushaltsgesetz, § 89 Rn. 34.

1857 *Czychowski/Reinhardt,* Wasserhaushaltsgesetz, § 89 Rn. 34.

2. Ersatzverpflichtung

Die Ersatzverpflichtung trifft im Rahmen des § 89 Abs. 1 S. 1 WHG denjenigen, der mit seinem Verhalten auf ein Gewässer einwirkt. Im Rahmen des § 89 Abs. 2 S. 1 WHG ist der Betreiber der Anlage verantwortlich.

a) Verhaltenspflichtiger

Schadensersatzpflichtig nach § 89 Abs. 1 S. WHG ist derjenige (»wer«), Stoffe einbringt, einleitet oder auf ein Gewässer auf andere Weise einwirkt.[1858] Es kommt demnach darauf an, wem die schädigende Handlung zuzurechnen ist.[1859] Dies ist derjenige, der die Herrschaft über den Vorgang des Einleitens, Einbringens bzw. Einwirkens hatte.[1860]

aa) Juristische Personen

Da § 89 Abs. 1 WHG eine Verhaltenshaftung statuiert[1861] und juristische Personen als geistiges Konstrukt selbst keine Handlungen vornehmen können, erlangt die juristische Personen erst durch ihre Organe die im Rahmen des § 89 Abs. 1 WHG relevante Handlungsfähigkeit.[1862] Sie haften demnach über die haftungszuweisende Norm des § 31 BGB[1863] gemäß §§ 31, 89 Abs. 1 S. 1 WHG für Schäden, die von ihren verfassungsmäßig berufenen Organen und Vertretern zugefügt werden.[1864] Daneben kommt auch eine persönliche Haftung der Vertreter und Organe in Betracht soweit sie die Einleitungen veranlasst oder aber nicht verhindert haben, obwohl dies in ihrer Macht und Pflicht gelegen hätte.[1865] Der Begriff des verfassungsmäßig berufenen Organs wird dabei weit ausgelegt, so dass zur Bejahung bereits genügt, dass jemand wesentliche Funktionen und Aufgaben einer juristischen Person selbstständig und eigenverantwortlich wahrnimmt.[1866]

1858 *Kohler*, in: Staudinger, Umwelthaftungsrecht, § 89 WHG Rn. 51.

1859 *Reiff*, in: Berendes/Frenz/Müggenborg, Wasserhaushaltsgesetz, § 89 Rn. 52.

1860 BGH, NJW 1976 1686, 1686; *Reiff*, in: Berendes/Frenz/Müggenborg, Wasserhaushaltsgesetz, § 89 Rn. 52; *Czychowski/Reinhardt*, Wasserhaushaltsgesetz, § 89 Rn. 11; *Kohler*, in: Staudinger, Umwelthaftungsrecht, § 89 WHG Rn. 51.

1861 Vgl. S. 310.

1862 Vgl. *Reiff*, in: Berendes/Frenz/Müggenborg, Wasserhaushaltsgesetz, § 89 Rn. 32; Zur Handlungsfähigkeit von juristischen Personen im Allgemeinen vgl. *Leuschner*, in: Mü-Ko, Bürgerliches Gesetzbuch, Band 1, § 31 Rn. 3 ff.

1863 Vgl. BGHZ 99, 298, 302; *Reiff*, in: Berendes/Frenz/Müggenborg, Wasserhaushaltsgesetz, § 89 Rn. 32.

1864 *Czychowski/Reinhardt*, Wasserhaushaltsgesetz, § 89 Rn. 11.

1865 *Czychowski/Reinhardt*, Wasserhaushaltsgesetz, § 89 Rn. 11.

1866 Vgl. BGHZ 49, 19, 21; *Czychowski/Reinhardt*, Wasserhaushaltsgesetz, § 89 Rn. 11. Ob hierunter auch der Gewässerschutzbeauftragte eines Unternehmens zu fassen ist, ist fraglich, vgl. *Reiff*, in: Berendes/Frenz/Müggenborg, Wasserhaushaltsgesetz, § 89 Rn. 34 f.

bb) Hilfspersonen

In einer arbeitsteiligen Wirtschaft ist es oftmals allerdings nicht ausreichend klar, wer im Einzelnen auf das Wasser eingewirkt hat.[1867] Besonders problematisch wird es, wenn der Geschäftsherr für die Verrichtung von Arbeiten Hilfspersonen einsetzt und von diesen die Letztursächlichkeit von Gewässerverunreinigungen gesetzt wird. Es fragt sich daher nach der Einstandspflicht für Hilfspersonen, die keine Organe oder Vertreter des Unternehmens sind. In der allgemein zivilrechtlich deliktischen Haftung normiert § 831 Abs. 1 S. 1 BGB diese Einstandspflicht. Demnach ist derjenige, der einen anderen zu einer Verrichtung bestellt, zum Ersatz des Schadens verpflichtet, den der andere in Ausführung der Verrichtung einem Dritten widerrechtlich zufügt. Der Geschäftsherr haftet für vermutete (eigene) Verkehrspflichtverletzungen bzw. für die vermutete Verletzung (eigener) deliktischer Sorgfaltspflichten.[1868]

(1) Anwendung des § 831 Abs. 1 S. 1 BGB im Rahmen des § 89 WHG

Gestritten wird, ob diese Anspruchsnorm auch im Rahmen des § 89 Abs. 1 S. 1 WHG Anwendung findet.[1869] Im Kern geht es um die Frage, ob § 831 Abs. 1 S. 1 BGB als Zurechnungsnorm für § 89 Abs. 1 WHG fungieren kann.[1870] Hiergegen sprechen allerdings gewichtige Argumente. Zunächst ist § 831 Abs. 1 S. 1 BGB keine klassische Zurechnungsnorm wie etwa § 278 BGB[1871], sondern statuiert einen Haftungstatbestand für eigenes Verschulden des Geschäftsherrn.[1872] Diesem verschuldensabhängigen Konstrukt läuft die verschuldensunabhängige Haftung des § 89 Abs. 1 WHG zuwider. Sie ist nicht mit der Gefährdungshaftung kompatibel.[1873]

1867   *Reiff*, in: Berendes/Frenz/Müggenborg, Wasserhaushaltsgesetz, § 89 Rn. 24.

1868   *Wagner*, in: MüKo, Bürgerliches Gesetzbuch, Band 6, § 831 Rn. 11; *Bernau*, in: Staudinger, Bürgerliches Gesetzbuch, Buch 2, § 831 Rn. 2; Larenz/Canaris, Lehrbuch des Schuldrechts Band II/2, S. 475.

1869   Diese Konstellation ist nicht zu verwechseln mit dem Fall, dass § 831 Abs. 1 S. 1 BGB im Rahmen des allgemeinen Zivilrechts greift und die Norm sich auf ein Verschulden des Verrichtungsgehilfen nach § 823 Abs. 1 BGB bezieht. In diesem Fall können § 823 Abs. 1 BGB und 831 Abs. 1 S. 1 BGB unproblematisch in Anspruchskonkurrenz stehen. Vielmehr geht es vorliegend um den Fall, dass die deliktische Haftung aus § 823 Abs. 1 BGB und § 831 Abs. 1 S. 1 BGB nicht greift, weil das Einbringen bzw. Einleiten des Verrichtungsgehilfen keine unerlaubte rechtswidrige Handlung i.S.d. § 823 Abs. 1 BGB war bzw. es an einem Verschulden des Gehilfen oder an einem Überwachungsverschulden des Geschäftsherrn fehlt. In diesen Fällen fragt es sich, ob § 831 Abs. 1 S. 1 BGB unmittelbar in Bezug auf § 89 Abs. 1 WHG angewendet werden kann, vgl. *Reiff*, in: Berendes/Frenz/Müggenborg, Wasserhaushaltsgesetz, § 89 Rn. 26.

1870   Ein großer Teil der Lehre bejaht dies. Für die Anwendbarkeit *Czychowski/Reinhardt*, Wasserhaushaltsgesetz, § 89 Rn. 12 (sogar ohne Exkulpationsmöglichkeit nach § 831 Abs. 1 S. 2 BGB); *Bernau*, in: Staudinger, Bürgerliches Gesetzbuch, Buch 2, § 831 Rn. 93; *Reiff*, in: Berendes/Frenz/Müggenborg, Wasserhaushaltsgesetz, § 89 Rn. 26.

1871   Vgl. *Bernau*, in: Staudinger, Bürgerliches Gesetzbuch, Buch 2, § 831 Rn. 27.

1872   Vgl. *Bernau*, in: Staudinger, Bürgerliches Gesetzbuch, Buch 2, § 831, Rn. 4, 28 f.

1873   *Reiff*, in: Berendes/Frenz/Müggenborg, Wasserhaushaltsgesetz, § 89 Rn. 27; *Kotulla*, Wasserhaushaltsgesetz, § 89 Rn. 44; *Nawrath*, Haftung für Schäden durch Umweltchemikalien, S. 93 m.w.N.

(2) Beurteilung nach Risikoträgerschaft

Allerdings besteht für die Anwendung des § 831 Abs. 1 S. 1 BGB im Zusammenhang mit § 89 Abs. 1 S. 1 WHG kein Bedarf.[1874] Die haftungsbegründenden Verhaltensweisen des § 89 Abs. 1 S. 1 WHG entsprechen nämlich die erlaubnisbedürftigen wasserrechtlichen Erlaubnistatbeständen des § 9 Abs. 1 Nr. 4 WHG.[1875] Voraussetzungen der Haftungsbegründung nach § 89 Abs. 1 S. 1 WHG ist daher ein funktioneller Zusammenhang mit einer Gewässerbenutzung.[1876] Risikoträger des Einleitens und Einbringens ist daher derjenige, für den auch die wasserrechtliche Erlaubnis erteilt worden ist – oder im Falle der Nichterteilung erteilt worden wäre –, was regelmäßig der Geschäftsherr, also das Fracking-Unternehmen, und nicht seine Hilfsperson ist.[1877] Verhaltenshaftender nach § 89 Abs. 1 S. 1 WHG ist damit derjenige, der die »Herrschaft« über den Vorgang des Einleitens oder des Einbringens hat.[1878] Für die (systemwidrige) Anwendbarkeit des § 831 Abs. 1 S. 1 BGB besteht daher kein Bedarf, da die Sachverhalte, die über § 831 Abs. 1 S. 1 BGB dem Geschäftsherrn zugerechnet werden soll, stets bereits unter die Tatbestandsvoraussetzungen des § 89 Abs. 1 S. 1 WHG fallen.[1879]

cc) Zwischenergebnis

Kommt es im Rahmen des Anwendungsbereichs der verhaltensbezogenen Haftung des § 89 Abs. 1 S. 1 WHG zur einer nachteiligen Veränderung der Wasserbeschaffenheit und daraus resultierend zu einem Schaden eines Ersatzberechtigten, haftet grundsätzlich zunächst diejenige Person, die die Verfügungsgewalt über den verhaltensbezogenen Vorgang hatte. Soweit das Fracking-Unternehmen eine juristische Person ist, wovon in der Regel auszugehen sein wird, haftet das Unternehmen für seine verfassungsmäßig berufenen Vertreter und Organe gemäß § 31 BGB. Soweit der Geschäftsherr sich zu der Verrichtung von Tätigkeiten Hilfspersonen bedient, haftet er auch für ihre Handlung im Rahmen des § 89 Abs. 1 S. 1 WHG unmittelbar, da es für den Einleitungs- bzw. Einbringungsvorgang nicht darauf ankommt, wer letzturschlich »Hand angelegt« hat, sondern wer die »Herrschaft« über den Vorgang hat.

1874 *Kohler*, in: Staudinger, Umwelthaftungsrecht, § 89 WHG Rn. 53; Janke-*Weddige*, ZfW 27 (1988), 381, 382; *Frey*, S. 94; *Petersen*, in: Landmann/Rohmer, Umweltrecht, Band I, WHG § 89 Rn. 45; *Reiff*, in: Berendes/Frenz/Müggenborg, Wasserhaushaltsgesetz, § 89 Rn. 28.
1875 Vgl. S. 314.
1876 BGHZ 124, 394, 396; *Czychowski/Reinhardt*, Wasserhaushaltsgesetz, § 89 Rn. 16; *Reiff*, in: Berendes/Frenz/Müggenborg, Wasserhaushaltsgesetz, § 89 Rn. 28; *Seuser*, NuR 2013, 248, 253 f.
1877 *Reiff*, in: Berendes/Frenz/Müggenborg, Wasserhaushaltsgesetz, § 89 Rn. 28 mit Verweis auf *Nawrath*, Haftung für Schäden durch Umweltchemikalien, S. 94.
1878 BGH, NJW 1976, 1686, 1686.
1879 So auch *Reiff*, in: Berendes/Frenz/Müggenborg, Wasserhaushaltsgesetz, § 89 Rn. 28; *Petersen*, in: Landmann/Rohmer, Umweltrecht, Band I, WHG § 89 Rn. 45.

b) Anlagenpflichtiger

Ersatzpflichtiger der Anlagenhaftung nach § 89 Abs. 2 Satz 1 WHG ist diejenige Person, die die Anlage betreibt. Dies ist derjenige, der bei der zur nachteiligen Veränderung der Wasserbeschaffenheit führenden Emission die tatsächliche Verfügungsbefugnis über die Anlage besitzt, und darauf Einfluss nehmen kann, ob und wie sie betrieben wird.[1880] Insoweit werden sich die Verhaltenshaftung und die Anlagenhaftung in weiten Teilen überschneiden.[1881] Zu unterscheiden ist der Betreiber von dem Inhaber der Anlage, der nach § 22 WHG a.F. haftpflichtig war.[1882] Ist der Betreiber nicht der Inhaber selbst, kann sich dies auf die Haftung auswirken.[1883].

3. Umfang der Ersatzverpflichtung

Da weder § 89 WHG noch andere wasserrechtliche Spezialvorschriften eigenständige Rechtsfolgenregelungen treffen, gelten für die Schadensersatzverpflichtung des Ersatzverpflichteten die allgemeinen zivilrechtlichen Schadensersatzregelungen der §§ 249 ff. BGB.[1884] Im Vergleich zu anderen Gefährdungstatbeständen[1885] enthält das wasserrechtliche Haftungsregime keine Höchstgrenzen für die Ersatzpflicht.[1886] Damit ist dem Grundsatz nach jede unfreiwillige Vermögenseinbuße, die eine Person an ihren rechtlichen geschützten Gütern erleidet nach § 89 WHG ersatzfähig, worunter vermögenswerte Rechtspositionen als auch immaterielle Güter fallen.[1887] Letztere sind nach § 253 Abs. 2 BGB ersatzfähig.[1888] Eine Besonderheit des § 89 WHG im Verhältnis zum allgemeinen Deliktsrecht besteht darin, dass im Rahmen des § 89 WHG auch reine bzw. unmittelbare Vermögensschäden ersetzt werden, also auch solche Schäden, die nicht über die Verletzung eines Rechtsguts, beispielsweise Leben, Körper, oder

---

1880 *Czychowski/Reinhardt,* Wasserhaushaltsgesetz, § 89 Rn. 81 m.w.N.
1881 Vgl. *Reiff,* in: Berendes/Frenz/Müggenborg, Wasserhaushaltsgesetz, § 89 Rn. 27.
1882 Vgl. *Reiff,* in: Berendes/Frenz/Müggenborg, Wasserhaushaltsgesetz, § 89 Rn. 84.
1883 So *Czychowski/Reinhardt,* Wasserhaushaltsgesetz, § 89 Rn. 81, a.A. *Reiff,* in: Berendes/ Frenz/Müggenborg, Wasserhaushaltsgesetz, § 89 Rn. 84, *Kotulla,* Wasserhaushaltsgesetz, § 89 Rn. 49.
1884 *Reiff,* in: Berendes/Frenz/Müggenborg, Wasserhaushaltsgesetz, § 89 Rn. 44; *Berendes,* Wasserhaushaltsgesetz, § 89 Rn. 14; *Kotulla,* Wasserhaushaltsgesetz, § 89 Rn. 26; *Kohler,* in: Staudinger, Umwelthaftungsrecht, § 89 WHG Rn. 69 *Czychowski/Reinhardt,* Wasserhaushaltsgesetz, § 89 Rn. 47; Breuer/Gärditz, Öffentliches und privates Wasserrecht, Rn. 806.
1885 Vgl. § 10 Abs. 1 ProdHG; § 12 Abs. 1 StVG; § 15 S. 1 UmwHG; § 117 Abs. 1 BBergG.
1886 *Kohler,* in: Staudinger, Umwelthaftungsrecht, § 89 WHG Rn. 69, *Reiff,* in: Berendes/ Frenz/Müggenborg, Wasserhaushaltsgesetz, § 89 Rn. 44; *Petersen,* in: Landmann/ Rohmer, Umweltrecht, Band I, WHG § 89 Rn. 49; *Gieseke,* ZfW 1 (1962), 4, 11; *Kloepfer,* Umweltrecht, § 14 Rn. 402.
1887 *Reiff,* in: Berendes/Frenz/Müggenborg, Wasserhaushaltsgesetz, § 89 Rn. 40. vgl. zur Unterscheidung von Vermögens- und Nichtvermögensschäden Palandt, Bürgerliches Gesetzbuch, Vorbem. v. § 249 Rn. 9 ff.
1888 *Kohler,* in: *Kohler,* in: Staudinger, Umwelthaftungsrecht, § 89 WHG Rn. 69.

Eigentum vermittelt werden, von der Haftung umfasst sind.[1889] Ersatzfähig sind beispielsweise demnach auch die Kosten für die Analyse von Wasserproben.[1890]

4.   Haftungsausfüllende Kausalität

Weitere gemeinsame Voraussetzung der wasserrechtlichen Haftungstatbestände des
§ 89 WHG ist es, dass der eingetretene Schaden im ursächlichen Sinne die Folge der
nachteiligen Veränderung der Wasserbeschaffenheit ist.[1891]

a)   Zivilrechte Maßstäbe für den Ursachenzusammenhang

Für die Maßstäbe der haftungsausfüllenden Kausalität kann auf die Ausführungen der
haftungsbegründenden Kausalität verwiesen werden.[1892] Demnach muss der eingetretene (Vermögens-)schaden äquivalente, adäquate und vom Schutzzweck des § 89
WHG umfasste Folge der nachteiligen Veränderung der Wasserbeschaffenheit sein.

b)   Schutzzweck der Norm

Aufgrund der Erweiterung der Ersatzpflicht auch auf reine Vermögensschäden und der
in der Höhe unbegrenzten Haftungssumme muss im Rahmen der haftungsausfüllenden
Kausalität besonderes Augenmerk auf den Gefährdungszusammenhang zwischen
Schaden und Wasserveränderung gelegt werden.[1893] Es muss daher ein innerer Zusammenhang zwischen dem Schaden und der durch den Schädiger geschaffenen Gefahrenlage bestehen und nicht bloß eine zufällige äußere Verbindung.[1894] Im Ergebnis
sind daher nur die infolge der Wasserbeschaffenheitsveränderung verletzten Vermögensinteressen zu ersetzen.[1895] Vor diesem Hintergrund fragt es sich inwieweit die
häufigsten durch Fracking-Vorhaben zu erwartenden Schäden, nämlich Gewässerverunreinigungen und Bodenkontaminationen, über § 89 WHG von Schutzzweck der Ersatzpflicht umfasst sind.

1889   BGHZ 47, 1, 12 f.; BGHZ 103, 129, 139 f.; *Reiff*, in: Berendes/Frenz/Müggenborg, Was-
         serhaushaltsgesetz, § 89 Rn. 40; *Kohler*, in: Staudinger, Umwelthaftungsrecht, § 89
         WHG Rn. 69; Larenz/Canaris, Lehrbuch des Schuldrechts Band II/2, S. 636; a.A. *Kotul-
         la*, Wasserhaushaltsgesetz, § 89 Rn. 14.
1890   BGHZ 103, 129, 139 ff.; *Reiff*, in: Berendes/Frenz/Müggenborg, Wasserhaushaltsgesetz,
         § 89 Rn. 40.
1891   *Höpke/Thürmann*, in: EUDUR I § 41 Rn. 41; *Petersen*, in: Landmann/Rohmer, Umwelt-
         recht, Band I, WHG § 89 Rn. 38; *Kohler*, in: Staudinger, Umwelthaftungsrecht, § 89
         WHG Rn. 27; *Keppeler*, AgrarR 1997, 207, 208; *Tratz*, S. 132.
1892   Vgl. S. 321.
1893   Vgl. *Kohler*, in: Staudinger, Umwelthaftungsrecht, § 89 WHG Rn. 69.
1894   BGH, NJW 1999, 3203, 3204; *Janke-Weddige*, ZfW 27 (1988), 381, 388.; krit. *Salje*, PHi
         2000, 90, 91 ff.
1895   *Kohler*, in: Staudinger, Umwelthaftungsrecht, § 89 WHG Rn. 69.

aa) Schäden an Gewässer

Der Normschutzzweck des § 89 WHG beschränkt die Haftung auf den Betroffenen, der durch die Wasserverschlechterung selbst unmittelbar hinsichtlich seiner Rechtsgüter oder ihm rechtlich zugewiesenen Nutzungsmöglichkeiten beeinträchtigt ist und auch bei ihm nur für den Fall, dass die geltend gemachten Nachteile unmittelbar durch die Wasserverschlechterung und nicht erst durch das Hinzutreten weiterer Umstände eingetreten sind.[1896]

Von der Ersatzpflicht nicht umfasst ist daher grundsätzlich die Wiederherstellung des ursprünglichen Gewässerzustandes um seiner selbst willen, da sich die Ersatzberechtigung aufgrund der dem Betroffenen zugewiesenen Rechtsposition sich nicht auf den bloßen Ausgleich von Öko-Schäden erstreckt.[1897] Eine Naturalrestitution des Gewässers ist nur möglich, wenn das Gewässer an sich eine individualrechtlich zugewiesene Rechtsposition darstellt, es also eigentumsfähig ist.[1898] Ist dies der Fall, kann im Rahmen der verhältnismäßigen Aufwendungen nach § 251 Abs. 2 S. 1 BGB die Wiederherstellung des ungestörten Gewässerzustandes verlangt werden.

Kommt es im Rahmen von Fracking-Vorhaben also zu Verunreinigungen von nicht fließenden Oberflächengewässern wie Seen, Teichen oder Stauseen[1899], kann in den Grenzen des Zumutbaren ihre Reinigung verlangt werden. Ansonsten ist der Ersatzberechtigte nur zum Vermögensausgleich berechtigt.

bb) Bodenkontaminationen

Kommt es im Rahmen eines Fracking-Vorhabens zu Rückfluss-, Lagerstätten- bzw. Methaneintrag in einen in den individualrechtlich zugewiesenen Schutzbereich eines Einzelnen fallenden Bodens[1900] fragt es sich, ob auch derartige Schäden, die dem Ersatzberechtigten durch Aushebung und Abtransport des kontaminierten Bodens entstanden sind, vom Schutzzweck der Ersatzpflicht des § 89 WHG gedeckt sind. Dies ist zu bejahen, wenn ohne die durchgeführten Maßnahmen durch die Bodenkontamination eine weitere Verunreinigung von Grundwasser bestanden hat.[1901] Zwar ist grundsätzlich nur die Reinheit des Wassers Schutzzweck des § 89 WHG und nicht die Unversehrtheit des Eigentums am Grundstück, allerdings ist es insbesondere aus Sicht des Gewässerschutzes geboten, auch eine solche Störungsquelle zu beseitigen.[1902]

1896 BGH, NJW 1999, 3203, 3204; *Kohler*, in: Staudinger, Umwelthaftungsrecht, § 89 WHG Rn. 69.
1897 *Kohler*, in: Staudinger, Umwelthaftungsrecht, § 89 WHG Rn. 69.
1898 Vgl. *Kohler*, in: Staudinger, Umwelthaftungsrecht, § 89 WHG Rn. 69 m.w.N. siehe zur Eigentumsfähigkeit von Gewässern S. 277 f.
1899 Vgl. S. 277 f.
1900 Vgl. S. 278 f.
1901 Vgl. BGHZ 80, 1, 6 f.; BGH, NJW 1999, 3633, 3634; *Reiff*, in: Berendes/Frenz/Müggenborg, Wasserhaushaltsgesetz, § 89 Rn. 48; *von Richthofen*, S. 231.
1902 BGH, NJW 1999, 3633, 3634; *von Richthofen*, S. 231.

5. Ergebnis

Gemäß § 89 WHG ist »einem anderen« für die Gewässerveränderung Schadensersatz zu leisten. Vor dem Hintergrund, dass gemäß § 4 Abs. 2 WHG weite Teile der geschützten Gewässerarten nicht eigentumsfähig sind, bedarf es der genaueren Bestimmung des Kreises der Ersatzberechtigung. Das weit zu fassende Schutzgut des Gewässers sowie die tatbestandlich weite Haftung bedarf auf der Rechtsfolgenseite einer sachgerechten Eingrenzung, da ansonsten verschuldensunabhängig, sachlich und in der Höhe nach unbegrenzt gehaftet werden würde. Ersatzberechtigt ist daher nur derjenige, der persönlich und sachlich unmittelbar betroffen ist. Dies ist insbesondere der Fall, wenn ein konkreter Eingriff in Rechte oder Rechtgüter vorliegt, die in ihrer Substanz oder in ihrer Funktion auf eine ordentliche, in der Regel unveränderte Beschaffenheit des Wassers angewiesen sind. Ersatzberechtigt sind daher in erster Linie diejenigen, die ein Gewässer unmittelbar benutzen, worunter all diejenigen fallen, die Gewässer zum Gebrauch für Mensch und Tier, zur Bewässerung von Feldern oder zur Fischzucht benutzen sowie die Wasserversorger, betroffene Grundstücksinhaber und Gewässereigentümer, soweit das betroffene Gewässer eigentumsfähig ist. Verursacht die nachteilige Veränderung der Wasserbeschaffenheit hingegen bei niemandem einen Schaden, greift § 89 WHG nicht.

Ersatzverpflichtet ist im Rahmen der Verhaltenshaftung zunächst derjenige, dem die schädigende Handlung zuzurechnen ist. Dies ist derjenige, der die Herrschaft über den Vorgang des Einleitens, Einbringens bzw. Einwirkens hatte. Demnach haftet grundsätzlich zunächst diejenige Person, die die Verfügungsgewalt über den verhaltensbezogenen Vorgang hatte. Soweit das Fracking-Unternehmen eine juristische Person ist, wovon in der Regel auszugehen sein wird, haftet das Unternehmen für seine verfassungsmäßig berufenen Vertreter und Organe gemäß § 31 BGB. Soweit der Geschäftsherr sich zu der Verrichtung von Tätigkeiten Hilfspersonen bedient, haftet er auch für ihre Handlung im Rahmen des § 89 Abs. 1 S. 1 WHG unmittelbar. § 831 Abs. 1 BGB muss hierfür nicht angewendet werden.

Ersatzverpflichtet im Rahmen der Anlagenhaftung ist der Anlagenbetreiber. Dies ist derjenige, der bei der zur nachteiligen Veränderung der Wasserbeschaffenheit führenden Emission die tatsächliche Verfügungsbefugnis über die Anlage besitzt, und darauf Einfluss nehmen kann, ob und wie sie betrieben wird. Der Anlagenbetreiber kann personenverschieden mit dem Anlageninhaber sein.

Da weder § 89 WHG noch andere wasserrechtliche Spezialvorschriften eigenständige Rechtsfolgenregelungen treffen, gelten für die Schadensersatzverpflichtung des Ersatzverpflichteten die allgemeinen zivilrechtlichen Schadensersatzregelungen der §§ 249 ff. BGB.[1903] Im Vergleich zu anderen Gefährdungstatbeständen[1904] enthält das

---

1903 *Reiff*, in: Berendes/Frenz/Müggenborg, Wasserhaushaltsgesetz, § 89 Rn. 44; *Berendes*, Wasserhaushaltsgesetz, § 89 Rn. 14; *Kotulla*, Wasserhaushaltsgesetz, § 89 Rn. 26; *Kohler*, in: Staudinger, Umwelthaftungsrecht, § 89 WHG Rn. 69 *Czychowski/Reinhardt*, Wasserhaushaltsgesetz, § 89 Rn. 47; Breuer/Gärditz, Öffentliches und privates Wasserrecht, Rn. 806.

1904 Vgl. § 10 Abs. 1 ProdHG; § 12 Abs. 1 StVG; § 15 S. 1 UmwHG; § 117 Abs. 1 BBergG.

wasserrechtliche Haftungsregime keine Höchstgrenzen für die Ersatzpflicht.[1905] Die ersatzverpflichtete Person haftet verschuldensunabhängig und in der Höhe unbegrenzt für jede unfreiwillige Vermögenseinbuße , die eine Person an ihren rechtlichen geschützten Gütern erleidet, worunter vermögenswerte Rechtspositionen als auch immaterielle Güter fallen. Hierunter fallen auch als Besonderheit des § 89 WHG auch reine Vermögensschäden, wie beispielsweise die Kosten für die Analyse von Wasserproben.

Aufgrund dieser Erweiterung der Ersatzpflicht ist im Rahmen der haftungsausfüllenden Kausalität besonderes Augenmerk auf den Gefährdungszusammenhang zwischen Schaden und Wasserveränderung zu legen. Es muss daher ein innerer Zusammenhang zwischen dem Schaden und der durch den Schädiger geschaffenen Gefahrenlage bestehen und nicht bloß eine zufällige äußere Verbindung. Im Ergebnis sind daher nur die infolge der Wasserbeschaffenheitsveränderung verletzten Vermögensinteressen zu ersetzen. Von der Ersatzpflicht nicht umfasst ist daher grundsätzlich die Wiederherstellung des ursprünglichen Gewässerzustandes um seiner selbst willen. Eine Naturalrestitution des Gewässers kann nur gefordert werden, wenn es an sich eine individualrechtlich zugewiesene Rechtsposition darstellt. Kommt es im Rahmen eines Fracking-Vorhabens zu Bodenkontaminationen, können derartige Schäden nur ersetzt werden, wenn ohne die durchgeführten Maßnahmen eine weitere Verunreinigung von Grundwasser zu besorgen wäre.

III. Darlegungs- und Beweislast

Für das Vorliegen der haftungsbegründenden Voraussetzungen und des Schadens, insbesondere für den haftungsbegründenden und haftungsausfüllenden Ursachenzusammenhang ist der Geschädigte als derjenige, der den Anspruch aus § 89 WHG erhebt, beweispflichtig.[1906] Eine Beweislastumkehr in Form einer gesetzlichen Vermutung wie sie § 120 Abs. 1 S. 1 BBergG[1907] kennt, sieht § 89 WHG nicht vor.[1908] Insbesondere der Nachweis der haftungsbegründenden Kausalität, der zum Maß des § 286 Abs. 1 S. 1 ZPO erbracht werden muss[1909], wird dem Geschädigten in der Praxis besondere Schwierigkeiten bereiten.[1910] Ein durch ein Fracking-Vorhaben Geschädigter muss demnach im Rahmen eines Vollbeweises darlegen und beweisen, dass das

---

1905   *Kohler*, in: Staudinger, Umwelthaftungsrecht, § 89 WHG Rn. 69; *Reiff*, in: Berendes/Frenz/Müggenborg, Wasserhaushaltsgesetz, § 89 Rn. 44; *Petersen*, in: Landmann/Rohmer, Umweltrecht, Band I, WHG § 89 Rn. 49; *Gieseke*, ZfW 1 (1962), 4, 11; *Kloepfer*, Umweltrecht, § 14 Rn. 402.

1906   *Czychowski/Reinhardt*, Wasserhaushaltsgesetz, § 89 Rn. 45, *Kohler*, in: Staudinger, Umwelthaftungsrecht, § 89 WHG Rn. 81.

1907   Vgl. S. 300 ff.

1908   *Kohler*, in: Staudinger, Umwelthaftungsrecht, § 89 WHG Rn. 81. Zur Diskussion einer anlogen Anwendbarkeit von §§ 6, 7 UmwHG im Rahmen des § 89 WHG, vgl. *Kohler*, in: Staudinger, Umwelthaftungsrecht, § 89 WHG Rn. 83; *von Richthofen*, S. 235 f.

1909   Vgl. S. 298 f.

1910   *Reiff*, in: Berendes/Frenz/Müggenborg, Wasserhaushaltsgesetz, § 89 Rn. 63; Breuer/Gärditz, Öffentliches und privates Wasserrecht, Rn. 1121 f.

Fracking-Vorhaben ursächlich für die nachteilige Veränderung der Wasserbeschaffenheit war.

1. Beweislastumkehr

Die für das Haftungsrecht allgemein entwickelten Grundsätze einer Beweislastumkehr sind grundsätzlich auch auf die Haftung nach § 89 WHG anwendbar.[1911] Da eine Beweislastumkehr Instrument methodischer Rechtsfortbildung ist und eine Abweichung von der gesetzlichen Ausgangslage darstellt, kann sie nur in seltenen Fallgruppen in Betracht kommen.[1912]

a) Fallgruppen einer richterlich anerkannten Beweislastumkehr

Anerkannte Fallgruppen sind die Arzthaftung, Produkthaftung, allgemeine Berufshaftung, Verletzung von Aufklärungs- und Beratungspflichten sowie bei Beurteilungen.[1913] In Bezug auf Fracking-Vorhaben kann einzig die Fallgruppe der allgemeinen Berufshaftung in Betracht kommen. Diese ist regelmäßig tangiert, wenn Berufspflichten in grober Weise verletzt werden, die zum Schutz von Körper und Gesundheit anderer bestehen.[1914]

b) Grobe Verletzung von Berufspflichten im Rahmen von Fracking-Vorhaben

Die Beweisführungslast und die Beweislast hinsichtlich der haftungsbegründenden Kausalität sind entsprechend den allgemeinen haftungsrechtlich entwickelten Regeln also umzukehren, wenn der Beklagte grob gegen Berufspflichten verstoßen hat.[1915] Hierunter fallen auch gesetzliche Befund- und Dokumentationspflichten hinsichtlich verwendeter Stoffmengen sowie vorgeschriebene Kontrollen.[1916] Auch in diesem Zusammenhang spielen die für Fracking-Vorhaben neu und speziell geregelten Sicherungspflichten des § 22b S. 1 ABBergV eine hervorgehobene Rolle.[1917] Das Bergbauunternehmen sollte jederzeit in der Lage sein, die nach dem Stand der Technik hiernach erforderlichen Monitoring-Maßnahmen nachweisen zu können. Dies erfordert eine ausreichende Dokumentation der getroffenen Maßnahmen, um nicht in die Schwierigkeit einer Beweislast und Beweisführungslast zu geraten. Wann allerdings

---

1911 *Seuser,* NuR 2013, 248, 253; *Kohler,* in: Staudinger, Umwelthaftungsrecht, § 89 WHG Rn. 82; *Thieme/Franckenstein,* DÖV 1997, 667, 671.
1912 Vgl. *Prütting,* in: MüKo, Zivilprozessordnung, Band 1, § 286 Rn. 123. Zu den Voraussetzungen einer Rechtsfortbildung vgl. *Deppenkemper,* in: Prütting/Gehrlein, Zivilprozessordnung, § 296 Rn. 72.
1913 Vgl. *Prütting,* in: MüKo, Zivilprozessordnung, Band 1, § 286 Rn. 124 ff.; *Deppenkemper,* in: Prütting/Gehrlein, Zivilprozessordnung, § 296 Rn. 73 ff.
1914 *Prütting,* in: MüKo, Zivilprozessordnung, Band 1, § 286 Rn. 126.
1915 *Thieme/Franckenstein,* DÖV 1997, 667, 672.
1916 *Reiff,* in: Berendes/Frenz/Müggenborg, Wasserhaushaltsgesetz, § 89 Rn. 62; *Kohler,* in: Staudinger, Umwelthaftungsrecht, § 89 WHG Rn. 82.
1917 Vgl. S. 317 ff.

eine derartige Pflichtverletzung als grobe Verletzung anzusehen, ist mit abschließender Rechtsklarheit und Vorhersehbarkeit abstrakt nicht zu sagen und wird im Rahmen der Beweislastverteilung in einem Haftungsprozess zu klären sein.[1918]

2. Anscheinsbeweis

Eine weitere Beweiserleichterung kann sich im Rahmen der Grundsätze des Anscheinsbeweises für den Beweisverpflichteten ergeben. Dies setzt einen typischen Geschehensablauf voraus, in dessen Folge sich der eingetretene Schaden realisiert hat.[1919] Ein typischer Geschehensablauf liegt vor, wenn es sich um einen sich aus der Lebenserfahrung bestätigenden gleichförmigen Vorgang handelt, durch dessen Typizität es sich erübrigt, die tatsächlichen Einzelumstände eines bestimmten historischen Geschehens nachzuweisen.[1920] Es kommt demnach insbesondere auf eine gewisse Typik und die allgemeine Lebenserfahrung an[1921], sodass von einem feststehenden Erfolg auf eine bestimmte Ursache geschlossen werden kann.[1922]Wann eine solche Typizität der Geschehensabläufe im Bezug auf Fracking-Vorhaben vorliegt, lässt sich mangels praktischer Erfahrungen und damit einschlägiger allgemeiner Lebenserfahrung insbesondere im Bereich der unkonventionellen Erdgasförderung kaum bestimmen.[1923] Feststehen dürfte allerdings nach allgemeiner Lebenserfahrung, dass ein stör- bzw. unfallbedingter Schadstoffeintrag von unbehandeltem Rückfluss und Lagerstättenwasser in Oberflächengewässer bzw. oberflächennahe grundwasserführende Schichten aufgrund ihrer Beschaffenheit eine nachteilige Veränderung der Wasserbeschaffenheit dieser Gewässer zur Folge hat.[1924]

3. Ergebnis

Der Geschädigte trägt im wasserhaftungsrechtlichen Kontext die volle Beweislast für die haftungsbegründenden Voraussetzungen und den Schaden eines Fracking-Vorhabens. Insbesondere der Nachweis der haftungsbegründenden Kausalität, dass das Fracking-Vorhaben ursächlich für die nachteilige Veränderung der Wasserbeschaffenheit geworden ist, wird sich in der Praxis für den Geschädigten sehr schwierig darstellen. Eine Beweislastumkehr bzw. einen Vermutungstatbestand kennt § 89 WHG im Gegensatz zu § 120 Abs. 1 S. 1 BBergG nicht. Beweiserleichterungen können sich

---

1918 Vgl. daher zu den Beweisschwierigkeiten der Berufspflichtverletzungen *Laumen*, in: Prütting/Gehrlein, Zivilprozessordnung, § 286 Rn. 78.
1919 *Kohler*, in: Staudinger, Umwelthaftungsrecht, § 89 WHG Rn. 82; *Reiff*, in: Berendes/Frenz/Müggenborg, Wasserhaushaltsgesetz, § 89 Rn. 63; *Czychowski/Reinhardt*, Wasserhaushaltsgesetz, § 89 Rn. 45.
1920 *Prütting*, in: MüKo, Zivilprozessordnung, Band 1, § 286 Rn. 48.
1921 *Reiff*, in: Berendes/Frenz/Müggenborg, Wasserhaushaltsgesetz, § 89 Rn. 63 m.w.N.
1922 *Thieme/Franckenstein*, DÖV 1997, 667, 670.
1923 Vgl. *von Richthofen*, S. 235.
1924 So zutreffend für die alte Rechtslage *von Richthofen*, S. 235.

allerdings aus den richterlichen Rechtsfortbildungsinstituten der Beweislastumkehr und des Anscheinsbeweises ergeben.

Eine Beweislastumkehr kann sich im Rahmen eines Fracking-Vorhabens aus einem groben Verstoß von Berufspflichten ergeben. Ein solcher kann im Zusammenhang mit Fracking-Vorhaben vorliegen, wenn das Fracking-Unternehmen seine Sicherungs- und Überwachungspflichten aus dem im Zuge des Fracking-Regelungspaketes eingeführten § 22b S. 1 ABBergV nicht ausreichend dokumentiert. Wann eine derartige Pflichtverletzung als grobe anzusehen, ist eine im Rahmen eines Haftungsprozess zu klärende Einzelfrage.

Wann eine Typizität der Geschehensabläufe zur Annahme eines Anscheinsbeweises im Bezug auf Fracking-Vorhaben vorliegt, lässt sich mangels praktischer Erfahrungen und damit einschlägiger allgemeiner Lebenserfahrung insbesondere im Bereich der unkonventionellen Erdgasförderung kaum bestimmen. Feststeht allerdings, dass im Bereich der Entsorgungsphase ein unfallbedingter Schadstoffeintrag von unbehandeltem Rückfluss und Lagerstättenwasser in Oberflächengewässer bzw. oberflächennahe grundwasserführende Schichten eine nachteilige Veränderung der Wasserbeschaffenheit zur Folge hat.

Zusammenfassung und Ergebnisse

Das Fracking-Regelungspaket betraf zahlreiche Änderungen berg-, wasser- und naturschutzrechtlicher Vorschriften. Ziel der Untersuchung war es, herauszufinden, inwiefern sich die einzelnen Änderungen auf die rechtlichen Grundlagen der Erdgasförderung mittels der Fracking-Technologie ausgewirkt haben. Hierzu waren das Planungsrecht, der fachgesetzliche Zulassungsrahmen und das Schadensrecht zu analysieren.

Teil 1: Die Erdgasförderung

Zunächst musste der Untersuchungsgegenstand bestimmt werden, wobei sich die Untersuchung auf das in Deutschland praktisch bedeutsame Erdgas beschränkte. Abhängig von der Art und der Durchlässigkeit (Permeabilität) des Gesteins, in dem das Erdgas (=brennbare Methangemische) untertägig lagert, spricht man von unkonventionellem und konventionellem Erdgas. Stofflich unterscheiden sich beide Arten allerdings nicht. Es ist daher genauer von unkonventionellen und konventionellen Lagerstätten zu sprechen.

Konventionelle Lagerstätten zeichnen sich dadurch aus, dass sie derart porös und durchlässig sind, dass Erdgas sich in ihnen in untertägigen Erdgasfeldern sammeln kann. Mittels des natürlichen Lagerstättendrucks kann es selbstständig einem Bohrloch zuströmen. Es ist somit relativ einfach über Förderbohrungen gewinnbar. Die Anwendung der Fracking-Technologie ist in konventionellen Lagerstätten nicht zwingend, kann aber gerade zum Ende einer Förderbohrung ihre Gasausbeute maximieren.

Unkonventionelle Lagerstätten hingegen zeichnen sich durch eine wesentliche größere Dichte und Undurchlässigkeit aus. Das Erdgas befindet sich in ihnen nicht in großen Feldern, sondern ist in kleinen Bläschen im Gestein gebunden und über eine wesentlich größere Fläche verstreut. Um es zu gewinnen, ist es zwingend, die unkonventionelle Lagerstätte zunächst mithilfe der Fracking-Technologie zugänglich zu machen.

Eine besondere Stellung für die Untersuchung nehmen die sogenannten Tight Gas-Lagerstätten ein. Sie befinden sich in Sandstein und Karbonaten. Aufgrund ihrer Dichte und Undurchlässigkeit sind sie mit den unkonventionellen Lagerstätten vergleichbar. Da das in ihnen vorkommende Gas allerdings seit Jahrzehnten wirtschaftlich gefördert wird, ordnet das Fracking-Regelungspaket sie den konventionellen Lagerstätten zu. Diese Ausweisung wurde auch dem Untersuchungsgegenstand zugrunde gelegt, wobei diese Differenzierung eher politisch motiviert als naturwissenschaftlich fundiert sein dürfte.

Da das Fracking-Regelungspaket differenzierende Anforderungen an den Einsatz der Fracking-Technologie im konventionellen und im unkonventionellen Bereich stellt, waren beide Lagerstättenarten Teil des Untersuchungsgegenstandes.

Der technische Ablauf einer Fracking-Anwendung ist in die Tiefbohr-, Fracking-, Rückförderungs-, Produktions-, Entsorgungs- und Rückbau- und Nachsorgephase zu untergliedern. Die Tiefbohr- und Produktionsphase unterscheiden sich nicht von herkömmlicher Erdgasförderung und waren daher aus dem Untersuchungsgegenstand herausgenommen.

Von den einzelnen Phasen einer Fracking-Anwendung können Gefahren für die Umwelt sowie für den Menschen und Sachen ausgehen, wobei der Untersuchungsgegenstand nur solche Gefahren betrachtet hat, die von den Phasen des Bohrvorhabens ausgehen, in denen das Fracking-Verfahren sich von anderen Bohrverfahren unterscheidet.

Die Gefahren können sowohl von einer einzelnen Bohrung als auch von der Summenwirkung vieler Bohrungen ausgehen. Sie können sich aus dem Normalbetrieb ergeben sowie durch Stör- und Unfälle verwirklichen. Gefahren betreffen insbesondere das Schutzgut Wasser und das Schutzgut Boden. Weitere Gefahren ergeben sich durch die induzierte Seismizität sowie durch einen sogenannten *blowout*, der als schlimmster aller denkbaren Unfälle in der Regel alle Umweltpfade betrifft.

Teil 2: Planungsrechtliche Einflussnahme

Da Fracking-Vorhaben sowohl ober- als auch unterirdisch beträchtlichen Raum in Anspruch nehmen, kommt die Steuerung von Fracking-Vorhaben durch die überörtliche Raumplanung, die örtliche Bauleitplanung sowie die räumliche Fachplanung in Betracht.

1. Kapitel: Allgemeine Raumplanung

Zum Gesamtraum der Bundesrepublik Deutschland gehören sowohl begrifflich als auch dem Sinn und Zweck des Raumordnungsgesetzes sowohl der Raum über als auch der Raum unter der Erdoberfläche. Somit unterfallen alle Elemente eines Fracking-Vorhabens, namentlich seine oberirdischen Elemente (Betriebsanlagen auf dem Bohrplatz sowie die dazugehörige Infrastruktur) und seine unterirdischen Elemente (vertikale und horizontale Bohrung), dem Anwendungsbereich der allgemeinen Raumordnung.

Damit im Zuge der allgemeinen Raumplanung Einfluss auf Fracking-Vorhaben genommen werden kann, müssen die einzelnen Vorhaben überörtliche Bedeutung haben und überfachlich sein.

Ob eine überörtliche Bedeutung vorliegt, hängt von der jeweiligen standortortspezifisch zu erwartenden Größe der Erdgaslagerstätte und der mit ihrem Abbau verbundenen technischen und baulichen Anlagen ab. Aufgrund der feinporig eingeschlossenen und im Schiefergestein großräumig verteilten Gasbläschen werden insbesondere unkonventionelle Vorhaben regelmäßig überörtliche Bedeutung haben.

Die Überfachlichkeit ist gegeben, wenn die Planung das »Ob« der Raumnutzung regelt. Aussagen darüber, »wie« der Raum genutzt wird, unterliegen hingegen nicht der allgemeinen Raumplanung, sondern sind Gegenstand fachgesetzlicher (und nicht überfachlicher) Entscheidungen. Vor diesem Hintergrund erfüllen nur unkonventionelle Fracking-Vorhaben das Merkmal der Überfachlichkeit, da in unkonventionellen Lagerstättengesteinsarten der Einsatz der Fracking-Technologie zwingende Voraussetzung für die Erdgasförderung ist. Die Anwendung der Fracking-Technologie ist also derart eng mit der Erschließung der Erdgaslagerstätte verbunden, dass sie das »Ob« der Raumnutzung regelt. Im konventionellen Bereich hingegen, in dem die Erdgasförderung auch ohne die Anwendung der Fracking-Technologie möglich ist, geht es bei der Zulassung der Fördermethode (lediglich) um das »Wie« der Raumnutzung. Konventionelle Fracking-Vorhaben sind damit als solche der allgemeinen Raumplanung nicht zugänglich.

Unkonventionelle Fracking können in Raumordnungsplänen als für nachgelagerte Zulassungsverfahren verbindliche und abschließend abgewogene Ziele der Raumordnung festgelegt werden. Die gewünschte Bindungswirkung tritt ein, wenn die Ziele rechtmäßig sind. Eine bloße Verhinderungsplanung ist unzulässig. Ziele wie das Raumordnungsziel 10-3.4 des LEP NRW, das einen landesweiten Ausschluss von Fracking-Vorhaben in unkonventionellen Lagerstätten vorsieht, sind vor diesem Hintergrund unrechtmäßig, da es primärer Zweck der Festlegung ist, eine nach fachgesetzlichen Zulassungskriterien zu beurteilende Nutzungsart des Untergrunds pauschal zu verhindern.

Unkonventionelle Fracking-Vorhaben können ebenfalls Gegenstand von Grundsätzen der Raumordnung sein.

Zusätzlich zu landesplanerischen Vorgaben sind für Fracking-Vorhaben die in § 2 Abs. 2 ROG bundesrechtlich festgelegten Grundsätze der Nachhaltigkeit, der Sicherung und Aufsuchung standortgebundener Rohstoffe, der Energieversorgung und des Klimaschutzes zu berücksichtigen.

Der Nachhaltigkeitsgrundsatz kann Fracking-Vorhaben entgegenstehen, da der untertägige Gesteinsaufbruch sowie die Verpressung von Lagerstättenwasser anderweitige Nutzungsarten dauerhaft ausschließen oder zumindest erheblich beschränken können.

Die Sicherung und Aufsuchung von standortgebunden Rohstoffen, wozu auch Erdgas gehört, kann für Fracking-Vorhaben streiten. Angesichts knapper werdender Ressourcen und vor dem Hintergrund des Kohle- und Atomausstiegs könnte die Sicherung national bedeutsamer Lagerstätten immer größere Bedeutung erlangen. Sollten energiepolitische Entscheidungsgründe dazu führen, die Erdgasförderung mittels der Fracking-Technologie verstärkt auszubauen und zu fördern, so kann der Grundsatz der Energieversorgung Fracking-Vorhaben vor anderen Nutzungsarten Vorrang gewähren. Der Klimaschutz kann eine Privilegierung von Fracking-Vorhaben begründen, wenn beispielsweise eine Nutzungskonkurrenz mit einem schädlicheren (fossilen) Energieträger entsteht, er kann aber auch Fracking-Vorhaben entgegenstehen, wenn beispielsweise die auszuweisenden Flächen ebenfalls für die Erzeugung erneuerbarer Energien besonders geeignet sind.

Unkonventionelle Fracking-Vorhaben können als Gebietsfestlegungen, namentlich als Vorranggebiete, Vorbehaltsgebiete, Eignungsgebiete sowie Vorranggebiete mit der Wirkung von Eignungsgebieten ausgewiesen werden. Darüber hinaus kann der Landesgesetzgeber auch Ausschlussgebiete festlegen. Diese dürfen dann allerdings nicht zu einer unrechtmäßigen Negativplanung führen.

Werden unkonventionelle Fracking-Vorhaben als Vorranggebiete ausgewiesen, genießen sie in dem ausgewiesenen Gebiet Vorrang vor konkurrierenden Nutzungen. Hierdurch werden Fracking-Vorhaben in anderen Gebieten allerdings nicht ausgeschlossen. Wird dies beabsichtigt, muss ein Vorranggebiet mit der Wirkung von einem Eignungsgebiet ausgewiesen werden. Ebenso haben Fracking-Vorhaben andere Vorranggebiete zu beachten. Werden Fracking-Vorhaben in Vorbehaltsgebieten ausgewiesen, können sie sich gegenüber anderen Nutzungskonkurrenzen durchsetzen. Die diesbezügliche Abwägungsentscheidung kann aber auch zuungunsten des Fracking-Vorhabens ausfallen. Weiterhin kommt die Ausweisung von Eignungsgebieten in Betracht, was zur Folge hat, dass Fracking-Vorhaben außergebietlich ausgeschlossen sind. Aufgrund der zwingenden Standortgebundenheit scheint die Ausweisung von Eignungsgebieten in der Praxis allerdings verzichtbar, da Fracking-Vorhaben ohnehin nur dort verwirklicht werden können, wo es Erdgasvorkommen gibt. Weist der Landesgesetzgeber Ausschlussgebiete für Fracking-Vorhaben aus, ist dies nur im Rahmen der Rechtmäßigkeit der raumordnungsrechtlichen Zielfestsetzungen mögen. Sie dürfen also nicht primär das Ziel verfolgen, eine Fördermethode von vorhinein auszuschließen.

2. Kapitel: Bauleitplanung

Weiterhin kann die kommunale Bauleitplanung Einfluss auf Fracking-Vorhaben nehmen. Soweit auf raumplanerischer Ebene zulässigerweise unkonventionelle Fracking-Vorhaben als Ziele der Raumordnung ausgewiesen sind, müssen die Bauleitpläne diese zwingend beachten. Sind die Fracking-Belange als Grundsätze der Raumordnung festgelegt, so sind diese im Rahmen der Abwägung nach § 1 Abs. 7 BauGB bei der Aufstellung der Bauleitpläne zu berücksichtigen.

Ist auf der raumplanerischen Ebene keine Vorgabe festgesetzt, kann die Gemeinde Fracking-Vorhaben auf der Ebene des Flächennutzungsplans steuern, da zulässiger Inhalt von Flächennutzungsplänen gemäß § 5 Abs. 2 Nr. 8 BauGB auch die Ausweisung von Flächen für die Gewinnung von Bodenschätzen ist. Diese Steuerungsmöglichkeit besteht gemäß § 9 Abs. 1 Nr. 17 BauGB auch auf Ebene der Bebauungspläne. Zwar stellen Erdgasfördervorhaben bereits aufgrund ihrer Standortsgebundenheit privilegierte Außenbereichsvorhaben gemäß § 35 Abs. 1 Nr. 3 2. Fall BauGB dar, doch kann die Aufstellung von Bebauungsplänen – beispielsweise in Form sonstiger Sondergebiete gemäß § 11 BauNVO – für derartige Vorhaben zur besseren Steuerung sinnvoll sein.

3. Kapitel: Räumliche Fachplanung

Die räumliche Fachplanung stellt Gebiete aufgrund ihrer besonderen Beschaffenheit oder des Vorkommens verschiedener Arten unter Schutz. Sie bezweckt nicht, bestimmte Vorhaben von vornherein auszuschließen, hat aber mittelbaren Einfluss auf Fracking-Vorhaben.

Seit dem Inkrafttreten des Fracking-Regelungspaketes ist in Wasserschutzgebieten, in Naturschutzgebieten, Nationalparks und der Umgebung von Nationalen Naturmonumenten die Errichtung von Anlagen zur Durchführung sämtlicher (konventioneller und unkonventioneller) Fracking-Vorhaben verboten und bußgeld- und strafbewehrt. Darüber hinaus kann der Landesgesetzgeber weitere besondere formelle und materielle wasserrechtliche Anforderungen in Wasserschutzgebieten oder deren Umgebung festsetzen, die mittelbar Einfluss auf Fracking-Vorhaben nehmen.

Das pauschale Verbot gilt allerdings nur für die Errichtung von Fracking-Vorhaben. Es verbietet nicht das Betreiben derartiger Anlagen. Der Betrieb einer Fracking-Anlage hat sich (wie bereits vor dem Fracking-Regelungspaket) an der allgemeinen Veränderungssperre des § 23 Abs. 2 S. 1 BNatSchG zu messen, wonach alle Handlungen, die zu einer Zerstörung, Beschädigung, Veränderung oder zu einer nachhaltigen Störung führen können, verboten sind.

Soweit ein Gebiet als Natura 2000-Gebiet ausgewiesen ist, verbietet das Regelungspaket die Errichtung von unkonventionellen Fracking-Vorhaben sowie die Verpressung von Lagerstättenwasser aus unkonventionellen Fracking-Vorhaben innerhalb dieser Gebiete ohne Ausnahmemöglichkeiten. Nicht umfasst werden Vorhaben, deren oberirdische Betriebsteile zwar außerhalb des Gebietes liegen, selbst wenn die Horizontalbohrungen unterirdisch in das Gebiet hineinragen. Diese sind im Rahmen einer Einzelfallprüfung an dem Veränderungs- und Störungsverbot des § 33 BNatSchG zu messen.

Das Verbot des Verpressens von Lagerstättenwasser gilt nur für Lagerstättenwasser aus unkonventionellen Fracking-Vorhaben. Lagerstättenwasser aus konventionellen Fracking-Vorhaben ist hiervon nicht umfasst. Da sich konventionelles und unkonventionelles Lagerstättenwasser stofflich nicht wesentlich unterscheiden, überzeugt diese Differenzierung des Regelungspakets nicht. Zwar unterliegt »konventionelles« Lagerstättenwasser der Einzelfallprüfung des § 33 BNatschG. Da bei dieser allerdings nach § 34 BNatSchG die Möglichkeit besteht, Ausnahmen für die Verpressung zu erteilen, bietet sie keinen gleich wirksamen Schutz.

Teil 3: Fachgesetzlicher Zulassungsrahmen

Die Realisierung von Fracking-Vorhaben unterliegt umfangreichen berg- und wasserrechtlichen Vorgaben.

1. Kapitel: Bergrechtlicher Zulassungsrahmen

Alle Phasen eines Fracking-Vorhabens, gleich ob es sich bei ihnen um Aufsuchungs- oder Gewinnungstätigkeiten handelt, unterlagen bereits vor Einführung des Fracking-Regelungspakets der Erlaubnisbedürftigkeit des Bundesberggesetzes in Form der Konzessionserteilung und der Betriebsplanzulassung. Während das Regelungspaket im Rahmen der Konzessionserteilung keine Änderungen getroffen hat, hat das Regelungspaket durch die Aufstellung einer generellen UVP-Pflicht festgesetzt, dass nunmehr für jedes Fracking-Vorhaben ohne die Prüfung des Einzelfalls ein obligatorischer Rahmenbetriebsplan aufzustellen ist.

Tätigkeiten in der Rückforderungs- und Entsorgungsphase unterfallen ebenfalls dem Aufsuchungs- und Gewinnungsbegriff des Bundesberggesetzes, da sie funktional im betrieblichen Zusammenhang mit der Aufsuchung und der Gewinnung stehen.

I. Die Konzessionserteilung

Wer Erdgasvorkommen aufzusuchen beabsichtigt, benötigt hierfür – unabhängig vom Einsatz der Fracking-Technologie und unabhängig vom Lagerstättentyp – eine Aufsuchungserlaubnis. Wer solche Vorkommen gewinnen möchte, benötigt hierfür eine Gewinnungsbewilligung.

Die Aufsuchungserlaubnis erstreckt sich auf alle Aufsuchungstätigkeiten. Hiervon ausgenommen ist im Bereich konventioneller Lagerstätten die Fracking-Phase, da diese zum Aufsuchen des Erdgases nicht benötigt wird. Da die Fracking-Technologie in diesem Explorationsstadium nicht zum Einsatz kommt, ergibt sich hierdurch keine Regelungslücke. Die Gewinnungsbewilligung umfasst alle Gewinnungstätigkeiten, einschließlich der Fracking-Phase, unabhängig vom Lagerstättentyp.

Da die Bergbauberechtigungen sich auf den jeweiligen Rohstoff (Erdgas) beziehen, macht es auf dieser Ebene keinen Unterschied, ob konventionelle oder unkonventionelle Lagerstätten aufgesucht bzw. gewonnen werden sollen. Eine bereits für die konventionelle Gasförderung erteilte Aufsuchungserlaubnis könnte sich demnach auch auf unkonventionelle Lagerstätten erstrecken, soweit die Voraussetzungen hierfür vorliegen.

Räumlich sind die Berechtigungen auf die in ihr bezeichneten Berechtigungsfelder, die oberirdisch durch Geviertfelder ohne Tiefenbegrenzung festgesetzt werden, begrenzt. Im Rahmen der unkonventionellen Erdgasförderung kann dies zu steigenden Nutzungskonkurrenzen führen, da diese Lagerstätten unterirdisch meist sehr großflächig sind und das oberirdische Geviert die unterirdische Lagerstätten widerspiegeln muss. Nach geltender Gesetzeslage ist es nicht möglich im selben Erlaubnisfeld verschiedene Berechtigungen für denselben Bodenschatz zu erteilen, auch wenn diese in unterschiedlichen Tiefen und in unterschiedlichen Gesteinsformationen lagern.

In der Regel werden in Bezug auf konventionelle Fracking-Vorhaben gewerbliche Aufsuchungserlaubnisse erteilt. Der Gesetzgeber hat sich im Rahmen des Fracking-Regelungspakets zwar entschieden, unkonventionelles Fracking nur zu Erkundungszwecken, und damit ausschließlich zu wissenschaftlichen Zwecken zuzulassen. Diese Einschränkungen hat er allerdings im Wasserrecht geregelt. Sie erstrecken sich folglich nicht auf die bergrechtliche Zulassung. Trotz der Einschränkung könnten daher bergrechtlich weitergehende Erlaubnisse (gewerblich, großflächig) erteilt werden. Im Sinne der Gesetzesklarheit und der unterschiedlichen Systematik der verschiedenen Regelungsmechanismen wäre eine bergrechtliche Gesetzesänderung nötig gewesen, um die mit dem Fracking-Regelungspaket bezweckte Intention adäquat umzusetzen. Denn Erprobungsmaßnahmen im unkonventionellen Bereich lösen immer einen bergrechtlichen Tatbestand aus, während der wasserrechtliche Bezug im Einzelfall zu prüfen ist.

II. Die Betriebsplanzulassung

Das Fracking-Unternehmen muss neben den zeitlich auf zwei Jahre begrenzten Haupt- bzw. Sonderbetriebsplänen, durch die das Vorhaben erst gestattet wird, für sämtliche Phasen seines Frackings-Vorhabens einen obligatorischen Rahmenbetriebsplan einschließlich möglicher Versenkbohrungen im Zuge der Entsorgung von Lagerstättenwasser aufstellen. In der Pflicht zur Aufstellung des obligatorischen Rahmenbetriebsplanverfahrens liegt die größte bergrechtliche Änderung der Fracking-Regelungen. Diese Änderung bewirkt die Durchführung einer Umweltverträglichkeitsprüfung mit entsprechender Öffentlichkeitsbeteiligung für sämtliche Fracking-Vorhaben. Diese musste zuvor nur im engen Rahmen und abhängig von Größe und zu erwartender Förder-Volumina eines Fracking-Vorhabens durchgeführt werden. Die tatsächliche Fracking-Phase ist als Bohrlochbehandlung regelmäßig im Rahmen eines nachgelagerten Sonderbetriebsplans auszuweisen. Weiterhin hat das Unternehmen vor Abschluss des Fracking-Vorhabens einen Abschlussbetriebsplan aufzustellen.

III. Der obligatorische Rahmenbetriebsplan

Der für Fracking-Vorhaben erforderliche obligatorische Rahmenbetriebsplan ist im Wege des Planfeststellungsverfahrens mit Öffentlichkeitsbeteiligung als Planfeststellungsbeschluss zuzulassen. Planfeststellungsbehörde ist die zuständige Bergbehörde.

Der Rahmenbetriebsplan muss alle Angaben zu den bergrechtlichen und außerbergrechtlichen Zulassungsvoraussetzungen enthalten, soweit diese von der Konzentrationswirkung umfasst sind, sowie die Angaben zur Umweltverträglichkeitsprüfung. Er darf sich nicht nur auf Teilaspekte des Vorhabens beziehen. Steht im Vorhinein fest, dass die Durchführung einer Fracking-Maßnahme erforderlich ist, muss der Rahmenbetriebsplan hierzu Ausführungen enthalten, was im unkonventionellen Bereich immer der Fall sein wird.

Aufgrund wandelnder geologischer und hydrogeologischer Verhältnisse in der Lagerstätte kann die Zulassungsbehörde für die dynamischen Elemente des Bergbaus keinen allzu strengen Konkretisierungsgrad der erforderlichen Angaben fordern. Angaben im Bereich der Rückförderungs- und Entsorgungsphase unterliegen lediglich einer Plausibilitätskontrolle, da Menge und Zusammensetzung von Rückfluss und Lagerstättenwasser erst nach ihrem tatsächlichen Anfall konkret bestimmt werden können.

Stellt sich im konventionellen Bereich erst während der tatsächlichen Erdgasförderung heraus, dass die Durchführung einer Fracking-Maßnahme erforderlich wird, so sieht das Regelungspaket vor, dass zur Wahrung der Öffentlichkeitsbeteiligung ein obligatorisches Rahmenbetriebsplanverfahren durchzuführen ist, obwohl das Vorhaben sich bereits in einem wesentlich konkreteren Stadium befindet. *De lege ferenda* ist zu erwägen, dass die Öffentlichkeit im Rahmen des für die Fracking-Phase erforderlichen Sonderbetriebsplanverfahrens beteiligt wird.

Der obligatorische Rahmenbetriebsplan muss zudem alle für die Prüfung der Umweltverträglichkeit erforderlichen Angaben über das Fracking-Vorhaben in Form eines UVP-Berichts beinhalten. Die Mindestangaben ergeben sich auch § 16 Abs. 1 UVPG. Darüber hinaus muss der UVP-Bericht noch Angaben gemäß dem neu eingeführten § 2 UVP-V treffen. Beteiligte Behörden haben zweckdienliche Informationen im Rahmen der Umweltverträglichkeitsprüfung zur Verfügung zu stellen. Diese umfassen auch die Unterlagen eines durchgeführten Raumordnungsverfahrens. Ein solches ist in Bezug auf Fracking-Vorhaben gemäß § 1 S. 3 Nr. 16 ROV durchzuführen, soweit das konkrete Vorhaben raumbedeutsam ist und überörtliche Bedeutung hat.

Der obligatorische Rahmenbetriebsplan ist trotz seines Erlasses im Planfeststellungsverfahren eine Kontrollerlaubnis in Form einer gebundenen Entscheidung. Er entfaltet Feststellungwirkung hinsichtlich der Umweltverträglichkeit des Fracking-Vorhabens. Er entfaltet hingegen nur eingeschränkte Gestattungswirkung. Hinsichtlich seines außerbergrechtlichen Inhalts gestattet er zwar das Vorhaben, die bergrechtliche Zulassungsfähigkeit ist hingegen noch von der Zulassung des nachgelagerten Haupt- bzw. Sonderbetriebsplans abhängig. Insofern kommt ihm aber eine Bindungswirkung hinsichtlich der Umweltverträglichkeit des Vorhabens und derjenigen Angaben zu, über die aufgrund des Konkretisierungsgrades bereits auf der Rahmenbetriebsplanebene abschließend entschieden werden konnte.

Der obligatorische Rahmenbetriebsplan bewirkt weiterhin Konzentrationswirkung. Diese erstreckt sich allerdings nicht auf wasserrechtliche Genehmigungen. Für diese gelten zwar eine Zuständigkeits- und Verfahrenskonzentration, nicht aber eine Entscheidungskonzentration.

2. Kapitel: Wasserrechtlicher Zulassungsrahmen

Die Untersuchung ergab, dass sämtliche Phasen eines Fracking-Vorhabens weiterhin auch wasserrechtlich erlaubnisbedürftig sind, da sie Gewässerbenutzungen darstellen.

Dies war bereits vor Einführung des Regelungspakets der Fall. Das Regelungspaket hat dies dennoch klar gestellt. Im Rahmen der Entsorgung von Rückfluss sind daneben abwasserrechtliche Anforderungen zu beachten.

I. Wasserrechtliche Genehmigungsbedürftigkeit aufgrund von Gewässerbenutzungen

Das Wasserhaushaltsgesetz unterscheidet echte und unechte Wasserbenutzungen. Zwar hat das Fracking-Regelungspaket festgesetzt, dass (pauschal) sämtliche Fracking-Vorhaben als unechte Gewässerbenutzungen gelten. Relevanz hat diese Unterscheidung dennoch weiterhin, und zwar vor dem Hintergrund, dass der wasserrechtliche Besorgnisgrundsatz des § 48 Abs. 1 S. 1 WHG nur auf echte Wasserbenutzungen i.S.d. § 9 Abs. 1 Nr. 4 WHG Anwendung findet. An der behördlichen Prüfpflicht, ob das Vorhaben im Einzelfall eine echte Wasserbenutzung darstellt, hat sich hierdurch nichts geändert. Die Fracking-Neuregelungen haben also im Bereich der Erlaubnisbedürftigkeit materiell-rechtlich keine neu zu beurteilende Rechtslage geschaffen. Die Neuregelungen stellen aber im Genehmigungsverfahren sicher, dass nunmehr immer die Wasserbehörde als fachnäherer Entscheidungsträger zwingend an der Genehmigungsentscheidung zu beteiligen ist.

Im Rahmen der Fracking-Phase stellen folgende Handlungen Gewässerbenutzungen dar:

- Die Wasserentnahme zur Herstellung des Fracking-Fluids stellt eine echte Gewässerbenutzung dar.

- Die Fracking-Fluidinjektion erfüllt in der Regel den echten Gewässerbenutzungstatbestand des Einleitens i.S.d. § 9 Abs. 1 Nr. 4 WHG, da sich regelmäßig in der Zieltiefe Lagerstättenwasser befindet und sich das Fracking-Fluid mit diesem vermischt. Soweit dies nicht der Fall ist, stellt die Fracking-Fluidinjektion auch dann einen echten Gewässerbenutzungtatbestand dar, wenn im konkreten Fall nicht ausgeschlossen werden kann, dass das Fracking-Fluid sich aufgrund der Rissbildung und der Schaffung künstlicher Wegsamkeiten Grundwasserleitern anschließt. Auch in diesem Fall besteht die geforderte objektive Finalität und Unmittelbarkeit des Stoffeintrages. Nur wenn ein Anschluss an grundwasserführende Schichten aufgrund der festgestellten geologischen und hydrogeologischen Verhältnisse im Einzelfall ausgeschlossen werden kann, ist eine echte Gewässerbenutzung zu verneinen.

- Daneben erfüllt die Fracking-Fluidinjektion regelmäßig den unechten Benutzungstatbestand des § 9 Abs. 2 Nr. 2 WHG, da die Injektion aufgrund der Gefahr von Un- und Störfällen geeignet ist, dauernd oder in einem nicht nur unerheblichen Ausmaß nachteilige Veränderungen der Wasserbeschaffenheit herbeizuführen.

- Weiterhin erfüllt die Fracking-Fluidinjektion den neu eingeführten § 9 Abs. 2 Nr. 3 WHG, der den Fracking-Vorgang pauschal als unechte Gewässerbenutzung qualifiziert.

Die Rückförderung von Rückfluss und Lagerstättenwasser stellen echte Gewässerbenutzungen i.S.d. § 9 Abs. 1 Nr. 5 WHG dar, da sie eine zwingende Begleiterscheinung der Erdgasförderung mittels der Fracking-Methode ist. Dementsprechend erstreckt sich der Zweck einer Fracking-Maßnahme auch auf die Rückförderung.

Im Rahmen der Entsorgungsphase stellen folgende Handlungen Gewässerbenutzungen dar:

– Direkteinleitung von Rückfluss und Lagerstättenwasser stellen echte Gewässerbenutzungen dar, da hiermit das Einleiten von Stoffen in ein Gewässer verbunden ist.

– Die Indirekteinleitung stellt hingegen keinen erlaubnispflichtigen Tatbestand des Fracking-Unternehmens dar, da sich diese weder auf ein Gewässer beziehen, noch das Einleiten einen unmittelbaren und finalen gewässerbezogenen Vorgang darstellt.

– Das Verpressen von Rückfluss und Lagerstättenwasser ist je nach Verpressformation eine echte Gewässerbenutzung.

– Darüber hinaus erfüllt das Verpressen regelmäßig den unechten Benutzungstatbestand des § 9 Abs. 2 Nr. 2 WHG sowie seit seiner Einführung generell den unechten Benutzungstatbestand des § 9 Abs. 2 Nr. 4 WHG. Auch diese Einführung ist materiell-rechtlich deklaratorischer Natur. Von der Neuregelung umfasst ist allerdings lediglich das Lagerstättenwasser, da das Verpressen von Rückfluss nach § 22c Abs. 2 S. 5 ABBergV ohnehin nicht zulässig ist. Mit dem Regelungskonstrukt hat der Gesetzgeber einen Gleichlauf von Genehmigungsbedürftigkeit und Genehmigungsfähigkeit geschaffen.

Sämtliche wasserrechtliche Benutzungen im Rahmen eines Fracking-Vorhabens können als sogenannte »wasserrechtliche Erlaubnis« genehmigt werden. Für die Fracking-Fluidinjektion, die Direkteinleitung und das Verpressen von Rückfluss und Lagerstättenwasser dürfen keine wasserrechtlichen Bewilligungen erteilt werden. Ebenso darf die gehobene Erlaubnis nicht für die Fracking-Fluidinjektionen und das Verpressen von Lagerstättenwasser sowie sämtliche Vorgänge, die eine echte Gewässerbenutzung i.S.d. § 9 Abs. 1 WHG darstellen, erteilt werden.

Zuständig für die Erteilung der wasserrechtlichen Genehmigungen ist die Bergbehörde, entweder als Planfeststellungsbehörde im Rahmen des obligatorischen Rahmenbetriebsplanverfahren oder, soweit auf der Rahmenbetriebsplanebene noch nicht entschieden werden kann, im Rahmen des nachgelagerten Haupt- bzw. Sonderbetriebsplanverfahrens. Die Wasserbehörde ist gemäß § 19 Abs. 3 WHG an der Entscheidung zu beteiligen. Beide haben verwaltungsintern einvernehmlich zu entscheiden.

II. Abwasserrechtliche Genehmigungsbedürftigkeit der Entsorgung von Rückfluss

Die Untersuchung hat weiterhin ergeben, dass die Entsorgung von Rückfluss zusätzlich den abwasserrechtlichen Vorhaben der §§ 54 ff. WHG unterliegt, da es gemäß § 54 Abs. 1 WHG als Abwasser zu qualifizieren ist. Lagerstättenwasser hingegen ist trotz der Anordnung des neu eingeführten § 22c Abs. 1 S. 5 ABBergV, dass es entweder als »Abfall zu entsorgen oder als Abwasser zu beseitigen« ist, kein Abwasser, da es kein durch Gebrauch verändertes Wasser ist, sondern geogenen Ursprungs ist. Die abwasserrechtlichen Vorgaben finden dementsprechend keine Anwendung.

Zwar ist zu vermuten, dass der Gesetzgeber einen Gleichlauf der Entsorgungswege beabsichtigt hat, zumal es sich beim Rückfluss um durch das maximal schwach wassergefährdende Fracking-Fluid »gestreckte« Lagerstättenwasser handelt, doch hat der Gesetzgeber diese Intention nur unzureichend umgesetzt.

Weder die Gesetzessystematik noch die Annahme, dass der Gesetzesgeber dem Unternehmen die rechtliche Einstufung des Lagerstättenwassers überlassen wollte, lassen den Schluss zu, dass mit der Gesetzesänderung das Lagerstättenwasser dem Abwasser gleichgesetzt worden ist. Dem Unternehmen obliegt nur die Wahl des Entsorgungsweges, wenn ihm dieser im Einzelfall rechtlich offensteht, was anhand der bestehenden Regelungen zu beurteilen ist.

Es bleiben damit erhebliche Unklarheiten für den Rechtsanwender, welche Unterlagen und welche Anträge zur Zulassung der jeweiligen Entsorgungswege zu fordern bzw. einzureichen sind. Sicherheitsrechtlich wird die unterschiedliche Behandlung von Rückfluss und Lagerstättenwasser allerdings dadurch relativiert, dass gemäß § 22c Abs. 3 ABBergV beide Entsorgungswege den Stand der Technik einhalten müssen.

Da es sich bei dem Rückfluss um Abwasser handelt, ist dessen Entsorgung im Wege der Direkteinleitung abwasserrechtlich genehmigungsbedürftig.

Die Indirekteinleitung von Rückfluss unterliegt im Gegensatz hierzu nicht der Erlebnisbedürftigkeit der §§ 58, 59 WHG, da die Abwasserverordnung keine besonderen Anforderungen an die Zusammensetzung des Rückflusses stellt. Eine analoge Anwendung der §§ 58, 59 WHG ist mangels Regelungslücke nicht möglich. Es muss daher sichergestellt werden, dass dieser Befund in der Praxis Fracking-Unternehmen nicht auf Kosten der Allgemeinheit privilegiert.

Für die Erteilung der abwasserrechtlichen Erlaubnis gilt dieselbe Zuständigkeitsfestlegung wie im Rahmen der Gewässerbenutzung, wonach die Bergbehörde als Planfeststellungsbehörde im Rahmen des obligatorischen Rahmenbetriebsplan im Einvernehmen mit der Wasserbehörde bzw. im Rahmen des nachgelagerten Haupt- bzw. Sonderbetriebsplans im Einvernehmen mit der Wasserbehörde entscheidet.

Teil 4: Materielle Zulassungsvoraussetzungen nach Bundesberggesetz

Die Erteilung von Konzession und Betriebsplanzulassung ist voraussetzungsvoll, auch insoweit hat das Neuregelungspaket Modifikationen vorgenommen.

1. Kapitel: Die Konzessionsvoraussetzungen

Insbesondere die Versagungsgründe zum Schutz öffentlicher Interessen vor schädigenden Einflüssen des Bergbaus (§ 11 Nr. 8, 9 und 10 BBergG) können zu einer Versagung von Bergbauberechtigungen für Fracking-Vorhaben führen.

Unkonventionelle Fracking-Vorhaben verstärken Nutzungskonflikte mit anderen konkret festgesetzten bergrechtlichen Vorhaben gemäß § 11 Nr. 8 BBergG, da sie unterirdisch viel Raum in Anspruch nehmen. Die konkret geplante Ausbeutungsmethode steht der Erteilung einer Konzession für ein Vorhaben ebenfalls entgegen, soweit sie gesetzlich zum Abbau des Bodenschatzes nicht zugelassen ist. Da im unkonventionellen Bereich nur Erprobungsmaßnahmen zulässig sind, steht die Fracking-Methode einer Bewilligungserteilung für die Förderung von Erdgas aus unkonventionellen Lagerstätten entgegen.

Vor dem gesetzlich intendierten Zweck der Rohstoffförderung und seiner volkswirtschaftlichen Bedeutung steht die Förderung von Erdgas generell im erhöhten öffentlichen Interesse. Dieses Interesse setzt sich im Rahmen der Abwägung nach § 11 Nr. 9 BBergG gegenüber anderen Bodenschätzen nicht zwangsläufig durch, soweit deren Schutz ebenfalls im öffentlichen Interesse liegt. Insbesondere die Häufigkeit von Erdgasvorkommen, der derzeitige Erdgasbedarf und die Verfügbarkeit sind abwägungsrelevante Belange. Eine Versagung des Fracking-Vorhabens ist nur gerechtfertigt, wenn die zu erwartenden nachteiligen Auswirkungen auf den anderen Bodenschatz derart erheblich sind, dass ihnen mit dem behördlichen Handlungsspielraum auf der Ebene der Betriebsplanzulassung nicht begegnet werden kann.

Das öffentliche Interesse im Rahmen der Abwägung des § 11 Nr. 10 BBergG ist im Gegensatz zum öffentlichen Interesse des § 11 Nr. 9 BBergG weiter zu versehen, da § 11 Nr. 10 BBergG nicht nur bergrechtliche, sondern sämtliche von der Rechtsordnung anerkannte öffentliche Interessen umfasst.

So können Raumordnungsziele, Raumordnungsgrundsätze und die sonstigen Erfordernisse der Raumordnung der Konzessionserteilung für Fracking-Vorhaben gemäß § 11 Nr. 10 BBergG entgegenstehen. Diese sind gemäß § 4 Abs. 2 ROG im Rahmen der Konzessionserteilung (mangels einer qualifizierten bergrechtlichen) Raumordnungsklausel einheitlich zu berücksichtigen. Berücksichtigungsfähig sind sie wiederum nur, soweit sie auch rechtmäßig sind. Das Ziel 10.3-4 des LEP NRW ist mangels Rechtmäßigkeit im Rahmen der Konzessionserteilung nicht zu berücksichtigen. Grundsätze der Raumordnung sind meist derart allgemein und abstrakt ausformuliert, dass sie nicht hinreichend verlässliche Aussagen zur Zulässigkeit eines bergbaulichen Vorhabens enthalten. Sie können daher in der Regel ohne die Durchführung eines Betriebsplanverfahrens nicht als Versagungsgrund dienen. Dementsprechend hat die Berücksichtigungspflicht von Raumordnungserfordernissen keine große Bedeutung für die Versagung von Fracking-Vorhaben.

Belange des Naturschutzes und der Landschaftspflege können ebenso zur Versagung der Konzession für Fracking-Vorhaben führen. Ausgewiesene Naturschutzgebiete, Nationalparks und Natura 2000-Gebiete stehen seit Inkrafttreten der Fracking-Neuregelungen der Errichtung von sämtlichen Fracking-Anlagen in Naturschutzgebieten und Nationalparks sowie der Errichtung von unkonventionellen Fracking-Anlagen in Natura 2000-Gebiete entgegen. Insoweit haben die Fracking-Neuregelungen die Belange des Naturschutzrechts gestärkt und können bereits auf der Konzessionsebene zu einer Versagung führen.

Anderweitige Schutzgebietsausweisungen schließen bergrechtliche Vorhaben nicht generell aus, da sie regelmäßig mit einem Befreiungsvorbehalt ausgestaltet sind, über den im Rahmen der Betriebsplanzulassung zu entscheiden ist.

Die Ausweisung von Wasserschutzgebieten sowie die Ausweisung anderer in § 13a Abs. 2 WHG aufgezählter Gebiete führen ebenfalls zu einer Versagung der Konzession. Als absolute Verbote sind sie bereits auf der Konzessionsebene als entgegenstehende überwiegende öffentliche Belange zu berücksichtigen.

Die öffentlichen Belange stehen allerdings nur dann Fracking-Vorhaben gemäß § 11 Nr. 10 BBergG entgegen, soweit sie sich auf das gesamte zuzuteilende Feld, zumindest aber auf bedeutende Teilgebiete (mindestens 80 Prozent) des beantragten Feldes, beziehen. Ist der Schnittflächenprozentsatz hingegen geringer, führen die entgegenstehenden öffentlichen Belange trotz der verschärften Fracking-Neuregelungen nicht zu einer Versagung der Konzession. Insofern erfuhr die Konzessionsebene nur geringe Veränderungen durch die Fracking-Neuregelungen.

2. Kapitel: Die Betriebsplanvoraussetzungen

Das Fracking-Unternehmen hat einen gebundenen Rechtsanspruch auf Zulassung der einzelnen Betriebspläne, wenn die Voraussetzungen der §§ 48, 55 BBergG vorliegen. Insbesondere die Ausweisungen zu § 55 Abs. 1 Nr. 3, 4, 6 und 9 BBergG und § 48 Abs. 2 S. 1 BBergG sowie im Rahmen des obligatorischen Rahmenbetriebsplanverfahren der § 4 Abs. 1 Nr. 3 ROG können zur Versagung der Betriebsplanzulassung für Fracking-Vorhaben führen. In diesem Bereich hat das Fracking-Regelungspaket die Zulassungsvoraussetzungen punktuell verschärft.

Das Fracking-Unternehmen hat gemäß § 55 Abs. 1 Nr. 3 BBergG die erforderliche Vorsorge gegen Gefahren für Leib, Gesundheit und zum Sachgüterschutz auszuweisen. Dies hat den Zweck, das von einem Fracking-Vorhaben ausgehende Stör- und Unfallrisiko einzugrenzen. Die diesbezüglichen Ausweisungen schließen auch nicht im Betrieb Beschäftigte, aber auf dem Betriebsgelände tätige Personen ein. Für das im Einzelnen Erforderliche gilt der Grundsatz der Verhältnismäßigkeit. Entscheidend sind die Wahrscheinlichkeit und die Intensität der Schädigung. Die alleinige Feststellung, dass von einem Fracking-Vorhaben Gefahren ausgehen, rechtfertigt demnach nicht die Versagung der Betriebsplanzulassung. Es kommt vielmehr darauf an, ob diese Gefahren beherrschbar sind. Im Rahmen der Neuregelungen hat sich der Gesetzgeber dazu entschlossen den Sicherheitsmaßstab zur Durchführung von Fracking-Vorhaben durchgängig auf den Stand der Technik zu heben, wodurch er die beschriebenen prognostischen Gesundheits- und Lebensgefahren, die nach derzeitigem Erkenntnisstand bestehen, in einen verhältnismäßigen Ausgleich mit der Rohstoffförderung gesetzt hat. Die einzelnen detaillierten und engmaschigen Sicherheits- und Überwachungsregelungen ergeben sich im Übrigen aus dem neu eingeführten § 22b S. 1 ABBergV. Dieser stellt insbesondere Anforderungen an das Einhalten des Technikstands, die Bohrlochintegrität, die regelmäßige Überwachung von Rückfluss und Lagerstättenwasser, zusätzliche Maßnahmen in Erdbebenzonen und an die Verhinderung von Methanfreisetzungen und andere Emissionen.

Kommt die Behörde zu dem Ergebnis, dass die Anzahl der vom Fracking-Unternehmen beabsichtigten Fracks nicht ausreicht, um eine effektive Ausbeutung der Erdgaslagerstätte im Interesse eines nachhaltigen Handelns zu ermöglichen, kann dies zu einer Versagung nach § 55 Abs. 1 Nr. 4 BBergG führen. Daneben können auch andere bergrechtliche Nutzungsformen des Untergrundes mit dem konkret beabsichtigten Fracking-Vorhaben konkurrieren, wobei eine Versagung nur in Betracht kommt, wenn die Nutzungskonkurrenzen nicht in einen angemessenen Ausgleich zu bringen sind.

Das Fracking-Unternehmen hat gemäß § 55 Abs. 1 Nr. 6 BBergG die ordnungsgemäße Abfallentsorgung sicherzustellen, wozu es Ausweisungen für den Umgang mit Rückfluss und Lagerstätten zu treffen hat. Rückfluss und Lagerstättenwasser sowie die

354

Stoffe, die im Rahmen ihrer Aufbereitung anfallen, stellen bergbauliche Abfälle dar, so dass für ihre ordnungsgemäße Entsorgung die Vorschriften des §§ 22a und des neu eingeführten 22c ABBergV gelten, sofern sie auf dem Fracking-Betriebsgelände behandelt werden. Rückfluss und Lagerstättenwasser müssen demnach in dichten und geschlossenen Auffangbehältnissen getrennt voneinander aufgefangen und weiter behandelt werden. Da Rückfluss und Lagerstättenwasser nicht zeitgleich anfallen, sondern zeitlich versetzt, ist ein getrenntes Auffangen technisch möglich. Daneben hat das Fracking-Unternehmen geeignete Maßnahmen zu treffen, um Auswirkungen auf die Umwelt sowie sich daraus ergebende Risiken für die menschliche Gesundheit so weit wie möglich zu vermeiden oder zu vermindern. Da es sich bei den Anlagen zum Auffangen und Behandeln von Rückfluss und Lagerstättenwasser regelmäßig um Abfallentsorgungseinrichtungen der Kategorie A handelt, gelten für sie die weiteren Anforderungen des § 22a Abs. 3 ABBergV. Aus diesem Grund unterlagen die Anlagen für Rückfluss und Lagerstättenwasser auch schon vor der Gesetzesänderung regelmäßig gemäß § 1 Nr. 4a UVP-V Bergbau der UVP-Pflicht. Insofern haben die Fracking-Regelungen die Anforderungen an solche Einrichtungen nicht verschärft, aber Rechtsklarheit geschaffen, dass die Einrichtungen nunmehr zwingend der UVP-Pflicht unterstellt sind. Zusätzlich ergeben sich Anforderungen an die Rohrleitungen, an den Umgang mit NORM-Stoffen sowie an die Verpressung von Lagerstättenwasser, die seit den Fracking-Neuregelungen nur noch in druckabgesenkte kohlenwasserstoffhaltige Gesteinsformationen, die einen sicheren Einschluss des Lagerstättenwassers gewährleisten, zulässig ist.

Von Fracking-Vorhaben gehen regelmäßig keine gemeinschädlichen Einwirkungen i.S.d. § 55 Abs. 1 Nr. 9 BBergG aus, so dass die diesbezüglichen Betriebspläne nicht aus diesem Grund zu versagen sind. Die Gefahren gehen nämlich zumeist von Stör- bzw. Unfällen oder einem fehlerhaften Umgang aus und sind somit keine zwingende Folge des Vorhabens, so dass sie nicht unter das Merkmal der »Erwartbarkeit« fallen.

Daneben kann die für die Zulassung von Betriebsplänen zuständige Behörde im Rahmen des § 48 Abs. 2 S. 1 BBergG auch aufgrund außerbergrechtlicher öffentlicher Interessen ein Fracking-Vorhaben untersagen, soweit für diese keine anderen Zulassungsverfahren geregelt sind. Aufgrund der weitreichenden Folgen des umfassenden Planfeststellungsverfahrens ist allerdings kaum ein fachplanerischer öffentlicher Belang denkbar, der nicht schon im Rahmen des obligatorischen Rahmenbetriebsplanverfahrens zu berücksichtigen ist oder aber in einem außerbergrechtlichen Prüfungsverfahren Niederschlag findet. Somit sind über § 48 Abs. 2 S. 1 BBergG insbesondere die Ergebnisse der Umweltverträglichkeitsprüfung sowie im Einzelfall die Interessen der Gemeinde im Rahmen ihrer kommunalen Selbstverwaltungsgarantie zu berücksichtigen.

Daneben hat der obligatorische Rahmenbetriebsplan gemäß § 4 Abs. 1 Nr. 3 ROG die Ziele der Raumordnung zu beachten und die Grundsätze der Raumordnung zu berücksichtigen. Denn Fracking-Vorhaben beeinflussen in der Regel aufgrund ihrer Gefährlichkeit den Raum und stellen somit raumbedeutsame Maßnahmen dar. Dies muss die Behörde jedoch im konkreten Einzelfall feststellen. Darüber hinaus sind gemäß § 48 Abs. 2 S. 2 BBergG die Ziele der Raumordnung, nicht jedoch die Erfordernisse der Raumordnung im Rahmen der nachgelagerten Haupt- und Sonderbetriebspläne zu beachten.

Teil 5:   Materielle Zulassungsvoraussetzungen nach dem Wasserhaushaltsgesetz

Die materiellen wasserrechtlichen Zulassungsvoraussetzungen ergeben sich aus dem im Rahmen des Fracking-Regelungspakets neu eingeführten § 13a WHG sowie daneben aus den allgemeinen Bestimmungen des § 12 WHG, der bereits vor der Gesetzesänderung anzuwenden war. Die Einführung des spezialgesetzlichen Zulassungstatbestands rein für Fracking-Vorhaben stellt die strukturell weitreichendste Änderung der rechtlichen Grundlagen für Fracking-Vorhaben dar.

1. Kapitel: Spezielle Versagungsgründe

Die speziellen Versagungsgründe und Anforderungen des neu eingeführten § 13a WHG an Fracking-Vorhaben beziehen sich entgegen seinem Wortlaut nicht nur auf die unechten Wasserbenutzungstatbestände des § 9 Abs. 2 Nr. 3 und 4 WHG. Die teleologische Auslegung ergibt, dass sie auch dann auf Fracking-Fluidinjektionen und das Verpressen von Lagerstättenwasser anzuwenden sind, wenn sie echte Gewässerbenutzungen darstellen.

Unkonventionelle Fracking-Maßnahmen, aus denen der Gesetzgeber die Gesteinsart des Tight-Gases herausgenommen hat, sowie das Verpressen von Lagerstättenwasser aus derartigen Maßnahmen sind seit der Einführung des Fracking-Regelungspakets generell verboten. Ebenso sind sämtliche Fracking-Maßnahmen und das Verpressen von Lagerstättenwasser nach Maßgabe des § 13a Abs. 2 WHG gebietsbezogen in besonders wassersensiblen Bereichen verboten.

Zu Forschungszwecken hat der Gesetzgeber die Möglichkeit zur Durchführung von bis zu vier Erprobungsbohrungen in unkonventionellen Gesteinsarten vorgesehen. Die Erprobungsbohrungen stehen unter dem Zustimmungsvorbehalt der Landesregierungen. Diese haben sich im Rahmen ihrer Entscheidung als verwaltungsrechtliches Exekutivorgan an fachplanerischen Überlegungen zu orientieren und ihre politischen Interessen außer Acht zu lassen hat. Hieraus ergibt sich ein – vom Gesetzgeber in Kauf genommenes – erhebliches Konfliktpotenzial.

Die Landesregierungen haben weitere Restriktionsmöglichkeiten für Fracking-Vorhaben in oder unter Gebieten, in denen untertägiger Bergbau betrieben wird oder betrieben worden ist. Auch im Rahmen dieser Öffnungsklausel haben sie sich von fachplanerischen Überlegungen und nicht von politischen Interessen leiten zu lassen.

Unkonventionelle Fracking-Fluidgemische dürfen nicht abstrakt wassergefährdend sein. Sie müssen also in ihrer Gesamtheit den Anforderungen der Nr. 2.2 der Anlage 1 zur AwSV entsprechen. Dies bedeutet, dass sie zu einem gewissen Masseanteil schwach, deutlich und – entgegen dem semantischen Wortverständnis – auch stark wassergefährdende Stoffe sowie einen Anteil an Stoffen enthalten dürfen, deren Gefährlichkeit nicht bekannt ist. Je nach Volumen des eingesetzten Fracking-Fluids handelt es sich dabei weiterhin um eine beachtliche Zahl an einsetzbaren Additiven, die für sich wassergefährdend sein dürfen. Konventionelle Fracking-Fluide dürfen maximal schwach wassergefährdend sind. Dies bedeutet, sie dürfen über die Zusammensetzung der unkonventionellen Fracking-Fluide hinaus zu einem gewissen Massenanteil auch krebserregende Stoffe enthalten.

Die Einstufung der Fracking-Fluide in diese Wassergefährdungsklassen hat insbesondere im konventionellen Bereich keine einschneidende Verschärfung der Anforderungen gebracht. Eine Auswertung zahlreicher in Deutschland in der Vergangenheit eingesetzter Fracking-Fluide ergab, dass auch schon vor der Neuregelung üblicherweise maximal schwach wassergefährdende Gemische zum Einsatz gekommen sind. Die Differenzierung von konventionellen und unkonventionellen Fracking-Gemischen ist industriefreundlich, vermag allerdings vor dem vorrangigen Schutzzweckes des Wasserhaushaltsgesetzes, die Gewässer nachhaltig zu bewirtschaften, nicht zu überzeugen.

Die Einteilung der Fracking-Gemische in die Wassergefährdungsklassen erfolgt weiterhin anhand einer Selbsteinstufung des Fracking-Unternehmens. Diese wird nicht zwingend von den Behörden überprüft. Eine Falscheinstufung kann, muss aber nicht zum Versagen der Erlaubnis führen. Mangels Bußgeldbeschwerung einer Falscheinstufung besteht daher wenig Veranlassung für das Fracking-Unternehmen, sich gesetzestreu zu verhalten. Eine behördliche Unbedenklichkeitserklärung hätte den ausschließlichen Einsatz zulässiger Gemische im Sinne des Schutzzwecks besser sichergestellt.

Das Fracking-Unternehmen hat bei dem Einsatz der Fracking-Technologie durchgängig den Stand der Technik einzuhalten. Mangels praktischer Erprobung unkonventioneller Fracking-Maßnahmen wird die Festsetzung des Stands der Technik für die verwaltungsrechtliche Praxis im unkonventionellen Bereich problematisch sein. In Ermangelung von Erfahrungssätzen wird die notwendige Standardisierung des Begriffes schwerfallen, um vorhersehbare und transparente Entscheidungen zu treffen, die Rechtsklarheit und Rechtssicherheit für den Anwender bringen.

Das Verpressen ist nur von Lagerstättenwasser möglich. Das Verpressen von Rückfluss ist hingegen ausnahmslos verboten. Diese Differenzierung ist im unkonventionellen Bereich unverständlich, da es sich beim unkonventionellen Rückfluss um mit dem nicht wassergefährdenden Fracking-Fluid »gestrecktes« Lagerstättenwasser handelt, das im Verhältnis zum geogenen Lagerstättenwasser keine über die Schädlichkeit und Gefährlichkeit des Lagerstättenwassers hinausgehende Eigenschaften hat.

Vor dem Hintergrund des wasserhaushaltsgesetzlichen Bewirtschaftungziel der sparsamen Verwendung von Wasser und dem primären Ziel des Gesetzgebers, den Rückfluss zunächst wiederzuwenden, wäre eine umgekehrte Definition von Rückfluss und Lagerstättenwasser dahingehend wünschenswert gewesen, dass Rückfluss keine bzw. nur geringe Bestandteile von Lagerstättenwasser enthalten darf und nicht umgekehrt (vgl. § 22c Abs. 2 S. 2 ABBergV).

Gemäß § 13a Abs. 6 WHG wird eine unabhängige Expertenkommission eingesetzt, die evaluierend die unkonventionellen Erprobungsmaßnahmen wissenschaftlich begleitet, auswertet und somit die wesentliche, aber nicht bindende Grundlage für eine Neuevaluierung zur Aufrechterhaltung des unkonventionelles Fracking-Verbotes vorbereitet. Der bereits im Juni 2018 erwartete Prüfbericht lag bis zum Schluss der Bearbeitung dieser Untersuchung nicht vor.

2. Kapitel: Allgemeine Versagungsgründe

Neben dem neu eingeführten § 13a WHG richtet sich die Erlaubnisfähigkeit von Fracking-Vorhaben, insbesondere die Erlaubnisfähigkeit der Phasen, die nicht den speziellen Anforderungen des § 13a WHG unterliegen, weiterhin nach § 12 WHG.

Gemäß § 12 Abs. 1 Nr. 1 WHG dürfen von den Fracking-Phasen keine schädlichen Gewässerveränderungen zu erwarten sein. Zur Beantwortung der Frage, ob die einzelnen Fracking-Phasen zu einer schädlichen Gewässerveränderung führen, ist insbesondere zu klären, ob hierdurch das Wohl der Allgemeinheit beeinträchtigt wird. Diesbezüglich lässt sich keine pauschale Aussage treffen, da Allgemeinwohlbelange unterschiedlicher Natur sind und einem stetigen Wandel unterliegen. Im Rahmen der Abwägungsentscheidung hat die Behörde sich an den einzelnen Bewirtschaftungszielen der verschiedenen Gewässerarten zu orientieren.

Im Rahmen der Entnahme von Wasser zur Herstellung des Frack-Fluids sind die Bewirtschaftungsziele der §§ 27 bis 31 WHG (Entnahme aus Oberflächengewässer) und die Bewirtschaftungsziele des § 47 WHG (Grundwasserentnahme) zu beachten. Zwar fallen die für Fracking-Vorhaben benötigten Mengen an Wasser im Vergleich mit der Wasserverfügbarkeit im gesamten Raum der Bundesrepublik gering aus. Je nach regionalen Bedingungen können sie jedoch örtlich und kurzzeitig starke Belastungen der Grundneuwasserbildung sowie der Oberflächengewässer hervorrufen, die im Rahmen einer Einzelfallprüfung zu beachten sind.

Im Rahmen der tatsächlichen Fracking-Fluidinjektion sind ebenfalls die Bewirtschaftungsziele des Grundwassers zu beachten. Darüber hinaus ist der wasserrechtliche Besorgnisgrundsatz zu beachten, soweit die Injektion eine echte Gewässerbenutzung darstellt. Da das Grundwasser keinen absoluten Schutz genießt, ist eine nachteilige Grundwasserveränderung nur zu besorgen, wenn der Wasserzustand sich im Vergleich zum bisher bestehenden Zustand verschlechtert. Tiefengrundwasser, insbesondere das Lagerstättenwasser, ist regelmäßig aufgrund seiner geogenen Bestandteile schon derart »schlecht«, dass es durch die Kontamination mit dem Fracking-Fluid, das maximal schwach wassergefährdend sein darf, nicht noch zu einer zusätzlichen Verschlechterung kommt. Dasselbe gilt für den Fall, dass das Fracking-Fluid erst im Zuge der Schaffung neuer Wegsamkeiten durch die künstliche Rissbildung Anschluss an grundwasserführende Schichten findet, jedenfalls soweit der Anschluss tief gelegene Grundwasserleiter betrifft. Denn dann ist die Gefahr gering, dass es mit für die Entnahme von Grundwasser relevanten Grundwasserleitern in Berührung kommt. Allerdings ist dies eine Frage des Einzelfalls, in der es entscheidend auf die spezifischen geologischen und hydrogeologischen Gegebenheiten der vor Ort vorherrschenden Verhältnisse, insbesondere der Nähe zu höher gelegenen grundwasserführenden Schichten und der Permeabilität der Deckungsschichten ankommt.

Da weder Rückfluss noch Lagerstättenwasser einen für das Allgemeinwohl zu berücksichtigenden eigenständigen Gebrauchszwecks haben, richtet sich die Erlaubnisfähigkeit der Rückförderungsphase ausschließlich nach der Frage, ob die Flüssigkeiten allgemeinwohlverträglich entsorgt werden können.

Die Direkteinleitung von Rückfluss und Lagerstättenwasser darf nicht zu einer Verschlechterung des chemischen Zustands des betroffenen Gewässers führen. Das ist regelmäßig nur nach vorheriger Aufbereitung und entsprechender Behandlung der Flüssigkeiten der Fall. Daneben müssen auch die abwasserrechtlichen Anforderungen beachtet werden, wonach das Wohl der Allgemeinheit durch die Abwasserbeseitigung nicht beeinträchtigt werden darf. Eine rechtmäßige Abwasserbeseitigung erfüllt regelmäßig auch die Anforderungen an die Unschädlichkeit von Gewässerveränderungen. Eine Allgemeinwohlbeeinträchtigung ist dann zu verneinen, wenn der Schadstoffgehalt so gering wie möglich gehalten wird. Dies ist der Fall ist, wenn bei der Entsorgung der Stand der Technik eingehalten wird.

Da der Entsorgungsmaßstab von Rückfluss und Lagerstättenwasser nicht in der Abwasserverordnung konkretisiert ist, kommen die allgemeinen Regelungen zur Anwendung, wonach die Verhältnismäßigkeit zwischen Aufwand und Nutzen möglicher Maßnahmen sowie der Grundsatz der Vorsorge und der Vorbeugung zu berücksichtigen sind. Die Frage, welche Verfahren zur Minimierung der Schadstofffracht anzuwenden sind, wird mangels eines gefestigten Stands der Technik erst anhand der konkreten Zusammensetzung von Rückfluss und Lagerstättenwasser zu beurteilen sein. Da auch bereits vor den Fracking-Neuregelungen dieser Technikstand galt, haben die Neuregelungen in dieser Hinsicht weder zu einer Rechtsklarheit noch zu einer Verschärfung der Zulassungsvoraussetzungen geführt, was insbesondere im konventionellen Bereich bedauerlich ist, da diesbezüglich seit den 1960er Jahren Erfahrungen vorliegen.

Die Fracking-Neuregelungen stellen nach § 22c Abs. 1 S. 3 ABBergV derart strenge Anforderungen an den Verpressvorgang von Lagerstättenwasser, dass der wasserrechtliche Besorgnisgrundsatz, der gemäß § 22 Abs. 1 S. 4 ABBergV unabhängig davon angeordnet wird, ob die Verpressung eine echte oder eine unechte Gewässerbenutzung darstellt, regelmäßig erfüllt sein wird, wenn die Verpressstätte nach dem Stand der Technik diese speziellen Anforderungen erfüllt. Warum der Gesetzgeber die Einhaltung des Besorgnisgrundsatzes nur für die untertägige Verpressung angeordnet hat, nicht aber für die Fracking-Fluidinjektion, ist vor dem Hintergrund der durch die Fracking-Maßnahme zu befürchtenden Auswirkungen auf das Grundwasser sowie der mit den Fracking-Neuregelungen beabsichtigten Minimierung der Wasserrisiken nicht nachvollziehbar.

Die Wasserentnahme zur Herstellung des Fracking-Fluids lässt eine schädliche Gewässerveränderung regelmäßig nicht erwarten, soweit die Entnahmegrenzen eingehalten werden. Die Unfall- und Störrisiken, die mit der tatsächlichen Fracking-Maßnahme einhergehen, können zumindest mittelbar auf die Gewässerbenutzung zurückzuführen sein. Somit können der konkrete Bohrlochplatz und die vor Ort vorherrschenden geologischen und hydrogeologischen Gegebenheiten Veranlassung dazu geben, dass im Einzelfall über die strengen Anforderungen des § 13a WHG hinaus eine Schädigung zu erwarten ist. Für die Beseitigung von Rückfluss und Lagerstättenwasser werden regelmäßig derart konkrete Aussagen getroffen werden können, die es ermöglichen ihren Schadstoffgehalt auf ein Mindestmaß zu beschränken, so dass eine schädliche Gewässerveränderung regelmäßig nicht zu erwarten ist.

Der Versagungsgrund des § 12 Abs. 1 Nr. 2 WHG hat in Bezug auf Fracking-Vorhaben keine besondere Bedeutung, da im Rahmen der bergrechtlichen Zulassung ein Planfeststellungsbeschluss erforderlich ist. Konfligierende Genehmigungsvoraussetzungen werden bereits auf der Ebene des obligatorischen Rahmenbetriebsplans gelöst.

3. Kapitel: Wasserrechtliches Bewirtschaftungsermessen

Die Genehmigungsentscheidung für Fracking-Vorhaben steht weiterhin im wasserrechtlichen Bewirtschaftungsermessen der Behörde. Die Ausübung dieses Ermessens untergliedert sich in das planerische Bewirtschaftungsermessen und das auf den Einzelfall bezogene gestattende Bewirtschaftungsermessen.

Im Rahmen des planerischen Bewirtschaftungsermessens hat die Behörde gemäß § 82 Abs. 1 S. 2 WHG auch raumordnungsrechtliche Vorgaben in die Entscheidung einzubeziehen. Soweit Fracking-Vorhaben als Ziele der Raumordnung ausgestaltet sind, hat sie diese zu beachten. Soweit Raumordnungspläne diesbezüglich Grundsätze oder sonstige Erfordernisse festlegen, hat sie diese zu berücksichtigen. Weiterhin hat die Behörde grundlegende Maßnahmen auszuweisen. Hierzu zählt auch die Einleitung von Schadstoffen in das Grundwasser. Diese ist europarechtlich grundsätzlich verboten. Hinsichtlich der Wiedereinleitung von Lagerstättenwasser können die Mitgliedstaaten allerdings Ausnahmen regeln, die die Bundesrepublik Deutschland dergestalt umgesetzt hat, dass wasserhaushaltsgesetzlich das Einleiten von Lagerstättenwasser in das Grundwasser unter Anwendung des wasserrechtlichen Besorgnisgrundsatzes als zulässig erklärt worden ist. In diesem Kontext hat das Fracking-Regelungspaket eine Verschärfung vorgenommen, indem es erklärt, dass Verpressungen nunmehr nur noch in Verpresslagerstätten möglich sind, die einen sicheren Einschluss von Lagerstättenwasser gewährleisten. Ein Einleiten (in Grundwasser) ist demnach gemäß § 22c Abs. 1 Satz 3 ABBergV nicht mehr möglich. Zwar ist diese Neuregelung im Rahmen der Erlaubnisprüfung bereits tatbestandsseitig zu berücksichtigen, geht insofern dem Bewirtschaftungsermessen vor, nichtsdestotrotz entstand durch sie ein Spannungsverhältnis zwischen den Vorgaben an das planerische Bewirtschaftungsermessen und den Fracking-Neuregelungen, dessen Auflösung der Gesetzgeber versäumt hat. Dies wäre im Sinne der Rechtsklarheit für den Rechtsanwender wünschenswert gewesen.

Das gestattende Bewirtschaftungsermessen hat sich an den Vorgaben des planerischen Bewirtschaftungsermessens zu orientieren. Der Behörde verbleibt insbesondere ein Auswahlermessen, wie die Anforderungen des planerischen Bewirtschaftungsermessens zu realisieren sind. Die Zulassung des obligatorischen Rahmenbetriebsplans hilft ihr dabei, da bereits hierfür alle zur Ermessensbetätigung entscheidenden Belange öffentlicher und privater Natur zu ermitteln waren.

Im Rahmen des gestattenden Bewirtschaftungsermessens hat sie eine verhältnismäßige Entscheidung zu treffen. Vor diesem Hintergrund verbietet sich eine pauschale Versagung der wasserrechtlichen Erlaubnis für Fracking-Vorhaben. Vorrangiger Zweck des Bewirtschaftungsermessens ist es die wasserwirtschaftliche Ordnung nachhaltig zu gewährleisten, indem es die Gewässer als nutzbares Gut schützt. Über den Zweck des eigenen Gesetzes hinaus, ist das behördliche Ermessen auch an den bergrechtlichen Zweck der Rohstoffsicherung gebunden. In diesem Spannungsverhältnis (repressives Verbot mit Befreiungsvorbehalt im Wasserrecht und präventives Verbot mit Befreiungsvorbehalt im Bergrecht) muss eine verhältnismäßige Entscheidung immer dann zugunsten des Bergrechts ausfallen, soweit das Grundwasser als nutzbares Gut nicht beeinträchtigt wird. Je »unnutzbarer« ein Gewässer ist, desto weniger Einschränkungen sind an die wasserrechtliche Erlaubnis zu stellen. Dabei kommt es entscheidend darauf, wie groß die Wahrscheinlichkeit und wie hoch das Potenzial einer Wasserschädigung durch das konkrete Fracking-Vorhaben sind. Wichtige Einflussvariablen sind die Zieltiefe der zu frackenden Lagerstätte, die Zusammensetzung des Lagerstättenwassers, die Nähe der Lagerstätte zu grundwasserführenden Schichten in der Zieltiefe, die Permeabilität des Gesteins und die Zusammensetzung des Fracking-Fluids.

Vor dem Hintergrund der strengen Anforderungen an Fracking-Vorhaben nach den Maßgaben der §§ 12 Abs. 1 und 13a WHG wird das behördliche Bewirtschaftungsermessen in Anbetracht der hohen Wertigkeit der Rohstoffsicherungsklausel nur in seltenen Fällen noch zum Versagen des einzelnen Fracking-Vorhabens führen. Insbesondere die Betriebsphasen des Fracking-Vorhabens, die nicht von den Neuregelungen betroffen sind (Wasserentnahme und Entsorgung von Rückfluss und Lagerstättenwasser, mit Ausnahme der Verpressung) bieten das größte Einfallstor für die Ausübung des wasserrechtlichen Bewirtschaftungsermessens.

Teil 6: Instrumente der Schadensregulierung

Abschließend wurden die berg- und wasserrechtlichen Instrumente der Schadensregulierung untersucht. Insbesondere im Rahmen der Darlegungs- und Beweislast hat sich durch das Fracking-Regelungspaket die rechtliche Situation geändert, indem der Bohrlochbergbau in die Bergschadensvermutung aufgenommen worden ist und damit der Beweis über das Vorliegen eines Bergschadens in Bezug auf Fracking-Vorhaben, zumindest beabsichtigt, erleichtert werden sollte. Neben der Feststellung, dass realiter die Erweiterung der Bergschadensvermutung keine wesentliche Beweiserleichterung gebracht hat, hat die Untersuchung auch ergeben, dass weite Teile denkbarer Schadensszenarien durch Fracking-Vorhaben das Schutzgut Wasser betreffen, das – bis auf wenige Ausnahmen – grundsätzlich mangels Eigentumsfähigkeit nicht dem Bergschadensrecht unterliegt. Somit kommen hierfür weiterhin nur die wasserrechtlichen Instrumente zum Tragen. Das wasserrechtliche Haftungsregime kennt im Gegensatz zum Bergschadensrecht aber keine vergleichbare Vermutung, so dass auch in Zukunft weiterhin regelmäßig der Vollbeweis für das Vorliegen eines Fracking induzierten Schadens durch den Geschädigten zu führen sein wird.

1. Kapitel: Bergrechtliche Haftung

Grundsätzlich fallen alle relevanten Phasen eines Fracking-Vorhabens sowie die dafür errichteten Anlagen unter den schadensrechtlichen Begriff des Bergbaubetriebes. Die von Fracking-Vorhaben ausgehenden Gefahren unterliegen allerdings nur dem bergrechtlichen Haftungstatbestand des § 114 Abs. 1 BBergG insoweit, der allein Personen- und Sachschäden reguliert.

Soweit Personen über die Schwelle der bloßen Befindlichkeitsbeeinträchtigung hinaus durch den Bergbaubetrieb zu Schaden kommen, unterfallen diese Schäden dem Bergschadensbegriff. Da die durch die Realisierung der mit Fracking-Vorhaben verbundenen Gefahren und die damit vorstellbaren Personenschäden vielfältig sind, ist ihre konkrete Ausgestaltung kaum vorhersagbar.

Anderes ergibt sich im Bereich der Sachbeschädigung. Hierfür muss es sich zunächst um Sachen i.S.d. §§ 90 ff. BGB handeln. Das ist unproblematisch bei Schäden an der Oberfläche eines Grundstücks und an dessen wesentlichen Bestandteilen wie an Häusern oder Pflanzen. Wasser hingegen ist grundsätzlich mangels Eigentumsfähigkeit nicht vom Sachbegriff umfasst. Wasser erlangt seine Sacheigenschaft nur, wenn es abgrenzbar und damit beherrschbar ist (Seen, Teiche, Wasserläufe, Stauseen und abgeschlossene Grundwasserseen).

Ein Sachsubstanzschaden am Wasser, soweit dieses überhaupt eigentumsfähig ist, tritt nur ein, wenn die Kontamination eine nachteilige Veränderung der Wasserbeschaffenheit zur Folge hat. Die Beurteilung dieser Frage hängt, wie im Bereich des grundwasserrechtlichen Besorgnisgrundsatzes, von der Ausgangsbeschaffenheit des kontaminierten Gewässers und dem Grad der Schadstofffracht der kontaminierenden Flüssigkeit ab. Insbesondere tief gelegene Grundwasserseen sind einem Substanzschaden kaum zugänglich, da sie oft sehr salzig und mit Schwermetallen und radioaktiven Bestandteilen belastet sind. Das nicht wassergefährdende Fracking-Fluid im unkonventionellen Bereich dürfte kaum dazu führen, dass hier ein Schaden entsteht. Fehlerhafter Umgang mit (stark kontaminierten) Rückfluss und Lagerstättenwasser kann am ehesten zu einem Bergschaden führen.

Kontaminationen am Boden stellen in der Regel ebenfalls keinen Substanzschaden, sondern höchstens eine Sachzustandsveränderung dar, die die Schwelle zum Schaden regelmäßig nicht überschreitet. Erst mit Erreichen der Toxizitätsschwelle und der nachhaltigen Minderung des Verkehrswertes des Grundstückes oder seiner objektiven Nutzungsmöglichkeit wird eine Substanzschädigung zu bejahen sein.

Der Bergschaden muss weiterhin infolge der dem Bergbaubetrieb zugehörigen Tätigkeiten bzw. durch seine Betriebsanlagen eingetreten sein. Mangels eines ausdrücklichen Verzichts auf das Zurechnungskriterium der haftungsbegründenden Kausalität oder einer eigenständigen Ausgestaltung, muss zur Bestimmung des Zurechnungsumfangs auf die allgemeinen zivilrechtlichen Grundsätze zurückgegriffen werden. Neben der Äquivalenztheorie sind danach die Adäquanztheorie und der Schutzweck des Bergschadensrechts zu beachten. Schutzzweck des Bergschadensrechts ist es, den notwendigen Ausgleich zwischen den aus der Dogmatik des Bundesberggesetzes resultierenden unausweichlichen Interessenskollisionen von Grundeigentum und Bergbauberechtigung durch den grundsätzlichen Vorrang des Bergbaus umfassend auszugleichen. Daher sind alle Tätigkeiten eines Bergbaubetriebes, und somit alle Phasen des Fracking-Betriebes, von dem bergbauspezifischen Gefahrenumfang umfasst.

Aufgrund des Gefährdungshaftungskonzepts muss die Schädigung weder rechtswidrig noch schuldhaft verursacht sein, so dass ein Schaden auch dann zu regulieren ist, wenn er nach dem Stand der Technik nicht erkennbar war und/oder aus dem rechtmäßigen Regel- bzw. Normalbetrieb des Fracking-Vorhabens resultiert.

Zum Ersatz verpflichtet ist das Fracking-Unternehmen sowie diejenige Person, die Inhaber der Bergbauberechtigung ist. Der bergrechtliche Unternehmerbegriff ist rein tätigkeitsbezogen und umfasst somit alle Betriebsphasen eines Fracking-Unternehmers. Aufsuchungsmaßnahmen im unkonventionellen Bereich, die allein zur wissenschaftlichen Erkundung zulässig sind, werden mangels gefestigter Gewinnerzielungsperspektive nicht vom Unternehmerbegriff umfasst. Für sie haftet die Person, die Inhaber der Bergbauberechtigung ist, allein.

Nach dem Verweis des § 117 Abs. 1 1. Halbsatz BBergG in das allgemeine Zivilrecht ist grundsätzlich Naturalrestitution geschuldet. Schadensersatz in Geld ist nach Maßgabe der §§ 249 Abs. 2, 250 und 251 Abs. 1 und 2 BGB zu leisten. Der Begriff des Bergschadens und der zivilrechtliche für den Kompensationsumfang maßgebliche Schadensbegriff sind nicht deckungsgleich. Aufgrund der verschuldensunabhängigen Ausgestaltung der Bergschadenshaftung definiert das Bundesberggesetz Haftungshöchstgrenzen in Abgrenzung zu dem zivilrechtlichen Prinzip der Totalreparation.

Dem Grundsatz nach trägt die bergbaugeschädigte Person die alleinige Darlegungs- und Beweislast dafür, dass eine Betriebsphase des Fracking-Vorhabens für den entstandenen Bergschaden ursächlich war. Da die Erbringung des Vollbeweises regelmäßig außerordentlich schwierig ist, greift gemäß § 120 Abs. 1 S. 1 BBergG für den Fall eines *non-liquet* die sogenannte Bergschadensvermutung, nach der, soweit ihre Voraussetzungen zum Vollbeweis des § 286 Abs. 1 S. 1 ZPO feststehen, vermutet wird, dass der Bergbaubetrieb kausal für den Eintritt des Bergschadens war.

In Bezug auf Fracking-Vorhaben stellen typische Bergschäden nur Schäden an Grundstücken sowie deren baulichen Anlagen dar. Bodenkontaminationen und Gewässerverunreinigungen fallen hierunter nur, soweit sie eigentumsfähig sind.

Seit Umsetzung des Fracking-Regelungspaketes erstreckt sich der Einwirkungsbereich eines Bergbaubetriebes, dessen Feststellung sich anhand der Methoden und Kriterien, die sich aus der Bergverordnung über Einwirkungsbereiche ergeben, auch auf den Bohrlochbergbau und die untertägige Verbringung von Lagerstättenwasser und somit auch auf Fracking-Vorhaben. Allerdings bezieht sich der Einwirkungsbereich weiterhin nur auf die untertägigen Betriebsteile. Die übertägige Entsorgungsphase des Fracking-Vorhabens ist damit von der Bergschadensvermutung ausgenommen.

Ebenfalls hat das Fracking-Regelungspaket die typischen Veränderungen der Oberfläche um die Tatbestandsmerkmale der Erderschütterungen und Hebungen der Erdoberfläche erweitert. Ausgenommen hiervon blieben die wesentlich wahrscheinlicheren Schadensbilder der Gewässerverunreinigungen und Bodenverunreinigungen sowie sämtliche Schäden, die aus dem fehlerhaften Umgang mit Rückfluss und Lagerstättenwasser an der Oberfläche resultieren. Damit hat *de facto* das Gesetzespaket keine Verschärfung des bergrechtlichen Haftungsregimes herbeigeführt. Die Bergschadensvermutung kann ferner hinsichtlich seismischer Ereignisse widerlegt werden, wenn auch bergbaufremde Ursachen wie die geologischen Besonderheiten des Gebietes für die Erderschütterung ursächlich waren.

Beweiserleichternd stellt sich das Recht auf Einsichtnahme in das Grubenbild nach § 63 Abs. 4 S. 1 BBergG dar, da dies das zentrale Dokument für den Nachweis eines Bergschadens ist. Als öffentliche Urkunde i.S.d. § 415 Abs. 1 ZPO liefert es vollen Beweis über die Beschaffenheit des Bergbaubetriebes. Die Pflicht, Risswerke als Teil der Grubenbilder zu erstellen, trifft Fracking-Unternehmen allerdings nur insoweit, als dass es sich bei ihnen um Gewinnungsbetriebe handelt. Dementsprechend müssen nur Risswerke für konventionelle Fracking-Vorhaben erstellt werden. Unkonventionelle Fracking-Vorhaben müssen keine Risswerke aufstellen, da sie als Bohrlochbergbetriebe nicht zu den untertägigen Aufsuchungsbetrieben i.S.d. § 63 Abs. 1 S. 1 BBergG zählen. Sollte von ihnen ein Schaden ausgehen, haben die Betroffenen demzufolge auch kein Einsichtnahmerecht.

2. Kapitel: Wasserrechtliche Haftung

Das Fracking-Regelungspaket hat durch das Aufstellen von Anforderungen an das Fracking-Unternehmen bei der Aufsuchung und Gewinnung von Erdgas mittelbar auch die im Rahmen des Haftungsregimes des § 89 Abs. 1 und Abs. 2 WHG relevanten Verkehrssicherungspflichten konkretisiert, deren Nichteinhalten die wasserrechtlichen Haftungstatbestände in Form des Unterlassens verwirklichen können.

Schutzgut beider Haftungstatbestände ist das Gewässer, insbesondere auch das Grundwasser, so dass alle potentiell von den einzelnen Phasen des Fracking-Vorhabens ausgehenden Gefahren auf das Wasser vom Schutzgut umfasst sind. Ausgenommen hiervon ist lediglich Wasser, das sich in der Kanalisation oder einer Kläranlage befindet. Damit ist der Schutzgutbereich des § 89 WHG deutlich weiter als der Schutzgutbereich des § 114 Abs. 1 BBergG.

Bei Fracking-Fluid, Rückfluss und Lagerstättenwasser sowie aufsteigenden Methan handelt es sich um die Haftung auslösende Stoffe.

Die Schadensersatzpflicht beider Haftungstatbestände tritt nur ein, wenn die Stoffe die Wasserbeschaffenheit des infrage stehenden Gewässers nachteilig verändern. Dies muss wiederum anhand eines Gewässerzustandsvergleichs bestimmt werden.

Die Verhaltenshaftung des § 89 Abs. 1 WHG setzt ein zweckbezogen auf ein Gewässer einwirkendes Verhalten voraus. Fracking-Fluideinträge aufgrund von fehlerhaftem Umgang sowie Lagerstättenwassereintrag in grundwasserführende Schichten im Rahmen der Entsorgungsphase stellen keinen Einleitungsvorgang dar, da sie Unfall- bzw. Störszenarien und daher keine objektiv-final zweckbezogenen Verhaltensweisen sind.

Mittelbare Verhaltensweisen lösen ebenfalls auch die Verhaltenshaftung aus, soweit sie einen objektiv-finalen Gewässerbezug haben. Die Indirekteinleitung von Rückfluss und Lagerstättenwasser erfüllt nach einer am Gesetzeszweck ausgerichteten Betrachtungsweise demnach dann den Tatbestand des Einleitens, wenn das Verhalten des Fracking-Unternehmens objektiv dafür geeignet ist, dass Rückfluss und Lagerstättenwasser in ein Gewässer hineingelangen, wenn es also vertragswidrig oder entgegen der kommunalen Abwassersatzung eingeleitet wird und das Gesamtabwasser anschließend in ein Gewässer gelangt.

Die Verhaltenshaftung wird vom Fracking-Unternehmen dann durch Unterlassen verwirklicht, wenn es gegen eine ihm obliegende Verkehrssicherungspflicht verstößt. Die dem Fracking-Unternehmen obliegenden Verkehrssicherungspflichten ergeben sich insbesondere aus dem im Rahmen des Fracking-Regelungspaketes eingeführten § 22b S. 1 ABBergV, wonach bei den zu treffenden Sicherungs- und Überwachungsmaßnahmen insbesondere der Stand der Technik einzuhalten ist.

Die haftungsbegründende Kausalität zwischen Verhalten und Gewässerverunreinigung bestimmt sich nach den allgemeinen zivilrechtlichen Zurechnungsinstrumenten. Im Rahmen der Unterlassenshaftung ist zu fragen, ob der eingetretene Schaden bei Einhaltung der Verkehrssicherungspflichten, insbesondere beim Einhalten des Stands der Technik an Sicherheit grenzender Wahrscheinlichkeit verhindert worden wäre.

Alle Anlagen des Fracking-Betriebes, insbesondere auch das Bohrloch und die Anlagen zum Sammeln, Aufbereiten und Fortschaffen von Rückfluss und Lagerstättenwasser sind von der Anlagenhaftung des § 89 Abs. 2 S. 1 WHG umfasste wassergefährdende Anlagen. Im Gegensatz zur Verhaltenshaftung kommt es auf ein zweckbezogenes Verhalten nicht an, sodass neben dem bestimmungsgemäßen Hineingelangen auch Stör- bzw. Unfälle die Anlagenhaftung begründen. Somit hat die Anlagenhaftung in Bezug auf den Untersuchungsgegenstand die größere Bedeutung, da nahezu alle von Fracking-Vorhaben ausgehenden Gefahren aus Stör- bzw. Unfälle herrühren.

Die nachteilige Veränderung der Wasserbeschaffenheit muss, wie bei der Verhaltenshaftung, äquivalente, adäquate und vom Schutzzweck der Norm gedeckte Folge des Stoffeintrags sein, was in der Regel aufgrund des weiten Schutzzwecks der wasserrechtlichen Haftungsnorm zu bejahen ist.

Die tatbestandlich weite Haftung bedarf auf der Rechtsfolgenseite einer sachgerechten Eingrenzung des Schadensersatzberechtigten, da ansonsten verschuldensunabhängig, sachlich und in der Höhe nach unbegrenzt gehaftet werden würde. Ersatzberechtigt ist daher nur derjenige, der persönlich und sachlich unmittelbar von der Gewässerverunreinigung betroffen ist. Dies sind diejenigen, die ein Gewässer zum Gebrauch für Mensch und Tier, zur Bewässerung von Feldern oder zur Fischzucht benutzen sowie die Wasserversorger, betroffene Grundstücksinhaber und Gewässereigentümer, soweit das betroffene Gewässer eigentumsfähig ist. Erleidet hingegen niemand einen Schaden durch die nachteilige Veränderung der Wasserbeschaffenheit, greift § 89 WHG nicht.

Prozessual trägt die geschädigte Person die volle Beweislast für die haftungsbegründenden Voraussetzungen und den Schaden eines Fracking-Vorhabens. Hierzu zählt insbesondere der Nachweis, dass das Fracking-Vorhaben ursächlich für die nachteilige Veränderung der Wasserbeschaffenheit geworden ist (haftungsbegründende Kausalität). Dieser Nachweis wird in der Praxis nur schwer gelingen. Beweiserleichterungen können sich nur aus den richterlichen Rechtsfortbildungsinstituten der Beweislastumkehr und des Anscheinsbeweises ergeben.

Dokumentiert ein Fracking-Unternehmen die ihm seit der Einführung des Fracking-Regelungspaketes obliegenden Sicherungs- und Überwachungsinstrumente des § 22b S. 1 ABBergV nicht ausreichend, kann dies einen groben Verstoß von Berufspflichten zur Folge haben. Dieser kann im Rahmen eines Haftungsprozesses im Einzelfall zu einer Beweislastumkehr führen. Wann eine Typizität der Geschehensabläufe zur Annahme eines Anscheinsbeweises im Bezug auf Fracking-Vorhaben vorliegt, lässt sich mangels praktischer Erfahrungen und damit einschlägiger allgemeiner Lebenserfahrung insbesondere im Bereich der unkonventionellen Erdgasförderung kaum bestimmen. Feststeht allerdings, dass im Bereich der Entsorgungsphase ein unfallbedingter Schadstoffeintrag von unbehandeltem Rückfluss und Lagerstättenwasser in Oberflächengewässer bzw. oberflächennahe grundwasserführende Schichten eine nachteilige Veränderung der Wasserbeschaffenheit nach allgemeiner Lebenserfahrung zur Folge hat.

Abkürzungen

a.E.	am Ende
a.F.	alte Fassung
ABBergV	Bergverordnung für alle bergbaulichen Bereiche
AbfallR	Zeitschrift für das Recht der Abfallwirtschaft
ABG	Allgemeines Berggesetz für die preußischen Staaten
AbwAG	Abwasserabgabengesetz
AbwV	Abwasserverordnung
AG	Aktiengesellschaft
AgrarR	Zeitschrift für das gesamte Recht der Landwirtschaft, der Agrarmärkte und des ländlichen Raumes
AöR	Archiv des öffentlichen Rechts
AVV	Aballverzeichnis-Verordnung
AwSV	Verordnung über Anlagen zum Umgang mit wassergefährdenden Stoffen
BauGB	Baugesetzbuch
BauR	Zeitschrift für das gesamte öffentliche und zivile Baurecht
BB	Betriebs-Berater
BBergG	Bundesberggesetz
BfN	Bundesamt für Naturschutz
BGB	Bürgerliches Gesetzbuch
BGR	Bundesamt für Geowissenschaften und Rohstoffe
BImSchG	Bundesimmissionsschutzgesetz
BMWi	Bundesministerium für Wirtschaft und Energie
BNatSchG	Bundesnaturschutzgesetz
BRS	Baurechtssammlung
BT-Drs.	Drucksache des Bundestages
BTU	British Thermal Unit
BVOT	Bergverordnung für Tiefbohrungen, Untergrundspeicher und für die Gewinnung von Bodenschätzen durch Bohrungen im Land Niedersachsen
ca.	circa
CDU	Christlich Demokratische Union Deutschlands
CSU	Christlich-Soziale Union in Bayern
d.h.	das heißt
DB	Der Betrieb
ders.	derselbe
dies.	dieselbe(n)
DIN	Deutsche Institut für Normung e.V.
DVBl.	Deutsches Verwaltungsblatt
e.G.	eingetragene Genossenschaft
e.V.	eingetragener Verein
EEG	Gesetz für den Ausbau erneuerbarer Energien

EIA	U.S. Energy Information Administration
EinwirkungsBergV	Bergverordnung über Einwirkungsbereiche
EPA	United States Environmental Protection Agency
ErbbauRG	Gesetz über das Erbbaurecht
FS	Festschrift
GDMB	Gesellschaft der Metallurgen und Bergleute e.V.
GewArch	Gewerbearchiv
GG	Grundgesetz für die Bundesrepublik Deutschland
ggf.	gegebenenfalls
GmbH	Gesellschaft mit beschränkter Haftung
GrwV	Verordnung zum Schutz des Grundwassers
GUS	Gemeinschaft Unabhängiger Staaten
HLNUG	Hessisches Landesamt für Umwelt und Geologie
i.S.d.	im Sinne des
IEA	International Energy Agency
JZ	Juristenzeitung
KG	Kommanditgesellschaft
KrWG	Gesetz zur Förderung der Kreislaufwirtschaft und Sicherung der umweltverträglichen Bewirtschaftung von Abfällen
KSpG	Gesetz zur Demonstration der dauerhaften Speicherung von Kohlendioxid
LaplaG	Gesetz über die Landesplanung des Landes Schleswig Holstein
LBEG	Landesamt für Bergbau, Energie und Geologie in Niedersachsen
LEP NRW	Landesentwicklungsplan Nordrhein-Westfalen 2016
LFBG	Lebensmittel- und Futtermittelgesetzbuch
LKV	Landes- und Kommunalverwaltung
MarkschBergV	Verordnung über markscheiderische Arbeiten und Beobachtungen der Oberfläche
Mio.	Millionen
MKULNV	Ministerium für Klimaschutz, Umwelt, Landwirtschaft, Natur- und Verbraucherschutz des Landes Nordrhein-Westfalen
Mrd.	Milliarden
n.F.	neue Fassung
NdsVBl.	Niedersächsische Verwaltungsblätter
NJ	Neue Justiz
NJOZ	Neue Juristische Online-Zeitschrift
NJW	Neue Juristische Woche
NordÖR	Zeitschrift für öffentliches Recht in Norddeutschland
NORM	Naturally Occurring Radioactive Material
NStZ	Neue Zeitschrift für Strafrecht
NuR	Natur und Recht
NVwZ	Neue Zeitschrift für Verwaltungsrecht

OGewV	Verordnung zum Schutz der Oberflächengewässer
OHG	offene Handelsgesellschaft
OPEC	Organisation erdölexportierender Länder
ProdHG	Gesetz über die Haftung für fehlerhafte Produkte
RoV	Raumordnungsverordnung
RuR	Zeitschrift für Raumforschung und Raumordnung
SGD	Staatliche Geologische Dienste der Deutschen Bundesländer
sog.	sogenannte(s)
SPD	Sozialdemokratische Partei Deutschlands
SRU	Sachverständigenrat für Umweltfragen
StrSchV	Strahlenschutzverordnung
StVG	Straßenverkehrsgesetz
UBA	Umweltbundesamt
UnterlagenBergV	Bergverordnung über vermessungstechnische und sicherheitliche Unterlagen
UVP	Umweltverträglichkeitsprüfung
UVP-V Bergbau	Verordnung über die Umweltverträglichkeitsprüfung bergbaulicher Vorhaben
VersR	Zeitschrift für Versicherungsrecht, Haftungs- und Schadensrecht
VerwArch	Verwaltungsarchiv
vgl.	vergleiche
VwVfG	Verwaltungsverfahrensgesetz des Bundes
WHG	Wasserhaushaltsgesetz des Bundes
WiVerw	Wirtschaft und Verwaltung
WM	Zeitschrift für Wirtschafts- und Bankrecht
ZfB	Zeitschrift für Bergrecht
ZfBR	Zeitschrift für deutsches und internationales Bau- und Vergaberecht
ZfIR	Zeitschrift für Immobilienrecht
ZfW	Zeitschrift für Wasserrecht
ZNER	Zeitschrift für Neues Energierecht
ZUR	Zeitschrift für Umweltrecht
ZVersWiss	Zeitschrift für die gesamte Versicherungswissenschaft

Literatur

Ackermann, Thomas	Der Schutz des negativen Interesses (Habil.), Tübingen 2007.
Agbaria, Evely/ Berg, Jeremy (et. al)	PONS Großwörterbuch Englisch-Deutsch Deutsch-Englisch, Stuttgart 2007.
Arndt, Matthias	»Aktuelle Rechtsfragen zu Kleinkläranlagen«, in: Neue Zeitschrift für Verwaltungsrecht 2012, S. 937 ff.
Attendorn, Thorsten	»Fracking – zur Erteilung von Gewinnungsberechtigungen und der Zulassung von Probebohrungen zur Gewinnung von Erdgas aus unkonventionellen Lagerstätten«, in: Zeitschrift für Umweltrecht 2011, S. 565 ff.
Bader, Johann/ Ronellenfitsch, Michael (Hrsg.)	Verwaltungsverfahrensgesetz mit Verwaltungs-Vollstreckungsgesetz und Verwaltungszustellungsgesetz, Kommentar, München 2020, 47. Edition, Stand: 1. April 2020.
Bartelt, Johann Christian	Beschränkung des Schadensersatzumfangs durch das Übermaßverbot? (Diss.), Berlin 2004.
Bartlsperger, Richard	»Raumordnungsgebiete mit besonderer Funktion«, in: Akademie für Raumforschung und Landesplanung, Zur Novellierung des Landesplanungsrechts aus Anlass des Raumordnungsgesetzes 1998, Hannover 2000, S. 119 ff.
Battis, Ulrich	Öffentliches Baurecht und Raumordnungsrecht, Stuttgart 2017, 7. Auflage.
Battis, Ulrich/ Krautzberger, Michael/ Löhr, Rolf-Peter (Hrsg.)	Baugesetzbuch Kommentar, München 2019, 14. Auflage.
Bauer, Marianne	»Erweiterung der Gefährdungshaftung durch Gesetzesanalogie«, in: Flume, Werner/Raisch, Peter/Steindorff, Ernst (Hrsg.), Beiträge zum Zivil- und Wirtschaftsrecht, Festschrift für Kurt Ballerstedt zum 75. Geburtstag am 24. Dezember 1975, Berlin 1975.
Baumbach, Adolf/ Lauterbach, Wolfgang/ Albers, Jan/ Hartmann, Peter	Zivilprozessordnung mit FamFG, GVG und anderen Nebengesetzen, München 2020, 78. Auflage.
Baur, Fritz/ Stürner, Rolf	Sachenrecht, München 2009, 18. Auflage.
Beaucamp, Guy	»Die Leitvorstellung der nachhaltigen Raumentwicklung«, in: Raumforschung und Raumordnung 2002, S. 232 ff.
Beck, Wolf-Rüdiger/ Perling, André	»Die Haftung für Bergschäden in den neuen Bundesländern«, in: Neue Justiz 2000, S. 339 ff.

Beckmann, Martin/ *Durner, Wolfgang/* *Mann, Thomas/* *Röckinghausen, Marc (Hrsg.)*	Landmann/Rohmer, Umweltrecht, Band I, Kommentar, München 2019, 92. Ergänzungslieferung, Stand: 1. Februar 2020.
dies., Landmann/ *Rohmer*	Umweltrecht, Band II, Kommentar, München 2019, 92. Ergänzungslieferung, Stand: 1. Februar 2020.
dies., Landmann/ *Rohmer*	Umweltrecht, Band III, Kommentar, München 2019, 92. Ergänzungslieferung, Stand: 1. Februar 2020.
Beckmann, Martin/ *Wittmann, Antje*	»Umwelthaftung für Abfallentsorgungsanlagen«, in: Zeitschrift für das Recht der Abfallwirtschaft 2007, S. 87 ff.
Benesch, Mirko	»Der Fall Staufen – Rechtliche Beurteilung aus Sicht der Betroffenen«, in: Frenz, Walter/Preuße, Axel (Hrsg.), 11. Aachener Altlasten- und Bergschadenskundliches Kolloquium, Wirkungsunsicherheiten in der Geothermiebohrung: der Fall Staufen, Heft 119 der Schriftenreihe der GDMB Gesellschaft für Bergbau, Metallurgie, Rohstoff- und Umwelttechnik e.V., Clausthal-Zellerfeld 2009, S. 9 ff.
Berendes, Konrad	Wasserhaushaltsgesetz, Kurzkommentar, Berlin 2018, 2. Auflage.
Berendes, Konrad	»Die neue Wasserrechtsordnung«, in: Zeitschrift für Wasserrecht 41 (2002), S. 197 ff.
Berendes, Konrad/ *Frenz, Walter/* *Müggenborg/* *Hans-Jürgen (Hrsg.)*	WHG Wasserhaushaltsgesetz, Kommentar, Berlin 2017, 2. Auflage.
Bernsdorff, Norbert	»Positivierung des Umweltschutzes im Grundgesetz (Art. 20a GG)«, in: Natur und Recht 1997, S. 328 ff.
BfN (Hrsg.)	Daten zur Natur 2016, Neuwied 2016, abrufbar unter: https://www.bfn.de/fileadmin/BfN/daten_fakten/Downloads/Daten_zur_Natur_2016_BfN.pdf, abgerufen am 18. März 2019.
BGR (Hrsg.)	Abschätzung des Erdgaspotenzials aus dichten Tongesteinen (Schiefergas) in Deutschland, Hannover 2012, abrufbar unter: https://www.bgr.bund.de/DE/Themen/Energie/Downloads/BGR_Schiefergaspotenzial_in_Deutschland_2012.pdf?__blob=publicationFile&v=7, abgerufen am 15. März 2019.
BGR (Hrsg.)	Energiestudie 2013 – Reserven, Ressourcen und Verfügbarkeit von Energierohstoffen, abrufbar unter: https://www.bgr.bund.de/DE/Themen/Energie/Downloads/Energiestudie_2013.pdf; jsessionid=8B9BAB4D05863834F734CD6AEACA02CD.2_cid284?__blob=publicationFile&v=5, abgerufen am 15. März 2019.
BGR (Hrsg.)	Schieferöl und Schiefergas in Deutschland, Potenziale und Umweltaspekte, Hannover 2016, abrufbar unter: https://www.bgr.bund.de/DE/Themen/Energie/Downloads/Abschlussbericht_13MB_Schieferoelgaspotenzial_Deutschland_2016.pdf%3F__blob%3DpublicationFile%26v%3D5, abgerufen am: 15. März 2019.

BGR (Hrsg.)	Deutschland – Rohstoffsituation 2017, Hannover 2017, abrufbar unter: https://www.bgr.bund.de/DE/Themen/Min_rohstoffe/ Downloads/rohsit-2017.pdf?__blob=publicationFile&v=3, abgerufen am 15. März 2019.
BGR (Hrsg.)	Energiestudie 2017 – Daten und Entwicklungen der deutschen und globalen Energieversorgung, abrufbar unter: https://www. bgr.bund.de/DE/Themen/Energie/Downloads/energiestudie_201 7.pdf?__blob=publicationFile&v=5, abgerufen am 15. März 2019.
Bickenbach, Christian	Die Einschätzungsprärogative des Gesetzgebers (Diss.), Tübingen 2014.
Bielenberg, Walter/ Runkel, Peter/ Spannowsky, Willy (Hrsg.)	Raumordnungs- und Landesplanung des Bundes und der Länder Kommentar, Berlin, Stand: 04/2018.
Bischoff, Walter/ Bramann, Heinz/ Dürrer, Friedrich/ Moebius, Paul Gerhard/ Quadfasel, Heinrich/ Schlüter, Wolfgang	Das kleine Bergbaulexikon, Essen 1988, 7. Auflage.
BMU/ UBA (Hrsg.)	Umweltauswirkungen von Fracking bei der Aufsuchung und Gewinnung von Erdgas aus unkonventionellen Lagerstätten, Kurzfassung, 2012, abrufbar unter: https://www.umweltbundesamt.de/sites/default/files/medien/461/publikationen/k4346.pdf, abgerufen am 15. März 2019.
BMWi (Hrsg.)	Energiekonzept für eine umweltschonende, zuverlässige und bezahlbare Energieversorgung, 2010, abrufbar unter: https:// www.bmwi.de/Redaktion/DE/Downloads/E/energiekonzept-2010.pdf?__blob=publicationFile&v=3, abgerufen am 17. März 2019.
Boehme-Neßler, Volker	»Prekäre Balance: Überlegungen zum heiklen Verhältnis von Richtern und Gutachtern«, in: Rechtswissenschaft 2014, S. 189 ff.
Boehme-Neßler, Volker	»Fracking-Entscheidungen durch Experten-Kommissionen? Verfassungsrechtliche Überlegungen zum Entscheidungsdesign im aktuellen Fracking-Regelungspaket«, in: Neue Zeitschrift für Verwaltungsrecht 2015, S. 1249 ff.
Böhm, Monika	»Lizenz zum Fracken? Bergrechtliche Voraussetzungen für die Erschließung unkonventioneller Erdgasvorkommen«, in: Ewer, Wolfang/Ramsauer, Ulrich/Reese, Moritz/Rubel, Rüdiger, Methodik – Ordnung – Umwelt, Festschrift für Hans-Joachim Koch aus Anlass seines siebzigsten Geburtstages, Schriften zum Öffentlichen Recht, Bans 1279, Berlin 2014.
Bohne, Eberhard	»Die Umweltverträglichkeitsprüfung bergbaulicher Vorhaben nach den Gesetzentwürfen der Bundesregierung zur Umsetzung der EG-Richtlinie vom 27.06.1985 (85/337/EWG)«, in Zeitschrift für Bergrecht 1989, S. 93 ff.

Boldt, Gerhard/ *Weller, Herbert/* *Kühne, Gunther/* *von Mäßenhausen, Hans-* *Ulrich (Hrsg.)*	Bundesberggesetz (BBergG) Kommentar, Berlin 2016, 2. Auflage.
Boyer, Elizabeth/ *Swistock, Bryan/* *Clark, James/* *Madden, Mark/* *Rizzo, Dana*	»The Impact of Marcellus Gas Drilling on Rural Drinking Water Supplies«, Pennsylvania State University, 2011, abrufbar unter https://fracfocus.org/sites/default/files/publications/marcellus_an d_drinking_water_2011_rev_0.pdf, abgerufen am 21. Februar 2019.
Breuer, Rüdiger	Die hoheitliche raumgestaltende Planung (Diss.), Bonn 1968.
Breuer, Rüdiger	»Anlagensicherheit und Störfälle – Vergleichende Risikobewertung im Atom- und Immissionsschutzrecht«, in: Neue Zeitschrift für Verwaltungsrecht 1990, S. 211 ff.
Breuer, Rüdiger	»Der Stand der Technik im geltenden Recht«, in: Hecker, Bernd/ Hendler, Reinhard/Proelß, Alexander/Reiff, Peter (Hrsg.), Aktuelle Probleme des Umwelt- und Technikrechts, Symposium des 70. Geburtstages von Professor Dr. Peter Marburger, Berlin 2011.
Breuer, Rüdiger	»Die Kostenlast bei Wasserschutzgebietsfestsetzungen«, in: Natur und Recht 1998, S. 337 ff.
Breuer, Rüdiger	»Die raumgestaltende Planung im Wasserrecht«, in: Zeitschrift für Wasserrecht 8 (1969), S. 77 ff.
Breuer, Rüdiger	»Direkte und indirekte Rezeption technischer Regeln durch die Rechtsordnung«, in: Archiv des öffentlichen Rechts 101 (1976), S. 46 ff.
Breuer, Rüdiger	»Gerichtliche Kontrolle der Technik«, in: Neue Zeitschrift für Verwaltungsrecht 1988, S. 104 ff.
Breuer, Rüdiger	»Pflicht und Kür bei der Umsetzung der Wasserrahmenrichtlinie«, in: Zeitschrift für Wasserrecht 44 (2005), S. 1 ff.
Breuer, Rüdiger	»Wasserrechtliche Gefährdungshaftung und Aufwendungen der Gefahrenerforschung«, in: Neue Zeitschrift für Verwaltungsrecht 1988, S. 992 ff.
Breuer, Rüdiger/ *Gärditz, Klaus Ferdinand*	Öffentliches und privates Wasserrecht, München 2017, 4. Auflage.
Brockhoff, Sven	»Der Abfallbewirtschaftungsplan nach § 22a ABBergV«, in: Umwelt- und Planungsrecht 2013, S. 254 ff.
Broomfield, Mark	»Support to the identification of potential risks for the environment and human health arising from hydrocarbons operations involving hydraulic fracturing in Europe«, Harwell: AEA Technology, AEA/ED57281/Issue Number 17, abrufbar unter http:// ec.europa.eu/environment/integration/energy/pdf/ fracking%20study.pdf, abgerufen am 21. Februar 2019.
Brummund, Gerald	»Der Begriff der raumbedeutsamen Planungen und Maßnahmen im Sinne des § 3 Abs. 1 Raumordnungsgesetz (ROG)«, in: Deutsches Verwaltungsblatt 1988, S. 77 ff.

Büllesbach, Rudolf	Die rechtliche Beurteilung von Abgrabungen nach Bundes- und Landesrecht (Diss.), Berlin 1994.
Bünnigmann, Kathrin	»Vorsicht vor dem Fortschritt? Energiegewinnung durch unkonventionelles Fracking im Licht des Wasserrechts«, in: Deutsches Verwaltungsblatt 2015, S. 1418 ff.
Christ, Josef	Raumordnungsziele und Zulässigkeit privater Vorhaben (Diss.), Frankfurt am Main 1992.
Cosack, Tilman	»Bergrechtliches Zulassungsverfahren und Flora-Fauna-Habitat-Verträglichkeitsprüfung«, in: Natur und Recht 2000, S. 311 ff.
Czychowski, Manfred	»Ordnungsbehördliche Maßnahmen nach Ölunfällen«, in: Deutsches Verwaltungsblatt 1970, S. 379 ff.
Czychowski, Manfred/ Reinhardt, Michael	Wasserhaushaltsgesetz unter Berücksichtigung der Landeswassergesetze, Kommentar, München 2019, 12. Auflage.
Deutsch, Erwin	»Das neue System der Gefährdungshaftungen: Gefährdungshaftung, erweiterte Gefährdungshaftung und Kausal-Vermutungshaftung«, in: Neue Juristische Wochenschrift 1992, S. 73 ff.
Deutsch, Markus	»Raumordnung als Auffangkompetenz? – Zur Regelungsbefugnis der Raumordnungspläne«, in: Neue Zeitschrift für Verwaltungsrecht 2010, S. 1520 ff.
Dietrich, Lars	CO_2-Abscheidung und Ablagerung (CAA) im deutschen und europäischen Energieumweltrecht (Diss.), Baden-Baden 2007.
Dietrich, Lars/ Elgeti, Till	»Rechtliche Implikationen der Aufsuchung und Förderung von unkonventionellem Erdgas«, in: Erdöl Erdgas Kohle 2011, Heft 7/8, S. 311 ff.
Dietz, Florian	Technische Risiken und Gefährdungshaftung (Diss.), Köln 2006.
Dombert, Matthias	»Deutsches Umwelthaftungsrecht in der bisherigen Rechtspraxis«, in: Knopp, Lothar (Hrsg.), Neues Europäisches Umwelthaftungsrecht und seine Auswirkungen auf die deutsche Wirtschaft, Heidelberg 2003.
Dreier, Horst (Hrsg.)	Grundgesetz Kommentar, Band II, Tübingen 2015, 3. Auflage.
Drost, Ulrich/ Ell, Marcus	Das neue Wasserrecht, ein Lehrbuch für Ausbildung und Praxis in Bayern, Stuttgart 2016, 2. Auflage.
Dünchheim, Thomas	»Fracking in Deutschland – Rechtliche Grenzen und Möglichkeiten«, in: Deutsches Verwaltungsblatt 2017, S. 1390 ff.
Durner, Wolfgang	»Die Durchsetzbarkeit des wasserwirtschaftlichen Maßnahmenprogramms«, in: Natur und Recht 2009, S. 77 f.
Durner, Wolfgang	Konflikte räumlicher Planungen (Diss.), Tübingen 2005.
Durner, Wolfgang	»Verfassungsfragen landesgesetzlicher Fracking-Verbot am Beispiel der »Voksinitiative zum Schutz des Wasser« des Landes Schleswig-Holstein«, in: Zeitschrift für Deutsches und Europäisches Wasser-, Abwasser und Bodenschutzrecht 2019, S. 143 ff.
Ebert, Ute	»Die Darlegungs- und Beweislast bei Bergschäden unter besonderer Berücksichtigung des § 120 BBergG«, in: Zeitschrift für Bergrecht 1987, S. 331 ff.

Ehricke, Ulrich	»Zum Ersatz des merkantilen Minderwerts von unterbauten Grundstücken im Bergschadensrecht«, in: Zeitschrift für Bergrecht 2006, S. 130 ff.
EIA (Hrsg.)	Annual Energy Outlook 2019, abrufbar unter: https://www.eia.gov/outlooks/aeo/pdf/aeo2019.pdf, abgerufen am 15. März 2019.
Elgeti, Till/ Dietrich, Lars	»Unonventionelles Erdgas: Berg- und Wasserrecht«, in: Natur und Recht 2012, S. 232 ff.
EPA (Hrsg.)	Investigation of Ground-Water Contamination near Pavillion, Wyoming – Workgroup Meeting, 2011, abrufbar unter https://www.epa.gov/sites/production/files/documents/Nov30-2011_WorkgroupPresentation.pdf, abgerufen am 21. Februar 2019.
EPA (Hrsg.)	Study of the Potential Impacts of Hydraulic Fracturing on Drinking Water Resources – progress report, 2012, EPA/601/R-12/011, abrufbar unter https://nepis.epa.gov/Exe/ZyPDF.cgi/P100FH8M.PDF?Dockey=P100FH8M.PDF, abgerufen am 21. Februar 2019.
Erbguth, Wilfried	»Das Gebot einer materiellen Abgrenzung zwischen Grundätzen und Zielen der Raumordnung«, in: Landes- und Kommunalverwaltung 1994, S. 89 ff.
Erbguth, Wilfried	»Unterirdische Raumordnung«, in: Zeitschrift für Umweltrecht 2011, S. 121 ff.
Erbguth, Wilfried	»Zulassungsverfahren des Bergrechts und Raumordnung – am Beispiel der Aufsuchung und Gewinnung von Kies und Sand in den neuen Bundesländern«, in: Verwaltungsarchiv 1996, S. 258 ff.
Erbguth, Wilfried/ Schubert, Mathias	Öffentliches Baurecht mit Bezügen zum Umwelt- und Raumplanungsrecht, Berlin 2015, 6. Auflage.
Ernst, Werner/ Zinkahn, Willy/ Bielenberg, Walter/ Krautzberger, Michael (Hrsg.)	Baugesetzbuch Kommentar, Band I, München 2020, 137. Ergänzungslieferung, Stand: 1. Februar 2020.
Ettner, H.	»Die Anlagenhaftung«, in: Der Betrieb 1964, S. 723 ff.
Ewen, Christoph/ Borchardt, Dietrich/ Richter, Sandra/ Hammerbacher, Ruth	Risikostudie Fracking. Übersichtsfassung der Studie »Sicherheit und Umweltverträglichkeit der Fracking-Technologie für die Erdgasgewinnung aus unkonventionellen Quellen«, 2012, abrufbar unter https://www.ufz.de/export/data/2/201587_Abschlussbericht%20Ex_risikostudiefracking_120518_webprint.pdf, abgerufen am 21. Februar 2019.
Faulstich, Martin/ Baron, Mechthild	»Eine energie- und umweltpolitische Einschätzung der Schiefergasgewinnung in Deutschland«, in: GDMB (Hrsg.), Fracking 2016, Heft 141 der Schriftenreihe der GDMB Gesellschaft der Metallurgen und Bergleute e.V., Clausthal-Zellerfeld 2016, S. 71 ff.
Feldhaus, Gerhard	»Konturen eines modernen Umweltschutzrechts«, in: Die Öffentliche Verwaltung 1974, S. 613 ff.

Filser, Thorsten	»Die Umsetzung der Wasserrahmenrichtlinie durch das novellierte Landeswassergesetz Nordrhein-Westfalen«, in: Nordrhein-Westfälische Verwaltungsblätter 2005, S. 419 ff.
Fischer-Hüftle, Peter	»Bergbauberechtigungen und naturschutzrechtliche Verordnungen«, in Natur und Recht 1989, S. 106 ff.
Franke, Peter	»Funktionswandel der Bergbauberechtigung?«, in: Baur, Jürgen F./Sandrock, Otoo/Scholtka, Boris/Shapira, Amos (Hrsg.), Festschrift für Gunther Kühne zum 70. Geburtstag, Frankfurt am Main, 1999, S.507 ff.
Franke, Peter	»Rechtliche Rahmenbedingungen für die unkonventionelle Gasgewinnung in Nordrhein-Westfalen«, in: Frenz, Walter/Preuße, Axel (Hrsg.), 13. Aachener Altlasten- und Bergschadenskundliches Kolloquium, Chancen und Risiken von unkonventionellem Erdgas, Heft 126 der Schriftenreihe der GDMB Gesellschaft für Bergbau, Metallurgie, Rohstoff- und Umwelttechnik e.V., Clausthal-Zellerfeld 2011, S. 9 ff.
Franzius, Claudio	»Das Moorburg-Urteil des OVG Hamburg Schlaglichter auf das Umweltrecht von heute«, in: Zeitschrift für öffentliches Recht in Norddeutschland 2014, S. 1 ff.
Frenz, Walter	Bergrecht und Nachhaltige Entwicklung, Schriften zum Öffentlichen Recht, Band 841, Berlin 2011.
Frenz, Walter	»Abwasserverwertung zwischen Abfall- und Wasserrecht«, in: Umwelt- und Planungsrecht 2006, S. 383 ff.
Frenz, Walter	»Bergbau und Gemeinschaden«, in: Umwelt- und Planungsrecht 2005, S. 1 ff.
Frenz, Walter	»Bergbaubedingte Beben«, in: Zeitschrift für Neues Energierecht 2016, S. 181 ff.
Frenz, Walter	»Bergbauverantwortlichkeit – vom klassischen Bergbau über Gorleben bis zur Geothermie«, in: Zeitschrift für Neues Energierecht 2010, S. 145 ff.
Frenz, Walter	»Bergschadenshaftung für einen Grundwasseranstieg in einer Bergbaufolgelandschaft«, in: Landes- und Kommunalverwaltung 2010, S. 49 ff.
Frenz, Walter	»Braunkohletagebau und Verfassungsrecht«, in: Neue Zeitschrift für Verwaltungsrecht 2014, S. 124 ff.
Frenz, Walter (Hrsg.)	Bundesberggesetz Kommentar, Berlin 2019.
Frenz, Walter	»Drittschutz im Bergrecht«, in: Neue Zeitschrift für Verwaltungsrecht 2011, S. 86 ff.
Frenz, Walter	»Fracking und UVP«, in: Umwelt- und Planungsrecht 2012, S. 125 ff.
Frenz, Walter	»Moratorium für Fracking?«, in: Zeitschrift für Neues Energierecht 2013, S. 344 ff.
Frenz, Walter	»Rechtsfragen des Fracking«, in: Gesellschaft für Umweltrecht e.V. (Hrsg.), Dokumentation zur 39. wissenschaftlichen Fachtagung der Gesellschaft für Umweltrecht e.V. Berlin 2015, Berlin 2016, S. 87 ff.

Frenz, Walter	»Strengste Fracking-Regelung der Welt? Zum Gesetzentwurf der Bundesregierung vom 10.12.2014«, in: Pielow, Johann-Christian (Hrsg.), Erdgas in Zeiten der Energiewende: Potenziale, Hemmnisse, Rechtsfragen, Stuttgart 2016.
Frenz, Walter	»Fracking-Verbot«, in: Neue Zeitschrift für Verwaltungsrecht 2016, S. 1042 ff.
Frenz, Walter/ *Lülsdorf, Tanja (Hrsg.)*	EnEG/EnEV Energieeinsparungsgesetz Energieeinsparungsverordnung, Kommentar, München 2015.
Frenz, Walter/ *Müggenborg, Hans-Jürgen* *(Hrsg.)*	Bundesnaturschutzgesetz Kommentar, Berlin 2016, 2. Auflage.
Frenz, Walter/ *Slota, Nicola*	»Am Vorabend des neuen Fracking-Gesetzes«, in: Zeitschrift für Neues Energierecht 2015, S. 307 ff.
Frey, Felicitas	Haftung für Altlasten (Diss.), Frankfurt am Main 2012.
Fürst, Dietrich	»Von der Regionalplanung zum Regionalmanagement«, in: Die Öffentliche Verwaltung 193, S. 552 ff.
Gaentzsch, Günter	»Bauleitplanung, Fachplanung, Landesplanung«, in: Wirtschaft und Verwaltung 1984/85, S. 235 ff.
Gaentzsch, Günter	»Die bergrechtliche Planfeststellung«, in: Franßen, Everhardt/ Redeker, Konrad/Schlichter, Otto/Wilke, Dieter (Hrsg.), Bürger – Richter – Staat, Festschrift für Horst Sendler Präsident des Bundesverwaltungsgerichts zum Abschied aus seinem Amt, München 1991.
Gaentzsch, Günter	»Konkurrenz paralleler Anlagengenehmigungen«, in: Neue Juristische Wochenschrift 1986, S. 2787 ff.
Ganten, Reinhard/ *Lemke, Michael*	»Haftungsprobleme im Umweltbereich«, in: Umwelt- und Planungsrecht 1989, S. 1 ff.
Gärditz, Klaus Ferdinand	»Temporale Legitimationsasymmetrien«, in: Hill, Hermann/ Schliesky, Utz (Hrsg.), Management von Unsicherheit und Nichtwissen, Baden-Baden 2016, S. 253 ff.
Gassner, Erich/ *Heugel, Michael*	Das neue Naturschutzrecht, München 2010.
Gaßner, Hartmut/ *Buchholz, Georg*	»Rechtsfragen des Erdgas-Fracking – Grundwasserschutz und UVP«, in: Zeitschrift für Umweltrecht 2013, S. 143 ff.
Gast, Ina Carolin	Die CO_2-Abscheidung und –Ablagerung (Carbon Capture and Storage – CCS) in zivilrechtlicher Sicht (Diss.), Berlin 2012.
Gellermann, Martin	Natura 2000 – Europäisches Habitatschutzrecht und seine Durchführung in der Bundesrepublik Deutschland, Berlin 2001, 2. Auflage.
Gellermann, Martin	»Gewässerausbau im Lichte des neuen wasserwirtschaftlichen Ordnungsrahmens«, in: Deutsches Verwaltungsblatt 2007, S. 1517 ff.
Giesberts, Ludger/ *Reinhardt, Michael (Hrsg.)*	Beck'scher Online-Kommentar Umweltrecht, München 2020, 54. Edition ‚Stand: 01.04.2020

Giesberts, Ludger/ *Kastelec, Spela*	»Das Regelungspaket zum Fracking«, in: Neue Zeitung für Verwaltungsrecht 2017, S. 360 ff.
Gieseke, Paul	»Die Haftung für Änderungen der Wasserbeschaffenheit nach dem neuen deutschen Wasserrecht«, in: Zeitschrift für Wasserrecht 1 (1964), S. 4 ff.
Ginsky, Harald	»Materiellrechtliche Anforderungen an die Boden- und Grundwassersanierung«, in: Natur und Recht 2008, S. 243 ff.
Ginsky, Harald	»Die Pflicht zur Minderung von Schadstoffeinträgen in Oberflächengewässer – Vorgaben der Wasserrahmenrichtlinie und der Richtlinie Prioritäre Stoffe«, in: Zeitschrift für Umweltrecht 2009, S. 242 ff.
Greiving, Stefan	»Der Raumordnerische Vertrag als Instrument zur Absicherung von Kooperationen im zentralörtlichen System«, in: Raumforschung und Raumordnung 2003, S. 371 ff.
Grigo, Werner	»Reform des Bergrechts angesichts aktueller Entwicklungen«, in: Frenz, Walter (Hrsg.), 13. KBU – Kolloqium zu Wirtschaft und Umweltrecht, Bergrechtsreform und Fracking, Heft 131 der Schriftenreihe der GDMB Gesellschaft für Bergbau, Metallurgie, Rohstoff- und Umwelttechnik e.V., Clausthal-Zellerfeld 2013, S. 73 ff.
Groat, Charles/ *Grimshaw, Thomas W.*	»Fact-Based Regulation for Environmental Protection in Shale Gas Development – Summary of Findings«, The University of Texas at Austin, reference number, 512.475.8822, abrufbar unter http://www.gaselectricpartnership.com/Gei_shale_gas_reg _summary1202.pdf, abgerufen am 21. Februar 2019.
Grooterhorst, Johannes	»Die Aufstellung von Bebauungsplänen zur Verwirklichung von flächenfreihaltenden Zielen der Raumordnung und Landesplanung«, in: Deutsches Verwaltungsblatt 1985, S. 703 ff.
Groß, Detlef	»Überarbeitung von Fracking-Regelungen unverzichtbar«, in: wafg aktuell – Informationen der Wirtschaftsvereinigung Alkoholfreie Getränke e.V. 2015, S. 48 f., abrufbar unter: https:// www.wafg.de/uploads/tx_mraktuell/2015-03.pdf, abgerufen am 15. März 2019.
Groß, Thomas	»Die Bedeutung des Umweltstaatsprinzips für die Nutzung erneuerbarer Energien«, in: Neue Zeitschrift für Verwaltungsrecht 2011, S. 129 ff.
Große, Andreas	»Strom und Wärme aus der Tiefe«, in: Zeitschrift für Umweltrecht 2009, S. 535 ff.
Grotefels, Susan	»Vorrang-, Vorbehalts- und Eignungsgebiete in der Raumordnung (§ 7 Abs. 4 ROG)«, in: Erbguth, Wilfried/Oebbecke, Janbernd/ Rengeling, Hans-Werner/Schulte, Martin (Hrsg.), Planung, Festschrift für Werner Hoppe zum 70. Geburtstag, München 2000.
Grotefels, Susan/ *Lorenz, Jana*	»Der landesplanerische Vertrag nach § 13 S. 5 ROG«, in: Umwelt- und Planungsrecht 2011, S. 328 ff.
Gruber, Meinhard	»Sicherung kommunaler Planungsfreiräume durch Regionalplanung«, in: Die Öffentliche Verwaltung 1995, S. 488 ff.

Habrich-Böcker, Christiane/ Kirchner, Beate/ Weißenberg, Peter	Fracking – Die neue Produktionsgeografie, Wiesbaden 2015, 2. Auflage.
Hager, Günter	»Das neue Umwelthaftungsgesetz«, in: Neue Juristische Wochenschrift 1991, S. 134 ff.
Hager, Günter	»Umwelthaftung und Produkthaftung«, in: Juristenzeitung 1990, S. 397 ff.
Hasche, Frank	»Das zweistufige Bewirtschaftungsermessen im Wasserrecht«, in: Zeitschrift für Wasserrecht 43 (2004), S. 144 ff.
Heitmann, Gerd	»Die Leitlinien des Bundesverwaltungsgerichts für den Bergbau«, in: Zeitschrift für Bergrecht 1990, S. 179 ff.
Heitsch, Christian	»Raumordnungsziele und Außenbereichsvorhaben: Steuerungswirkungen und Rechtsschutz«, in: Natur und Recht 2004, S. 20 ff.
Hellriegel, Mathias	»Rechtsrahmen für eine Raumordnung zur Steuerung unterirdischer Nutzungen«, in: Neue Zeitschrift für Verwaltungsrecht 2013, S. 111 ff.
Herbeck, Sebastian	»Der Umgang mit Lagerstättenwasser nach dem Fracking-Gesetz- und Verordnungspaket des Bundes«, in: Zeitschrift für Bergrecht 158 (2017), S. 1 ff.
Herzog, Roman/ Scholz, Rupert/ Herdegen, Matthias/ Klein, Hans H. (Hrsg.)	Maunz/Dürig, Grundgesetz, Kommentar, München 2020, 90. Ergänzungslieferung, Stand: Februar 2020.
HLNUG (Hrsg.)	Hessisches Landesamt für Umwelt und Geologie – Stellungnahme zu vorliegenden Gutachten zum Fracking in Deutschland im Zusammenhang mit dem Aufsuchungsantrag der BNK Deutschland GmbH auf Kohlenwasserstoffe im Erlaubnisfeld »Adler South«, Handlungsempfehlungen aus geologischer und hydro-geologischer Sicht, Az.: 89-0400-01/13, 2013, abrufbar unter: https://www.hlnug.de/fileadmin/dokumente/geologie/rohstoffe/kw/Fracking_HLUG_kurz_260313.pdf, abgerufen am 15. März 2019.
Hoffmann, Jutta	»Der Einigungsvertrag – rechtliche Grundlage für die Umwandlung ehemals volkseigener hochwertiger Steine-Erden-Rohstoffe in bergfreie Bodenschätze«, in: Betriebs-Berater 1994, S. 1584 ff.
Hofmann, Harald/ Gerke, Jürgen/ Hildebrandt, Uta	Allgemeines Verwaltungsrecht, Stuttgart 2016, 11. Auflage.
Hopp, Wolfgang	Rechts- und Vollzugsfragen des Raumordnungsverfahrens, Münster 1999.
Hoppe, Werner	»Nachhaltige Raumentwicklung« und gelungene Neufassung des »Abwägungsgebots« im Regierungsentwurf zur Novellierung des Raumordnungsgesetzes«, in: Neue Zeitschrift für Verwaltungsrecht 2008, S. 936 ff.
Hoppe, Werner	»Ziele der Raumordnung und Landesplanung und Grundsätze der Raumordnung und Landesplanung« in normtheoretischer Sicht«, in: Deutsches Verwaltungsblatt 1993, S. 681 ff.

Hoppe, Werner	»Bergbauberechtigungen als verfassungskräftige Eigentumsposition und ihr Schutz gegenüber Planung«, in Deutsches Verwaltungsblatt 1982, S. 101 ff.
Hoppe, Werner	»Die Einschränkung bergbaulicher Berechtigungen durch eine Nationalparkverordnung – am Beispiel des niedersächsischen Wattenmeeres«, in: Deutsches Verwaltungsblatt 1987, S. 757 ff.
Hoppe, Werner	»Die Gewichtung der Umweltbelange durch die Umweltprüfung in der bauleitplanungsrechtlichen Abwägung nach dem EAG Bau (BauGB 2004) bei der Aufstellung der Bauleitpläne«, in: Geis, Max-Emanuel/Umbach, Dieter C. (Hrsg.), Planung – Steuerung – Kontrolle, Festschrift für Richard Bartlsperger zum 70. Geburtstag, Schriften zum Öffentlichen Recht, Band 1022, Berlin 2006.
Hoppe, Werner	»Zur Flexibilisierung der Ziele der Raumordnung (§ 3 Nr. 2 ROG) in einem neuen Raumordnungsgesetz«, in: Zeitschrift für das gesamte öffentliche und zivile Baurecht, S. 26 ff.
Hoppe, Werner/ Beckmann, Martin/ Kment, Martin (Hrsg.)	Gesetz über die Umweltverträglichkeitsprüfung (UVPG) und das Umwelt-Rechtsbehelfsgesetz, Kommentar, Köln 2018, 5. Auflage.
Hoppe, Werner/ Bönker, Christian/ Grotefels, Susan (Hrsg.)	Öffentliches Baurecht, München 2010, 4. Auflage.
Hoppe, Werner/ Spoerr, Wolfgang	Bergrecht und Raumordnung, Stuttgart 1999.
Hübner, Ulrich	»Haftungsprobleme der technischen Kontrolle«, in: Neue Juristische Wochenschrift 1988, S. 441 ff.
Hughes, David, Drill, Baby, Drill	Can Unconventional Fuels Usher in a New Era of Energy Abundance?, Post Carbon Institute, Santa Rosa (California, USA) 2013, abrufbar unter: http://content.csbs.utah.edu/~mli/ Economics%207004/DBD-report-FINAL.pdf, abgerufen am 15. März 2019.
IEA (Hrsg.)	World Energy Outlook 2018, abrufbar unter https://www.oecd-ilibrary.org/docserver/weo-2018-en.pdf?expires=1550850388& id=&accname=oid011384&checksum=0E59AB20D13F7DDE0 61DD78D5468457, abgerufen am 22. Februar 2019.
Jackson, Robert B./ Vengosha, Avner/ Darraha, Thomas H./ Warnera, Nathaniel R./ Downa, Adrian/ Poredac, Robert J./ Osbornd, Stephen G./ Zhaoa, Kaiguang/ Karr, Jonathan D.	»Increased stray gas abundance in a subset of drinkingwater wells near Marcellus shale gas extraction«, Proceedings of the National Academy of Sciences of the United States of America, 2013, Vol. 110 (28), S. 11250 ff., abrufbar unter http://www. stopaugazdeschiste07.org/IMG/pdf/PNAS-2013-Jackson-11250-5.pdf, abgerufen am 22. Februar 2019.
Jahn, Christoph/ Deifuss-Kruse, Daniela/ Brandt, André (Hrsg.)	Kreislaufwirtschaftsgesetz, Kommentar, Stuttgart 2014.

Janke-Weddige, Stefan	»Zur Einleiterhaftung gemäß § 22 Abs. 1 WHG«, in: Zeitschrift für Wasserrecht 27 (1988), S. 381 ff.
Jarass, Hans D./ Pieroth, Bodo	Grundgesetz für die Bundesrepublik Deutschland, Kommentar, München 2020, 16. Auflage.
Jarass, Hans/ Petersen, Frank (Hrsg.)	Kreislaufwirtschaftsgesetz, München 2014.
Karpen, Ulrich	»Grundeigentum und Bergbaurecht nach dem Bundesberggesetz vom 13.8.1980« in: Archiv des öffentlichen Rechts 106 (1981), S. 15 ff.
Keienburg, Bettina	»Das bergrechtliche Betriebsplanzulassungsverfahren«, in: Neue Zeitschrift für Verwaltungsrecht 2013, S. 1123 ff.
Keppeler, Frank	»Die Gefährdungshaftung nach § 22 WHG«, in: Zeitschrift für das gesamte Recht der Landwirtschaft, der Agrarmärkte und des ländlichen Raumes 1997, S. 207 ff.
Keppeler, Frank	»Die wasserrechtliche Gefährdungshaftung nach § 22 WHG«, in: Deutsche Richterzeitung 1997, S. 479 ff.
Kerkmann, Jochen (Hrsg.)	Naturschutzrecht in der Praxis, Berlin 2010, 2. Auflage.
Keune, Heinz	»Wasserrechtsfragen zum Verregnen, Verrieseln und Versickern von Abwasser«, in: Zeitschrift für Wasserrecht 19 (1980), S. 325 ff.
Keusgen, Andreas	»Bergverordnungen über vermessungstechnische und sicherheitliche Unterlagen sowie über Einwirkungsbereiche«, in: Zeitschrift für Bergrecht 1983, S. 95 ff.
Kiethe, Kurt	»Persönliche Haftung von Organen von Kapitalgesellschaften im Umweltrecht – Außenhaftung durch öffentliches Recht«, in: Deutsches Verwaltungsblatt 2014, S. 1516 ff.
Kirchner, Michael/ Kremer, Eduard	»Leitung und Beaufsichtigung des Bergbaubetriebes«, in: Zeitschrift für Bergrecht 1990, S. 189 ff.
Kirschbaum, Bernd	»Technische Verfahren und Umweltprobleme des Fracking«, in: Gesellschaft für Umweltrecht e.V. (Hrsg.), Dokumentation zur 39. wissenschaftlichen Fachtagung der Gesellschaft für Umweltrecht e.V. Berlin 2015, Berlin 2016, S. 77 ff.
Klass, Jürgen	»Zum Stand der Umwelthaftung in Deutschland«, in: Umwelt- und Planungsrecht 1997, S. 134 ff.
Kloepfer, Michael	Umweltrecht, München 2016, 4. Auflage.
Kloepfer, Michael	»Umweltschutz als Aufgabe des Zivilrechts – auf öffentlich-rechtlicher Sicht«, in: Natur und Recht 1990, S. 337 ff.
Kloepfer, Michael	»Umweltschutz als Verfassungsrecht: Zum neuen Art. 20 a GG«, in: Deutsches Verwaltungsblatt 1996, S. 73 ff.
Kment, Martin	»Raumordnungsgebiete in der deutschen ausschließlichen Wirtschaftszone«, in: Die Verwaltung Band 40 (2007), S. 53 ff.
Kment, Martin	»Landesplanerischer Ausschluss von Fracking-Vorhaben in NRW – Kompetenzrechtliche Grenzen«, in: Nordrhein-Westfälische Verwaltungsblätter 2017, S. 1 ff.

Knack, Hans Joachim/ Henneke, Hans-Günther	Verwaltungsverfahrensgesetz (VwVfG), Kommentar, Köln 2020, 11. Auflage.
Knöchel, Harald	»Das Bundesberggesetz und die Sicherung der Rohstoffversorgung«, in: Baur, Jürgen F./Sandrock, Otoo/Scholtka, Boris/Shapira, Amos (Hrsg.), Festschrift für Gunther Kühne zum 70. Geburtstag, Frankfurt am Main, 1999, S. 599 ff.
Knopp, Günther-Michael	»Abwägungsprobleme bei der Festsetzung von Wasserschutzgebieten für die öffentliche Wasserversorgung«, in: Zeitschrift für Umweltrecht 2007, S. 467 ff.
Knopp, Günther-Michael	»Die Umsetzung der Wasserrahmenrichtlinie auf dem weiteren Weg des wasserrechtlichen Vollzugs in Deutschland«, in: Zeitschrift für Umweltrecht 2005, S. 505 ff.
Knopp, Günther-Michael	»Die Umsetzung der Wasserrahmenrichtlinie im deutschen Wasserrecht«, in: Zeitschrift für Umweltrecht 2001, S. 368 ff.
Knopp, Günther-Michael	»Umsetzung der Wasserrahmenrichtlinie – Neue Verwaltungsstrukturen und Planungsinstrumente im Gewässerschutzrecht«, in: Neue Zeitschrift für Verwaltungsrecht 2003, S. 275 ff.
Knopp, Günther-Michael	»Wiedergutmachung ökologischer Schäden nach § 22 WHG«, in: Zeitschrift für Wasserrecht 27 (1988), S. 261 ff.
Koch, Hans-Joachim/ Hendler, Reinhard (Hrsg.)	Baurecht, Raumordnungs- und Landesplanungsrecht, Stuttgart 2015, 6. Auflage.
Koche, Joachim	»Umweltlasten und wasserrechtliche Gefährdungshaftung«, in: Gewerbearchiv 1997, S. 279 ff.
Köck, Wolfgang	»Flussgebietsbewirtschaftungsplanung und Raumordnung«, in: Die Öffentliche Verwaltung 2013, S. 844 ff.
Kolonko, Britta	»Naturschutzrecht und Bergrecht – zwei unvereinbare Materien?«, in: Zeitschrift für Umweltrecht 1995, S. 126 ff.
Köndgen, Johannes	»Überlegungen zur Fortbildung des Umwelthaftpflichtrechts«, in: Umwelt- und Planungsrecht 1983, S. 345 ff.
Konrad, Jennifer Lynn	Das Bergschadensrecht im System der verschuldensunabhängigen Haftung (Diss.), Baden-Baden 2012.
Kopp-Assenmacher, Stefan (Hrsg.)	KrWG Kreislaufwirtschaftsgesetz, Kommentar, Berlin 2015.
Kopp, Ferdinand/ Ramsauer, Ulrich (Hrsg.)	Verwaltungsverfahrensgesetz, Kommentar, München 2020, 21. Auflage.
Kotulla, Michael	Abwasserabgabengesetz, Kommentar, Stuttgart 2005.
Kotulla, Michael	Wasserhaushaltsgesetz, Kommentar, Stuttgart 2011, 2. Auflage.
Kotulla, Michael	»Das Wasserhaushaltsgesetz und dessen 7. Änderungsgesetz«, in: Neue Zeitschrift für Verwaltungsrecht 2002, S. 1409 ff.
Kräber, Wolfgang	Haftungsprobleme bei Geothermiebohrungen (Diss.), Baden-Baden 2012.
Krämer, Tim	»Auf dem Weg zur aktiven, umsetzungsorientierten Raumordnung – raumordnerische Verträge als Handlungsinstrumentarium«, in: Umwelt- und Planungsrecht 1998, S. 336 ff.

Krause, Rüdiger »Haftungsbegrenzung kraft Verfassungsrechts?«, in: Juristische Rundschau 1994, S. 494 ff.

Kremer, Eduard »Gemeinschädliche Einwirkungen im Sinne des § 55 Abs. 1 Satz 1 Nr. 9 BBergG«, in: Umwelt- und Planungsrecht 1999, S. 250 ff.

Kremer, Eduard/ Bergrecht, Stuttgart 2001.
Neuhaus gen. Wever, Peter

Krüger, Wolfgang/ Münchener Kommentar zur Zivilprozessordnung mit Gerichts-
Rauscher, Thomas (Hrsg.) verfassungsgesetz und Nebengesetzen, Band 1, §§ 1-354, München 2020, 6. Auflage.

Kühling, Jürgen/ Fachplanungsrecht, Düsseldorf 2000, 2. Auflage.
Herrmann, Nikolaus

Kühne, Gunter »Das Bergschadensrecht im System der außervertraglichen Schadenshaftung«, in: Ahrens/Hans-Jürgen/von Bar, Christian/ Fischer, Gerfried/Spickhoff, Andreas/Taupitz, Jochen (Hrsg.), Festschrift für Erwin Deutsch zum 70. Geburtstag, Köln 1999.

Kühne, Gunter Bestandsschutz alten Bergwerkseigentums unter besonderer Berücksichtigung des Art. 14. GG, Baden-Baden 1998.

Kühne, Gunter Rechtsfragen der Aufsuchung und Gewinnung von in Steinkohleflözen beisitzendem Methangas, Baden-Baden 1994.

Kühne, Gunter »Die Bedeutung der Erfordernisse der Raumordnung und Landesplanung bei bergbaulichen Vorhaben«, in: Deutsches Verwaltungsblatt 1984, S. 709.

Kühne, Gunter »Die betriebsplanrechtliche Relevanz bergbauinduzierter Erderschütterungen«, in: Deutsches Verwaltungsblatt 2010, S. 874 ff.

Kühne, Gunter »Die Einführung der Umweltverträglichkeitsprüfung im Bergrecht«, in: Umwelt- und Planungsrecht 1989, S. 326 ff.

Kühne, Gunter »Die rechtsvergleichende und internationalrechtliche Dimension des Bergrechts«, in: Basedow, Jürgen/Drobnig, Ulrich/Ellger, Reinhard/Hopt, Klaus/Kulms, Rainer/Mestmäcker, Ernst-Joachim (Hrsg.), Aufbruch nach Europa, 75 Jahre Max-Plack-Institut für Privatrecht, Tübingen 2001.

Kühne, Gunter »Drei Jahrzehnte Bundesberggesetz – Entwicklungslinien und Ausblick«, in: Zeitschrift für Bergrecht 2013, S. 113 ff.

Kühne, Gunter »Entwicklungslinien der bergrechtlichen Rechtsprechung zur Zulassung bergbaulicher (Groß-)Vorhaben«, in: Kühne, Günther/Ehricke, Ulrich, Entwicklungslinien des Bergrecht, Baden-Baden 2008, S. 51 ff.

Kühne, Gunter »Nochmals: Bergbauliche Berechtigungen und Nationalparkverordnung Niedersächsiches Wattenmeer«, in: Deutsches Verwaltungsblatt 1987, S. 1259 ff.

Kühne, Gunter »Obligatorische Rahmenbetriebsplanzulassung im Bergrecht und ihre Wirkungen«, in: Deutsches Verwaltungsblatt 2006, S. 662 ff.

Kühne, Gunther/ Wandel und Beharren im Bergrecht, Baden-Baden 1992.
Gaentzsch, Günter

Landsberg, Gerd/ *Lülling, Wilhelm*	Umwelthaftungsrecht, Kommentar, Köln 1991.
Langer, Markus	»Die UVP-Pflicht von Tiefbohrungen zur Aufsuchung von Erdöl-, Erdgas- oder Erdwärmevorkommen auf dem Festland – Neuregelung und Änderungsbedarf«, in Zeitschrift für Umweltrecht 2017, S. 16 ff.
Larenz, Karl/ *Canaris, Claus-Wilhelm*	Lehrbuch des Schuldrechts, Zweiter Band, Besonderer Teil, 2. Halbband, München 1994, 13. Auflage.
Larenz, Karl/ *Canaris, Claus-Wilhelm*	Methodenlehre der Rechtswissenschaft, Berlin 1995, 3. Auflage.
LBEG (Hrsg.)	Erdöl- und Erdgasreserven in der Bundesrepublik Deutschland am 01. Januar 2018, abrufbar unter: http://www.lbeg.niedersachsen.de/erdoel-erdgas-reservenbericht/kurzbericht-erdoel--und-erdgasreserven-in-der-bundesrepublik-deutschland-786.html, abgerufen am 15. März 2019.
LBEG (Hrsg.)	Untersuchungsergebnisse zum Erdbeben bei Völkersen (Landkreis Verden) am 22.11.2012 – Seismologische Auswertung abrufbar unter: https://www.lbeg.niedersachsen.de/download/80075/Erdbeben_bei_Voelkersen_Landkreis_Verden_am_22.11.2012.pdf, abgerufen am 20. März 2019.
Lechtenböhmer, Stefan/ *Altmann, Matthias/* *Capito, Sofia/* *Matra, Zsolt/* *Weindorf, Werner/* *Zittel, Werner*	»Auswirkungen der Gewinnung von Schiefergas und Schieferöl auf die Umwelt und die menschliche Gesundheit«, herausgegeben durch den Ausschuss Umweltfragen, öffentliche Gesundheit und Lebensmittelsicherheit des Europäischen Parlaments, 2011, abrufbar unter: http://www.lbst.de/ressources/docs2011/shalegas-PE-464-425_FINAL_DE.pdf, abgerufen am 15. März 2019.
Leisner, Walter	»Privatinteressen als öffentliche Interessen«, in: Die Öffentliche Verwaltung 1970, S. 216 ff.
Limberger, Gerhard/ *Koch, Detlef*	»Der Versicherungsfall in der Gewässerschadenhaftpflichtversicherung«, in: Zeitschrift für Versicherungsrecht, Haftungs- und Schadensrecht 1991, S. 134.
Ludes, Nikolaus	Das Bergwerkseigentum gemäß § 9 BBergG in der Insolvenz des Bergwerkseigentümers (Diss.), Baden-Baden 2012.
Ludwig, Grit	»Umweltaspekte in Verfahren nach BBergG«, in: Zeitschrift für Umweltrecht 2012, S. 150 ff.
Lütkes, Stefan/ *Ewer, Wolfgang (Hrsg.)*	Bundesnaturschutzgesetz Kommentar, München 2018, 2. Auflage.
Marder-Bungert, Julia/ *von Mäßenhausen, Hans-Ulrich*	»Umsetzung der EU-Richtlinie über die Bewirtschaftung von Abfällen aus der mineralgewinnenden Industrie«, in: Zeitschrift für das Recht der Abfallwirtschaft 2008, S. 266 ff.
Maus, Moritz	»Die Änderung von Planfeststellungsbeschlüssen vor Fertigstellung des Vorhabens«, in: Neue Zeitschrift für Verwaltungsrecht 2014, S. 1277 ff.
Melsheimer, Klaus	»Rechtsfragen der Zulassung von Sportbootsteganlagen an und in Gewässer«, in: Zeitschrift für Wasserrecht 42 (2003), S. 65 ff.

Mitschang, Stephan	»Die Belange von Klima und Energie in der Raumordnung«, in: Deutsches Verwaltungsblatt 2008, S. 745 ff.
Mitschang, Stephan	»Wasser- und Gewässerschutz in städtebaulichen Planungen«, in: Zeitschrift für deutsches und internationales Baurecht 1996, S. 63 ff.
MKULNV (Hrsg.)	Fracking in unkonventionellen Erdgas-Lagerstätten in NRW – Kurzfassung zum Gutachten: »Gutachten mit Risikostudie zur Exploration und Gewinnung von Erdgas aus unkonventionellen Lagerstätten in Nordrhein-Westfalen (NRW) und deren Auswirkungen auf den Naturhaushalt insbesondere die öffentliche Trinkwasserversorgung«, abrufbar unter: https://www.bezreg-arnsberg. nrw.de/themen/e/erdgasaufsuchung_gewinnung/gutachten_nrw/gu tachten_nrw_kurz.pdf, abgerufen am 15. März 2019.
Monopolkommission (Hrsg.)	Sondergutachten 59 – Energie 2011:Wettbewerbsentwicklung mit Licht und Schatten, abrufbar unter https://www.monopol kommission.de/images/PDF/SG/s59_volltext.pdf, abgerufen am 15. März 2019.
Mössner, Jörn Manfred	»Deutsch-niederländische Erdgasförderung« in: Ipsen, Jörn/ Stüer, Bernhard (Hrsg.), Öffentliche Verwaltung in Europa – Symposium aus Anlaß des 60. Geburtstages von Professor Dr. Hans-Werner Rengeling, Köln 1999.
Müggenborg, Hans-Jürgen	»Bergbaufolgelandschaften und deren rechtliche Bewältigung«, in: Natur und Recht 2013, S. 326 ff.
Müggenborg, Hans-Jürgen	»Bergschadensrecht nach BBergG«, in: Natur und Recht 2011, S. 689 ff.
Müller, Friedrich/ Christensen, Ralph	Juristische Methodik Band I, Grundlegung für die Arbeitsmethoden der Rechtspraxis, Berlin 2013, 11. Auflage.
Nawrath, Axel	Die Haftung für Schäden durch Umweltchemikalien, Frankfurt am Main 1982.
Neumann, Werner	»Entwicklungstendenzen der Rechtsprechung des Bundesverwaltungsgerichts zum Bergrecht«, in: Kühne, Günther/Ehricke, Ulrich, Entwicklungslinien des Bergrecht, Baden-Baden 2008, S. 27 ff.
Niermann, Ralf Peter	Betriebsplan und Planfeststellung im Bergrecht, Münster 1992.
Nisipeanu, Peter	Abwasserabgabenrecht, Berlin 1997.
Nisipeanu, Peter	»Der Betriebsbeauftragte für Gewässerschutz (Der Gewässerschutzbeauftragte)«, in: Natur und Recht 1990, S. 439 ff.
Nisipeanu, Peter	»Rechtliche Grenzen weiter gehender Anforderungen an Abwasserdirekteinleitungen (Teil 1)«, in: Natur und Recht 2015, S. 449 ff.
Nisipeanu, Peter	»Rechtliche Grenzen weiter gehender Anforderungen an Abwasserdirekteinleitungen (Teil 2)«, in: Natur und Recht 2015, S. 526.
Nölscher, Karl	»Die Bergschadensvermutung des Bundesberggesetzes«, in: Neue Juristische Wochenschrift 1981, S. 2039 ff.

Obermayer, Klaus/
Funke-Kaiser, Michael
(Hrsg.)

VwVfG Kommentar zum Verwaltungsverfahrensgesetz, Köln 2018, 5. Auflage.

Paetow, Stefan

»Die Klagebefugnis des von einer Planung mit enteignungs- rechtlicher Vorwirkung Betroffenen«, in: Dolde, Klaus-Peter/ Hansmann, Klaus/Paetow, Stefan/Schmidt-Assmann, Eberhard (Hrsg.), Verfassung – Umwelt – Wirtschaft, Festschrift für Die- ter Sellner zum 75. Geburtstag, München 2010.

Palandt, Otto

Bürgerliches Gesetzbuch mit Nebengesetzen, Kommentar, München 2020, 79. Auflage.

Paschke, Marian

Kommentar zum Umwelthaftungsgesetz, Berlin 1993.

Pawlowski, Hans-Martin

Methodenlehre für Juristen, Theorie der Norm und des Gesetzes, Heidelberg 1999, 3. Auflage.

Peters, Heinz-Joachim

Die UVP-Richtlinie der EG und die Umsetzung in das deutsche Recht, Baden-Baden 1994.

Peters, W.

»Nationalpark-Verordnung ›Niedersächsisches Wattenmeer‹ und bergbauliche Berechtigungen«, in: Deutsches Verwaltungs- blatt 1988, S. 227 ff.

Petersen, Frank/
Doumet, Jean/
Stöhr, Günter

»Das neue Kreislaufwirtschaftsgesetz«, in: Neue Zeitschrift für Verwaltungsrecht 2012, S. 521 ff.

Pfadt, Hubert

Rechtsfragen zum Betriebsplan im Bergrecht, Baden-Baden 1981.

Philipp-Gerlach, Ursula/
Lukas, Andreas

»Die UVP-Vorprüfung in der Rechtsprechung und Praxis – ein aktuelles Panorama«, in: Zeitschrift für Umweltrecht 2014, S. 548 ff.

Piens, Reinhart

»Sickerwasser von Bergbauhalden als Rechtsproblem«, in: Zeit- schrift für Wasserrecht 38 (1999), S. 11 ff.

Piens, Reinhart/
Schulte, Hans-Wolfgang/
Graf Vitzthum, Stephan

Bundesberggesetz (BBergG) Kommentar, Stuttgart 2013, 2. Auflage.

Pietzcker, Jost

»Zielbeachtungspflicht und Privatisierung öffentlicher Aufga- ben, 2. Statement«, in: Hoppe, Werner/Kauch, Petra (Hrsg.), Raumordnungsziele nach Privatisierung öffentlicher Aufgaben, Kolloquium des Zentralinstituts für Raumplanung am 13. März 1996 in Münster, Beiträge zum Siedlungs- und Wohnungswesen und zur Raumplanung, Band 172, Münster 1996.

Pollmann, Heinz J./
Wilke, F. Ludwig

Der untertägige Steinkohlebergbau und seine Auswirkungen auf die Tagesoberfläche, Stuttgart 1994.

Polzin, Monika

»Zukunft und Ermessen: Vorberücksichtigung von (potentiellen) zukünftigen Gesetzen«, in: Die Öffentliche Verwaltung 2014, S. 1007 ff.

Prütting, Hans/
Gehrlein, Markus (Hrsg.)

Zivilprozessordnung, Kommentar, Köln 2020, 12. Auflage.

Rabel, Ernst	Das Recht des Warenkaufs – Eine rechtsvergleichende Darstellung, 1. Band, Berlin 1936.
Ramsauer, Ulrich/ Wendt, Henning	»Einsatz der Fracking-Technologie insbesondere aus der Sicht des Gewässerschutzes«, in: Neue Zeitschrift für Verwaltungsrecht 2014, S. 1401 ff.
Rausch, Jan-Dirk	Umwelt- und Planungsrecht beim Bergbau (Diss.), Baden-Baden 1990.
Rechenberg, Jörg	»Die schwere Geburt einer Tochter – Entstehung und Folgen der EG-Grundwasser-Tochterrichtlinie«, in: Zeitschrift für Umweltrecht 2007, S. 235 ff.
Rehbinder, Eckard	»Fortentwicklung des Umwelthaftungsrechts in der Bundesrepublik Deutschland«, in: Natur und Recht 1989, S. 149 ff.
Reimer, Franz	Juristische Methodenlehre, Baden-Baden 2016.
Reinhardt, Michael	»Das wasserhaushaltsgesetzliche System der Eröffnungskontrollen unter besonderer Berücksichtigung bergrechtlicher Sachverhaltsgestaltungen«, in: Natur und Recht 1999, S. 134 ff.
Reinhardt, Michael	»Die gesetzliche Förderung kleiner Wasserkraftanlagen und der Gewässerschutz«, in: Natur und Recht 2006, S. 205 ff.
Reinhardt, Michael	»Entscheidung vertagt oder verkappt: Die WHG-Novelle 2016 zum Fracking«, in: Neue Zeitschrift für Verwaltungsrecht 2016, S. 1505 ff.
Reinhardt, Michael	»Geothermiebohrungen und Wasserrecht«, in: Umwelt- und Planungsrecht 2009, S. 289 ff.
Reinhardt, Michael	»Neuere Entwicklungen im wasserhaushaltsgesetzlichen Bewirtschaftungssystem unter besonderer Berücksichtigung des Bergbaus«, in: Natur und Recht 2004, S. 82 ff.
Reinhardt, Michael	»Wasserrechtliche Vorgaben für die Gasgewinnung durch Fracking-Bohrungen«, in: Neue Zeitschrift für Verwaltungsrecht 2012, S. 1369 ff.
Reinicke, Kurt	»Fracken in Deutschland«, in: Erdöl, Erdgas, Kohle 2012, S. 2 ff.
Rempel, Hilmar	»Nicht-konventionelle-Kohlenwasserstoffe – Energiequelle der Zukunft?« in: Energiewirtschaftliche Tagesfragen Jahrgang 60 (2010), Heft 11, S. 8 ff.
Rengeling, Hans-Werner (Hrsg.)	Handbuch zum europäischen und deutschen Umweltrecht, Band I: Allgemeines Umweltrecht, Köln 2003, 2. Auflage (zitiert als EUDUR I).
Rengeling, Hans-Werner (Hrsg.)	Handbuch zum europäischen und deutschen Umweltrecht, Band II: Besonderes Umweltrecht (1. Teilband), Köln 2003, 2. Auflage (zitiert als EUDUR II).
Rittner, Fritz	»Wirtschaftsrechtliche und ordnungspolitische Bemerkungen zum Bundesberggesetz-Entwurf«, in: Der Betrieb 1972, Beilage 7, S. 1 ff.
Röckrath, Luidger	»Kollegialentscheidung und Kausalitätsdogmatik Zurechnung überbestimmter Erfolge in Straf- und Haftungsrecht«, in: Neue Zeitschrift für Strafrecht 2003, S. 641 ff.

Rosenwinkel, Karl-Heinz/
Weichgrebe, Dirk/
Olsson, O.
Gutachten zur Abwasserentsorgung und Stoffstrombilanz, Institut für Siedlungswasserwirtschaft und Abfalltechnik, Hannover 2012.

Roßnagel, Alexander
»Die rechtliche Bewertung unkonventioneller Erdgasgewinnung durch Fracking in Deutschland – rechtliche Beiträge zur Konfliktbewältigung«, in: Ewer, Wolfang/Ramsauer, Ulrich/ Reese, Moritz/Rubel, Rüdiger, Methodik – Ordnung – Umwelt, Festschrift für Hans-Joachim Koch aus Anlass seines siebzigsten Geburtstages, Schriften zum Öffentlichen Recht, Bans 1279, Berlin 2014.

Roßnagel, Alexander/
Hentschel, Anja/
Polzer, Andreas
Rechtliche Rahmenbedingungen der unkonventionellen Erdgasförderung mittels Fracking, Kassel 2012, abrufbar unter: http://www.uni-kassel.de/upress/online/frei/978-3-86219-350-9. volltext.frei.pdf, abgerufen am 17. März 2019.

Ruffert, Matthias
»Verantwortung und Haftung für Umweltschäden«, in: Neue Zeitschrift für Verwaltungsrecht 2010, S. 1177 ff.

Runkel, Peter
»Das neue Raumordnungsgesetz«, in: Wirtschaft und Verwaltung 1997, S. 267 ff.

Runkel, Peter
»Zur geplanten Neuregelung des Rechts der Raumordnung«, in: Umwelt- und Planungsrecht 1997, S. 1 ff.

Ruttloff, Marc
»Das Verhältnis wasserrechtlicher Gestattungen zum Planfeststellungsrecht«, in: Umwelt- und Planungsrecht 2012, S. 328 ff.

Säcker, Franz Jürgen/
Rixecker, Roland/
Oetker, Hartmut (Hrsg.)
Münchener Kommentar zum Bürgerlichen Gesetzbuch, Band 1 Allgemeiner Teil §§ 1-240, München 2018, 8. Auflage.

Säcker, Franz Jürgen/
Rixecker, Roland/
Oetker, Hartmut (Hrsg.)
Münchener Kommentar zum Bürgerlichen Gesetzbuch, Band 2 Schuldrecht – Allgemeiner Teil I, München 2019, 8. Auflage.

Säcker, Franz Jürgen/
Rixecker, Roland/
Oetker, Hartmut (Hrsg.)
Münchener Kommentar zum Bürgerlichen Gesetzbuch, Band 6 Schuldrecht – Besonderer Teil IV, München 2017, 7. Auflage.

Säcker, Franz Jürgen/
Rixecker, Roland/
Oetker, Hartmut (Hrsg.)
Münchener Kommentar zum Bürgerlichen Gesetzbuch, Band 7 Sachenrecht §§ 854-1296, München 2017, 7. Auflage.

Salje, Peter
»Notwendigkeit eines erweiterten Schadensbegriffes bei Umweltbeeinträchtigungen«, in: Ministerium für Umwelt, Raumordnung und Landwirtschaft des Landes Nordrhein-Westfalen (Hrsg.), Umwelthaftung aus juristischer und ökonomischer Sicht, Eschborn 1994, S. 333 ff.

Salje, Peter/
Peter, Jörg
Umwelthaftungsgesetz, München 2005, 2. Auflage.

Salzwedel, Jürgen
»Ausweisung von Wasserschutzgebieten und verwaltungsgerichtliche Nachprüfung – Zur Funktion besonderer Schutzanordnungen vor dem Hintergrund verschärfter flächendeckender Anforderungen an den Gewässerschutz«, in: Zeitschrift für Wasserrecht 31 (1992), S. 397 ff.

Salzwedel, Jürgen	»Lässt die staatliche Bewirtschaftungsplanung für Gewässer heute noch Raum für den langfristigen Schutz von Investitionen im Bergbau?« in: Heggemann, Bernd (Hrsg.), Bergrechtliche Zulassungsentscheidungen im Kontext mit Umweltprüfungen, Baden-Baden 2009.
Salzwedel, Jürgen	»Neuere Tendenzen im Wasserrecht«, in: Neue Zeitschrift für Verwaltungsrecht 1988, S. 493 ff.
Salzwedel, Jürgen	»Zur Reichweite des Beschlusses des Ersten Senats des Bundesverfassungsgerichts vom 15.7.1981 – 1 BvL 77/78 – für die wasserrechtliche Praxis«, in: Zeitschrift für Wasserrecht 22 (1983), S. 13 ff.
Sanders, Anne/ Preisner, Damian	»Begründungspflicht des Gesetzgebers und Sachverhaltsaufklärung im Verfassungsprozess«, in: Die Öffentliche Verwaltung 2015, S. 761 ff.
Schenke, Wolf-Rüdiger	Bergbau contra Oberflächeneigentum und kommunale Selbstverwaltung?, Schriften zum Öffentlichen Recht, Band 653, Berlin 1994.
Schieber, Jörg	»Das Entwicklungsrisiko im Rahmen der Umwelthaftung und der Umwelthaftpflichtversicherung«, in: Zeitschrift für Versicherungsrecht, Haftungs- und Schadensrecht 1999, S. 816 ff.
Schilling, Frank R.	Kurzgutachten Bohrung, Verrohrung und Zementierung, 2012, abrufbar unter: http://docplayer.org/20426010-Kurzgutachten-16-04-2012-bohrung-verrohrung-und-zementierung.html, abgerufen am 15. März 2019.
Schilling, Jan	Planerische Steuerung von unterirdischen Raum- und Grundstücksnutzungen (Diss.), Frankfurt am Main 2013.
Schimikowski, Peter	Umwelthaftungsrecht und Umwelthaftpflichtversicherung, Karlsruhe 2002, 6. Auflage.
Schink, Alexander	»Der Abfallbegriff im Kreislaufwirtschaftsgesetz«, in: Umwelt- und Planungsrecht 2012, S. 201 ff.
Schink, Alexander	»Flowback beim Fracking – Abfall- und wasserrechtliche Fragestellungen«, in: Zeitschrift für das Recht der Abfallwirtschaft 2013, S. 36 ff.
Schink, Alexander	»Flowback beim Fracking – Rechtsfragen«, in: Frenz, Walter (Hrsg.), 13. KBU – Kolloqium zu Wirtschaft und Umweltrecht, Bergrechtsreform und Fracking, Heft 131 der Schriftenreihe der GDMB Gesellschaft für Bergbau, Metallurgie, Rohstoff- und Umwelttechnik e.V., Clausthal-Zellerfeld 2013, S. 79 ff.
Schink, Alexander	»Verhältnis der Planfeststellung zur Raumordnung«, in: Die Öffentliche Verwaltung 2011, S. 905 ff.
Schink, Alexander	»Verbot des Fracking als Ziel der Raumordnung?«, in: Nordrhein-Westfälische Verwaltungsblätter 2016, S. 177 ff.
Schink, Alexander/ Frenz, Walter/ Queitsch, Peter	Das neue Kreislaufwirtschaftsgesetz 2012, Heidelberg 2012.

Schink, Alexander/
Versteyl, Andrea (Hrsg.)
KrWG Kommentar zum Kreislaufwirtschaftsgesetz, Berlin 2017, 2. Auflage.

Schirmer, Helmut
»Die Haftung im Umweltschutz«, in: Zeitschrift für die gesamte Versicherungswissenschaft 1990, S. 137 ff.

Schlacke, Sabine (Hrsg.)
Gemeinschaftskommentar zum Bundesnaturschutzgesetz, Köln 2016, 2. Auflage.

Schlacke, Sabine /
Schnittker, Daniel
»Fracking und Raumordnung – Steuerungspotenziale der Landesentwicklungsplanung«, in: Zeitschrift für Umweltrecht 2016, S. 259 ff.

Schmidt-Aßmann, Eberhard/
Schoch, Friedrich
Bergwerkseigentum und Grundeigentum im Betriebsplanverfahren, Stuttgart 1994.

Schmidt-Bleibtreu, Bruno/
Klein, Franz/
Hofmann, Hans/
Henneke, Hans-Günter
(Hrsg.)
GG Kommentar zum Grundgesetz, Köln 2017, 14. Auflage.

Schneble, Helmut/
Weinem, Katja/
Niethammer, Ingo
Informations- und Dialogprozess zum Aufsuchen und Fördern von Erdgas aus unkonventionellen Lagerstätten – Fachbeitrag zum Themenkreis Landschaft, Flächeninanspruchnahme, (oberirdische) Infrastruktur, Betrieb, 2012, abrufbar unter https:// issuu.com/dialog-erdgasundfrac.de/docs/statuskonferenz-6, abgerufen am 17. März 2019.

Schoch, Ferdinand
»Die Rechtsstellung der Gemeinden bei der bergbaulichen Betriebsplanzulassung«, in: Erbguth, Wilfried/Oebbecke, Janbernd/ Rengeling, Hans-Werner/Schulte, Martin (Hrsg.), Planung, Festschrift für Werner Hoppe zum 70. Geburtstag, München 2000.

Schroeder, Werner
»Die Wirkung von Raumordnungszielen«, in: Umwelt- und Planungsrecht 2000, S. 52 ff.

Schulte, Hans
Kernfragen des bergrechtlichen Genehmigungsverfahrens, Baden-Baden 1993.

Schulte, Hans
Raumplanung und Genehmigung bei der Bodenschätzegewinnung, München 1996.

Schulte, Hans
»Bergschadensersatzanspruch nach Grundwasserabsenkung«, in: Neue Juristische Wochenschrift 1990, S. 2734 ff.

Schulte, Hans
»Das Bundesberggesetz«, in: Neue Juristische Wochenschrift 1981, S. 88 ff.

Schulte, Hans
»Gemeinschädliche Einwirkungen nach § 55 BBergG«, in: Hüffer, Uwe/Ipsen, Knut/Tettinger, Peter J. (Hrsg.), Berg- und Energierecht vor den Fragen der Gegenwart, Festschrift für Fritz Fabricius zum 70. Geburtstag, Stuttgart 1989.

Schulte, Hans
»Bergbau, Umweltrecht, Raumplanung«, in: Zeitschrift für Bergrecht 1987, S. 178 ff.

Schulte, Hans
»Die Bergbauberechtigungen nach dem Regierungsentwurf für ein Bundesberggesetz«, in: Zeitschrift für Bergrecht 1978, S. 414 ff.

Schulte, Hans	»Rechtsnatur und Umfang des Anspruchs auf Ersatz von Bergschäden«, in: Zeitschrift für Bergrecht 1966, S. 188 ff.
Schumacher, Jochen/ Fischer-Hüftle, Peter (Hrsg.)	Bundesnaturschutzgesetz Kommentar, Stuttgart 2011, 2. Auflage.
Schweighart, Florian	»Folgen des gescheiterten Gesetzentwurfs zur Regelung der Schiefergasförderung«, in: Umwelt- und Planungsrecht 2014, S. 11 ff.
Schweighart, Florian	Der risikorechtliche Umgang mit Fracking (Diss.), Baden-Baden 2016.
Sehling, Emil	Die Rechtsverhältnisse an den der Verfügung des Grundeigentümers nicht entzogenen Mineralien, Leipzig 1904.
Seibel, Mark	»Abgrenzung der ›allgemeinen anerkannten Regeln der Technik‹ vom Stand der Technik«, in: Neue Juristische Wochenschrift 2013, S. 3000 ff.
Sendler, Horst	»Wer gefährdet wen: Eigentum und Bestandsschutz den Umweltschutz – oder umgekehrt?«, in: Umwelt- und Planungsrecht 1983, S. 33 ff.
Seuser, Anna Alexandra	»Die Haftung für nachteilige Gewässerveränderungen und die Sanierung von Gewässern (§§ 89, 90 WHG) – Teil 1«, in: Natur und Recht 2013, S. 248 ff.
Seuser, Anna Alexandra	»Die Haftung für nachteilige Gewässerveränderungen und die Sanierung von Gewässern (§§ 89, 90 WHG) – Teil 2«, in: Natur und Recht 2013, S. 391 ff.
Seuser, Anna Alexandra	»Unkonventionelles Ergas«, in: Natur und Recht 2012, S. 8 ff.
SGD/ BGR (Hrsg.)	Stellungnahme der Staatlichen Geologischen Dienste der Deutschen Bundesländer und der Bundesanstalt für Geowissenschaften und Rohstoffe zu den geowissenschaftlichen Aussagen des UBA-Gutachtens, der Studie NRW und der Risikostudie des ExxonMobil InfoDialogprozesses zum Thema Fracking, Hannover 2013, abrufbar unter: http://www.bgr.bund.de/DE/Themen/Energie/Downloads/SGD-Stellungnahme-Fracking-Studien.pdf?__blob=publicationFile&v=2, abgerufen am 15. März 2019.
Sieder, Frank/ Zeitler, Herbert/ Dahme, Heinz/ Knopp, Günther-Michael (Hrsg.)	Wasserhaushaltsgesetz, Abwasserabgabengesetz, Band 1, München, 53. Ergänzungslieferung, Stand: 1. August 2019.
Jäde, Henning/ Dirnberger, Franz (Hrsg.)	Baugesetzbuch, Baunutzungsverordnung Kommentar, Stuttgart 2018, 9. Auflage.
Söhnlien, Bernd	»Das Verschlechterungsverbot der §§ 25 a I Nr. 1, 25 b Nr. 1 WHG in der Planfeststellung«, in: Neue Zeitschrift für Verwaltungsrecht 2006, S. 1139 ff.
Spannowsky, Willy	»Der Vertrag im Raumordnungsrecht«, in: Battis, Ulrich/Söfker, Wilhelm/Stüer, Bernhard (Hrsg.), Nachhaltige Stadt- und Raumentwicklung, Festschrift für Michael Krautzberger zum 65. Geburtstag, München 2008.

Spannowsky, Willy	»Planungsrechtliche Steuerung von Vorhaben der Erneuerbaren Energien durch Verträge«, in: Umwelt- und Planungsrecht 2009, S. 201 ff.
Spannowsky, Willy/ Runkel, Peter/ Goppel, Konrad (Hrsg.)	Raumordnungsgesetz (ROG) Kommentar, München 2018, 2. Auflage.
Sparwasser, Reinhard/ Engel, Rüdiger/ Voßkuhle, Andreas	Umweltrecht, Grundzüge des öffentlichen Umweltschutzrechts, Heidelberg 2003, 5. Auflage.
Spoerr, Wolfgang	»Raumordnungsziele zum Außenbereich in der Vorhabenzulassung nach § 35 BauGB«, in: Deutsches Verwaltungsblatt 2011, S. 90 ff.
SRU (Hrsg.)	Fracking zur Schiefergasgewinnung – ein Beitrag zur energie- und umweltpolitischen Bewertung, 2013, abrufbar unter: https://www.umweltrat.de/SharedDocs/Downloads/DE/04_Stell ungnahmen/2012_2016/2013_05_AS_18_Fracking.pdf?__blob= publicationFile, abgerufen am 15. März 2019.
Stapelberg, Heinrich Herm	»Erschließung von unkonventionellen Lagerstätten in der Praxis«, in: Frenz, Walter/Preuße, Axel (Hrsg.), 13. Aachener Altlasten- und Bergschadenskundliches Kolloquium, Chancen und Risiken von unkonventionellem Erdgas, Heft 126 der Schriftenreihe der GDMB Gesellschaft für Bergbau, Metallurgie, Rohstoff- und Umwelttechnik e.V., Clausthal-Zellerfeld 2011, S. 45
Staudinger, Julius von	Kommentar zum Bürgerlichen Gesetzbuch mit Einführungsgesetz und Nebengesetzbuch, Buch 1 Allgemeiner Teil §§ 90-124; 130-133, Berlin 2016.
Staudinger, Julius von	Kommentar zum Bürgerlichen Gesetzbuch mit Einführungsgesetz und Nebengesetzbuch, Buch 2 Recht der Schuldverhältnisse §§ 249-254 (Schadensersatzrecht), Berlin 2016.
Staudinger, Julius von	Kommentar zum Bürgerlichen Gesetzbuch mit Einführungsgesetz und Nebengesetzbuch, Buch 2 Recht der Schuldverhältnisse § 823 A-D (Unerlaubte Handlungen 1 – Rechtsgüter und Rechte, Persönlichkeitsrecht, Gewerbebetrieb), Berlin 2016.
Staudinger, Julius von	Kommentar zum Bürgerlichen Gesetzbuch mit Einführungsgesetz und Nebengesetzbuch, Buch 2 Recht der Schuldverhältnisse §§ 830-838 (Haftung mehrerer Schädiger, Tierhalter-, Gebäudehaftung), Berlin 2017.
Staudinger, Julius von	Kommentar zum Bürgerlichen Gesetzbuch mit Einführungsgesetz und Nebengesetzbuch, Buch 2 Recht der Schuldverhältnisse, Umwelthaftungsrecht – Grundlagen und Sondergesetze, Berlin 2017.
Staudinger, Julius von	Kommentar zum Bürgerlichen Gesetzbuch mit Einführungsgesetz und Nebengesetzbuch, Buch 3 Sachenrecht §§ 903–924 (Eigentum 1 – Privates Nachbarrecht), Berlin 2016.
Steinberg, Rudolf	»Landesplanerische Standortplanung und Planfeststellung – unter besonderer Berücksichtigung der Planung von Verkehrsflughäfen«, in: Deutsches Verwaltungsblatt 2010, S. 137 ff.

Steiner, Udo/ Brinktrine (Hrsg.), Ralf	Besonderes Verwaltungsrecht, Heidelberg 2018, 9. Auflage.
Stelkens, Paul/ Bonk, Heinz Joachim/ Sachs, Michael (Hrsg.)	Verwaltungsverfahrensgesetz, Kommentar, München 2018, 9. Auflage.
Stiens, Christoph	Der bergrechtliche Betriebsplan, Münster 1995.
Stüer, Bernhard/ Hönig, Dietmar	»Raumordnung und Fachplanug im Widerstreit«, in: Umwelt- und Planungsrecht 2002, S. 333 ff.
Terwiesche, Michael	»Berg-, wasser- und bauverwaltungsrechtliche Hürden des Fracking«, in: Frenz, Walter/Kukla, Peter/Preuße, Axel (Hrsg.), 14. Aachener Altlasten- und Bergschadenkundliches Kolloqium, Unkonvetionelle Gasgewinnung in NRW, Heft 130 der Schriftenreihe der GDMB Gesellschaft für Bergbau, Metallurgie, Rohstoff- und Umwelttechnik e.V., Clausthal-Zellerfeld 2012, S. 61 ff.
Terwiesche, Michael	»Bewertung des BBergG aus Sicht der Bergbaubetroffenen«, in: Frenz, Walter (Hrsg.), 13. KBU – Kolloqium zu Wirtschaft und Umweltrecht, Bergrechtsreform und Fracking, Heft 131 der Schriftenreihe der GDMB Gesellschaft für Bergbau, Metallurgie, Rohstoff- und Umwelttechnik e.V., Clausthal-Zellerfeld 2013, S. 15 ff.
Tettinger, Peter J.	»Wasserversorgung und bergbehördliche Betriebsplanzulassung«, in: Zeitschrift für Wasserrecht 30 (1991), S. 1 ff.
Theobald, Christian/ Kühling, Jürgen (Hrsg.)	Energierecht, Band 1, Kommentar, München 2020, Stand: Februar 2020 (105. Ergänzungslieferung).
Thieme, Hinrich/ Franckenstein, Georg Freiherr von und zu	»Beweislastfragen bei Schadensersatzansprüchen der Wasserversorgungsunternehmen gegenüber Landwirten für Grundwasserschäden«, in: Die Öffentliche Verwaltung 1997, S. 667 ff.
Töller, Annette Elisabeth/ Böcher, Michael	»Varianten der Fracking-Regulierung in Deutschland und ihre Erklärung« in: Zeitschrift für Umweltpolitik und Umweltrecht 2016, S. 208 ff.
UBA (Hrsg.)	Einschätzung der Schiefergasförderung in Deutschland – Stand Dezember 2011, abrufbar unter: https://www.umweltbundesamt.de/sites/default/files/medien/pdfs/stellungnahme_fracking.pdf, abgerufen am 15. März 2019.
UBA (Hrsg.)	Gutachten 2012: Umweltauswirkungen von Fracking bei der Aufsuchung und Gewinnung von Erdgas aus unkonventionellen Lagerstätten – Risikobewertung, Handlungsempfehlungen und Evaluierung bestehender rechtlicher Regelungen und Verwaltungsstrukturen, Texte 61/2012, 2012, abrufbar unter: https://www.umweltbundesamt.de/sites/default/files/medien/461/publikationen/4346.pdfabgerufen am 15. März 2019.

Watzel, Ralph	»Energierohstoffe im 21. Jahrhundert – aktueller Stand und Entwicklungen zur globalen Energiesituation«, in: GDMB (Hrsg), »Fracking 2016«, Heft 141 der Schriftenreihe der GDMB Gesellschaft der Metallurgen und Bergleute e.V., Clausthal-Zellerfeld 2016, S. 9 ff.
Weller, Herbert	»Kollision mehrerer Bergbauberechtigungen in einem Feld«, in: Zeitschrift für Bergrecht 1990, S. 111 ff.
Wernicke, Konrad	»Haftung bei der Gewässerbenutzung und Abfallbeseitigung«, in: Deutsches Verwaltungsblatt 1968, S. 578 ff.
Westermann, Harry	Freiheit des Unternehmers und des Grundeigentümers und ihre Pflichtenbindungen im öffentlichen Interesse nach dem Referentenentwurf eines Bundesberggesetzes, Opladen 1973.
Westermann, Peter/ Grunewald/ Barbara/ Maier-Reimer, Georg (Hrsg.)	Erman, Bürgerliches Gesetzbuch, Kommentar, Band II, Köln 2017, 15. Auflage.
Weyer, Hartmut/ Oppelt, Caterina	»Geothermie: Notwendigkeit einer spezifischen Förderpolitik«, in: Müller, Thorsten (Hrsg.), 20 Jahre Recht der Erneuerbaren Energien, Baden-Baden 2012, S. 660 ff.
Wilde, Marion	»Verhältnis zwischen Bergrecht und Naturschutzrecht«, in: Deutsches Verwaltungsblatt 1998, S. 1321 ff.
Wilhelms, Fritz	»Drohende Berggefahr als ersatzpflichtiger Bergschaden im Sinne des Bundesberggesetzes«, in: Zeitschrift für Immobilienrecht 2003, S. 666 ff.
Wilke, Armin	»Das Bundesberggesetz aus der Sicht der Kreditinstitute«, in: Zeitschrift für Wirtschafts- und Bankrecht 1981, S. 1374 ff.
Wood, Ruth/ Gilbert, Paul/ Sharmina, Maria/ Anderson, Kevin/ Footitt, Anthony/ Glynn, Steven/ Nicholls, Fiona	»Shale gas: a provisional assessment of climate change and environmental impacts«, The Tyndall Centre for Climate Change, University of Manchester, 2011, abrufbar unter https://www.research.manchester.ac.uk/portal/files/36728313/F ULL_TEXT.PDF, abgerufen am 24. Februar 2019.
Ziegler, Thomas	»Eine Anerkannte Regel der Technik ist keine Anerkannte Regel der Technik – Überlegungen zu Funktion und Feststellung der Anerkannten Regeln der Technik im öffentlichen und privaten Baurecht«, in: Zeitschrift für deutsches und internationales Bau- und Vergaberecht 2009, S. 316 ff.
Ziekow, Jan (Hrsg.)	Praxis des Fachplanungsrechts, München 2014, 2. Auflage.
Ziekow, Jan (Hrsg.)	Verwaltungsverfahrensgesetz, Kommentar, Stuttgart 2020, 4. Auflage.
Zydek, Hans	»Aufsuchungs- und Gewinnungserlaubnisse nach Artikel 2 des bayrischen Berggesetzes«, in: Zeitschrift für Bergrecht 1958, S. 178 ff.

Sachregister

Das Recht der Wasser- und Entsorgungswirtschaft

Herausgegeben von Professor Dr. Dr. Wolfgang Durner, Direktor des Instituts für das Recht der Wasser- und Entsorgungswirtschaft an der Universität Bonn, mit Unterstützung des Vereins zur Förderung des Instituts

Heft 29
Gewässerausbau, Wasserkraftnutzung und alte Mühlenrechte.
Referate und Diskussionen der 20. Vortragsveranstaltung des Instituts für das Recht der
Wasser- und Entsorgungswirtschaft an der Universität Bonn am 28. Oktober 1999.
Mit einer aktuellen Studie über alte Mühlenrechte an der Erft.
Herausgegeben von Professor Dr. Rüdiger Breuer.
2001. VII, 215 S. Kartoniert.   ISBN 3-452-24999-9

Heft 30
„Wilder Müll" im Spannungsfeld des allgemeinen und besonderen Ordnungsrechts.
Von Dr. Jörg Grundmann.
2003. XXIII, 378 S. Kartoniert.   ISBN 3-452-25526-3

Heft 31
Optionsspielräume Privater im Kreislaufwirtschafts- und Abfallrecht.
Von Dr. Manuela Hurst.
2005. XVIII, 254 S. Kartoniert.   ISBN 3-452-26065-8

Heft 32
Abwasserbeseitigung durch kommunale Unternehmen.
Unter besonderer Berücksichtigung der Anstalt des öffentlichen Rechts – Zugleich ein Bei-
trag zur Rechtsformenwahldiskussion.
Von Dr. Ralf Gruneberg.
2007. XVIII, 409 S. Kartoniert.   ISBN 978-3-452-26619-4

Heft 33
Die Umsetzung der Umwelthaftungsrichtlinien im Umweltschadensgesetz.
unter besonderer Berücksichtigung der Auswirkungen auf das deutsche Wasserrecht
Von Dr. Malte Petersen.
2008. XVI, 291 S. Kartoniert.   ISBN 978-3-452-26932-4

Heft 34
Probleme des wasserrechtlichen Heimfalls.
Von Professor Dr. Rüdiger Breuer.
2008. X, 140 S. Kartoniert.   ISBN 978-3-452-27053-5

Band 35
Umweltgesetzbuch - Ziele und Wirkungen
Integrierte Genehmigung - Naturschutz - Wasserrecht
Umweltrechtstage Nordrhein-Westfalen am 10. und 11. Juni 2008 in Bonn
Herausgegeben von Professor Dr. Dr. Wolfgang Durner
2009. XII, 166 S. Kartoniert.   ISBN 978-3-452-27093-1

Band 36
Die nachwirkende Veranlagung der Mitglieder sondergesetzlicher Wasserverbände
bei einer »Einschränkung der Teilnahme«
Von Professor Dr. Dr. Wolfgang Durner und Professor Dr. Kurt Faßbender
2011. VIII, 46 S. Kartoniert.   ISBN 978-3-452-27549-3

Band 37
Wasserrechtlicher Reformbedarf in Bund und Ländern
Umweltrechtstage Nordrhein-Westfalen am 25. und 26. November 2010 in Bonn
Herausgegeben von Professor Dr. Dr. Wolfgang Durner
2011. XIII, 159 S. Kartoniert.   ISBN 978-3-452-27618-6

Band 38
Ende der Kohlenutzung kraft europäischen Wasserrechts?
Zu den Auswirkungen der Phasing-Out-Ziele der Union für Quecksilber
auf die Nutzung von Kohle
Von Professor Dr. Dr. Wolfgang Durner und Nela Gies
2012. VIII, 46 S. Kartoniert.   ISBN 978-3-452-27811-1

Band 39
Wasserrechtsfragen der Energiewende
Referate einer Tagung des Instituts für das Recht der Wasser- und
Entsorgungswirtschaft am 14. Dezember 2012 in Bonn
Herausgegeben von Professor Dr. Dr. Wolfgang Durner
2013. VII, 143 S. Kartoniert.   ISBN 978-3-452-27992-7

Band 40
Das neue Hochwasserschutzrecht in Deutschland
Eine Untersuchung der Implementierung des unionsrechtlichen Hochwasserrisiko-
managements in das Hochwasserrecht des Wasserhaushaltsgesetzes
Von Dr. Alexander Dohmen
2014. VII, 206 S. Kartoniert.   ISBN 978-3-452-28201-9

Band 41
Auf dem Weg zum Wertstoffgesetz
Umweltrechtstag Nordrhein-Westfalen am 10. Dezember 2013 in Bonn
Herausgegeben von Professor Dr. Dr. Wolfgang Durner
2014. VIII, 169 S. Kartoniert.   ISBN 978-3-452-28216-3

Band 42
**Rechtsfragen der Anordnung zusätzlicher Reinigungsstufen
zur Eliminierung von Mikroschadstoffen**
Von Professor Dr. Dr. Wolfgang Durner
2014. VIII, 44 S. Kartoniert.   ISBN 978-3-452-28228-6

Band 43
Die wasserpolizeiliche Generalklausel
Von Dr. Marc Philip Kubitza
2015. XIII, 194 S. Kartoniert.   ISBN 978-3-452-28579-9

Band 44
Wasserwirtschaftliche Fachplanung und Raumordnung
Eine Untersuchung der Wechselwirkungen zwischen den Maßnahmenprogrammen,
Bewirtschaftungsplänen, Hochwasserrisikomanagementplänen und der Raumordnung
Von Dr. Philipp Heuser
2015. XVI, 268 S. Kartoniert.   ISBN 978-3-452-28324-5

Band 45
Eigentum im Wasserrecht
Herausgegeben von Professor Dr. Dr. Wolfgang Durner und Prof. Dr. Foroud Shirvani
2016. VII, 111 S. Kartoniert.   ISBN 978-3-452-28833-2

Band 46
Übertragung der Abwasserbeseitigungspflicht nach § 52 Absatz 2 LWG NRW
Von Professor Dr. Dr. Wolfgang Durner und Prof. Dr. Rainer Hüttemann
2017. VIII, 64 S. Kartoniert.   ISBN 978-3-452-28925-4

Band 47
**Die Abfallhierarchie der europäischen Abfallrahmenrichtlinie und ihre Umsetzung im
deutschen Kreislaufwirtschaftsgesetz**
Von Dr. Tim Hahn
2017. XVI, 396 S. Kartoniert.   ISBN 978-3-452-28934-6

Band 48
Der Besorgnisgrundsatz im Grundwasserschutz
Inhalt, Anwendungsbereich und Implikationen
Von Dr. Vera Katharina Ibes
2017. XXVIII, 397 S. Kartoniert.   ISBN 978-3-452-28935-3

Band 49
Rechtliche Instrumente für das Dürre-Management
Eine Untersuchung unter besonderer Berücksichtigung des öffentlichen Wasserrechts
in Deutschland und Spanien
Von Dr. Peter Zoth
2020. XVI, 277 S. Kartoniert.   ISBN 978-3-452-29616-0

Band 50
Die rechtlichen Grundlagen der Erdgasförderung durch Fracking
Eine rechtliche Analyse unter besonderer Berücksichtigung des Fracking-Regelungspaketes
Von Dr. Fabian Herbst
2021. XXV, 400 S. Kartoniert.   ISBN 978-3-452-29686-3

Carl Heymanns Verlag